国家重点档案保护与开发项目资助

省情与施政

广东省政府会议录

（1925—1949）

第一册

广东省档案馆　编

SPM 南方出版传媒　广东人民出版社

·广州·

图书在版编目（CIP）数据

省情与施政：广东省政府会议录：1925—1949/广东省档案馆编. —广
州：广东人民出版社，2020.9
ISBN 978 - 7 - 218 - 14120 - 6

Ⅰ. ①省⋯　Ⅱ. ①广⋯　Ⅲ. ①政治制度史—史料—广东—民国
Ⅳ. ①D693

中国版本图书馆 CIP 数据核字（2019）第 285050 号

ISBN 978-7-218-14120-6

9 787218 141206 >

SHENGQING YU SHIZHENG——GUANGDONGSHENG ZHENGFU HUIYI LU（1925—1949）

省情与施政——广东省政府会议录（1925—1949）

广东省档案馆　编

版权所有　翻印必究

出 版 人：肖风华

责任编辑：李沙沙　陈其伟
责任校对：周惊涛
封面设计：友间文化
责任技编：吴彦斌　周星奎

出版发行：广东人民出版社
地　　址：广东省广州市海珠区新港西路 204 号 2 号楼（邮政编码：510300）
电　　话：（020）85716809（总编室）
传　　真：（020）85716872
网　　址：http://www.gdpph.com
印　　刷：广东鹏腾宇文化创新有限公司
开　　本：787 毫米 × 1092 毫米　1/16
印　　张：345.5　字　数：5300 千
版　　次：2020 年 9 月第 1 版
印　　次：2020 年 9 月第 1 次印刷
定　　价：1800.00 元（全十册）

序　言

　　史料是历史研究的基础，档案又是其中最要者。自清中晚期以来，尤其是民国时期，广东作为近代民主革命策源地和先行地，在全国的政治地位日益彰显。广东省档案馆珍藏有丰富的民国广东地方档案，民国广东省政府委员会议决案、会议录、议事录等（以下统称"会议录"）就是其中的重要专题之一。

　　广东省档案馆馆藏民国广东省政府会议录2000多件，真实记录了1925年至1949年历届广东省政府委员会会议情况，原始呈现了民国时期广东省政府议决各类重大事项的过程，主要内容涉及广东省政务、军务、侨务、文化、教育、民政、财政、建设等方面。这一专题档案史料覆盖时间长，内容丰富，它的开发可为民国史研究提供新的、重要的基础性史料，并为当下社会治理和城市管理等提供历史借鉴，具有很高的史料价值和现实参考价值。

　　早在20世纪80年代，广东省档案馆曾组织力量，以专题档案汇编的方式从馆藏档案中整理出广东省政府历届会议记录，编辑印刷了500余万字的《民国时期广东省政府档案史料选编》，因限于当时的历史条件，只在内部编印，未能公开出版。近年来，民国档案文献的整理与出版越来越受到社会各界的高度重视，为此，广东省档案馆重新组织人员，以《民国时期广东省政府档案史料选编》为基础，对民国时期广东省政府会议录内容作进一步编辑、校正，并以《省情与施政——广东省政府会议录（1925—1949）》为书名公开出版。鉴于民国时期广东省政府会议录珍贵的历史价值和重要的现实意义，《省情与施政——广东省

1

政府会议录（1925—1949）》的整理出版被国家档案局列入"国家重点档案保护与开发项目"，并获得专项资金支持。

　　本书在出版过程中，得到国家档案局的关心和支持，广东人民出版社钟永宁、柏峰、陈其伟、李沙沙等同志为此付出了大量心血，谨此一并致谢！

编　者
2019 年 6 月

2

编 辑 说 明

一、本书所选档案史料为广东省档案馆馆藏 1925 年至 1949 年间共十二届广东省政府委员会会议录，具体包括：第一届 (1925 年 7—12 月)、第二届 (1926 年 11 月—1927 年 7 月)、第三届 (1927 年 8 月—1928 年 6 月)、第四届 (1928 年 7 月—1929 年 7 月)、第五届 (1929 年 7 月—1931 年 6 月)、第六届 (1931 年 6 月—1936 年 7 月)、第七届 (1936 年 8 月—1937 年 5 月)、第八届 (1937 年 6 月—1938 年 12 月)、第九届 (1939 年 1 月—时间不详)、第十届 (1945 年 9 月—1947 年 9 月)、第十一届 (1947 年 10 月—1948 年 11 月)、第十二届 (1949 年 2—8 月)，以及 1940 年 5 月至 1945 年 6 月汪伪广东省政府会议录。此外，还编辑了 1925 年至 1949 年广东省政府职官名录、广东省县间行政组织职官名录、广东省各县历任县长名录。

二、会议录按届次及时间先后顺序进行编排，共分 10 册，约 530 万字。第一册内容为广东省政府第一至四届委员会会议录；第二册内容为广东省政府第五届委员会会议录，第六届第一至第二百次委员会会议录；第三册内容为广东省政府第六届委员会第二百零一至第五百零九次会议录；第四册内容为广东省政府第七、八届委员会会议录，第九届第一至第九十四次会议录；第五册内容为广东省政府第九届委员会第九十五至第二百一十六次会议录；第六册内容为广东省政府第九届委员会第二百一十七至第三百三十二次会议录；第七册内容为广东省政府第九届委员会第三百三十三至第五百八十三次会议录；第八册内容为广东省政府第十、十一届委员会会议录；第九册内容为广东省政府第十二届委员会会议录，1925年至1949年间广东省政府职官名录、广东省县间行政组织职官名录、广东省各县历任县长名录；第十册内容为汪伪广东省政府会议录。

三、本书编辑过程，依据《中华人民共和国档案法实施办法》《各级国家档案馆馆藏档案解密和划分控制使用范围的暂行规定》等有关规定，对原文中国民党对中国共产党极尽诋毁的内容做了处理；对不宜公开的人名、地名等信息以"×"代替；对于整项内容不宜公开的，为不影响阅读，该项序号保留，事项内容以"略"代替，以此与档案原文中的"（略）"相区别。

四、本书在文字上进行了如下加工：

（1）对无标点的原文进行断句。

（2）原文残缺处，用"□"表示；能判明的漏字，补字后加"【】"；错别字仍保留，正字改加于后，用"〔〕"标明；属衍文的，将衍文加"〈〉"标明。

（3）原文中说明，以"（）"标明；编者所注注释，一律采用脚注。

（4）原件书写格式有空格的，均免去。

（5）原标题为"本府委员会""省府"的，均改为"广东省政府"，不再加注。同一届政府委员会在同一年份召开的会议，第一次会议保留年份，其余的省略；某些会议时间没有标注"年""月""日"的，经考证后加上"年""月""日"字样，亦不再注。

本书所含观点不代表编者立场，请读者在利用本书时应注意加以辨别。由于编者学识有限，如有不妥之处，敬请读者批评指正。

目　　录

广东省政府第一届委员会会议录

（1925 年 7 月 3 日—12 月 31 日）

广东省政府第二届委员会会议录

（1926 年 11 月 13 日—1927 年 7 月 31 日）

广东省政府第三届委员会会议录

（1927 年 8 月 1 日—1928 年 6 月 29 日）

---

　　① 由于张发奎、陈公博反对南京特别委员会，被广州政治分会免职，第三届委员会撤销其任委员期间参与通过的省政府第三十次至第四十次会议（1927 年 11 月 11日—1928 年 1 月 14 日）决策内容，同时取消会议次序号，并决定此后的会议次序仍从第三十次开始予以编排。

广东省政府第四届委员会会议录

（1928 年 7 月 3 日—1929 年 7 月 26 日）

广东省政府第一届
委员会会议录

（1925 年 7 月 3 日—12 月 31 日）

广东省政府预备会议

民国十四年七月二日　星期四

所在地　广东省政府

出席者　（主席）许崇智　古应芬　廖仲恺　孙　科　宋子文
　　　　　陈公博

缺席者　许崇清

一、选举主席：许崇智四票，古应芬二票，许崇智当选为主席。

（议决）通过。

二、联席会议任命连声海为省政府秘书处主任。

（议决）照办。

三、省政府决于七月三日成立，在第一公园上午十一时举行就职典礼。

（议决）通过。

四、省政府地点决定在永汉北路财政部地址。

（议决）通过。

五、由省政府公布广州市市政委员会暂行条例。

（议决）照办。

六、由省政府任命伍朝枢为广州市市政委员长，谭兆槐为广州市财政局局长，吴铁城为广州市公安局局长，林逸民为广州市工务局局长，司徒朝为广州市卫生局局长，王仁康为广州市教育局局长。颁发大印文曰"广州市印"，小章文曰"广州市市政委员长章"。

（议决）照委并将大印小章刊发。

七、通令各县省政府成立。

（议决）照办。

八、省政府组织法通令各县遵照。

（议决）照令。

3

广东省政府省务会议
第一次议决案

民国十四年七月三日　星期五

所在地　广东省政府

出席者　（主席）许崇智　古应芬　廖仲恺　孙　科　宋子文

缺席者　许崇清　陈公博

一、另新编□密电码函送民政厅分发各县长。

（议决）照办。

二、直辖各机关职官由省政府直接委任：（一）各科科长。（二）各县县长。（三）各局所长。

（议决）照办。

三、训令所属各机关人员接委后，每月应将行政情形书面报告一次，并认真遵依党训宣誓暨先帅遗嘱，克尽厥职。

（议决）照办。

四、关于民政事项各案卷，由秘书处函前省署政务厅，请移交民政厅接收。

（议决）照办。

五、关于民团管属事宜，应归民政厅抑军事厅，请国民政府委员会议决。

（议决）照办。

六、关于金库独立请省务会议议决。

（议决）通过。

七、请财政部定金库条例。

（议决）照办。

八、建设厅提议，请省政府函建设部，将该部案卷器具于七月四日上午十时移交建设厅接管。

（议决）照办。

九、建设厅提议，请省政府令行后列各机关，于七月三日起直接归建设厅管辖：治河处、航政总局、电报总局、电话局、广三铁路局、广九铁路局、粤汉铁路公司、公路处。

（议决）照办。

广东省政府省务会议
第二次议决案

七月七日　星期二

所在地　广东省政府

出席者　（主席）许崇智　古应芬　廖仲恺　孙　科　宋子文
　　　　　陈公博

缺席者　许崇清

一、以省政府名义通电各省同乡报告沙面惨杀案事件。由秘书处起草，请陈厅长核。

（议决）照办。

二、广东省政府改组情形通电各省同乡。

（议决）照办。

三、以省政府名义电谢湖南省长赵恒惕慰问沙基惨杀案之盛意。

（议决）照办。

四、前省长公署器物文卷由秘书处接收。

（议决）照办。

六①、建设厅请任命陈耀祖为广三铁路管理局局长。

（议决）照委。

七、建设厅请任命许崇灏为管理粤汉铁路事宜。

（议决）照委。

八、建设厅请任命黎照寰为广九铁路管理局局长。

---

① 原文缺第五项。

5

（议决）照委。

九、建设厅请任命戴恩赛为广东治河处处长。

（议决）照委。

十、建设厅请任命黄桓为广东电报局局长。

（议决）照委。

十一、建设厅请任命李作荣为广东公路局局长。

（议决）照委。

十二、建设厅请任命吴尚鹰为广东航政局局长。

（议决）照委。

十三、建设厅请任命吴尚鹰、杨耀焜为秘书。

（议决）照委。

十四、建设厅请任命冯百砺为第一科科长，陈剑如为第二科科长。

（议决）照委。

十五、财政厅请委徐绍棪、薛锦标为财政厅秘书，汪宗洙、廖朗如为财政厅科长。

（议决）照委。

十六、每日开会将昨日议决案油印分送各厅长。

（议决）照办。

十七、复函傅监督检查前政府关于保护关员之公布自行印刷张贴。

（议决）照函复。

十八、捐血花剧社二千元由省库支出。

（议决）照办。

十九、刊发治河处关防。

（议决）照刊发。

二十、省政府布告严禁山铺票、八十字义会等杂赌。令行市公安局即日封禁，并将办理情形呈报省政府。

（议决）照办。

广东省政府省务会议
第三次议决案

七月八日　星期三

所在地　广东省政府

出席者　（主席）许崇智　古应芬　孙　科　宋子文　陈公博

缺席者　廖仲恺　许崇清

一、古民政厅长提出任命刘栽甫为台山县长，区灵侠为新会县长，张国珍为从化县长。

（议决）照委。

二、宋商务厅长提出荐任温福田为秘书，李调生代理第一科科长，姜和椿代理第二科科长。

（议决）照委。

三、函广东大学将林君复留学官费每月五百元分给黄桓、李晓生、陈春溥三人留学外国之用。

（议决）照办。

四、陈曾奇条陈在大沙头设赛马场一件，交建设厅、财政厅审查办理。

（议决）照办。

五、建设厅长提议对外协会经费会议碍难照拨，此函由建设厅长答复。

（议决）照办。

六、前省长公署电报室与前大本营电报室决议合并办理。此事由秘书处主任与国民政府秘书长会商。

（议决）照办。

七、侨务局业经裁撤，局内所有文卷器物均由民政厅接收。

（议决）照办。

八、烟酒公卖局及沙田清理处不必另设机关，统附设财政厅内，以节縻费。

（议决）照办。

九、通令各机关，除官制组织法规定外，不得擅自设立顾问、参议等名目，违者当受严重处分。

（议决）照办。

十、致电汕头建国粤军行营主任张国桢，闻潮汕地方因五卅惨杀案罢工失业之人不少，宜与当地商会及公众团体设法极力援助。（此电由无线电去惠州，再由惠州陆电转汕头。）

（议决）照办。

广东省政府省务会议
第四次议决案
七月十一日　星期六

所在地　广东省政府

出席者　（主席）许崇智　古应芬　孙　科　宋子文　陈公博

缺席者　廖仲恺　许崇清

一、古厅长提议，呈请委任熊英、李蟠、朱念慈为民政厅秘书，李思辕为民政厅第一科科长，陆钜恩为第二科科长。

（议决）照委。

二、佛山驳载工会因发现稽征处勒抽船货罢工事，由省政府函粤军总部，请严令取销护商卫旅费。

（议决）照办。

三、陈厅长提议农工厅四个月计划书：（一）关于统计方面。（二）关于农工方面。（三）关于临时设置方面。（四）关于编纂方面。

（议决）照准。

四、许厅长提议，每日会议录应呈报国民政府。

（议决）照办。

五、廖厅长提议，请委任余楚蕃为秘书。

8

（议决）照委。

六、许厅长提议，以省政府名义函请军事委员会及各军总司令饬驻防各军，宜负保护人民之责，勿得骚扰。

（议决）照函。

七、以省政府名义函请军事委员会对于绥靖地方、肃清匪患各计划，早日议定，以便实施。

（议决）照函。

八、令财政厅议定蠲除苛细杂捐计划。

九、令财政厅确定禁绝全省烟赌计划及条例。

十、令民政厅议定整顿吏治及扶植地方自治计划。

十一、令农工、商务各厅议定发展工业、保护商业计划。

十二、令建设厅议定整理交通计划。

十三、令财政厅议定裁厘加税计划。

十四、令农工厅议定保护农民、工人利益计划。

十五、令教育厅议定教育计划。

（议决）由第八项至十五项止，均由省政府令主管各厅早日提案，以便实施。

十六、许厅长提议，各厅所属各机关规制章程草定后，呈由省政府转呈国民政府核定。

（议决）照办。

十七、孙厅长提议，广东治河处章程交陈厅长审议。

（议决）照办。

十八、宋厅长提议商务厅官制草案。

（议决）此项由省务会议主席列席国民会议时查询准行与否。

广东省政府省务会议
第五次议决案

七月十四日　星期二

所在地　广东省政府

出席者　（主席）许崇智　古应芬　廖仲恺　孙　科　宋子文　陈公博

缺席者　许崇清

一、古民政厅长提议，许教育厅长告假期内未销假以前，由马洪焕代理。

（议决）由省政府令马洪焕代理教育厅事宜。

二、许军事厅长提议，广东治河处章程交陈厅长审议。

（议决）广东治河处章程由省政府批准公布，并令行建设厅转发遵守。

三、孙建设厅长提议，查得粤军第一师军需处有强使广三铁路局运输鸦片情事，应请粤军总部饬令粤军第一师查明，严行制止。

（议决）函请粤军总部彻查制止。

四、孙建设厅长提议，广三铁路工人挽留旧局长陈子英，反对新局长陈耀祖接事，由廖厅长向工人接洽办理。

（议决）遵照政治委员会议决交农工厅调查。

五、古民政厅长提议，广东商界对外经济绝交会呈称，原有积存货物，请省政府下令免予检查，情愿以后不再买卖英货。此事由许主席提呈国民政府。

（议决）由国民政府直接交商务厅办理，由商务厅议具委员会办法，呈候国民政府核定。

六、古民政厅长提议，博罗县县长辞职，请另委县长。

（议决）下次提议。

七、古民政厅长提议，拟委李炯为高要县县长。

（议决）下令照委。

八、宋商务厅长提议，驳载工会呈请抽收出入口货物验关费事，经各厅长议决，由商务厅长请该工会主任人前来解释；不能照来呈自由抽收之理由，如无经费可于工资内筹商办法。

（议决）交农工厅调查详细情形。

九、孙建设厅长提议，由省政府委任市政委员十八人。农界：潘文治、李民治、黄学曾（农工厅审查）；工界：林伟民、邓汉兴、陆枝（农工厅审查）；商界：邹殿邦、蒋寿石、李朗如（商务厅审查）；教育：邹鲁、金曾澄、韦悫（民政厅代审查）；现代职业：谢作楷、程天固、卢维溥（商务厅审查）；自由职业：陈孚木、伍伯良、钱树芬（民政厅审查）。

（议决）以上各委员交由所属各厅审查，惟教育委员则请民政厅代为审查。一俟农工界自行选出，由省政府审查，内定期限以本月十八日为止。

十、廖财政厅长提议，关于全省厘税等厂主张开投。经议决，由财政厅酌量办理。

（议决）由财政厅酌量办理。

十一、古民政厅长提议，审查市政委员是否纯用党人。

十二、许厅长提议，市政委员资格确能代表民众者均可委用，似不必限于党员。

（议决）市政委员资格不必限于党人，以能代表团体众意为准，惟农工界应斟酌行之，免起纠纷。

十三、廖财政厅长提议，由省政府布告准中山县农民自筹自卫，取销一切征收沙田自卫费。

（议决）由省政府令行民政、财政两厅会同布告，饬令中山县长遵照办理。

十四、孙建设厅长提议与德商订购大无线电机，全副价值二十五万元，以为筹设全省无线电之用。

（议决）由建设厅将华、洋文合同稿提出审核。

十五、孙建设厅长提议，令建设厅转饬广东邮务局，所有该局收入一元以上者，着一律收用中央银行货币，不准仍前收用毫洋港纸。

（议决）由省政府令建设厅办理并函财政部查照。

十六、许军事厅长提议，由省政府令所属各机关，每月十六日、初一日报告十六日、初一日以前办事情形。

（议决）通令各机关遵照办理。

广东省政府省务会议
第六次议决案
七月十四日　星期二

所在地　广东省政府
出席者　（主席）许崇智　古应芬　廖仲恺　孙　科　宋子文
　　　　　陈公博
缺席者　许崇清

一、许军事厅长提议，关于维持保护罢工失业工人，主张向外县筹款，其办法由民政、财政二厅会同起草提案：（一）责令各县分筹。（二）请工人举出代表，地方团体举出代表，会同当地官厅妥商办理。（三）关于此事所用公费另由政府筹拨，不得在筹得之款项下动支。

二、古厅长提议，关于许厅长提议筹款办法，主张在铺捐、房捐、沙田、钱粮加一征收四种筹划。

三、许军事厅长提议再加入绅富捐，由官厅指派数目。

（议决）以上三条令民、财两厅拟具办法，提出审核施行。

四、许军事厅长提议，市内治安应由省政府令行市政厅、公安局，限三日内得〔将〕整顿治安计划呈报，并函请广州卫戍正副司令筹划，一切迅予见复。

（议决）令公安局筹划一切，同时函卫戍正副司令请议定维持市内治安计划，又函公安局长于十五日上午十时三十分出席省务会议。

五、许军事厅长提议，省政府成立，对各界应开一茶话会联络感情，现决定本星期日下午二时在省议会柬请下列各界：农工商会各团体、报界、党各区分部、省港罢工委员会、学界。

（议决）由秘书处办理。

六、许军事厅长提议，催促财政厅早日厘订省金库条例提案。

（议决）令行财政厅办理。

七、古民政厅长提议，中山县长主张委任林云陔。

八、廖财政厅长提议，中山县长主张委任黄居素。

（议决）委任黄居素为中山县县长，月秒〔杪〕发表。

九、孙建设厅长提议，由建设厅委托前大本营高等顾问那文先生回美代省政府征求独立资本团投资，兴发本省交通事业，以一万万元为额，分配如下：（一）展筑粤汉铁路二千万元。（二）建筑广州潮汕铁路三千万元。（三）展筑三水梧州铁路三千万元。（四）建设广州外口商港二千万元。

（议决）由建设厅长将委托书内容提出呈国民政府审核。

十、古民政厅长提议，广东全省警务处裁撤，关于各县警政由民政厅直接管辖。

（议决）令民政厅及全省警务处遵照办理。

十一、许军事厅长提议，凡各机关购置品物，所有收支单据均须由经手人签名盖章，并书明"不得舞弊营私，如违，当受国民党严重处分"等字样于该单据之上。

（议决）由秘书处拟成方式提呈下次省务会议核定。

十二、廖财政厅长提议，全省糖捐暂不开投，拟令由商人暂行包承。

（议决）通过。

十三、廖财政厅长提议，关于各军部队伙食，在财政处截止后而军需局对于各军数目未经确定以前，应照各部核定原额支付。

（议决）通过。由秘书处函财政厅查收。

十四、古民政厅长提议，公文程式请国民政府制定颁布遵守。

（议决）呈请国民政府早日颁布。

十五、许军事厅长提议，大本营及前省署电报生应造具详细履历，以便查考委任。

（议决）由秘书处函达办理。

十六、许军事厅长提议，凡各厅委任人员均须造具详细履历呈省政府备案。

（议决）令行各厅遵照办理。

十七、许军事厅长提议，省政府公报定每星期出版一次。

（议决）由秘书处办理。

十八、许军事厅长提议，关于广三铁路工人请愿挽留旧局长陈子英一案由建设厅办理。

（议决）取销。

十九、许军事厅长提议，江维华条陈整理沙田一案交财政厅核议。

（议决）通过。

广东省政府省务会议
第七次议决案

七月十六日　星期四

所在地　广东省政府
出席者　（主席）许崇智　古应芬　廖仲恺　孙　科　宋子文
　　　　陈公博
缺席者　许崇清

一、关于整顿市内治安办法由公安局长提出二项：（一）请政府从新规定有照片枪照，每年换发一次，交公安局办理，对于领照人略为征费。（二）请政府换发警察自卫枪枝。拟招高等小学生训练六个月为警察巡视队，月薪由二十元至三十元。①

二、许军事厅长提议事项分条列后：（一）关于换发枪照，分长枪、短枪两种。（二）关于本市内各军队占驻民房者限一月内迁移郊外，只限定师部方准在市内设立办事处。（三）关于领枪照办法，如系穿军服者则向军事厅领照，便服持枪者则须向公安局领照，或由所属该军事机关发照亦可，但须函知公安局。（四）各军队移驻郊外后，或以宪兵若干补助警察之不逮。（五）枪照规定期限领取。（六）由公安局

---

①　原文缺“议决”内容。

14

组织侦查脚踏车队。（七）呈准军事委员会，由警卫军挑选一营暂编为陆军警察，以补助警察维持治安。（八）由省政府密令公安局，对侯山暗杀案加赏三千元，限期破案。（九）由公安局长制定枪照格式，于本星期五日提呈省务会议。①

三、古民政厅长提议，拟将各警察分区裁撤，组成数大区，减警察额加薪饷。

（议决）令行市政厅分别办理并将办理情形具复。关于第二条之第三项暨第七项，由省政府呈请军事委员会照准办理，第七项于"营"字下加入"暂"字。

四、陈农工厅长提议，委任凌景鎏、李崇年为农工厅秘书，陈炳权为统计科长，李孝则为农工科长。

（议决）通过。

五、陈农工厅长报告关于调查广三铁路工人请愿、挽留旧局长反对新局长情形一案，由政府将农工厅报告转呈政治委员会。

（议决）由省政府令建设厅妥为办理。

六、孙建设厅长提议，请省政府制止各军电讯队截搭电线，免碍交通案。

（议决）由省政府呈请军事委员会通令各军制止，免碍交通。

七、孙建设厅长提议筹议建设计划书。

（议决）交建设厅将该计划书登报，并分送政治委员会及各机关、各县、各团体。

八、孙建设厅长提议，关于各厅预算应早日决定。

（议决）通令各厅办理。

九、廖财政厅长提议组织省政府所属机关预算委员会。

（议决）由财政厅长再提出下次政治会议。

十、许军事厅长提议，令各机关及市政府分令各局，将预算案制备两份提呈省务会议，限至本月二十日为止，式样仍旧制。

（议决）令各厅及市政府分令所属各机关限本月二十五日前具报。

十一、廖财政厅长提议，关于黄江税厂由商认饷承办一案，现准粤

---

① 原文缺"议决"内容。

军第一师长李济深函称，因举办军官教导团，拟由师部派员照原饷承办，以作该团营经费一案，未便擅专，提呈国民政府请示办法。

（议决）交财厅函复，述明财政统一，碍难照办。

十二、古民政厅长提议，关于沙基惨杀案调查委员会拟函高审厅陈厅长继续开会。

（议决）由省政府函高审厅陈厅长继续开会，迅将调查手续完成，开大会结束此案。

十三、许军事厅长提议，对于沙基惨杀案是否仍由省政府监督继续开会。

（议决）取销。

十四、许军事厅长提议，对于各机关长官公费用途，是否实报实销或指定数目，于指定数目之内有盈余时仍解回政府。此案呈国民政府核定。

（议决）呈请国民政府，交由古民政厅长提呈。

十五、许军事厅长提议制定收支单据经手人誓词方式。

（议决）照此方式分令各机关、各县，限八月一号起遵照办理。

十六、孙建设厅长提议，关于广三铁路工人呈请挽留旧局长反对新局长案，请由省政府批办，言明政府委员接充系为整顿路务起见。政府为事择人断无偏袒，且必能顾全工人利益。至对于任××侵吞地亩问题，当由建设厅监督新任彻底查明严办，务期政府与工人咸受其益。工人等为政府服务，当能善体此意等语批办。

（议决）照此批办。

广东省政府省务会议
第八次议决案

七月十八日　星期六

所在地　广东省政府

出席者　（主席）许崇智　古应芬　廖仲恺　孙　科　宋子文

陈公博

缺席者 许崇清

一、许军事厅长提议，关于广州、汕头、上海航路交通，由商务厅与招商粤局交涉，电招商总局指定定期航路，每星期至少有一次船到粤；由宋厅长报告经与招商局订妥广州、汕头、上海航路，指定商船四艘航运，平均每星期在广州出口两次入口两次。

（议决）令商务厅督率实行。

二、廖财政厅长提议，关于沙田清理处江维华呈报办理番禺石楼乡清佃一案，着江维华仍遵照财厅令，撒〔撤〕销专处，归并入财厅，仍由江维华主任办理。

（议决）令财厅及沙田清理处。

三、许军事厅长提议，关于调查市内人口、户口，于下次省务会议函邀市政委员长出席讨论。在暑假期内拟由广州市大学校学生协助进行，以收迅速之效。

（议决）函市政厅照办。于大学生外加入中学四年级学生协助进行。

四、许军事厅长提议，十九日邀请各界茶会，关于一般之过去、现在情形由许主席宣布，其余关于各厅主管范围内计划由各厅长宣布。

（议决）通过。

五、古民政厅长提议，冯玉祥江电由省政府省务会议电复。

（议决）以省务会议名义电复。

六、古民政厅长提议，关于前大本营清查财政部、市财政局、民产保证局一案，除财部应归国民政府复核外，其市财局及民产保证局似应由财厅复核。

（议决）俟监察院成立，由省政府提请继续严查。

七、古民政厅长提议，请委任李绮庵为广宁县长，严博球为德庆县长，王瑞麒为博罗县长，何彬如为惠阳县长。

（议决）令委。

八、孙建设厅长提议，广九铁路管理局局长黎照寰未到任以前，派李承翼暂行代理该局事务。

（议决）令委。

九、孙建设厅长提议，委托那文回美征求资本团投资本省委托书草案呈国民政府。

（议决）委托书及合同草案存留政治委员会审查，俟审查完毕再议。

十、孙建设厅长提议，订购无线电合同草案呈国民政府。

（议决）同第九条议决。

十一、孙建设厅长提议，省务会议规则交陈厅长审查。

（议决）交陈厅长再审查。

十二、陈农工厅长提议，据第九区党部钟明德等拟收容罢工工人开采煤炭案，呈国民政府核阅。

（议决）否决。

广东省政府省务会议
第九次议决案
七月十八日　星期六

所在地　广东省政府

出席者　（主席）许崇智　古应芬　廖仲恺　孙　科　宋子文
　　　　陈公博

缺席者　许崇清

一、许军事厅长提议，关于调查户口、人口事由市政厅拟具详细办法呈核。

（议决）令行市厅办理。

二、许军事厅长提议，对于公安局提出领枪照办法内应加入之点：（一）如政府颁布戒严期内得暂停止枪照效力。（二）于"海陆军人"之下加一"等"字。（三）如军人便装持枪时仍须领照，向该直接最高级长官领取。（四）照费分两等：（甲）二元；（乙）一元。

三、枪照以省政府名义颁发，委托广州市公安局办理。如领枪人迁居，仍须报知警区。各县领照则由该县长汇呈省政府军事厅发给。

四、枪照格式由公安局制印，呈报省政府核定盖印颁行。

（议决）以上三条均通过。（一）令公安局代拟枪照格式及修正条例呈报省政府。（二）由省政府转呈军事委员会核准备案。

五、许军事厅长提议，据本市粮食维持会魏丽堂等报称，现由商人雇有德国鲁麟洋行船二艘载运杂粮到省，经抵虎门外。请省政府发给护照并引带水人入港，仍遵照政府规定条例呈请起卸。

（议决）函商务厅、公安局会同派员到该轮查明杂粮种类数目呈报，以免流弊。

六、廖财政厅长提议，请委任俞飞鹏为广东金库库长。

（议决）令委。

七、许军事厅长提议，应报告国民政府，由省务会议委任马洪焕暂行代理教育厅长职务。

（议决）呈国民政府察核，陈明因筹议教育计划及造具预算不能迟延，故由省务会议议决暂委马洪焕代理教育厅职务，并由秘书处函请马代厅长于下星期一日出席省务会议。

八、许军事厅长提议，凡省政府所属各机关人员，除政府特许外，不得兼任一切社会团体名誉职及实职。

（议决）通令各机关遵照，如有兼职应自行辞退。

九、许军事厅长提议，通令各机关所有省政府所属各职员，不得吸食洋烟。如有此等嗜好者，应由该机关主管长官查明撤换，倘有包庇情事应同受处分。

（议决）由秘书处议定保证书格式及条例，其办法及施行日期下次再议。

十、孙建设厅长提议广东公路局组织章程。（附章程一件①）

十一、广东航政总局组织章程。（附章程一件②）

（议决）以上两条由省政府公布并呈国民政府备案。

十二、孙建设厅长提议请省库克日拨款以罢工工人兴筑近郊公路

---

① 附件略。

② 附件略。

案。（附提议书一件、预算书一件、草图一张①）

（议决）令财政厅克日先拨五千元交建设厅公路局，以便兴工。

十三、孙建设厅长提议，关于广州市审计处处长黄子聪呈称，饬令广州市委员长转饬各局编造预算书案提呈国民政府。

（议决）呈国民政府将广州市审计处裁撤，归并监察院。

十四、古民政厅长提议，请将通缉李济源一案取销。

（议决）函民政厅传李济源来省陈明经过情形候核。

十五、廖财政厅长提议，各厘税厂未经招商承办以前，由厅遴员办理，所有应需经费暂照从前旧额开支案，提呈国民政府。

（议决）令行财厅，如投票时须将章程于布告十日前登报，并假总商会为投票地点，以示公开。

十六、孙建设厅长临时提议，凡省政府所属各财政征收机关人员，除暂时仍系包办性质者外，所有向日提厘或提成津贴自理费等应一律取销，并禁止巧立名目增益私利，违者严惩以重公帑而肃官箴。

（议决）以省政府令通饬各机关照办。

广东省政府省务会议
第十次议决案

七月二十一日　星期二

所在地　广东省政府

出席者　（主席）许崇智　古应芬　廖仲恺　许崇清（马洪焕代）

孙　科　宋子文　陈公博　（公安局长）吴铁城

公安局长报告茶居工会与面粉工会斗杀案情形。

一、孙建设厅长提议省政府所属各机关职员，自科长、秘书以至处长、局长等，其每月应领俸给，应由各厅依据国民政府所颁布文官俸给表拟定俸额，于本月二十五日以前提交会议公决。

---

① 附件略。

（议决）由秘书处函送文官俸给表与各厅及市政府，限于本月二十五日以前依照俸给表规定列入预算，呈报省务会议转呈国民政府。

二、电报局组织章程呈国民政府。

（议决）令准。

三、许军事厅长提议，关于民间飞机事业应由省政府提倡，议定募款办法：（子）宣传资料如说明、图样等由航空局准备。（丑）议定募款奖励，分为名誉职及纪念赠章等。（寅）募款额数定为五十万元，表列如下：

（1）	5000 元/册	30 本	150000
（2）	2000 元/册	50 本	100000
（3）	1000 元/册	100 本	100000
（4）	500 元/册	200 本	100000
（5）	100 元/册	500 本	50000
			500000

（卯）期限定三个月筹足筹款，系由各机关各团体各县暨军政绅商各界分筹认募。

（议决）关于子丑寅卯四项由许主席与航空局筹划办理，筹划后再提出会议。

四、许军事厅长提议，根据第四次省务会议议案第三条关于取销保商卫旅费事，由省政府通令，对于保商队之组织及擅立名目抽收护运费等苛捐限八月一号以前完全取销，同时咨呈军事委员会于八月一号前规复段舰，并函粤军总部查照，倘各军有不遵令者请严重处分。

（议决）咨呈军事委员会于八月一号前规复段舰，对于保商卫旅费等苛捐并请通令各军撤销，切实保护商旅，至办理情形令知以便布告商民人等知照。

五、许军事厅长提议，关于自来水加二费之用途承商办理情形，令市厅转公安局查明呈复。

（议决）函市政委员长于本月二十二日上午十一时出席省务会议。

六、古民政厅长提议，关于课吏馆章程、现任县长甄别试规程呈国

民政府。（附章程草案一件、规程一件①）

（议决）课吏馆章程草案交陈厅长、马代厅长审查，县长甄别试规程通过，令知照行。

七、古民政厅长提议，委任陈椿熙为郁南县长，陆焕为清远县县长。

（议决）通过。

八、廖财政厅长提议，财政厅组织法呈国民政府。

（议决）候国民政府批示。

九、宋商务厅长提议，请将以前办理矿务机关移并商务厅接收案。

（议决）分令接收归并。

十、宋商务厅长提议，请接收前建设部、工商局、省长公署实业科文卷，各该局科前此办理之事有尚未完结须由该厅继续办理，有虽经完结须由该厅随时考查，以利进行案。

（议决）分别点收。

十一、宋商务厅长提议，报告调查华泰轮船载运粮食入口情形。（附报告书②）

（议决）存案。

十二、陈农工厅长提议，布告不准工会任意怀挟枪械斗杀。

（议决）通过。

十三、陈农工厅长提议，为茶居工人杀毙面粉工人三命并各工会请查办潘××案，令公安局长查复并责成切实缉凶，经由秘书处函请公安局长于二十一日上午十一时出席省务会议报告。

（议决）令农工厅长及市政委员长会同查办此案具复。

---

① 附件略。
② 附件略。

广东省政府省务会议
第十一次议决案

七月二十三日　星期四

所在地　广东省政府

出席者　（主席）许崇智　古应芬　廖仲恺　许崇清（马洪焕代）
　　　　　孙　科　宋子文　陈公博

一、许军事厅长提议，请农工厅会同民政厅根据本党及前政府保护农民一切宣言及命令议具草案，令各县长切实施行此案，由省政府先行令知广宁、中山、海丰、花县四县，责成切实保护农民。

（议决）俟陈、古两厅长调查完毕再提出会议。

二、关于中山县横档乡被外舰炮伤事，函农工厅长、中山县长黄居素，另函军事委员会、外交部，各派一员迅速组织横档乡案处分委员会，请即于明日函复委员姓名并声明准于二十三日会同前往。一面由省务会议电令该现任县长卢家驹，对于此案何以尚无报告。

（议决）照办。并由民政厅电令卢县长。

三、【提】议组织广东经济独立各界联合筹备大会计划及条例。

（议决）交陈厅长审查。

四、关于国民政府训令维持罢工工人案第三项，由省务会议电令各该县长、警察厅、商会、各团体，无论何项人等，如有输运粮食出口情事发生，即以卖国行为论罪，处以极刑（除令外并加快邮）。

（议决）通令。

五、孙建设厅长提议，由省政府通令禁止灰石出口，函各商会知照，又函财政部请下令海关监督遵照。

（议决）通过，照办。

六、孙建设厅长提议，请委任雷官鏄为建设厅土木工程技士，叶家垣为建设厅电力工程技士，余怀德为公路局技正，李焜业为公路局技士，叶家俊为广三铁路管理局车务工程师。

（议决）令委。

广东省政府省务会议
第十二次议决案

七月二十五日　星期六

所在地　广东省政府

出席者　（主席）许崇智　古应芬　廖仲恺　许崇清（马洪焕代）

孙　科　宋子文　陈公博

一、许军事厅长提议，广东经济独立各界联合筹备大会由民政、教育、农工、商务四厅会同组织，其组织大体及简章务于三日内提出会议。

（议决）提案交陈厅长审查。

二、许军事厅长提议，前由省政府颁发各机关收支单据之誓词方式，应再通令：凡单据上每张均须盖上该誓词方式。至方式之大小依单据伸缩。

（议决）通过。再通令知照。

三、许军事厅长提议，关于民政、财政两厅会同筹议维持罢工工人向外县筹款办法，均照原议办理，其绅富捐一项，则仍交民、财两厅会同省港罢工委员会妥订绅富捐简章及三联收据，务于三日内提案。决定后限各县于文到一个月内办妥，所有关于筹办此案一切费用不得在捐项内动支，至每月捐得之款均交罢工委员会收用。

（议决）仍交民政、财政两厅与省港罢工委员会妥商简章及办法，又由省务会议函省港罢工委员会执行委员，请与民、财两厅接洽办理。

四、孙建设厅长提议关于建设厅直辖各机关主管长官月支薪俸公费表。

（议决）通令各厅及市政府。

五、孙建设厅长提议广三铁路组织章程。

（议决）令发公布。

六、陈农工厅长、马代教育厅长报告审查课吏馆章程草案已完毕，

24

令发民政厅遵照办理。

（议决）通过。

广东省政府省务会议
第十三次议决案

七月二十五日　星期六

所在地　广东省政府

出席者　（主席）许崇智　古应芬　廖仲恺　许崇清（马洪焕代）
　　　　　宋子文　陈公博

缺席者　孙　科

一、古民政厅长提议，沙基惨杀案调查会各种报告经已印妥，应商定何日开会及应请何机关人员出席，并由何机关主持其事，请公决。

（议决）函高审厅陈厅长，关于沙基惨杀案调查会继续进行办理事，请于二十七日上午十一时出席省务会议商量一切。

二、许军事厅长提议，自来水加二费由市政府酌量情形妥为办理，务要清除积弊，涓滴归公。

（议决）令市政府照行。

三、许军事厅长提议，关于市内治安着市政府与广州卫戍司令及商会接洽，其办法有三项：（子）移军郊外。（丑）军队及军职员占驻民房者。（寅）编练陆军警察。以上三项令市政府依照第七次省务会议议决案第二条之第二项，限一月内完全办妥；至第二条之第七项，俟军事委员会核准后即行举办陆军警察。

（议决）令市政府照案办理具报。

四、许军事厅长提议，关于广东经济独立各界联合筹备大会组织规程交陈厅长审查。

（议决）交陈厅长再行审查，下次会议提出。

五、许军事厅长提议，关于沙基惨杀案各方来电汇交报馆发表，并通知沙基惨杀案调查委员会。

（议决）关于此种文电详细摘由送报，不必照录全文。

六、许军事厅长提议，通令各厅及所属各机关，凡在职人员不得兼任报馆访事。

（议决）通令各机关，并声明如政府特许者不在此列。

七、陈农工厅长提议，省务会议规则经已修正呈国民政府。

（议决）候国民政府批示。

八、孙建设厅长提议，因公赴沪，建设厅职务拟委该厅秘书吴尚鹰暂行代理，并代表出席省务会议，此事请古厅长于出席政府会议时代为报告。

（议决）候国民政府批示。

广东省政府省务会议
第十四次议决案

七月二十八日　星期二

所在地　广东省政府
出席者　（临时主席）古应芬　许崇清（马洪焕代）
　　　　　　孙　科（吴尚鹰代）　宋子文　陈公博
缺席者　许崇智　廖仲恺

一、许军事厅长提议，请建设厅关于邮务工人罢工要求各条件请出席报告。

（议决）下次再提出。

二、许军事厅长提议，关于建设厅孙厅长因公赴沪，请委该厅秘书吴尚鹰代表出席案，函吴尚鹰出席省务会议。

（议决）仍候国民政府核准。

三、陈农工厅长提议，请委任王志远为农工厅技士。

（议决）令委。

广东省政府省务会议
第十五次议决案

七月二十八日　星期二

所在地　广东省政府

出席者　（临时主席）古应芬　孙　科（吴尚鹰代）　　宋子文
　　　　　陈公博　许崇清（马洪焕代）

缺席者　许崇智　廖仲恺

一、古民政厅长提议，沙基惨杀案调查委员会请转托交涉署，请出席沙基惨杀案大会之各国领事在报告书内签名。

（议决）各国领事处于旁听地位，又非调查员，无用请其署名。

二、古民政厅长提议，调查委员会应否继续办理，如继续则应指定办理事项。

（议决）俟政治委员会察阅内容后再定办法，暂时不必讨论。

三、陈农工厅长提议，调查会似应继续办理，至指定办理事项由该会自由拟定继续报告。

（议决）照办。并应严守秘密，切勿登报。

四、宋商务厅长提议，关于惨杀案调查结果将大略情形通电国内外，其要点：（一）证明系由对方先行开枪。（二）证明死伤人数。电稿由调查会拟定送省务会议阅后乃发。

（议决）照办。以上四条均函请陈高审厅长并详列由一至四议案内容，请查照办理。

五、宋商务厅长提议，函请各工团，凡关于商务厅经发给护照后者不得留难。

（议决）照办。由省务会议函知罢工委员会。此稿送农工厅陈厅长核阅乃发。

六、吴代建设厅长报告关于邮差罢工情形，略言邮差系二十三日罢工。提出条件：（一）于邮政上加入"中华"二字。（二）加工五元。

其余因记忆不清，大略系每日工作时间及派信次数均要求减少等共六条件。惟邮务司对于第一、第二两条件要电北京邮务总局请示办法，其余尚可磋商。至日昨，邮差代表前赴邮局请愿时，由副邮务司接见，亦无要领。现拟于今日晤邮务司切实商量办法，其余关于工人方面则请农工厅担任协助办理。

（议决）下次提出。

七、古民政厅长提议，关于邮差罢工事，似应由建设厅限令邮务局于一定时期将解决办法答复，一面由农工厅饬令邮差先行回复工作。

（议决）下次提出。

广东省政府省务会议
第十六次议决案

七月三十日　星期四

所在地　广东省政府

出席者　（临时主席）古应芬　廖仲恺　许崇清（马洪焕代）

孙　科（吴尚鹰代）　宋子文　陈公博

缺席者　许崇智

一、古民政厅长提议，顷据增城各界代表请愿，以该县因罗、袁①两军争防，战斗激烈，人民死伤者以百计。此事省政府前据该县团体邮电，经咨呈军事委员会分别令行制止在案。现复据该县代表请愿，应由省政府再呈军事委员会派军前赴弹压，迅行制止。

（议决）呈军事委员会。

二、陈农工厅长提议，中山县第九区盗贼集中抽收禾捐；又中山县全属盗贼充斥，禾不能割。此二事呈请军事委员会，请于两日内速派兵剿办。

（议决）呈军事委员会，已由军事委员会指派定第一师第一旅前往

① 指罗翼群（潮梅督办）、袁华照（建国第一师第二旅旅长，一说第三旅旅长）。

剿办。

三、陈农工厅长提议，关于经济独立委员会章程附加意见数点：（一）于行政委员之人数已定为三十一人，则大会之代表人数似宜依此标准扩为四倍或五倍，请政治委员会审定之。（二）对外协会不宜加入大会，其理有三：（甲）现本会既由各团体组织，兹复加入则为骈枝，而且代表人数反为不平均；（乙）对外协会为临时对外机关，其性质侧重宣传，本会系有继续性而且为积极建设之机关，其性质微有不同；（丙）本会成立后对外协会不妨存在，使专为宣传之用。至于维持罢工工人之设计及募捐事完全由本会办理。

（议决）撤销。

四、马代教育厅长提议，广东省政府教育厅组织法呈国民政府核夺。

（议决）呈国民政府核夺。

广东省政府省务会议
第十七次议决案

七月三十日　星期四

所在地　广东省政府

出席者　（临时主席）古应芬　廖仲恺　许崇清（马洪焕代）
　　　　　孙　科（吴尚鹰代）　宋子文　陈公博

缺席者　许崇智

一、陈农工厅长提议，广东经济独立大会章程已修正呈国民政府。

（议决）候政治委员会修正颁发。

二、古民政厅长提议，关于广州总商会来函，转陈全省内河商船公会讨论保护交通肃清河道各案意见：（一）规复段舰，前经呈请军事委员会办理。（二）统一捕权，议请军事委员会决定办理。（三）举办清乡，议请军事委员会决定办法。（四）取销保护费，前经呈请军事委员会严令禁绝。（五）军队封借轮船、渡船，应令行商务厅转饬商船公会查明共被封借若干艘、现在何军管辖，列表呈报，以凭咨呈军事委员会饬令发还。

（议决）录全案呈军事委员会。除第一、第四两条前经呈核办外，其第二、第三两条请决定办法，第五条由省政府令行商务厅查明呈复再呈军事委员会核办，并将办法函复广州总商会。

三、古民政厅长提议请委徐式度为花县县长。

（议决）令委。

四、廖财政厅长提议电令海丰县长调查汕尾到港有轮船两艘载运粮食接济□□①情事，应即先查明详细情形克日电复。

（议决）照办。

广东省政府省务会议
第十八次议决案

八月四日　星期二

所在地　广东省政府

出席者　（临时主席）古应芬　廖仲恺　许崇清（马洪焕代）

孙　科（吴尚鹰代）　宋子文　陈公博

缺席者　许崇智

一、由财政厅迅筹二万元，即汇日本横滨接济澳洲皇后船罢工工人，议交财政厅办理。

（议决）令财政厅照汇。

二、略。②

三、增城梁县长勘日邮报，本月二十七日袁、罗两部在观音岩剧战，两部均有伤亡，停战后交通仍断绝一案，拟再呈军事委员会。

（议决）呈军事委员会。

---

① 原文如此。

② 凡注"略"项均为编者所删。

四、广东省金库条例呈国民政府。

（议决）呈国民政府。

五、广东省金库收纳及支付章程呈国民政府。

（议决）呈国民政府。

六、台山县前任县长卓仁机竟图抵抗新任县长刘栽甫到县接事，并架设机关枪严密布防，搜索党员，焚毁欢迎牌楼，拒绝新任县长代表等行为，呈军事委员会查办，并请下令训诫军人不得干预民政。

（议决）呈军事委员会。

七、关于各种技术上人员，如有在政府受职而兼学校教授者应否兼薪，前明令未有规定标准，呈请国民政府明定办法。

（议决）呈国民政府明定办法。

广东省政府省务会议
第十九次议决案

八月四日　星期二

所在地　广东省政府

出席者　（临时主席）古应芬　廖仲恺　许崇清（马洪焕代）
　　　　　孙　科（吴尚鹰代）　宋子文　陈公博

缺席者　许崇智

一、对于李、吴两局长报告众意处分散兵办法，决定以警卫军监督散兵工作，指定兴筑由盘福路直通西村之路。所有修路及架设桥梁等费约需一万元，此事交由公路局会同公安局计划办理。

（议决）令财政厅照付。

二、市政委员自由职业界钱树芬、杜之杕先后不允就，以霍玉麟补充；现代职业界陈孚木不允就，以麦朝枢补充。

（议决）照办。

三、关于民团统率处应归民政厅或军事委员会管辖，呈军事委员会请示遵。

（议决）呈军事委员会示遵。

四、呈国民政府请政治委员会关于教育经费独立之解释请明令示遵。

（议决）呈国民政府。

广东省政府省务会议
第二十次议决案

八月六日　星期四

所在地　广东省政府

出席者　（临时主席）古应芬　廖仲恺　许崇清（马洪焕代）
　　　　　孙　科（吴尚鹰代）　陈公博

缺席者　许崇智　宋子文

一、花地山村货仓有与刘、杨①有关系之奸商存贮该仓米约三万包，议请国民政府派员取回以济粮食。

（议决）办妥后再行呈报。

二、关于台山县各界请愿事呈军事委员会核办。

（议决）照办。

三、关于石滩罗、袁两军斗争焚毁民房事，应呈军事委员会严重处分或将该军队解散之。

（议决）照办。

四、南、番两县县长暨所属职员之俸薪应照何级支领呈国民政府核示。

（议决）令民政厅拟订县组织法后，由组织法内解决此案。

---

①　指刘震寰、杨希闵。

广东省政府省务会议
第二十一次议决案

八月六日　星期四

所在地　广东省政府

出席者　（临时主席）古应芬　廖仲恺　许崇清（马洪焕代）

　　　　　　孙　科（吴尚鹰代）　陈公博

缺席者　许崇智　宋子文

一、议将佛山、江门两埠建设独立市，举办市政扶植地方自治一案，呈政治委员会核示。

（议决）照办。进行情形当随时报告国民政府。

二、请委徐苏中为南雄县县长。

（议决）本人辞职，另委接充。

广东省政府省务会议
第二十二次议决案

八月六日　星期四

所在地　广东省政府

出席者　（临时主席）古应芬　廖仲恺　许崇清（马洪焕代）

　　　　　　孙　科（吴尚鹰代）　陈公博

缺席者　许崇智　宋子文

一、关于沙基惨案死难各烈士国葬一案，议设国葬筹备委员会办理并定国葬日期，呈国民政府核定。

（议决）呈国民政府。

二、关于沙基惨杀案报告书，函调查委员会应另印西文本，并附录岭南大学西人教职员报告书。

（议决）照办。

三、广东图书馆划归教育厅管辖。

（议决）分令教育厅及广东图书馆。

广东省政府省务会议
第二十三次议决案

八月十一日　星期二

所在地　广东省政府

出席者　（临时主席）古应芬　廖仲恺　许崇清（马洪焕代）

　　　　　孙　科（吴尚鹰代）　宋子文　陈公博

缺席者　许崇智

一、古民政厅长提议，近日港纸价格日高，竟涨至加三以上，其原因广东银毫不能流通各省所致。查香港中国人均以港纸为本位，而上海方面则否，虽外国人亦以大洋为本位，此系极应注意之事。若政府犹不设法筹铸大洋，则广东金融有不堪设想之一日，所以对于整理广东银币认为今日当务之急。如能使粤币直接与上海汇兑贸易，则经济独立之企图始有希望。至关于改革币制，以大洋为本位，及沟通沪粤金融直接交通各问题，至为重大，议呈政治委员会核定办法示遵。

（议决）函财政部及令财政厅各派秘书一人会同中央银行筹划办理。

二、建设厅提议，招商承办士敏土厂章程议令该厅照办，到时由该厅请监察院派员监督开投。

（议决）照办。

广东省政府省务会议
第二十四次议决案

八月十一日　星期二

所在地　广东省政府

出席者　（临时主席）古应芬　廖仲恺　许崇清（马洪焕代）
　　　　　　孙　科（吴尚鹰代）　宋子文　陈公博

缺席者　许崇智

一、民政厅请委任沈崧为佛山市市政筹备专员兼办佛山全市警察事宜。

（议决）令委。

二、民政厅请委任李蟠为江门市政筹备专员兼任江门警察厅厅长。

（议决）令委。

三、民政厅请委任邓惟贤为南雄县县长，刘学修为云浮县县长；增城县县长梁树熊调充宝安县县长，递遗增城县长缺以谢维屏补充。

（议决）令委。

广东省政府省务会议
第二十五次议决案

八月十五日　星期六

所在地　广东省政府

出席者　（临时主席）古应芬　廖仲恺　孙　科（吴尚鹰代）
　　　　　　宋子文　陈公博

缺席者　许崇智　许崇清（马洪焕代）

一、广三铁路工潮其情形既如陈局长之所报告，目前调处议由工人方面于本日下午五时举派代表前赴农工厅共商解决。

（议决）通过。

二、民政厅请委任毛秉礼为东莞县县长，姜济寰为曲江县县长，谭柄槛为始兴县县长，王永熀为仁化县县长。

（议决）令委。

广东省政府省务会议
第二十六次议决案

八月十九日　星期三

所在地　广东省政府

出席者　（临时主席）古应芬　廖仲恺　许崇清（马洪焕代）

孙　科（吴尚鹰代）　宋子文　陈公博

缺席者　许崇智

一、请委任林伟民、邓汉兴、周祥为工界市政委员，黄焕庭为现代职业界市政委员。

（议决）黄焕庭辞职，余照令委。

二、关于政府管理下之事业及其他公用事业之工人，如有要求，须先呈明政府核夺，不得率尔罢工，否则政府当严重惩办。

（议决）呈国民政府。

广东省政府省务会议
第二十七次议决案

九月十一日　星期五

所在地　广东省政府

出席者　（临时主席）古应芬　李基鸿　孙　科（吴尚鹰代）

陈公博

缺席者 许崇智　许崇清（马洪焕代）　宋子文

一、古民政厅长提议，拟定市区商埠户口调查规则三十二条，县治户口编查条例三十一条，人事登记暂行条例十条，呈国民政府核定。（附规则条例①）

（议决）经国府核定令如议办理。

二、古民政厅长提议，拟就县长甄别试委员会章程草案呈国民政府核定。（附章程草案②）

（议决）经国府核定令如议办理。

三、建设厅提议，据公路局呈缴东山至东圃公路路线所经割用民地拟定给值办法，连同章程、执照式样、通知单式样、债券式样，呈国民政府核定。（附提案书③）

（议决）经国民政府核定令照所议办理。

四、沙基惨案西文报告书呈政治委员会核阅。（附西文报告书④）

（议决）候发还，送调查会付刊。

广东省政府省务会议
第二十八次议决案

九月十一日　星期五

所在地　广东省政府

出席者　（临时主席）古应芬　李基鸿　孙　科（吴尚鹰代）
　　　　　　陈公博

缺席者　许崇智　许崇清（马洪焕代）　宋子文

一、陈农工厅长提议，关于工人罢工不听政府调解，于本党前途极

---

① 附件略。
② 附件略。
③ 缺附件。
④ 缺附件。

有关系。拟请省政府转呈政治委员会，迅定实施政策及训练指挥方法案呈政治委员会核办。（附提呈一件①）

（议决）照办。

二、陈厅长提议，据广东粤汉铁路总工会执行委员会呈请停止提款展筑粤路以救危亡一案，众意自军兴以来军费浩繁，该路收入一时未能停止提取。俟三四个月全省财政统一后，再行将所请各种办法斟酌施行。至该工会呈称意见及计划呈政治委员会核阅。（附该会原呈一件、计划九条、粤路全图一张②）

（议决）转令知照。

三、省务会议由下星期起改为每星期三次，以星期一、三、五日正午十二时为开会时期。

（议决）照办。

四、财政厅长提议，烟酒公卖处组织法呈政治委员会。（附组织法一件③）

（议决）通过。令知如议办理。

广东省政府省务会议
第二十九次议决案

九月十一日　星期五

所在地　广东省政府
出席者　（临时主席）古应芬　李基鸿　孙　科（吴尚鹰代）
　　　　陈公博
缺席者　许崇智　许崇清（马洪焕代）　宋子文
一、现代职业界市政委员黄焕庭辞职，拟委赵柏补充。

---

① 缺附件。
② 缺附件。
③ 缺附件。

38

（议决）照委。

二、委任陆英光署理广宁县县长。

（议决）照委。

三、廖故厅长于本月①二十日上午九时五十分因公赴中央执行委员会会议，在会门首被凶徒狙击逝世，通告海内外。

（议决）照办。

四、古民政厅长提议，关于此次廖厅长被凶徒狙击，民政厅长应呈请议处，至广州市公安局局长及番禺县县长职司不力，各记大过三次。

（议决）关于古厅长呈请议处之处呈国民政府请核夺，其番禺县长、公安局长则由省政府下令记大过三次。

五、古民政厅长呈称，拟订佛山市政筹备处暂行条例十八条，呈国民政府核示。

（议决）候国府批示。

广东省政府省务会议
第三十次议决案

九月十一日　星期五

所在地　广东省政府

出席者　（临时主席）古应芬　李基鸿　孙　科（吴尚鹰代）
　　　　　　陈公博

缺席者　许崇智　许崇清（马洪焕代）　宋子文

一、沙基惨案调查委员会第三期报告书稿呈政治委员会核阅。（附报告书稿一本、图二幅②）

（议决）候发还，送调查会付刊。

二、各机关办事报告书前经第五次会议议决，限定每月初一日、十

---

① "本月"为八月。

② 缺附件。

六日造报。惟时间无几，赶办不及。现限定每月六日造报上月三十日以前办事情形，二十一日造报本月十五日以前办事情形，分令各机关知照。

（议决）通令遵照。

三、省政府与政治委员会政治方针每不能吻合，其原因政治委员会所议各案省政府无由得悉，故政治设施未能一致，揆之以党治国之精神似不相联属。嗣后政治委员会议决事项，如认为省政府可得与闻者，请将每次议案检发一份，俾资遵循而免隔阂，此事请政治委员会核夺。

（议决）照办。

四、关于大元帅逝世纪念日、国府成立纪念日应否放假及应否列入学校历，呈政治委员会核定。

（议决）候批示。

广东省政府省务会议
第三十一次议决案

九月十一日　星期五

所在地　广东省政府

出席者　（临时主席）古应芬　李基鸿　孙　科（吴尚鹰代）
陈公博

缺席者　许崇智　许崇清（马洪焕代）　宋子文

一、由省政府函中央党部，关于各县农民自卫军应受各县县长之节制指挥训练，请拟定具体办法。一方面由中央党部转知各属农会遵守，一方面由省政府分令各县知照。

（议决）函中央党部及呈政治委员会。

广东省政府省务会议
第三十二次议决案

九月十一日　星期五

所在地　广东省政府

出席者　（临时主席）古应芬　李基鸿　孙　科（吴尚鹰代）
　　　　　陈公博

缺席者　许崇智　许崇清（马洪焕代）　宋子文

一、令财政厅转饬南、番两县照拨民团统率处每月经费（查案该处每月经费若干，令财厅转饬照拨）。

（议决）照办。令财厅。

广东省政府省务会议
第三十三次议决案

九月十一日　星期五

所在地　广东省政府

出席者　（临时主席）古应芬　李基鸿　孙　科（吴尚鹰代）
　　　　　陈公博

缺席者　许崇智　许崇清（马洪焕代）　宋子文

一、古民政厅长提议，增城县县长谢维屏调充恩平县县长，所遗增城县长缺委熊栻署理；开平县长梁振楷辞职，遗缺委王体端署理；民政厅秘书李蟠经委为江门市政筹备专员，遗差委叶次舟接充；顺德县县长邓雄调省，遗缺委邓刚署理。

（议决）令委。

二、李财政厅长提议：（一）财厅设第三科（管理制用事件），不

41

增加预算。（二）各县署财政局长由厅委用（加入县长条例）。（三）撤销各县征收旧粮委员及验税契专员，统归各县财政局办理，由厅另委粮税征收专员驻局催收。

（议决）第一、三两项照办，其第二项令民政厅于订拟县长条例时列入此节。

广东省政府省务会议
第三十四次议决案

九月十二日　星期六

所在地　广东省政府

出席者　（临时主席）古应芬　李基鸿　许崇清（马洪焕代）
　　　　　孙　科（吴尚鹰代）　宋子文　陈公博

缺席者　许崇智

一、民政厅长提议，委署曲江县县长姜济寰辞职，委彭耕接充。

（议决）照委。

二、中山石岐米机行公益堂等呈称，辗谷工会苛订章程，罢工挟制，联恳准予维持并请转行农工厅严厉禁止，以恤商艰一案，交农工厅调处。

（议决）照办。

三、建设厅长提议，政府所发港转电报水线费共欠港币二万四千七百余元，如不设法清付，则由本月十六日起须用现款方允代发电报，交通受莫大影响。日前由建设厅筹汇港币五千元汇港，现余欠尚多，请设法清拨。众议由省政府函财政部，于两日内在盐余项下借拨一万元，商务厅筹拨一万元，交电报局转付。

（议决）照办。

四、农工厅长提议，据香港各邑商会联合会呈请准派代表商议调停罢工事，呈政治委员会核夺。

（议决）通过。

五、农工事件繁剧之县拟设农工局局长，由厅委派，呈政治委员会核夺。

（议决）由省政府体察情形办理。

六、中山县盗匪猖獗，函军事委员会请即派兵剿办。

（议决）照办。

广东省政府省务会议
第三十五次议决案

九月十六日　星期三

所在地　广东省政府

出席者　（临时主席）古应芬　李基鸿　许崇清　孙　科（吴尚鹰代）陈公博

缺席者　许崇智　宋子文

一、吴代建设厅长报告，据报广三铁路纠纷非调换一局长所能解决。大概系原有之机车工人及新添之机车工人与新雇用之稽查不能相容，并闻铁路工人于昨日开紧急会议，谓现广三铁路因罢工期内雇用局外工人，吾等认为攫夺工人职业，三路工人不能不联合对付。倘政府再不设法调处，则三路恐有联合罢工之虞。至政府拟委尚鹰代理该路事务，经代厅长一度之调查结果，以兼代厅长关系倘遽然接事，即失调人地位，反无调处之可能。现接广三铁路总工会函，可见即接事亦于工潮无补，而反扩大之。（原函抄呈①）兹据陈耀祖来呈请假一月并请车务工程师主任叶家俊代拆代行，特提出省务会议请公决等语。众议吴代厅长报告各节系属实情，且此案牵持日久，省政府迄未能解决，应请政治委员会核夺示遵。

（议决）经由政治委员会议决，委李作荣兼代广三铁路管理局局长。

---

① 缺附件。

二、财政厅长提议，省金库长俞飞鹏呈请辞职，经三次慰留，辞甚坚决，经照准，拟请委邵鸿为省金库库长；沙田清理处主任江维华辞职业经照准，拟请委陈景瑗接充。

（议决）照委。

广东省政府省务会议
第三十六次议决案

九月十八日　星期五

所在地　广东省政府

出席者　（临时主席）古应芬　李基鸿　许崇清　孙　科（吴尚鹰代）
　　　　　陈公博

缺席者　许崇智　宋子文

一、古民政厅长提议，据番禺、顺德、中山三县长呈请由县举办清查人民自卫枪械给照，并于该项枪炮照酌收照费，拨作此项清查及扩充警卫实力清乡专款等情。众议该各县领枪照办法，一方面令行军事厅转发，一方面由省政府令知将发照数目每月由该县具报一次。至关于清乡经费并饬造具预算呈核。

（议决）由民政厅再呈政治委员会说明（原文交回古厅长提议）。

二、委张家瑞为四会县县长。

（议决）照委。

三、许教育厅长提议，沙基死难烈士国葬坟场前经广州市公安局指定和平岗充用，惟经筹备会派员勘查，该地系沙石质，掘土筑坟一经雨水必尽崩坏，实不适用。复经工务局勘定大宝岗，是处最为适宜，惟系民业，面积共有百数十井，尽属空地。请省政府令广州市政府查照土地收用法布告收用其一部四亩余，并令国葬筹备会知照以便着手布置。

（议决）照办。分令遵照。

广东省政府省务会议
第三十七次议决案

九月二十二日　星期二

所在地　广东省政府

出席者　（临时主席）古应芬　许崇清　孙　科（吴尚鹰代）

　　　　　宋子文　陈公博

缺席者　许崇智

一、财政厅长提议，现在财政统一，所有收入均主公开整理，俾免隔阂而利进行。兹将本厅管理各厘税捐务收入机关现在办理情形分别列表，送请公同核议。其中某项应酌增饷额，某项应另案开投者，即请公决。（附税捐厘务情形表各一份①）

（议决）通过。

二、省务会议由下星期起改为每星期二、四、六为会议时期（时间仍照旧为正午十二句钟）。

（议决）通过。

---

①　缺附件。

广东省政府省务会议
第三十八次议决案

九月二十六日　星期六

所在地　广东省政府

出席者　（主席）古应芬　宋子文　孙　科（吴尚鹰代）　宋子文①
　　　　　陈公博

缺席者　许崇智　许崇清

一、关于民政厅呈，据番禺、顺德、中山三县长呈，请由县举办清查人民自卫枪械给照，并于该项枪照酌收照费，拨作此次清查及扩充警卫实力清乡等款一案，先由省政府批复并呈政治委员【会】察核。（附呈批稿一纸②）

（议决）照批稿办理。

二、民政厅长提议，委任谭芷滨为新兴县县长。

（议决）照委。

三、许主席函请辞职，公决举古民政厅长为省务会议主席。

（议决）通过。

---

①　从第三十八次会议开始，出席者名单中宋子文的名字经常出现两次，因宋身兼财政厅长、商务厅长两职。
②　缺附件。

广东省政府省务会议
第三十九次议决案

九月二十九日　星期二

所在地　广东省政府

出席者　（主席）古应芬　宋子文　孙　科（吴尚鹰代）　宋子文
　　　　　陈公博

缺席者　许崇清

一、古主席提议，关于中山县拟组织警卫队，以资保护而维治安案，呈政治委员会。（附提案①）

（议决）经政治委员会议决，由政治委员会将提案径交军事委员会办理。

二、新委四会县县长张家瑞辞职，委鹤山县县长陆涉川调任，所遗鹤山县长缺委陆钜恩接充；乐昌县县长梁光燦另有差委，遗缺委陈鸿慈接充。

（议决）照委。

广东省政府省务会议
第四十次议决案

十月一日　星期四

所在地　广东省政府

出席者　（主席）古应芬　宋子文　孙　科（吴尚鹰代）　宋子文

缺席者　许崇清　陈公博

---

①　缺附件。

一、建设厅长提议，广东电报局局长黄桓呈请辞职，拟照准，遗缺委陈孚木接充。

（议决）照委。

二、广东教育厅长许崇清因病请假一月，所有厅务委该厅总务科长马洪焕代理。

（议决）照准。

三、委任蔡慎为龙门县县长，李绮庵为佛冈县县长。

（议决）照委。

四、民政厅秘书叶次周回财政部本职，遗差委李禄超接充；民政厅第二科科长陆钜恩委署鹤山县县长，遗差委陈群接充。

（议决）照委。

广东省政府省务会议
第四十一次议决案

十月八日　星期四

所在地　广东省政府

出席者　（临时主席）陈公博　宋子文　许崇清（马洪焕代）
　　　　　孙　科（吴尚鹰代）　宋子文

缺席者　古应芬

一、关于中山县拟组织警卫队以资保护而维治安案。

（议决）经政治委员会议决，组织补充团供绥靖地方剿办土匪之用，其详细办法由军事委员会议定之。

二、政治委员会议决，推举古民政厅长为国民政府军事委员会委员。因地方上肃清土匪要调动军队，古厅长既为军事委员会委员，则将来地方必要调动军队之时可在军事委员会提议。如是既可免军权分裂之患，又可达肃静地方之益。

三、建设厅提会〔议〕，中山路加种树木征收费用案呈国民政府。

（附提议书及征费章程①）

（议决）呈国府。

广东省政府省务会议
第四十二次议决案

十月十三日　星期二

所在地　广东省政府

出席者　（主席）古应芬　许崇清（马洪焕代）　孙　科（吴尚鹰代）
　　　　　陈公博

缺席者　宋子文

一、据建设厅长孙科呈称，前因赴沪请假四十五天，现因先师坟场尚待计划建筑，未能回粤，再请假四十五天，期内职务仍由秘书吴尚鹰代理等情，请会议公决。

（议决）照准。

二、民政厅长提议，委任喻勋乾为乳源县县长。

（议决）照委。

三、建设厅长提议，委任李作荣为广三铁路管理局局长，所遗公路局局长一职委任陈耀祖接充。

（议决）照委。

四、农工厅长提议，省港罢工工人在广州市者甚多，兹届冬令气候严寒，拟请省政府函请各善堂院设法筹办棉胎棉衣，以为工人御寒之用。

（议决）函约各善堂院举派代表，总商会约同故衣行代表，于十四日上午十一时到省政府筹商一切。

五、省政府对于东征之宣言应即拟办。

（议决）照办。

---

① 缺附件。

广东省政府省务会议
第四十三次议决案

十月十五日　星期四

所在地　广东省政府

出席者　（主席）古应芬　宋子文　许崇清（马洪焕代）

　　　　　孙　科（吴尚鹰代）　宋子文　陈公博

一、关于政治委员会函请勒令各善堂备办罢工工人棉衣案，众议分函九善堂院各派代表一人，并函总商会约同故衣行代表，于本月十四日上午十一时到省政府筹商一切，并请伍市政委员长出席讨论。

（议决）照办。

二、民政厅长提议，委王道为河源县县长，李家礼为海丰县县长，黄右公为惠阳县县长，江董琴为博罗县县长。

（议决）照委。

广东省政府省务会议
第四十四次议决案

十月二十日　星期二

所在地　广东省政府

出席者　（主席）古应芬　宋子文　许崇清（马洪焕代）

　　　　　孙　科（吴尚鹰代）　宋子文　陈公博

一、民政厅长提议，委任陈逸川为龙川县县长，李崇年为陆丰县县长，王道为连平县县长，李克成为河源县县长。

（议决）照委。

广东省政府省务会议
第四十五次议决案
十月二十日　星期二

所在地　广东省政府

出席者　（主席）古应芬　宋子文　许崇清（马洪焕代）

　　　　　　孙　科（吴尚鹰代）　宋子文　陈公博

一、农工厅长提议，筹备于明年四月一日开广东全省农品展览会，请政府拨款一万五千元以为筹备。

（议决）照办。

二、南海县县长李宝祥着免本职，另候任用，遗缺委张家瑞署照〔理〕。

（议决）照委。

三、佛山市市政筹备专员预算书仍归民政厅审查。

（议决）照办。

广东省政府省务会议
第四十六次议决案
十月二十七日　星期二

所在地　广东省政府

出席者　（主席）古应芬　许崇清（马洪焕代）　孙　科（吴尚鹰代）

　　　　　　陈公博

缺席者　宋子文

一、建设厅长提议，以接中华教育改进会陶知行〔行知〕函称，美国纽约大学学生随同该校校长教员约五百余人，拟于本年十二月一日来华，由大沽起陆转赴北京、上海、广州等考察教育。关于筹备欢迎手续请指定教育机关主持办理一案，众议由教育厅会同教育会筹备招待。

（议决）照办。

广东省政府省务会议
第四十七次议决案

十月二十九日　星期四

所在地　广东省政府

出席者　（主席）古应芬　许崇清（马洪焕代）　孙　科（吴尚鹰代）　陈公博

缺席者　宋子文

一、民政厅长提议，新委博罗县长江董琴辞职，以新委惠阳县县长黄右公调署，所遗惠阳县长【缺】以罗伟彊署理，新丰县县长委潘子文署理。

（议决）照委。

二、财政厅长提议为拟具征收各县县长保证金简章一扣，请公决施行一案，提交政治委员会核夺。（附呈财政厅原呈一件、简章一扣、表一件①）

（议决）此案经政治委员会否决，转令财政厅知照。

---

① 缺附件。

52

广东省政府省务会议
第四十八次议决案

十月二十九日　　星期四

所在地　广东省政府

出席者　（主席）古应芬　许崇清（马洪焕代）　孙　科（吴尚鹰代）
　　　　　　陈公博

缺席者　宋子文

一、民政厅厅长提议，委任温其藩为五华县县长，罗师扬为兴宁县县长，何焕南为连县县长，伍嘉城为花县县长，陈侠夫为紫金县县长。

（议决）照委。

广东省政府省务会议
第四十九次议决案

十月三十一日　　星期六

所在地　广东省政府

出席者　（主席）古应芬　许崇清（马洪焕代）　孙　科（吴尚鹰代）
　　　　　　陈公博

缺席者　宋子文

一、农工厅长提议，农工科长李孝则已委任为海丰县县长，遗缺请以本厅农事股主任刘寅递补。

（议决）照委。

二、民政厅长提议，民政厅电令德庆县县长严博球来省，拟委办惠州善后事宜。该县长由德庆附搭两广商轮来省中途被掳，请严饬各军军队起掳。

（议决）函军事委员会。

广东省政府省务会议
第五十次议决案

十一月十二日　星期四

所在地　广东省政府

出席者　（主席）古应芬　许崇清（马洪焕代）　孙　科（吴尚鹰代）
陈公博

缺席者　宋子文

一、民政厅长提议，关于财政部咨开，据承办河南十字十五字义会和兴公司陈昭信呈缴章程，并称所有总分厂及开票场均在河南芳村、花地等处，但得在河北各商店设立代理收票处，请咨军政机关保护等情，希查照饬属保护一案。查河北龙〔能〕否设分赌馆，此非省政府得决定之权，请提出政治委员会请核定。

（议决）经政治委员会议决准在河北设立。

二、现任中山县县长黄居素调充江门市市政筹备专员兼江门警察厅长，所遗中山县县长缺即以李蟠调充。

（议决）取销。

三、委任姚海珊署理平远县县长，委孙绍唐署理和平县县长。

（议决）照委。

四、教育厅长提议：（一）通令全省各级学校一律加授三民主义科目。（二）小学自四年级以上每周加授一小时，中等以上每周加授二小时。（三）课程及教科书之编纂应有两种：（甲）中等以上学校通用；（乙）小学校用。关于第三项问题，拟呈请国民政府特命组织此项教科书编纂委员会从事编纂，或请中央党部宣传部、青年部、教育厅会同编纂，以昭郑重。编成之后令各校采用。

（议决）呈国民政府。

广东省政府省务会议
第五十一次议决案

十一月十四日　星期六

所在地　广东省政府

出席者　（主席）古应芬　许崇清（马洪焕代）　孙　科（吴尚鹰代）
　　　　　陈公博

缺席者　宋子文

一、民政厅长提议，关于查办惠济义仓、文澜书院，由省政府各厅派员组织审查委员会处理之，委员会主席以民政厅派员充任之。

（议决）照办，定下星期一日在民政厅开会。

二、民政厅长提议，委任余心一署理澄海县县长，李伯振署理阳春县县长，查光佛署理惠来县县长。

（议决）照委。

三、民政厅长提议，委任范其务为汕头市政厅厅长。

（议决）照委。

四、民政厅长提议，据江门市市政筹备专员呈称，该市筹备时期经已告终，请解除职务等语。该专员一职自应裁撤，并委任李蟠为江门市政厅厅长。

（议决）照办并加委。

广东省政府省务会议
第五十二次议决案

十一月十七日　星期二

所在地　广东省政府

出席者　（主席）古应芬　许崇清（马洪焕代）　孙　科（吴尚鹰代）
　　　　　陈公博

缺席者　宋子文

一、县政府组织法前议决交教育、农工两厅审查，现经审查完毕，由陈、马两厅长拟具修改意见九条。众议令行民政厅修正后再呈国民政府核夺。

（议决）照办。

广东省政府省务会议
第五十三次议决案

十一月十九日　　星期四

所在地　广东省政府

出席者　（主席）古应芬　许崇清（马洪焕代）　孙　科（吴尚鹰代）
　　　　　陈公博

缺席者　宋子文

一、教育厅长提议，查出版物系归民政厅主管。此次省政府拟通令全省各级学校一律加授三民主义一案，经呈国民政府明令组织编纂教科书委员会，原拟由中央执行委员会宣传、青年两部及教育厅三机关担任一案，似未尽妥，拟请加入民政厅，并得请平素对于三民主义研究有素之士参加，以期尽善。是否有当，敬请公决。众议呈国民政府核示。

（议决）呈国民政府。

二、建设厅厅长孙科呈请续假一月，呈政治委员会核夺。

（议决）呈国民政府并电促回粤。

三、民政厅长提议，四会县县长陆涉川久不赴任，应免本职，遗缺委李民欣署理；新兴县县长谭芷滨调省，遗缺委王和署理。

（议决）照委。

广东省政府省务会议
第五十四次议决案

十一月二十八日　星期六

所在地　广东省政府

出席者　（主席）古应芬　许崇清（马洪焕代）　孙　科（吴尚鹰代）
　　　　　陈公博

缺席者　宋子文

一、民政厅长提议，现署恩平县县长谢维屏着回电白县本任，所遗恩平县缺委胡荣光署理。

（议决）照委。

二、中山县长黄居素辞职，遗缺委李蟠署理，所遗江门市市政厅厅长委现署鹤山县长陆钜恩接充，递遗鹤山县长缺委许翯署理。

（议决）照委。

广东省政府省务会议
第五十五次议决案

十二月三日　星期四

所在地　广东省政府

出席者　（临时主席）陈公博　宋子文　许崇清（马洪焕代）

　　　　　　孙　科（吴尚鹰代）　宋子文

缺席者　古应芬

一、农工厅长提议，自来水公司王××舞弊有据，各董事监察人数年以来熟视无睹，且有通同舞弊情事，应令行市厅定期改选总理及董事监察人，现任总理王××及董事监察人张××等以后永远不准被选。

（议决）照办。

二、民政厅长提议，城西方便医院近以款绌宣告停办。查该院办理有年，甚著成绩，拟由广州市政府查明各善堂院其办理无甚成绩者或经费无多者，酌量归并，以原有之款拨归该院俾续办理，以利贫民。众议令行市政府由各善款内通盘筹划，每年应拨若干接济该院，以维善举。

（议决）照办。

三、民政厅长提议，委任吕仲仁为化县县长，黄为材为潮安县县长，刘侯武为潮阳县县长，蔡田为饶平县县长，陈卓凡为丰顺县县长，陈志强为普宁县县长，温明卿为蕉岭县县长。

（议决）照委。

四、阳江县长缺委乐昌县县长陈鸿慈调署，所遗乐昌县长缺委曾昭声署理；开建县县长李汉勋呈请辞职，遗缺委邓帮谟署理。

（议决）照委。

广东省政府省务会议
第五十六次议决案

十二月十日　星期四

所在地　广东省政府

出席者　（临时主席）陈公博　宋子文　许崇清（马洪焕代）

　　　　　孙　科（吴尚鹰代）

缺席者　古应芬

一、民政厅呈称，前在江门召集各县长开治安会议，议定新会县编练县兵每田一亩抽捐二角作经费。兹据该县呈请明令饬办前来，经批饬改名预备团，从速编练。查此事与番禺等县办法相同，请并行提议饬遵一案。众议准照所请办理。（附民政厅原呈①）

（议决）交除盗安民会办理。

二、财政厅呈称，关于广州市不动产税契及上盖税交由市财政局代办一案，因欠该局款项，是以要求代办以清前欠，兹定自十二月一日起即委托该局代办一案，拟照所请办理。（附原呈②）

（议决）照办。

三、军事委员会函送惠、博、东、增、宝、河源各属剿匪计划草案，请转饬迅速分别组成各该绥靖区委员会妥慎办理，并先将各该区人员姓名见复一案。众议令民政厅填送人员具复并行函复军事委员会。（附原函及草案③）

（议决）照办。

四、前潮梅国民党联合会主任陈宗鉴献议改造潮梅十二项办法，拟照转东江行政委员分别采纳。（附原件④）

---

① 缺附件。

② 缺附件。

③ 缺附件。

④ 缺附件。

（议决）令东江行政委员分别采纳。

五、民政厅长提议，丰顺县长缺，前经提议以陈卓凡接理，现复准周党代表来电陈卓凡调揭阳县县长，郭渊谷任丰顺县县长，应否准予委任，请公决。

（议决）照委。

六、前准政治委员【会】函送假期表交省政府核议一案，经令行教育厅核议在案。现据呈复，以发下之假期表核与原定学校历稍有出入者只"五一"劳动节及"五九"国耻两日，惟此两日习惯上各校多自行休课，查该假期表于学校寒暑各假均未列入，恐滋窒碍；至各机关自与学校不同，或可照表规定一案，呈政治委员会核阅。

（议决）由本府再将各种放假日期查列送政治委员会从新核订公布。

广东省政府省务会议
第五十七次议决案

十二月十二日　星期六

所在地　广东省政府

出席者　（临时主席）陈公博　宋子文　许崇清（马洪焕代）
　　　　　孙　科（吴尚鹰代）宋子文

缺席者　古应芬

一、农工厅长提议，以据自来水公司股东彭楚帆呈称，为改选消息传播，该公司董事覃××等多方运动，希图破坏，串同某工程师压搁命令及藉口修改章程股票登记，以延时日。又公司经理既被扣留查办于前，董事局又经明令撤销，而查办委员会又复解除职务，无人负责，危险实甚。请提出省务会议规复查办委员会主持一切，并严令该委员会等依照公司现行章程，限一月内办竣选举，以便整顿一案。众议令行市政府核办。（附原呈①）

---

①　缺附件。

（议决）令行市政府查核办理。

二、民政厅长提议，请以现代电白县县长杨锡绿调署廉江县县长，调化县县长吕仲仁暂行代理茂名县县长，所遗化县县长一缺委魏琼代理，又遂溪县县长缺委黄河沣署理。

（议决）电甘行政委员斟酌。

三、南路行政委员甘乃光电称委任林应沣为罗定县县长，陈仲伟为开平县县长，刘吉厚为合浦县县长，江鎏为化县县长（查化县县长缺，经民政厅提议委任魏琼代理，合注明），苏民为海康县县长，叶光畴为钦县县长，邝嵩齐〔龄〕为防城县县长，甘望群为灵山县县长。

（议决）照委。

四、南路行政委员甘乃光电称加委姚世光为阳江县县长。

（议决）仍着陈鸿慈赴任。

广东省政府省务会议
第五十八次议决案

十二月十五日　星期二

所在地　广东省政府

出席者　（临时主席）陈公博　宋子文　许崇清（马洪焕代）
孙　科（吴尚鹰代）　宋子文

缺席者　古应芬

一、民政厅长提议，请委符梦松复任海康县县长（查海康县缺经甘行政委员委苏民署理）。众议令行甘委员办理。

（议决）令甘委员办理。

二、建设厅呈称，据公路局局长陈耀祖呈称改组缘由并缴该局修正章程、每月支出经费预算书各一本，请公决施行一案。众议交教育厅审查，于下次核议。（附原呈及修正章程、支出经费预算书各一本①）

———————

①　缺附件。

（议决）令教育厅审查。

三、略。

广东省政府省务会议
第五十九次议决案

十二月十七日　星期四

所在地　广东省政府

出席者　（临时主席）陈公博　宋子文　许崇清（马洪焕代）

　　　　孙　科（吴尚鹰代）　宋子文

缺席者　古应芬

一、广州市商会主任董事陈铁香等呈，请核准嗣后华人在国内与外人订立契约，概以华文为标准。其不通华文者得以其本国译作副本，遇争讼则当以华文原本为根据，并请分别照会布告一案，呈政治委员【会】核夺。（附原呈①）

（议决）由外交部分别照会布告。

二、南路行政委员甘乃光呈请委任张远峰为徐闻县县长。

（议决）照委。

三、民政厅呈称，奉令核议连县商会长莫宗照呈报组织小北江连阳航运自卫团一案，现据该县代理县长莫辉勋呈复，以小北江上游多盗，前连护商营深资得力，现该自卫团简章即照前护商营章程办理等情，应否准其照办，请批遵一案。众议函军事委员会核办。（附原呈②）

（议决）照办。

四、财政部咨，请分令民、财两厅将关于硝矿及轰烈品检查所案卷逐一检齐，开列清单交本部爆烈品专卖处接收等由。查此案昨据民政厅呈称，关于轰烈品检查处应归财部管辖一案，俟财政部专卖处章程颁布

---

①　缺附件。

②　缺附件。

后即行撤销，在未颁布以前仍由该厅检查等情。经呈国府核示归案，拟候国府批示再行分令遵办。

（议决）照办。

广东省政府省务会议
第六十次议决案

十二月十九日　星期六

所在地　广东省政府

出席者　（临时主席）陈公博　宋子文　许崇清（马洪焕代）

孙　科（吴尚鹰代）　宋子文

缺席者　古应芬

一、建设厅长提议，公路局拟议筹款办法照案附加烟酒税及营业牌照费暨花捐等项，通令全省切实奉行，以维路政。众议交财政厅核复。（附提议书并公路局原呈各一件①）

（议决）照办。

二、教育厅呈称，拟具公、私立中小学校立案条例及私立学校取缔章程各一份，请核示遵一案。众议转呈国民政府核夺。（附原呈及条例草案②）

（议决）照办。

三、广东省党部函，据河源县党部微电称，惠州财政整理处张处长通令暂缓禁赌，以致各项杂赌应有尽有，请迅令严禁转请核办一案。众议呈政治委员会核夺。（附原函③）

（议决）照办。

四、革命军高雷讨邓军司令邹武电称，贼军陈翰华等尽将枪械缴存

---

①　缺附件。

②　缺附件。

③　缺附件。

广州湾赤坎公局，请向法领交涉，将枪械如数交还。又遂溪比邻租界，接济香港粮食源源不绝，并请罢工工友开来监视一案。众议：（一）交交涉员。（二）函罢工委员会。（附原电①）

（议决）照办。

五、民政厅提议，据信宜保团局长李敷荣等呈称，信宜克复，经各界公推刘竹君维持秩序，并经俞副指挥委任，请准加委。现复准陈指挥铭枢电同前，可否准予委任署理，请公决一案。众议交甘行政委员办理。

（议决）照委。

六、孙建设厅长删日来电，以墓工筹备仍未妥竣，请辞去建设厅【长】以免久假旷职一案。众议呈国民政府核夺。

（议决）照办。

广东省政府省务会议
第六十一次议决案

十二月二十四日　星期四

所在地　广东省政府
出席者　（临时主席）陈公博　宋子文　孙　科（吴尚鹰代）
　　　　　宋子文
缺席者　古应芬　许崇清（马洪焕代）

一、教育厅长提议，省政府秘书处主任拟改称为秘书长，以符名实案。众议呈国民政府核准加委。

（议决）呈国民政府。

二、代广九铁路管理局长李承翼呈报，筹备开行快车酌订客票价目请核备案，并请函达卫戍司令派兵保护，并知照罢工会照章核发通行证，免予限制每日发证定额，是否有当，候示遵一案，呈政治委员会核

---

①　缺附件。

夺。（附原呈及价目时刻表各一张①）

（议决）交建设厅审查。

三、民政厅长提议，据课吏馆长呈，拟请选派各学员往各县考察政治调查利弊，并请核定各员旅费，饬由所到各该县支给等情，连同拟具考察规则及薪给预算表前来，请提议公决一案。众议准照所请办理。（附提议书考察规则、薪给预算表各一份②）

（议决）照办。

四、甘行政委员电称改梅菉为独立市区，前委之防城县长邝嵩龄拟改委为该市筹备专员，至防城县长已委黄晃充任，恳电示遵一案。众议准照所请办理。

（议决）照办。

五、农工厅长提议，据东莞鲛沙乡农民莫连开等呈称，新委东莞护沙局长邓××率队来沙强封存谷，声称奉令投卖抵偿税捐。惟民等应纳税捐早经清缴，请迅令放谷撤兵，并将该局长撤差查办一案。查此案经本府令行财政厅核办具报在案，议令并案办理。

（议决）照办。

广东省政府省务会议
第六十二次议决案

十二月二十六日　星期六

所在地　广东省政府

出席者　（临时主席）陈公博　宋子文　许崇清（马洪焕代）

　　　　　　孙　科（吴尚鹰代）　宋子文（兼）

缺席者　古应芬

一、农工厅长提议，本厅农工科长请委姚益勉充任。

---

① 缺附件。

② 缺附件。

（议决）照委。

二、据台山县长刘裁甫、新会县长区灵侠会呈，请将台山、新会两县属沙捐清佃局归并县署办理，俾得将沙捐、清粮、治盗各要政实行整理一案。众议交财政厅审查拟复。（附原呈①）

（议决）照办。

三、建设厅呈，据广东航政局转据汕头分局呈报，奉惠潮梅财政整理处令饬将所收课款解处充军糈，并由处名义印发牌照应用等情，似于财政统一之旨背驰，请核示一案。众议交财政厅查核具复。（附原呈②）

（议决）照办。

广东省政府省务会议
第六十三次议决案

十二月三十一日　星期四

所在地　广东省政府

出席者　（临时主席）陈公博　宋子文　许崇清（马洪焕代）
　　　　　　孙　科（吴尚鹰代）　宋子文（兼）

缺席者　古应芬

一、据广州市市商会主任董事宋俊堂、陈青选、李继文等呈称，据沙基米埠米糠行裕昌号等投称，于本年四月间由芜湖等处购运米石回粤，寄贮南洋货仓。旋因罢工风潮发生，又值日人提出出仓苛例，经月余始获撤销，以致公布开仓期限已过，未能依期领证出仓。经将情形呈明商务厅，未蒙批示，请令行主管机关准予通融办理，发给出仓特证，以全商本而济民生一案。众议呈政治委员会核夺。（附原呈③）

（议决）由农工、商务两厅办理。

———————————

① 缺附件。

② 缺附件。

③ 缺附件。

二、自来水厂职工同人等请愿书称为王××附逆有据，请处以极刑一案。众议送特别法庭并案办理。（附请愿书①）

（议决）照办。

广东省政府省务会议
第六十四次议决案

十二月三十一日　星期四

所在地　广东省政府

出席者　（临时主席）陈公博　宋子文　许崇清（马洪焕代）
　　　　　孙　科（吴尚鹰代）　宋子文（兼）

缺席者　古应芬

一、南路行政委员甘乃光呈称，廉江县已委陈敬署理，信宜县已委刘竹居署理。又呈复以现代电白县长杨锡绿人地相宜，仍委署电白县长以资熟手。至吕仲仁暂代茂名，黄河沣暂代遂溪，均属可行，请予加委等情。众议准照所请分别委任。

（议决）照委。

二、民政厅长提议，郁南委〔县〕长陈春熙已委充北海警察局长，遗缺拟以杨锡绿署理；封川县长陈佐衡调省，遗缺拟以杨宗炯署理；龙门县县长蔡×助理党务不力，应予撤任，遗缺拟以吴明洸署理，请公决一案。众议杨锡绿一员经据南路行政委员呈请委署电白县县长，所请委署郁南县缺未便照准，至封川县县长杨宗炯、龙门县县长吴明洸均准照所请。

（议决）照委。

---

① 缺附件。

广东省政府第二届
委员会会议录

（1926 年 11 月 13 日—1927 年 7 月 31 日）

广东省政府委员会
第一次会议录

民国十五年十一月十三日　星期六

推定常务委员会主席及常务委员——任定秘书三人——常务委员有因公离省，得以常务委员过半数署名行之——定每星期四上午十时为常会期间。

所在地　广东省政府

出席者　（临时主席）孙　科　陈树人　李禄超　徐权伯　陈孚木

　　　　　甘乃光　许崇清　周佩箴　李济深

一、推举孙委员科为临时主席。

二、推举孙委员科为常务委员会主席。

三、推举孙委员科、陈委员树人、宋委员子文、李委员济深、甘委员乃光，为常务委员。

四、任命马洪焕、黎时雍、张百川为本府秘书。

五、解释本府组织法第四条，常务委员有因公离省者，得以常务委员过半数署名行之。

六、通过司法厅组织法及预算草案呈国民政府核夺。

七、广东省政府委员会会议每星期开会一次，时间为星期四上午十时。

八、通过本府秘书处秘书月俸一律支三百元。

广东省政府委员会
第二次会议录

十一月十八日　星期四

通过本委员会会议规则及省政府秘书处组织条例并系统表——决定采用总司令所拟解决农军与民团冲突办法——决议将联名请求规定农会服从县政府指挥监督之三水等县长各记大过一次——佛山市政厅请附电力费二成为扩充教育之用暂时照准——省立女师请照新预算发给经费及省立二中请增加补助费，均令财政厅照办。

所在地　广东省政府

出席者　（主席）李济深　陈树人　李禄超　徐权伯　周佩箴
　　　　　许崇清　陈孚木　甘乃光

讨论事项

一、广东省政府委员会会议规则。

（议决）照修正案通过。

二、广东省政府秘书处组织条例并系统表。

（议决）照修正案通过。

三、关于中央政治会议函送中央农民部及总司令部所拟解决农军与民团冲突办法两种，请汇入省政府政策中发表一案。

（议决）决定采用总司令部办法，以广东省政府名义公布及通令遵照。

四、省党部函据梅县党部呈控汪县长不向党部登记，违背党记〔纪〕请核办一案。

（议决）交民政厅查办。

五、民政厅呈报韩江治河处招投梅溪汕头出口河道第一期浚筑工程案办理情形，并抄呈规约二扣请备案。

（议决）交建设厅核办。

六、国民政府秘书处函送关于省政府呈请将修订土地厅组织法核定公布一案，奉国府委员会第十四次会议议决交省政府改组起草委员会审核一案。

（议决）俟各厅订正组织法交齐并案讨论。

七、郁南县长莫瑞英呈请辞职一案。

（议决）交民政厅办理。

八、民政厅呈复议将联名请求规定农会服从县政府指挥监督之三水县长杨××等各记大过一次，以示惩儆一案。

（议决）照办。

九、广州市市政委员长孙科呈报因公离省，推定钟荣光代理主席，其日行文件由秘书黎藻鉴、科长陈剑如等代拆代行，请核示一案。

（议决）照准。

十、建设厅长孙科呈报本月十六日因公北上，职务交由秘书吴尚鹰代拆代行一案。

（议决）照准。

十一、土地厅呈称，关于土地登记条例章则证书执照簿册各件，亟须预为印刷并缴印刷费预算册二份，请令财政厅照拨一案。

（议决）交财政厅办理。

十二、土地厅呈称制定土地管业执照请备案一案。

（议决）交土地、实业、财政三厅审查具复。

十三、佛山市政厅呈请加委李紫垣为工务局经界课长一案。

（议决）照委。

十四、民政厅呈据佛山市政厅请附加电力费二成为扩充教育之用一案。

（议决）暂时照准。

十五、教育厅提议省立女子师范学校请照新预算发给经费一案。

（议决）令财政厅即行照拨。

十六、教育厅提议省立第二中学校请增加补助费一案。

（议决）令财政厅即行照拨。

广东省政府委员会
第三次会议录

十二〔一〕月二十五日　星期四

五华民团农会因减租冲突，由民军农三厅、省农会、省农部组织委员会解决——四会陈伯忠、赖西畴被害案议决处理办法四条——各县长非奉省令不得擅离——通过民政厅提议之惩治盗匪奸究〔宄〕办法——财政厅呈复改组各县暨政府各局经费开支办法，暂准照办——咨财政部取销南路财政处八属银毫加二补水，并设法整顿南路市政——决令中山、开平、始兴等县政府，嗣后凡遇税均须一律送交各该土地局照章登记——撤换海康县长——令行财厅支发及清发省立女师经费及积欠。

所在地　广东省政府

出席者　（主常〔席〕）陈树人　李济深　许崇清　何香凝　甘乃光

陈孚木　徐权伯　周佩箴　李禄超

一、东江行政委员呈报，准惠州警备司令电开，五华民团农会，因减租冲突，拟双方缴械，根本解决，请核示一案。

（议决）由民政、农工、军事三厅，省农会，省农部组织委员会解决。

二、实业厅呈请修改会计师暂行章程请察核施行一案。

（议决）由监察院、司法厅派员会同实业厅审查。

三、中央政治会议关于中央农民部函述四会陈伯忠、赖西畴被害调查报告三份交本府办理一案。

（议决）（一）关于将该四会县长李××撤职查办一项交民政厅查办。（二）关于缉捕在逃凶手一项应分令通缉。（三）关于解散该县团务委员会一项函团务委员会查办。（四）关于抚恤陈、赖两同志一项，以查抄凶徒家产先抚恤之。

四、琼崖行政委员呈称，澄迈县长刘叔模辞职，请委王光伟接署。

（议决）照委。

五、东江行政委员呈报，丰顺县长高××被控撤任，遗缺经委黄伟卿接署；饶平县长陈小豪辞职，遗缺委蔡奋初接署；梅县县长汪啸涯辞职，遗缺委彭汉垣接署，请分别加委共三案。

（议决）照委。

六、本府孙委员科电请通令各县长非奉省令不得擅离一案。

（议决）照办。

七、本府孙、宋两委员电称，始兴、南雄两县长一则托故离职，一则久不赴任，玩视职守，请议决撤换，并通令知照一案。

（议决）均照撤职。

八、民政厅呈复惩治盗匪奸究〔宄〕特别刑事条例废止后经奉国府明令规定办法，嗣后关于土匪案件，如由各县捕获者，得由各该县长审理，呈请总部核办。其强盗奸究〔宄〕案件，经县受理核明确有意外危险者，准由县讯拟呈请总部或警备司令核办，其余普通强盗奸究〔宄〕案件，无意外危险者，送由该管法庭依法办理，以符通令，请提议核示一案。

（议决）照办。

九、省党部函请将南路代表大会议决请省政府通令各筹饷局卡专员，及一切临时征收机关，须将其征收章程及惩罚条例知会所在各地党部，执行处罚时并须公开，请核办一案。

（议决）照办。关于财政部范围者请由国府转饬，关于财厅者由本府转饬。

十、民政厅呈请将石龙市市产暂行章程及办事细则提议饬遵一案。

（议决）章程交民政、财政、土地三厅审查。

十一、财政厅呈复遵令核议改组各县暨政府各局经费，拟即照中山县原案，以从前行政经费额定数，除去原有县长俸薪外，加入现定县长局长秘书三项俸薪，分别编制，准在各该县所收省库项下开支；各局经费则一律由地方款拨给，视地方款收入多寡，以为支配；至一、二、三等县县长、局长、秘书三项俸薪，拟照民厅所议办理，请核示一案。

（议决）暂准照办。

十二、合浦县党部电称，南路财政处命令八属毫银加二补水，群情愤激，乞取销一案。

（议决）咨财部取销，并请设法整顿南路币政。

十三、土地厅呈请令行中山、开平、始兴等县政府，嗣后凡遇税契均须一律送交各该土地局照章登记一案。

（议决）照行。

十四、国民大学校长、董【事】等呈请每月补助经常费一千元一案。

（议决）俟省库稍裕再议。

十五、海康县长苏民呈请辞职一案。

（议决）交民政厅。

十六、民政厅呈，据陈智甫及黄宝堂等先后呈报组织广东渔民协会，孰为正确，应核准，请核示一案。

（议决）碍难照准。

十七、监察院咨称，乐昌县长刘××等挟妓侑酒，应予减俸处分，请查照执行；又咨称前惠来县长查××办理黄铮控案被控有受贿嫌疑，办理郑际遂、林秋霖一案有违法滥刑情事，据查属实；前灵山县长甘××勒罚匿款没赃查明属实，请转行通缉共三案。

（议决）刘××等挟妓侑酒，减俸太轻，应即撤换，余均照办。

十八、民政厅提议，琼崖县县长陈宗舜调省，遗缺请以陈善署理一案。

（议决）照委。

十九、民政厅提议，佛冈县长邓超禹辞职，遗缺请杜天镛署理一案。

（议决）照委。

二十、中央农民部函称海康县长苏×对于程赓枉死，既不主持公道，复捏为著匪，请惩戒，并从优抚恤程同志家属一案。

（议决）海康县县长应即撤换。

二十一、教育厅临时提议，据省立女师教职员等呈请转呈省政府令行财厅，一面照新预算支发经费，一面照汪主席所定清发积欠办法，按月发给积欠一月，以资维持等情，查属实情，请令行财厅查照支发一案。

（议决）应照办。

广东省政府委员会
第四次会议录

十二月二日　星期四

此后议决案交由政治会议广州分会审查——再令财厅照发省立女师新预算经费——北海专员被党部及农工会强迫罢工罢市案，由民政厅及省党部查办，市政筹备专员离职，由民政厅派员暂行接任——农工厅自本年十二月份照新预算拨领——陈村镇改为独立市——东江行政委员结束，加发恩饷一月。

所在地　广东省政府

出席者　李济深　李禄超　陈树人　何香凝　徐权伯　陈孚木
　　　　　周佩箴　许崇清　甘乃光

主　席　甘乃光

纪　录　黎时雍

报告事项

一、上次议事录及提案二十一件，请中央政治会议核议，已发还，并议决如下：（甲）除第十七、二十两项分别批示外，余无异议，通过。（乙）此后审查，应归省政治会议。

二、中央政治会议议决设政治会议广州分会，以何香凝、甘乃光、戴传贤、陈树人、李济深、孙科、宋子文为委员，自十二月一日起，所有交议文件，请径送该会。

三、准国府秘书处函，国府迁移在即，所有前派守卫本府之卫士八名，应一律撤回，众议请李委员济深改派。

四、陈委员树人报告，国府迁移，所有公物交本府接收，国府原址，由省政府及民政厅迁入。

五、陈委员树人报告，欢送中央机关人员出发，本府应联合省市党部各机关及人民团体合办。

六、何委员香凝报告，自下星期四日起，因公请假二月。

七、许委员报告，关于女师新预算案，财政厅尚未照发，现该校职教员联同辞职，众议根据前议决案再令该厅照发，并声明硕果仅存之省立女师，如因经费问题不能维持，应由该厅负责。

讨论事项

一、军事厅组织法草案，附系统表，编制后①，及薪饷概数案，组织法等另印。

（众议）照案大致通过，呈候政治会议广州分会核定。

二、厅〔建〕设厅呈缴修正组织法案，组织法另印。

三、教育厅呈缴暂行组织法案，组织法另印。

（众议）二、三两案，俟各厅修订组织法汇齐，并案讨论。

四、土地厅呈具修正广东土地厅登记条例草案及说明，连同修正施行细则草案，请公决转呈核定公布案，条例另印。

五、土地厅拟循序推行各县土地登记，并拟定关于职权款项上各办法，请核示分饬遵行案。

（众议）四、五两案，均交土地厅会同财政、实业、司法三厅审查后，于下次会议报告。

六、第四军及高雷钦廉警备司令代电，据报有党员及农工会，强制罢市，阻碍税收，请示办法饬遵案。

七、高雷钦廉警备司令电，为北海市陈专员被党部及农工会强迫罢工罢市，殴警截款要挟去职，经派林时清权理，请派员接任，并绳以党〈党〉纪案。

（众议）六、七两项并案由民政厅及省党部各派一人会同前往查办，至该市市政厅筹备专员既经离职，应由民政厅派员，暂行接任。

八、琼崖各代表大会，呈请挽留行政委员张难先案。众议各属行政委员，经奉政治会议议决撤销，且张委员亦另有重要任务，所请应无庸议，至琼崖距省较远，或须另派专员视察民政，着民政厅拟具办法，于下次会议提出讨论。

九、农工厅呈请核准令财政厅自本年十二月份起照新预算拨领案（查新预算每月增加一千二百五十元）。

---

① "后"字疑有误。

（众议）照准。

十、农工厅呈复广东车衣东西家纠纷案，工人不听调解，请示办法案。

（众议）由农工厅、省市党部、工人部会同调解，并有权核改原定解决办法。

十一、民政厅提议，拟对陈村镇改为独立市，并请委司徒脩为筹备专员案。

（众议）照准。

十二、民政厅请核示梅碌市党部经费，应否援照市党部预算支销，抑由茂名县署支拨案。

（众议）梅碌有规复市政之必要，应由民政厅拟具办法于下次会议提出讨论，党部经费自有着落。

十三、梅县县长汪啸涯，呈报编练县兵情形，请核示案。

（众议）交军事厅核议，于下次会议提出讨论。

十四、略。

十五、东江行政委员报办结束，并请准加发职员恩饷一月案。

（众议）照准。

十六、广州市证券物品交易所清算人陈增奇等，呈请发还保证金一百万元及历年利息案。

（众议）俟省库稍裕，再行核议。

十七、第四军长李济深代电，据驻梅碌第卅团【团】长余汉谋电称，电白县长谢××有通匪情形，请惩办案，奉中央政治会议议决交省政府更换案。

（众议）交民政厅照办。

十八、民政厅呈缴现定及预定石龙市区图，请核定批遵案。

（众议）交建设厅审查。

十九、民政厅提议，委署南雄县长张左丞久不赴任，经已撤销，遗缺请以唐支厦署理案。

（众议）照委。

二十、民政厅提议，请以乳源县长未①纶焕调署始兴县长兼民政局长，遗缺请以曾琳署理案。

（议决）照委。

广东省政府委员会
第五次会议录

十二月九日　星期四

奉政治会议议决案三项：（一）银行罢工问题。（二）工会纠纷问题。（三）军用品制造，及金融等四项事业，发生工人纠纷问题——司法厅组织法及预算案，大体已由国民政府批准——修正民、教、建、实、农、土、财各厅组织法草案，汇交司法、教育两厅长审查，下次再议——将秘书处所拟各县市地方行政状况调查表，令各县市限期填报，并呈行政地图——将琼崖及南路各属划为两区，每区设民政处长一人——加委龙道孔为海口市厅长——令财厅照拨省立四师附小常费及十四年补助费——各厅嗣后报告应得〔将〕事实摘由报告，停办省政府公报，改办广东行政周刊——通令请清远县长依照本党联席会议议决案及本府改组宣言，减租百分之二十五——加委周演明为佛山市政厅长——加委广属司令钱大钧兼任公安局长——劳资纠纷，农工厅不能解决时，由省政府办理。

所在地　广东省政府
出席者　陈树人　甘乃光　李禄超　徐权伯　陈孚木　周佩箴
　　　　　李济深　许崇清
主　席　李济深
纪　录　张百川
报告事项

一、奉政治会议函发本月六日临时会议议决案三项：（甲）银行罢

---

① "未"疑为"来"。

80

工问题，由农工厅长、省商民部长、省工人部长、银行商人代表一人、银行店员代表一人，组织仲裁委员会，限于四十八小时作最后之解决，此委员会以农工厅长主席（此案奉陈委员树人谕已于本月七日十一时提前办理）。（乙）关于工会纠纷问题。（一）不许工会擅自拘人。（二）厉行禁止持械游行。（三）工人不得擅自封锁工厂，封闭商店，东家方面亦不得无故自行关闭工厂及商店。（四）工人不得向工厂或商店，强取一切杂物。（丙）为拥护革命利益，及保障公共生活之安全，以下四种事业发生工人纠纷时，仲裁委员会之判决，绝对有效，由政府强制执行之。（一）军用品之制造事业。（二）金融事业。（三）交通事业。（四）与公共生活有直接关系之事业。

二、奉国府批复，关于本府呈缴司法厅组织法及预算案，大体通过，饬将各厅编制汇斋〔齐〕，再行呈请核定公布。

讨论事项

一、修正民政厅组织法草案案。

二、修正教育厅组织法草案案。

三、修正建设厅组织法草案案。

四、修正实业厅组织法草案案。

五、修正农工厅组织法草案，附设立统计局章程预算案。

六、修正土地厅组织法草案案。

（议决）一案至六案各厅修正组织法，连同财政厅原有组织法，汇交司法、教育两厅长审查，下次提出会议。

七、本府秘书处拟定各县市地方行政状况调查表案。

（议决）照所拟表式，令发各县市限期填报，并饬将各该县市行政地图绘具呈核。

八、民政厅提议先将琼崖及南路各属，划为两区，每区设民政处长一人，拟具暂行条例及预算，请公决案。

（议决）照修正案通过。

九、财政厅呈请核准举办广东全省船舶援助北伐军费租捐抄呈办理章程，请详核饬遵案。

（议决）交实业厅审查。

十、琼崖行政委员呈报，海口改设市厅，仍委筹备专员龙道孔为厅长，请加给委任，并呈缴市厅暂行条例，市政计划书，市图，市厅全年收入预算书，市厅及民政、财政、工务三局支出预算书案。

（议决）照加委，至市厅暂行条例、市政计划及市图交民政厅审查，收支预算交财政厅审查。

十一、琼崖行政委员呈报，崖县县长陈宗舜调省，遗缺已委王鸣亚署理，请加委案。

（议决）崖县县长缺，经据民政厅提议，请委陈善署理，经委任在案，所请应毋庸议。

十二、九江市政筹备专员条陈颁布国籍登记法，及举办方法，并请以九江为试办区域，请核示案。

（议决）交民政厅审查报告。

十三、中央党部函称，议决每月由省政府津贴孙眉先生淑配谭夫人养老金二百元，请照办案。

（议决）交财政厅照拨。

十四、教育厅呈请指拨省立四师附小常费，及令财厅照拨该校十四年度补助费案。

（议决）令财政厅照拨。

十五、土地厅呈称，拟定本省各县土地局附设土地审查委员会组织章程草案，及本厅附设土地公断处组织章程草案，请公决批准，由厅公布施行案。

（议决）交财政、司法、实业各厅，会同审查呈复。

十六、甘委员提议，此后各厅办事报告书形式，应提出委员会规定统一办法，以便刊登公报案。

（议决）（一）令各厅嗣后报告表应将事实摘由报告。（二）停办以前省政府公报，改办广东行政周刊，在秘书处加增编辑一人，助理一人。至周刊办法，由秘书处拟定，呈常务委员核定施行。

十七、全国庆祝北伐胜利筹备委员会请本府认捐一千元案。

（议决）应存，因闻该筹备委员会未经呈准中央备案。

十八、全省学生联合会请援助费用五百元案。

（议决）应存。

十九、电白县长呈缴该县水风迭灾，将调查伤毙损害实情报恳拨账案。

（议决）交民政厅办理。

二十、清远县长呈报县农会所议减租办法四种，应否准予照办案。

（议决）照本党联席会议议决案，及本府改组宣言，准减百分之二十五，并通令实行。

二十一、饶平县长呈请核示应否筹办农民自卫军模范队，停办保安队案。

（议决）本府现正筹备人民武装团体训练员养成所，俟该所养成训练员后，再行办理。

二十二、民政厅呈缴佛山市厅拟征收渡船附加费，抄呈简章一纸，请核批案。

（议决）交财政厅核办。

二十三、民政厅呈，据佛山市政厅，拟在市内征收租捐一月为冬防设备之用，抄呈章程一件，请议决饬遵案。

（议决）交财政厅核办。

二十四、广州米商公会呈称，加薪经已解决，营业尚被封锁，请切实制止，以安商业案。

（议决）本案已解决。

二十五、民政厅提议查明周演明办事成绩，请委为佛山市政厅长案。

（议决）照加委。

二十六、总司令部令，据广州公安局长李章达迭呈辞职经照准，并委广属警备司令钱大钧兼任案。

（议决）照案加委。

二十七、广生隆等号代表吴近呈，为被工人封锁十余日，势将绝粮，乞令公安局解散，以免饿毙案。

（议决）已办。

二十八、广州织造土布同业工会王伯平等呈，为工人斗殴，逮押无辜，乞令公安局迅将同业郭超寰等释放【案】〈请〉。

（议决）令公安局查明办理。

二十九、国府副官处抄送国府留粤差遣人名册，请录用案。

（议决）介绍公安局录用。

三十、农工厅呈称，此后关于劳资劳工各纠纷，为该厅所不能解决者，应如何办理，请核示案。

（议决）应由省政府办理。

三十一、民政厅长临时提议，关于地方行政人员讲习所设立计划，请甘委员拟定，下次会议提出讨论案。

（议决）照办。

三十二、教育厅提议，奉令接管国立中山大学附属中学（改名中山中学）拟具预算，请公决施行案。

（议决）交教育厅复核，再议。

广东省政府委员会
第六次会议录

十二月十六日　星期四

广东地方武装自卫团体训练员养成所简章草案，大体通过，并聘军事厅长为所长，何彤为教育长——通令减租四分之一案，由农工、土地两厅，省农会，省农部会同拟定具体办法——农军伙食不应由县署拨给——令农工厅拟定农工团体对政府机关行文程式——人民借贷，最高利率，年利不得超过百分之二十。

所在地　广东省政府

出席者　李济深　许崇清　周佩箴　徐权伯　李禄超　甘乃光

主　席　甘乃光

纪　录　黎时雍　马洪焕　张百川

报告事项

一、本会议第四、五两次议事录，呈送政治会议鉴核，未奉发还，故各议决案，均未能举办。

二、本府定于本星期六日下午迁入国府原址办公。

三、广东行政周刊办法，已由秘书处拟定，呈请常务委员会鉴核施行。

讨论事项

一、本府各厅修正组织法，经审查，请讨论案。

（议决）俟审查完竣，下次提出会议。

二、广东地方武装自卫团体训练员养成所简章草案案。

（议决）大体通过，并聘军事厅厅长为该所所长，何彤为教育长。

三、农工厅呈，据广宁各区农会代表呈称，县农会减租抽谷，愚骗农民，嗣后如遇岁歉提减租，应由县署酌议，县农会不得专擅等情，请核示案。

（议决）函省农会查复，至此案之根本解决，俟具体办法决定后，再行核议。

四、关于前通令减租四分之一案，应否决定具体办法，以便施行案。

（议决）由农工、土地两厅，省农会，省党部，会同拟定具体办法，并核议改良佃户局之设立问题呈复，核夺施行。

五、普宁县长呈报筹拨农军伙食困难情形，请核示案。

（议决）农军伙食不应由县署拨给。

六、广州市政府据请收回惩戒第一区长刘国权、区员沈光瀛及第三区员林万春等成命各缘由，请察核办理案。

（议决）咨监察院复议。

七、中山县政府呈，准县农会函称，该会对于县长行文适用公函，请核示，并分令遵照案。

（议决）令农工厅拟定农工团体对政府机关行文程式，再呈核夺。

八、农工厅呈，据惠阳县长呈述各农会被奸人利用，干涉行政抗抽粮债，请转行制止等情，请核示饬遵案。

（议决）函省农会转饬制止。

九、建设厅呈缴韩江治河处修正章程及收用民有土地简章，请核示案。

（议决）交土地厅审查。

十、建设厅呈报变更韶砰公路路线及全路工程概算表，请核示饬遵案。

（议决）呈总司令部核办。

十一、建设厅呈缴民办普通车路章程及集股筑路办法，请议决施行案。

（议决）交实业厅审查。

十二、省党部函，据新兴县党部称，以该县县长背党渎职，请迅撤职查办案。

（议决）交民政厅核办。

十三、总司令部令，为紫金县长谢寅呈报议处匪犯赖发等案，罔上擅权，毕〔异〕常谎谬，仰核议惩处案。

（议决）交民政厅核办。

十四、省党部函，准省农会请酌予奖励高要农会剿匪出力人员许其忠等案。

（议决）行县查照议奖。

十五、四邑旅省同乡会伍大光等代电，为五华银行因与油业工会存款提支纠辖，被该工会捕锁黄行长，请令局派员提释，听候解决案。

（议决）已释放。

十六、阳江县长呈，拟将前阳江商会会长周启迪一名暂行交保，请核示案。

（议决）照准。

十七、禁止重利盘剥，最高利牵〔率〕，年利不得超过百分之二十一案，应否通令执行案。

（议决）通令，除政府特别规定者外，凡人民借贷，最高利率，年利不得超过百分之二十。

十八、秘书处奉委员会议第五次议决，省政府公报停刊，改办广东行政周刊，增设编辑员一人，月薪一百二十元，助理员一人，月薪九十元，呈请每月追加预算二百一十元，请令行财政厅照拨。

（议决）照准追加，并令行照拨。

广东省政府委员会
第七次会议录①

十二月二十三日　星期四

一、民政厅提议，委周昌荫为北海市政筹备专员，请公决案。

（议决）照准。

二、民政厅提议，潮阳县长毛思诚辞职，遗缺以刘泳闿署理，请公决案。

（议决）照准。

三、民政厅提议，四会县长李民欣辞职，遗缺以罗邦署理，请公决案。

（议决）照准。

四、民政厅提议，龙门县长邓邦谟辞职，遗缺以范瑞枬署理，请公决案。

（议决）照准。

五、民政厅提议，清远县长陆焕辞职，遗缺以胡少翰署理，请公决案。

（议决）照准。

六、中山县长兼民政局长郑道实呈请辞去本兼各职，请公决案。

（议决）交民政厅。

七、总司令部政治部咨请饬令公安局迅速整顿拘留所，改良待遇囚民，以重人道一案。

（议决）交市政厅转饬公安局办理。

八、执信学校长曾醒函请拨给可资操练之旧枪百枝一案。

---

① 第二届委员会第七、八、十、十四、十五、十七、十八、十九、二十、二十九、三十、三十一、三十三、三十四次会议录缺原件，故从当年的《广东省政府特刊》分类内容中选辑，因而没有注明会议地点和出、缺席者。

（议决）呈总司令部核办。

九、中山县政府呈请核示青年训育所及工人领袖班开办经常两费应由何项动支，请核示一案。

（议决）由地方公款项下拨支。

十、本市五华银业公司金润良呈，为油业公会妄称串提时势勒赔，乞令农工厅取销前令，移送法院审理一案。

（议决）先交农工厅核复再议。

十一、广州市政府呈送统一骑楼地相连业权办法，请核示一案。

（议决）交实业、土地两厅审查具复再夺。

十二、合浦县党部电称，南路财政处命令八属毫银加二补水，群情愤激，乞取销一案。

（议决）咨财部取销，并请设法整顿南路币政。

十二①、卸琼崖各属行政委员张难先呈请援例发给恩饷三千五百九十四元缘由，乞核示案。

（议决）行财政厅照发。

十三、民政厅提议，罗定县长陆耀文辞职，遗缺请以苏世杰署理一案。

（议决）照准。

十四、民政厅提议，委周演明充琼崖行政视察员，请公决一案。

（议决）照准。

十五、民政厅提议，委沈崧充南路行政视察员，请公决一案。

（议决）照准。

十六、广州粪业总工会呈为恶东串匪掳劫粪艇，请迅令起缉究办一案。

（议决）交农工厅妥办。

十七、广州工人代表大会呈为陈述工人苦衷，提出要求三点，请采择一案。

（议决）呈政治会议核办并批复。

十八、教育厅提出省立中山中学预算案。

---

① 原文如此。

（议决）通过。

十九、实业厅临时提出批商承办士敏土厂章程一案。

（议决）大体通过，章程仍交土地、农工两厅长审查，下次提出讨论。

二十、关于泰顺、新华、广利三轮船货主代表等请愿为中华海员工业联合总会以招商局无理摧残工人，着令该三轮海员一致罢工，并制止起货，致货主无辜被累，请扶助一案。

（议决）准予起货，并交实业、农工两厅会同中华海员工业联合会及货主代表办理，以实业厅为主席。

二十一、甘委员提议关于设立农民银行计划案。

（议决）交实业、农工、财政三厅会同依照本府宣言拟定章程及进行计划，并以实业厅为主席。

二十二、甘委员提议，本省所办之广东行政周刊，现已着手编辑，拟由本府通令各厅各就该管行政事务造具调查统计等书表，详列所属行政状况，陆续送登周刊案。

（议决）照办。

二十三、广东织造土布工会代表张瑞成等愿饬令农工厅解散劳资工会，恢复原有工作，以保障工人生活一案。

（议决）交农工厅迅速办理。

广东省政府委员会
第八次会议录

十二月三十日　星期四

一、民政厅提议，琼东县长冯炳奎辞职，遗缺请以罗让贤署理案。
（议决）照委。

二、民政厅提议，广宁县长林时铎辞职，遗缺请以宁一白署理案。
（议决）照委。

三、民政厅提议，文昌县长朱仿文辞职，遗缺请以那森洲署理案。

（议决）照委。

四、民政厅提议，海康县长苏×奉令撤焕〔换〕，遗缺请以谢莲航署理案。

（议决）照委。

五、农工行政人员讲习所函称，该所学生将届毕业，当如何发往各县市工作，请早予筹划见复案。

（议决）交农工厅拟具办法复夺。

六、广东省党部、宣传部函请饬合浦、钦县、防城、灵山各县将钦廉国民新闻开办费共六百元如数照交，以广宣传案。

（议决）准分行四县照拨，并令财厅查照，惟嗣后各县市党部及各团体请求地方政府拨助时，须先由省政府核准，函复省党部请转饬知照。

七、民政厅提议，大浦〔埔〕县长叶醉生辞职，遗缺请以曾希周署理案。

（议决）照委。

八、广州学生联合会呈称组织寒假宣传队，请给护照，助经费，令各铁路轮渡免费，及各地方官保护招待膳宿案。

（说明）该会请求拨助毫洋一百元，护照三百张，并饬三铁路各送免费车票一百张，潮汕宣阳铁路各江轮渡概免收费，各地官厅妥为保护，及招待膳宿。

（议决）着将宣传计划详细拟具，至出发会员名单相片及出发所经地点，并须分别报告核办。

九、民政厅呈，拟请咨行惠州警备司令派队协同新任新丰县长郭次陶赴任，并将潘名标拿办案。（案由）郭次陶系由前东江行政委员戴任呈准本府加委，惟潘名标屡抗不交，并率队捆拿抢劫，据戴委员呈议严办在案。

（议决）照办。

十、财政部咨称关于八属银毫加二补水一案，暂难取销各缘由，请查照案。

（说明）查此案系本府第二次会议议决取销，并请设法整顿南路币政，现据复以南路八属银毫成色过低，找换省毫，向有补水，为维持库收亏捐〔损〕起见，准该处征收机关呈请酌予加二补水，如商民不愿加二缴纳，可将应缴饷项径解省库，现正设法整理该处币政，俟有办法，始行取销，等语。

（议决）仍咨复请于三个月内取销加二补水，并整理银毫。

十一、省农民协会函称，自财政部颁行烟叶出产征收税则以来，各县农民以负担过重，有害农业，纷请取销，约其理由，分为四点，并抄录各处请愿书请提出会议讨论，转咨财部明令取销，另收入案。

（议决）咨财政部办理。

十二、略。

十三、惠阳县长电称，请电十八师派队会同往多祝查办民农团互斗，无论如何，不听制止，准由县长解散，请核示案。

（议决）电十八师派队会县制止妥办。

十四、开平县长吴永生呈称，该县试行新县制窒碍情形，应否暂缓试行，或如何办理，请核示案。

（说明）查该县与中山、始兴三县均系指定试行新制之县，前经省务会议议决及奉国府核准在案，但该县财政局长，迄未由财厅提请委任，现据称无从改组及种种窒碍，呈请核示。

（议决）该县经指定为试行新制之县，所请缓行，未便照准，一面令催财政厅从速提委该县财政局长，组织县务会议。

十五、财政部咨称，缉私卫商事宜，系遵奉国府委员会议决举办，现北江各辑〔缉〕私卫商局卡，均照东西江局成案抽费办理，请分别行属及各所在地方团体机关毋得干预案。

（议决）并第十六案讨论。

十六、关于各属团体人民呈请取销辑〔缉〕私卫商局卡抽费案如下：（甲）南雄县党部等电请取销南始分卡，以解倒悬。（乙）典〔曲〕江商会电请撤销韶州卫商局。（丙）南海县人崔炎初呈控被北江缉私卫商局佛山分卡将船扣留勒缴运费，请令制止，照章放行。（丁）佛山米机等行代表黄成章呈称苛抽护费乞明令取销。（戊）佛山市商民协会呈称，花地、佛山两缉私卡，擅自拦江滥抽护费，渡船停驶，米绝来源，请立即撤销申禁。（己）佛山市农工商学会呈为勒抽护费，封锁河道，乞令撤禁，以苏民困。

（议决）将各方呈请取销缉私卫商局卡文电，并案汇咨财部，请予取销。

十七、关于市政厅收管自来水公司一事，各方报告如下，请并案讨论案：（甲）孙委员电告复总商会电文，责令勿反对整顿自来水公司案。（乙）建设厅、广州市政府会同呈报办理整顿自来水公司一案经过详情，请核示。（丙）总司令部李总参谋长函请将自来水公司股东维持会电请取销接管该公司案查明办理。

（议决）令市政府派员出席说明整顿办法，以便核定。

十八、广州市总商会呈请令行连江至省沿江各县将表列征收柴费各卡处勒令革除，并饬粤路公司减轻柴卡运费，以救柴荒案。

（议决）通令沿江各县禁止征收并布告周知，又令粤路公司核减运费呈复。

十九、土地厅呈，据中山土地局长呈称，关于官产缪辖案，应否由土地局处理，请核示案。

（议决）俟各厅组织法审查完竣后，便可决定。

二十、本府秘书处呈称改编十二月份支付预算书，请令财厅由本月起照追加数目核发案。（查秘书处共追加经费一千七百二十五元，委员会经费增加活支一项，每月二千元，合注明。）

（议决）照准。

二十一、略。

二十二、关于审查各厅修正组织法案。

（议决）仍由徐、许两委员会同土地厅长审查报告。

二十三、关于广东地方武装团体训练员养成所简章，（乙）第六项"军事训练主任一员，政治训练主任一员，秉承所长教育长主任军事政治训练事宜"条文内删去"教育长"三字，又（庚）第二项"主任及教官由所长聘任"一条改为"主任由省政府聘任，教官由所长聘任"案。

（议决）照修正连〔通〕过。

广东省政府委员会
第九次会议录

民国十六年一月六日　星期四

广州市政府接管自来水公司事件，议决撤销接管自来水公司委员会，另组整理委员会——准委郁南县长伍横贯，防城县长邓邦谟，佛山市长蔡鹤朋——根本解决广东各属械斗——通过士敏土厂批商承办章程——通过解放奴婢案。

出席者　陈树人　徐权伯　陈孚木　周佩箴　李禄超　许崇清
　　　　　　李济深　甘乃光

缺席者　孙　科（假）　宋子文（假）　何香凝（假）

主　席　陈树仁〔人〕

纪　录　马洪焕　黎时雍

报告事项

一、本府委员会第八次议事录，已奉政治会议广州分会函复各案均经议决通过发还照办等因，经由秘书处分别办案。

二、奉政治会议广州分会函开，本分会管辖范围系粤桂闽三省，请查照案。

三、张主席电告俭日次第到达吉安明晨便发案。

四、黄惠龙电告张、谭两主席世日安抵南昌案。

五、第八次会议议决由秘书处函市政厅派代表出席说明接管自来水公司情形及详细计划一案，秘书处已照办。

讨论事项

一、关于广州市政府接管自来水公司事项，经各处来文请饬收回成命，并经市政府派代表出席报告接管经过情形及计划应如何办理，请公决案。

（议决）（一）撤销接管自来水公司委员会。（二）另组整理委员会由左列人员组织之：（1）市政府代表三人；（2）监察院一人；（3）

93

实业厅一人；（4）股东一人；（5）董事二人；（6）工人一人。（三）以市厅代表三人中之一人为主席。（四）限六个月内整理完竣，在整理期内自来水公司现任职员及董事局职权，均应停止。

二、民政厅提议，郁南县长莫瑞瑛辞职，遗缺以伍横贯署理，请公决案。

（议决）照准。

三、民政厅提议，防城县长陈维周辞职，拟照准，遗缺拟委邓邦谟接署，请公决案。

（议决）照准。

四、民政厅呈拟请核定南路视察员管辖范围案。

（议决）照办。

五、民政厅呈复拟议根本解决广东各属械斗一案各缘由，请核示案。

（议决）照准。

六、实业厅呈复遵令审查征收船舶租捐条陈缘由，请核示案。

（议决）呈政治会议广州分会核办。

七、农工、土地两厅函复审查并修正士敏土厂批商承办章程，请提出会议案。

（议决）修正通过。

八、教育厅呈请核示准自十六年一月起，提拨汕头筵席捐半数充岭东商业学校补助费，按月由潮梅财政处领支案。

（议决）令财政厅清发积欠，并即按期照拨补助费。

九、民政厅呈复遵令核议中山县长条陈整顿县政各款办法，请核办案。

（议决）照办。

十、民政厅呈缴佛山市征收测绘费简章及各表，请提议饬遵案。

（议决）交土地厅核议。

十一、潮梅警备司令电请电令张市长准予汕头市警察协会立案，以免罢冈〔岗〕希速电示案。

（议决）呈总司令部核办并批复。

十二、财政厅呈称准市政府咨称福利公司仍请在大沙头开辟赛马场各缘由，请查案议决办理案。

（议决）交实业厅审查。

十三、民政厅提议委蔡鹤朋为佛山市长，请公决案。

（议决）照委。

十四、司法厅提议关于土地厅办理登记与司法厅办理登记拟定划分事权案。

（议决）仍交土地、司法两厅会同审定。

十五、民政厅提议解放奴婢案。

（议决）修正通过。

十六、民政厅长提议，国民政府北迁后关于捐款事项，交由本府办理，拟令财政厅每月拨款三千元，充捐款之用，请公决案。

（议决）照办。

十七、甘委员提议，广州民国日报向由中央每月拨给津贴一千元，现中央党部政府已北迁，拟令财政厅照案继续拨给，请公决案。

（议决）照办。

十八、秘书处提议，周刊印刷费，与向来额定预算相去尚远，又不便频频追加，预算拟比照司法日刊之例，通令省内各机关额销若干册（暂定每期印一千册），酌量收费，每册二角，以资弥补，至各处所缴周刊费，准由地方公款作正开销，藉广宣传，是否有当，请公决案。

（议决）照准。

广东省政府委员会
第十次会议录

一月十三日　星期四

一、甘委员提议广东地方行政人员讲习所简章草案。

（议决）修正通过。并聘陈委员树人为该所所长。

二、甘委员提议广东年鉴编辑委员会章程草案案。

（议决）通过。并由甘常务委员兼任总编辑。

三、总司令部令知任命邓彦华为广州市公安局局长案。

（议决）加委。

四、民政厅提议，惠阳县长陈贞瑞调省，遗缺请以罗俊署理；紫金县长谢寅辞职，拟予照准，遗缺请以郭民发署理；电白县长谢维屏奉令更换，遗缺请以董凌欧署理，请公决案。

（议决）均照准。

五、教育厅据情提议，可否由汕市筵席捐项下，每月提拨五百元充东江教育改进会经费，请批示案。

（议决）该会所请，由汕市筵席捐每月提拨五百元充经费，碍难照准。

二〔六〕、广州银业工会请严缉私铸，并规复造币厂案。

（议决）关于私铸一节：（一）呈总司令部严饬各军协助。（二）令公安局严缉。关于造币厂一节，咨财政部速行规复。

七、军事厅呈送该厅开办经费及守备军第一病院等费预算书，请核示案。

（议决）通过。并令行财政厅照拨。

八、广州自来水公司请解释决议"将公司现任职员及董事局职权，均应停止"一节案。

（议决）由秘书处依据前次决议答复。

九、海康县长呈报，查获致陈××之匿名密谋扰害信，经各界代表开会讨论测定，系属党部职员，请核裁案。

（议决）函省监察委员会查明办理。

十、建设厅呈，据航政局核议，应照章征收船舶照费各缘由，尚属实情，省党部拟定解决办法，事关减征国课，似未便遵办，请议决施行，并示遵案。

（议决）准照厅复各节，分别函转。

十一、徐闻县长电告，率队前剿北区深井仔等匪巢起掳男女各情形，并请援案，拨款六千元，派员来开山清匪案。

（议决）令催财政厅照案拨给。

十二、实业、财政、土地三厅呈缴修正土地管业执照式一纸，请核示案。

（议决）通过。

广东省政府委员会
第十一次会议录

一月二十日　星期四

减租百分之二十五，由十六年一月起实行，并由农工厅召集土地厅、省农会、省党农民部拟定详细办法——规复梅鹿〔菉〕市政办法，照民厅所拟通过——武装团体训练员养成所经临各费，令财厅照拨——韩江治河处修正章程及收用民有土地简章，照修正案通过——地方行政讲习所加设农工系——严限各县长展筑公路，并饬建设厅拟定兴筑全省干路各县支路规划及具体办法，下次会议派员报告——土地登记全案及司法、土地两厅提出理由书，并呈国民政府核定。

出席者　李济深　甘乃光　陈树人　许崇清　李禄超　周佩箴
　　　　　徐权伯　陈孚木

缺席者　孙　科（假）　宋子文（假）　何香凝（假）

主　席　李济深

纪　录　黎时雍　冯〔马〕洪焕　张百川

报告事项

一、第十次议事录，已奉政治会议广州分会函复议决通过等因，已由秘书处分别办理。

二、政治会议广州分会函覆，关于征收船舶租捐一案，经议决照准，但收入应以半数交总司令部为肃清河道之用等因，已由秘书处转行财政厅知照。

三、军事厅报告筹备大概情形，请备案。

讨论事项

一、财政厅呈称，关于本府通令各属田租准减百分之二十五一案，是否应由十六年起，抑系何时实行，请核示案。

（议决）应定十六年一月起实行，并依据第六项省委会议决，由农工厅召集土城〔地〕厅、省农会、省党农民部拟定详细办法呈核。

二、民政厅呈称，遵批酌拟规复梅鹿〔菉〕市政办法，请决议饬遵案。

（议决）照所拟办理。

三、民政厅呈，据南路及琼崖民政视察员，请将该署等经费，就近由各该区财政处支付，请议决令行财厅转饬遵拨案。

（议决）照准。

四、司法厅呈送秘书杨光湛、秘书兼总务科长于去疾、民事科长董凌欧、刑事科长钱文玑、监狱科长汪绍阮等履历，请核委案。

（议决）照委。

五、实业厅呈复，遵令审查各属民办普通车路章程及集股筑路办法，拟加修正，请核遵案。

（议决）照修正案，交建设厅转饬遵照。

六、总司令部政治部咨送如何促进广东模范省草案一份，请采纳施行案。

（议决）交秘书处分别拟复。

七、广东全省学生联【合】会请月拨经费二百元案。

（议决）碍难照准。

八、武装团体训练员养成所所长李济深呈缴该所简章草案及经临各费书表，请核示案。

（议决）令财政厅照拨。

九、土地厅呈复，遵令将韩江治河处修正章程，及收用民有土地简章，审查分别修正，呈缴核示案。

（议决）照修正案，交建设厅转饬遵照。

十、广东农工商学联合会、黄埔商埠促进会、商民协会等各团体函请将省府议决整理【自来】水公司案中关于停职之处分，提出复议，再行核定施行，并补传该股东等陈述意见案。

（议决）仍照本府第九次第一项议决原案批复，并令从速执行。

十一、农工厅呈称，秘书余心一辞职，请核准委陈友琴接充案。

（议决）照委。

十二、陈委员孚木提议地方行政讲习所应加设农工系案。

98

（议决）照办。将原定简章修正加入。

十三、土地、实业两厅会复关于广州市统一骑楼地相连业权办法各案，尚属妥洽，请核施行案。

（议决）转行市政厅照办。

十四、民政厅呈缴南路及琼崖行政视察员公署临时开办费支付预算书，请决议令行财厅饬库支付案。

（议决）令财政厅照拨。

十五、财政厅呈缴南路财政处预算，请核示案。

（议决）照拨。

十六、关于审计各机关预算，应另设机关专责办理，以资考核案。

（议决）现在中央及地方财政倘〔尚〕未划分，应由本府呈请政治分会组织委员会办理。

十七、李委员济深提议，严限各县长展筑公路，拟请饬建设厅拟定兴筑全省干路各县支路规划及具体办法，于下次会议派员报告案。

（议决）照办。

十八、陈委员树人提议，关于本府宣言协助各县县党部改组，请实施案。

（议决）函省党部饬各县党部于本年三月内改组完竣。

十九、甘委员乃光提议，广东年鉴编辑委员会须刻日成立，兹造具该会预算表，请核示案。

（议决）令财政厅照拨。

二十、实业厅呈，据曲江商会电称，如各商店于旧历正月初二日去留店员，不能以无故开除论，此等相沿习惯确有理由，现应照习惯办理，拟照此电复该商会，请核示案。

（议决）照拟办理，各商店于夏历正月初二日有自由更换店员之权，不能以无故开除论。

二十一、关于土地厅呈缴修正广东土地登记条例草案及说明，连同修正施行细则草案，请核定公布，又拟请循序推行各县土地登记，并拟定职权款项各办法两案，经本府第四次会议交土地厅会同财政、实业、司法三厅审查报告在案，现据各该厅呈复如下：

（一）土地厅呈复，遵批由四厅派委会同修正广东土地登记条例草案暨施行细则，经议决修正，各于议案内署名盖章；至司法厅随后提议划分土地、司法两厅管辖登记事项，应另案办理，惟司法厅因此未允签押。现本案会呈文件，业经财政、实业两厅会印，似未便因司法厅事后异议搁置，合将会印文件，连同四厅代表委员会同审查之议案影片一纸呈缴察核议决。

（二）财政、实业、土地三厅呈复，遵批会同妥拟修正广东土地登记条例草案暨施行细则草案缘由，请核定施行。

（三）土地厅呈复，遵批由四厅派委会同审查推行土地登记并拟定职权款项各办法，当时讨论之下，财、实两厅并无异议，惟司法厅主张保留各县司法登记局与土地局划分权限，彼此意见根本不同，无折衷协商之余地，经声明由土地、司法两厅各另提出意见理由呈请核示，兹特呈缴主张维持原呈所请办法，列具五项理由，请提交会议，转呈政治分会核准施行。

（四）财政、实业、司法、土地四厅呈复，奉令会同审查土地厅呈拟推行各县土地登记一案，司法、土地两厅另有意见提出，未便为置议。

（议决）将全案及两厅提出理由书，并呈国民政府核定。

二十二、广州市公安局呈请委任韦仁泉接充港澳提犯委员，并分函英、葡领事转达港、澳总督知照案。

（议决）照委。

二十三、广州市政府呈称，土地局长蔡增基奉令调任交通部铁路处长，请委胡继贤补充案。

（议决）照委。

二十四、实业厅呈，据承办士敏土厂商人，乞将修正章程第十二条、第十五条改定等情，应否照准更定，请核示案。

（议决）照准更定。

二十五、台湾银行广东支行函请分行实业、财政两厅，将士敏土厂批商承办情形，及每月应得溢利租金数目如何拨付该行抵还借款本息各情详复办理案。

（议决）交实业厅拟办。

二十六、农工厅呈称，遵令拟具农工行政人员讲习所毕业生分配工作办法，请令财厅拨款批遵案。

（议决）照拟办理。

二十七、教育厅临时提议，关于番禺八桂中学选举发生纠纷，法院越权干涉，请议决令行法院勿得干涉行政事务案。

（议决）照准。

广东省政府委员会
第十二次会议录

一月二十七日　星期四

咨复财部于三个月内成立中央银行分行于八属——除政府建筑工程采用士敏土准免附加费外，其余各团体或社会，仍应完纳——改聘甘委员乃光充行政人员讲习所长——督促殷富认股完成黄埔商埠，应俟本年五月起实行——修正医院工人待遇条例，即日公布——改组官市产审查委员会。

出席者　李济深　许崇清　陈树人　李禄超　甘乃光　徐权伯
　　　　　陈孚木　周佩箴
缺席者　孙　科（假）　宋子文（假）　何香凝（假）
主　席　陈树人
纪　录　马洪焕　张百川　黎时雍
报告事项

一、本府委员会第十一次议事录，经奉政治分会函复审核各议案均通过等因，已由秘书处分别办理。

二、福建省临时政治会议代主席何应钦电告组织福建省临时政治会议，并遵于一月三日在福州就职由。

讨论事项

一、财政部咨复，关于八属银毫加二补水案，在未设中央分行以前，仍照加二补征，并经函催中央银行迅速筹立分行推行中央纸币等由。

（议决）咨复务于三个月内成立分行。

二、略。

三、民政厅提议，新兴县长郭式仪辞职，拟予照准，遗缺以周定中署理；惠阳县长方瑞麟辞职，拟予照准，遗缺以徐希元署理，请公决案。

（议决）照委。

四、民政厅提议，石龙市政筹备专员谭桂萼呈请辞职，拟予照准，遗缺以余觉芸接充；梅鹿〔箓〕市政已奉准规复，该市政筹备专员，拟以何品标接充，请公决案。

（议决）照委。

五、财政厅呈，为拟请仍照折衷办法，除政府建筑工程采用士敏土准免附加费外，其余各团体或社会，仍应完纳缘由，请核示由。

（议决）照准。

六、陈委员树人函辞行政人员讲习所长，请另聘员担任案。

（议决）改聘甘委员乃光担任。

七、实业厅长呈复奉令审查福利公司拟在大沙头辟赛马场一案，请照案咨军事机关核办案。

（议决）咨军事委员会核复。

八、建设厅呈，为西路公路分处拟请继续加二附加中山、开平、恩平各县民办普通车路公司车价一年，请公决案。

（议决）应饬将已往成绩，及未来计划呈报，再行核夺。

九、政治会议广州分会函开，关于广东各界促进黄埔商埠运动大会呈请实行督促殷富认股完成黄埔商埠案，议决交省政府拟办案。

（议决）政府既经决定每月拨付十万元为开辟商埠之用，且财厅最近方办理租捐，此案应俟本年五月起实行。

十、土地厅长呈复，奉令交核佛山市工务局拟请测量市区征收测绘费一案，有越该局职权范围，请核示案。

（议决）如拟办理，行佛山市政厅遵照；并令土地厅于一个月内，拟定设立各独立市土地局章程呈核。

十一、广州市工人代表大会呈为条陈对于暂行解决工商纠纷条例拟具意见，请采择修正案。

（议决）先交农工厅审查，下次提出会议。

十二、监察院咨审核前普宁县长熊×被控各点，咎有应得，请通缉归案究办案。

（议决）交民政厅查传。

十三、监察院咨乐昌县长刘××、检察官甘×，以被梁×诬陷乞平反一案，应否加以复查，仍请本府主办案。

（议决）仍咨监察院查明办理，由院传梁×及刘××、甘×双方到院，讯明办理。

十四、政治会议广州分会函送医院工人待遇条例，希审查公布案。

（议决）修正即日公布。

十五、财政厅呈请委任李裕昆暂署开平财政局长案。

（议决）照准。

十六、教育厅提议派黎樾庭赴俄考察新教育，请核准分别发给旅费及护照案。

（议决）照准。

十七、教育委员会咨请筹给美国教授奇帕脱勒氏旅费五百元案。

（议决）照办。

十八、甘委员临时提议改组官市产审查委员会案。

（议决）照办。

广东省政府委员会
第十三次会议录

二月十日　星期四

严防孙逆传芳暗杀阴谋——电请国府迅予制定颁发劳动法、工厂法、产业合作法等——组织委员会解决芳村惠爱医院纠纷——令财厅汇款五千元赈济陕民——照准陈村征收电附加费，举办保安队——咨财部照案发邮务工人津贴，并电交通部从速设法解【决】邮务工人生计——修正通过各县市农工局组织法——将电话局改隶交通部窒碍情形，请示国府——组织解决工商纠纷仲裁委员会。

出席者 李济深　甘乃光　陈树人　徐权伯　周佩箴　许崇清
　　　　　李禄超

缺席者 孙　科（假）　宋子文（假）　何香凝（假）
　　　　　陈孚木（假）

主　席 李济深

纪　录 张百川　马洪焕　黎时雍

报告事项

一、奉总司令号电，据密报，孙传芳组织便衣队，分赴汉口、南昌、九江、上海各地，暗杀要人，及扰乱后方，仰特加注意等因，拟由本府行公安局严密防范。

二、省党部函复关于县市党部改组事，经推定李济深、陈孚木、杨匏安、曾养甫、徐天深五同志为委员，以李济深同志为主席。

三、广州政治分会函称，省府第十二次议事录各案，经议决通过等由，已由秘书处分别办理。

讨论事项

一、农工厅呈请转呈国府立予编制劳动法、工厂法、产业合作法等，早日须〔颁〕布，在未颁布以前，并请转政治分会速制定该三种法规之暂行条例，以便解决农工问题案。

（议决）电请国民政府迅予制定颁发。

二、广州杂务工社报告芳村惠爱医院突然宣布停办，并送该院停办启事一件，请核办案。

（议决）由农工厅长、市卫生局长、医院代表、医院工人代表组织委员会，商妥解决，并函杂务工社，在未解决以前，不得轻举妄动。

三、监察院咨称，该院受理番禺县民区钊呈控广州市警察第二区署员陈×滥权违捕，喝警殴打一案，又据增城县民曾施民呈控县长李××滥押勒买公债一案。经侦查终结，议决处分，陈×记过一次，李××停职三个月，并停止薪俸，抄录两案议决，请查照执行案。

（议决）（一）关于陈×记过一案，令公安局照办。（二）关于李××停职一案，查县长劝销公债，系奉政府明令办理，非稍强制，实难施行，咨复可否将该县长减轻处分，记大过一次。

四、国民联军驻陕总司令于右任电请赈济陕民案。

（议决）令财政厅汇赈五千元，并转各善团募捐。

五、农工厅长呈称，工事科长王志远辞职，请委谭桂萼接充案。

（议决）照委。

六、民政厅呈，据陈村市政筹备处拟征收电灯附加费，举办保安队，并缴章程预算表，请核遵案。

（议决）照准。

七、中山县长兼民政局长郑道实再请辞职案。

（议决）照准，并交民政厅另行提委接替。

八、中山县政府提倡纪念总理故乡，请核办案。

（议决）令拟定办法呈核。

九、农工厅修正广东省暂行解决工商纠纷条例，请公决案。

（议决）俟下次会议讨论。

十、广东邮务总工会执行委员会请愿书称，财政部不将津贴照发，请将批准复工条件各案，切实维持案。

（议决）（一）咨财政部照案发给。（二）电交通部从速设法解决。

十一、实业厅长呈复台湾银行，因土敏土厂招商承办请拨利抵息一案，请交财厅核议，以清界限案。

（议决）照办。

十二、司法、实业两厅长呈缴会同审查修改会计师暂行章程，请察核公布案。

（议决）照修正公布。

十三、陈委员孚木提议，关于香港工团代表来省，拟由本府联同省党部接待案。

（议决）照办。定下星期一下午三时在省党部设宴招待。

十四、民政厅提议，梅县县长彭××撤任，遗缺请以温明卿署理；连县县长何焕甫调省，遗缺请以成宪孟署理，请公决案。

（议决）照委。

十五、民政厅提议，琼山县长何春帆辞职，请以梁鸣一署理；万宁县长岑楼辞职，请以蔡慎署理案。

（议决）照委。

十六、农工厅呈请设本省各县市农工局，并拟具广东省各县市农工局组织法，及第一期应设农工局各县市地名表呈请核定，并请通令第一期应行举办各县市即遵筹拨的款，呈候委员派专员前往筹备开办案。

（议决）照修正通过。

十七、建设厅呈复派公路处长陈耀祖出席报告拟定兴筑全省干路各县支路办法，并由陈处长将办理全省公路经过成绩及进行规划报告，并连同先后呈奉核准颁行各种公路章制呈缴案。

（议决）由公路处拟定九十四县县公路路线规划，并各县长筑路考成方法，于两星期内提出，即由省政府严令各县，无论用何方法，应限期筑成。

十八、广州市政府呈奉交通部长电饬广州市电话所直隶交通部管辖，任命陈铁珊为该局局长，报请察核案。

（议决）将电话局改隶交通部窒碍情形，请示国民政府。

十九、广州市革命工人联合废止旧历年初二请愿团所属各工会请愿案。

（议决）照第五项请求，对于工人商人两方提出条件，应由政府组织仲裁会解决，并得由该团派代表出席。

二十、广州全体商人请愿提出请求条件四项案。

（议决）暂准照办。

二十一、关于工商两方面请愿，情词各执，互有理由，应设法调解案。

（议决）组织"解决工商纠纷仲裁会"，以农工、实业两厅长，由市党部工商两部长，及四商会各派代表一人，广东总工会、工人代表会、机器工会、革命工人联合废止旧历年初二请愿团，各派代表一人组织之，由农工厅从速召集会议，并以农工厅长为主席。

广东省政府委员会
第十四次会议录

二月十七日　星期四

一、省党部函请议定抚恤陆皓东烈士家属办理案。

（议决）照办。并令财厅照拨。

二、省党部函请照案拨给省民大会筹备费一万元案。

（议决）令财厅拨付。

三、遂溪县长呈为议复县内受灾情形似应减租百分之三十五，请核示一案。

（议决）俟其余各县呈报到后，汇同讨论，并交南路视察员调查具报。

四、建设厅呈，据琼崖公路处呈复海口市政筹备处越抽之二成公路费，经奉令奉管，碍难拨还缘由，请核示一案。

（议决）照拟办理。

五、广州市政府呈称，工务局长林逸民辞职，该缺请委彭回接充，请核示一案。

（议决）照委。

六、政治分会函开，准交通部长由汉来电称，公理〔路〕处拟定年内兴筑由广州至潮汕及南至钦廉二路省道干线，月需建筑费二十万元，请公决由省库如数筹拨等由，议决交省政府办理一案。

（议决）俟建设厅将全省筑路计划提出后，并案讨论。

七、民众运动委员会函称，二〔三〕月十二日举行总理逝世二周【年】纪念大会，省政府应捐款一千元，须于一星期内缴交省党部会计科代收一案。

（议决）令财政厅特别支付。

八、省党部函为议决由省政府拨定平民教育委员会每月常费二千元，请照办一案。

（议决）令财厅筹拨。

九、甘委员提出广东城〔地〕方行政人员讲习所章程及预算草案，请公决案。

（议决）通过，令财政厅照发。

十、民政厅提议，五华县长温鸣谦辞职，拟照准，遗缺以张敷文接署；封川县长陆志云辞职，拟照准，遗缺以吴川县长陈侠夫调，递遗之缺，以马英接署；化县县长杨锡禄调省，遗缺以陈青选接署，请公决案。

（议决）通过，照委。

十一、民政厅提议开化黎瑶办法，请公决案。

（议决）通过，令财厅照拨。

十二、农工厅长提议，关于公安局报告近日市内工人斗殴，时有放枪情事，有妨地方治安，应如何取缔，请公决一案。

（议决）交警备司令公安局查照总司令部及本府布告之取缔办法，严厉执行。

广东省政府委员会
第十五次会议录

二月二十四日　星期四

一、民政厅呈，据电白县长呈请规定章程，凡县农团应归法定机关管辖，请批示饬遵案。

（议决）呈请国民政府核办。

二、岭南大学函请令财政厅将每年补助农科十万元，自本年三月起，按月均给，另每月搭发积欠五千元，俾得进行筹划全大学各科接收后一切经费案。

（议决）交财厅核办。

三、建设厅呈称，秘书吴尚鹰北上，遗缺请加委吕灿铭充任案。

（议决）照准。

四、民政厅呈，据佛山市厅请加委伍若泉为该市财政局局长案。

（议决）照准。

五、农工厅呈缴拟就颁发工会证书及工会图记章程草案十二条，请核示案。

（议决）照拟准行。

六、省党部函请饬库拨给欢迎国际工□代表团，用一千五百元案。

（议决）令财政厅照发。

七、省党部函请捐助党员俱乐部开办费五百元案。

（议决）捐助二百元。

八、河源商会等电请东江上游各县对于谷石准予内地运销，并饬放行已落船之谷案。

（议决）照准。

九、监察院咨称台山县长刘××被控案五起，均属重要，请将该县长即日停职，勒令到案讯办案。

（议决）由省党部、省政府民政厅、农工厅、监察院各派委员一人会同前往查明，再行核办。

十、关于全省公路案（此案内容由公路处处长出席报告）。

（甲）公路处长遵批呈缴全省各县先筑公路路线图表，全省各县筑路考成条例，各县办理路政半月报告表，并请饬库每月拨给全省建筑补助费二十万元，统请批示祗遵。

（乙）孙委员电告，据公路处拟定本年兴筑本省东南两路干线，月需建筑费二十元，请议由省库如数筹拨。

（丙）政治分会准建设厅转来交通部长电同前由，函请本府办理。

（丁）建设厅呈，据公路处请责成各县切实奉行征工筑路办法，提前兴筑东南两部干线，及由省库按月拨二十万元补助费，请核准施行，并示遵。

（议决）（一）全省各县筑路考成条例，交建设厅、建设〔民政〕厅审核，下次提出。（二）建筑公路补助费，由建设厅、财政厅会同拟具办法，呈候核夺。（三）各县先筑公路路线图表，如拟办理。

十一、广东地方行政人员讲习所甘所长提议，拟请聘任王志远为该所教务主任，黄延凯为副教务主任，汤澄波为政治训练主任案。

（议决）照准。

十二、中山大学函请拨给补助费三万元，建设天文台案。

（议决）咨财政部核办。

十三、农工厅呈复关于惠爱医院停办一案，议决请令市卫生局向该院磋商暂行借用，切实管理，以卫护病人，而重劳工案。

（议决）照令市政府查照办理。

十四、建设厅呈报西路公路分处办事经过情形，及将来进行计划，并请核准将附加中、开、恩各县汽车价案，续办一年，俾维路政案。

（议决）准再附加半年。

十五、农工厅依各县市农工局组织法第三条之规定，拟就第一期应行举办之各县市农工局等别，及每月经费预算表，呈缴核定施行案。

（议决）交民政厅、财政厅会核。

十六、民政厅提议，拟以琼崖民政视察员周演明兼充琼崖化黎局局长，连县县长成宪孟兼充连阳化瑶局局长，请公决案。

（议决）照准。

十七、民政厅提议，翁源县长黄×撤换，遗缺请以谢君尧署理；开平县长吴永生调省，遗缺请以开建县长陈仲伟调署，递遗开建县长缺，请以谭人伟署理；委署乳源县长曾琳辞职，遗缺请以陈楚樑署理；仁化县长刘汲之辞职，遗缺请以刘笃培署理，请公决案。

（议决）照准。

十八、工商纠纷仲裁会以双方意见相去尚远，兹由本会制定解决标准，交该仲裁会依照迅定解决办法案。

（议决）修正通过解决标准□项，交该仲裁会迅办具报。

十九、民政厅呈报，江门市民对于警捐会同复佐办法，不愿遵照，仍请维持照原日租额酌量加征，应如何再定办法，请核示案。

（议决）维持原案。

广东省政府委员会
第十六次会议录

三月三日　星期四

各县市行政公署由三月份起每月拨各该县市党部经费四百元——广州市府仍将自接办广州市税契所有收过测绘费及扣出一成公费一律列入税收——准委南海县长汪宗准、番禺县长庄光第、定安县长李翰、中山县兼民政局长杨子毅、连平县长姜玉笙。

所在地　广东省政府

出席者　陈树人　李济深　孔祥熙　许崇清　李禄超　周佩箴
　　　　　徐权伯

主　席　陈树人

纪　录　张百川　黎时雍　马洪焕

报告事项

一、上次会议议决各案，经呈奉政治分会通过发还，已由秘书处分别办理。（附原件①）

二、农工厅长陈孚木呈报，因心脏病发，由二月二十八日起至三月九日止，告假十天，请察等语。（附原件②）

三、中央国府执委扩大联席会议马电称，议决即日结束临时会议，并决定中央党部及国府即日在武汉开始办公，凡中央及政府委员在他处者，非有他项，不能暂离之职务，须立即赴鄂。（附原件③）

四、何委员香凝函称，因病续假，约一二月方能回粤。（附原件④）

---

① 缺附件。

② 缺附件。

③ 缺附件。

④ 缺附件。

讨论事项

一、武装团体训练员养成所李所长呈请令行财厅遵照原案拨给开办费及经临各费案。（附原件①）查该所开办费列支约八万元，每月经临费四万元，前经十一次省委会议决令财政厅照拨。昨据财厅呈复，以该所现列预算，系约计数目，其中当有可撙节之处，请自二月份起月拨三万元，由所自行支配等语。现据称似此办法，不特每月经临费不敷，而开办费更无着，请令饬照原案拨足云。

（议决）此三万元应作为开办费，如不足时，再行筹拨。

二、监察院咨，前东莞县长毛××在职被控，久匿不到，请通缉归案究办案。（附原件②）查毛前县长被控，前准该院咨请通缉，经令行民政厅查传到院候讯，嗣据厅复已函公安局转行各区查明，并无毛××其人居住等语。似此匿不到案，情虚可见，故请通缉归究云。

（议决）毛××或不在粤，请监察院分咨国民政府辖下各省查传到案。

三、省党部函请转饬各县市行政公署由三月份起，每月拨给各该县市党部经费四百元案。（附原件③）查各县市党部经费，前经中央议决定每月二百七十元经通令照拨在案。现请由三月份起增为四百元，比较以前月增一百三十元。

（议决）照转。

四、本府特别区党部筹备委员会函请捐助五百元，以资应用案。（附原件④）

（议决）省政府捐三百元，各厅每捐一百元。

五、民政厅呈缴佛山市征收租捐章程，请提议施行案。（附原件⑤）查该市周前市长，以经费不敷，拟发行市库抵纳券五万元，现市商会及各街坊代表会议，佥以征收租捐，比较发行市券为善，议决征收一月，系市民自动之请议云。

---

① 缺附件。
② 缺附件。
③ 缺附件。
④ 缺附件。
⑤ 缺附件。

（议决）照准。

六、连县县长呈请核示酌给防剿沈逆军务费三千元，以济急需案。（附原件①）据称此次沈逆入寇，由县星夜调团堵剿，所有伙食及夫役种种费用，耗去不赀，地方奇穷，无法筹挪，故请拨给云。

（议决）由财政厅拨给一千五百元，内一千元作伙食夫役费，五百元作赏犒费。

七、财政厅提议，请令饬市府将自接办广州市税契所有收过测绘费及扣出一成公费，一律仍列入税收案。（附原件②）市政厅代办本市税契，民八③时定有办法八条，对于测绘费及图纸价无庸解厅。又契税公费准提扣一成。嗣民十④厘定单行划一税契章程，已将测绘费一项列入正税项下，归省库入收。又前省通令取销提厘提成津贴自理等费，现据称财局仍照以前提成办法，将测绘费剔出，不入税收。故请转饬市厅将自接办本市契税所有测绘费及扣出一成公费，一律仍列入税收等语。

（议决）照办。

八、建设厅呈，据公路处长呈称，奉准每月追加经费二千元，及将旧预算临时费三百元并入经常费支配，及拟自三月一日起实行，请议决饬遵案。（附原件⑤）该公路处经临费预算，原定月支二千九百五十五元，处长办公费三百元，现称因处务殷繁添员助理及一切费用，拟请月增经费二千元，自三月起实行等语。

（议决）交预算委员会分会审查。

九、建设厅呈，据汕头堤工处请照案将××堂瞒占坦地归堤工处投变缘由，转请核示案。（附原件⑥）据称，××堂瞒承坦地，系民六前堤工局填筑，有案可稽。惟财厅以该坦系公款填筑，完全属于官产，饬由财政处投变等语。堤工处则以该坦地前系由堤工局填筑，与普通用公款填筑者不同。照章仍由堤公〔工〕处办理。又称财政处所拟投变底

---

① 缺附件。

② 缺附件。

③ 民八，指民国八年。

④ 民十，指民国十年。

⑤ 缺附件。

⑥ 缺附件。

价，大抵每井二十六余元。核与时值相差在百二十元以上。仍请由堤工处依章办理等语。

（议决）由堤工局会同潮梅财政处公开投变，投得款项，尽数解归省库。

十、本府特别区党部筹备会函称定本月十五日成立，请通令放假一天案。（附原件①）

（议决）准予是日放假半天。

十一、民政厅提议，南海县长张家瑞辞职，遗缺以番禺县长汪宗准调署，递遗缺以庄光第署理；定安县长黄梦麟辞职，遗缺以李翰署理；中山县【长】兼民政局长郑道实辞职，遗缺以杨子毅署理。请公决案。（附原件②）

（议决）照委。

十二、民政厅提议，连平县长罗仲达辞职，请以姜玉笙署理，请公决案。（附原件③）

（议决）照委。

十三、新兴县长宥电，县属匪炽谣盛，孙总理逝世纪念，各界示威巡行，应否禁止携械，请示案。（附原件④）

（议决）可以巡行，但不准携械。

十四、本府孙委员宥电，请正式任命陈耀祖代理建设厅长，并准予出席省委会会议案。（附原件⑤）

（议决）陈耀祖可以出席会议，至正式任命，应径呈国民政府办理。

十五、土地厅呈请令催财政、实业、司法各厅审查各县土地局附设土地审查委员会组织章程草案，及土地公断处组织章程草案具复，或请援案准该厅加入会同审查案。（附原件⑥）

（议决）准该厅加入，克日召集会同审查。

---

① 缺附件。
② 缺附件。
③ 缺附件。
④ 缺附件。
⑤ 缺附件。
⑥ 缺附件。

广东省政府委员会
第十七次会议录

三月八日　星期二

一、民政厅提议，乐会县长王伯华辞职，拟予照准，遗缺请以钦县县长许锡清调署，递遗钦县县长缺，请以叶毅夫署理，请公决案。

（议决）照准。

二、民政厅提议，拟请委任开平县长陈仲伟兼任民政局长，请公决案。

（议决）照准。

三、农工厅长呈报前开建县长何××谎谬情形，拟请予以相当惩戒，请公决。据称，现据该县县长陈仲伟呈复，侯尚端尚无为匪情事，该前县长何××身为地方官吏，何得不事审查，任意妄报？三江口侯××案，既经行劫在旧历七月二十六日，而何任案卷归入十月份劫案内，且收发部又无收到呈文日期，显系有意牵涉，希图诬陷农民运动人员，间接摧残农工运动，况声言系属著匪犯案累累，经邓前县长通缉有案语等，凭空捏造，希图瞒报，尤为谎谬，该县长虽已卸任，非予以相当惩戒，何以儆将来等语。

（议决）着民政厅派员查复。

四、财政厅呈，为琼崖财政处长陈长乐辞职，经派委李裕昆接充，所遗开平财政局长缺，请委为马超庸接充，请公决案。

（议决）照准。

五、财政部公函开，据报，罗定县党部协同巡查队兵，捕押筹饷专员，希饬该县党部不得再有违法行动，并请提议惩戒饬遵，仍通饬各县党部遵照，请公决案，等由。又罗定县党部来感电称，筹饷专员俞×擅捕党员周诞宣，掷践党证，税契分局总务主任徐××扛帮俞专员信口雌黄，乞法办一案。

（议决）函省党部查明惩戒，并通令各县党部不得干涉财政。

六、教育厅呈请令财政厅拨给省立第一中学修葺校舍经费案。据称，该校校舍系广雅书院旧址，建筑多已颓败，前据该校校长呈报情形，并缴修葺估价清册三份前来，经由厅派员会同市工务局派员前往查勘，尚属实情，以业勤公司拟将原舍修葺估价四千九百余元为最廉，拟请准予先从廉价修葺，以能避免危险为度。至工程价值，自当照单开投以招信实，其数欠不得超过四千九百三十五元等语。

（议决）送预算委员分会审核。

七、民政厅呈，为江门市民坚持初意，不肯派代表会同复估征收房捐警费案，应否径行复估，请公决案。据称，江门市估价征收房捐警费一案，前经民政厅拟定复估办法饬行办理，嗣据该市商民代表汤义灼等请愿撤销，复经呈奉本府提出会议议决仍维持原案各在案。现迭据该市长及该厅委员电称，经召集市民切实开导，仍不遵命添派代表会同复估，应否由该委员会同该市长两方复估，抑应如何办理，乞电示等语前来，请示遵等语。

（议决）由实业厅派一人前往会同复估，该市市民无代表派出，仍应执行。

八、农工厅呈复，各团体发起全省工代会产生总工会，固属要图，惟情节复杂，苟非双方谅解，不易着手，究应如何办理，乞示遵案。本案系本府前据广东机器工会呈称，工代会议决联合团体，发起全省工代会，产生总工会一案，请取销等情。又据广东总工会呈请令行农工厅制止假藉名义组织全省总工会等情前来，令发该厅查复文件。

（议决）俟双方谅解时，始准设立。

九、省党部函请饬财政厅拨给农民运动人员训练所经费案。所该〔该所〕招生八十名，两月毕业，计列预算共银二千六百五十二元（两个月合计）。

（议决）并案送预算委员分会审核。

十、民政、建设两厅会呈遵令将全省筑路考成条例审核修正，请议决施行案。

（议决）通过。

十一、民政厅呈报汕头市政厅整顿洁净费理由，并缴征收费规则，请核示案。

116

（议决）通过。

十二、民政厅呈报，北海市政专员拟征收店铺住户洁净费，并缴征收丝〔规〕则，请核示案。

（议决）通过。

十三、民政厅呈报，陈村市政专员拟举办香烛纸宝捐及司祝捐，组设市立小学校，请提议饬遵案。

（议决）交教育厅审查具复再议。

十四、教育厅呈请核示应否准予南海县援案就渡船客脚货脚抽收附加教育经费，或令饬将此案撤销缘由案。据称，此案于本年一月六日据南海县长以县属教育经费不敷，拟援照番禺县征收渡船客脚货脚例，抽收附加教育经费，并缴征收简章前来，当经转呈省政府核示，已奉令交财政厅核复在案，财厅尚未核复，嗣于二月五日又据佛山航商代表崔炎初等，以留船勒捐，病商妨运，联恳取销，并令饬制止以恤商艰等情前来，当以未奉政府明令核准，该县即已先行开抽，手续不合，经令县先将游击队兵撤回，候省政府核示各在案等语。

（议决）应撤销另筹。

十五、琼崖行政视察员兼化黎局长周演明呈缴琼崖化黎局临时开办费预算书，请提议令财政厅转饬财政处就近支付案。

（议决）准给八百元，交财政厅拨支。

十六、中山县政府呈请准将财政部核准成发公司承办杂赌一案收回成命，乞示遵案。

（议决）送财政部办。

十七、监察院咨送广州市警察第十二区分署长刘××褫职处分之议决书，请查照执行案。

（议决）令公安局照案执行。

十八、财政厅呈复广东年鉴编辑委员会经费，俟审查核定后，再行发给，请核示案。

（议决）照准。

十九、乐昌县长刘应福来江电报告，经到监察院对质，而原告梁×屡传不到，及奉谕先行回任缘由，并请惩治梁×以反坐之罪案。

（议决）送监察院办理。

二十、民政厅呈查复海口市政专员龙××被控玩法营私背党渎职各节情形，请核示办法案。据称，此案饬据琼山县就近彻查具复，所控各点，多属事实等语。

（议决）撤换。

二十一、湖南省政府来电报告致上海总工会电文一件，请一致援助上海罢工案，该省政府除去电声援外，复汇款二万元接济上海罢工工人。

（议决）存。

二十二、广西省政府来支电，催请迅即核准兴民办陆廉汽车路，并予立案电复案。本案前准该省政府来电，及民办两广廉陆长途汽车股份有限公司创办人邹永庚等来呈，当以事属两省路政范围，应请国民政府交通部核办等语咨复该省政府在案，惟复准电称春耕在即，若非赶紧勘定路线，碍难动工等语。

（议决）呈政治分会核办。

二十三、广州妇女纪念三八国际妇女节大会请愿妇女运动程序中认为最要实现之点，分别列出，请俯赐执行案。

（议决）转呈国民政府。

二十四、粤省报界工会函请捐定的款，继续按月拨给津贴一百元案。

（议决）照拨。

二十五、民政厅长提议，拟由本府拨款购买物品，慰劳第四军由前敌归来负伤将士案。

（议决）拨款五百元购买物品，并去函慰劳。

广东省政府委员会
第十八次会议录

三月十七日　星期四

一、德庆县请转行财政厅增加农工特派员经费预算每月六十元案。

（议决）交财政厅核办。

二、省党部函请照案拨给党童子军领袖训练所经费二千七百元案。

（议决）从本年八月起照办。

三、民政厅呈，据曲江县呈称，前县长彭耕交代清楚，并无吞没学款事情，恳取销通缉等情，请核示案。

（议决）（一）既非吞没款项，可取销通缉；惟款项由地方挪用，应由现任县长筹还欠拨该校之经费。（二）通令各县嗣后学校经费，不得移作别用。

四、建设厅呈拟北江公路分处长叶家俊调充琼崖公路分处长，请议决加委案。

（议决）照准。

五、军事厅代电，请催饬财政厅务即分别依照原案数目，分日筹拨该厅各经费案。

（议决）开办费由前拨款项开支，欠拨款项仍催财政厅速发。

七①、广州市政府呈请将广州市市政委员任期妥予规定，补列暂行条例公布施行批遵案。

（议决）市政委员任期，暂定为一年。

八、财政厅呈复前委署台山县长李辉光垫解先人〔大〕元帅医费，厅无案可稽，应否照拨，请核示案。

（议决）由秘书处查案再议。

九、广州市政府核复广州总商会请准照修正广东都市土地征税条例

---

① 原文缺第六项。

一案，请察核案。

（议决）由财政、土地、实业、司法四厅会同审查具复再夺。

十、建设厅呈请将北路公路分处暂行裁撤，以节糜费，乞准备案。

（议决）准备案。

十一、建设厅呈奉饬行处会同岭东商业学校勘定校产界址自行筹筑一案，据汕头堤工处呈复审查议办该校海坦各缘由，转请察核饬遵案。

（议决）由教育、建设两厅会同审查，拟具办法，呈复核夺。

十二、实业厅呈请准予省河等检定权度分局加提检定费二成充经费，并于此二成内提拨八分之一为权度检定局经费案。

（议决）暂准照办。

十三、云浮县长电报县属农会委员林文辉等，督率农军，围缴小河警署枪械，乞示维持案。

（议决）呈请总司令部查办。

十四、梁阆秋呈具节毕，请设省政府印刷局，并拟具章程预算，请核准施行案。

（议决）财政已有印刷局，不必另设机关。

十五、实业厅呈据自来水公司以市委滥权工商受害乞救济等情，查该公司，所争各节，末〔未〕始无理由，请示办理案。

（议决）饬市政府遵照本府决议办理，并批饬实业厅会同市政府从速召集各整理委员成立整理委员会，并拟订整理规程细则。

十六、追悼北伐阵亡将士人〔大〕会筹备处请捐款四百元案。

（议决）捐三百元。

广东省政府委员会
第十九次会议录

三月二十三日　星期三

一、广东地方武装团体训练养成所，请给发训练员枪械案。

（议决）呈总司令部请发。

120

二、民政厅提议，临高县长周梅羹辞职，请以沈春雨署理；海口市市政厅长龙××撤职，拟以琼崖民政视察员周演明兼任，请公决案。

（议决）照委。

三、广州工人代表大会函称，定于四月一日举行周年纪念，并召集第四次代表大会，请俯予补助，以勤美举案。

（议决）捐助二百元。

四、农工厅呈请委任谭桂莘为汕头农工局局长案。

（议决）函委。并令催财、民两厅关于本府第十五次省议农工厅依各县市农工局组织法第三条之规定，拟定第一期应行举办之各县市农工局，及每月经费预算一案，从速会核具复。

五、省党部函请拨给训育人员讲习所开办经费各费案。

（议决）交预算委员会。

六、中央执行委员会函称，据广东省农民部电催农民运动经费，急如星火，请广东省政府就近由应解中央项下直接拨付案。

（议决）函省党部农民部，将预算造送，转交预算委员会审查。

七、中央执行委员会函称，邓演达同志提议，嗣后列席政治会议人员，于每会议应轮流将本人活动及工作情形口头报告，各部及各省政府应将重要经过情形书面报告本会，函请查照案。

（议决）照办。

八、东莞县人李守珍呈称，故弟李文珍，于三月二十九之役，以身殉国，现遗孤颠连困苦，请援例抚恤案。

（议决）函革命纪念会查明再议。

九、财政厅呈请重申禁令，保存名胜古绩案。

（议决）如拟办理，并由本府布告周知。

十、建设厅呈，据公路处呈拟修正民办普通车路章程，缴请核示案。

（议决）照修正通过。

十一、财政厅呈请仍予限制通饬各公路处对于应征厘税捐款一律完纳，以维公帑案。

（议决）交财政、建设两厅拟具办法。

十二、建设厅呈，据汕头堤工处称，拟扩张岸线，积极建筑南堤，连同图案章程，转请备案，并示遵案。

（议决）先由该厅审查具复核议。

十三、建设厅呈，据韩江治河处呈请通令各县长，将所有道苗圃经费，改拨县苗圃应用，请提议核示案。

（议决）交建设、实业两厅，会同查明呈核。

十四、本府秘书处呈请明定本府电报室代拍电文界限，并查照取缔滥发电报，明令咨行查照案。

（议决）照办。

十五、民政厅呈，据九江市政筹备专员李其特称，拟仿照广州市办法，组设市政委员会，意欲藉重群方，以图建设，应否准如所拟，请公决案。

（议决）照修正通过。

十六、地方行政人员讲习所呈请令行财政厅照数拨交开办费，及每月经常费案。

（议决）交预算委员会审定。

十七、民政厅呈称，关于佛山公民吴×等呈控陈××等盗卖仓谷，奉饬严行追还一案，约〔经〕饬查复，主持盗卖者系该市前党部委员陈××等所为，所有谷价现闻由陈存贮等情。惟查陈等均系党员，应否拘案究追之处，请核示案。

（议决）严行拿办。

十八、纪念黄花岗七十二烈士筹备会函请捐款五百元案。

（议决）捐一百元。

十九、财政厅呈称，红十字会每月补助费一百元，应否在本府每月领支捐款二千元内拨发，请核示案。

（议决）缓捐。

二十、财政厅呈称，女子工读学校每月补助费二百元，可否由本政〔府〕每月捐款项下支拨，请公决案。

（议决）交教育厅调查该校成绩如何再议。

广东省政府委员会
第二十次会议录

三月三十日　星期三

一、广州政治分会秘书处函称，审查预算委员会分会，定三月二十八日下午一时，在财政部召集开会，规定贵府应推定一人出席等由，请公决案。又财政部函称，本月二十八日下午四时，在本部开审查预算委员会成立大会，请推定委员，届时莅会讨论，并复等由，请公决案。

（议决）公推李委员禄超。

二、民政厅呈报，惠阳县长陈××被控各款，经饬据新任惠阳县长罗俊查复，谨将查得情形，分别陈明，请核示案。

（议决）呈候总司令部并案核办。

三、广州市公安局呈报，工会占住民房，现由业主最近呈局，请求勒迁各案，编列成表，请核示案。

（议决）下次再议。

四、参加第八次远东运动会，广东筹备委员会函请拨发费一万元。

（议决）令财政厅拨发七千元。

五、财政部咨称，汕头堤工处章程应附加数条，免与补价承升章程抵触，请提议明令该处遵办见复案。

（议决）交财政、建设两厅会同审查具复核夺。

六、财政厅呈请，提议核示由，前东征军总指挥部，饬开办之汕头堤工处，应受何机关管辖，议〔请〕提议核示案。

（议决）财政方面，由财政部主管；工程方面，由建设厅主管；用人问题，照原案办理。

七、农工厅再提出修正广东省暂行解决工商纠纷条例，请公决案。

（议决）俟农工厅长出席再议。

八、监察院咨称，被××等控卸潮安县长刘××一案，尚有传讯之必要，未便将案注销，请饬知照案。

（议决）请由院自行传讯。

九、监察院咨，仍请省政府查传前东莞县长毛××到案一案。

（议决）据案转呈国民政府。

十、政治会议广州分会函，据后方政治工作联席会议主席呈请，取缔封建社会遗留一切不良风尚，与陈腐积习，拟定办法两项，请饬两粤政府办理等情，希查照办理一案。

（议决）查案呈复。

十一、总司令部政治部留守主任函称，国民革命歌词后二句改为"国民革命齐奋斗"，请饬属遵照案。

（议决）转饬所属一体遵照，并复。

十二、监察院咨，据教导师第二团第二营五连党代表梁桢控告，乐昌县长刘××挟妓侑酒一案，情词各执，非对质不足以明真相，希饬该县长依期到案一案。

（议决）照办。

十三、粤演〔汉〕铁路局长呈复称，柴行请核减运柴车脚，提前运输一案，困难情形，可否将加五军费，及加三韶坪公路建筑费豁免，请核办示遵案。

（议决）应暂缓议。

十四、广东各界反抗帝国主义武装屠杀及援助死难同胞，并庆祝收复沪宁大会，函知四月三日举行示威大运动，请派代表携带捐款五百元，于三月三十一日到会，开各部职员会议案。

（议决）存。

十五、民政厅呈请核定各区视察员名称，请公决案。

（议决）仍用民政视察员名义。

十六、公安局报告最近英兵在沙面布置防御工作情形一案。

（议决）（一）除由本府报告外，咨警备司令，并令公安局及各县，保护外人生命财产，不许人民有暴动行为；至外交事宜，由政府负责办理。（二）咨警备司令，及令公安局，最近群众对外示威巡行，勿经西堤一带，以免发生误会。（三）令农工厅从速调处佛山轮船罢工风潮。

广东省政府委员会
第二十一次会议录

四月二十一日[①]　星期四

南路行政视察员呈报整理各县政务情形——委古应芬、陈孚木、李禄超、黄隆生、邓召阴为筹备委员——照恤徐故教员恤金五百九十六元八角——照准暂留新委中山县长杨子毅在校服务——照准于五月一日停止各米出口办——核复抽收猪牙公秤各捐，以充党费。

出席者　李济深　许崇清　李禄超　陈孚木　陈耀祖（代）

纪　录　马洪焕　黎时雍　张百川

报告事项

一、十九次会议议决各案，经呈奉政治分会通过发还，已由秘书处分别办理。

二、国府秘书处，电知经中央执行委员会议，议决公布国府组织法、军事委员会组织大纲、国民革命军总司令条例、湖北省政府组织法、委员会会议规则、秘书处组织条例，及任免江西省政府各委员厅长、国民政府参事等。

三、中央执行委员第三次全体会议，电知真日议决案，选出本部常务委员及各部长，政治委员，军事委员主席团，并国民政府委员及常委等。

四、国府秘书处卅[②]电知奉国府任命詹大悲代理湖北省财政厅长。

五、实业部长孔祥熙电知于冬日在粤就职。

六、土地厅长周佩箴呈报，自三月三十日起请假十四天，假期内由秘书朱宗良代拆代行，及不能出席委员会议。

---

① 第二十一、二十二、二十三次会议均被标上"四月二十一日"的日期。估计第二十一次会议在四月七日召开。

② "卅"疑为"世"。

七、财政部咨准军事厅函复卫商事宜，因筹备接收，尚需时日，现由本部赓继办理。

八、南路行政视察员呈报着手整理各县政务情形，并先行整理各事：（一）整理团务，以巩固地方。（二）促成公路，以利交通。（三）整理地方款项，以办要政。（四）调解农工纠纷。（五）厉行党化教育。（六）提倡实业，以利民生。（七）统一度量衡，以维商业。（八）调查户口，以别良歹。（九）清查囚犯，改良监狱，以重人道。（十）督促清理积案，以免拖累。

九、财政厅拟就招各属香烛纸宝冥镪捐招商试办章程，请各县遵照办理。

十、国府委员电知于三月二十日上午十一时，在武昌举行就职典礼。

讨论事项

一、中央党部冬电本部政治委员会，第二次议决广州市政委员长孙科辞职，应照准，经电广州分会，转知任命黎照寰为该委员长，希查照办理案。

（议决）呈特别委员会。

二、曲江县长呈报县农会擅捕久押催征委员及队兵，请迅示祗遵案。

（议决）呈总司令部。

三、实、财、农三厅呈复会同拟定筹备农民银行办法大纲，请核示案。

（议决）通过。并委古应芬、陈孚木、李禄超、黄隆生、邓召荫为筹备委会〔员〕。

四、省农会请拨海口市镇兴街第四十五号地址，为该会琼崖办事处永远办公地址案。

（议决）准暂借用。

五、总司令部，据航空处长，呈请拨修筑吴顾之等四烈士坟，及封围费用约七百七十元，仰核办具报案。

（议决）咨财部拨给。

六、广东各界庆祝北伐军克复沪宁大会，函请于三日内送交分担一

126

千元经费案。

（议决）存。

七、教育厅呈，据省立第二中学校长彭崇兴，呈请照学校教职员养老金及恤金条例第七条第二项，及第八条第二项之规定，依最后三年内年俸平均数百分之四十，给予徐故教员立三恤金五百九十六元八角，应否照准，请核示案。

（议决）令财厅照恤。

八、教育厅，据省立工专校长林筍，呈转第五届学生代表关学汉等，呈请令饬省库或各县于公款内，拨给每名三百元，为赴俄考察工业旅费，应否照准请核示案。

（议决）无例可援，碍难照准。

九、农工厅呈复拟就工厂法草案，产业合作法草案，及附呈其他已颁行之章程条例等，请察核转呈政治会议采择施行案。

（议决）照转。

十、省农会二届执行委员会二次扩大会议全体执委罗绮园等，暨全体代表何毅等具请愿书胪陈解除农民痛苦办法九条，请求采纳施行案。

（议决）第三项本府通令有案，第二项俟议定详细办法后再夺，其余各项咨行各机关于可行范围内，分别查明办理。

十一、民政厅准国立中山大学委员会，函请暂留新委中山县长杨子毅在校服务，拟自本月一日起，准予暂缓一月，届期即须赴任请核示案。

（议决）照准。

十二、党政机关职员军事训练班同学筹备会函资助以利进行案。

（议决）缓议。

十三、台山县长呈复奉饬附加新宁车票，及入水渡客脚，充建筑由沙涌至白沙公路，未能办到缘由，请察核案。

（议决）轮渡准免，铁路仍应附加。

十四、财政部咨，据税务【处】呈称，现值青黄不接，办谷米出口案，定于五月一日停办，请饬属一体知照案。

（议决）照办。

十五、财政、民政两厅会复，奉令会核农工厅拟俱〔具〕各县市农工局等别，及每【月】经费预算，尚属妥协，惟现值战事时期，此项经费，拟援照各县设立公路分处成案，由各县市及邻近各县，就地方款设筹，以免牵动库款，请核明，令饬编具细数预算书，呈缴转发下厅，以便规定数目，分令遵拨案。

（议决）照拟办。

十六、财政厅呈复汕愿〔头〕土炮台安靖庙，系属官产范围，应由官产召变，充饷该市厅，拟请变价拨充建筑经费，核与定章不符，未便照准，请核示案。

（议决）照厅复办理。

十七、博罗县长呈拟抽收猪牙公秤各捐，拨充党费，请核示案。

（议决）交财厅核复。

广东省政府委员会
第二十二次会议录

四月二十一日① 星期四

检查各机关电报防止泄露军事秘密——照准取销李焰生通缉——照委卓越接充开平公路局长兼理土地局事务——饬县就地筹拨县党部经费——照案每月拨足省防军及军事厅经费之十万元——照准王叔增署理潮阳县长，王宇署理潮安县长。

出席者 李济深 许崇清 李禄超 陈孚木 陈耀祖（代）

纪　录 马洪焕 黎时雍 张百川

报告事项

一、孔财政厅长呈报，因公赴沪，请假七天，所有职务，拟托禁烟总处长李承翼代拆代行，请察核案。

二、奉总司令部批复，关于本府请示行政机关拍电，是否适用检查条例一案，以派员检查电报，专为防止泄露军事秘密，及反动分子造谣

---

① "四月二十一日"疑误，推断第二十二次会议日期为四月十四日。

挑拨起见，何项机关，均应一律检查，令发条例，饬查照案。

三、外交部函称，奉部长鱼电，英舰炮击稔山案，已向英代表抗议，稍缓，即发表宣言，请查照案。

四、总司令部秘书处函送柏林中殴〔欧〕通讯社急电一件，希查照办理案。

讨论事项

一、全省农工商学联合会第一次联席会议呈称，议决十项要求，乞接纳施行案。

（议决）函民众运动委员会查明办理。

二、省党部函，据高雷警备司令呈，防城党部监委李松影，本为邓逆副官长，经通缉有案，现改名李焰生，充国民日报记者，请将李松影解除记者职务，并开党籍，逮交该部，归案讯办一案，经议决：（一）函省政府取销李焰生通缉。（二）复总部，现李焰生现努力本党，应不追究既往，希办理见复案。

（议决）照准办理。

三、民政厅呈，拟〔据〕陈村市政筹备专员称，年来市面萧条，商务冷淡，欲求振兴整顿之法，亟应展拓市区，以谋发展，绘具市区图略，转请察核一案，经厅派委照图复勘，所划区域，尚与设市本旨相符，转缴核定公布案。

（议决）照准公布。

四、土地、建设两厅会呈，开平公路局长兼理土地局事务关达廷，办事不力，应即销差，请改委卓越接充，请核委案。

（议决）照准委任。

五、省党部函，据惠阳县党部电称，改选在即，代表数百人，经费无着，请饬惠阳县，将钱粮项下，拨助四百元，为改选费，请查照办理案。

（议决）饬县就地筹拨，未便准在钱粮项下支给。

六、财政厅呈复，奉令催拨省防军经费，及军事厅经费一案，惟查省防军，现尚未募足，军事厅亦未完全成立，后方财政，极形困难，究竟省防军及军事厅经费，每月应拨若干，请核示案。

（议决）由五月份起，照案每月拨足六十万，一切经费各费在内。

七、建设厅呈，据公路处转请决议，拨定东路公路分处经费，及补助筑路费案。

（议决）东路西路分处经费，准由省库支给补助费，另催财、建两厅，从速拟定田亩捐办法。

八、本府特别区党部函请援案每月补助经费一千元，以维党务案。

（议决）由本府活动费项下月拨三百元。

九、江门全体市民【代表】汤灼义呈称，祖护复估，势难屈从，乞提案再议依法推法，彻底取销估征，以符民治案。

（议决）维持原案。

十、民政厅呈，据澳门镜湖医院来函，拟发起筹款，择良好地方，建回棚屋，难民回澳居住等由，应如何办理，请核示案。

（议决）照准。

十一、民政厅提议，潮阳县县长刘泳闿辞职，拟予照准，遗缺请以王叔增署理；潮安县县长谢松楠辞职，拟予照准，遗缺请以王宇署理，请公决案。

（议决）照准。

十二、广州工人代表大会呈称，一致议决，全市工友之急切要求四项：（一）请求从速颁布劳动法。（二）请求保障各工会之固有利益与固有条件。（三）请求取销一切束缚工会条例，及保障集会结社言论出版罢工之绝对自由权。（四）请求取销农工厅颁发工会印信证书，及接见调处条例，请接纳施行案。

（议决）交农工厅办。

广东省政府委员会
第二十三次会议录

四月二十一日　星期四

公安局报告英政府勾结西山系及鼓吹黄祸、压迫香港工会——照财厅办理各工务局所用士敏土一律免缴附加费——照拨建设厅代购放声机价银五千元——核办整顿民团办法及保安委员会组织条例——由民政厅荐委惠阳县长。

出席者 李济深　许崇清　李禄超　陈孚木　陈耀祖（代）

纪　录 马洪焕　黎时雍　张百川

报告事项

一、土地厅秘书处函称，周局长由浙来电，胃病复发，不克遽返，乞续假半月等语。

二、财政厅长孔祥熙呈为续假七天，请察核由。

三、司法厅长徐权伯呈，为因病请假三星期，厅务交秘书杨光湛代拆代行。

四、广州市公安局长报告，英政府勾结西山系，及鼓吹黄祸、压迫香港工会等阴谋三项。

五、广州市公安局报告，西山会议派复谋活动，及匪首袁×等在港澳谋乱，暨澳门工人共党，召集会议，被解散各情形。

讨论事项

一、广州市政委员长呈请维持原案，仍令财政厅遵照前批，凡工务局管理路款，建筑工程所用士敏土，一律免缴附加费缘由，请核示案。

（议决）照财政厅办法办理。

二、实业厅呈，据承办士敏土厂振兴公司，因收用花县大同公司灰石，拟请准予核免附加该县警学党经费，以轻成本等情，请核示案。

（议决）维持原案。

三、政治会议广州分会函开，奉中央政治会议第二次议决，任命陈耀祖代理广东建设厅厅长案由，国府任命，已于三月二十日明令发表等由，希查照案。

（议决）存。

四、建设厅呈请，迅予拨发该厅代购放声机原价美金七千五百元中，未附〔付〕三分二之五千元案。

（议决）令财政厅照拨。

五、民政厅呈，据北海市政筹备专员周昌荫呈，现当筹备期间，经费不敷，依照广州、佛山等处，征收麻雀牌局捐成例，每场征捐六毫，请察核备案等情，应否照准，请核示遵案。

（议决）照准。

六、南路各属视察员呈报整顿民团办法及保安委员会组织暂行条例，请察核案。

（议决）函团务委员会核办。

七、中国国民党广东省特别委员会秘书函知，特别委员会议决，军事厅长李济深辞职照准，任命徐景唐代理军事厅厅长；司法厅厅长徐权伯离职，任命陈融代理司法厅长等因，请查照案。

（议决）请示，代厅长是否兼委员。

八、本府委员兼民政厅长陈树人，呈请转呈辞去本兼各职案。

（议决）呈特别委员会。

九、民政厅呈，惠阳县长罗俊潜逃，惠州警备司令请委孙绍康接任，该县党部等又请委黄朝彦，请核示案。

（议决）由该厅觅人荐委。

十、各界拥护国民党清党运动大会函称，广东各界拥护中国国民党清党运动大会议决推定省政府，担任经费五百元，经推定女权运动大同盟，担任分途出发，前往各团体，领收捐款，交与来员带返等由。

（议决）俟民众委员会决定后，再由常务委员酌捐。

广东省政府委员会
第二十四次会议录

四月二十八日　星期四

国府照准孙科、何香凝辞广东省政府委员职——照准农事科长遗缺以秘书刘心石调任，所遗秘书缺以技士黄志远升补——分别服工久暂交农工、实业两厅拟具公平办法酌补油务行歇业工金——照准汕头堤工处所拟扩张岸线积极建筑南堤办法——征收香烛纸宝捐章程第七条删去余照修正案通过——照委陈厅长所拟委用各缺人员。

出席者　李济深　李朗如　许崇清　李禄超　陈　融　陈耀祖
　　　　　古应芬

主　席　李济深

纪　录　黎时雍　马洪焕　张百川

报告事项

一、第二十次会议议决各案，经呈奉政治分会议决通过发还，并已由秘书处分别办理。

二、军政督察委员会函知，推举冯祝万、欧阳驹、邓世增三委员为该会常务委员。

三、汉口国府电知，祃日照准孙科、何香凝辞广东省政府委员职。

四、蒋总司令电知，军事委员会，经由广州迁至南京，于箇日开始办公。

五、广东特别委员会秘书处函知，会议议决，广东省政府委员徐权伯免职，委古应芬、陈融、徐景棠、陈耀祖、李朗如为广东省政府委员。

讨论事项

一、国府秘书处函达，奉发下政治会议广州分会电复，该会经费支绌，奉决议，每月筹拨五千元，交省党部，作农运经费，请电令财部，追加预算一件，奉谕交广东省政府等因，请查照案。

（议决）政治分会已有办法。

二、农工厅呈称，农事科长李孝则离职，遗缺拟以秘书刘石心调任，所遗秘书缺，拟以技士黄志远升补，递遗技士缺，拟以杜超补充，请分别加委案。

（议决）照准。

三、（甲）广州市公安局呈报，工会占住民房，经将业主最近呈局，请求勒迁各案，编列成表，请核示案。（乙）广州实业联合会、市商会等呈，为民房借住，期长损巨，联请切实执行政府批令，以维商艰案。

（议决）香港罢工工友，另定办法，其余各工会占住者，一律令迁，否则应令纳租。

四、本府常务委员陈树人函知，本人已提出辞职，则原任常委一席，请迅予另行推举，免碍政务案。

（议决）缓议。

五、农工厅呈复，办理关于油务行歇业补给工金一案情由，请核示遵案。

（议决）分别服工久暂，交农工、实业两厅拟具公平办法酌补。

六、教育厅呈，据省立中山中学校长呈，以无地可迁，仍请执信旧校拨用等情，转请核示案。

（议决）令市政府照拨，如执信旧址，必须划入粤秀公园范围，应由该市政府另觅相当地址，拨给中山中学。

七、惠阳各团体代表等电称，县长罗×因主动捣乱，畏罪潜逃，公推县党部黄朝彦为临时县长，请准予正式委任案。

（议决）并交民政厅。

八、革命纪念会函复，详核钟英发、李守珍所请，钟明光、李文甫两烈士殉国，尚属实情，应如何抚恤，请卓裁案。

（议决）仍交革命纪念会，调查七十二烈士家族状况，并拟定抚恤条例，呈候国民政府核办。

九、民政厅呈，据九江市政筹备处拟援照广州、佛山等市办法，征收一月租捐，清发员警薪饷，及补置警队械弹服装等项，应否准办，请议决饬遵案。

（议决）事实可行，惟简章二、三两条欠妥，应修正呈核。

十、建设厅呈复，汕头堤工处拟扩张岸线，积极建筑南堤，连同图案章程，尚属可行，转请备案，并乞示遵案。

（议决）照办。

十一、农工厅修正广东省暂行解决工商纠纷条例，请公决案。

（议决）俟农工厅长出席再议。

十二、交通部咨请，将广州市电话，附加革命纪念会修造坟园费，改由财政厅负担，请核议施行案。

（议决）仍令电话局，将所欠革命纪【念】会附加费，按月拨足。

十三、财政部咨请，令行民政厅，转饬北海市政筹备处，将发行稽查票取销，以重烟叶案。

（议决）照令民政厅，转饬取销，如市库不敷，另行设法筹措。

十四、教育厅呈复，陈村市政筹备处拟征收香烛纸宝及司祝捐章程，经审查，请察核办理案。

134

（议决）征收香烛纸宝捐章程，第七条删去，余照修正案通过。

十五、中山县政府呈复，关于仙逸学校，拟请将电力附加，拨充校费案，按诸该县成立，本有抵触，现拟将县库每月所收娱乐捐二百四十元拨充，请察核示遵案。

（议决）除据娱乐捐二百四十元外，不足之款，仍由该县政府设法筹拨。

十六、中山县政府呈，据教育局呈请先拨全县岁收百分之十，作教育经费，应否照准，请察核示遵案。

（议决）交财政、教育两厅，筹商全省教育经费计划再夺。

十七、灵山县长呈，请通令废除娼妓制度，取销花捐，以维人道而符党义，请核夺施行案。

（议决）缓办。

十八、司法厅陈厅长提议，将广州市法院、广州市人民法院及汕头市法院，汕头市人民法院各推检，分别去留委用，并将所拟委用各缺人员列表，提请公决案。

（议决）照委。

十九、古委员提议，请由省库酌给卢夫人赡养费案。

（议决）令财政厅自五月份起，每月给拨五百元。

广东省政府委员会
第二十五次会议录

五月五日　星期四

特别委员会议决，粤汉、广三、广九三路暂归建设厅管理——特别委员会函知，议决派朱家骅代理民政厅长，陈耀祖代理建设厅长——准方乃斌暂行代理汕头市政厅长——准由省库捐款项下，月拨三百元，补助女子工读学校——分令遵照，由五月一日起，邮寄省内外信函，加至四分，明信片加至二分——照委钦县、英德、高要、凌〔陵〕水、佛冈、赤溪、东莞、增城各县长。

所在地　广东省政府

出席者　古应芬　李禄超　李朗如　徐景唐　朱家骅　陈耀祖
　　　　陈　融　许崇清

主　席　古应芬

纪　录　张百川　马洪焕　黎时雍

报告事项

一、本府第二十一、二十二、二十三次会议，议决各案，经呈奉政治分会议决通过发还，并已由秘书处分别办理。

二、建设厅长呈报，奉特别委员会议议决，粤汉、广三、广九三路，暂归建设厅管理，报请察核由。

三、司法厅长陈融呈报，奉特别委员会议决，暂行接管广东控诉法院，及最高法院广东分院日期（四月三十），请察核由。

四、广东特别委员会秘书处函称，本会议决，派朱家骅代理民政厅长，请查照由。

五、广东特别委员会秘书处函称，本会议决，派陈耀祖代理广东建设厅长，请查照由。

六、土地厅长周佩箴呈请，自四月三十日起，再续假十天，请照准由。

讨论事项

一、司法厅长呈请，加委沈藻修、冯需为本厅秘书，何启澧、张祥熙、梁道杨为科长，请加委案。

（议决）照委。

二、建设厅长呈，据机器工会呈请保护新宁铁路被逐工友，恢复原有工作，请核示案。

（议决）交农工厅从速执行。

三、民政厅长提议，准潮梅何警备司令感电，以潮安县长谢松楠辞职，经委陈献猷代理；又潮安〔阳〕县长刘泳闾辞职，经委王宇代理，请分别加委等由。查该县长谢松楠、刘泳闾前呈辞职，经已核准；并由陈前厅长提议，以王宇接署潮安，王叔增接署潮阳，请公决在案。现电所请加委，可否照准，请公决案。

（议决）查本府二十二次议决案电复，所请应毋庸议。

136

四、民政厅提议，准代理潮梅警备司令，请加委方乃斌为汕头市政厅长各缘由，应否准予加委，请公决案。查此案，并迭奉总部令据，潮梅警备司令称，汕市厅长张永福离职，厅务不可无人主持，经将张免职，令委方乃斌暂代等情，饬本府并案核办。

（议决）准其暂行代理。

五、广州市商民协会函称，农工厅调处工商纠纷，实业厅未有代表列席，敝会亦不许参与解决签字，衹该厅独断独行；各行分会，极不满意，要求后开办法：（一）工商纠纷，须会同农、实两厅处理。（二）须市商协会代表列席讨论。（三）解决条件，须两厅长签字，请转饬查照办理案。

（议决）呈政治分会候夺。

六、教育厅呈复，女子工读学校，办理颇有可观，宜准每月补助三百元，以资扩充案。

（议决）准由省政府捐款项下，月拨三百元。

七、财政厅呈复，石龙市香烛纸宝捐，未便准由市政筹备处征收办理缘由，请核示案。

（议决）照令民政厅转饬知照。

八、广州市政委员长呈送市立银行原定章程，及修正各条文，请核照，分别厘订备案案。

（议决）交财政、实业两厅会同审查。

九、本府秘书处呈复，准财厅函复，以前省署财政科卷内仍无前台山县长李耀光垫解先大元帅医费〈费〉一案，请察核案。

（议决）存。

十、建设厅呈，由五月一日起，邮寄省内外信函，加至四分，明信片加至二分，请饬属遵照案。

（议决）分令遵照。

十一、中山县政府呈报，县政府行政经费不敷，及历借省库款项情形，请迅赐补助案。

（议决）不足之款，由地方收入项下筹足，所借省库之款，应即簿〔补〕还，不得迟缓。

十二、土地厅呈报，现用房屋，不敷支配，曾另搭棚房，及购用各件，用过经费七百三十五元七角五仙，拟请即在奉准保留支余款内开支，请鉴核批准，列为临时费报销案。

（议决）照准。

十三、琼崖各属行政视察员呈报，海口市民政局长符××等被控，隐匿烟土，传案不到，并贿使暴徒，纠众劫夺，若不严行究办，将何以儆效尤，将详情连同抄录供词，呈请核示办法案。

（议决）交琼崖警备司令拘案讯办。

十四、本府委员陈树人，函知本人已提出辞职，则原任常委一席，请迅予另行推举，免碍政务案。

（议决）下期再议。

十五、关于汕头堤工处开投各坦争执案。

（一）建设厅呈请核转财部，令行潮梅财政处、潮州沙田局，凡汕市东西南堤内之海坦，概勿施行补价升科，以符定章。

（二）财政部咨称，核定潮属商民升科承领各坦办法，请先电建设厅，迅饬堤工处遵照；又电请饬堤工处，已未开投各坦地，凡与清佃原章有关者，悉应静候政府解决，以清界限。

（三）潮梅实业公会呈请，饬堤工处，将投变陈××堂屋地坦地原案撤销。

（四）汕头总商会请派员，将汕头堤工处投变陈××堂新填坦地案，调契验明核办，并批准潮汕电船公司建筑码头泊船载客，又电请令该处，将前项投案撤销，停止收银发照。（按）堤工处所请，凡汕市东西南堤工内之海坦，概勿予以补价升科，以符定章；其理由则以汕头濒海之区，所有沿海坦地，悉听人民自由投承，官厅漫无查察，照报收款给照，内四至西界，向海方面，皆书"海深流"及"海中流"字样。比来汕地畅旺，地价随增，致领有此项坦地者，将海坦地随填随卖，无所止境，政府损失公海，日见其甚。故前东征蒋总指挥抵汕时，为免人民盗海私填，损失政府权利，故订有合章（第八条），以填竣之地，由堤工处招商承买，其地价以二分之一缴政府，其余二分之一，由承商收回垫款及利益，所有施行章程。又奉省议议决，遵照第十五条，全堤内线坦地，以未施工前，每日海水淹及之处，概归官有；第十九条，此次筑堤浚港，系属内政范围，本处有完全处理之权责，不受海关及任何方

138

面之干涉；又以沙捐局所拟附加条文三条，窒碍难行。云财政部所持理由，则以汕头堤章，妨碍清佃清附加条文，以前藉口前经咨请办理，使非及早解决，则执行投变者，动援堤章为护符，原有业权者，动持印照为争执，滋生纠纷，宁有已时。故已核定所有潮属商民，前已升科承领各坦，在潮州堤工处成立以前，已给照者，一律维持原案，不得再行开投；其在堤工处成立以后，现经由处布告另投者，应逐案呈部核准，方能发照；未经布告开投坦地，悉应缓投，静候解决云。

（说明）查本案前据财部咨请，堤工处章程，应附加条文，经二十次省议决定，交财、建两厅会同审查，具复再夺。

（议决）候财、建两厅呈复后再办，并电令暂缓开投。

十六、民政厅呈，据南海县呈报，第二区农村，现被冈头河村等乡民团，勾结土匪，肆意焚掠，应如【何】派队制止，请议决饬遵案。

（议决）函军政督察委员会设法制止。

十七、民政厅提议，委任廖国器为钦县县长，何春帆为英德县长，叶毅夫为高要县长，欧阳万里为凌〔陵〕水县长，曾朴为佛冈县长，刘汉文为赤溪县长，张拔超为东莞县长，郑道实为增城县长。

（议决）照委。

广东省政府委员会
第二十六次会议录

五月十二日　星期四

民政厅长朱家骅于五月二日接任视事——补助女界联合会广东总会每月经费一百元——照委李华业为建设厅第一科长，区兆庆为第二科长，梁乃铿为技士——照给被共产党枪毙之商运指道员吴声桂抚恤费三百元——准司法厅在节省余款项下，每月开支五千元，为新建之看守所设备费——通过民政厅提议署理各县县长——照准本府常务委员陈树人遗缺，以朱委员家骅补充。

所在地　广东省政府

出席者　李济深　许崇清　古应芬　陈耀祖　李朗如　陈　融
　　　　徐景唐　朱家骅　李禄超
主　席　李济深
纪　录　马洪焕　张百川　黎时雍

报告事项

一、本府第二十四、二十五两次议事录，已奉政治分会通过发还，由秘书处分办。

二、民政厅长朱家骅呈报，于五月二日接印视事。

三、特别委员会秘书处函告，特别委员会第九次会议议决，派朱家骅为广东省政府委员。

四、开平县政府呈报，于四月十三日，县政府组织成立，并举行县务会议。

讨论事项

一、实业厅呈请，准予饬行财政厅，自五月份起，职厅经费，仍照原定预算额七千七百四十元之数发给，请核示一案。

（议决）经交预算委员会。

二、济难会广东省总会改组委员会函请，每月【补助】经费一百元一案。

（议决）应毋庸议。

三、财政厅呈，为准广州无线电台函开，奉交通部电饬，自四【月】份起，按月经费二千五百元，准予拨给等由，应否照支，请核示一案。

（议决）交建设厅查明呈复再核。

四、女界联合会广东总会呈请每月补助经费二百元一案。

（议决）补助一百元。

五、建设厅呈报，委任李华业为第一科长，区兆庆为第二科长，梁乃铿为技士，请照章加委一案。

（议决）照委。

六、特别委员会令饬核办卸广宁县长李××，呈请取销通缉一案。

（议决）照前案交民政厅，传问经过情形，呈复，再议。

七、广东机器工会呈报，工友此次努力恢复粤汉铁路交通情形，请令饬该路发给各会员被迫离职期内工金一案。

（议决）照政治分会解决机器、铁路两工会纠纷办法，交建设厅办理。

八、军事厅呈，为缉私卫商，经已裁撤，拟设广东护航委员会，专办护航事宜，并缮具理由及办法，提请议决施行一案，附缴组织条例草案，及薪饷表。

（议决）通过。惟编制似嫌过大，应体察情形，从实核减薪饷，应照初级起支，仍令每月将办理情形具报。

九、省党部函，拟抚恤被共产党枪毙之商运指道员吴声桂三百元一案。

（议决）交财政厅照给。

十、民政厅呈请改委马子良署理赤溪县长一案。

（议决）照委。

十一、司法厅提议，拟在该厅经常费每月节省余款项下，陆续拨支共〔五〕千余元，为新建之看守所设备费，以重犯人卫生，请核示一案。

（议决）准开支以五千元为限，仍应实报实销。

十二、民政厅提议，以陈守仁署理清远县长，刘兼善署理蕉岭县长，张夏初署理灵山县长，陈秉铎署理曲江县长，李玉藻署理丰顺县长，王肇文署理四会县长，罗守颐署理连平县长，黄秉霆署理临高县长，陈逸川署理普宁县长，番禺县长庄光第与中山县长杨子毅对调，请公决案。

（议决）通过。

十三、药材行张大昌呈，为强截货复被诬报，联请设法维持，以维营业，而伸冤抑一案。

（议决）（一）所押商人交公安局保释，随传随到。（二）工商纠纷，由农工、实业两厅妥为调处。

十四、本府常务委员陈树人函称，本人已提出辞职，常务委员一席，请另行推举，免碍政务一案。

（议决）照准。遗缺以朱委员家骅补充；并推定许委员崇清、陈委员融为代理常务委员，朱委员家骅为代理常务委员会主席。

广东省政府委员会
第二十七次会议录

五月十九日　星期四

公推民政厅长朱家骅前往监视〔誓〕林云陔就广州市政委员长职——照准加委沈耀祖为司法厅民事科长，李炯为广东护航委员会委员长——照准谭粤桂〔桂萼〕辞去农工厅民〔工〕事科长，并汕头市农工局长各职——照准加委黄艺博为农工厅工事科长，汤健武为佛山市农工局长，曹记棠为中山县农工局长，梁朴园为海口市农工局长——照准民政厅提议委任惠阳、梅县、饶平、陆丰各县长。

所在地　广东省政府

出席者　古应芬　徐景唐　李朗如　许崇清　李禄超　陈　融　陈耀祖　陈孚木　朱家骅

主　席　古应芬

纪　录　黎时雍　张百川　马洪焕

报告事项

一、上次议决各案，经呈奉政治分会通过发还，并已由秘书处分别办理。

二、土地厅长周佩箴呈请，再准续病假十四天。

三、财政厅长呈报，遵令自五月份起，按月给发卢夫人赡养费五百元，请察核。

四、新委广州市市政委员长林云陔，定于明日上午十一时就职，请本府派员监誓，众推民政厅长朱家骅前往监视〔誓〕。

讨论事项

一、司法厅长呈请，加委沈耀祖为该厅民事科科长案。

（议决）照加委。

二、军事厅长呈请，加委李炯为广东护航委员会委员长案。

（议决）照加委。

142

三、省党部函，据防城县临时执行委员会呈请，将判〔叛〕逆军官邓本殷、申保蕃等五人在防之逆产充公，经会议议决，送请本府查照核办案。

（议决）准予悉数充公，饬防城县查明该逆等田地房屋，共有几处，查封后，呈候核夺。

四、中国国民党驻日总支部执委会，开列本省留东反动分子黄元华等二十余名，函请查照，将其开除官费，及下令通缉；并请饬令粤籍留东学生，以后不得再受武汉伪政府命令案。

（议决）交民政厅、教育厅查明，分别办理。

五、农工、土地两厅，省农民部，省农会会议议决，禁止田主上期收租，及包田制办法，请核饬遵照案。

（议决）办法照修正通过；至关于减租施行办法，及改良佃户局，应否设立两节，令催核议，呈复。

六、农工厅长呈称，工事科长谭桂尊，前经委任为汕头市农工局长，现因事呈请辞去各职，拟予照准，请察核示遵案。

（议决）照准。

七、农工厅长呈请，分别加委黄艺博为该厅工事科长，汤健武为佛山市农工局局长，曹纪棠为中山县农工局局长，梁朴园为海口市农工局局长；并制就上列各局关防小章，颁发给领案。

（议决）照准。

八、民政厅长呈，据代北海市政筹备专员廖国彦呈称，奉令代理市政筹备专员，呈报到任；并据卸专员周昌荫呈报，奉令卸事日期，各等情，应否准予照案加委，抑由厅另行遴员提候核委，请示遵案。

（议决）交回该厅自行核办。

九、司法厅长呈称，英德县法院检察官谢豪因公致死，恳准予依照规定，从优议恤案。

（议决）转呈政治分会核办。（现由政治分会函知，转国民政府抚恤，合注明。）

十、海康县长呈报，该县发生核疫，请饬广州市卫生局，迅派著名西医两名，构备防疫药料，到县诊治；并请特别准由十七年钱粮项下，拨五百元，为防疫费案。

（议决）照准，着秘书处先办。

十一、英德县长孙敩棷电称，遵令回任；惟钱师长已电请本府，暂委何司令春帆代理县长，请电示办法案。

（议决）批饬，毋庸回任。

十二、广州市政府预算，向由市政委员【会】审核，应否再送审查预算委员会审查，请核示案。

（议决）仍应送审查预算委员会审查。

十三、特别委员会宣传委员会函请，发给宣传人员舟车免费票三百张，并分饬各轮渡火车遵照，以便宣传员出发演讲案。

（议决）函复将出发地点及人员，列册送来，以凭填发。

十四、司法厅长呈称，关于自来水公司王××舞弊案，附带私诉判决之产业，应由市法院依判执行，其未奉核定以前，拟请令行广州市财政局，暂缓派员接管，以明权限案。

（议决）照办。

十五、农工厅修正广东省暂行解决工商纠纷条例，请公决案。

（议决）交陈委员孚木、李委员禄超、陈委员融、李委员朗如、朱委员家骅，会同审查。

十六、药材行张大昌等呈，为恃符玩法，截货营私，恳请令行农工厅，迅将所发南北经纪行执货手令撤销，以杜纠纷案。

（议决）饬令农工厅，将手令收回；至该药材行与南北经纪行劳资纠纷，仍照案由农工、实业两厅妥为调处。

十七、民政厅长提议，惠阳县长罗×潜逃，该缺请以俞俊民署理；梅县长温明卿辞职，遗缺请以侯昌龄署理；饶平县长蔡××潜逃，遗缺请以胡贤瑞署理；再前提议以马子良署理赤溪县长，现因事未定，请暂缓发表案。

（议决）均照准。

十八、民政厅长提议，陆丰县长李秀藩，已奉令看管，遗缺请以汪涤陈署理，请公决案。

（议决）照委。

广东省政府委员会
第二十八次会议录

五月二十六日　星期四

财政厅长古应芬因公赴宁，厅务托市政委员长林云陔代理——照委卓康成代理本市财政局长，刘懋初代理教育局长——照委姚宝猷为汕头市农工局长，姚观顺为广三铁路局长——令饬财厅照案拨给警官学校经费——令饬财厅提前拨给中山大学十六年度建筑天文台补助费三万元——照准公布修正广东暂行解决工商纠纷条例——照委民政厅提议委任乳源、海康、海丰、封川、儋县各县长。

出席者　李济深　陈　融　徐景唐　陈耀祖　许崇清　刘栽甫
　　　　　李朗如　朱家骅　陈孚木　李禄超

主　席　李济深

纪　录　张百川　黎时雍　马洪焕

报告事项

一、土地厅长周佩箴呈请，再续假十四天，请照准案。

二、广西省政府铣电，报告各委员就职日期，并推举黄绍雄为主席案。

三、代广东财政厅长古应芬呈报，因公赴宁，厅务托市政委员长林云陔代拆代行，请备案。

四、广州市政委员长孙科呈报，已照准财政局长刘维炽辞职，请备案。

五、特别委员会秘书处函知，议决，派刘栽甫为广东省政府委员，请查照案。

六、代理广州市政委员长林云陔呈报，奉广东省特别委员会派状，遵于本月二十日就职任事案。

讨论事项

一、建设厅长陈耀祖呈报，原任公路处长一职，现因代理厅务，未能兼顾，请委任卓康成充任案。

（议决）加委代理。

二、代广州市政委员长林云陔呈请，加委陆幼刚为本市财政局长，刘懋初为教育局长案。

（议决）加委代理。

三、民政厅长呈，据佛山市厅拟征收染布捐，应否照准，请核示案。

（议决）染布捐，迹近苛细，所请不准。

四、农工厅长呈，拟以姚宝猷补充汕头市农工局局长，乞赐加委案。

（议决）照委。仍饬补呈履历。

五、民政厅长呈请，饬财厅照案拨支警官学校经费案。据称，该校预算，每月经费约六千元，现距各班毕业之期，尚差四月，共需银二万四千元。又四月份经费，分文无着，统计共欠经费三万三千元，除各县市欠解第一、二学期学费，约一万一千元，自费生欠缴学费四百，及财厅欠拨开办费八千九百余元；尚欠经费一万三千元，方能办至毕业。照该校章程第三十三条之规定，应请由省库拨补，故请饬由厅照案，将该校经费，按月拨支云。

（议决）分别令饬照案拨给。

六、建设厅长呈请，本厅秘书杨耀昆辞职，请以本厅视察员陈良烈调充，请加委案。

（议决）照委。

七、建设厅长呈称，拟仍将广三、广九两路分局管理，仍饬劳勉专任广九路局长，所遗广三路局长，经委姚观顺充任，请加委案。

（议决）照办。并加委。

八、国立中山大学函送十六年度建筑天文台特别预算书，请转送审查，并提前发给补助经费三万元案。

（议决）交财政厅提前发给。

九、中山县政府呈请，批准该县清党运动经费，由省库作正开销案。

（议决）可准，惟须将用款详列报核。

十、实业厅长呈，拟请取缔肥田料，以利农事，并拟在广州市先行试办，拟具暂行章程，请核示案。

（议决）照修正暂行试办。

十一、武装团体训练【员】养成所所长李济深呈，荐谢瀛洲为该所训练部正主任，请核准加委案。

（议决）下次提出。

十二、民政厅呈，拟请俟清理顺德青云文社委员会成立后，饬令每月划拨二万元，充该处蚕桑试验场经费，请核示案。

（议决）待清理后再议。

十三、南路行政视察员沈崧呈报，海康县长谢××，对于地方民众感情不洽，且当戒严时期，擅离职守，似应更换，经暂委黄维玉暂行代理，请议决令遵案。又海康县长被控一案，节经本府饬行民政厅南路视察员查复在案。本日并据南路行政视察员呈复，查明该县长被控八大罪一案，复文内略称，被控各节，虽多无实据，但当戒严时期，谢县长并未呈报，擅离职守，其所委代行代拆之人，亦未呈准有案；万一发生变故，谁负其责，殊属不合。又海康各界【代表】何冠文等，对于县长，如有办理不善，准可呈请查办，不应纠集驱逐，以失政府威信，此种行为，实属暴动等语，请并案讨论。

（议决）海康县长缺，已据民政厅提议另委，并民政厅提案讨论。

十四、中山县党部改组委员会皓电，痛陈新县制弊害，请提议取销案。

（议决）交民政厅查明试办，将各县经过成绩利害，比较呈复，再议。

十五、财政厅长据南海县长呈缴修正渡船客脚附加教育费征收章程，办法较妥，似可照准办理，请核示案。

十六、教育厅呈缴南海县修正渡船客脚附加教育费章，应否准办，请核示案。

十五、十六两项，请并案讨论。

（议决）暂准。

十七、政治分会函称，请仍代中央海外部驻粤办事处代拍电报，请照办案。

（议决）照代拍发，款请由财政部拨付。

十八、司法、财政、实业、土地四厅会复，审查修改各县土地局附设土地审查委员会组织章程草案，及土地厅附设土地公断处组织章程草案，请核准公布施行案。

（议决）暂缓施行，俟土地、司法两厅权限争执案，呈国府核定后，再议。

十九、审查修正解决工商纠纷条例案。（甲）五委员修正广东省暂行解决工商纠纷条例，请核议公布施行案。（乙）广州市商会对于修正暂行解决工商纠纷条例，附加意见十一项，请采纳，提议修正，再行公布案。查此案，于上次会议提出讨论，议决，交五委员审查，案经审查完竣，送请核议施行后，复据市商会，对于该案之修正，陈明意见十一项云。

（议决）照修正公布。

二十、仙逸学校校长程度纯呈请，援照执信学校之例，准由省库月拨一千五百元，以资维持而免停办；并请由十五【年】十月起拨。又航空【局】呈请，由省库月拨一千五百元，接济仙逸学校，请并案讨论案。

（议决）月拨五百元，不足之数，由县政府筹拨。

二十一、民政厅提议，乳源县长陈××撤任，请以陆精治署理案。

（议决）照委。

二十二、民政厅提议，海康县长谢××撤任，请以冯天如接署案。

（议决）照委。

二十三、民政厅提议，海丰县长张治平离职，遗缺请以欧阳洸署理；封川县长陈侠夫久不赴任，遗缺请以陈绍仁署理；儋县县长邢××撤任，请以丘允中署理；赤溪县长刘汉文，现已得其同意，请发表委任案。

（议决）照委。

二十四、司法厅临时提议，监察院现奉令停办，该院送交法院审理之件（向例于判决时，应请监察院莅庭，现监察院声明不派人到），应如何办理，请公决案。

（议决）请政治分会核定，现奉函复，暂由司法厅判决，俟监察分院成立时，再照往例办理可也。

二十五、关于补推本府常务委员案。

（议决）公推刘委员栽甫，为代理常务委员。

广东省政府委员会
第二十九次会议录

六月二日　　星期四

一、实业厅呈请，拨给改良蚕丝局长考活赴美劝销粤丝津贴旅费二千元，请核示案。

（议决）照给。

二、教育厅呈，拟〔据〕岭东商业学校呈请附加汕头市出洋种痘费充经费，应否照准，请提议核示案。

（议决）事属苛细，未便照准，候令汕头市厅另设法筹款补助。

三、建设厅呈复，广州无线电台经费，似应由省政府令饬财政厅照拨，请核示案。

（议决）送总司令部核示。

四、潮梅警备司令电称，群情希望将普宁县署，迁移大【填】缘由，请核准一案。

（议决）不准（并由秘书处详细说明不准理由，答复）。

五、民政厅呈，开平县赤水警区应否准予取销特别区名称，改归该县管辖，请核示案。

（议决）令恩、台两县查复，并提出证据，及陈明何县为实。

六、广州市政府呈请，加委王铎声为土地局长案。

（议决）照委代理。

七、佛山市政厅呈请，重申明令，饬各县市行政教育机关，不得徇情任用非党员，及不忠实于党之人员案。

（议决）查照国民政府定案办理。

八、建设厅呈缴各县先筑路线图表，及半月报告表，请核明颁发案。

（议决）照颁发。

九、军事厅呈，护航委员会编制，自应体察情形，复从实核减，及遵照初级支薪各织〔缘〕由，请核示案，附缴员额薪饷数目表，共三纸，已附印。

（议决）照准备案。

十、民政厅提议，委署连平县长罗守颐，拟与鹤山县长李乃纲互相调署，请公决案。

（议决）照准。

十一、民政厅提议，紫金县长郭民发辞职，请以丘国忠接署；定安县长李翰辞职，请以张治平署理；仁化县长刘××撤任，请以黄济明署理；琼山县长黄鸣一辞职，请以余文铣署理；茂名县长熊轼辞职，请以周颂西署理；新委儋县县长丘允中面请辞职，请以陈仲章署理；三水县长范仲葵，与陵水县长欧阳万里对调，请公决案。

（议决）均照准。

十二、潮梅警备司令何缉五咨称，潮阳前任总务科长王叔增，与前任县长刘詠闿，勾结反动分子祸潮情形，除令代理潮阳县长王宇，俟交代后，赴潮安新任，请速委潮阳县长案。又署理潮阳县长王叔增呈报，奉委赴任被拒，暨被诬各缘由，请核示案。

（议决）（一）交军政督察委员会及民政厅查复核办。（二）令王叔增到任，并呈总司令，令何警备司令查照，准其到任。

十三、本府秘书处提议，追加本府委员会预算每月一千二百元案。

（议决）准照追加。

广东省政府委员会
第三十次会议录

六月九日　星期四

一、农工厅长呈称，佛山市政厅长蔡××办理农工事务，极为玩愒，放弃职守，违背党纲，亟宜从严究办，除咨民政厅查照外，请察核

150

施行案。

（议决）交民政厅查复。

二、农工厅长呈复会同调处南大工人共济会与岭南大学发生纠纷一案情形，暨南大华人职员会请求连同解决各缘由，请察核示遵案。又岭南大学函称，农工厅呈复关于南大工人共济会与学校发生纠纷一案，有失实及处断不当者四，请令该厅依照事实办理，请并案讨论。

（议决）岭南大学应补给职员薪金一月，工人薪金二月，交教育厅长妥与接洽办理。（此件先由秘书处录案办）

三、广东地方武装团体训练员养成所所长李济深呈称，该所政治训练主任甘同志乃光，久未到差，经呈请改委谢同志瀛洲充当，现查谢同志另有任务，未能兼理，请准予另委曾同志作忠充当，以专责成案。

（议决）照聘。

四、军事厅长转呈请委任第五军部总参议谢建诚、海军处训育科长邹毅为广东护航委员会委员案。

（议决）照委。

五、建设厅长呈称，广东航政局长黎照寰，久未销假，局务乏人主持，亟须遴员接替，请提议准予委任杨伯明为该局局长案。

（议决）照委。

六、民政厅长呈，据四会县长查复，前被杀害之陈伯忠、赖西涛二人，皆系共产反动分子，该家属等恤款，应否照给案发，请批示饬遵案。

（议决）不用抚恤，余款拨交县党部用。

七、民政厅长呈复称，中山县拟征收第四区内铺屋捐，因该区警费无着，亟待维持起见，既据声明系一次过征收，于地方尚无遗累，似可照行，请批示饬遵案。

（议决）不准。

八、花县县长呈称，大同、宝兴、裕成三石矿公司，自愿每月共认缴党务警学费六百元，请将前呈准抽收矿石附加，拨充县属党务及警学费一案，明令撤销案。

（议决）照准。

七〔九〕、总司令部秘书处关于包筑汕头西堤益德公司请将一半开投地价，照约拨还一案，送请办理案。

（议决）照原案章程给与一半开投地价。

十、琼崖行政视察员呈复，海口市政厅长龙××，民政局长符××等，营私舞弊，吞匿烟土，并串同中央工运特派员王苏民、张学良等，贿使暴徒，强劫犯官一案。查王、张二名串同贪官污吏，主使暴徒，聚众劫犯，实犯刑律以强暴胁迫盗取逮捕监禁人之罪，经由警备司令部拘护〔获〕，拟勒令将劫去之犯官邢××、龙××二名交出查办外，并依律拟问，以肃党纪，至龙××、符××、龙××、刘××，及劫去之那〔邢〕××、龙××等，在职官员，营私舞弊，现虽畏罪在逃，似应严缉归案究办，又该王、张二名被拘后，有中央工运特派员邢觉非，即在逃犯官邢××之兄，欲代为卸罪，彻同瞒请交保，应如何办理，统请核示祗遵案。

十一、琼崖警备司令电称，准拘拿营私舞弊，强夺犯官之龙道孔等，经将张学良、王苏民二人拘护〔获〕，请电示办法案。

十二、省党部函，据工人部琼崖工运指导员邢觉非报称，王苏民、张学良，确非共产党，闻系被周演明诬控于省政府，故被拘讯，请令海口市转知琼崖警备司令部释放。又据琼崖党务视察员许梯云呈同前情。查张、王两同志，确为本党忠实同志，年来与共党奋斗，不遗余力，倘为毫无关涉案情所累，以致久押，殊为可惜，请函警备司令部迅将张、王两同志释放，免碍党务案。十、十一、十二三案请并案讨论案。

（议决）移交法庭依法讯办。

十三、建设厅长呈请委任叶家俊为广九铁路管理局局长案。

（议决）照委。

十四、建设厅长呈拟整理铁路、公路、治河、航政各项计划书。并请准将三路附加军费，于六个月内借拨为整理各铁路之用案。

（议决）准借拨用，并咨财政部查照。

十五、略。

十六、广州市公安局呈，关于广东驳载总工会改组一案，准市党部工人部，及农工厅来函，主张各异，该局执行，无所适从，究应如何办理，请批示祗遵案。

（议决）交由该改组委员会改组，如有不合，再行呈请处办。

十七、民政厅长提议，准潮梅何警备司令咨，以大浦〔埔〕县长曾希周，办理毫无成绩，经行免职权，委刘织超代理，应如何办理，请公决案。

（议决）不准。（一）曾希周是否称职，交民政厅查明办理。（二）何司令越权干预民政，殊属不合，呈总司令核办。

十八、民政厅长提议，始兴县长朱焕纶离职，请以陈君玉接署，仍兼该县民政局长；南雄县长唐支厦离职，请以陈侠夫接署；惠阳县长俞俊民辞职，请以恩平县长梁之梅调署，递遗恩平县长缺，请以黄维玉署理；英德县长孙××离职，应予撤任，请以何冀州署理，请公决案。

（议决）照委。

广东省政府委员会
第三十一次会议录

六月十六日　星期四

一、本府委员兼土地厅长周佩箴，呈报被任为上海中央银行行长，省府委员兼顾〔厅〕长之职，未能兼顾，除呈国府辞职外请转呈政治分会先行派员接替，以重职守案。

（议决）呈政治分会。（现奉政治分会函复，俟物色有人再派。）

二、政治分会函，据女权运动大会同盟会，请每月拨给津贴，俾得发展会务一案，请酌予补助。又据该会函请本府每月补助津贴费五百元案。

（议决）暂准每月津贴一百元。

三、总司令部海军处函复，关于本府请取回前进电轮一事，请派员持同修理费一百一十九元过处，以便偕往船厂交收一切，俾清手续案。

（议决）呈总部转令发还，至该修理费，着由海军处自理。

四、广州市旅店同业社呈称，工会派员调查，迹近骚扰，请制止，以维商业案。

（议决）交农工厅查复。

五、政治分会函，据广东妇女解放协会改组会，请按月拨给经常五百元等语，请酌办案。

（议决）暂准每月津贴一百元。

六、广东省党部函称，据青年部提议开办夏令青年运动训练所，当议决通过，请本府将该所经费三百五十元照拨案。

（议决）请径由省党部经费项下开支。

七、广东省党部呈函，本省选送中央党务学校学生二十五名，每名津贴旅费五十元，统计一千二百五十元，请本府拨发，俾各生得依期于本月二十一日前赴南京案。此件以〔已〕由秘书处办理。

（议决）照案每名津贴二十元，行财政厅照拨，先由本府垫支。

八、财政、实业两厅会复遵令会同审查市立章程一案缘由，请核示案。

（议决）照拟办理。

九、民政厅呈，据南路民政视察员呈报核议茂名县征收房捐警费，分别解缴拨支各缘由，似尚可行，请提议施行案。

（议决）暂准茂名县试办，仍就警学两费支配数目呈核。

十、中山县政府呈报，农工局曹纪棠已到县，接洽开局，应请解释组织法条文，并批示指拨经费办法案。（兹将该县请求解释之点，及秘书处签拟解释意见呈核。）（一）查据称该县实行新制，依县组织法第六条，县政府由县长，及民政、财政、土地、教育、公路各局组织之，又第八条县政府设县务会议，由县长及各局组成之，将来农工局设立，是否即属县政府之一部，并与民政等各局平行，农工局长应否出席县务会议，农工局长如列席县务会议，则议席变为双数，表决时如何规定，并应否明令修改组织法，第二十一条县务会议议事方法，依多数同意表决，可否同数时取决于主席之条文等语。（查农工局组织法第二条，有各县政府或市政府之农工局，为各县市政府一部之规定，是农工局当然与民政、财政等五局平等，则农工局长自应出席县务会议。至农工局如列席县务会议，则议席变为双数，表决时如何规定，请公决。）（二）农工局组织法第二条，农工局为各县市政府之一部，但直接受广东省政府农工厅，及县市政府或县长之指挥，及监督数语。县长二字，想当指旧县制而言。否则职县县长，如果有权指挥监督农工局，则农工局简直

154

非隶属于县政府，而隶属于民政局，因职县长系兼民政局长，故又发生此项问题等语。（查第二条原文中段，直接受广东省政府农工厅及县市政府或县长之指挥及监督数语，县长二字，系指旧县制而言，词意甚显，且原文又有县市政府或县长等字样，包括已广，且先县政府而后县长，复有"或"字之规定，则有县政府者当然受县政府之指挥监督，未成立县政府者，始受县长之指挥监督，至显而易见。）（三）该县农工局经费月列预算一千一百三十元，此项经费，兹奉令由各该县市自行筹拨，惟职县自行新制后，经费增加，用途又经划定，现经分呈请准将前令停征之沙田附加行政补助费规复征收，将来农工局设立，亦必恃该项附加，准予规复，方有的款。至县府经费，奉准出自省库，各局经费，则由地方收入开支，为各局局长，系属县务会议职员，说其俸给亦列入县府预算案，向由省库支领，将来农工局长俸给，应否同由省库支领等语。（查该县因行新制，经费不敷，系属实情，惟昨据呈请规复沙田附加，经行财厅再行核复在案，似应饬厅并案核议。至农工局长既规定与原定五局平行，关于局长俸给，及该局经费，自可仿照办理。）

（议决）该县试行新县制，昨据县党部改组会电请取销，经交民厅查议具复，并案交厅核办。

十一、许委员报告，关于前次会议议决与岭南大学接洽办理南大工人补工一案，经与该校监督居耀各接洽，据称如再补给工人工金一个月零九日，数目甚巨，实无法遵办，现仅允补给工人工金三十元，至职员方面，尚未允补给，应否转交农工厅妥为办理之处，请公决案。

（议决）交农工厅妥办具复。

十二、本府委员提议捐助建筑先烈朱执信纪念碑经费五千元案。

（议决）令财政厅照拨。

十三、教育厅报告选送国民革命军总司令部政治部政治工作人员养成所学员往南京复试一案，奉令改选五十名，每名给津贴二十元，现经由厅考取林涣曾等五十名，此项津贴费，应如何拨支，请公决案。此件先由秘书处办理。

（议决）行财政厅照拨，但先由本府垫支。

十四、军事厅呈称，请委任何乔汝为护航委员案。查何系内河商船总会主要干事，依据护航会组织条例第二条二项，由该会推荐，军事厅转呈本府派充。

（议决）照委。

十五、军事厅呈请加委上校以上各职员十一员案。（计开）上校参谋王肇基，副官长李炯，军衡科长蓝任大，军法科长陈瀛，军医科长温泰华，经理科长关乔生，团务科长司徒非，编练科长陈仲英，舰务处总务科长谭刚，造舰科长伍景英，舰队士兵养成所所长熊耿，各十一员。

（议决）照委。

十六、民政厅提议，五华县长张敷文辞职，遗缺请以琼崖民政视察员兼琼崖化黎局长并兼任海口市市政厅长周演明调署，递遗琼崖各属民政视察员兼琼崖化黎局长职请以邝嵩龄充任，所遗海口市市政厅【长】职请以黄之屏充任，及兴宁县长萧公望调省，遗缺请以罗棹汉署理，请公决案。

（议决）照委。

十七、本府秘书呈，前奉津常务委员派为官市产审查会主席，惟府中公务冗繁，无法兼顾，兹查有教育厅会计股主任张孝箴，人颇廉明，拟请准改派该员为审查会主席，并给该员津贴六十元，在秘书处樽节项下开支，请公决案。

（议决）照办。

十八、农工厅长陈孚木呈，因公赴宁，由本月十三日起，请假二十天，厅务由秘书王志远代拆代行，请核准案。

（议决）照准。

十九、广东各界反抗日本出兵华北委员会函请捐助经费五百元案。

（议决）捐二百元。

二十、农工厅呈报，广东玻璃总工会工人赴厅请愿，制止职员出入，不服弹压，反与保安队纠缠，误扳枪机，致遭击毙，工人搭棚在厅门口停棺开祭，请饬局派队强制拆棚移棺，以维政府威信案。

（议决）行公安局即日移棺拆棚，听候依法解决。（此件已先由秘书处办理）

广东省政府委员会
第三十二次会议录

六月三十日　星期四

代理农工厅厅长冯祝万于本月二十八日就职本府经请朱委员前往监督——准征收全省钱粮附加筑路经费章程试办——照准民厅提议委任崖县、顺德、海康、乐会、新兴、开平、阳江各县长并委任谢心准为南路民政视察员——照准民厅提议加委廖国器为北海市行政专员，照准民厅提议陵水县长丘海云仍留署任用，并饬前调署该县县长范仲葵无庸到任。

所在地　广东省政府

出席者　　徐景唐　李朗如　许崇清　冯祝万　陈　融　朱家骅
　　　　　　刘栽甫　李禄超　陈耀祖

主　席　陈　融

纪　录　黎时雍　张百川　马洪焕

报告事项

一、本府第三十一次议案，经奉政治分会函知，除讨论事项第一案（土地厅长周佩箴呈报辞职案）俟物色有人再派外，余均通过等因，已由秘书处分别办理。

二、农工厅长陈孚木由沪来电，请辞省政府委员兼农工厅长职。

三、代理农工厅长冯祝万呈报，定于本月二十八日就职，乞派员指示，已请朱委员前往。

四、广东各界庆祝国民政府成立二周年纪念大会通告，明日正午十二时，在省党部礼堂，举行庆祝国民政府成立二周年纪念大会，各机关并于是日休息一天，以志庆祝。

讨论事项

一、国民政府训令，各县行政，一律用县长制，并慎重县长人选案。（议决）遵照办理。

二、财政、建设两厅会呈，遵令会同拟订征收全省钱粮附加筑路费章程，请核议施行案。

（议决）准试办。

三、建设厅呈报，航政局拟征收通商口岸往来内地各单行轮船季饷各缘由，请令行粤海关，分咨各关税务司查照办理案。

（议决）照办。（现奉政治分会核复，因广东内河船业总工会请取销，应候建设厅申明呈核，合注明。）

四、建设厅呈，据汕头堤工处长陈楚楠沥陈前任奉令开办堤工缘由，及现在办理有感困难情形，请会议解决批遵案。

（议决）并案交财、建两厅。

五、省党部农民部、省农会、土地厅、农工厅会函送议决二五减租议案，及改良佃户局议案，请察核示遵；并称，省农会扩大会议报告，对于本案，尚有修正意见提出，应由该会另呈审核案。

（议决）将全案呈请政治分会核明，转呈中央政府。

六、司法厅长提议，拟在新建看守所内增筑房仓，其费用由积存状纸费项下拨支，请议决施行案。

（议决）照办。

七、革命纪念会函，据前中国革命军中路司令苏少楼函请，抚恤所部丙辰之役在顺德殉难官兵五十八名，经会议决，代函省政府，请予抚恤，希卓栽〔裁〕办理见复案。

（议决）呈政治分会转呈中央规定抚恤殉难烈士统一办法，再定。

八、广州市公安局胪陈本市贼匪凭藉农工各案及办理困难情形，请明定办法批遵案。

（议决）既属匪徒，自应严拿究办，以尽职责。

九、农工厅呈称，海口市农工局长梁朴园辞职，拟以苏民望接充，请加委案。

（议决）交新任农工厅长复核再夺。

十、军事厅长呈，据十三师陈副师长养电，九江匪党图叛，市长李其特弃职逃去，请将该市府暂行停办，交警部完全整理，俟整理就绪，应否办理市政，再由省政府权衡，是否可行，电请提案，核议示遵案。

（议决）交民政厅密查，核议复夺。

158

十一、革命纪念会函请，准予援照各烈士家族成案，给予关焕【章】家施〔族〕年金，以慰忠魂案。

（议决）呈国民政府核办。

十二、民政厅长呈，拟请通令于最短期间内，切实举办清乡，惟清乡兵力，全恃防军，其军队之如何分配，区域之如何划分，经费之如何筹措，仍请交由军事厅切实计划，规定办法，呈后〔候〕核定施行各缘由，请提议公决案。

（议决）交军事厅办理。

十三、农工厅长呈请，迅令各县市长照拨农工局开办经常各费案。

（议决）农工局应否设立，交农工厅复议再夺。

十四、民政厅长提议，清丈拟从登录田亩着手，并择数县先行试办，一面通行各县酌量地方情形，如何开办者，均准同时举行，仅酌拟登录简章，提请公决施行案。

（议决）交土地、财政、司法三厅会同审查，呈复再议。

十五、建设厅长呈报，组织三铁路财政委员会，以资整理各缘由，并拟定章程，呈缴察核，请准备案批遵案。

（议决）准备案。

十六、建设厅长呈报组织三铁路购料委员会，以资整顿各缘由，并呈缴章程细则，请察核备案，并候批遵案。

（议决）准备案。

十七、民政厅长提议，仍请【令】行财政厅，照案迅予分饬琼崖财政处，暨连阳财政专员，按月照拨琼崖化黎局，及连阳化瑶【局】经费，一面咨会预算委员会备案，而利进行，请公决案。

（议决）催请预算委员会核复。

十八、民政厅长提议，查粤省山冈，农林不振，固由国人提倡不力，亦由人民迷信风水所致，兹谨拟具救济办法两条，是否有当，敬候公决案。

（议决）大致通过，仍交民政厅拟具详细办法呈候核夺。

十九、秘书处呈报，广东各界庆祝国民政府成立二周年纪念大会，议决推定本府捐款三百元，为该会经费，请核示案。

（议决）捐一百元。

二十、民政厅长提议，乐会县长许锡清另有任用，遗缺请以王昌瀋署理；新兴县长周××被控，拟调省候查，遗缺请以曾伯谔署理；海康县长冯天如辞不赴任，拟予照准，遗缺请以沈竞署理；开平县长陈××被控，拟调省候查，遗缺以黄子聪署理；阳江县长陆嗣曾辞职，拟予照准，遗缺请以区玉书署理，请公决案。

（议决）照委。

二十一、民政厅长拟请，将高等警官学校结束，并将该校地址拨办自治人员养成所各缘由，请核示案。

（议决）（一）广东地方行政人员讲习所与自治人员养成所性质相同，应否合并，请示政治分会。（现奉政治分会核复，应合并办理。）（二）警官学校，准予停办，拨用校址一节，由民政厅与司法厅会商办理。

二十二、民政厅长提议，崖县县长陈善调省，遗缺请以王鸣亚署理；顺德县长赵植芝调省，遗缺请以南路民政视察员沈崧调署，所遗南路民政视察员一职，请以谢心准充任，请公决案。

（议决）照委。

二十三、民政厅长提议，拟请加委高雷警备司令所委，代理北海市市政专员廖国彦为该市市政专员，请公决案。

（议决）照委。

二十四、民政厅长提议，请委任一等科员单福康为该厅第二科科长案。

（议决）照委。

二十五、民政厅长提议，查陵水县长丘海云，办理清党事务，甚属得力，拟请仍留署任用；前调署该县县长范仲葵，并饬无庸到任，请公决案。

（议决）照办。

广东省政府委员会
第三十三次会议录

七月七日　星期四

一、土地、财政、司法、实业四厅呈报会同审查商会要求修改广东都市土地登记及征税条例一案情形，并缴审查报告书，请察核案。

（议决）修正通过。

二、实业厅呈，据商民林思温呈，拟集资设厂，制造硫酸，并缴组织章程，可否照广东雪厂成案，酌准专利年限，并按照工艺品奖励章程之规定，该项制造品如政府购用，得照成本发价，请核示案。

（议决）准在广东省内专办五年，惟政府创办不在此限。

三、实业厅呈，据花县县长呈报弘济公司请准予赓续采运该县灰石出口各情，暨厅核议收费办法，请核〔察〕核案。

（议决）不准。

四、代潮梅警备司令咨，据晋〔普〕宁移县促成会，电称移县城于大填，请查核饬遵案。

（议决）令民政厅迅行查复再核。

五、民政厅提议，请禁止青年男女吸烟饮酒，以重卫生案。

（议决）通过。通令遵照。

六、民政厅提议，请由省政府布告通行，限三个月内所有全省女子，一律禁止束胸，以重卫生，而强种族案。

（议决）布告及通令各县晓谕，并分函省市党部妇女、宣传两部，广为宣传，暨行各女校知照。

七、民政厅提议，规定狩猎暂行条例，请公决案。

（议决）照通过。

八、中山大学校函请将九区苗圃恢复，仍旧由敝校管辖，并由各县协解经费各节，请查核办理案。

（议决）通过。

九、司法厅呈送各监原增囚粮数目表，请饬财政厅追加预算，分饬应拨各监狱经费机关，按月增给，并饬各县拟筹拨增给军事囚粮方法，呈候核定，请议决施行案。

（议决）每囚犯日给囚粮，定为毫半，照行财政厅追加预算；军事囚粮，一律饬县照增。

十、本府委员提议，饬由实业厅拟定奖励新兴工业办法，呈核施行案。

（议决）照办。

十一、政治分会函，关于广东全省学联会请拨助出席全国学生代表大会代表旅费一案，经本府议决，交省政府酌拨，请公决案。

（议决）给四百五十元。

十二、农工厅呈请加委梁祖诰为秘书，云大琦为农事科长，叶青为工事科长，陈国机为技士，统计科长陈炳权仍请委其继续工作案。

（议决）照委。

十三、民政厅呈复奉令查核试行新县制利弊议复一案，现经参酌新旧规制，仍定实行县长制，但增加县务会议，参照广州市市政厅组织法，拟定组织草案，暨系统表，请核示案。

（议决）交刘、朱、许三委员审查修正，转呈国民政府核定。

十四、民政厅拟定公坟条例，请公决案。

（议决）修正通过。

广东省政府委员会
第三十四次会议录

七月十四日　星期四

一、民政厅呈为侨民事务，厅〔应〕否设局，抑由厅内添设一科办理，并缴清单一纸，请核示案。

（议决）侨民事务，暂由该核〔厅〕办理，可缓设科，应另设局直隶省政府，共〔其〕组织章程由民政、实业两厅长及刘委员会同起草。

二、教育厅呈为遵令拟定拨款专办平民识字教育办法，请察核一案。

（议决）（一）经费问题交财政厅迅拟筹款办法，以便早日实施。（二）执行机关，应由各县行政机关会同党部办理。（三）教育纲要，仍交教育厅依此原则修正，提出会议。

三、建设厅呈请照准委任陈哲为琼崖公路分处处长案。

（议决）照委。

四、财政部咨复建设厅，拟借拨三路附加军费，有碍军需，除函请政治分会再议表决外，请查照案。

（议决）请政治分会核定。

五、民政厅呈报，据委员李翼中查复江门市政厅长被控藉端诬陷，联请开放陈毓棠等，并取销估征房捐警费一案情形，请核示案。

（议决）令江门市长明白呈复核办。

六、军事厅呈，据中山县政府呈报农会组织自卫军，请核示案。

（议决）自清党后，农民自卫军有改组之必要，应俟呈候中央核定可也；在中央未核定以前，该县农会组织农民自卫军，未便照准。（分行省农民协会转知）

七、革命纪念会函请抚恤刘烈士岐山遗孤一案。

（议决）并案呈请中央核办。

八、司法厅呈报设置司法整理委员会各缘由，并缴章程预算书，请备案示遵案。

（议决）（一）为考核地方司法情形，由厅设置视察员办理。（二）为整理或改良司法，由厅设立委员会。（三）章程发还，根据此两原则修改。

九、参加第八次远东运动会广东筹备会，函请再拨经费六千元，以应度支案。

（议决）照原案共给一万元，即补支三千元。

十、建设、民政两厅呈，为据复应维持李务本堂，承领西濠口铁码头一案依照时价估值将建筑费交由彭贞元收领一节，亦属平允，请核示案。

（议决）照拟办理。

十一、执信学校呈请自八月份起，每月增拨补助费一千七百元案。

（议决）准照拨，惟该校应由教育厅监督。

十二、海军处函请派员点收前进电船，仍将修理费发还案。

（议决）维持原案，并呈总司令部令饬即将该电船发还。

十三、民政厅提议，拟先从南海、番禺、中山、新会、顺德、东莞、台山各县，佛山、江门各市，筹设平民习艺所，以收容乞丐案。

（议决）可试办，仍应将详细办法提会核议。

十四、实业厅提议拟定本省奖励实业单行章程，请公决案。

（议决）照通过。关于劳资合作，由实业、农工两厅会同拟具条例呈核。

广东省政府委员会
第三十五次会议录

七月三十一日　星期日

国民政府令发修正省政府组织法——照准广东地方行政人员讲习所所长甘乃光辞职——令财政厅照拨农工厅修缮厅署费用二千元——通过教育厅拟具广东公立学校在学烈士后裔待遇条例——通过刘、朱、许三委员拟具训政时期县政府组织法草案——照准军事厅呈请加委该厅副官长及上校秘书——照准民政厅提议委任佛山市政厅长及宝安、大埔、陆丰、万宁、灵山、开建、新会各县县长。

所在地　广东省政府

出席者　李济深　李禄超　冯祝万　陈耀祖　李朗如　陈　融
　　　　　　徐景唐　朱家骅　许崇清　刘栽甫

主　席　李济深

纪　录　黎时雍　马洪焕　张百川

报告事项

一、第三十三次会议议决各案，经呈奉政治分会议决通过发还，并已由秘书处分别办理。

164

二、第三十四次会议议决各案，经呈奉政治分会议决，除第四案另候办法外，余均通过发还，并已由秘书处分别办理。（查该第四案，系关于建设厅借拨三路附加军费案。）

三、建设厅陈厅长呈报，出巡事毕，经于本月十五日回厅照常任事。

四、国民政府令发修正省政府组织法，仰遵办。

五、中央政治会议微电开：查广东省政府委员及各厅厅长，现多离职，亟应遴员专任，以重公务而专责成。兹经本会议第一百零八次会议议决，广东省政府委员陈树人、许崇清、陈孚木、何香凝、宋子文、徐权伯、李禄超、甘乃光、孙科、李济深、周佩箴，均免本职。又议决：广东省政府民政厅长陈树人、财政厅长宋子文、建设厅长孙科、军事厅长李济深、教育厅长许崇清、司法厅长徐权伯、土地厅长周佩箴、农工厅长陈孚木、实业厅长李禄超，均免去兼职。又议决，任命李济深、邓泽如、李文范、古应芬、陈可钰、朱家骅、曾养甫、陈融、张难先、冯祝万、李禄超为广东省政府委员。又议决，任命李文范兼广东省民政厅厅长，古应芬兼广东省财政厅厅长，陈可钰兼广东省军事厅厅长，朱家骅兼广东省教育厅厅长，曾养甫兼广东省建设厅厅长，陈融兼广东省司法厅厅长，张难先兼广东省土地厅厅长，冯祝万兼广东省农工厅厅长，李禄超兼广东省实业厅厅长。除咨请分别任免外，先录案电达，请查照转知云云。又准国府秘书处函同前由，兹不赘。

六、民政厅呈复，农工厅请查究佛山市市长蔡鹤朋办理农工事务极为玩忽案，饬据委员蒲良柱查复称，该重长办理农工事件，向持慎重态度，原列各案，有并非事实者，有已令各区调查，久未据报，致未呈复者，实则该市厅未经呈复之案，仅六七件，现已办理完竣等情，并抄呈该委员调查报告一件，请察核。

讨论事项

一、香烛纸宝冥镪联合维持会代表李绍舒等呈，为创抽杂捐，扰商害工，联请令行财政厅，将案撤销，以恤商艰，而卫劳工案。

（议决）维持原案，但令财厅照章抽收，不得有骚扰情事。

二、各界庆祝蒋总司令就职及出师北伐一周年纪念大会筹备会，函知举行开会巡行提灯会及阅兵式地点时间，并请将会议派定本府担任捐款三百元，于二十日前如数交省党部会计科代收，以充经费案。

（议决）捐一百元。

三、民政厅呈复，奉饬查核佛山市呈请设立市参事会一案，称该市参市〔事〕会组织大纲，大致尚无不合。惟粤省市政制度，除广州市为特别市，设有市参事会外，其他普通各市，依上年公布之市组织法，并无得设市参事会明文；佛山市为普通市之一，应否准其设立市参事会之处，请察核批示饬遵案。

（议决）令民政厅起草市组织法，俟新组织法颁行后，再定。

四、广东地方行政人员讲习所所长甘乃光呈，为赴德留学，恳准将所长一职辞去，另遴贤能充任案。

（议决）辞职照准。该所已议决与自治人员养成所合并，所有该所经办各事及款项，着交民政厅接理。

五、农工厅呈称，厅署朽坏不堪，急待修缮，经召匠估价，最低约计工料银一千三百余元；又因增设职员，须添置公事台椅书橱等物，约需六百余元，合计约二千元。请准如数拨给，俾得兴工修缮及购台椅，一俟办理完竣，专案报销案。

（议决）令财政厅照拨。

六、财政厅呈，据南海县长汪宗准呈，请将卸县长李宝祥先行取销通缉，不为无因，应否准将该通缉案暂行取销，责令刻日回省清理交案之外，请察核令遵案。

（议决）暂准取销通缉，饬令刻日回省清理交案。

七、教育厅呈缴拟具广东公立学校在学烈士后裔待遇条例，是否有当，请察核批示案。

（议决）照修正通过。

八、广州市市政委员长林云陔，呈请照案核准规复公用局案。

（议决）照准。

九、国立中山大学函拟设立农品陈列所，属省立性质，所有建筑开办经常各费，应由省库拨付，仍交大学农林科办理，庶收被〔彼〕此合作之效，请查照议决办理见复案。

（议决）交农工厅审查复夺。

十、军事厅呈，据南海县呈，拟议先组织该县第六区民团教导队，然后推行全县，应否照准，或应如何办理之处，职厅无案可稽；关于人民武装团体之管辖人，不奉准移交，似未便遵行拟议，请察核示遵案。

（议决）暂不准组织。

十一、委员周浩华省党部所派，卢子枢本府所派，张鸾翔民厅所派，刘伯权农工厅所派等，会同呈复，台山县长刘××被控被诬一案，经按照双方呈开各节，调核案卷；并向各团体详晰查询。查得原控各节，均属虚伪，核与事实多不相符，谨将调查所得，作成报告书呈缴，请察核施行案。

（议决）将控案注销，并将诬告者查究。

十二、中华女界联合会广东总会执委会执委邓蕙芳呈，拟设立女子职业学校、工人子女学校各一所，以求实现男女教育经济平等的党纲，并谋工人子女失学之救济，乞特准由省库拨给两校开办费一万元，俾得积极经营，早观成效案。

（议决）交教育、财政两厅审核拟办。

十三、广州市政府呈缴，土地局长王铎声对于四厅审查商会等，要求修改广东都市土地登记及征税条例，暨施行细则报告一案意见书，请察核采择施行批遵案。

（议决）本府已有决议，查案办理可也。

十四、刘、朱、许三委员报告审查县制案，并拟具训政时期县政府组织法草案，送请公决案。

（议决）修正通过，转呈中央核定。

十五、广州市政府呈请，加委电话所长冯伟兼任公用局局长，并请刊制铜质关防一颗，发厅转给祗领案。

（议决）照加委，并刊制关防发转。

十六、东京帝国大学工学士李敦化条陈，据报载现有商人集资八十万元，组织硫酸厂，经呈奉省政府准予专利五年云，此事影响于国防产业前途者甚大，请政府孰权利害，勿予以专利之权，以免阻碍产业发达；至于硫酸工业，自应提倡，目前为巩固军实〔事〕用途计，仍以由政府自行设厂供给为上着，谨拟具硫酸工厂计划书，呈缴察核施行案。

（议决）交实业厅审查复夺。

十七、实业厅提议，为减轻土煤成本，以资提倡，现拟北江土煤，由粤汉铁路运输，除一切厘税照旧完纳，及运费仍然每三十吨收费九十三元三毫外，所有各种附加，概请由省政府分别主管机关，咨部行厅，一律予以豁免案。

（议决）照准。

十八、军事厅呈请，加委冯次淇为该厅副官长，翟瑞元为上校秘书案。

（议决）照委。

十九、民政厅提议，佛山市政厅市长蔡鹤明辞职，拟予照准，遗缺请以戴恩基署理，敬候公决案。

（议决）照准。

二十、民政厅提议，宝安县长陆国垣辞职，拟予照准，遗缺请以李树培署理，大埔县长曾希周离职，遗缺请以刘织超署理，敬候公决案。

（议决）均照准。

二十一、民政厅提议，陆丰县长汪涤陈辞职，拟予照准，遗缺请以陈权署理；万宁县长蔡慎辞职，拟予照准，遗缺请以曾子琴署理；灵山县长张夏初调省，遗缺请以黄鹤署理；开建县长谭××被控，拟调省候查，遗缺请以张以拔署理，敬候公决案。

（议决）均照准。

二十二、民政厅长提议，新会县长蒋宗汉调省，遗缺请以麦应昌署理，敬候公决案。

（议决）照准。

广东省政府第三届
委员会会议录

（1927 年 8 月 1 日—1928 年 6 月 29 日）

广东省政府委员会
第一次议事录

民国十六年八月一日　星期一

李委员济深当选为委员会主席——每星期开会二次，逢星期二、五，午后二时举行——推定陈委员融起草关于本府委【员】会办事细则——推定张委员难先起草关于秘书处组织条例——推定李委员文范、冯委员祝万、曾委员养甫，起草本府委员会成立宣言。

出席者　李文范　陈　融　张难先　曾养甫　李禄超　冯祝万
　　　　　李济深

主　席　李济深

纪　录　马洪焕

一、互选本府委员会主席委员案。

（议决）用单记名投票法选举。（结果）李委员济深五票，李委员文范二票，李委员济深当选为主席。

二、决定委员二人每日轮值案。

（议决）依照本日出席名次轮充，并由秘书处列表分送各委员。

三、关于秘书处组织案。

（议决）新秘书处未组织成立以前，仍由旧任秘书负责。

四、关于本府委员会开会日期案。

（议决）每星期开会二次，逢星期二、五，午后二时举行。

五、关于本府委员会公文程式案。

（议决）（一）如遇特别重要事项出布告时，可用委员全体名义。

（二）日常公事对外文书，以主席友〔及〕值日委员二人之署名行之。

六、关于省政府委员会办事细则案。

（议决）推定陈委员融起草。

七、关于发表本府委员会成立宣言案。

（议决）推定李委员文范、冯委员祝万、曾委员养甫，担任起草。

八、关于秘书处组织条例案。

（议决）推定张委员难先，担任起草。

广东省政府委员会
第二次议事录

八月二日　星期二

本府呈缴革命纪念会所拟抚恤三月二十九殉国烈士家族条例，经奉国府令准备案——呈请中央将文官官等表制定颁行，俾得与修正文官俸给表对照执行——照修正通过农工厅所拟解决工会立案纠纷条例三则——照修正通过张委员难先提出本府秘书处组织条例草案。

出席者　李济深　李文范　陈　融　李禄超　曾养甫　张难先
　　　　　冯祝万

主　席　李济深

纪　录　马洪焕

报告事项

一、前本府第三十五次会议①议事录，已奉政治分会议决通过发还，并由秘书处分发办理。

二、奉国民政府令，据本府呈缴革命纪念会所拟抚恤三月二十九殉国烈士家族条例，准予备案等因。（附原件②）

讨论事项

一、奉国民政府令发正文官俸给表，仰遵照并转饬遵照等因（俸给表油印）。（附原件③）

（众议）呈请中央将文官官等表制定颁行，俾得对照执行。

二、前民政厅朱厅长呈，为兴宁县长罗棹汉被宋团长扣留一案，情

---

① 指第二届委员会第三十五次会议（1927 年 7 月 31 日）。

② 缺附件。

③ 缺附件。

172

词互异，请核示案。（附原件①）

（众议）（一）呈总司令部，以军官擅捕行政官吏，殊属不合，应严惩处，并令迅将罗县长省释复任。（二）罗县长是否共产党，及是否率队攻城，请总司令部派员，及令民政厅派员会同查明办理。

三、政治分会函知，关于农工厅长冯祝万呈报解决工商纠纷执行困难情形，及辞退工人补回伙食办法缘由，请颁布作为补充条例一案，希议复核办案。（附原件②）

（众议）（一）有一方三次传案不到者，照厅拟办理。（二）经仲裁会议决后，仍不遵行者，准强制执行，其余如拟办理。

四、农工厅呈，为工会与工会，或工人与工会纠纷，罢工期内，东家应否补给工资膳费，请提出政治分会议决，补充规定颁行，是否有当，请示遵案。（附原件③）

（众议）查照政治分会决议办理。

五、农工厅呈，为拟就解决工会立案纠纷条例三则，是否有当，请核示案（条例油印）。（附原件④）

（众议）照通过。条件上加"暂行"二字。

六、农工厅呈复，核拟设立农工局折衷办法，请示遵案。（附原件⑤）

（众议）照修正通过。

七、政治分会函，据广东各界妇女联合会呈请，每月补助经常费二百元一案，希酌办案。（附原件⑥）

（众议）由秘书处派员查明，再议。

八、总司令部令，关于各界航空救国大运动委员会呈请，每月照拨经费二千元一案，仰查照核办具复案。（附原件⑦）

---

① 缺附件。
② 缺附件。
③ 缺附件。
④ 缺附件。
⑤ 缺附件。
⑥ 缺附件。
⑦ 缺附件。

（众议）俟该会与航空同志会合并办法拟妥后，再议。

九、广州市政府呈，据电话所长呈拟，将电话附加费，移作机件修理费各线〔缘〕由，请示遵案。（附原件①）

（众议）电话应大加整顿，如现在活机，无法整顿，应行根本改革；所需之款，应由市厅筹拨；务于两星期内，将整顿计划呈明，并着公用局长及电话所长出席报告；至附加费，仍照原案办理。

十、张委员难先提出本府秘书处组织条例草案，请公决案。（附油印②）

（众议）修正通过。

广东省政府委员会
第三次议事录

八月五日　星期五

照委方彪为乐昌县长，郑道实为中山县长，欧阳磊为增城县长——加委徐甘棠、金溥崇、区国樑为民政厅秘书，朱念慈、张孝箴为科长——委任余觉芸为石龙市长——推定李、陈、张三委员审查前朱民政厅长拟就修改市组织法草案——通过民政厅拟定县长任用暂行规则。

出席者　李济深　古应芬　李文范　陈　融　李禄超　曾养甫
　　　　　　张难先　冯祝万
主　席　李济深
纪　录　马洪焕
报告事项
一、财政厅古厅长呈报由宁返粤，业于本月三日回厅供职案。
讨论事项
一、建设厅长曾养甫呈报定期本月六日正午十二时就职，请派员训

---

① 缺附件。
② 缺附件。

174

示案。

（众议）请张委员难先前往。

二、民政厅长提议，乐昌县长刘应福拟予调省，遗缺查有方彪堪以署理，请公决案。

（众议）照委。

三、民政厅长提议，中山县长庄光第调省，遗缺拟以增城县长郑道实调署；递遗之缺，拟以欧阳磊署理，请公决案。

（众议）照委。

四、民政厅长呈请分别加委徐甘棠、金溥崇、区国樑三员为秘书，朱念慈、张孝箴为科长案。

（众议）照加委。

五、民政厅朱厅长呈，据石龙市政筹备专员余觉芸呈，为筹备完全，请准正式成立市厅，并解除筹备任务，遴员充任市长，暨颁发印信，应如何办理，请示遵案。

（众议）即委该员为石龙市长，并发印。

六、财政厅长呈复，奉令筹拨专办平民教育经费需款三百六十万元，一时实难筹措，似应候军事结束，再行议筹，请示遵案。

（众议）库款虽支绌，惟平民教育，乃属要政，着会同民政厅妥议，由国库补助，及地方分担办法，呈核。

七、广州市政委员长呈请委任徐维扬、张焯堃、张云、黄焕庭、曾西盛、马超俊、谢瀛洲、胡心泉等，为本市市政委员案。

（众议）照本府议决案规定任期，现任委员，似已满期，根本改组，着市政府查明呈候核办。

八、革命纪念会函复，林吴氏所呈林烈士冠慈为国捐躯各节属实，希核夺办理案。

（众议）交财政厅照例抚恤，并行民政厅饬县查明林吴氏是否林烈士之母。

九、民政厅长呈，据九江市政专员呈报，办理开征梁捐，系因地方情形各异，变通办理各缘由，并缴征收梁捐简章前来，应否准予备案，请核示案。

（众议）所请未便照准。

十、政治分会函送中央执行委员会发下据广东省党部农民部请拨农民运动经费一案，希办理案。

（众议）函省党部并合党部经费作一总预算，再呈政治分会核定。

十一、民政厅朱厅长提议，拟就修改市组织法草案，请提议公决案。

（众议）交李委员文范、陈委员融、张委员难先审查。

十二、建设厅陈厅长呈为转缴筹筑台鹤公路征工办法执行细则，及筑路委员会章程，请核示案。

（众议）交新任建设厅长曾养甫审查。

十三、教育厅长呈，据省立工专学校呈为拟整顿校务，编造特别预算各节，似应照准，请核示案。

（众议）应列入十七年度预算。

十四、民政厅提议，拟定县长任用规则，请公决案。

（众议）规则上加"暂行"二字，余照通过。

十五、李委员禄超提议，前本府委员会议，推定朱、刘、李三委员担任起草本府设立侨务局组织章程，现本府改组，应否另行改推两委员补充，请公决案。

（众议）改推李委员文范、曾委员养甫会同起草。

广东省政府委员会
第四次议事录

八月九日　星期二

照委丰顺县长冯熙周——补助广东全省学生联合会每月经费二百元——通过司法厅呈缴修正司法整理委员会章程及预算暨修正派遣司法视察局条例——着秘书处修正陈委员融所拟本府委员会处务细则及会议规则草案。

出席者　古应芬　李文范　陈　融　李禄超　曾养甫　张难先
　　　　　冯祝万

主　席　古应芬

纪　录　马洪焕

报告事项

一、第一、第二两次会议议决各案，经呈奉政治分会议决通过发还，并已由秘书处分发办理。

讨论事项

一、奉国民政府令，提倡节俭，限制宴会，仰遵照，并转饬所属一体遵照，等因。

（众议）仍请录案见示。

二、军事厅呈报守备军干部教导队第一营学兵毕业典礼，定于本月九日举行，请派员训示案。

（众议）请冯委员祝万代表前往。

三、外交部接驻广州德总领事函开，本月十一日，乃本国共和纪念庆典，本总领事谨于是日正午十一时半至十二时半在大沙头渔庐本宅，敬迓来宾，希查照，并通知省政府各委员，暨本省及本府文武各长官等由，函达本府查照，并饬所属知照。

（众议）请曾委员养甫、李委员禄超，届时代表前往，并通告所属知照。

四、民政厅提议，丰顺县长李玉藻辞职，拟予照准，遗缺请以冯熙周署理，敬候公决案。

（众议）照准。

五、广东全省学生联合会呈请本府每月拨助常费二百元，以维会务案。

（众议）由本府每月补助二百元。

六、司法厅呈复遵批办理改良司法各情形，并将修正司法整理委员会章程预算，暨派遣视察员条例，一并呈缴察核备案案。

（众议）视察员之上，应加"司法"二字；司法视察员条例修正通过，余依拟。

七、陈委员融提出本府委员会处务细则，及会议规则草案，请公决案。

（众议）交秘书处修正再议。

广东省政府委员会
第五次议事录

八月十二日　星期五

照准司法厅呈请，由广州市法院发给该院三等书记官袁式文抚恤金一百二十元——令公安局妥拟人民或团体请愿规则呈核。

出席者　古应芬　冯祝万　张难先　李禄超　陈　融　李文范
　　　　　曾养甫

主　席　古应芬

纪　录　马洪焕

报告事项

一、第三次会议议决各案，已呈奉政治分会会议通过发还，即由秘书处分办议决案，用全体名义发出，但由主席及值日委员补签。

讨论事项

一、中山商会电，以港纸陟〔陡〕涨，至加三有奇，市面顿形恐慌，请提议，应否决定，最高加二五限制办法案。

（众议）前经财政部严禁港纸行使有案，所请应不理。

二、广东各界反抗日本出兵华北委员会函请，按月认助对日经济绝交委员会常费，以维会务案。

（众议）毋庸由政府补助。

三、司法厅呈称，广州市法院三等书记官袁式文，因公积劳病故，拟请给一次恤金一百二十元，如奉核准，此款可否径由市法院发给，咨厅核销之处，统请批祗示遵案。

（众议）照准。

四、本府委员提议，年来人民请愿，每纠集群众，向政府包围，此种举动，殊于政务进行，大有妨碍，亦为各国所罕有；且此种举动，系从前共党利用民众，挟持政府之惯用手段，现清党以后，仍间有此种现象，似应规定人民或团体请愿规则，俾民众运动，应遵正轨，请公决案。

（众议）令公安局妥拟办法呈核。

广东省政府委员会
第六次议事录

八月十六日　星期二

中央任命徐景唐、许崇清、梁漱溟为本府委员，由秘书处录案通知——照修正通过本府委员会会议规则及处务细则草案——照准民政厅呈缴汕头市广告取缔规则及广告费征收细则——照准民政厅提议委陈运炽为新丰县长，郭渊谷为琼东县长，杨志成为感恩县长，孙敩梫为定安县长，梁朴园兼琼崖化黎局长。

出席者　古应芬　李文范　陈　融　曾养甫　张难先　冯祝万

主　席　古应芬

纪　录　马洪焕

报告事项

一、第四次会议议决各案，经奉政治分会议决通过，发还，并已由秘书处分别办理。

讨论事项

一、中央政治会议歌电，议决任命徐景唐、许崇清、梁漱溟为本府委员案。

（众议）由秘书处录案通知。

二、奉发本府委员会会议规则，及处务细则草案，饬由秘书处修正呈核等因。兹经遵照修正，请公决案。

（众议）修正通过。

三、民政厅呈缴汕头市广告取缔规则，及广告费征收细则，经厅查核，尚无不合，应否照行，请核示案。

（众议）照准。

四、广州市政委员长呈，据财政局呈报，市库不敷甚巨，拟将应划归市有各项税捐，拨回市收，核与规定相符，请核准批遵案。

（众议）交财政厅议复。

五、惠州警备司令咨复，关于本府电请将盘踞抗交之潘名标拿办，并协助郭次陶履新一案，现郭县长因事不能履新，经委潘作盘前往查办并代理县长，请查照加委案。

（众议）已委陈运炽接任。

六、民政厅提议，新丰县长郭次陶久未赴任，应撤销，遗缺请以陈运炽署理，请公决案。

（众议）照准。

七、民政厅呈复，关于第十三师请撤销九江市政，并将警卫队管理委员会改为警卫局一案查议情形，请核示案。

（众议）（一）九江市不必停办。（二）警卫队仍隶于市。

八、民政厅提议，琼东县长罗让贤辞职，拟照准，遗缺请以郭渊谷署理；感恩县长王仁辞职，拟照准，遗缺请以杨志成署理，请公决案。

（众议）照准。

九、民政厅提议，连平县长李乃纲面请辞职，拟照准，遗缺请以罗仲达仍留署任，请公决案。

（众议）照准。

十、民政厅提议，定安县长张治平辞职，拟照准，遗缺请以孙敩椿署理，请公决案。

（众议）照准。

十一、民政厅提议，兼琼崖化黎局长邝嵩龄辞职，经照准，遗职请以梁朴园充任，请公决案。

（众议）照准。

十二、土地厅呈拟添设宣传股，并拟令各县土地局酌设宣传员各缘由，请核示案。

（众议）照准。

广东省政府委员会
第七次议事录

八月十九日　星期五

本府委员兼土地厅长张难先因事赴梧请假一星期——着司法厅依照条例筹备特种刑事临时法庭——照准军事厅呈请加委严博球等为守备军第一、二、三、四、五各团团长，黄庆为该厅政治训练部上校主任。

出席者　曾养甫　李文范　李禄超　冯祝万　陈　融

主　席　李文范

纪　录　马洪焕

报告事项

一、本府第五次会议议决各案，已呈奉政治分会会议通过发还，并已由秘书处分别办理。

二、本府委员张难先函，因有任务赴梧，于本月十八日起请假一星期，所有本府值日及会议暂行缺席，请转政治分会察核。

三、土地厅长张难先呈，因事赴梧，拟请假一星期，厅务交由秘书刘凤翔代拆代行，请转审核。

讨论事项

一、省清党委员会函请迅予成立特种刑事临时法庭，以便审判反革命及土豪劣绅之刑事诉讼案件案。条例另油印。又准市清党委员会函同前由。

（众议）交司法厅依照条例筹备，并拟定预算呈核。

二、军事厅呈请加委严博球等为守备军第一、二、三、四、五各团团长，黄庆为本厅政治训练部上校主任案。

（众议）照委，并呈总司令部备案。

三、广东邮务工会呈为邮局将工人补助费推诿不发，请明令取消邮费加价，以轻人民负担，而符明令案。

（众议）交建设厅议复。

广东省政府委员会
第八次议事录

八月二十三日　星期二

省党部经费未奉令以前由省政府发给，奉令以后由中央党部发给——照准加委刘凤翔为土地厅秘书，云逢铨为第二科长——照准广州市府呈缴警察人员奖励条例及式样——由九月起拨给中华各界航空救国同志委员会经费——照委王斧为琼崖民政视察员。

出席者　古应芬　李文范　陈　融　李禄超　冯祝万　曾养甫

主　席　古应芬

纪　录　马洪焕

报告事项

一、本府委员会第六次议案，经奉政治分会通过发还，已由秘书处分办。

二、财政部咨知嗣后各省不能任意举债，如有特别情形，须先电部提呈中央政治会议核准，方能举办，请查照等语。

讨论事项

一、司法厅呈，据琼山县法院呈称，各工会来院请保贿使暴徒强劫犯官之案犯张学良等，应否准保，请核示案。

（众议）不得交保。

二、省执委会函请转行财政厅照旧拨给省党部经费案。

（众议）未奉令以前，由省政府发给；奉令以后，由中央党部发给。

三、土地厅呈缴秘书刘凤翔、第二科长云逢铨二员履历，请察核加委案。

（众议）照准。

四、广州市政府呈缴警察人员奖章条例及式样，请核示案。条例油印。

（众议）照准。

五、总司令部批，关于各界航空救国大运动委员会请拨经费一案，查该会经与航空同志会合并，改为中华各界航空救国同志委员会在案，仰查照办理具复案。

（众议）由九月起拨。

六、建设厅呈报，财政部将汕头堤工处长陈楚楠销差，另委方瑞麟接充，核与建设厅职权冲突，请咨部撤回，由厅照章遴员荐委案（先办）。

（众议）电陈楚楠即将一切数目款项移交方瑞麟接管，并即来省清算。

七、民政厅提议，委充琼崖民政视察员邝嵩龄辞职，经照准，遗缺请以王斧接充，请公决案。

（众议）照委。

八、民政厅呈复，据广宁县保卫团总局长呈报李前县长济源，前被军队横诬率众攻城，抗不交代，瞒准许总司令咨请政府通缉缘由，请核示案。

（众议）准予取销通缉。

广东省政府委员会
第九次议事录

八月二十六日　星期五

中央任命伍观淇、徐景唐、许崇清梁漱溟为本府委员——照委古锡龄为五华县长——通过筹筑台鹤公路征工办法执行细则及筑路委员会章程——捐助广东各界废除不平等条约及拥护裁厘加税运动大会筹备处一百元——加委何炽昌为广州市卫生局长。

出席者　古应芬　冯祝万　曾养甫　李禄超　陈　融　李文范
主　席　古应芬
纪　录　马洪焕

报告事项

一、本府委员会第七、八两次议案，经奉政治分会通过发还，并已由秘书处分办。

二、中央政治会议电告，议决，任命伍观淇为广东省政府委员，除咨请政府任命外，请查照等因。

三、国民政府秘书处函开，奉政府令开，任命徐景唐、许崇清、梁漱溟为广东省政府委员，此令等因，相应录令函达查照等由。

四、军事委员会电报，奉命在总司令未回任以前，执行总司令职权，业在南京总部办公，如有文电，望查照径送由。

讨论事项

一、民政厅长提议，委署五华县长周演明辞职，遗缺，查有蒋敬明，核与县长任用暂行规则第一条及第四条之资格相符，拟请委任署理，敬候公决案。

（众议）民政厅长自请改委古锡龄，应照准。

二、民政厅长呈，据北海市政专员呈，拟征收汽车搭客加一附加捐，似可准行，请核示案。章程油印。

（众议）交财政厅议复。

三、土地厅呈请拨给南堤前监〔盐〕务稽核分所旧址为办公处所，并行财厅及市府知照。

（众议）咨财政部核复。

四、土地厅呈，拟将中山、开平、始兴三县土地局，改归职厅直辖，设局专办，其经费由厅酌定，另案呈准，令饬各就收入项下抵支各缘由，请议决分别示遵案。

（众议）俟土地厅长出席说明，再议。

五、建设厅长呈复，筹筑台鹤公路征工办法执行细则，及筑路委员会章程，尚无不合，惟章程第七条选举法，似应改为单记名，请核示案。

（众议）照通过。

六、广东各界废除不平等条约及拥护裁厘加税运动大会筹备处函称，本月二十八日，举行运动大会，并请认捐一百元，于三日内送交总商会代收案。又函送主席团证章一枚，请派代表依时到会出席。

（众议）照准，并请李委员禄超，代表出席大会。

七、广州市政府呈报，委任何炽昌充广州市卫生局长缘由，请加委案。

（众议）照委。

八、汕头市厅呈报，鮀江无轨电车公司与人力车工会纠纷一案，经三次开会仲裁，难以解决，应如何解决，乞核示案。

（众议）交农工厅议复。

九、本府委员提议，以近来妇女团体，请求补助者颇多，似应统一妇女运动，请公决案。

（众议）函省党部，筹议统一方法。

广东省政府委员会
第十次议事录

八月三十日　星期二

国府任命伍观淇为本府委员——国府令发特种刑事临时法庭组织条例——拨助设立森林局月款二千元——照委曾伯垣为南澳县长——通过土地厅提议通令各县县长每日简单报告该县情形案——取缔纸币风潮及商人提高物价。

出席者　古应芬　冯祝万　张难先　曾养甫　许崇清　李禄超
　　　　　陈　融　李文范

主　席　古应芬

纪　录　马洪焕

报告事项

一、国府秘书处函开，政府任命伍观淇为广东省政府委员。

二、土地厅长张难先，呈报本月二十七日回粤销假任事。

三、国府令发特种刑事临时法庭组织条例，仰知照。

讨论事项

一、政治分会函，据中大校长呈称，森林局之设立，为我党政府目

185

前建设时期中，所亟须举行之要政，拟请由省政府，月拨二千元，以资办理等情，议决交省政府拟办呈核，请查照办理案。

（众议）月款二千元照发，惟所称森林局，与实业厅拟办之森林局名称既同，虑日后有权限之争议，应将该森林局易名报告。

二、军事厅呈拟海陆军官佐任免暂行条例，请察核备案。

（众议）准备案。

三、第一中大因欠拨建筑天文台补助费二万元，请照案先行拨用案。

（众议）俟财政稍裕，再拨。

四、秘书处呈复，调查广东各界妇女联合会组织情形，并请核示应否酌予补助案。

（众议）俟省党部核准立案后，再议补助。

五、农工厅呈复，核议限制高利借贷，及二五减租补充实施办法，暨酌拟批佃耕约，由县印存备领填用情形，请察核示遵案。

（众议）修正通过。佃人方面，最低限度不能少过该田实收获额百分之五十。

六、民政厅提议，南澳县长周×撤任，遗缺查有曾伯垣，堪以署理，请公决案。

（众议）照委。

七、土地厅长提议，拟由本府通令各县长，每日简单报告该县情形，至时局安定时，通令停止，请公决案。

（众议）通过。

八、土地厅长提议，呈请通令各机关，一律严守会议时间案。

（众议）通过。

九、实业厅长提议，现因纸币风潮，商人多提高物价，格外图利，应予取缔案。

（众议）由省政府出示严禁。

广东省政府委员会
第十一次议事录

九月二日　星期五

停止广东驳载总工会东莞太平区执委会派员设处沿海检查仇货——照拨广东各界挽留蒋总司令及国府五委员回职运动大会与反抗都城英舰逞凶及纪念"九五""九七"国耻示威大会两筹备会捐款三百元——查案拨发省党部经费案——照委萧冠英为汕头市市长——照委饶子康署理惠来县县长，谢达夫署理兴宁县县长——照委谢适群充任为潮梅各属民政视察员——照修正通过公安局拟就人民团体请愿规则草案十三条。

出席者　古应芬　冯祝万　张难先　伍观淇　曾养甫　许崇清
　　　　　李禄超　陈　融　李文范

主　席　古应芬

纪　录　马洪焕

报告事项

一、第九次会议议案，经呈奉政治分会核准，并由秘书处分办。

讨论事项

一、农工厅呈报，准虎门要塞司令部函称，广东驳载总工会东莞太平区执委会，派员设处，沿海检查仇货，并转请核示检查仇货，应否由该会办理案。

（众议）饬令停止。

二、略。

三、广东各界，挽留蒋总司令，及国府五委员回职运动大会，与反抗都城英舰逞凶，及纪念"九五""九七"国耻示威大会，两筹备会，函报举行日期，并请共捐款三百元，于三日内交省党部会计科代收，应否照捐请核夺案。

（众议）照拨。

四、奉派官市产审查委员会主席张孝箴，现因在民、教两厅公务殷繁，确无兼顾之可能，呈请准予辞去官市产委员会主席职务，另选贤能接充案。

（众议）准予辞职，以司法厅所派之委员为主席。

五、建设厅呈，据公路处呈称，查粤汉铁路，关于韶坪公路，运输材料及职员，因公来往，仍须征收车费，不允照前免费，致有窒碍，请迅赐令饬粤汉路援照原案办理，免收车费，转请议决施行案。

（众议）照准，并咨交通部。

六、国立第一中山大学函送筹办广东昆虫局计划及预算，请核明见复案。

（众议）送预算委员会核复。

七、从化县拟恳展限二个月，开征钱粮附加筑路费，并津贴员司粮役一成办公费，统候批示祗遵案。

（众议）交财政、建设两厅，会同核办。

八、政治分会函请，转令财厅查案，拨发省党部经费案。

（众议）照令财厅。

九、民政厅提议，潮安县长王宇调省，遗缺请以汕头市长方乃斌署理，违〔遗〕缺请以萧冠英署理，请公决案。

（众议）照委。

十、民政厅长提议，新委感恩县长杨志成，拟饬毋庸赴任，遗缺仍以王仁留署，请公决案。

（众议）照准。

十一、民政厅提议，罗定县长苏世杰调省，遗缺请以陈明栋署理；云浮县长刘学修调省，遗缺请以朱仿文署理；郁南县长伍横贯调省，遗缺请以方新署理，请公决案。

（众议）刘学修仍留原任，余照准。

十二、民政厅提议，惠来县长徐希元调省，遗缺请以饶子康署理；兴宁县长罗棹汉辞职，拟照准，遗缺请以谢达夫署理，请公决案。

（众议）照委。

十三、民政厅提议，澄海县长高汉鼇调省，遗缺请以饶平县胡贤瑞调署，递遗饶平县长缺，请以毛琦接署，请公决案。

（众议）照委。

十四、土地厅呈，拟将中山、开平、始兴三县土地局，改归职厅直辖，设局专办，其经费由厅酌定，另案呈准，令饬各就收入项下抵支各缘由，请议决分别示遵案。查此案经九次会议议决，俟土地厅长出席说明再加讨论，合并陈明。

（众议）候新县制颁到后，再行提议。

十五、民政厅提议，查潮梅地方距省稍远，现为行政利便计，拟请依照南路琼崖办法，设置琼崖〔潮梅〕各属民政视察员一人，以期就近监督指导，兹查有谢适群，堪以充任，请公决案。

（众议）照办。

十六、公安局呈，拟就人民团体请愿规则草案十三条，请核定公布案。

（众议）修正通过公布。

广东省政府委员会
第十二次议事录

九月六日　星期二

国府电饬本府务于最短时间解巨额现款到宁以补饷糈案——电政管理局停止拨发电信学校经费请设法维持案——准司法厅呈缴刑事诉讼费用征收暂行规则。

出席者　李文范　冯祝万　伍观淇　张难先　李禄超　许崇清

主　席　李文范

纪　录　马洪焕

报告事项

一、本府委员会第十次会议议决各案，经奉政治分会通过发还，已由秘书处分别办理。

二、中央政治会议秘书处苛电告，议决每星期三开政治会议，星期一、五两日，开中央党部执监委员、各部长、军事委员会委员联席会议，决定大计，其余政务，由国府办理。

三、国民政府筱电，党政军各机关委员部长联席会议议决在蒋总司令未回以前，所有总司令职权，由军事委员会执行政务，由国府办理，仰饬属益加努力，共利党国。

四、司法厅陈厅长呈报，因公赴宁，请假半月，厅务暂由秘书沈藻修代拆代行，至省府委员职务，暂行缺席，假满后，即回粤供职。

讨论事项

一、国民政府江电，饬本府务于最短时间，解巨额现款到宁，以补饷糈案。查原电并称，前经电令本府筹解款项，惟查以前尚未接过电饬，合注明。

（众议）咨财部令财厅筹解，并呈总司令部。

二、建设厅呈报，电政管理局停止拨发电信学校经费，请设法维持案。

（众议）咨交通部饬上海电政总局，转饬粤局，仍照案拨发该校经费，至本届毕业为止。

三、司法厅呈缴刑事诉讼费用征收暂行规则，请备案。【案】查本规则，经司法整理会议决，并已由厅令发各法院遵办，合注明。

（众议）准备案。

广东省政府委员会
第十三次会议录

九月九日　星期五

照准民政厅提议委任莫绍宣为化县县长——仍令财政厅会同民政厅切实会商办理关于专办平民教育款项案。

出席者　冯祝万　伍观淇　张难先　李禄超　许崇清　曾养甫
主　席　张难先
纪　录　马洪焕

报告事项

一、本府委员会第十一次会议议决各案，经奉政治分会通过发还，已由秘书处分别办理。

二、国民政府马电挽留蒋总司令，及胡、吴、蔡、李、张诸同志回职，并报告军事、政治进行状况。

三、李委员文范函称，现因有恙，亟须调养，省务会议不能出席，相应备函请假案。

讨论事项

一、民政厅提议，化县县长陈青选辞职，拟照准，并请委莫绍宣接署，请公决案。

（众议）照委。

二、财政厅呈复，奉本府议决，关于专办平民教育款项，着会同民政厅妥议，由国库补助，及地方分担办法一案，办理情形请核示案。

（众议）仍令财政厅会同民政厅，切实会商办理。

广东省政府委员会
第十四次会议录

九月十三日　星期二

令罗定县县长查复农运特派员呈请德义、菁莪两局月助经费三百元案——照准军事厅呈请委任梁芳圃为护航委员会委员。

出席者　徐景唐　冯祝万　伍观淇　曾养甫　许崇清　李禄超
　　　　　张难先

主　席　李禄超

纪　录　马洪焕

报告事项

一、本府委员会第十二次议决各案，经奉政治分会通过发还，已由秘书处分办。

二、总司令部令开，前方总司令部，已经奉令由军事委员会代行职权，后方总司令部，亦遵即取消，所有经营事务，悉交第八路总指挥部，接理统御等因。

三、兼代财政厅长冯祝万呈报，九月八日接任视事。

四、高明县长代电报告，据警区及团局呈报，本月三日午突有英国兵舰三艘，驶近扶丽村前海面，藉口英船被劫，不问是非，向该村连轰十余炮，毁民居约十余间等情，除即派员查勘外，理合先行电请察核，详情续陈等语。

讨论事项

一、连县民团总局长电称，据探报许安〔克〕祥师，由湘省祁永，取道江华入粤，现已抵江华码市，日内即入县城，此项军队，是否奉命来粤，职团应取何种态度，乞速电示案。

（众议）转送第八路总指挥部，核办见复。

二、省党部执委会函，据罗定农运特派员，呈请转饬该县令，德义、菁莪两局，月助经费三百元，请转饬查案照拨案。

（众议）行县查复。

三、汕头总商会代电称，仪记号等向仁丰号等购未抵制前入口日纱二百四件，该本大洋五万余元，付船运往兴宁，被梅县对日绝交会，扣留贱卖，除各团体分去外，尚存三万余元，交梅县商会，请严令县署防军，先提存款给领，并追还余价案。

（众议）行县查明发还，并函第八路总指挥部，转饬防军知照。

四、军事厅呈请委任梁芳圃为护航委员会委员案。

（众议）照委。

广东省政府委员会
第十五次议事录

九月十六日　星期五

国府令知各机关服务人员概不准擅离职守——照准民政厅呈拟追加潮梅各属民政视察员署经费预算，并饬财厅照拨——加委陈国机为农工厅统计科长——照准民政厅提议委梁夑接理德庆县长，沈竞调充高要县长，黄德刚接署海康县长——派徐、曾两委员前往慰劳第四军、十一军将士，并令财厅拨款一万元为犒赏费。

出席者 冯祝万 徐景唐 伍观淇 李禄超 许崇清 曾养甫

主　席 伍观淇

纪　录 马洪焕

报告事项

一、本府委员会第十三次议决各案，经奉政治分会通过发还，已由秘书处分办。

二、总司令部令知，刻正将第八路总指挥部从新编订，后方总司令部，在未正式交由第八路总指挥部接理统御以前，所有后方经营事务，仍系照常管理，一俟第八路总指挥部正式接收，再行通令饬遵等因。

三、国民政府令知，第二次中央联席会议，关于政治方面议决三项，仰即遵照等因。

四、国民政府令知，各机关服务人员，概不准擅离职守，仰遵照并饬属遵照等因。

五、国民政府令知，据本府呈缴修正县组织法草案及统系表，仍定实行县长制一案，已交法制委员会审核。

讨论事项

一、民政厅呈，为拟定潮梅各属民政视察员署每月经费预算，请准予追加饬拨，并拟请照案拨给开办费各缘由，请察核案。

（众议）照准。

二、农工厅呈，为统计科科长陈炳权，调充财政部统计科长，遗缺拟以技土〔士〕陈国机升充，请加委案。

（众议）照准。

三、国民政府令开，凡各机关人员，月薪在百元以上者，应捐一个月薪俸百分之十，作为救济伤兵药品费捐款，仰遵照并饬属遵照案。

（众议）遵办，并令财政厅汇收转缴。

四、略。

五、民政厅提议，准财政厅函，德庆县长黄秉勋，调充沙田清理处长，所遗县【长】缺，拟以梁夔接理，请公决案。

（众议）照准。

六、民政厅提议，高要县长叶毅夫，已调任筹饷副处长，遗缺请以海康县长沈竞调充，海康县长缺，请以黄德刚接署，请公决案。

（众议）照准。

七、本府冯委员提议，第四军、第十一军部队，由前方回粤，十五号已抵南雄，计期日间可以抵韶，应否由本府派员前往慰劳，请公决案。

（众议）派徐、曾两委员前往慰劳，并令财政厅拨款一万元犒赏。

广东省政府委员会
第十六次议事录

九月二十日　星期二

总部令知，拍发无线电，非经批准，不能免费——照委戴天祥为佛山市财政局长，罗季常为工务局长——通令各机关，转饬各民众团体，不得任意干涉地方行政——照委赵植芝署理花县县长——林明伦接理临高县长——委马秘书洪焕为本府秘书长。

出席者　李济深　冯祝万　伍观淇　徐景唐　曾养甫　李禄超
　　　　　许崇清

主　席　李济深

纪　录　马洪焕

报告事项

一、第十四次议决各案，经奉政治分会议决通过发还，并已由秘书处分办。

二、张委员难先，因病，由本月十七日起，请假一星期，函请转报政治分会察核备案。

三、土地厅长张难先，因病，由本月十七日起，请假一星期，所有厅务，交秘书刘凤翔代拆代行，呈请核准备案。

四、第三独立师长许克祥电报，文日，率部安抵连县。

五、总司令部令知，拍发无线电，非经批准，不能免费，仰遵办。

六、代第二方面军总指挥，电谢劳军及犒赏。

讨论事项

一、民政厅据呈转请委任戴天祥为佛山市财政局局长案。

（众议）照委。

二、民政厅据呈转请委任罗季常为佛山市工务局局长案。

（众议）照委。

三、财政厅据始兴县呈称，奉饬购办草鞋解缴，所有运费，请准一并作正开销，以免垫累等情，转请核饬遵办案。（查前奉总部令饬，办理关于此项草鞋运费，在何款项支销，并无明文规定，合注明。）

（众议）准作正开销，惟须呈厅核明。

四、方瑞麟呈报，汕头堤工处陈前处长，早经离职，接管后，咨催移交，迄今未准交到；其办事职员，亦已星散，不知去向，究应加〔如〕何办理，请示遵案。

（众议）方瑞麟着撤回，仍令陈楚楠回任，迅将款项悉数缴解财厅。

五、惠来县长徐希元，呈请取缔假藉农工商学团体名义，混淆黑白之通电；嗣后对于党农工学人员被控之案，奉令撤查拘传，应否拒绝各团体聚众要求，仰恳示遵案。

（众议）准如所请；通令各县及函省党部，通告各级党部，并令教育、农工、实业各厅，转饬各民众团体，不得任意干涉地方行政。

六、建设厅呈复，拟请令饬邮局，查照原案，支发罢工津贴，并清还财部垫款，否则明令暂将邮务加价，全省一律取销缘由，并候批示祗遵案。

（众议）应由建设厅令邮务局酌加工人薪工，邮费加价，不必取销。（现奉政治分会函复，查照本会决议案办理，并经由本会面告农工厅办理有案云，合并注明。）

七、司法厅呈复遵令就本省控诉法院内，筹设特别法庭，以省经费，并拟具预算草案，请批示祗遵案。

（众议）缓办，呈政治分会另定办法饬遵。

八、财政厅呈复，广州市政府拟将应划归市有各项税捐，拨回市收一案，拟议各缘由，乞示遵案。

（众议）照拟，令市厅查照。

九、民政厅提议，花县县长张国珍因病辞职，似应照准，遗缺，实业厅长荐委前顺德县长赵植芝署理，请公决案。

（众议）照委。（现奉政治分会函复，查该员因被控调省，应另选员接充，合注明。）

十、民政厅呈，琼崖黄警备司令请提委林明伦接理临高县长，转请公决案。

（众议）照委。

十一、司法厅陈厅长呈，为前因公务请假赴宁，现在旅宁，胃病陡发，舟车劳顿，实不能胜，尚须逗遛诊治，恳请准予辞去本兼各职案。

（众议）转呈政治分会。

十二、本府委员提议，应设立审计院，以重计政案。

（众议）令财政厅拟广东省审计院组织法。

十三、本府主席提议，本府秘书长一职，久未定人，应即决定，以专责成案。

（众议）委马秘书洪焕为本府秘书长。

广东省政府委员会
第十七次议事录

九月二十三日　星期五

修正广东土地税条例及施行细则草案，定本年十月一日施行——捐二百元为开欢迎第四、第十一军凯旋大会经费——加委刘石心、霍保树为建设厅秘书，丘传孟代第一科长，刘石心兼代第二科长——加委梁启寿、马文艺、王文澜为石龙市工务、财政、民政等局局长——抚恤罗鹗搏烈士遗族年金六百元——派徐厅长景唐前往日本参观陆军大演习。

出席者　李济深　伍观淇　冯祝万　张难先　曾养甫　李禄超
　　　　　徐景唐　许崇清

主　席　李济深

纪　录　马洪焕

报告事项

一、本府第十五次议事录，已奉政治分会议决通过发还，并由秘书处分发办理。

二、政治分会函送修正广东土地税条例及施行细则草案，经第五十八次会议议决，修正通过，定本年十月一日施行，交省政府交主管机关办理。

三、省党部改组委员会函知，改组委员遵于九月十七日就职，请查照。

讨论事项

一、海口市长呈复，高州旅琼联合会，请饬琼崖农民协会，交回高州会馆，以资办学，查属实情，请核示案。

（众议）如确系办学，准其收回；惟抽收琼高间之往来货品捐，未便照准。

二、欢迎第四军、第十一军凯旋，及保留总司令部制度大会筹备会，请捐助经费三百元案。

（众议）准捐二百元，为开欢迎第四、第十一两军凯旋大会经费，惟不必开保留总司令部制度大会。

三、南路民政视察员，呈请提出政治会议，通令各县，并请总部，通令各军事机关，苟非及身犯罪，因人连坐之妇孺，一律释放，并定为法例，乞核施行案。

（众议）通令。并咨第八路总指挥部，对于无关系之妇孺，嗣后不得连坐；已拘留者，着查明一律省释，并咨第八路总指挥部。

四、建设厅呈报，委刘石心、霍保树充秘书，丘传孟代第一科长，并由刘石心兼代第二科长，请加委案。

（众议）照加委。

五、民政厅呈请核明加委梁启寿、马文艺、王文澜等三员，为石龙市工务、财政、民政等局局长案。

（众议）照加委。

六、革命纪念会函复，查明罗鹗搏烈士，当日就义及其遗族状况，请查照案。

（众议）罗烈士之子道熙升学，准令教育厅令知免费；至抚恤，准援照七十二烈士抚恤条例，由财厅每年给恤金六百元，期限十年。

七、广东电政管理局，呈奉电政总局指令开，仰妥为解释关于军政各机关，调用电务员生，其薪水统由各该机关自行发给，至各该员生资格年例升给等项，均仍保留等因，请察核案。又本府电报室呈，关于电报局停止支给省府电员薪伙案，条陈管见二则，连同各员薪伙津表，及监理底薪伙食津贴，应否照数支领之处，统候核示案。

（众议）照第二办法办理，监理月支薪水共二百二十元。

八、土地厅长呈，据中山土地局长何鉴涛呈报，该局奉令暂时毋庸移交，现仍照旧办理缘由，转呈察核备案。

（众议）如拟。但土地局长，仍须受县长指挥监督。

九、广州市政府呈，据称，土地局请将都市土地，移转登记，一律照百分之二纳费等情，经市行政会议议决，拟改征收百分之一，请核示案。

（众议）交土地厅审核。

十、代理军事厅长徐景唐，拟请准给假三星期，前往参观日本陆军特别大演习（定于十月十五日举行），因此次大演习，关于新战术之研究，与新兵器之使用，可资参考之处必多，可否给假之处，敬候公决案。

（众议）派徐厅长景唐前往。

十一、秘书处呈，为本府秘书处，奉令改组，所有秘书长及秘书薪俸，应请核定，以便编造预算案。

（众议）准照办。

广东省政府第三届委员会
第十八次议事录

九月二十七日　星期二

分行各县增加军事囚犯口粮，除按月照额坐支外，应由地方款设筹——照拨设立全省体育协进会开办费，并月拨经常费八百元——照委

198

陈延恺为中山县教育局长——照委朱公准为本府秘书——本府秘书处呈缴新编预算书，经议决照办。

出席者 徐景唐　伍观淇　冯祝万　张难先　曾养甫　李禄超
　　　　　许崇清
主　席 徐景唐
纪　录 马洪焕

报告事项

一、本府第十六次会处〔议〕事录，已奉政治分会议决通过发还，并由秘书处分发办理；惟关于第六项（建设厅呈复，拟请令饬邮局，查照原案，支发罢工津贴，并消〔清〕还财部垫款，否则，明令暂将邮务加价，全省一律取销）一案，奉复，查照本会议决案办理，并经由本会面告农工厅办理等因；又第九项（民政厅提议花县县长张国珍因病辞职，拟照准，遗缺，实业厅荐委前顺德县长赵××署理）一案，奉复，查该员因被控调省，应另选员接充。

二、土地厅长张难先呈报，病已稍愈，即日销假任事。

三、国民政府秘书处元电告，驻汉国民政府，经停止办公，结束一切，刻日迁南京云。

讨论事项

一、财政厅呈复，各县增加军事囚犯口粮，除按月照额坐支外，应由地方款设筹，请核示分行案。

（众议）照办。

二、广西省政府号电，邕市商民，持照来粤，购运铜仙，希饬各关卡查照放行案。

（众议）交财厅核议具复，并先电询数目。

三、建设厅呈报，西路分处，经费无着情形，请准予令行财政厅拨归省库给领案。

（众议）交财政厅核议具复。

四、伍朝枢等呈，拟设立全省体育协进会理由并预算，请核准拨给案。

（众议）开办费照拨，经常费每月拨八百元，以一年为限，如政府人员兼职，不得支夫马费。

五、土地厅长呈请，令饬司法厅，转饬南海、新会两县司法登记分局，移交接收案。

（众议）饬司法厅照办。

六、第一中山大学函复，据邝教授核复，农品陈列所，费轻易举，请照所拟预算，拨助经费，俾速成案。

（众议）呈故〔政〕治分会，转知该校，在农科学院附设，不必另设机关，以明系统而节经费。

七、财政厅呈报，关于拨款办平民教育一案，奉财政部批，俟库款稍裕，再行酌办，转请核示案。

（众议）仍令财厅，会同民厅，切实会商办理。

八、教育厅呈，据情转志加委陈延恺为中山县教育局长案。

（众议）照委。

九、本府委员提议，拟委朱公准为本府秘书，请公决案。

（众议）照委。

十、本府秘书处呈缴新编预算书请核示案。

（说明）职处奉命改组，秘书长及秘书薪俸，经奉本府委员会第十七次会议【议】决主〔在〕案。查职处原定预算，每月到支七千八百七十一元；现编新预算，力求搏节，列支七千九百四十一元，比较原定预算，实增支七十元。又照职处新颁组织条例，未额设秘书四员，现暂照旧额三员薪水计算，张〔将〕来如补足秘书四员时，仍应追加三百元，合并陈明。

（众议）照办。

广东省政府第三届委员会
第十九次议事录

九月三十日　星期五

总部会知于九月三十日以前，结束后方总司令部——照准司法厅呈请，照例抚恤广州市法院已故候补书记区赞明恤款，共毫洋六十七元——照委朱晖日接充广州市公安局长——本府秘书长于十月三日就职，派张委员难先监誓。

出席者 李济深　伍观淇　冯祝万　张难先　李禄超　许崇清

主　席 李济深

纪　录 马洪焕

报告事项

一、本府第十七次议事录，已由政治分会议决通过发还，并由秘书处分发办理。

二、总司令部令知，于九月三十日以前，结束后方总司令部，并新订第八路总指挥编制概要，及实行新编制日期摘要七项，仰遵照分别办理。

讨论事项

一、军事厅呈，据护航委员会呈请，提扣护航费五厘旗帜费二成，以资给奖，请核示案。

（众议）既有薪水，所请不准。

二、民政厅呈，据乳源县长呈请，提议建设博物院，保存古物，并通令各县，征求应否照办，请提议饬遵案。

（众议）交教育厅拟办。

三、建设厅呈请，援例发给省青年部特派员临时舟车免费证案。

（众议）未便照准。

四、民政厅呈，案据九江市政专员呈称，征收租捐一月，拨支经费，及补置械服，经市政代表会议，一致赞成等语，应否准行，请核示案。

（众议）照准。

五、司法厅呈请，照例抚恤广州市法院已故候补书记区赞明恤款，共洋毫六十七元五角，拟由该处法院收入项下支挟，请核示案。

（众议）照准。

六、财政厅呈请核示，应否准如广州市党部所请，将大塘街九十一号逆屋，借与一区三分部及一区十二分部为办公地址案。

（众议）未便照准。

七、本府委员兼司法厅长陈融，再呈请辞去本兼各职，请核示案。

（说明）前据该厅长呈请辞职，经本府委员会第十六次会议议决，转呈政治分会，并已专案转呈政治分会核示各在案。

（众议）请示政治分会。

八、本府主席提议，广州市公安局长邓彦华，现已另有任务，所遗公安局长一职，拟委朱晖日接充案。

（众议）照委。

九、本府秘书长呈，为拟于十月一日接事，三日上午，于纪念周时，在礼堂举行宣誓，请监誓案。

（众议）派张委员难先监誓。

广东省政府第三届委员会
第二十次议事录

十月七日　星期五

照委陈道辉为化县教育局长——派伍委员充任广东全省筹赈总处处长——拨助庆祝双十节筹备大会经费一千元——照准恩平县长黄维玉与合浦县长钟喜赓对调——照准财政厅呈请撤裁田赋清理处及各县催征委员，并通令遵照——照准土地、财政两厅呈请，将沙田清理处划归土地厅直辖。

出席者　李济深　伍观淇　冯祝万　张难先　许崇清

主　席　李济深

纪　录　马洪焕

报告事项

一、本府第十八次议事录，经奉政治分会议决通过发还，并由秘书处分发办理。

二、财政厅呈报，自十月一日取消征收一次过船舶租捐。

讨论事项

一、秘书处报告，准建设厅长函称，因身沾疾病，经具呈辞去本兼各职，本日不克出席案。

202

（众议）转呈政治分会。

二、教育厅呈请加委陈道辉为化县教育局局长案。

（众议）照委。

三、广州市政委员长林云陔呈报，因公赴宁，请自十月三日起，给假十四天，厅务暂由秘书周学棠、黎藻鉴代拆代行，请示遵案。

（众议）存查。

四、建设厅呈，据南雄县长呈请，准该县柏〔拍〕发各机关电报费，以军电折半计算，作正开销，转请核办案。

（说明）据称，职县处于北江上游，为入赣孔道，地属冲繁，各军过境源源不绝。其中关于军事机要必须消息灵通，方免贻误戎机，是以电报来往无或已时。此项电费报局以电计算，每月所需不赀。职县地方款项既属入不敷出，又未奉准作正开销。抵任才及两月，用去电费三百余元，现尚无法筹填。若长此以往，负累何堪，但事关军务，又岂能搁置不理？惟有恳准职县拍发各机关电报，该费以军电折半计算，作正开销，免因公负累等情。查电政局归交通部直接管辖，职厅未便越权办理等语。

（众议）准将已用过三百余元，照军电折半计算，作正开销，嗣后不得援以为例。

五、广州市政府呈拟组织广东全省筹赈总处，请遴员委充处长，并批遵案。

（说明）据称，奉令饬转各善团拨款捐助蝗灾，并由市委会组设总赈处，汇集巨款分途散赈等因。当经召集各善团代表筹商，鉴以事体重大，办理程序应分别进行。现先将组织法提出议拟，至筹募一节，俟该处成立，联合积极策划。当即拟具组织法，分为六点：（一）该处办公地址设于本会内（一德路广仁善堂）。（二）本市各善堂院社共二十余间，每间推选负责代表一人，努力襄助一切。（三）所有应用家具物品由本会借用。（四）开办之始，举凡文具、宣传、邮电、杂支等费约需五百元，该款由各善堂院社筹垫。（五）查灾区均系外县，故名称拟改为广东全省筹赈总处。第本会系广州市范围，其处长一职似宜呈请省政府遴员委任，以专责成而明统系，且表示政府与人民合作。（六）由本会选委员一人，秘书处职员一人，各善团代表一人，襄助草订简章及组织法，众无异议，议决通过，当由职会查所拟组织法大致妥协，其处长一职，金以灾区广阔，且纯属外县，以统系言乃属全省之事。将来筹募拨赈任重事繁，请省政府委任处长，以资提倡而昭隆重，则收效迅易；复由本会领导各善团努力襄助，尤众擎易举，主张照所议拟办理等词议决各等情。查所请遴委处长一节，系为办理筹募拨赈等事，俾资提挈起见，似尚可行云云。

（众议）派伍委员充任。

六、财政厅呈拟重定各厂限期，暨划一起饷，及办满日期各办法六条，请核定公布案。

（说明）据称，查职厅所属各项厘税，在开办之始均系委员办理，民元①以来改委办为商办。所有各项厘税概行核定底价，布告明投，以超过底价最高者承办。自明投之制行，各项厘税无不先经开投，如无人投办始招商包承或委员办理。惟各厂情形间有不同，有先经开投，无人投办而后委员办理者；有先经委办，再由商承者；有承商期满准予续办者，所以各厂起饷及办满日期不能一律。时间既有参差，考核便感困难，且时或开投，时或委员办理，时或批承，手续烦琐。更有商人观望不前，冀欲减饷请求承办，流弊滋多。兹为便于稽核及减除手续起见，拟于一定时期将全省所属各项厘税捐务一律布告明投，务使各厘税厂及各捐项起饷及办满日期得以划一等语。

（众议）呈政治分会核示。

七、财政厅呈报，查明科长徐××受贿情形，并推求赃吏纳贿原因，应如何惩办，请核夺案。又徐××呈，为被留日久，亟求昭雪，乞迅传集人证质讯明确，以免冤抑案。

（众议）应予枪决，并通令所属，以昭儆戒；至关于文官保障及升级条例，呈政治分会核办。

八、民政厅呈，据九江市政专员呈缴征收浚涌费章程，大致尚合，请核示案。

（说明）据该专员称，职市运输几全赖濠涌，而每届西潦便多淤积，是以历年来地方人士公决收船货浚涌费。大艇每舟四毫，小艇二

---

① 民元，指民国元年。

毫，所得之款贮备为浚涌之用，办理多年而民称便。只惜尚用旧法疏涌，旋浚旋塞，徒费无益。专员到任以后，一面仍照旧办理，暂时治标；一面仍筹巨款购置机船，为事半功倍之图，并于旧习未妥之处略为修改，如原定大小艇两级相去悬殊，特加中等一级，并订定载重数量，以资确定。谨拟征收浚涌费章程，呈请察核批准备案等情。查核该市征收浚涌费系为利便交通起见，所拟章程大致尚合，应否准予照行之处请核示等语。

（众议）交建设厅，派员查明，具复，再议。

九、庆祝双十节筹备大会函请本府拨助一千五百元，希于十月六日以前送会案。

（众议）拨助一千元。

十、广州市纱绸布匹商业工会呈，以广源兴店，运到江苏常州布厂出品之斜布，被对日经济绝交会指为日货扣留，请转饬先行制止拍卖，查明发还案。

（说明）据称，职会现据广源兴店报称，八号于本月六日由上海付公平船运到江苏常州，广益布厂出品之蓝鹤升叙布五连计二百匹，被对日经济绝交委员会检查队误指为日货，扣留多日延不发还，并未传询。现闻该会遽欲拍卖，迭经敝店交涉无效等情。查此种蓝升叙布委系本国江苏常州广益布厂出品，且查该货包面牌头大书"中国广益厂造"字样，敝会本行各店多有买受，非独该店为然等语。

（众议）照令制止，并令发还。

十一、民政厅呈，准冯厅长函开，按邓司令世增来函，恩平县长黄维玉，与合浦县长钟喜赓，请予对调，请提议公决案。

（众议）照准。

十二、实业厅长提议，拟定华洋合股办理实业条例，请核议案。

（众议）呈政治分会核示。

十三、实业厅长李禄超呈请，准由本月十一日起，给假一月赴小吕宋考查实业，厅务交第二科长李绮庵代拆代行，并请补助旅费案。

（众议）请其出席报告考查计划。

十四、财政厅呈报裁撤田赋清理处及各县催征委员缘由，请行属知照，并不得再请规复案。

（说明）据称，查各县催征钱粮，自民国元年规定各县财政经费，各县司役一律支给薪工，自当负责催科，不容再耗公款。迨民国七年杨前厅长因各县积欠旧粮甚多，是以呈定章程，由厅派员分赴各县催征，并准予收入旧欠项下扣支奖金三成。当时原为治标之计，及后数年视为成例，或继续派委或令行裁撤。本年六月将各县催征专员全裁，而各县仍有呈请由县派委帮催，照扣经费多已核准。查各县所派之员纯属因人择事，对于催征罕有起色，徒縻巨款，自应永行裁撤，不得再委。又查上年设立全省田赋清理处，在各县收入旧粮内拨解一成以充经费，办理年余，殊鲜成绩。职厅抵任之初，即先将田赋清理处裁撤归并厅署田赋股办理。所有旧粮原拨清理田赋一成经费及派赴各县催征委员扣支一成公费，兹拟于本年十月一日起通饬全数解库，以重公帑。其各县派员赴乡催征需支费用，应在该县原扣旧粮一成经费内支给，不得再请公款。核计国库每年可增加收入二十余万元。除通令各县遵照外，拟请俯赐立案，并通行各属永远遵守，嗣后不得再请规复催征委员，以节縻费等语。

（众议）照准。通令遵照。

十五、土地、财政厅长会呈，拟将沙田清理处，划归土地厅直辖缘由，请核示案。

（众议）照准。

十六、日本总领事函请，布告日货检查队，不得干涉日本所有之货物，并请饬令公安局，对于有日本领事所发证明书，证明为日人所有之货物，禁止日货检查队，不得干涉案。（专案另呈）

（众议）呈政治分会核定。

广东省政府第三届委员会
第二十一次议事录

十月十一日　星期二

派陈公博、邹敏初、谢婴白为本府委员，兼代民政、财政、农工各厅厅长职——照准九江市政专员呈拟征收特种警费——照委龙裔禧接充中山县土地局长——照准土地厅拟具暂行修正广东土地登记条例条文及说明书并公布施行——照准李实业厅长请假出洋调查实业，并给旅费三千元。

出席者　李济深　伍观淇　张难先　李禄超　冯祝万　许崇清

主　席　李济深

纪　录　马洪焕

报告事项

一、本府第十九次议事录，经奉政治分会议决通过发还，并由秘书处分别办理。

二、财政厅呈复，遵令核议，关于广西省政府请准由商民持照到粤，购运铜仙一案，似尚可行，但购运数目若干，一俟核准电复，仍请饬知下厅案。（附原议）

三、政治分会函知，议决，民政厅长李文范辞职，照准，派陈公博代理；受理财部在粤事务兼代理厅长冯祝万辞职，照准，派邹敏初代理；农工厅长冯祝万辞职，照准，派谢婴白代理；并加派陈公博、邹敏初、谢婴白为省府委员，希查照案。

讨论事项

一、民政厅呈复，查云浮县长刘学修被控各节，多非事实，现该县长经已戒烟，并布置纪念周礼堂，应否免予议处，请核示案。

（众议）准免置议。

二、民政厅呈，据九江市专员呈拟征收特种警费，似可照行，请核示案。

（众议）照准。

三、土地厅呈，中山土地局长何鉴涛，应饬另候任用，遗缺，调委龙裔禧接充，请加委案。

（众议）照委。

四、土地厅呈，拟具暂行修正广东土地登记条例条文及说明书，请核准公布施行案。

（众议）照准。公布施行。

五、广州市政府呈请核准，将广州市土地评议会，由土地、财政两局，各派一人参加组织，并修正条文，请核示案。

（众议）准照修正通过。

六、实业厅李厅长报告，请假出洋，调查实业计划案。

（众议）照准给假，并给旅费三千元。

广东省政府第三届委员会
第二十二次议事录

十月十四日　星期五

照委云逢铨为土地厅秘书，区国强为第一科长，钟泽霖为第二科长——照准司法厅呈拟给恤积劳病故之文昌管狱员丘骥恤金六十元——撤销南海县渡船客脚附加费——照委史逸接充广州市卫生局局长——照委黄遵庚接充广州市教育局长。

出席者　李济深　伍观淇　冯祝万　张难先　许崇清　邹敏初

主　席　李济深

纪　录　马洪焕

报告事项

一、本府第二十次议事录，经奉政治分会议决，除第一案（秘书处报告，准建设厅长函称，因身沾疾病，经具呈辞去本兼各职，本日不克出席案），俟觅得相当替人后，再议外，余均通过发还，并由秘书处分发办理。

二、国府秘书处箇电报，国府任命各部长、各委员及秘书长、副官长等。

讨论事项

一、土地厅呈缴秘书云逢铨、第一科长区国强、第二科长钟泽霖履历，请核准加委案。

（众议）照委。

二、司法厅呈拟，给恤积劳病故之文昌管狱员丘骥恤金六十元，请批示案。

（众议）照准。

三、交通部咨复，关于本府请将电信学校经费，饬局照拨一案，无法照办案。又据建设厅呈，准函称，广东电信学校经费，自应由厅自行筹措等由，请核示案。

（众议）由秘书处查明该校学生多少，毕业待遇，需款若干，至毕业时，共需若干，再议。

四、广东丝业研究所呈请，转函对日经济绝交委员会，关于丝厂燃料，准照旧参用日煤给证卸运，以维工作案。

（众议）照准。

五、实业厅呈复，中山大学拟筹设稻作、蚕、桑、蔗糖、园艺、林业五试验分场一案，议拟办法，请核示案。

（众议）交财政厅拟复。

六、教育、财政两厅会呈复，核明南海县渡船客脚附加费，应准取销缘由，请核示饬遵案。

（众议）应予撤销。

七、广州市政府呈，卫生局长何炽昌辞职，照准，所遗局务，请加委史逸接充案。

（众议）照委。

八、广州市政府呈，教育局长刘懋初辞职，照准，所遗局务，请加委黄遵庚接充案。

（众议）照委。

广东省政府第三届委员会
第二十三次议事录

十月十八日　星期二

由秘书处分别拟呈给恤粤籍殉义三月二十九烈士家族办法——令财政厅按月拨给广东电信学校经费——令公安局解散广州工人代表大会特别委员会，并拿办主办人员，并请政治分会，将所捕各政治犯审讯——照委朱力一为农工厅秘书，刘石心为秘书兼农事科长，曹纪棠为工事科长，凌骥为统计科长——通过民政厅长提议，将各视察员公罢〔署〕取销，另设视察员六人，分赴各县考查稽督。

出席者　李济深　伍观淇　张难先　陈公博　冯祝万　许崇清
　　　　　邹敏初　谢婴白

主　席　李济深

纪　录　马洪焕

报告事项

一、本府第二十一次议事录，已奉政治分会议决通过发还，并由秘书处分发办理。

二、司法厅呈复，关于本府第十八次会议（土地厅呈请令司法厅，转饬南海、新会两县司法登记分局，移交接收案），议决，饬司法厅照办一案，经分令遵办。

讨论事项

一、建设厅呈，据整理铁路委员会呈，拟变通开股东大会办法，应否照准，请核示案。

（众议）令将公司当时招股立案章程呈核，再议。

二、革命纪念会函送粤籍殉义三月二十九烈士家族状况调查表，请分别按月给款抚恤；再杜凤书给款一案，曾取具殷实人保领；现在应否照办，希酌夺办理案。

（众议）由秘书处分别拟定给恤办法。

210

三、民政厅呈，据江门市长呈，为投变市场一案，前据该民团局等呈请，保留六庙地址，经省政府核饬，加缴军费二万元，免投，未据呈缴，应如何办理，请核示案。

（众议）令江门市厅，如欲将六庙投变为市场，应将商会所缴之二万元发还，以存政府信用。

四、建设厅呈，准函称，广东电信学校经费，自应由厅自行筹措等由，请核示案。

（众议）准由本府令财厅按月拨给。

五、广州工人代表大会特别委员会，函请释放四月十五日以后被捕各工友案。

（众议）（一）令公安局将特别委员会解散，并将主办人员拿办。
（二）请政治分会，将所捕各政治犯审讯。

六、薛师长岳删电，请加委邓士释为汕头堤工处处长案。

（众议）查前堤工处长陈楚楠，办理堤工，尚能称职，已经本府议决，令其复职在案，电请查照办理。

七、本府委员兼建设厅长曾养甫，呈请辞去本兼各职，出洋考察建设事业，请拨助旅费案。

（众议）请政治分会核办。

八、代农工厅长呈请，加委朱力一为秘书，刘石心为秘书兼农事科长，曹纪棠为工事科长，凌骥为统计科长案。

（众议）照委，饬将履历补缴备案。

九、广州市政委员林云陔呈，因公未能回粤，恳准予自本月十八日起，续假七天案。

（众议）照准。

十、民政厅陈厅长提议，拟请将各视察员公署取销，另设视察员六人，不限定专驻一区，专分赴各县考查稽督，每人拟支月薪二百四十元，用资每人每日五元计算，请公决案。

（众议）通过。

十一、本府委员提议，广东印务总工会，前为反动共党分子把持捣乱，自清党后，该会反动分子已畏罪逃匿，经由政府派员改组在案；乃日来竟有以印务总工会名义，欢迎第二届执委之举，显与逃匿反动分子勾结，目无政府，应如何办理，请公决案。

（众议）令公安局查明，将主动人员，立予拿办，并将该会第二届执监委员，查拿惩办。

十二、本府委员据报，省港罢工委员会，前为反动共党所把持，自清党后，该会反动分子，经已畏罪逃匿，并由政府派员改组在案；乃本日有反动分子多人返会，擅举主席团，定明日接收罢工委员会，实行驱逐改组委员，并议定种种荒谬计划，显系阴谋不轨，应如何办理请公决案。

（众议）令公安局将该反动分子悉数拿办，以除反动。

十三、本府委员据报，近日反动分子，多潜回本市，煽惑工人，四出捣乱，图谋不轨，应如何办理，请公决案。

（众议）先将首要分子布告缉办。

广东省政府第三届委员会
第二十四次议事录

十月二十一日　星期五

修正通过土地厅呈送广东各县市土地局组织章程——民政厅起草文官保障条例，财政厅改正升级条例——照准陈村市政专员呈拟预借租金一月，为扩充警察计划——照案拨给省立岭东商业学校补助费——照准加委余鸣鸾、刘祖英、陈德炽为民政厅秘书，叶法无为第二科长——照准加委云逢铨兼充佛山市土地局长，兼办南海县土地行政事宜；钟泽霖兼充江门土地局长，兼办新会县土地行政事宜；另委周海珊为石龙市土地局长。

出席者　李济深　谢婴白　冯祝万　许崇清　张难先　邹敏初
　　　　　伍观淇　陈公博
主　席　李济深
纪　录　马洪焕

212

报告事项

一、本府第二十二次议事录，已奉政治分会议决通过发还，并由秘书处分发办理。

二、省港罢工改组委员会呈报，日来反动分子向职会扰乱及职会应付情形，并送反动分子勒迫通过非法议案。

讨论事项

一、土地厅呈送广东省各县市土地局组织章程，请批准备案，以便公布施行案。

（众议）修正通过（第五条应加入"关于制定地价图表事项"，余项通过）。

二、政治分会函复，关于文官保障及升级条例，希妥拟呈核案。

（众议）关于文官保障条例，交民政厅起草；关于升级条例，交财政厅改正。

三、民政厅呈据，陈村市政专员呈拟，预借租金一月，为扩充警察计划缘由，似属可行，请核办示遵案。

（众议）照准。

四、民政厅呈，据汕头市长呈拟，改定该市东北面华坞乡西南首地方为屠宰场地点各缘由，应否照准，请核示案。

（众议）照准。

五、教育厅呈，以省立岭东商业学校，因遭兵燹，损失甚大，请提议照前议决，拨给补助费，以维教育案。

（众议）照案拨给。

六、民政厅呈请委任余鸣鸾、刘祖英、陈德炽为该厅秘书，叶法无为第二科科长案。

（众议）照加委。

七、财政、建设两厅会呈复，解释钱粮附加筑路经费章程各缘由，请核示案。

（众议）征收期限，展限至十七年二月底止，征收完竣，余照拟办理。

八、广州市政府呈，据公安局长呈拟，请此后拿获窃掠之案，赃证确凿，讯明属实者，即由局一律处以枪决等情，是否可行，请核示案。

（众议）凡惯窃或抢掠者，暂准枪决，呈报备案。

九、建设厅长陈树人函报，本月二十四日就职，请派员莅临监誓案。

（众议）派许委员前往监誓。

十、土地厅呈拟，委秘书云逢铨兼充佛山市土地局长，兼办南海县土地行政事宜；第二科长钟泽霖兼充江门市土地局长，兼充新会县土地局长，兼办新会县土地行政事宜；另委周海珊为石龙市土地局长，请迅予加委案。

（众议）照加委。

广东省政府第三届委员会
第二十五次议事录

十月二十五日　星期五

土地厅呈核复都市土地移转登记费改征百分之一，照拟通过——定明年三月一日起，每月先分拨十万元为开办平民教育经费，分三年拨足，每年加拨三分之一——照准加委黄秉勋为广东沙田清理处长——交军事委员会军事裁判所，押讯拿获阴谋夺收罢工会之反动分子——给恤烈士家族年限，一律定十五年，交财政厅照条例分别办理。

出席者　李济深　伍观淇　张难先　陈公博　冯祝万　谢婴白
　　　　　许崇清　邹敏初　陈树人

主　席　李济深

纪　录　马洪焕

报告事项

一、本府第二十三次议事录，已奉政治分会议决通过发还，并由秘书处分发办理。

二、国府秘书处皓电报告，国府任命秘书副官暨各部长员。

三、卸省府委员兼建设厅长曾养甫呈报，于本月二十四日交卸。

四、土地厅呈报，十一月一日，接收沙田清理处事宜，请备案。

讨论事项

一、土地厅呈核复都市土地移转登记费改征百分之一，似可准行，请公决饬遵案。

（众议）照拟通过。

二、财政厅呈复，拟议办理筹款开办平民教育情形案。

（议决）定明年三月一日起，每月先分拨三分之一，即每月拨十万元，分三年拨足。（每年加拨三分之一）

三、财政厅呈，英领事催交安利行售与造币厂之镕银锅货价本利，应如何办理，请核示案。

（议决）俟造币厂开铸时，有余利即摊还。

四、财政厅呈，市教育局拟借大塘街九十一号逆产为公共仪器所，应否照准，请核示案。

（议决）准暂借用。

五、土地厅长呈，请加委黄秉勋为广东沙田清理处处长案。

（议决）准加委。

六、代理广州市政委员长林云陔呈，因病，再请从本月二十五日起，续假两星期案。

（议决）照准。

七、广州市公安局呈，遵令拿获阴谋夺收罢工会之反动分子梁世合等八十二名，押候讯究缘由，请察核案。

（议决）交军事委员会军事裁判所。

八、广州市政府呈，据称，××街×号，系陈修爵逆产，请查封等情，请核示案。

（议决）准查封，交财政厅处置。

九、秘书处签呈，前奉议审核革命纪念会函送七十二烈士家族状况表，请分别抚恤一案，经依表分别核拟，开列成表，请核示案。

（议决）给恤年限，一律定十五年，交财政厅照条例分别办理。

十、粤汉铁路董事陈丘山等呈，为该路职员所购物料价目，比市价高昂，附缴单据及价目比较表，请派员彻查，将一干关系人等究办案。（原件已发建设厅）

（议决）令建设厅将李管理及购料股会计等负责人员，扣留查办，该路管理事务，暂时由建设厅派人代理。

十一、农工厅谢厅长报告，本日在农工厅召集各团体代表，在农工厅讨论遣散省港罢工工友办法结果案。

（议决）应遵照中央议决案及政治分会议案，令财政厅遵照办理，并一面由本府报告。

广东省政府第三届委员会
第二十六次议事录

十月二十八日　　星期五

建设厅长陈树人于本月二十四日就职——加委蒋宗汉为广东航政局长——照拨庆祝肃清共逆叶、贺叛军及欢迎汪主席回粤大会经费三千元——农工厅呈送关于省港罢工工友发给津贴及一切善后办法，议决办法十九条，除第五条分发津贴应加入"市公安局派员"外，余照通过——通过武装团体训练养成所呈请召集全省团务代表大会川旅等费支销办法，并令军事厅办理。

出席者　李济深　伍观淇　张难先　冯祝万　许崇清　邹敏初

主　席　李济深

纪　录　马洪焕

报告事项

一、本府第二十四次议事录，已奉政治分会议决通过发还，并由秘书处分发办理。

二、国府秘书处函复解决工商条例工商纠纷解决办法，奖励实业章程，烈士后裔免学费条例，请予核示一案，奉批，并交法制局审查，有无与中央法令抵牾等因，希查照案。

三、建设厅长陈树人呈报，于本月二十四日就职。

四、建设厅长陈树人函报，赴港欢迎汪主席，请给假三天，厅务暂由秘书庄光第代拆代行。

五、谢委员婴白函报，因病请假一天。

讨论事项

一、财政厅呈，为核复西路公路分处经费，仍应照案由县地方款筹拨，除咨复建设厅，并会同严令各县遵照外，请核示案。

（众议）交建设厅，俟统筹有办法后再议。

二、建设厅呈请核议准委蒋宗汉为广东航政局长案。

（议决）〈决〉准加委。

三、国民政府敬电，催将总理陵墓所欠葬费九十万元，设法如数拨付案。

（议决）令每月指定之数照拨，余另筹拨并复。

四、省党部改组委员会，函请速送交庆祝肃清共逆叶、贺逆军及欢迎汪先生回粤大会经费三千元案。又广东各界庆祝肃清共逆叶、贺叛车〔军〕大会函同前由。

（议决）令财政厅即照拨。

五、公安局呈报惩教场寄押人犯挤拥情形，请迅筹规复陆军监狱，并转各高级军事机关，暂停送押，仍将寄押各犯提回，分发南、番两县监所代押，以便整理案。

（议决）咨临时军事委员会及军事厅办理。

六、财政厅呈拟划分沙田管辖权限及年支丈费额数，请核示案。

（议决）沙田事项，仍查照原案，归土地厅管辖，惟收入款项，除每月核准支销者外，仍缴解财政厅。

七、农工厅呈，拟于中山、佛山、江门、北海四处，仍照原案设置农工局，请核示案。

（议决）缓设。

八、农工厅呈送关于省港罢工工友发给津贴及一切善后办法议决办法十九条，乞提呈政治分会核议施行案。

（议决）除第五项分发津贴应加入"市公安局派员"外，余照通过，呈政治分会核办。

九、武装团体训练员养成所呈请，召集全省团务代表大会各代表川旅等费支销办法，请批示案。

（议决）照通过，交军事厅查照办理。

广东省政府第三届委员会
第二十七次议事录

十一月一日　星期二

令陈楚楠迅速回任汕头堤工处长职——准拨农林陈列所开办费一千元——加委庄光第为建设厅秘书，王绍薪为第一科长，居贤举为第二科长，陈国基为技士——通过农工、民政、军事三厅呈送彻底解决农民团纠纷详细进行办法草案——通过民政厅提议任司徒优、朱树星、宁可风、钟世灵、卢季秋、谭毅起，为民政视察员——通过民政厅提议，委任连县、英德、潮安、增城、曲江、茂名、台山、阳江、花县、乳源、三水、南雄、合浦各县县长。

出 席 者　陈公博　张难先　冯祝万　陈树人　许崇清　邹敏初
　　　　　　谢婴白

临时主席　陈公博

纪　　录　马洪焕

报告事项

一、建设厅呈复，遵令将粤路局管理李××扣留，并组织查办粤路委员会，请察核。

二、建设厅呈报，委任梁广恩暂代粤汉铁路管理职务，请察核备案。

三、南海县呈报，遵令停止抽收渡船客脚附加教育费。

讨论事项

一、建设厅呈，奉令，汕头堤工处长一职，仍令陈楚楠回任，惟薛指挥已委邓士采〔释〕到处接事，请核示办法案。

（议决）维持原案，并饬陈楚楠迅速回任。

二、第一中山大学，函请拨助农品陈列所开办费一千元，并由十一月起，按月拨助经常费二百元案。

（议决）准拨开办费一千元，以后经费，由大学经费项下支拨。

三、民政厅呈，据九江市修正征收房捐警费章程，请核示案。

（议决）交回民政厅核复。

四、建设厅呈请加委庄光第为秘书，王绍薪为第一科长，居贤举为第二科长，陈国基为技士案。

（议决）通过。

五、农工、民政、军事三厅会呈送彻底解决农民团纠纷详细进行办法草案一件，请核示案。

（议决）通过。

六、华侨协会请设侨务局，以资提挈案。又政治分会函，据泗水华侨外交后援会，请拨款设立侨务局一案，议决，交省政府拟办案。

（议决）该局章程，由建设、民政两厅，会同起草，提出第二十九次会议。

七、土地厅提议，调查全省各机关各局卡，凡有陋规，宜一概革除，请公决案。

（议决）明令各机关，限一月内将所有陋规，详细列表呈报，如有呈报不实，一经查出，即行严办。

八、财政厅呈报，汕头堤坦纠纷案，应准附加条文，妥议解决办理情形，应如何办理，请公决案。

（议决）仍交财、建两厅，会拟办法，限本月内提出会议。

九、民众运动委员会函，广东各界纪念总理诞生大会，议定由省府担任经费四千元，请查照办理案。又广东各界纪念总理诞生大会函，同前由。

（议决）由秘书处将本案意见，转呈政治分会议决。

十、民政厅提议，查佛山成市以来，经费不敷，以至市政无从进行，更连带而使县治无法发展，拟即裁撤，并限一月内，将南海公署迁佛，以后佛山市政，即由南海县长兼理，敬请公决案。

（议决）通过。

十一、民政厅提议，拟司任〔任司〕徒优、朱树旨、宁可风、钟世灵、卢季秋、谭毅起，为民政厅视察员，请公决案。

（议决）通过。

十二、民政厅提议，连县县【长】成宪孟免职，遗缺以英德县长何冀州调署，所遗英德县长缺，拟以沈祥龙接充；潮安县长方乃斌另有任用，遗缺拟以李世安署理；增城县长欧阳磊另有任用，遗缺拟以黄培和接充；曲江县长陈秉铎辞职，照准，拟委黄嵩南接充；茂名县长周颂西另有任用，遗缺拟以陈守宪接充；台山县长刘栽甫另有任用，遗缺拟以戴振魂署理；阳江县长区玉书另有任用，遗缺拟以李景纲署理；花县县长张国珍辞职，照准，遗缺拟以江龙图署理；乳源县长陆精治免职，遗缺拟以刘寅署理；三水县县长欧阳万里另有任用，遗缺拟以李崇年接充；南雄县长陈侠夫另有任用，遗缺拟以官师亮署理；合浦县长黄淮玉另有任用，遗缺拟以伍英树署理，请公决案。

（议决）均通过。

广东省政府第三届委员会
第二十八次议事录

十一月四日　星期五

加委胡世仁为民政厅秘书——加委陈延炆为教育厅总务科长——照委五华、陆丰、廉江、开平各县县长——通过财政厅长提议将已收之各行商之公债，以金库券先行悉数偿还，分期分兑，并呈政治分会核准——照委黄质文充任守备军第六团团长。

出席者　李济深　伍观淇　张难先　陈公博　冯祝万　许崇清
　　　　　　邹敏初　谢婴白

主　席　李济深

纪　录　马洪焕

报告事项

一、卸农工厅长冯祝万呈报，任内经费结存数目，交代清楚各缘由，请察核案。

二、建设厅长陈树人函报，今日因病不能出席省务会议。

讨论事项

一、民政厅呈报，该厅秘书余鸣銮〔鸾〕因病辞职，请加委胡世仁充任案。

（议决）照加委。

二、海口市工代会等呈请，饬琼山地方法院，迅将张学痕〔良〕、王苏民两人保释案。

（议决）查照原案，令法院依法讯办。

三、教育厅呈请加委陈延炆为总务科科长案。

（议决）照加委。

四、财政厅呈，遵令拟具广东审计院组织法，请核施行案。

（议决）呈政治分会核夺。

五、民政厅提议，五华县长古锡龄另有任用，遗缺拟以潘继任署理；陆丰县长陈权另有任用，遗缺拟以钟伟汉署理；廉江县长黄质文已另有差委，遗缺拟以伍英树试署；合浦县长黄淮玉仍留原任；开平县长黄子聪另有任用，遗缺拟以郑苍生署理，请公决案。

（议决）均照委。

六、财政厅长提议，拟将已收之各行商之公债，以金库券先行悉数偿还，分期兑付缘由，请公决案。

（议决）通过，呈政治分会核。

七、冯委员提议，廉江县长黄质文，调充守备军第六团团长，请公决案。

（议决）照委。

八、陈委员公博提议，本府通缉有名之黄侠生，经已缉获，惟其是否共产党，未有证实，应如何处置，请公决案。

（议决）送特别法庭审查。

广东省政府第三届委员会
第二十九次议事录

十一月八日　星期二

令财政厅照给南路民政视察员恩饷一个月以示体恤——修正军事厅暨省防军编制预算办法，呈政治分会核夺——照委甘乃光代理广州市政委员长——照修正通过解决汕头堤地纠纷办法五条——照委琼崖〔山〕、揭阳、河源、广宁、新会各县县长及江门市长。

出席者 李济深　谢婴白　邹敏初　陈树人　许崇清　冯祝万
　　　　　张难先　伍观淇　陈公博

主　席 李济深

纪　录 马洪焕

报告事项

一、本府第二十五、六、七三次议事录，均奉政治分会核议通过发还，并由秘书处分发办理。

二、财政、土地厅会呈报，遵于十一月一日，将沙田清理处移交接管。

讨论事项

一、国民政府令发修正省政府组织法一件，仰遵照案。（组织法另油印）

（议决）暂存。

二、南路民政视察员呈请准予援照东江、琼崖各路行政委员裁撤成案，发给恩饷一个月，以示体恤案。

（议决）照准，令财政厅照给。

三、军事厅呈修正军事厅暨省防军编制预算办法，请公决案。

（议决）呈政治分会核夺。

四、武装团体养成所，呈请设立广东地方警卫队编练委员会及改组各属地方武装团体为警卫队，并拟具条例，请察核施行案。

（议决）下次请何教育长出席说明，再议。

五、农工厅呈，拟就统一工会组织方案，请提呈政治分会核议施行案。

（议决）呈政治分会核夺。（关于工人统一组织委员会组织大纲第二条，应加入"机器总工会一人"）。

六、政治分会函知，议决，派甘委员乃光代理广州市政委员长，希查照案。

（议决）照委，并令知市政府。

七、财政厅呈复，土地调查与测量一案，拟请先择一二县试办，请核示案。

（议决）照原案，仍交土地厅、财政厅会核。

八、财政、建设两厅会同提议，拟具解决汕头堤地纠纷办法五条，请核示案。

（议决）照建正通过。

九、民政厅提议，琼山县长余文铣辞职，照准，遗缺拟以王天定署理；揭阳县长丘君博辞职，照准，遗缺拟以吴种石署理；河源县长赵宝贤免职，遗缺拟以邓杰署理；广宁县长宁一白另有委任，遗缺拟以伍家橚署理；江门市长叶显另有任用，遗缺拟以冯炳奎署理；新会县长麦应昌另有任用，遗缺拟以张宗燧署理，请公决案。

（议决）均照委。

广东省政府第三届委员会
第三十次议事录

十一月十一日　星期五

修正通过广东全省筹账〔赈〕总处章程并加委全国忠为正主任——照支欢宴省港罢工各工会代表费用六百零三元二角四分——令财政厅照拨蚕丝局借用岭南大学房金桑田并一切仪器家私租金每月四百元——照七十二烈士条例发给温生才之子温伟琴养口年金——照委普宁、佛冈、徐闻、陵水、梅县、定安、电白各县县长——加委司徒宽、陈耀祖、陈炳权、胡继贤为广州市财政、工务、公用、土地各局局长。

出　席　者　谢婴白　邹敏初　许崇清　张难先　伍观淇　冯祝万
　　　　　　　陈树人

临时主席　许崇清

纪　　录　马洪焕

报告事项

一、本府第二十八、九两次议事录，均经送请政治分会核议，未奉发还。

二、政治分会函复，议决，总理诞生日，由各机关党部，自行热烈筹备庆祝，不必再开大会。

三、财政厅呈复，拟拨给省立岭东商业学校袖〔补〕助费一次过四千五百元，除饬潮梅财政处照拨外，请备案，并转饬知照。

四、李主席临时因事不暇出席，陈委员公博本日因病请假。

讨论事项

一、武装团体训练员养成所呈请，设立广东地方警卫队编练委员会及改组各属地方武装团体为警卫队，并拟具条例，请察核施行案。

（议决）下一次再议。

二、国府军委会咨请，务于十一月起，举办清乡，清查户口，烙印私枪；提倡人民自卫，及划分治匪区域，拟定兜剿计划，绘图列表，咨复，以凭核办案。

（议决）交军、民两厅拟复。

三、广东全省筹赈总处函，定本月七日，开始办公，请颁发关防，并请委全国忠为正主任案。

（议决）章程修正通过，饬照办。

四、农工厅函，为本月八日，欢宴省港罢工各工会代表，费用六百零三元二角四分，请照案支给案。

（议决）照支。

五、实业厅呈，据岭南大学函请，每月给回蚕丝局借用房舍、桑田，并一切仪器、家私租金四百元，应否照准，另由财厅每月加发，请核示案。

（说明）拟称，查该局自设立以来，所有办公房舍、桑田并一切应用仪器、家私，均系向该大学蚕丝学院借用，若由该局自办，实属为数不赀。现在该大学以筹借经费深感困难，拟请每月给回租金四百元，俾资弥补，自属□□理准。该局每月经费仅由财政厅核发三千元，分配开支尚虞不足，□□加此项租金每月四百元，其无余款可拨，亦属实在情形。究应否照准饬由财政厅每月加发该局经费四百元，以资应付此项租金，当请核示等语。

（议决）令财政厅照拨。

六、国府秘书处函，奉令裁撤各省司法厅，请查照案。又国府令，在裁撤司法厅过渡期内，应将各该省司法行政事务，交由与高等法院长职分相当之高等审判厅长，或委员会主席接办，并将情形呈报司部案。又国府令裁撤各省司法厅，实行高等法院院长制，并列举各事项，严定权限，及考成办法一案，仰即遵行案。（三案并案讨论）

（议决）呈政治分会。

七、革命纪念会函，据烈士温生才之子温伟琴，请援案发给养口年金每月二百元，请卓裁办理案。

（议决）照七十二烈士例办理。

八、政治分会函，关于卸禁烟总处长李××一案，议决，交省政府组织查办委员会请查照案。

（议决）下次再议。

九、民政厅提议，普宁县长陈逸川，离职已久，遗缺拟以佛冈县长曾朴调署，所遗佛冈县长缺，拟以李寿祺署理；徐闻县长谭鸿任因病辞职，遗缺拟以何振壎署理；陵水县长丘海云因病辞职，照准，遗缺拟以黄钧铨署理；梅县县长侯昌龄免职，遗缺拟以赵文饶署理；定安县长孙敩桉辞不赴任，遗缺拟以梅湛署理；电白县长董凌欧免职，遗缺拟以黄著勋署理，请公决案。

（议决）均照委。

十、广州市政委员长甘乃光呈，为市财政、工务、公用、土地四局局长，先后呈请辞职，业经前任照准；兹委司徒宽为财政局长，陈耀祖为工务局长，陈炳权为公用局长，胡继贤为土地局长，请加委案。

（议决）照加委。

广东省政府第三届委员会
第三十一次议事录

十一月十五日　星期二

广州市政委员长甘乃光于十一月十日就职任事——照准电报室经费每月领支一千二百八十二元——恢复江门农工局兼管西江农工事宜——

各厘厂划一起饷及办满日期办法改为十七年七月执行——照委周士毅接充梅箓市政筹备专员——修正通过征收广州市租捐一月章程——照委余恺湛为广东电政管理局兼广州电报局长——修正通过视察员条例草案。①

出 席 者 谢婴白 邹敏初 许崇清 陈树人 陈公博 张难先

临时主席 张难先

纪 录 黎时雍（代）

报告事项

一、本府第三十次议案，经奉政治分会通过发还，分办。

二、秘书长马洪焕函，因病未愈，请假二天，并托黎、张、朱三秘书，暂行负责，照常办公。

三、军事厅呈复，关于地方武装团体训练员养成所，拟请召集全省团务代表大会，及各代表川旅费支销办法一案，遵办情形，请察核。

四、政治分会秘书处函知，议决，任朱晖日为省政府委员，兼军事厅厅长，陈树人为省政府委员。

讨论事项

一、财政厅呈复，关于中大拟筹设稻作、蚕桑、蔗糖、园艺、林业五试验分场一案，拟办具复缘由，请核明转函知照批遵案。

（议决）照拟办理。

二、实业厅呈，据承办士敏土厂振兴公司呈请，变更成案，改为官督商办，是否可行，请核示案。

（议决）俟该厅李厅长销假出席再议。

三、政治分会函复，关于本府函请文官等表，应候国府制定颁行，抑先行明定，请核示饬遵一案，经议决，由省政府规定暂行办法案。

（议决）缓议。

四、建设厅呈，据南路公路分处呈请，援例取销各车路免费乘车证各缘由，请核示案。

（说明）据称，近来各机关局所人员与地方公共团体，往来乘车概不照给车费。虽曰事关公务，但因公差遣例有公费，且车费为维持路政

————————

① 以上应为第三十二次议事录内容提要。原文错刊在第三十一次。

之源，同属办理地方要政，断不能亏此益彼，致有偏枯。且往往每一机关团体人员乘车，则引带三数人乘车概不给费，或竟有一车辆满载不给车费之人，以至给费者无位可坐，无车可乘。行客怨嗟，承商亏损，收入日形短少，路政难以维持。今国有铁路一切免费乘车证已奉政府明令概行取销，以维国帑。而各车路免费乘车亦应沿例取缔，以维路政等情。查该分处所请援照国有铁路成例取销各车路免费乘车证，系为维持路政兼恤商艰起见，似当可行等语。

（议决）准予援例，取销各车路免费乘车证，并通饬遵照。

五、琼崖民政视察员呈，遵令结束，请援案发给恩饷一月，以示体恤案。

（议决）照准。

六、财政厅呈请，通令各县长，责成将第三次应销公债，限至十一月底，如数销足清解；其预征十七年钱粮，亦限十一月底，照额解足四分三；倘再征解愆期，立予撤换。

（议决）照办。惟征解期限，展至十二月底。

七、土地厅呈，沙田清理处之款，至改隶本厅之日起，应即撤销，悉数归公；至该处长前隶财厅时，应得之六成公费，愿尽数拨购枪械，组织特别队一节，可否之处，请核示案。

（议决）（一）特别队改称特务队，余照准。（二）该处长能化私有为公用，并饬传谕嘉奖。

八、临时军委会秘书处函，南京交通部电称，委叶家俊等为广九等路局长一案，奉批，交办，请查照案。

（议决）呈政治分会核办。

九、民政厅长提议，东莞县长张××，控案累累，劣迹昭著，应予撤职查办，遗缺拟以温新国署理；除先饬往接理，并将张县长扣留，解省审讯外，请公决案。

（议决）照准，并补发委令。

十、本府日常公事，系由主席暨值日委员署名行之，现李主席因公赴沪，所有公事，经值日委员核阅后，应如何办理，请示遵案。

（议决）在李主席未回省以前，暂由值日委员判行。

广东省政府第三届委员会
第三十二次议事录

十一月十八日　星期五

政治分会秘书处函知议决任朱晖日为省政府委员兼军事厅厅长，陈树人为省政府委员——照准琼崖民政视察员呈请援案拨给恩饷一月——通令各县长责成将第三次应销公债，限至十二月底如数清解，至预征十七年钱粮，亦限十二月底照解四分之三，如再愆期，立予撤换——撤办东莞县长张××并委温新国署理该县县长——本府公事在李主席未回省以前暂由值日委员判行。①

出　席　者　冯祝万　谢婴白　邹敏初　许崇清　陈公博　张难先
　　　　　　　伍观淇

临时主席　邹敏初

纪　　录　马洪焕

报告事项

一、本府第二十八、二十九两次议事录，经奉政治分会议决通过发还，并由秘书处分发办理。

二、财政厅呈复办理关于汇寄总理葬费一案情形。

三、建设厅长陈树人函告，今日因事赴港，不能出席会议。

四、广州市政委员长甘乃光呈报，本月十日就职任事。

讨论事项

一、武装团体训练员养成所呈请，设立广东地方警卫队编练委员会，及改组各属地方武装团体为警卫队，并拟具条例，请察核施行案。

（议决）警卫队编练委员会议决设立，条例交民政、军事两厅，武装团体训练员养成所，及伍委员会同审核。

二、政治分会函，关于卸禁烟总处长李××一案，议决，交省政府

---

① 以上应为第三十一次议事录内容提要。

组织查办委员会，请查照案。

（议决）推定冯委员祝万、陈委员公博、许委员崇清，组织查办委员会查办。

三、国府秘书处函，请将各机关服务人员造册，径送中央组织部案。

（议决）存。

四、省农协会呈请，令各县长按月拨给农会经费一百元案。

（议决）交省党部审核。

五、财政厅呈复，电报室经费，甫经核定，似未便再行增领，所有电务员薪伙，自应即就原领额定经费内，腾挪支配，乞核明转饬遵照案。

（议决）照每月经费领支一千二百八十二元。

六、农工厅呈，据情转请核示，应否筹设西江农工局，请核示案。

（议决）恢复江门农工局，兼管西江农工事宜。

七、土地厅呈拟解决广济医院与吴姓因广福等围构讼一案办法四点，请分别备案示遵案。

（议决）照所拟四点办法办理，并组织九厅审查委员会，由土地厅主席审核之。

八、财政厅呈，关于各厘厂划一起饷及办满日期办法六条一案，拟请暂缓执行缘由案。

（议决）改为十七年七月执行。

九、民政厅提议，梅箓市政筹备专员何品标呈请辞职，遗缺，请委周士毅接充，请公决案。

（议决）照通过。

十、财政厅提议，拟援案，于本年十二月一日起，开征广州市租捐一月，并呈征收章程，请会议公决案。

（议决）修正通过。

十一、番禺县呈拟，请嗣后各县军事囚犯口粮绵〔棉〕衣，准予据实开报，作正支销各缘由，请提议施行案。

（议决）该县有特别情形，应准实报实销，他县不得援例。

十二、财政厅呈，拟添设沙田副处长、副局长一员，负财务行政上征收与稽核之责，由财政厅委任，请核示案。

（议决）由财政厅于处、局各派稽核一员。

十三、民政厅呈，据呈梅菉市区域图筹备处暂行条例，及各局科暂行章程、办事细则、职员薪俸表、计划书等件，应否公布，请批示案。

（议决）交新任专员审查。

十四、建设厅呈，为奉政治分会议决，广东省电政管理局准暂由厅管理等因，兹拟请委任余恺湛为广东电政管理局兼广州电报局长，请公决案。

（议决）通过。

十五、民政厅提议，本厅视察员司徒优等，拟请添设干事杂役及追加经费缘由，并拟具视察员条例草案，请公决案。

（议决）修正通过。

十六、陈委员公博提议，拟请省政府令财政厅，另筹一测量基金，先由建设厅委派工程师，测定惠潮铁路路线，暂由樟木头起，至潮安县止，俟测量定后，该费若干，然后决定政府自办，或官商合办，是否有当，请公决案。

（议决）交建设厅审查，究须经费若干，再行筹拨。

广东省政府第三届委员会
第三十三次议事录

十一月二十二日　星期二

暂准各县市军事犯口粮棉衣均实支实销——照准拨给护党运动费一千元——通过农工厅呈请设立广东监察分院，案并呈政治分会核示——关于省党部改组会函知修正二五减租办法，请饬各县长知照一案，先由秘书处函请省党部，将最近议决案送到，再议。

出 席 者　许崇清　陈公博　陈树人　邹敏初　朱兆莘　朱晖日
　　　　　　谢婴白

临时主席　谢婴白

230

纪　　录　马洪焕

报告事项

一、司法厅呈复，各法院均无何种陋规，请察核。

二、建设厅呈复，广东电信学校经费，现由交通部令饬电政局照拨，至毕业为限，并经将本年八、九、十三个月常费给领，请备案。

三、军事厅于十八晚来呈报告，冯参谋长因病请假，厅内日行公事，暂由副官长冯次淇代拆代行。

四、广三铁路局电报，皓日行车情形。

五、财政厅呈报，遵令拨给农品陈列所开办费一千元案。

讨论事项

一、财政厅电，请令市政府暂缓将有奖义会四厘奖金捐一案开投，免碍饷源案。

（议决）交财、市两厅会同议复。

二、东莞县呈，拟请，凡各县军事犯口粮棉衣，均准实支实销；不足，则由司法犯盈余项下补足；倘仍不足，再行各县地方款补给，请提议施行案。

（议决）暂予照准。

三、本府委员兼土地厅长张难先呈，请准予辞去本兼各职案。又呈报，在未奉派员接任厅长以前，所有厅务，暂委秘书刘凤翔代拆代行。

（议决）呈政治分会。

四、护党运动大会函，请负担护党运动费一千元，请于最短时间妥交案。

（议决）照准。

五、武装团体训练员养成所呈，据教育长何彤，患病请假，转报察核案。

（议决）并入第三十四次讨论事项第四项。

六、土地厅呈，据沙田清理处呈请编设特务队一中队，并缴编制饷章表，请核示案。

（议决）交新任沙田清理处长审查。

七、农工厅呈请设立广东监察分院案。

（说明）据称，窃以为政之道在乎得人，而吏治之方尤贵整饬。民国成立以还，吾党揭橥三民主义，日日以廉洁政府相号召，而卒未能实现者，虽原因复杂，然亦未始不由于政府缺乏澄清吏治之方，致失奖善惩恶之效。因而投机分子腐化，官僚亦得阳假革命之名，阴图把持政务，赂贿行私，无所不为。在上者既无一执法机关，以为之制裁；而在下者益肆其诪张为幻之计。所以吏治日坏，贪官污吏日多，无可讳言。况吾粤为革命策源地，当此训政时期，改造新广东之际，对兹污点亟宜设法扫除。而扫除之方窃谓宜设一广东监察分院，以为监督全省之吏治，付〔赋〕以黜陟臧否之权。庶几顽廉懦立，而人不敢为非，不但廉洁政府可图逐渐实现，而党国前途亦稍赖之。理合呈请公决，转呈政治分会核议施行等语。

（议决）通过，转呈政治分会核示。

八、省党部改组委员会函知，修正二五减租办法，希饬各县长知照案。

（说明）查二五减租案经本府第二届委员会第五次会议议决，照本党联席会议议决案及本府改组宣言，各属田租一律准减百分之二五，以恤劳农并通令实行在案。又第六次会议议决，由农工、土地两厅，省农会，省农部会同拟定具体办法呈复核夺施行。又十一次会议议决应定十六年一月起实行各在案。嗣准省农会等函送议决二五减租实施办法十一条到府，复经第三十二次会议议决，将全案呈请政治分会核转中央政治会议核夺，至今未奉批复。兹准函称，案查本会第十次改组委员会议，农民运动委员会提出二五减租研究委员会第一次会议议决案，凡三项：（一）二五减租由十六年实行，本年农民所得减租利益全归农民。由十七年起，应遵照中央所定，在减租额内拨十分之五为农民银行基本金。（二）将从前四机关（省农民部、农工厅、土地厅、省农会）议决二五减租实施办法十一条内之第九条修正，并增加第十条，将原有第十一条修正改为第十二条。（三）关于二五减租之半数拨为农民银行基本金，应同时组织银行筹备处，以资进行。惟应由何机关派员组织之处由省党部改组委员决定之。请付讨论案。当经决议：一函省政府通令各县长；二由本会通告各级党部；三函省农会转各地农会照修正案执行等议在案等语。

（议决）缓议，由秘书处函请省党部，将最近议决案送到，再议。

232

广东省政府第三届委员会
第三十四次议事录

十一月二十五日　星期五

政治分会议决任朱兆莘为本府委员兼广东交涉员——通过建设厅呈缴钱粮附加筑路经费管理委员会组织章程——通过陈委员公博提议，在军事时期内，所有缉私及护航兵舰，均归军委会海军处指挥——通过陈委员公博提议，由十二月一日起，每月拨款二十万元，交建设厅建筑公路——照委感恩、澄海、云浮、罗定、番禺、新丰、兴宁、顺德、恩平、博罗、和平各县县长及陈村市政专员、汕头市长。

出　席　者　许崇清　陈公博　陈树人　邹敏初　朱兆莘　朱晖日
　　　　　　　谢嬰白

临时主席　谢嬰白

纪　　　录　马洪焕

报告事项

一、本府第三十一、三十二两次议事录，经奉政治分会核议通过发还，已由秘书处分发办理。

二、实业厅函报，厅长李禄超，二十二日由南洋星架坡来电，请续假两星期。

三、广三路局马日代电报，是日由石围塘开至佛山站，各次客车，照常启行。

四、本府委员兼军事厅长朱晖日马日电报，于本月二十一日宣誓就职。

五、政治分会函，议决，任朱兆莘为省政府委员兼广东交涉员。

讨论事项

一、建设厅呈，据呈，缴钱粮附加筑路经费管理委员会组织章程，请提交会议议决饬遵案。

（说明）据厅转据公路处呈称，查全省各县钱粮附加路费经于本年八月开征。依照奉发省政府征收钱粮附加筑路经费章程第七条之规定，应由省党部及建设、财政、民政各厅暨×××代表一人，组织广东全省钱粮附加筑路经费管理委员会，以资议决分配用途。现当各县应筑路线照考成条例已届兴工时期，关于分配补助费、建筑桥梁费事宜，亟应统筹办理。兹谨拟订组织章程一扣，请提出会议等情到厅。据此，查核所拟组织章程尚属妥协，似可照行等语。

（议决）通过。

二、农工厅呈，请饬潮梅财政处，接济汕头罢王〔工〕工友家属费膳费与会务一切用费案。

（说明）据称，准省港罢工改委会函转汕头罢工会邮电称，现在罢工工友家属膳费与会务一切用费均无着落。当向汕头财政处请求拨款接济，旋奉批云谓大军云集，饷需万急，所请暂缓发给等示。现在罢工工友流连无依，请求设法转请省府，令潮梅财政处急速拨款接济等情，转达到厅。查罢工工友苦心孤诣，继续不断〈以〉与帝国主义者奋斗，其革命精神殊堪嘉许。今以接济无着，恳请钧府转令潮梅财政处拨款接济，似属可行。理合据情呈请察核，伏乞迅赐维持，以苏工困等语。

（议决）令财政厅，转令潮梅财政处照拨，并饬农工厅，转饬罢工会，开列数目，送财政厅办理。

三、第二军谭延闿、鼻〔鲁〕涤平件〔佳〕日电，派委员唐璞，携中奖逾期领款之公债二千二百六十三张，到领本银及奖款，请饬中央银行照数补发案。

（议决）交财政厅办理。

四、陈委员公博提议，广东地方武装团体训练员养成所教育长一职，关系重要，即由省府照案聘请吴涵同志为该所教育长兼代所长，以专责成，并先办公事，后请追认案。

（议决）照准通过。

五、农工厅呈，香港宏发印务店，因接印罢工运动宣传品，致被港政府封没，请求政府补恤，应如何办理，请核示案。

（议决）仍由农工厅查明办理。

六、佛山市长呈，请援照东江、琼崖各路行政委员裁撤成案，发给恩饷一月案。

（说明）据称，查南路民政视察员呈，请准予援照东江、琼崖各路行政委员裁撤成案，发给恩饷一月，以示体恤。已奉钧府委员会议决照准在案。现在职厅奉令裁撤，所有厅局人员，多由市政筹备处继续办事至今，为时将及三年。在职始终匪懈，具有资劳，一旦无故奉裁，似应酌予体恤。核与各路民政视察员请发恩饷一月成案，情形相符，请赐批准，俾得给领等语。

（议决）查与南路、东江等民政视察员情形不同，未便照准。

七、省党部改组会函，海丰、陆丰民众，请发给避难来省者膳宿费一节，决议，函省府拨款接济，希查照案。①

（议决）垫款照给还，另每人一次过发给川资十五元，遣散回籍，交秘书处办理。

八、农工厅呈，秘书兼农事科长刘石心辞职，递遗农事科长缺，查有张务慈堪以接充，请加委案。

（议决）通过。

九、建设厅呈，据公路处呈，以西路分处路款支绌，拟请征收中、新、台、开、恩五邑演戏附加费等情，请核示案。

（说明）查本府前据建设厅呈报西路分处经费无着情形，请准予令行财政厅拨归省库给领一案。当经第十八次会议议决，交财政厅核议具复在案。兹据续呈称，财厅始终以南京财政会议案，在军事未结束以前新增经费暂从缓议为词，迄今仍未照发。值此处款存亡绝续之交，亟应多方筹措，以资弥补。查中山、新会、台山、开平、恩平各县，地方殷富，民康物阜，其人民习俗恒多演戏娱乐，藉图消遣，就调查所及，每月每县平均演戏两班，亦有十班内外。每次演戏除各种销费不计外，即戏金一项至少亦需一二千元有奇。有此大宗消耗，故各县教育费或其他公益费多向此中附加，为地方款收之入一种。此等娱乐庆举，即令负担稍增，亦必乐于输纳。兹拟援照各县征收演戏附加教育费成例，凡中新五邑地方，每演锣鼓剧戏一台，不论戏金多少，一律由买戏主会缴纳附加公路费一百元，每月约可得款一千元内外，以为弥补车路附加之费等情到厅。查核似尚可行等语。

---

① 该项"说明"内容略。

（议决）此案由建设厅撤回。

十、陈委员公博提议，令军事、财政两厅，在军事时期，所属缉私及护航兵舰，应暂归军事委员会海军处指挥调遣，请公决案。

（议决）通过。

十一、陈委员公博提议，由十二月一日起，请由财政厅每月拨款二十万元，交建设厅建筑公路，请公决案。

（议决）通过。令财政厅由十二月一日起，照拨。

十二、民政厅提议，感恩县长王仁因病辞职，遗缺拟以黎士沾接充；澄海县长胡贤瑞另有任用，遗缺拟以叶守约接充；云浮县长刘学修免职，遗缺拟以陈尧典接充；罗定县长陈明栋另有任用，遗缺以番禺县长杨子毅接充；所遗番禺县长一缺，拟以何卓贤接充；新丰县长陈运炽另有任用，遗缺拟以兴宁县长谢达夫调署，所遗兴宁县长一缺，拟以缪渭封接充；顺德县长沈崧辞职，照准，遗缺拟以陈嘉蔼接充；恩平县长钟喜赓辞职，照准，遗缺以陈磊接充，陈村市政专员司徒修另有任用，遗缺拟以陈岳接充；博罗县长麦鼎勋，另有任用，遗缺拟以王瑞祺接充；汕头市长萧冠英免职，遗缺，拟以凌景流接充；和平县长朱震辞职，遗缺拟以黄永康接充。

（议决）均照委。

十三、财政厅提议，仍请将沙田清理处，归还财政厅办理，以一事权，并以现任处长黄秉勋离职，该处处长一职，拟以简经纶充任案。

（议决）通过。并照委。

十四、本府委员提议，查办或改组对日、对英经济绝交委员会案。

（议决）呈政治分会，将该两会即日结束，停止工作，并入反帝国主义大同盟。

十五、建设厅呈，为据广东民众护党运动大会函，请饬令各铁路管理局，准农民参加大会，免交车费，应否照准，请示遵案。

（议决）市外农民，无庸参加，所请应无庸议。

广东省政府第三届委员会
第三十五次议事录

十一月二十九日　星期二

委任陈若虹为军事厅参谋长——通过民政厅呈拟修正九江市征收房捐警费章程——土地增加税暂缓举办——通过民政厅提议暂行设置琼崖绥靖专员一员，并委张云逸为专员——照委防城、化县、惠阳、始兴、信宜、保安、河源、龙川、封川各县县长——改聘朱委员兆莘为广东筹赈总处处长，经费由财政厅照案发给。

出 席 者　陈公博　谢婴白　许崇清　邹敏初　朱晖日　朱兆莘

临时主席　陈公博

纪　　录　马洪焕

报告事项

一、政治分会呈复，财政厅拟定广东审计院组织法草案，议决，缓议，请查照案。

二、财政厅呈报，契税减征五成，定本年十二月一日起，广州市以两个月为限，各县以三个月为限各缘由，请备案。

三、农工厅呈复，本厅并无陋规收入情形。

四、江西省政府篠电，反对北方军阀，借用比款，发行公债。

五、建设厅长陈树人呈报，因参加第四次中央会议，请假二星期，于本月二十八日起，日行文件，委秘书庄光第代拆代行。

六、广东地方武装团体训练员养成所教育长兼代所长吴涵呈报，于本月十九日接事。

讨论事项

一、临事〔时〕军委会副官郦芝山等呈缴筹垫辅助开辟广东黄埔商埠工程基金有奖债券局办法简章，请核示案。

（议决）交财政厅审查。

二、本府委员提议，请委任陈若虹为军事厅参谋长，请追认案。

237

（议决）通过。

三、民政厅呈复，拟修正九江市征收房捐警费章程缘由，请核示案。

（说明）查本府前据该所呈，据九江市修正征收房捐警费章程，请核示前来。当经第二十七次会议议决，交回民政厅复核。去后，兹据复称，查原缴征收警费章程第三、四两条，及征收房捐章程第一、二两条，其征收办法核与广州市及各市所定房捐章程多有不符。惟据称，该市系有特别情形，且系根据商团征费等级旧例办理，实行年余市民并无反对等语。似此可准其暂行试办。又原警费章程第十条及房捐章程第七条，规定给与征收员奖金一节，查征收员应属有给职，自无再给奖金之必要。此条似宜删去，其余各条略有修正，大致尚无不合等语。

（议决）通过。

四、军事厅呈，拟将军事厅改为广东全省绥靖处，请核示案。

（议决）呈政治分会。

五、财政厅提议，拟请将土地增价税暂缓举办案。

（说明）查都市土地登记及征税条例第五章土地增价税第二十四条规定，土地移转，除抵押外，每次须纳土地增价税。土地如无移转时，每十年须纳土地增价税。但土地改良费不征，土地增价税率为土地增价三分之一。本年一月间，四商会为地税应征条例烦密联请改善关于此条之意见，认为古今中外所无之税法，本属万不能行。若律以所得税为比例，亦应俟各地主报价抽税办完一年之后，如有移转，买卖增价，则以累进法征收。所增未及加五者不抽；如增过报价加五以外，则将此五成抽税十分之一；增至倍半，递抽十分之一五；增至两倍以外，进递十分之二为止。仍扣除一部分上盖价。只就地价核抽，如无移转者，无所获益，绝无抽税理由，应请删除不抽等语。当经本府第十八次会议议决，由财政、土地、实业、司法四厅会同审查，具复再夺。去后，嗣据审查报告，以土地增价三分之一原不为苛，惟增价既有多少，征税亦当略分等级，似宜参用累进法较为平允。拟改定：所增未及加五者，征五分之一；加以上、未及加倍者，征三分之一；加倍以上者，征五分之二。当经本府前委员会第三十三次会议议决，仍照原章办理。当经将修正通过全文发回四厅，将该条例细则修正呈府。此案经于本年九月公布，并呈请国府备案在案。兹财政厅据商会请求改善土地税条例委员会具呈，以该条例所定三分之一增价税，及估价征税、按租预征，种种苛例影响税收各缘由，请将土地增价税暂缓举办，前来请公决。

（议决）绥〔缓〕办。

六、新编第二师长薛岳咨请，凡该师驻地范围内，经先将烟赌两捐，停征示禁，请通令禁止，俾永远实行案。

（议决）函军委会，转知该师长，俟财政有确定办法后，再禁。

七、民政厅长提议，暂行设置琼崖绥靖专员一员，并拟委张云逸为专员，请公决案。

（议决）通过。

八、民政厅长提议，防城县长邓邦谟调省，另有任用，遗缺拟以黎国昌接充；化县县长莫绍宣另候任用，遗缺拟以惠阳县长梁之梅调署，所遗惠阳县长一职，拟以戴旭昇接充；始兴县长陈君玉离职，遗缺以白深云接充；信宜县长杨伟绩免职，遗缺拟以揭阳县长吴种石调署；宝安县长李树培另有任用，遗缺拟以河源县县长邓杰调署，所遗河源县长一缺，以黄元友接充；龙川县县长罗骏超另有任用，遗缺拟以陈振中接充；封川县长陈绍仁辞职，照准，遗缺拟以陈宝骐接充，请公决案。

（议决）均通过。

九、广东全省筹赈总处长伍观淇函请辞职，并请清发经费案。

（议决）改聘朱委员兆莘为处长，经费由财政厅照案发给。

广东省政府第三届委员会
第三十六次议事录①

十二月二日　星期五

出 席 者　朱兆莘　朱晖日　邹敏初　许崇清　陈公博

---

① 馆藏《广东省政府周报》缺第三十六至四十次议事录。第三十六、三十七两次议事录是从档案"存查草稿"部分中整理出来的。

临时主席　朱兆莘

纪　　录　马洪焕

报告事项

一、本府第三十三、三十四两次议事录经奉政治分会核议，除第三十三次议案第七项（农工厅呈请设立广东监察分院）一案议决交甘委员审查外，余均通过发还，已由秘书处分发办理。

二、广州市政委员长甘乃光呈于十一月二十七日赴沪开中央执监会议，所有市行政会议、市政委员会议各主席交工务局长陈耀祖暂代，厅内日常公事交总务科长陈克文代行，请备案。

三、谢委员婴白本日因事不能出席会议，来电话请假。

四、本府委员兼广东交涉员朱兆莘呈报于十一月二十六日就职视事及启用印信。

五、财政厅长呈复遵将各缉私舰移交海军处接管情形。

讨论事项

一、广州市政府呈报拟取回法领事府地址开辟公园，并咨请交涉员交涉缘由，请察核案。

（众议）交交涉员办理。

二、民政厅呈拟具文官保障暂行条例草案请核示案。

（说明）查此案本府前据财厅呈，关于文官保障及升级条例经呈政治分会核办，嗣奉复由省政府妥拟呈核等因。当于本府委员会第二十四次会议议决关于文官保障条例交民政厅起草，关于升级条例交财政厅改正各在案。兹民厅拟具文官保障暂行条例草案前来请核办。草案另油印。

（众议）修正通过。

三、民政厅提议所有三等各县缺拟照二等中缺原支行政经费数目酌予增加案。

（说明）据称，查本省三等各县县缺，原定行政经费过少。现值训政时期，工作增加，原有职员不敷分配，且各该县地方多属贫瘠，地方款项下既无可支拨，新增附加更难筹办。又复地多僻远，各该县长奉委赴任，费用不赀，以致办理政务进行实多迟滞。兹为整顿吏治，利便办公起见，所有三等各县缺拟照二等中缺原支行政经费数目酌予增加，约

240

计三等一级龙门、从化等二十县，每县每月增支二百二十三元，每月共增支银四千四百六十元；三等二级赤溪、开建等八县，每县每月增支三百四十五元，每月共增支二千七百六十元。合二十八县每月增支七千二百二十元。此项增加之数即作为政府补助之款，在政府每月支出不足万元，而各该县等得此补助，于行政上裨益实多等语。

（众议）通过。由十七年一月一日施行。

四、军事厅呈广东护航委员长一职经派冯次淇接理，请加委案。

（众议）照委。

五、略。

六、建设厅呈复密查粤汉铁路管理李作荣任内购料股作弊情形六点，请核办。再李伟荣已交公安局管押，李耀明、李昭然在逃未获案。原呈油印。

（众议）李作荣着罚款十万元，限十二月十二日以前缴款释放；李耀明、李昭然着通缉。

七、民政厅提议拟定琼崖绥靖专员办事处经费月支一千五百七十元，请议决令行财厅转饬琼崖财政处照拨案。

（众议）通过。

八、财政厅提议，准公安局函称此次征收租捐章程第四条窒碍难行，请求删去。又据商会请求，改善税例委员会请将历届租捐七个半月悉予豁免各节，请公决案。提议书另油印。

（众议）准将第四、第十两条修正通过。

九、财政厅临时提议，现准前大本营会计司王棠函称，因前借过商人黄在朝款一万元充饷，现在香港发生诉讼。此外挪借之款尚多，恐群起追讨，请由交涉员署发一公函，证明此款为公家用途等语，并将先大元帅的笔签字借据交验前来。应否照准办理之处，理合提议，敬请公决案。（附原函一件①）

（众议）照准。

十、本府委员提议，近来市面中央纸币价格仍未尽复原状，应如何设法维持，请公决案。

---

① 缺附件。

（众议）一、广州市内各商户应照商业牌照资本额暂行封存中央纸币百分之七，由四商会代为监封，至相当时期由政府启封发还行使。在封存期内由政府给四月息四厘。至应如何监封保管，由四商会酌定。如五日后中央纸币仍未恢复价格，即由财政厅执行。二、凡本市各铺屋积欠公用事业如电灯、电话、自来水等费，限十日内用中央纸币清缴，由公安局派警协助严厉执行。

十一、朱委员兆莘提议，广东交涉公署组织法照前任所拟略为修正，用人准变通办理。如有余款得随时酌量移作修缮购置及交际之用，请公决案。

（众议）通过。

广东省政府第三届委员会
第三十七次议事录

十二月六日　星期二

出 席 者　谢婴白　朱兆莘　邹敏初　许崇清　陈公博　朱晖日
临时主席　朱晖日
纪　　录　马洪焕

报告事项

一、本府第三十五次议事录经奉政治分会核议通过发还，已由秘书处分发办理。

二、政治分会函复关于农工厅呈请设立广东监察分院一案，经议决交甘委员乃光并案审查。

三、政治分会函复维持中央纸币信用办法两项，议决通过，交主管机关执行，请查照案。

讨论事项

一、许委员提议，省立各校经费异常支绌，拟请按月分给教育经费十万元，以资整顿案。

（众议）通过，由十七年一月一日起照拨。

二、武装团体训练员养成所呈，请迅将全省警卫队编练委员会克期成立，及职所第一届结业后，应否再招学员续办，请批示案。

（说明）据称，职所奉命成立之主旨原为训练学员，分配各县地方武装团体之用，并期于最短期间使地方武装团体金受党化的教育，咸趋于革命之一途，以适应新时代之需要。自开办以来行将八月，按照本所所定教育大纲及教育计划实施训练。前以结业期近，业经呈奉钧府核准设立全省警卫队编练委员会，以为专属机关，俾学员于结业后为之分配工作。现职所正在筹备结业事宜，预计在本年十二月下旬即可办理完竣，所有学员八百余人转瞬即须往民间去工作。除将办理情形另呈报外，请迅将全省警卫编练委员会克期成立，庶学员于结业后即得派定服务地方，而免旷废时日。又第一届结业后，应否照章再招学员继续办理，并请批示等语。

（众议）查该所教育为再加深造起见，应着延期三个月结业，至全省警卫队编练委员会章程既交审查，候复再议。

三、军事厅呈请通令撤销广东警卫队编练委员会，并准将警卫队组织法条例修正，提交团务代表大会议决，呈候核行案。

（众议）暂存。

四、司法厅呈拟司法所增筑广州看守所委员会简章缘由请核转案。

（说明）查本府前据该所提议，在新建看守所内增筑房仓，其费用由积存状纸费项下拨支，请议决施行一案。当经前委员会第三十二次会议议决照办在案。兹据该厅呈称，此案核准之后，因当时积存售状纸费为数仅一万二千余元，估计工料所需价格相差甚远。虽急欲举办，奈因款项不敷，骤难设立。惟有切实整理售状收入，以期早观厥成而已。现在事逾数月，职所售状纸费项下已积约三万元。款项既属有着，自应迅即奉行钧府议决，及早从事计划增筑。复经职所司法整理委员会第二十二次会议，金以改良监狱与本党政纲及地方公益有莫大关系，此次看守所增筑工程浩大，拟组委员会分部管理计划收支工程各项事宜，以示大公而期允协，当经一致议决，由职厅会同总商会、工务局、律师公会，派员组织之。除将预算及估价单、图说等另文呈报外，会拟具简章呈请核转政治分会备案等语。

（众议）准照办。

五、建设厅呈，据公路处称，拟定各属民办车路公司声请立案说明书及变更征收执照费各缘由一案，请提议公决施行案。

（说明）据该厅称，查该所拟各属民办车路公司声请立案说明书及变更征收执照费办法，系为划一立案手续及裨益路款收入起见，似尚可行等语。

（众议）照准。

六、建设厅呈请委任苏世杰充本厅秘书案。

（众议）照委。

七、财政厅呈拟嗣后各机关及征收局公款须存放中行，否则分别惩戒缘由，请议决通行批遵案。

（众议）通令执行。

八、财政厅呈复电报室增加预算一千二百八十二元，应由本年十二月份起照支，请核饬遵照案。又本府电报室呈请令财厅迅予自十月份起补发十月、十一月两个月所加经费共银八百二十元案。

（说明）查电报室系由十月改组另编预算，经于本府委员会第三十一次会议议决，照每月经费支领一千二百八十二元在案。现据财厅呈复由十二月份起照新预算支领，则电报室十月、十一月两月经费均属无着，应如何办理请核示。

（众议）议决由本府经费项下支拨。

九、财政厅提议建设中央银行行址并择地建筑货仓，拟以一百万元为建筑费，另备预算送核，请公决案。

（众议）通过。

十、陈委员公博提议建筑省政府合署办公，新建筑经费拟定一百五十万元，令财政、建设两厅负责筹划，请公决案。

（众议）通过。

广东省政府第三届委员会
第三十次议事录①

民国十七年一月② 星期五

罗文庄就高等法院院长——马超俊代理农工厅长——刘栽甫代理民政厅长——李禄超复任实业厅长——徐景唐复任军事厅长——朱兆莘就交涉员兼粤海关监督——冯祝万管理财政部在粤事务兼财政厅长——刘栽甫马超俊为本府委员——林云陔复任广州市政委员长——翟觉群为市教育局长——分送农民田料，可免入口税捐——司法厅裁撤，一月津贴，未便照给——官市产审查委员会主席，由高等法院派员接充——本府第三届委员会第三十次至四十次议决各案，一律撤销。

出席者 李济深 冯祝万 刘栽甫 李禄超 马超俊

主 席 李济深

纪 录 马洪焕

报告事项

一、本府第三十九、四十两次议事录，经奉政治分会函复，议决，缓议。

二、广东高等法院院长罗文庄函报，定一月七日就本兼各职。

三、政治分会函知，议决派马超俊代理农工厅长。

四、政治分会函知，议决派刘栽甫代理民政厅长。

五、政治分会函知，议决恢复实业厅派李禄超复任厅长。

六、实业厅长李禄超呈报，一月四日销假回厅视事。

七、农工厅长马超俊呈报，一月十一日接印视事。

---

① 由于张发奎、陈公博反对南京特别委员会，被广州政治分会免职，第三届委员会撤销其任委员期间参与通过的省政府第三十次至第四十次会议（1927年11月11日—1928年1月14日）决策内容，同时取消会议次序号，并决定此后的会议次序仍从第三十次开始予以编排。

② 此次议事录原文未注明日期，经查，似应为一月二十七日。

八、军事厅长徐景棠〔唐〕呈报，奉令复职，启用印信，前任暂行刊用之印信官章，截角缴销，厅内公事，暂由科长蓝任大代拆代行。

九、民政厅长刘栽甫呈报，一月十二日接印视事。

十、广东交涉员兼粤海关监督朱兆莘呈报，于一月十一日就职。

十一、管理财政部在粤事务兼广东财政厅长冯祝万呈报，一月十四日接任视事。

十二、政治分会函知，派刘栽甫、马超俊为本府委员。

讨论事项

一、国府令，抄发关于教育经费独立原提案，仰饬所属财政机关遵办案。原提案油印。（附原件①）又大学院长蔡元培函，关于整理学制系统保障教育经费独立一案，钞原提案一件，请令财政机关遵办案。

（议决）呈复国民政府，本省当未施行大学区新制，未有统一教育机关，且本省对于教育经费，向无拖欠挂用。

二、国府令，饬属关于禁烟事宜，务须遵照禁烟条例办理案。

（议决）通令遵照办理。

三、财政部咨送金融监理局补行注册简章，请查照饬属知照案。

（议决）交财政厅办理。

四、国府令发财部直辖各机关组织通则，仰饬属知照案。

（议决）交财政厅查照办理。

五、政治分会函知，议决派林云陔复任广州市政委员长原职案。

（说明）查广州市政委员长，向由本府委任，应否加委，请公决。

（议决）加委。

六、建设厅呈，据电信学〈学〉校校长称，请延长三个月，及延长期内照拨经费膳费等情，应如何筹拨，请核事〔示〕案。

（议决）交电政管理局议复。

七、武装团体训练员养成所呈，请遣送学员回籍，分任工作，并附呈各县学员人数表案。

（议决）查照前案办理，不可将学生分散。

八、广东交涉员呈，德国肥田料公司运至广州分送农民之田料，应

---

① 缺附件。

246

否辖免各项税捐，及分令各该管机关发给放行单，乞示遵案。

（议决）照准。并交实业厅查照办理。

九、司法厅呈，据职厅员役呈，以奉令裁撤，请援例另发津贴一月等情，拟请核准，即在征存司法收入项下拨给批遵案。

（众议）财政支绌，未便照给。

十、广州市商会呈，请准将各灾户前缴临时公债借款，不分银业杂行，概准先行发还，如蒙核准，可否将此项借款，分起汇交本会给领，取回收条缴销，乞示遵案。

（议决）交财政厅办理。

十一、广州市政府呈报裁撤公益局缘由，请批遵案。

（议决）存案。

十二、筹赈总处长朱兆莘呈请辞职，仍请派伍前处长复任案。

（议决）照准。并函伍委员查照，即日任事。

十三、广州市政府呈，请加委翟觉群为教育局长案。

（议决）照委。

十四、秘书处签呈，查关于官市产审查委员会主席一案，前经本府第十一次委员会议决，以司法厅所派委员充任在案，现在司法厅奉令裁撤，关于官市产审查委员会主席，应否改由广东高等法院派员接充，请核示案。

（议决）照拟，令高等法院查照。

十五、秘书处签呈，现奉政治分会文电，取销陈、张各逆据粤时期，第七十一次至七十九次会议议决各案等因，现查本府第三届委员会议决各案，自第三十次起，至第四十次止，系经政治分会第七十一次以后议决通过者，应如何办理，请核示案。

（议决）应一律撤销，其应施行者，由秘书处审查，提出会议。

十六、建设厅呈报，孙前厅长所购之放声机，现已运到，应安设何处，请察核示遵案。

（议决）交市政府点收试验。

十七、财政厅长提议，汕头堤工局长陈××办理堤工事务，不满人意，拟请撤差，遗缺拟请明〔委〕何公卓暂行兼理，俟建设厅长到任后，再由建设厅派员接充，是否有当，请公决案。

（议决）照委兼理。

广东省政府第三届委员会
第三十一次议事录

一月三十一日　星期二

整理金融办法，征收八成现金，带征二成中币封存，支付八成现金——中央政治会议经开始办公——本市店员工会、职工工会等，准即解散——清远县长陈守仁防御共军得力，记大功二次——令市厅查明国民政府成立以来，租捐次数及欠捐情形——着广九路局呈核最近收支数目——通过广东地方警卫队编练委员会筹备处组织条例，派伍观淇为该处处长，刘栽甫、何彤、陈铭枢、陈章甫为筹备员——电信学校准延长三个月——各级农会一律归农工厅立案，惟须妥议改正章程呈核。

出席者　李济深　伍观淇　冯祝万　许崇清　马超俊　李禄超

主　席　李济深

纪　录　马洪焕

报告事项

一、本府第三十次议事录，经送政治分会核议，未奉发还。

二、政治分会令知，议决整理金融办法四项：（一）自十七年一月二十六日起，全省一切征收，均以八成现金，二成中币缴纳。（二）军事机关自一月二十六日起，所有薪饷公费，照八成支付现金。（三）党政各机关由二月份起，所有薪饷公费等，均以八成现金支付。（四）所有征收之二成中币，一律封存中行，俟中行基金充裕，再行兑换。

三、广东高等法院呈报，于一月二十日接收司法厅，请察核备案。

四、武装团体训练员养成所呈报，于一月四日率同教育长何彤暨各职教员等回所照常任事。

讨论事项

一、中央执委会真电，中央政治会议经开始办公，一切提案，均查照向例办理，希饬属知照案。

248

（议决）照转。

二、政治分会函知，关于抚恤检察官沈藻修一案，经议决交省府办理案。

（议决）准给一次过恤金一千一百二十五元，并照党员抚恤条例，二等每年给恤金四百元，至其子女成年（二十岁）为止。

三、农工厅呈复，广州特别市商民协会请解散店员工会一案，应如何办理，请核示案。又农工厅呈复，广州市商会呈请将本市店员工会、职工工会与其他不良工会一并解散一案，应如何办理，请核示案。

（说明）查此案本府前据市商民协会及市商会先后呈，请迅将加入此次共党作乱之店员工会及职工工会一律解散前来。当即交农工厅查明办理具报。去后，兹据复称，窃查民国十三年孙大元帅颁布工会条例，同一职业之工人或产业之脑力或体力之男女劳动者，在五十人以上者，可以组织工会，则店员工会应准继续存在。惟店员确无专门技能，易为共产谬说所蒙惑，为一时权宜处变计，又似难准其继续设立工会。究应如何之处，职厅未敢擅专，仍候钧府核夺等语。

（议决）应即解散。

四、民政厅呈复，奉查清远县长陈守仁防御此次共军暴动得力一案，拟请酌予记大功二次以资奖励，是否有当，请核示案。

（说明）查此案本府前准临时军事委员会函，据清远县党部等虞电，称颂陈县长督率警队抵御共党得力，请予奖叙前来。转请核示等由。当交民政厅核议。去后，兹据复称，查该县县长陈守仁，对于此次共军暴动，防御得力，诚堪嘉许。据请酌予记大功二次，以资奖励。是否有当，请核示等语。

（议决）照准。

五、财政厅呈，拟请豁免广州市历欠租捐以恤民困请批遵案。

（议决）令市厅查明国民政府成立以来，收捐次数及欠捐情形，呈报后再议。

六、第八路总指挥部函，广九路局呈，为路款奇绌，请酌助一案，奉批，交省府办理案。

（说明）据该局呈略称，自近数年来积欠车费已九十余万元。年前省港罢工发生，航轮停驶，路款收入略有起色，又奉财部令提军费每月三万元。计自十五年五月起至十月止，共提一十七万元。又去年张、黄之变及共党作乱，短收车利约在十万元以上，以至积欠各职工十二月份薪饷尚未清发；又积欠煤价港币二万余元，服装及杂项费约三万元，均属无法清理。现将本路困难情形呈请察核，乞赐补助，以资挹注等语。

（议决）着将最近一、二月份收支数目呈核，再行酌给。

七、广东高等法院呈报，改组所属各级法院，分别存废，及暂行变通办法各缘由，乞察核备案案。

（议决）准备案。

八、武装团体训练员养成所呈，拟请先期成立广东地方警卫队编练委员会筹备处，请克日派员组织筹备各缘由，并拟具实施办法及组织条例，请核遵案。

（说明）查此案前据该所呈，请设立广东地方警卫队编练委员会，及改组各属地方武装团体为警卫队，并拟具条例，请察核施行一案。当经本府委员会第三十一次议决，警卫队编练委员会议决设立，条例交民政、军事两厅，武装团体训练员养成所，及伍委员，会同审核在案。嗣因变故，延未举行。兹该所以政局靖平，呈请赓续前案办理，迅予设立广东地方警卫队编练委员会，俾各地方武装团体得资整理。惟兹事体大，似应预为筹备，现特拟请先期成立广东地方警卫队编练委员会筹备处，请克日派员组织开始筹备，以期迅速成立等语。

（议决）（一）条例照通过。（二）派伍委员为筹备处长，派刘厅长栽甫、何教育长彤、陈军长铭枢、陈师长章甫为筹备员。（三）预算照通过，在该所预算内支销。（四）实施办法，交筹备处审查。

九、农工厅呈送秘书处长黄元彬等履历九纸，请核赐加委案。

（议决）照加委。

十、国府令，据财政部提议，请将各项国税范围无论直接间接凡现为他机关所暂辖者一律收归部办一案，仰饬属遵照案。

（议决）存。

十一、广东电政管理局呈，奉令妥议电信学校程度，尚有未逮，呈请延长三个月一案，似应照准，至该校每月经费学生膳费，遵由职局解厅转发复，请核示案。

（说明）查此案，前据建设厅呈，据电信学校校长称，请延长三个月及延长期内照拨经费膳费等情，应如何筹拨，请示到府。当经昨第三十次会议议决，交电政管理局议复。去后，兹据该局复称，查该校学生会所称，肄业时期于原定标准程度尚有未逮。呈请延长三个月，以卒学业等情。足见该生等求学苦心，所请延长三个月，似应照准。至该校每月经费一千零八十五元，及学生膳费五百二十六元，遵由职局解厅转发等语。

（议决）照准。

十二、农工厅呈，为本省各级农会，应一律改归职厅立案以一权限，请核示案。

（议决）照准。以前农会办理诸多流弊，现已无形停顿，着该厅妥议改正农会章程，呈核再行恢复可也。

广东省政府第三届委员会
第三十二次议事录

二月三日　星期五

政治分会函知，派吴铁城代理建设厅长，并为本府委员——本府议决，各县县长，准分别遴员试用；试用三个月后，一律举行考试。

出席者　李济深　刘栽甫　冯祝万　伍观淇　马超俊　许崇清
　　　　　李禄超

主　席　李济深

纪　录　马洪焕

报告事项

一、本府第三十次议事录，已奉政治分会核议通过发还，经由秘书处分发办理。

二、政治分会函知，议决派孙科为建设厅长，未到任以前，派吴铁城代理，希查照。

三、筹赈总处伍处长呈报，于本日就职，并请派员监督。

四、政治分会函知，议决加派吴铁城为广东省政府委员，希查照。

讨论事项

一、实业厅呈，北江矿务专员办事处，拟请增加每月薪费预算表，请核示案。

（议决）照准。

二、建设厅呈，抄呈汕头堤工处海垣估价委员会章程一纸，请核示案。又汕头投得西堤坦地业户代表团呈，乞准予电止汕头估价委员会，予陈正德堂承领，兼查照原案议决，令饬给照以坚威信案。（二案请并案讨论）

（议决）（一）关于委员会章程第二条，应加入"守备司令部"，删去"东路军总指挥部"。（二）关于西堤坦地业户代表团所呈各节，照签拟办法办理。（行堤工处查明呈复核夺）

三、省党部改组委员会函送修正二五减租办法，希饬各县长知照案。

（议决）交农工厅审查。

四、本府电报室监理桂铭熹条陈，由政府收回香港中国电报局及其方法，乞采择施行案。

（议决）交建设厅拟办。

五、总理葬事筹备会函，请从十六年十二月份起，接续月拨毫洋六万元，希复案。

（议决）交财政厅查明办理，并复。

六、民政厅提议，裁撤视察员，拟具行政监察员条例草案，请公决案。

（议决）呈政治分会核。

七、中山大学医科教授德国人伏洛牟特条陈，拟请拨款港币一千一百元，向德国购生产影片，在各处放映，提高产科知识案。

（议决）交市政府照拨款购办。

八、民政厅提议，拟组织广东自治委员会，并拟具组织大纲八条，请公决案。

（议决）修正通过。

九、民政厅提议，本省前因军事，各县县长或有先行离职者，或有具呈请辞者，或有应行更换者，兹分别遴员接充，并付〔附〕名单一纸，请公决案。

（议决）试用。

十、本府委员提议，以后任用县长，试用三个月后，一律举行考试案。

（议决）由民政厅拟定考试办法呈核。

十一、连县县长电，呈为奉方、范①两军长电，为维持韶州中央银行，拟将北江各县财政机关收入，暂行保管，以便集中兑现，派吴绍先来连，饬即监收保管，随时缴解等因，乞核示案。

（议决）未便照准，并函总指挥部令范军长查照。

广东省政府第三届委员会
第三十三次议事录

二月六〔七〕日　星期二

官市产审查委员会，暂由高等法院财政市政两厅暨省市党商民部五机关派员办理——限汕头堤工处三个月内结束，将坦地变价，该处经费，仍由承商供给——惠来县法县〔院〕审判官李炯明、书记官廖毓华，因公被戕，准给一次过恤金——筹账〔赈〕总处组织法及章程已通过，开办费在筹账〔赈〕项下实支实报——新请委各县县长，均照委试用。

出席者　李济深　伍观淇　冯祝万　刘栽甫　吴铁城　马超俊
　　　　　李禄超　许崇清

主　席　李济深

纪　录　马洪焕

报告事项

一、本府第三十一次议事录，经奉政治分会核议照准发还，已由秘书处分发办理。

---

①　指方鼎英、范石生。

253

讨论事项

一、广东各界反汪灭共大会函，请担任该会经费二千元案。

（议决）函省党部询明用途再议。

二、秘书处签呈，查官市产审查委员会原案，系以司法、土地、财政、市政四厅，暨省市党商民部六机关派员组织，现司法厅裁撤，改由高等法院派员，惟土地厅亦经奉令裁撤，官市产委员会应否即由五机关派员办理，或改由何机关另派，补充之处，请核示案。

（议决）暂由五机关派员办理。

三、汕头承筑西海岸益德公司代表黄华呈，乞迅令汕头堤工处停止强令供给经费，并依章投地，将价摊分，以清手续，而免损害案。

（议决）令限堤工处于三个月内结束，将坦地变价，照章办理，堤工处经费，仍由承商供给。

四、广东高等法院呈报，前惠来县法院审判官李炯明、书记官廖毓华，于去年因公被戕，请照章给恤，并饬行该原籍两县公署，就近分给具领案。

（议决）一次过恤金，令财政厅照给，余呈国民政府核办。

五、广州市菜栏职工工会呈，为商阀图陷劳工，乞颁明令保障案。

（议决）该会努力反共，至堪嘉奖，至应否恢复，交农工厅核办。

六、筹赈总处呈报职处扩大组织缘由，并缴组织法及章程，请核示，并令厅按月拨给经费，再开办费略有增加，拟在筹赈项下实支实报案。

（议决）照通过。

七、民政厅提议称，查本省各县长前经察酌情形，选员提议请委在案，现尚有应行更换，或核准辞职，应行派员接署者，兹将请委各县长员名另简开列，提出会议，敬候公决案。

（议决）照委试用。

广东省政府第三届委员会
第三十四次议事录

二月十日　星期五

交建设厅拟具关于各电局经费整理及收支统一办法——通缉谢婴白——催市厅查复国民政府成立以来收捐次数及欠捐情形——准法院征收讼抄送费登记费及一切司法收入各款加一征收——准武装团体训练员养成所继续招收第二期学员。

出席者　李济深　冯祝万　伍观淇　刘栽甫　马超俊　李禄超
　　　　　　许崇清　吴铁城

主　席　李济深

纪　录　马洪焕

报告事项

一、本府第三十二次议事录，经奉政治分会核议照准发还，已由秘书处分发办理。

二、代理建设厅长吴铁城呈报于本月六日宣誓就职，请备案。

三、广东全省筹赈总处长伍观淇呈报于本月三日宣誓就职，暨接收情形，请备案。

讨论事项

一、电政管理局长梁式恒江日邮电，请电财厅，自本年二月起，按月拨给各电局补助费一万六千九百六十元，由厅饬各县或征收机关就近拨给各局具领，准其抵解公款，至以前由高雷钦廉各财政处拨给经费，并恳饬知自二月起，一律停止各缘由，俟收支相抵，即行呈请取销案。（附原件①）

（议决）交建设厅拟具整理及收支统一办法。

二、熊佐呈为误会嫌疑，殃及家产，恳请分别令行警区及航政局追

---

① 缺附件。

回屋宇船只给领管业案。

（议决）交市政厅查明呈核。

三、农工厅呈复，谢前任数目现未接准移交，前任会计经已逃匿无踪，无从查账，请察核案。

（议决）通缉谢婴白。

四、财政厅呈，据第二科长李榕阶呈，请转请将职厅呈将广州市历欠租捐豁免一案，立赐施行案。

（议决）再催市厅查覆。

五、广东高等法院佳日邮电，职院征收讼抄送费登记费及一切司法收入各款，应否均须加一征收，请核示案。

（议决）照收。

六、武装团体训练员养成所呈第一期学员现经毕业，应否继续招收第二期学员，请核示案。

（议决）应继续办理。

广东省政府第三届委员会
第三十五次议事录

二月十四日　星期二

实业厅呈报裁撤权度检定局及嗣后关于权度检定事宜〔宜〕由厅直接办理议决照准另筹办法——照准财厅呈请暂缓发还被灾各店公债，惟应将数目查明以便再议——本府秘书长辞职准从速觅人接替——民厅提议委任县长准试用——照委李祖湘为南路公路分处长，林文铨为广九铁路管理局长——令市府批定公用电灯收费及民用减费办法——令市府分别规定机关私人及街车车牌以资识别。

出席者　李济深　伍观洪〔淇〕　冯祝万　徐景唐　马超俊
　　　　　　李禄超　刘裁〔裁〕甫　吴铁城

主　　席　李济深

纪　　录　马洪焕

报告事项

一、本府第三十三次议事录经奉政治分会核准发还，已由秘书处分发办理。

二、政治分会函知议决加派陈铭枢为省府委员，希查照。

三、国府李委员烈钧齐日电知全会通过国府组织大纲，及总司令部组织大纲，各重要之点。

讨论事项

一、实业厅呈报裁撤权度检定局，其各分局除省河、佛山两局外，其余各局，已饬依限结束，嗣后关于权度检定事宜，由厅直接办理，请批遵案。

（议决）照准。另筹办法。

二、秘书处呈，据全体科员呈，请将未领十六年十一月份之债票，及十二月暨十七年一月未领之债票库券，致发中央纸币，请核示案。

（议决）准发一月份半个月中央纸，十一、十二两月份缓议。

三、财政厅呈复广州市商会，呈请将被灾各店公债先行发还一案，拟请暂缓办理，请核示案。

（议决）照准，惟应将数目查明以便再议。

四、本府秘书长呈为奉委南海县长，请辞去本府秘书长职案。

（议决）准从速觅人接替。

五、民政厅提议委任县长，并附名单一纸，请公决案。（附原件①）

（议决）准试用。

六、建设厅呈请委任李祖湘为南路公路分处长，林文全为广九铁路管理局局长，请公决案。

（议决）照委。

七、实业厅呈，据弘济公司商人呈，请准予照旧采运花县石矿饭〔贩〕销等情，查灰石出口，前经严禁有案，现核弛禁出口，尚无妨碍，应否准予弛禁，转请核示案。

（议决）照准，但特别费应照准旧不准减。

八、主席提议令市政府拟定公用电灯收费，及民用减费办法案。

---

① 缺附件。

（议决）通过。

九、徐委员提议令市政府分别规定机关私人及街车车牌，以资识别案。

（议决）通过。

广东省政府第三届委员会
第三十六次议事录

二月十七日　星期五

照准石龙市征收市内客校〔栈〕旅客房租附加臀〔警〕费二成——令财政厅暂拨一万补助广九验〔铁〕路。

出席者　李济深　冯祝万　徐景唐　刘裁〔栽〕甫　马超俊
　　　　　吴铁城　李禄超　许崇清　陈铭枢　伍观淇
主　席　李济深
纪　录　马洪焕
报告事项

一、本府第三十四、五两次议案，经送政治分会核议，现未奉发还。

讨论事项

一、民政厅呈，据石龙市长称市库支绌，拟向市内客栈旅客房租，征收附加警费二成等情，似属可行，除代修正章程暨批复外，抄送原章，请核示案。

（议决）照准。

二、国府令公布解释法律各案三条，仰遵照，并转饬知照案。

（议决）现在绥靖时期，仍暂照原案办理，余照饬。

三、汕头市政厅呈报将宝华兴客栈贩运人口查获拘押情形，并拟罚款拨充筑路费各缘由，请察核案。又汕商宝华兴号郭吉轩呈为违法翻案，恣意押封，久不讯办，乞令汕市法院提取原案，照判省释揭封案。

（二案并案讨论）

（议决）准没收财产充公，从重惩治。

四、德庆县呈报处置藉田占有各山场，拟议办法，乞案〔核〕示案。

（议决）准通令达〔办〕理。

五、广九铁路局呈遵将本路最近收支四柱清单，附列新旧积欠账项，列表呈复，请核给补助费案。

（议决）令财政厅暂拨一万元补助。

六、广东全省筹账〔赈〕总处呈请委任黄佐为本处秘书兼第一课长，冯炳奎为第二课长案。

（议决）照委。

七、主席提议本人因事忙，主席一职，不能兼顾，拟推陈委员铭枢充任，请公决案。

（议决）下次讨论。

广东省政府第三届委员会
第三十七次议事录

二月二十一日　星期二

惠阳县党部请饬惠州财政处照案拨给一千元规复民国日报案，交财政厅查明呈核——高雷两阳党务视察员请免收该处拍电费未准——财政厅土地处组织法及编制预算表议决呈政治分会核办——议决将军事厅朱前任内携款潜逃各职员呈报政治分会通缉及查抄家产并咨香港引渡——前粤路管理李作荣被控案交伍委员暨财政、建设、实业三厅审查并由伍委员负责召集——议决建设厅提议拟设立粤路管理委员会之名称应改为整理委员会，暂定整理期限六个月。

出席者　李济深　冯祝万　徐景棠〔唐〕　伍观淇　马超俊
　　　　　　李禄超　许崇清　陈铭枢　吴铁城

主　席　李济深

纪　录　马洪焕

报告事项

一、本府第三十四、五两次议案，经奉政治分会核议通过发还，已由秘书处分发部〔办〕理。

二、中央执委会阳日电知关于汪兆铭等出席问题，中央监察委员会向本会之提议，经本日常务委员临时会议议决接受监察委员会之提议，留待审查。

三、国府秘书处庚日电知惩治土豪劣绅条例修正，再行公布，惟已由特种刑事地方临时法庭决定者，不得变更审判管辖等因，希查照转行知照。

讨论事项

一、省党部据惠属党务视察处、惠阳县党部执委会呈，请转省府饬惠州财政处照案拨给一千元，规复民国日报，函请转饬照给案。

（议决）交财政厅查明呈核。

二、省党部函，据高雷两阳党务视察员林云陔请准饬高州电报局对职处拍电免收电费，转请查照办理见复案。（附原件①）

（议决）未便照准。

三、财政厅呈缴广东财政厅土地处组织法及编制预算表，请核准备案案。

（议决）呈政治分会核办。

四、军事厅呈复查明本厅朱前任内携款潜逃各职员姓名及款项数目，请核办案。

（议决）呈报政治分会将有关系人等一并通缉，及行县查抄家产并咨香港引渡。

五、叶家俊呈报奉交通部委派为广九铁路管理局长案。

（议决）呈政治分会核办。

六、粤汉铁路管理徐维扬呈报规划整理意见，及请准暂缓解缴加五专款各缘由，请核示案。

（议决）交建设、财政两厅审核。

七、建设厅呈据情转请将前粤路管理李作荣被控案撤销，请核示

---

① 缺附件。

案。又前管理粤汉铁路事务李作荣呈乞将作荣被控原案准予撤销，俾昭雪冤枉案。（二案并案讨论）

（议决）交伍委员、财政厅、建设厅、实业厅再行审查，并由伍委员召集。

八、建设厅提议拟设立粤路管理委员会，并缴组织规程，请公决案。

（议决）名称应改为"整理委员会"，暂定整理期限六个月。（规程照此改正）

九、建设厅提议拟设铁路警察管理处，以便整理训练各路警察及护车队兵，并缴章程，请公决案。

（议决）缓议。

广东省政府第三届委员会
第三十八次议事录

二月二十八日　星期二

关于海外部驻粤办事处拟改处为局直隶政治分会一案呈复政治分会：（一）省政府前已有设立侨务局之决议，由民政厅查案办理；（二）开〔关〕于党务范围拟请中央办理——开〔关〕于保甲及区乡村制度交民政厅拟具办法——通缉东莞明伦堂万顷沙自卫局郑前任少壮——照准广东邮务管理局拟印发赈灾邮票办法——照准公安局自后拿获拐匪讯确后由该局执行枪决——准武装团体养成所加筹备处经费三千元原有经临费仍照通案办理——呈政治分会核示关于省党部函请饬各县市长从速发给县市代表大会选举费——准公安局自后拿获惯窃或掳掠【等犯暂准枪决】——着农工厅会同教育厅再核该厅呈缴之农工教育进行计划书——准广东交涉员如拟交涉收回旧法领署地段。

出席者　李济深　冯祝万　许崇清　马超俊　李禄超　吴铁城
　　　　　　朱兆莘　刘栽甫　伍观淇　徐景唐　陈铭枢
主　席　李济深

纪　录　马洪焕（张百川代）

报告事项

一、本府第三十六、三十七两次议事录，均经奉政治分会核议通过发还，已由秘书处分发办理。

二、国府令发军委会组织大【纲】，仰并饬属知照。

三、国府令发总司令部组织大纲，仰并饬属知照。

四、国府令发国府组织法，仰并饬属知照。

五、国立中山大学校函告，奉大学院批示校名，定为国立中山大学，希并饬属知照。

六、广【九】铁路管理局呈送一月份收入表，请核备案。

七、政治分会函知议决加派朱兆莘为广东省政府委员，希查照。

讨论事项

一、政治分会函，据海外部驻粤办事处呈拟改处为局，直隶于政治分会，并将组织大纲及经费预算拟送请核夺等情，经议决交省府核办，请查照案。

（议决）呈复政治分会：（一）省政府前已有设立侨务局之决议，由民政厅查案办理。（二）关于党务范围，拟请中央办理。

二、政治分会函，据市党部执委邓彦华条陈瓣〔办〕法五项，经议决第五项交第八路总指挥部及省政府拟办，希查照办理案。

（议决）关于保甲及区乡村制度，交民政厅拟具办法。

三、广东地方警卫队编练委员会筹备处呈拟试办各属警卫队，由省库拨给经费缘由，连同预算表，请核准令财厅照拨案。

（议决）照准。

四、民政厅呈，据东莞明伦堂沙田经理局委员会呈报东莞明伦堂万顷沙自卫局郑前任××匿不交代情形，应否缉拿归办，请核示案。

（说明）据称，该特派员郑××竟敢匿不交代，并率带员兵将枪枝子弹公物服装携带潜逃，殊属不合。应否通令一体缉拿归案究办之处，请核示。

（议决）准予通缉。

五、建设厅呈，据广九铁路管理局呈缴织〔职〕员加薪表，请核批案。

（议决）缓办。

六、建设厅呈，据广东邮务管理局邮务长汉恩烈呈复收入附加二成征收纸币一案困难情形，并拟印发赈灾邮票，办法较善，经将管见条陈，在未奉总局批示以前，暂不征收附加赈费各缘由，请察核案。

（议决）准如拟办。

七、广州市政委员长呈，据公安局长呈称，拟请自后拿获拐匪，讯确，准职局执行枪决等情，请核批遵案。

（议决）照准。

八、建设厅呈，据广东公路处呈称，据西路分处呈，拟请嗣后西路所属各县民办车路，开车营业后，照案加一附加车价九个月，拨充处款各节，应否准予所请办理，请核示案。

（议决）不准，交厅另筹办法。

九、农工厅呈请设置广州市常备调查员各缘由，连同简章预算表，请核示案。

（说明）据略称，拟先从广州市入手，各县市以次仿行。就现有警区之区域，每区派常备调查员一人，采用更番调查办法，每月更番一次。每月经费预算不过增加八百余元云。

（议决）照准。

十、武装团体养成所呈请查照原案，饬财厅自二月二日起，照职所三万九千九百零七元预算经临费，如数给领，俾得转发筹备处领用，至职所现领实数，万难有其他支销，并恳饬知案。

（议决）准加筹备处三千元，原有经临费，仍照通案办理。

十一、武装团体训练员养成所呈送学员姓名、籍贯、川资、津贴数目，请核饬财厅发给案。

（说明）查本府前据该所呈报学员结业，请照章发给川资回籍前来。又据呈，请给发职教员伏役恩饷一月，以资遣散各等情。适于张、黄时期，议决川资照给，恩饷准发半月在案。嗣奉政治分会核复，议决缓议等因。故搁置未办。兹据呈，送学员川资津贴数目共一万一千二百七十六元，请饬财厅迅速发给等语。

（议决）交筹备处核。

十二、省党部函请通饬各县市长从速发给县市代表大会选举费案。

（说明）据函称，经议决定县市代表大会选举费，规定县党部三百元，市党部一百五十元。该项选举费请通电严饬各县市长负责从速发给，希查照办理等语。

（议决）呈政治分会核。

十三、广州市政委员长呈据公安局长呈请嗣后拿获惯窃，或掳掠等犯，仍暂准处以枪决一案，应否查照原案办理，转请核示案。（附原件①）

（说明）查本府前于十六年十月间，据该市长转据该局长呈，拟请此后拿获窃掠之案，赃证确凿，讯明属实者，即由局一律处以枪决一案。当经委员会第二十四次会议议决，凡惯窃或抢掠者暂准枪决，呈报备案在案。

（议决）准照案办理。

十四、农工厅呈报实施农工教育缘由，连同农工教育进行计划书，请核准施行案。

（说明）（一）智识教育：（甲）1. 整顿各工会附设学校；2. 附设工人补习学校夜班于各县市原有小学内。（乙）1. 附设农人补习学校于各乡原有小学内；2. 呈准通令于本省各公立学校内设农工子弟免费学额。（二）技能教育：（甲）工艺实习所开办费一千三百元，经常费月二千二百余元。（乙）农艺实习所（本所经常【费由】农工厅呈请省政府核准筹拨）。（三）特殊教育：（甲）农工运动人员养成所开办费九百余元，经常费月二千九百余元。（乙）工人托儿所开办费四百余元，经常费月一百余元。（四）编译浅白教科书——组织编译委员会。

（议决）着会同教育厅再核。

十五、广东交涉员呈请核示应否给俄妇一次恤金二百元，令其离粤赴沪案。

（议决）交筹账处给旅费一百元。

十六、广东交涉员提议收回旧法领署地段案。

（议决）如拟交涉收回。

---

① 缺附件。

广东省政府第三届委员会
第三十九次议事录

三月六日　星期二

修正通过军事厅等呈复会同审查之广东地方警卫队组织条例草案——准发广东各界纪念总理逝世三周年大会经费一千元——陈委员铭枢提议布告全省招劝各市县民众陈述地方疾苦案，议决通令照办——准结〔给〕广东各界植树运动大会经费五百元——民政厅提议委番禺等县县长，议决照准试用——准照委建设厅呈请加委粤汉路整理委员会委员陈剑如等。

出席者　李济深　伍观淇　冯祝万　徐景唐　刘栽甫　朱兆莘
　　　　　吴铁城　李禄超　马超俊　陈铭枢　许崇清

主　席　李济深

纪　录　马洪焕

报告事项

一、本府第三十八次议事录，经奉政治分会核议通过发还，已由秘书处分发办理。

二、国府令，关于共产捣乱之记载，各报往往有过事夸张之处，仰遵照随加纠正。

三、国府令，关于教育图书之审查，及著作权之注册，准由大学院办理，仰并饬属知照。

四、政治分会函知，议决广九铁路管理局长叶家俊着即交代，暂派劳勉兼代该路局长在案，请查照办理。

五、第八路总指挥部咨，广州市公安局长邓彦新，出发剿匪，呈请辞职前来，经批饬，广州公安局事务，暂交由卫戍司令邓世增兼代缘由，请查照。

讨论事项

一、省党部函请饬各县市十足发给党费案。

（说明）准函称，查各县市党部经费定额四百元，实至省约办公之用，几恐不敷。如稍加八折，则将何以维持党务？政府虽权一时之宜，暂发经费银八纸二，似不应从此区区之县市党部经费扣折。且县市党部经费系由地方公款拨支，而地方公款之收入全是银毫，更无八成发给之理。经议决，函省政府通令各县市十足发给在案等语。

（议决）此案系政治分会所规定，且党政职员，应视同一律，似未便照议办理。

二、广东高等法院呈为土地厅业经裁撤，拟将南海等四县登记分局，拨回法院主管，请核准饬遵案。

（议决）交财政厅核复。

三、石龙市政厅呈请委兼民政局民〔长〕，并荐委陈星枢充财政局长，余见龙充工务局长案。

（说明）查市政府组织法依第八条规定，由市长兼任民政局长。

（议决）照准。

四、军事厅等呈复会同审查广东地方警卫队组织条例草案，附陈修改意见各缘由，缮具修正条例两份，请核施行案。

（说明）查本案前据武装团体养成所呈，拟具地方警卫队组织条例前来。当经议决，交民政、军事两厅，武装团体养成所，及伍委员会同审核。去后，兹据会复称，原案间有未臻妥善之处，经酌为修正并附陈意见如下：（一）将原案分订为二：一为警卫队组织条例，一为编练委员会组织条例，以符礼制。（二）主张编练委员会暂由省政府呈请政治分会简派；县管委会委员暂由编委会委派；区管委会委员，暂由县管委会荐请编委会委派；乡管委会委员，暂由区管委会介绍于县管委会委派，以期慎重。并明白规定，一俟全县地方自治完成后，各级管委会委员均由地方自治机关选举之，以副人民自治之义。（三）原案编委会分设四处，今拟仅设两科，以节公帑。（四）原案编委会须设直属部队一总队至数总队，今拟改为于必要时得设基干队若干名。（五）拟聘请富有办团经验，或军事政治学识具有特长者为参议。（六）拟于编委会设督察员若干人，考查各地警卫队办理之成绩，并负调处纠纷之责。（七）原案以十人为一分队，三分队为一小队，三小队为一中队，三中队为一大队，三大队为一总队。小队以上均设队长一员，队副一员或二

266

员。又每总队得附设特务队一中队，并得酌设侦探队、交通队。窃以为，总队之制可废，以大队为最大单位，较为适当，队副因地方筹款困难，拟一律删裁。

（议决）修正通过。

五、建设厅呈抄呈三铁路欠交附加韶平公路费数目表，请核批案。

（议决）准如拟办。

六、本府委员提议，据职厅等各职员联请援照省府办法，将去年十二月份及本年一月份所有未奉搭发之公债库券，一律改发纸币，应否照准，请公决案。又本府电报室呈请援照秘书处成案，将职室一月份应领库券公债六百四十元，改发纸币案。

（说明）查本府第三十五次议案第二项，秘书处呈，据全体科员呈，请将未领之十六年十一月份之债票，及十二月暨十七年一月未领之债票、库券，改发中央纸币一案。议决准发一月份半个月中央纸，十一、十二两月份缓议在案。

（议决）遵照政治分会议决，十二月份以前不发，只一月份欠发债券，准照发中央纸币。

七、广东各界纪念总理逝世三周年大会，函请担任该会经费二千元案。

（议决）准发一千元。

八、陈委员铭枢提议布告全省招劝各市县民众陈述地方疾苦案。

（议决）通令照办。

九、民政厅呈据转请委任龙和博为江门市财政局长，陈章彬为工务局长案。

（议决）准照委。

十、略。

十一、广东各界植树运动大会函请担任经费五百元案。

（议决）准给。

十二、民政厅提议，拟委李民雨为番禺县长，黎庶望为罗定县长，莫绍宣为化县县长，周斯恭为梅菉市政筹备专员，莫辉勋为连阳化瑶局长，请公决案。

（议决）照准试用。

十三、建设厅呈请加委粤汉铁路整理委员会委员，拟以陈剑如为经理委员，卓越为车务委员，雷官梅为工程委员，胡继贤为会计委员，请公决案。

（议决）准照委。

广东省政府第三届委员会
第四十次议事录

三月十五〔三〕日　星期二

照准民政厅呈复本省三等各县一律准照二等中缺增支经费令财厅遵照——通缉前东莞明伦堂沙田经理局委员长陈孚木等——准电局薪费由四月份起照十足支给，惟其他机关不能援例请求——通令各委员各厅长拟具省政府施政补救办法，又令各厅处作下列报告：（一）已往的施政计划；（二）已往的施政情形及进度；（三）将来的施政方针总计划及节次计划；（四）每月施政经过情形——照伍委员提议修正广东地方警卫队组织条例第十条——朱委员提议遵照前次议决案继续向法领交涉早日收回旧法领署地段，议决照办。

出　席　者　许崇清　马超俊　李禄超　吴铁城　朱兆莘　伍观淇
　　　　　　　冯祝万　刘栽甫
主　　　席　李济深（假）
临时主席　冯祝万
纪　　　录　马洪焕
报告事项

一、本府第三十九次议事录，经委政治分会核议通过发还，已由秘书处分发办理。

二、军事委员会主席蒋中正等，漾日电告本会成立日期。

三、兼代广州市公安局长邓世增呈报于本月十一日接事，又前局长邓彦华呈报经遵令将职务移请邓司令世增兼代，请察核。

四、本府委员陈铭枢、徐景棠〔唐〕，函知本日因事不能出席。

讨论事项

一、民政厅呈复本省三等各县一律准照二等中缺增支经费缘由，请核转财厅遵照案。

（议决）照准。

二、民政厅呈，据东莞明伦堂沙田经理局委员会委员长李家英呈报，前任该局委员长陈××等，不遵限移交，有违功令，应否通令缉拿归办之处，请核示案。

（议决）照通缉。

三、建设厅呈，据电政管理局长呈请俯念特别情形，所请电局薪费，请准予仍旧十足发给等情，应否准予所有〔请〕，恳核示案。

（议决）所陈特别情形，尚属实在，准由四月份起照十足支给；惟其他机关，不能援例请求。

四、财政厅呈，案查紫金县仓捐债票一等奖金一案，兹为妥筹处置该县办法，拟请钧府议决，令厅向中行提回该款，拨充赈济省灾之用，是否有当，请核遵案。

（议决）照准。

五、建设厅呈复郦芝山等承办辅助开辟黄埔基金有奖债券一案，已由财厅冯厅长呈复有案，应否准如拟办，乞核示案。

（议决）所请近于赌博，着不准。

六、广州市政委员长呈，据公用局长冯伟复称，公用、自用、营业各种车牌，已有识别，兹拟另定军事机关汽车牌式办法，请核夺前来。查所拟办法，似属可行，应否照准办理，请批示饬遵案。

（议决）所拟军事机关用一百号，应一律改为军政机关用车，由秘书处分配。

七、广东总工会汕头支会呈请令饬汕头市政厅依案每月拨助津贴费二百五十元，并令饬潮梅财政处按月继续拨助津贴费三百元，以维工运案。

（议决）交农工厅核复。

八、财政厅呈复关于广济医院与周渭访等互争广福等围田所有权一案，改派主席定期召集及办理情形，请备案通令各厅知照，再饬教、民、军、农四厅，派员出席；及土地、司法两厅已裁，应否改由土地处及高等法院派员，请示遵案。

（议决）交财政厅、高等法院办理。

九、灵山县长黄鹄东电报黄县长侃仁，以候请示何师长为词，抗不交代，应如何办理，请示遵案。

（议决）电何师长转饬从速交代并批复。

十、广东地方警卫队编练委员会呈请仍照职处领〔预〕算所列之宣传印刷各费共五千元，准予拨结〔给〕，迅令财厅照数支付案。

（议决）照办。

十一、建设厅长提议，饬据粤汉铁路董事推选整理粤汉铁路委员会审计委员三名前来，查其中简英甫一员，在路为最有经验，堪以委充该路审计委员，请公决案。

（议决）照委。

十二、主席提议，查政府自采用委员制以来，对于其〔集〕思广益，及发展各厅长及各委员个人独立能力，与免除个人独裁，其利固多；惟因省政府未有整个施政计划，不免演成人自为政，各不相属，及欠缺监督考核之处，其弊亦自不少。在省政府委员制制度未经中央规定变更以前，拟请各委员各厅长拟具补救办法，提出讨论施行。又为便于考核各厅工作及程〔呈〕其成功起见，应令各厅处作下列报告：（一）已往的施政计划。（二）已往的施政情形及进度。（三）将来的施政方针总计划及节次计划。（四）每月施政经过的情形。请公决案。

（议决）照通令。

十三、伍委员提议，广东地方警卫队组织条例第十条条文中，警卫队名称均称为"广东省某某县某某警卫队"或"某某区某某乡警卫队"。照以上之名，则大队、中队、小队、分队等字样，无可安插，且文义上似有两个名称，任其一之嫌，拟改为警卫队名称，均称为"广东地方警卫队某某县某某区第某大（中）队"，请公决案。

（议决）照修正。

十四、朱委员提议，查旧法领署地段，原属永租，年纳租银一百元。据法领称，此次所交一百元，系一九二七年拖欠，既属旧租，自应照收，至一九二八年新租交到时，应即退回，以示收还该地段之决心。交涉员仍遵照前次议决案，继续向法领交涉，早日收回该地段，是否有当，伏候公决案。

（议决）照办。

广东省政府第三届委员会
第四十一次议事录

三月十六日　星期五

由财厅提前发还永汉南路被焚各店临时公债——饬财厅按月拨给各电报分局补助费——照准市府呈复关于胡前土地局长所拟变通临时推算地价办法——农工、实业两厅会呈厂东与工人争持未决两项，议决第一、第二两次〔项〕照拟，第三项准给罢工期内伙食工金两个月，以示体恤——严令粤汉铁路管理徐维扬即日交代——派伍观淇、刘栽甫、徐景唐、何彤、陈铭枢为广东地方警卫队编练委员会委员，并以伍观淇为委员长。

出 席 者　吴铁城　朱兆莘　刘栽甫　李禄超　许崇清　马超俊
　　　　　　伍观淇

主　　席　李济深（假）

临时主席　伍观淇

纪　　录　马洪焕

报告事项

一、国府令发立法程序法，仰并饬属知照。

二、财政厅呈报附加赈费纸币二成一案，关于未受低折之潮、梅、钦、廉、琼崖等属地方，及征收数额，未满五元，不能搭收纸币者，均饬带收现金一成，请察核。

三、政治分会函知军事厅长徐景唐提议，请将军事厅取销一案，议决：军事厅照准取销；第一条现有之守备军，交第八路总指挥编配；第二条武装团体，经有〔由〕编练委员会办理，各区绥靖长官，有指挥监督之权；第三条护航队应即取销；第四条原有军事厅各职员，分第八路总指挥及编练委员会择尤〔优〕录用在案，希并转饬知照。

四、政治分会函知本会主席提议广东各区善后计划案，经议决修正通过，除公布外，录案并检同公布令函达查照办理。

五、国府令发中华民国建设委员会组织法，仰并饬属知照。

讨论事项

一、国府令据大学院长蔡元培提议事务官不随政务官更易一案，议决照办，仰遵照办理案。

（议决）照转。

二、高等法院呈报接收前司法厅移交兴筑仓边马路费，多属纸币，现准工务局及总商会声称此次筑路费，概以银毫交纳，不允收纳纸币等由，兹拟以纸币折合，变价缴交，请核示案。

（议决）照准。

三、财政厅呈复查明永汉南路被焚各店清还临时公债数额清册一本，请察核案。

（议决）由财政厅提前发还。

四、政治分会函送省改委会沈毅提议建设四要政一案，议决交省政府酌办案。

（议决）交各厅查酌办理。

五、实业厅呈，据商人谭荣煊等续请迅予提议将士敏土厂改为官督商办案。

（议决）仍批商办，旧约交由农工、实业两厅会同修正呈核。

六、建设厅呈报办理按月拨给各电报分局补助费情形，请核遵案。

（议决）饬财政厅照办。

七、教育厅呈复办理仙逸学校附加电灯一案，似应准予附加，以维教育，并缴该校预算，请察核案。

（议决）暂准照办，俟筹有的款，即行取销。

八、汕头堤工处呈复拟办吴××与陈××堂争领坦地一案情形，连同图说，请核示案。

（议决）照准办理。

九、农工厅呈报拟设置各县市农工特派员各缘由，请核示遵案。

（议决）准设视察员六名，条例及预算交由该厅另拟呈核。

十、广州市政府呈复关于胡前土地局长所拟变通临时推算地价办法一案，经饬据现任土地局长呈复此项变通办法，确与社会经济状况适合，应否照准，请示遵案。

（议决）照准。

十一、农工、实业两厅会呈厂东与工人争持未决两项，应如何解决，请示遵案。

（议决）第一、第二两项照拟，第三项准给罢工期内伙食工金两个月，以示体恤。

十二、建设厅长报告，据粤汉铁路整理委员会委员报告，该路管理徐××始终抗不交代等情，应如何办理，请公决案。①

十三、主席提议派伍观淇、刘栽甫、徐景唐、何彤、陈铭枢五员为广东地方警卫队编练委员会委员，并以伍观淇为委员长，请公决案。

（议决）通过。

十四、本府秘书处呈，据本府全体书记录事呈请准照工人一律足成发给，以示体恤等情，应否照准，请核示案。

（议决）仍照八成支给。

广东省政府第三届委员会
第四十二次议事录

三月二十日　星期二

市政、实业两厅会呈办理燕核〔梳〕赔偿共祸灾区迭次调解无效请示遵一案，议决实业厅主张比较可行，仍饬该两厅再行调处——交财政、实业两厅及朱委员会同审查建设厅拟具之建设大纲及建设经费拨款办法——民厅提议委任新兴等县县长准试用——民厅提议恢复视察员，准设视察员若干名，经费照视察员原有预算。

出 席 者　冯祝万　许崇清　伍观淇　徐景唐　刘栽甫　朱兆莘　李禄超

---

① 原文缺"议决"内容。

主　　席　李济深（假）

临时主席　刘栽甫

纪　　录　马洪焕

报告事项

一、本府第四十次议事录已奉政治分会核议通过发还，并由秘书处分发办理。

二、中央执行委员会冬电，仰饬属一体遵行于每岁三月十二日举行植树典礼。

三、国府令发战地委员会条例，仰遵照。

四、国府令发暂行反革命治罪法，仰并饬属一体知照。

五、政治分会函知议决派陈铭枢等为各路区善后委员。

六、国府李委员烈钧江日电知政治会议条例各要点，及政治分会条例各要点。

讨论事项

一、番禺县呈报拟请准东檀水蛋民代表梁少文等承回东檀水蚬塘自办，以维警学各费缘由，可否照准，请示核案。

（说明）据略称，查县属东檀两水蚬塘捐，关系全县警学费要需，向归该两水蛋户缴饷承办，藉以维持生计。嗣因屡被岸民及他水蛋民冒名挽夺，此争彼控，纷扰靡已，以致迭次招投，无人过问。职县应支各费悉归无着。随由汪前县长宗准仍将从前蛋户梁安等承办每年认饷毫银二千五百元之数作为底价，呈奉前广东省长核准，布告开投。几费招徕，始据永合堂谭东生每年认饷二千五百八十元为最高，依法投得，由民国十四年四月一日起饷，以办足三年为期。职县警学各费稍赖维持挹注。现在核计，承商谭东生本月底即届承办期满。若仍继续开投，就令有人竞争，投票出价稍高，在职县地方收入增益有限，而长此为岸民及他水蛋民挽夺，殊令失业难堪。且恐时生事端，仍前纷扰，反受影响。兹既据该东檀水蛋户代表梁少文以前情具呈前来。查核认缴每年饷额，较之原商已略超过，纵使其中不无微利可图，而该水蛋民三百余户失业日久，似亦当予以生机，免其流离失所。并经饬据呈缴前清及民国各执照粮串收据，验明相符。有此特别情形，自可准予每年认缴饷银二千六百四十元，每月上期匀缴，由该蛋民代表梁少文等承回自办。并饬仍照

274

投承期限，以三年为期。所有领照、换照及一切办法，悉饬遵照原定章程办理，以维警学各费，而免再蹈前辙等语。

（议决）照准。

二、建设厅呈请派委孙璞为秘书，郑寿恩为第一科长，区鼎新为第二科长，请加委案。

（议决）照加委。

三、略。

四、广东全省筹赈总处呈拟仿照海外部驻粤办事处拍电办法，每月未超过五百元之数，请准予豁免电费，乞核示遵案。

（说明）据称，关于调查散赈事项，如须紧急处理时，非藉电报往返则办理难期迅速，于赈务进行深滋窒碍。惟电费一项，亦属不赀。查海外部驻粤办事处拍电法，虽经呈奉广州政治分会核准免费有案。兹拟仿照办法：如职处每月拍电费用，不论等级，倘合计未超过五百元之数，请准予豁免电费，逾额仍照数缴纳，以示限制。请核准，分别饬遵等语。

（议决）照办。

五、广东地方警卫队编练委员会筹备处呈请指拨监察院旧址及移用护航委员会器具，乞核施行案。

（议决）照准。

六、财政厅呈复拟议编练警卫队经费，仍由各属就地设筹，倘确不敷，再由省库酌补半数，请核示案。

（说明）查昨据广东地方警卫队编练委员会筹备处呈，拟试办各属警卫队，由省库拨给经费缘由，请令财厅照拨一案。当经第三十八次会议议决照准，饬厅知照。去后，兹据复称，查该处拟就广府属及东江二十七县，每县设立编练处一所，每所经费三百三十一元，共月支八千九百三十七元。以三个月为限，请由省库支拨。本应照办。惟查各地设立此项编练处编练警卫队，系为地方谋利益，属于地方事业，经费就地筹措，人民想必乐从。现值库收短绌，军费浩繁之际，此项经费似应仍由各属就地设筹。倘确有不敷，再由省库酌予补助半数，以期统顾兼筹，稍轻库款负担等语。

（议决）仍照筹备处呈拟原案办理。

七、建设厅呈为拟具建设大纲，及建设经费拨款办法，请核示案。

（议决）交财政、实业两厅及朱委员会同审查。

八、民政厅提议，新兴县长曾伯谔另候差委，遗缺拟以顺德县长吴炽昌调署，所遗顺德县长缺，拟以汕头市长萧冠英调署，递遗汕头市长缺，请委黄开山署理；又南雄县长伍慎修辞不赴任，遗缺请委刘汝霖署理。并附履历，请公决案。

（议决）照试用。

九、民政厅提议，请恢复视察员，请公决案。

（议决）准设视察员若干名，经【费】照视察员原有预算。

广东省政府第三届委员会
第四十三次议事录

三月二十三日　星期五

前山、遂溪、东兴之洋务局经费每月各加一百元，钦廉雷交涉分署每月加二百元——广州市政委员长呈据土他〔地〕局呈复核议改善土地税条例各情形，议决交财政、建设、实业三厅会同核议呈复再夺——国府令规定自三月份起凡文职官员俸给按照等级比例减支，所减之款拨充北伐军费，各省应将扣出薪俸按月汇解财部等因，议决将本省特别情形呈复。

出　席　者　朱兆莘　冯祝万　伍观淇　刘栽甫　吴铁城　李禄超
　　　　　　　许崇清

主　　　席　李济深（假）

临时主席　伍观淇

纪　　　录　黎时雍（代）

报告事项

一、本府第四十一次议事录经奉政治分会核议通过发还，已由秘书处分发办理。

二、灵山县长黄鹄呈报已于本月三日接事，请察核备案。

三、第四路总指挥程潜等真日电知，业令各军由湘南湘西向京汉路线南江集中北伐。

讨论事项

一、军事委员会先日电请转令各县对于所属营产，加意保存，在本会清理期中，凡关营产，无论何人承领，概作无效，以杜流弊案。

（议决）发交财政厅查明所有营产，然后函复军事委员会。

二、广东交涉员呈报拟议酌增前山、遂溪、东兴等洋务局，暨钦廉雷交涉分署经费各缘由，请核施行案。

（议决）前山、遂溪、东兴三局每月各加一百元，钦廉雷交涉分署每月加二百元。

三、建设厅呈，据粤汉铁路管理呈缴员工加薪表，请核备查案。

（议决）交建设厅转饬粤汉路整理委员会审查呈核。

四、广东南区善后委员陈铭枢呈请委任曾骞为政务处处长案。

（议决）照委，并饬将该员履历补缴备案。

五、广州市政委员长呈据土地局呈复核议改善土地税条例各情形，请核示案。

（议决）交财政、建设、实业三厅会同核议呈复再夺。

六、省党部函，据东莞县党部请查照中央议决案，转饬财厅将东莞八社蚬塘捐，收归厅办一案注销，希办理见复案。

（议决）仍照原案办理。

七、建设厅呈缴汕头堤工处海坦估价委员会章程，请察核案。

（议决）备案。

八、第八路总指挥部函接白总指挥寒电，请饬建设厅速修乐平马路，便与湘省衡来林宜马路衔接一节，抄送原电，希查转案。

（议决）交建设厅拟具办法呈复。

九、国府令，规定自三月份起，凡文职特任官俸给，概照五成减支，简任六成，荐任七成，委任八成，所减之款，悉数拨充北伐军费；各省应将扣出薪俸，按月汇解财政部，听候拨用，仰并饬属遵照案。

（议决）将本省特别情形呈复。

广东省政府第三届委员会
第四十四次议事录

三月二十七日　星期二

广州市政委员长呈复历欠租捐未便豁免并开列欠缴数目表，议决照市厅呈复办理并限于两个月内收清——财政厅呈列征收官交代案例各节，议决照办。

出 席 者　冯祝万　伍观淇　刘栽甫　朱兆莘　吴铁城　李禄超
　　　　　　许崇清　马超俊
主 　 席　李济深（假）
临时主席　吴铁城
纪 　 录　马洪焕

报告事项

一、本府第四十二次议事录，经奉政治分会核议通过发还，已由秘书处分发办理。

二、国府令发关税委员会组织大纲，仰并饬属知照。

讨论事项

一、党员邓彦华呈陈治标治本之计，及本党与共匪训练之比较，拟请选派忠干党员百人，随军宣传，予以稳捷之给养案。

（议决）转呈政治分会核办。

二、广州市政委员长呈复历欠租捐未便豁免各缘由，并开列欠缴数目表，请核示案。

（说明）查本府前据财厅呈，据第二科长李榕阶请将职厅呈，请将广州市历欠租捐豁免，立赐施行一案。经第三十四次会议议决，再催市厅查复。去后，兹据复称，迭令公安、财政两局分别查明详细具报在案。现据财政、公安两局会呈，内称遵查租捐，自民国十二年起至十六年止，计共收过十次半。现计历欠未清者尚有三十三万二千余元。至各期租捐中，如十二年第一、二月租捐，及借租十三年第一、二次租捐，

278

十四年半月租捐、一个月租捐，各铺户有久未租赁或营业者，节经各前局长分别布告豁免。最近如征收罢工津贴租捐，复规定，凡被工会占住之铺屋，一律免征。其有被军队占驻或住户欠租私逃等情弊，由业主呈请豁免者，无不酌予批准。是民间痛苦，凡思虑所及者无不立予捐除。在滞纳缘因，虽由贫苦无力者居多，而顽抗不交者亦在所多。有若一经豁免，不独长强横者之恶心，且恐此风一开，以后凡属征收租捐，必皆意存观望。于政府有伤威信，于贫民究补几何。况历次租捐一项，近复准以纸币缴纳，似于体恤之处已属周到无遗。豁免一层，拟请暂置缓议等情。究应如何办理之处，请核示等语。

（议决）照市厅呈复办理，并限于两个月内收清。

三、财政厅呈列征收官交代条例各节，拟请凡交代未清各卸任县长，如系现在各机关供职者，一律饬令暂行停职，勒限刻日驰回原县，清理交代，补造各册，补交欠款，一俟交案完结，再准仍回原职缘由，开列交代未清卸任县长职名清册，请通令军民财各机关，一体查照办理，并批准立案，永以为例案。

（议决）照办。

四、民政厅提议，台山县长缺，拟委总务科长李仲仁代理，以专责成，请公决案。

（议决）照准代理。

广东省政府第三届委员会
第四十五次议事录

三月三十日　星期五

将南、新、中、开四县登记局拨回法院主管——委傅保光为广东全省改良蚕丝局局长——广州市政委员长呈据土地局呈拟变通登记逾期罚款办法，议决照办——核发全省第十一次运【动】大会费款一万元，交由教育厅转发，该会并由教育厅监督办理——通令各县市以后对于各厅行查公事限于文到二十日内呈复。

出 席 者　冯祝万　刘栽甫　朱兆莘　吴铁城　李禄超　许崇清
　　　　　　马超俊
主　　　席　李济深（假）
临时主席　李禄超
纪　　　录　马洪焕

报告事项

一、本府第四十三次议事录，经奉政治分会核议通过发还，已由秘书处分发办理。

二、兼代司法部长蔡元培函知于三月于日①视事，请查照。

三、中央执委会寒日电知议决各特任官、各省政府委员、各特别市长之任免，归政治会议决定。

四、建设委员会蒸日电知，于二月巧日正式成立，启用印信，各委员亦同时就职，推张委员人杰为主席。

五、政治分会函知据省党部改委会，请迅饬省政府饬属克日支拨各县市选举费一案，议决交广东省政府饬属照省党部所请原案办理，希查照。

讨论事项

一、财政厅呈复，核明高等法院，请将南、新、中、开四县登记局拨回法院主管一案，事属可行，请察核案。

（议决）照办。

二、实业厅呈请，委任傅保光为广东全省改良蚕丝局局长案。

（议决）照委。

三、广州市政委员长呈，据土地局呈拟变通登记逾期罚款办法，似属可行，请核示案。

（议决）照办。

四、广东全省体育协进委员会呈报，拟于本年春间，在省会举办全省第十一次运动大会三天至七天，请援照第一、第六等届成例，核发费款一万元，以资筹办，其不敷之数，则由募捐补足，请核准如数给领案。

---

① “于日”疑为“元日”。

（议决）款交教育厅转发，运动大会，由教育厅监督办理。

五、农工厅提议，各县市对于各厅行查公事，往往延不具复，拟通令以后限于二十日内呈复，不得延搁，以重公事，请公决案。

（议决）照办。

广东省政府第三届委员会
第四十六次议事录

四月三日　星期二

派黄佐会同政治分会及省党部委派人员前往海陆丰慰问难民——令行民政厅嗣后对于各县县长交代照例督同会算加结转咨，仍由各县县长于结报时先将册结三份分令财厅核办——修正通过农工视察员条例，预算由四月十六起——交全省警卫队编练委员会、民政厅会同审查政治分会陈委员铭枢之修正保甲条例——民政厅提议委任揭阳等县县长准试用。

出　席　者　冯祝万　刘栽甫　朱兆莘　吴铁城　李禄超　许崇清
　　　　　　　马超俊　伍观淇
主　　　席　李济深（假）
临时主席　许崇清
纪　　　录　马洪焕
报告事项

一、本府第四十四次议事录，经奉政治分会核议通过发还，已由秘书处分发办理。

二、国府令发司法行政委员会组织条例，仰并饬属知照。

三、国府令发建设委员会与各部之权限条文，仰并饬属知照：（一）建设委员会之职权，依该会组织法第一条之规定，凡国营事业，如交通、水利、农林、渔牧、矿冶、垦殖、开辟港商埠，及其他生产事义〔业〕之须设计开创者，皆属之。（二）上项各事业之已成者，其管理监督，保护改良，属于中央各主管机关。

四、中央特种刑事临时法庭庭长丁超五敬日电知宣誓就职。

五、军事厅长呈报奉议裁撤，结束完竣缘由，请察核备案，并请饬属知照。

讨论事项

一、政治分会函知黄委员提议对于海陆丰惨遭共祸，筹款赈济，并派员慰问一案，议决，由本会省党部及省政府组织委员团前往慰问，并催促筹赈处预备款物赈济，希查照委派会同前往案。

（议决）派黄佐前往。

二、广东东区善后委员呈请加委罗瑶、马文芳为秘书，邓邦谟为政务处处长，冯介廉为政务处第一科长，莫猷叔为第二科长，陆伟为第三科长案。

（议决）照加委。

三、财政厅呈拟请令行民政厅嗣后对于各县县长交代，照例督同会算加结转咨，仍由各县县长于结报时，先将册结三份分呈职厅核办，请核示案。

（议决）照办。

四、农工厅呈送农工视察员条例，及预算表，请核示案。

（说明）查前据农工厅呈报，拟设置各县市农工特派员各缘由，请核示前来。当经第四十一次会议议决，准设视察员六名，条例及预算交由该厅另拟呈核在案。兹据该厅呈报，另行拟议送请察核示遵。

（议决）修正通过，预算由四月十六起。

五、政治分会函准陈委员铭枢将修正保甲条例，送请核议施行一案，议决交省政府议办，希查照议办案。

（议决）交全省警卫队编练委员会、民政厅会同审查。

六、略。

七、汕头市市长呈报办理宝华兴贩运人口一案，该犯郭亚昌，愿缴大洋二万五千元，抵变产价，另缴一万元赎罪，请予释放，并取销通缉等情。似可照准。此项罚金，拟仍照原定办法，拨充建筑马路费用，请核示案。

（说明）查本府前据该厅呈报，将宝华兴客栈贩运人口查获拘押情形，并拟罚款拨充筑路费各缘由，请察核前来。又据该商宝华兴号郭吉轩（"即阿昌"）呈，为违法翻案，恣意押封，久不讯办。乞令汕市法院提取原案，照判省释揭封各等情。当经第三十六次会议议决，准没收财产充公，从重惩治。至该犯贩运人口至二百余人之多，且系屡犯不改之犯，与普通犯罪不同，应准用行政处分办理在案。兹据该市长呈复办理此案情形，据称，该犯郭阿昌愿缴大洋二万五千元抵变产价，另缴一万元赎罪，请予释放，并取消通缉等情。似可照准。此项罚金拟仍照原定办法，拨充建筑马路费用，请核示等语。

（议决）除愿缴三万五千元外，再罚款五万元，交筹赈总处，拨为东江赈灾之用。

八、本府委员伍观淇等会同呈复会查前粤汉铁路管理李××被控案，并拟具办法，请核示案。

（议决）如拟办理。

九、民政厅提议，代揭阳县长杨开运另候差委，遗缺拟以委署兴宁县长黄咏台调署，所遗兴宁县长缺，拟以现任该县县长谢达夫留署；蕉岭县长廖天骅另候差委，遗缺拟以委署河源县长何龙章调署；现代河源县长谢佩西另候差委，遗缺拟以欧阳洸接署；佛冈县长李寿祺另候差委，遗缺拟以区汝铛署理；代琼山县长叶洁芸辞职照准，遗缺拟以陈明栋署理；又委署合浦县长刘少侠另候差委，遗缺查有暂代该县县长陈介卿剿匪得力，拟请即予委署。理合检同履历，提出会议，敬候公决案。

（议决）照委试用。

广东省政府第三届委员会
第四十七次议事录

四月六日　星期五

皆由省库借拨二万元兴筑韶平公路——照准建设厅呈缴修改三铁路购料委员会及拟行组织该厅购料委员会——各厅已被抢掠家私器具者准发购置费二千元，未被抢掠者准发购置费一千元。

出　席　者　冯祝万　伍观淇　刘栽甫　吴铁城　李禄超　许崇清

马超俊

主　　席　李济深（假）

临时主席　马超俊

纪　　录　马洪焕

报告事项

一、本府第四十五次议事录，经奉政治分会核议通过发还，已由秘书处分发办理。

二、国府令发国民政府委员视察条例，仰并饬属知照。

三、国府农矿部长易培基函知于三月二十三日就职。

四、国府工商部长孔祥熙咨知于三月二十七日就职，请查照，并饬属知照。

讨论事项

一、略。

二、建设厅呈，据广三铁路管理局长呈称，拟请将职员薪水援案十足支给等情，似可照准，请核示案。

（议决）本府核准电局所请时，已声明其他机关不得援例请求在案，所请未便照准。

三、建设厅呈，据情转请暂由省库借拨三万元，兴筑韶平公路，请核示案。

（议决）照准。

四、民政厅呈，据汕头市长呈拟议，仍就原定厦岭港附近建筑屠宰场缘由，并缴图案一纸，请核示案。

（议决）交民政厅新任汕头市长查复。

五、建设厅呈缴修改三铁路购料委员会，及拟行组织该厅购料委员会，请核示案。

（议决）照准。

六、建设厅呈缴临时特别费支付预算书，请核给临时特【别】费三千元，以便购回损失器物，及修缮窗门墙壁之用，请公决案。

（议决）各厅已被抢掠家私器具者，准发购置费二千元，未被抢掠者，准发购置费一千元。

广东省政府第三届委员会
第四十八次议事录

四月十日　星期二

修正通过农厅拟具常备调查员惩奖条例——照准潮阳县长陈权呈请照浚河公所成案抽收船货捐补充县兵枪械一案四个月期满应即取销——交民厅核议关于陈村市政专员与顺德县长互争办理香烛纸宝捐一案——各江商旅组织自卫队应由编练委员会管理——民厅提议委任惠来等县市长准试用——照委黄开山为广东全省筹赈总处汕头分处处长，曹享平为副处长。

出 席 者　冯祝万　刘栽甫　伍观淇　朱兆莘　吴铁城　李禄超
　　　　　　许崇清　马超俊

主　　席　李济深（假）

临时主席　冯祝万

纪　　录　马洪焕

报告事项

一、本府第四十六次议事录，经奉政治分会核议通过发还，已由秘书处分发办理。

二、中央政治会议支日电报，议决嗣后各部各省政府特别市政府应查照向例，按月呈送每月工作报告于本会议，以凭查核，希查照办理。

三、战地委员会委员咨会于三月二十日就职，并送条例，请查照转饬所属知照。

讨论事项

一、政治分会函，据本府呈据党员邓彦华请派员宣传党义一案，经议决所有宣传人员，先由第八路总指挥部、省政府、省党部各选定十人，报由本会加派，归东路区善后委员指挥节制，其宣传纲领，由本会制定，另行印发，希慎选委员十人，报候加委案。

（议决）由各委员选荐，下次提出。

二、农工厅长呈报拟具常备调查员惩奖条例，请示遵案。

（议决）修正通过。

三、民政厅呈，据潮阳县长陈权呈请照浚河公所成案，抽收船货捐补充县兵枪械等情，似尚可行，转请核示案。

（议决）照准。四个月期满，应即取销。

四、民政厅呈，据陈村市政专员呈称，所收香烛纸宝捐，拨充教育经费，奉准有案，与财厅统一征收案不同，未便交回县办，又据顺德县长呈报该专员因图自利，违命抗交各情形，应如何办理，请核示案。

（议决）仍交民政厅核议呈复。

五、广东地方警卫队编练委员会呈报护航委员会既已裁撤，此后各江商旅组织自卫队，应否准其设立，及由何机关管理，请核示案。

（议决）应由编练委员会管理。

六、建设厅呈为西路公路分处长邝悦光办理年余，尚无成绩，该分处长一职，拟委王鸿鉴接充，并附履历，请公决案。

（议决）照委。

七、建设厅提议，请委梁朴园为琼崖公路分处长，请公决案。

（议决）照准。

八、民政厅提议，惠来县长吴炳奎辞职照准，遗缺拟以廖鸣鑫署理；代海口市长云炎另候差委，遗缺拟以孔昭度署理；陈村市政筹备专员司徒脩另候差委，遗缺拟以刘宝琛接充。并附履历，请公决案。

（议决）照委试用。

九、筹赈总处长呈为拟在汕头设立广东全省筹赈总处汕头分处，并拟委黄开山兼该分处处长，曹享平为该分处副处长，请公决案。

（议决）照委。

广东省政府第三届委员会
第四十九次议事录

四月十三日　星期五

朱委员兆莘提议决令粤海、江门、三水等关税务司将（一）罚款三成，（二）华商船牌费三分之一，（三）船钞三成，该三项解还国民政府后方所在地之粤库充外交及宣传等费，议决令财政厅转饬各关监督转税务司照办——函请中大试险〔验〕智利硝于农工业效用如何拟具意见函复并令财政厅核议呈复——照委农工厅请委各区农工视察员。

出 席 者　冯祝万　刘栽甫　朱兆莘　吴铁城　李禄超　许崇清

　　　　　　　马超俊　伍观淇

主　　　席　李济深（假）

临时主席　伍观淇

纪　　　录　马洪焕

报告事项

一、本府第四十七次议事录，经奉政治分会核议通过发还，已由秘书处分发办理。

二、国府令知将前经公布之特种刑事临时法庭组织条例第二、第三两条，明令修改，仰并饬属知照。

三、国府令发"一一·二二"惨案①特别法庭组织，及审判程序法，仰并饬属知照。

四、国府令发审理烟案简易程序，仰并饬【属】知照。

五、国府令发修正直鲁赈灾委员会组织条例，仰并饬属知照。

六、国府令发国民政府内政部、工商部、农矿部、审计院、蒙藏委员会，各组织法，仰并饬属知照。

---

①　指 1927 年 11 月 22 日南京惨案。

讨论事项

一、略。

二、政治【分】会函，据本府函【党】员邓彦华请派员宣传一案议决由省政府选定十人报候加委案。

（议决）下次再议。

三、财政部西江检查所所长函报港梧、省梧各轮船，经过都城，常有拐带大小男女出口之事发现，均由广西内地各县诱拐而来，应如何取缔之处，请察核案。

（议决）交民政厅转咨梧州市查禁。

四、广东省市学生联合会呈请每月准予津贴创办青年日报费一千元案。

（议决）未便照准。

五、朱委员兆莘提议，拟令粤海、江门、三水等关税务司，将（一）罚款三成，（二）华商船牌费三分之一，（三）船钞三成，该三项解还国民政府后方所在地之粤库，充外交及宣传等费，以符系统，请公决案。

（议决）令财政厅转饬各关监督转税务司照办。

六、李委员禄超、朱委员兆莘提议，将智利硝一种，划出爆烈品范围，仍准领照输入，查照成案酌征照费，以利实业，而裕税收案。又冯委员提议，据利隆公司鸿记总商呈请仍将智利硝一项收归专卖，禁止自由入口等情，转请核示案。

（议决）函请中大试验智利硝于农工业效用如何，拟具意见函复，并令财政厅核议呈复。

七、农工厅呈请委任张志余为第一区农工视察员，金轩民〈民〉为第二区视察员，马伯平为第三区视察员，林汉南为第四区视察员，周廷勷为第五区视察员，陶林英为第六区视察员案。

（议决）照委。

288

广东省政府第三届委员会
第五十次议事录

四月二十七〔十七〕日　星期二

饬汕市厅酌量拨给汕头总工支会津贴——广东全省钱粮附加筑路经费管理委员会呈报拟具办事细则，经费开办费预算表，议决照拟办理——建设厅呈据广三铁路管理局呈缴员工加薪表及条件，议决缓议。

出　席　者　伍观淇　刘栽甫　李禄超　吴铁城　许崇清　马超俊

主　　　席　李济深（假）

临 时 主 席　刘栽甫

纪　　　录　马洪焕

报告事项

一、本府第四十八次议事录，经奉政治分会核议通过发还，已由秘书处分发办理。

二、李主席陷日电复，接来电，得悉粤中近况，至以为快，稍留数日即回粤。

三、国府支日电知中央最近政情三条：（一）国民革命军总司令蒋中正呈报，已驰抵徐州督师北伐。（二）通令各省政府对于该省党务指导委员，应切保护，不得侵夺其权限。（三）颁布国民革命军连坐法。

四、国府鱼日电知中央最近政情六项：（一）任命吕志伊等为云南省政府委员，并兼厅长。（二）陕西省政府委员兼建设厅长严庄免去本兼各职，简田雄飞继任。（三）修订中央研究院组织条例。（四）通过最高法院检察官办事细则。（五）全国注册局分别改隶农【矿】、工商两部，所有该项收入，仍照原案交大学院充教育经费。（六）全国教育会议，改定五月十三日在京开会。

五、南区善后委员陈铭枢真日电报，在琼州设署启用印信。

六、"一一·二二"惨案特别法庭函知，于四月一日成立，请查照转饬所属知照。

七、国府秘书处函知，中华民国刑法，经明令公布，俟出版即检送。

八、财政厅长冯祝万呈报因公赴港，未能出席会议，部〔该〕厅日行公事，交叶青代拆代行。

讨论事项

一、财政厅呈复曲江县长请禁烟赌一案，窒碍缘由，请核示案。

（议决）照该厅复文办理。

二、农工厅呈，据汕头农工特派员查复汕头总工支会过去工作情形，前请继续拨助津贴，似可照拨，应如何之处，请察核案。

（议决）饬汕头市厅酌量拨给。

三、江门市政厅呈请援照广州市公安局成案办理窃匪案。

（议决）未便照准。

四、革命纪念会函，据情转报韦德烈士功绩，如何抚恤，请核复以凭转知案。

（议决）交还革命纪念会查照党员抚恤条例第八条办理。

五、广东全省钱粮附加筑路经费管理委员会，呈报拟具办事细则，经费开办费预算表，请核遵案。

（议决）照拟办理。

六、建设厅呈，据广三铁路管理局呈缴员工加薪表及条件，请核示案。

（议决）缓议。

七、广西怀集县长电请饬令开、德、宁、封各县于十日内遣派团额前往七星岩驻扎，饷项依案在钱粮附加，各县平均负担案。

（议决）交民政厅及广东地方警卫队编练委员会迅即会同办理。

八、伍委员提议日前奉政治分会函饬派代表一人，会同政治分会及省党部代表，前往东江慰问海陆丰被难民众一案，经本府派黄佐为代表在案，但关于旅费一项，尚无规定，应如何办理，请公决案。

（议决）先发旅费五百元，实报实销。

九、关于政治分会函饬选荐宣传员十人，报候加委，派往惠潮各属宣传案，当经本府委员会第四十八次会议议决，由本府委员负责选荐在案，现经各委员选荐各员前来，应如何办理，请公决案。

（议决）通过。

广东省政府第三届委员会
第五十一次议事录

四月二十日　星期五

交财、建两厅拟办关于建设厅呈据情转请准由省库自本年四月起每月借款五万元促进韶平公路工程以六个月为期一案——交本府各厅及广州市政府酌量录用海外办党被逐同志——照准财厅呈据廉江县长请令遂溪等县检查禁止广州湾、赤坎两处铜币入口限额——照准加委筹赈总处任荐〔荐〕委海丰、陆丰、普宁、惠来四县县长为各该县分处处长。

出席者　李济深　冯祝万　伍观淇　朱兆莘　吴铁城　李禄超
　　　　　许崇清　马超俊　刘栽甫

主　席　李济深

纪　录　马洪焕

报告事项

一、本府第四十九次议事录，经奉政治分会核议通过发还，已由秘书处分发办理。

二、国府佳日电知，我军全线开始北伐。

三、国府寒日电告，我军元午已完全占领临城。

四、中央执委会政治会议元电中央执行委员会政治会议暂行条例，经修正通过，电达知照。

五、国府寒日电告中央政情二项。

六、国府元日电告中央最近政情八项。

七、国府元日电告中央最近政情九项。

八、国府盐日电告北伐开始以来，我军连日胜利，迭克名城，优势已彰，扫荡幽燕，可冀群情欢跃，特电以闻，顾〔愿〕整理地方，修明政治，各省与前敌同关重要，协助作战，巩固后防，应均勉之。

九、中央政治会议元日电知，议决中央政治会议及各地分会，可仍存在，候第三次全国代表大会决定，各分会应专理政治，不兼管党务及各分会辖属省份，仰即遵照，并将电到日期具复备查。

十、广东北区善后委员会函报设驻省办事处于维新横马路第三号，请察核备案。

讨论事项

一、建设厅呈，据汕头堤工处呈报筑堤及酌定补缴捐价各办法，转呈核示饬遵案。

（议决）查最近议决案，交建设、财政两厅审查拟办。

二、建设厅呈，据情转请准由省库自本年四月起，每月借款五万元，促进韶平公路工程，以六个月各缘由，及原缴成绩表，请批示饬遵案。

（议决）交财政、建设两厅拟办。

三、前粤汉铁路局会计课长李耀明，呈诉在粤路会计职内办事手续，并未支过分厘，及非畏罪潜逃，请将控案注销，免至牵累案。

（议决）俟李作荣案缴款后，即予注销。

四、蒋总司令巧日电知接华洋义赈救济粤灾征募会，请拨给赈款十万元等情，请就近筹拨案。

（议决）呈复本省为赈灾筹款预计，约数百万元，广东为革命负担，前后约计不下十万万元。此次蒙此奇灾，中央顾念粤民疾苦，前次决议拨赈款二百万元，仰见中央德意，乃口惠而实未至；而十万元之数，亦令由粤筹拨，似不足以表示中央顾念粤民疾苦之意，因此仍请中央照决议案迅由中央拨款以惠灾黎为幸。

五、政治分会函，据农工厅呈拟在该厅内附设农工行政设计委员会，并开附预算简章各件，请核示等情一案，议决交省政府择采办理，希查照办理案。

（议决）呈复政治分会，请交建设委员会核。

六、政治分会函，据海外部驻粤办事处呈送海外办党被逐同志名册，请安插等情一案，议决交省政府酌办，希查照办理案。

（议决）交省政府各厅及广州市政府酌量录用。

七、财政厅呈，据廉江县长请令遂溪等县检查禁止广州湾、赤坎两处铜币入口限额等情，转呈核示案。

（议决）照准。

八、略。

九、潮州旅省各界讨共救灾委员会，请愿准予拨给巨款，救济难民，及筹谋地方善后案。

（议决）交筹赈处酌办。

广东省政府第三届委员会
第五十二次议事录

四月二十四日　星期二

照准中山大学函请转饬财厅由本月起增加第一模范林场经费二千元——照准广州市政委员长呈复该厅前请增加自来水加二小费一案暂缓执行——女界慰劳讨赤受伤武装同志会请捐款赞助议决捐一千元。

出席者 李济深　陈铭枢　许崇清　马超俊　朱兆莘　伍观淇　冯祝万

主　席 李济深

纪　录 马洪焕

报告事项

一、本府第五十次议事录，经奉政治分会核议通过发还，已由秘书处分发办理。

二、国府篠日电告中央最近政情六项。

三、建设厅呈复遵令呈报施政计划缘由，并抄录前任计划书及报告书请察核。

四、中央执行委员会政治会议函发修正政治会议分会暂行条例，仰并饬属一体知照，并将文到日期具复备查。

五、国府真日电告中央最近政情三项。

六、国府马日电告中央最近政情六项。

七、建设厅长吴铁城函于四月二十四日起，请假十日回沪省墓，假期内厅务交秘书孙璞代拆代行，请备案。

八、李委员禄超、刘委员栽甫均来函告假一天。

讨论事项

一、中山大学函请转饬财厅由本月起，增加第一模范林场经费二十〔千〕元案。

（说明）查前奉政治分会函，据中大校长呈称，森林局之设，为我党、政府目前建设时期中所亟须举行之要政。拟请由省政府月拨二千元，以资办理等情。经议决，交省政府拟办呈核等因。当经本府第十次会议议决，月款二千元照发在案。兹复准该校函称，以准德国教授兼林场技师芬次尔面称，以开办第一模范林场，须筑干路，经费不敷，拟请转函请自本月起加拨二千元等语。查该林场每月原有经费二千元，确系不敷，请查照转饬财厅，由本月起加经费二千元，共四千元，按月拨给过校，以资应用等语。

（议决）照准。

二、广州市政委员长呈复职厅前请增加自来水加二小费一案，似应暂缓执行，另行设法筹款，以资整理，而顺舆情案。

（说明）查本府前据广州市商会呈，请将增收自来水小费一案收回成命等情。经饬该市府查明妥拟具复。去后，兹据复略称，查此案前经奉政治分会议决，照原价“即一元四及七毫五各加二”附加二征收，一年为限在案。奉令后，遵即布告市民周知。惟现征之各方民意，要求将此案撤销，以苏民困等情。职厅正在考虑间，复接总商会、市商会来函，大致亦复相同，情词真挚，似宜曲予体谅。查自来水年来办理未善，早已不满人意。虽经历次督饬整理，仍未彻底改良，方深自疚。至其他公用事业，仍有未尽妥善之处。为市民公益计，自不能不迅速规划，以臻完备。然当创巨痛深之后，民力亦须量为兼顾。总核各方民意所陈，尚属实情。职厅再四思维，前请增加自来水加二小费一案，似应暂缓执行。另行设法筹款，以资整顿而顺舆情。除呈政治分会外，请核示等语。

（议决）照准。

三、第八路总指挥部函，据报琶江自治会，擅设征收机关，复藉共党暴动大题妄报，藉便营私，实属谬妄，该县长陈守仁不加审核，遽称属实，电请派剿，尤为谬妄，亟应请严予议处，至该自治会私设征收机关，违章病民，应迅予议禁，请查照办理见复案。

（议决）（一）县长妄报，应予记大过一次。（二）为办理自治，应另设法筹款，不得设厂抽收，并应将所设之厂，即日撤销。

四、农工厅呈据汕头市农工特派员电称五一节，应否准许工人举行纪念等情，转请核示案。

（议决）工人自己开会纪念可允许，惟不得巡行，并应由党部及农工局派员前往指导。

五、女界慰劳讨赤受伤武装同志会请捐款赞助案。

（议决）捐一千元。

广东省政府第三届委员会
第五十三次议事录

四月二十七日　星期五

修正通过改订蚝蚬升科简章——函省党部再通令严禁党部干涉行政司法并通令各县市长如有党部侵越权限时可据理驳复秉公办理——民、农两厅会呈据潮安县长查复汕头市长萧冠英、农工局长姚宝猷被控各节尚无实据，惟事出有因，议央〔决〕免议——照拨本省出席全国教育会议代表旅费。

出席者　李济深　伍观淇　冯祝万　刘栽甫　朱兆莘　徐景唐
　　　　　马超俊　李禄超　许崇清

主　席　李济深

纪　录　马洪焕

报告事项

一、本府第五十一次议事录，经奉政治分会核议通过发还，已由秘书处分发办理。

二、国府马日电告中央最近政情七项。

三、中央特种刑事临时法庭函知于三月三十一日正式成立，请并饬属知照。

四、南区善后委员陈铭枢呈报于四月十一日在琼州设署启用印信，请察核备案。

五、政治分会函知任命彭一湖接充本府秘书长希查照。

讨论事项

一、财政厅呈，据沙田清理处呈缴改订蚝蚬升科简章，尚属可行，转请核示，俾得公布施行案。

（议决）修正通过。

二、紫金县呈报县党部藉党滥保，办事棘手各情形，请示遵案。

（议决）函省党部再通令严禁党部干涉行政、司法，并通令各县市长，如有党部侵越权限时，可据理驳复，秉公办理。

三、民政、农工厅会呈，据潮安县长查复汕头市长萧冠英、农工局长姚宝猷被控各节，尚无实据，惟事出有因，究应如何办理之处，请核示案。

（议决）免议。

四、国府财政部咨送会计师注册章程，暨复验章程，请查照办理见复案。

（议决）交实业厅审查再议。

五、曲江县呈复处办花会一案经过情形，并请通缉逸犯梁伟豪等三名归案讯办。结案办法，俟奉核示，即行遵办案。

（议决）准通缉，并通令各县严禁，及咨第八路总指挥部通饬各军严禁。

六、程总指挥潜敬日电知派员赴粤招商运盐二十万担，请赐接洽，转知粤运使案。

（议决）复俟派员到粤，当接洽办理。

七、民政厅呈，据海口市政厅呈复，将调查抽收归国华侨特别捐，以充华侨协会琼崖分会经费一案详情，转呈核示饬遵案。

（议决）不准。

八、广东地方警卫队编练委员会呈缴该会暨所辖基干队，及地方武装团体训练员养成所，本年度岁出经临费预算书，请核准备案，令行财厅照拨案。

（议决）预算交财政厅核拨，派学生赴日游历事，俟服务满六个月后实行。

九、教育厅长许崇清呈，为奉国民政府大学院电开，五月删日召开全国教育会议，每省应派代表二人赴会等因，请发给旅费，每人六百元，共一千二百元案。

（议决）旅费照拨。

广东省政府第三届委员会
第五十四次议事录

五月一日　星期二

农、实两厅会呈缴修正承办士敏土厂振兴公司商人谭荣煊等呈具章程请将该厂改为官督商办合约，议决修正通过——较〔据〕呈转土地局拟复暂缓办增价税四个月似属可行，议决照原案办理——裁撤汕头堤工处归并汕头市厅办理。

出席者　李济深　徐景唐　许崇清　李禄超　朱兆莘　刘栽甫
　　　　　冯祝万　伍观淇
主　席　李济深
纪　录　马洪焕
报告事项

一、本府第五十二次议事录，经奉政治分会核议通过发还，已由秘书处分发办理。

二、国府电告中央最近政情八项。

三、国府电知直鲁赈灾委员会第一次会议进行办法四款。

四、国府秘书处函知，遵照第四次全体会议议决案，改组各政治分会情形，请查明饬属知照。

五、中央执行委员会政治会议元日电知，修正政治会议分会暂行条例，仰即遵办。

六、直鲁赈灾委员会迴日电告，于四月二十四日正式成立。

讨论事项

一、财政厅呈准第五军转送善后委员会及钟委员秀南来电，请将海陆丰全属盐税等捐，全数收入，拨归该会办理善后，请核示遵案。

（议决）办理善后，现派出东区善后委员，自应归该区善后委员统筹办法呈核，着径呈东区善后委员核转可也，所请未便照准。

二、广州市公安局呈复查明万福路逆产，现在进驻华侨协会，应否照案勒迁，请核示案。

（说明）查前准国府秘书处函，奉常务委员发下华侨协会电，致为该会会址突被警区迫迁，请饬广东省府转令公安局勿迫迁移电一件。奉谕函询广东政府核办，转请查照到府。当经饬令公安局查复。去后，兹据复称，窃查本案，职局于民国十五年九月暨十月先后奉国府秘书处函，以本市××路×××号、×××号、×××号洋楼，据侨务委员会邓委员泽如等函报，系张锦芳逆产。请标封拨作侨务委员会办公之用，着公安局饬区派警看管，点交该会。无论何人，未经政府核准不得再行迁入居住各等因。下局经饬第五区一分署照办，并呈复有案。嗣据该分署呈，以各号洋楼自侨务委员会迁出后，又由华侨协会接续进驻，其余均由军政机关职员居住。自经共乱，各职员迁去，即由业主亲属收回一部自行居住等情。当经批饬该管警区一律勒迁，派警看守，以符原案在案。现该华侨协会迁进办公，尚未奉政府核准，所称为前侨务委员会议决拨用，亦未准行知有案，当在一并勒迁之列。理合呈复察核。该华侨协会应否仍照案继续勒迁之处，请核示等语。

（议决）一律勒迁，交回财政厅管业。

三、实业厅、农工厅会呈缴修正承办士敏土厂振兴公司商人谭荣煊等呈具章程，请将该厂改为官督商办合约，请核示案。

（说明）查前据实业厅呈，据商人谭荣煊等续请迅予提议将士敏土厂改为官督商办，转请核示到府。经第四十一次会议议决，仍批商办，旧约交由农工、实业两厅会同修正呈核。去后，兹据该厅等会复，经修正呈缴察核等语。

（议决）修正通过。

四、广州市政委员长呈，据土地局拟复暂缓办增价税四个月，似属可行，请核示遵案。

（议决）照原案办理。

五、财政、建设厅呈复会核汕头市呈请拟将汕头堤工处裁撤，归并汕头市厅办理一案情形，请核示饬遵案。

（说明）查前据汕头市长呈，拟将汕头堤工处归并职厅，以除骈枝而一事权，请核示到府。经饬交建设、财政两厅会同核复。去后，兹据复称，查省府第三十三次会议，以汕头承筑西海岸益德公司代表黄华呈，乞迅令汕头堤工处停止强令供给经费，并依章投地，将价摊分，以清手续而免损害一案。经议决，令限堤工处于三个月内结束，将坦地变价照章办理，堤工处经费仍由承商供给有案。现该市长所请，自系为节省公款起见，拟请即照议决案，令限堤工处于三个月内结束，一面迅将坦地变价照章核办。俟届期结束完竣，即将该堤工处裁撤，归并汕头市厅办理。是否有当，请核示等语。

（议决）如拟办理。

六、南区善后委员呈为地方谋发展，为国家增收入计，先由改善港口交通着手，谨将筹款筑堤缘由，连同计划书，请核示遵案。

（议决）计划交建设厅审查，筹款交财政厅函询。

广东省政府第三届委员会
第五十五次议事录

五月四日　星期五

财厅呈据南海县长请将该县前解保管三万元发还及设法投变旧署以部分酌还台湾银行借款等情，议决保管三万元缓议，余照办——建设厅据转粤路总工会函请依照十四年四月十八日本会与粤路局协议条件履行等情，议决应行修改，未便照准——组织侨民事务局章程议决缓议——米商公会呈诉糠米米机两行违令勒抽米佣一案议决照公安局办法执行——民厅提议请委各县市长案，议决陈剑虹不准，余如拟试用。

出席者　李济深　冯祝万　伍观淇　徐景唐　朱兆莘　李禄超

　　　　　马超俊　许崇清　刘栽甫

主　席　李济深

纪　录　马洪焕

报告事项

一、本府第五十三次议事录，经奉政治分会核议通过发还，已由秘书处分发办理。

二、国府令发修正战地政务委员会条例，仰并饬属知照。

三、国府令发修正中华民国大学院组织法，仰并饬属知照。

四、国府令知照准司法部所拟法院人员，不得兼任行政官吏或其他官吏，仰即知照。

五、国府审计院长于右任感日电告，于四月二十七日就职。

六、军事委员会参谋厅、总司令部参谋处，养日电告，我军于皓日占领兖城、曲埠〔阜〕等处，并夺获枪械粮秣各情形。

七、总司令部参谋东电通告，我军本日上午五时，完全占领济南，敌向北溃退，正在追击中。又军事委员会参谋厅、总司令部参谋处电告，我军三十日申时克济南，二十七军先入城。

八、国民政府秘书处电告中央最近政情六项。

九、筹赈总处呈复决定拨一万元急赈五华，至紫金方面俟统筹各灾区后，分别拨款赈济。

十、筹赈总处呈复对于潮属共祸决定急赈，普、惠两县各拨款二万元，业经各汇交五千元，先行施赈，至职处驻阿婆办事处，不日迁驻汕头，并可兼顾惠阳等处。

讨论事项

一、国府令发审计法一件，仰饬属知照案。

（议决）存查。

二、建设厅呈，据广三路局转据工人请发给共乱损失赔偿款项等情，应否照支，请核示案。

（议决）不准。

三、财政厅呈，据南海县长请将该县前解保管三万元发还，及设法投变旧署，以一部分酌还台湾银行借款等情，转请察恢〔核〕，并令交涉员函商台湾银行具复，令厅转知案。

（议决）保管三万元缓议，余照办。

四、建设厅呈，据粤汉铁路整理委员会呈转，接粤路总工会函请依照十四年四月十八日本会与粤路局协议条件履行等情，应否照准，请核示案。

（议决）应行修改，未便照准。

五、南区善后委员敬日邮电，据徐闻县公民代表等呈称，县长旷职，主政无人，防务空虚，恳准遴员接篆，并派兵驻防等情，经职署委派蔡仲佳赴县代理，并派队驻防，请准加委案。

（议决）应将蔡仲佳履历呈明候核。

六、民政厅呈复组织侨民事务局章程，应否仍照原案，会同建设厅起草，请核示遵案。

（议决）缓议。

七、实业厅、农工厅、公安局分呈报告拟办米商公会呈诉糠米米机两行违令勒抽米佣一案情形，请核示饬遵案。

（议决）照公安局办法执行。

八、广东电政管理局长呈请俯念交通重要，对于职局请款修线事项，迅赐核准提前发给，请核示案。

（议决）令财政厅照拨。

九、民政厅提议，新委海口市长孔昭度，面请辞职，遗缺拟以廖国器署理；新委惠来县长廖鸣鑫辞职，遗缺拟以林鹤年署理；新丰县长陈运炽另候差委，遗缺拟以姚希明署理；代理惠阳县长骆凤梧另候差委，遗缺拟以黄均铨署理；丰顺县长冯熙周另候差委，遗缺拟以方乃斌署理；署理遂溪县长周泽中另候差委，遗缺拟以陈剑虹署理；又海丰县长黄植丹辞编〔职〕，遗缺拟以钟秀南署理；理合检同各该员履历提出会议，敬候公决案。

（议决）陈剿〔剑〕虹不准，余如拟试用。

广东省政府第三届委员会
第五十六次议事录

五月八日　星期二

智利硝准划出爆烈品范围之外至应如何由政府专卖办法仍由财、实两厅及中大农科会商——取销冼善之通缉令——二五减租原则在调查各地情形未明及确定办法未厘定时暂缓执行——照委北区政务处处长周钟歧。

出席者 李济深　冯祝万　伍观淇　刘栽甫　李禄超　马超俊
　　　　　徐景唐

主　席 李济深

纪　录 马洪焕

报告事项

一、本府第五十四次议事录，经奉政治分会核议通过发还，已由秘书处分发办理。

二、国府秘书处东日电告中央最近政情三项。

三、国府秘书处卅日电告中央最近政情六项。

四、国府秘书处马日电告中央最近政情七项。

五、国府秘书处宥日电据直鲁赈灾委员会呈称，开第一次会议，当决进行办法四项，奉谕电达，希查照。

六、东区善后委员宥日邮电报本署业迁汕头，由四月二十六起，在汕开始办公，请饬属知照。

七、国府令发修正省政府组织法，仰并饬属知照。

八、国府令知政治革新之根本八端，仰并饬属遵照。

九、国府秘书处支日电告中央最近政情三项。

十、国府冬日电告举行五月五日庆祝典礼，若得电稍迟者，并着于电到后补行。

十一、建设厅长吴铁城函呈由五月七日起续假七天，职务仍交秘书孙璞代拆代行。

十二、教育厅长许崇清呈报拟请假三星期，即日启行，出席全国教育会议，所有厅务交王秘书仁康代拆代行，请核示。

讨论事项

一、民政厅呈复陈村市征收香烛纸宝捐，顺德县请收回县办一案，前经转呈核准，藉充该市教育经费，应否由该市办理，抑移交县办之处，未便擅议，候核示案。

（议决）交财政厅核办。

二、管理财政部在粤事务函复核议将智利硝一项，仍请收归专卖一案，既由贵府函请中大试验具复敝部，自不必置议，请查照办理见复案。又中山大学函复，据农科称，未准送智利硝，无从试验，兹就折呈内容所述，参以本科农林化学及农艺学校教授意见讨论各节，请查照案。

（议决）准划出爆烈品范围之外，至应如何由政府专卖办法，仍由财政、实业两厅及中大农科会商可也。

三、广州市政委员长呈，据公安、财政两局会复石将军原日第五号房屋查封后，未经有人承领，暨谭军长借用情形，职厅复查无异，请察核案。又建设厅呈复关于熊佐请领回屋宇船只管业一案，据航政局查复，并无熊长卿业主名义；珠江等五轮船名号数业主等项，请转饬熊佐查考，如属己业，应赴法院请办等情，转呈核示案。（二案并案讨论）

（议决）除署前街四十七号房屋，未经查封，准予发还外，其石将军房屋，经已查封有案，未便发还，又所有船只，亦已无存，所请发还，亦难照准。

四、民政厅呈，据宝安县长查复冼善之尚非助逆，以前行为，并无不合，应否取销通缉，撤封产业之处，未敢擅拟，请核示案。

（议决）准予取销通缉。

五、农工厅呈复审查省党部修正二五减租办法全案结果，是否有当，请鉴核案。

（议决）二五减租原则，在政府事在必行，惟应从调查各地情形厘定办法入手，在调查各地情形未明，及确定办法未厘定时，暂缓执行。

六、北区善后委员呈请划韶城为市区，并委李晖南为该市市长各缘由，是否有当，请核示案。

（议决）现在已经划为独立市区各城市，多数正拟撤销并县办理，韶城未便另辟为市区，至该城应如何改良建设，应由该委员督饬县长办理。

七、北区善后委员呈报周钟歧学识渊博，已到韶办公，拟请钧府委为本署政务处处长，乞鉴核给委案。

（议决）照委。

广东省政府第三届委员会
第五十七次议事录

五月十一日　星期五

北区善后委员呈请添设团警处并送条例预算表，议决将原组织条例改正，即军务处第一科为团警科，第二科为绥靖科，便可不必设团警处——令市厅缓办果栏营业所得捐。

出席者　李济深　徐景唐　李禄超　马超俊　朱兆莘　伍观淇
　　　　　刘栽甫　冯祝万

主　席　李济深

纪　录　马洪焕

报告事项

一、本府第五十五次议事录，经奉政治分会核议通过发还，已由秘书处分发办理。

二、国府令发大学区组织条例，仰并饬属知照。

三、国府令发中华民国大学委员会组织条例，仰并饬属知照。

四、国府令发国民政府财政部军需公债条例，仰并饬属知照。

五、国府秘书处支日电报中央最近政情三项：（一）江苏农工厅改为农矿厅，任何玉书兼江苏农矿厅厅长。（二）任命林森等为侨务委员会委员，并指定林森、萧佛成、邓泽如为常务委员。（三）通令全国于五月五日总理就任大总统纪念日，举行祝捷典礼。

六、蒋总司令鱼日电告我军北伐，静候外交当局严重交涉，并望饬属对于友邦领事侨民生命财产，仍应加意保护，凡有碍邦交标语与宣传，尤宜随时取缔。

七、政治分会令奉中央政治会议电令开，议决全国一切集会，在文到一星期内，每次开会，特为惨被日军杀戮之蒙〔蔡〕公时同志及士兵民众静默三分钟，以志哀悼，仰饬属一体遵照。

八、罗翼群等虞日电告日占我山东，妨我北伐，望国人速起对付。

讨论事项

一、北区善后委员呈请添设团警处，并遵条例预算表，请核示案。

（议决）将原组织条例改正，即军务处第一科为团警科，第二科为绥靖科，便可不必设团警处。（并呈报政治分会，及咨第八路总指挥部。）

二、南区善后委员呈缴四月份预算书，请察核案。（专案呈）

（说明）职署编就之四月份预算概数计共一万零一百四十二元，核与原发之预算表列七千一百七十七元，实溢出二千九百六十五元。系依照各区善后委员公署组织条例第八、第九、第十等条酌予增用之人员薪俸。前经将此概算电呈第八路总指挥部察核在案等语。又职署自四月十一号成立日起，至月底止，共计二十天，应需经费六千七百六十一元三毫三仙二文云。

（议决）呈政治分会核。

三、略。

四、番禺县长呈请令饬广州市公安局，嗣后如遇职县委派员队，并备具正式印文知会该管警察区署派警协同在所辖警界内拘获人犯，应由职县派去员队，直接押解回县讯办，以期敏捷，请核示案。

（说明）查此案本府前奉政治分会令，据公安局呈，拟补充办法。嗣后凡会警搜查逮捕，应由区解局，讯明后，并由该机关于五日内备文来局提回讯办。如〔逾〕期仍不提解者，准由局按照所犯案情，如属于军事犯者，即呈解第八路总指挥部军法处讯称；如属民刑事犯者，即分别转送该主办机关或法院讯办等情。经议决照准在案。令行到府，经即由府饬属遵照有案。现据该县呈，以拘获匪犯，该管警署仍不允由县派去员队将所获匪犯带回归案讯办。无论情事缓急，必须由警署将该犯转解公安局，讯明后方能解县，以致辗转，不免稽延。纵能讯据供开匪伙，已被闻风远扬，续捕不及，易滋贻误。拟请饬局，嗣后如遇职县会员会警在所辖警界内拘获人犯，应由职县派去员队直接押解回县讯办，以期敏捷而免延误等语。

（议决）仍照政治分会令据公安局呈拟补充办法办理。

五、广州市政委员长呈请将中山公路拨归职厅继续展筑，并饬将该路修筑费，一并拨交职厅接收管理，俾中山公路与各处公路相衔接，通车便利，成功较速，请核示案。

（议决）交建设厅核复。

六、财政厅呈，据省陈鲜果咸货行代表呈请转请迅赐饬令市政厅将果栏营业所得捐，暂缓举办，以免顾此失彼，候核示遵案。

（说明）据该行代表呈略称，奉财局布告奉市厅令，办果栏营业所得捐照百分之二五征收等因。查此项形同台费之苛捐，抽章仍属抽之来货，由栏代收，实与台费无异。惟现在负担台费已属匪轻，若再抽此项苛捐，势必影响原有台费，亦必连带短收，结果敝行无业可营等情。查章程，所得捐应就其所得纯利而抽捐，乃符课税之原则。今阅抽收系抽之来货，实与台费无异。惟查该行台费，上届年饷大元七千二百元，现办年额三万元，已较上届增加三倍有奇。若必相并而行，似于台费不无影响。据该代表所称，原有台费必连带短收，无力肩承巨饷。自属实情，合转请核准，令市厅将果栏营业所得捐暂缓举办，以免顾此失彼等语。

（议决）令市厅缓办。

七、略。

八、东莞明伦堂沙田经理局委员长呈请先择职县努力党国之公正人士数员，委为职局整理委员，责成从速整理，一俟整理完竣，即行呈明钧府交回地方人民选举，连同整理计划书，请核示案。

（议决）准令民政厅查照。

广东省政府第三届委员会
第五十八次议事录

五月十五日　星期二

准取销前东莞县长张仲旋通缉——照委刘蓉森、余超为教育厅督学——令财厅汇给南京特别市市长电请补助兴修粤军烈士祠费用——乐昌县长呈报北区善后委员公署派员接收该县游击队及第一区署警察各情形，议决令善后委员嗣后如有此等事应先饬由县长办理以全县长威信，并令各队长及警察署长要绝对服从县长节制指挥，俾得县长行使职权为要——议决照委龙门县长庄陶如及东莞明伦堂沙田经理局整理委员会各长员。

出席者　李济深　冯祝万　伍观淇　刘栽甫　朱兆莘　马超俊　　　　李禄超

主　席　李济深

纪　录　马洪焕

报告事项

一、本府第五十六次议事录，经奉政治分会核议通过发还，已由秘书处分发办理。

二、国立中央研究院函知于四月二十六日启用关防，请并饬属知照。

三、浙江省政府豪日通电反对日本出兵山东。

四、浙江省政府微日电报接何总参谋长电，日本军队在济南无故开衅，击死行人以千计，交涉员蔡公时等十余人惨被戕害，请一致奋起，为外交后盾。

五、河南省总工筹备委员会宥日电请一致反对日本出兵山东，不达日兵撤退之目的不止，敝会谨率河南五百余万工友，誓为后盾。

六、筹赈总处呈报准第五军副军长邓彦华商请拨发赈款三万元，为办理海陆丰以工代赈之用，经已如数照拨。

七、国府秘书处文日电知文日中央党部国民政府开联席会议。

（议决）要案两件。①

八、建设厅长吴铁城函报起程回粤日期，并续假六天。

讨论事项

一、民政厅呈，据东莞县长呈报查明该县前县长张仲旋，无勾引敌人情事，前被通缉，系属冤抑，转请将通缉案取销等情，应否照准，请核示案。

（议决）准取销通缉。

二、广东地方警卫队编练委员会呈，请核准地方武装团体训练员养

---

① 此处不应有"议决"部分。

307

成所各学员结第后，听候本会派赴地方服务两年，并定期分别催促回所服务，如不依限回所报到者，即予通缉讯办，并追缴学费，是否有当，请核示案。

（议决）照办。

三、教育厅呈请加委刘蓉森、余超为职厅督学案。

（议决）照委。

四、略。

五、政治分会函，据南京特别市市长电请补助兴修粤军烈士祠，议决交省政府办理，希查照办理见复案。

（议决）令财政厅汇给。

六、乐昌县长呈报奉北区善后委员公署派员接收职县游击队及第一区署警察各情形，销〔候〕察核案。

（议决）令善后委员嗣后如有此等事，应先饬由县长办理，以全县长威信，并令各队长及警察署长，要绝对服从县长节制指挥，俾便县长行使职权为要。

七、民政厅提议，龙门县长朱沧浪辞职照准，遗缺拟请以庄陶如署理，理合检同履历提出会议，敬候公决案。

（议决）照委。

八、冯委员祝万、刘委员栽甫提议，请委东莞明伦堂沙田经【理】局整理委员会各长员并开列名单呈请公决案。

（议决）照委。

九、粤汉路总工会改组委员会呈，为详具理由，仍请核准照约加薪案。

（议决）查案批复。

广东省政府第三届委员会
第五十九次议事录

五月十八日　星期五

令财政厅照拨中大调查粤海水产补助费四千元——照修正通过广州市起卸工人注册领牌暂行规则——南区盗匪自新办法议决照备案——审查建设厅呈拟建设大纲意见，议决照拟，令建设、财政两厅遵照办理——公布广东省白云山保护林单行条例并令番禺县布告周知。

出席者　李济深　李禄超　马超俊　刘栽甫　冯祝万　陈铭枢
　　　　　朱兆莘　伍观淇

主　席　李济深

纪　录　马洪焕

报告事项

一、本府第五十七次议事录，经奉政治分会核议通过发还，已由秘书处分发办理。

二、国府令发国民政府侨务委员会组织法，仰并饬属知照。

三、中央执行委员会佳日电告执监委员会委员与国府委员联席会议，议决规定标语口号，除中央党部制者外，不得乱用，仰并饬属知照。

四、战地政务委员会主席蒋作宾电告敝会已于冬日移至济南办公。

五、国府秘书处真日电告中央最近政情六项：（一）关于济南惨案，谭主席致电日内瓦国际联盟，申述经过情形请其主张公道，制止日军暴行。（二）阎总司令锡山蒸晨电，报告我军与敌血战七昼夜，已于青〔清〕早攻克石家庄。（三）冯总司令玉祥蒸电，报告占领顺德临清武城，已与津浦路友军相联络。（四）公布法官惩戒条例及著作权法。（五）简任蒋锡侯为浙梅关监督兼宁波交涉员，毛钟才为长同关监督兼湖南交涉员。（六）明令特许蒋伯城为浙江省政府代理主席。

六、何总参谋长应钦寒日电告上海报载日参谋本部已于十二日下令福田停止军事行动。

七、国府感日电告我军连战皆捷，成功在迩，仍着各总司令等督饬各部，乘胜长驱，完成大业。

讨论事项

一、国立中山大学函请核拨补助费四千元，以资调查粤海水产案。

（议决）令财政厅照拨。

二、农工厅呈报，粤港起落货总工会与省港澳劳动同德总工会广州分会工人发生纠纷一案，特拟定广州市起卸工人注册领牌暂行规则，以消纠纷案。

（议决）照修正通过。

三、建设厅呈，据南路公路公〔分〕处请令南路各县筹拨经费等情，检同清单请提议饬县速解案。

（议决）令建设厅及各区善后委员查明各分处实在情形，拟具办法，呈候核办。

四、南区善后委员呈报颁行南区盗匪自新办法缘由，缮具办法证式各一纸，请核示批遵案。

（议决）照备案。

五、建设厅呈报核拟汕头坦地业户争执一案缘由，是否有当，请核示案。

（议决）照拟办理。

六、委员朱兆莘、财政厅厅长冯祝万、实业厅厅长李禄超会呈奉令审查建设厅呈拟建设大纲一案，拟具意见，分别胪列，复请鉴核案。

（议决）照拟，令建设、财政两厅遵照办理。

七、国立中山大学函送广东省白云山保护林单行条例，希提出会议通过，公布施行案。

（议决）照通过公布，并令番禺县布告周知。

八、南区善后委员蒸日电陈琼崖共祸酷惨情彤〔形〕，请准立拨巨款，救济灾民，候核示案。①

（议决）照令筹赈处办理。

---

① 该项"说明"内容略。

九、粤汉铁路整理委员会呈报现复接职路总工会函请援照成约，履行加薪等情，并查此次工人请求加薪，群情激切，应如何办理，请核示遵案。

（说明）查前据建设厅呈，据该会是转粤路总工会函，请依照十四年四月十八日本会与粤路局协议条件履行，应否照准，请核示一案。经本府第五十五次会议议决，应行修改，未便照准在案。兹据呈称，经转饬知照在案。现复接函，恳仍准照成约办理等情。查职路工人此次请求援照成约加薪，群情激切，应如何办理之处，乞批示祗遵等语。

（议决）仍照五十五次会议议决案办理。[①]

十、民政厅呈报拟给前紫金县长丘国忠一次恤金四百八十元，并照俸给十分之一，给以遗族恤金二十四元，饬由紫金县照给，是否有当，请批示案。

（议决）照拟办。

十一、公安局呈为准工务局转来纪念堂计划界图一纸，请核转请中山先生纪念堂筹备委员会自动将第三次收用粤秀全街及东新巷等街二百余户民房计划即日取销，以恤民艰，而顺舆情案。

（议决）照转纪念堂筹备委员会查照。

广东省政府第三届委员会
第六十次议事录

五月二十二日　星期二

文澜书院文庙一案议决交市政府拟办最好由市政府收回自行建设公用市场——冯委员祝万呈拟请俯念前军事厅长兼公安局长朱晖日因变出非常未能交代准予将朱晖日暨该厅职员马碧珊等通缉原案注销，俾安心交代而示宽大，议决准如拟，惟须限令两个月内交代清楚——民厅提议请委茂名等县县长，议决照委试用。

---

① "议决"其余内容略。

311

出席者　李济深　李禄超　马超俊　刘栽甫　冯祝万　朱兆莘
　　　　吴铁城　伍观淇

主　席　李济深

纪　录　马洪焕

报告事项

一、本府第五十八次议事录，经奉政治分会核议通过发还，已由秘书处分发办理。

二、国府阳日电告日案，由部严重交涉，现北伐成功在迩，应坚定精神，努力一切工作，恪守中央令旨。

三、国府齐日电告军事顺利，日案令外交部妥办，据报查获共产党印刷品利用停课罢工，各当地军警应力为防范，保护侨民，违令准照戒严条例强制执行。

四、广东全省筹赈总处呈复奉命办理赈恤普宁县灾黎，经由职处拨款二万元先行急赈。

五、广东全省筹赈总处呈复奉命筹恤海陆丰灾区，业经先后拨发毫洋八万余元，派员组织分处，会同各该地方团体购米办理平粜〔粜〕，又拨六千元为碣石等处救济难民之用，又经拨三万元交邓副军长办理以工代赈事宜。

六、第八路总指挥部函知广东各区善后委员公署开办经常各费，不入敝部军费范围，应由贵府拨支，以明系统，希并饬属知照。

七、国府秘书处效日电告中央最近政情二项：（一）任孙良诚等为山东省府委员，并指定孙良诚为主席，冷裔兼民政厅长，魏宗晋兼财政厅长，何思源兼教育厅长，孔繁尉兼建设厅长。（二）任命李翊东为宜昌关监督，兼宜昌沙市交涉员。

八、建设厅长吴铁城函报于二十日安抵广州，定于二十一日回厅销假视事。

讨论事项

一、民政厅呈复查明麦逢秋、吴卓峰通缉案情形，应否准予将该案取销，及免予置议之处，并候核示案。

（说明）查此案本府前准省党部改组委员会函，据麦逢秋、吴卓峰呈称，被诬在港组织讨赤军，恳咨省府转饬民厅注销缉令等情转达到府。当查本府并无通缉该吴卓峰、麦逢秋之案，即饬民厅查明具报。去后，兹据复略称，查此案，该麦逢秋系民国十六年二月据儋县县长邢诒晃呈称，反动派周文海、麦逢秋等均系邓逆本殷时代伪儋县县长吴卓峰心腹。时在乡间秘密开会筹款购械，以图内应，现已潜逃赴港，请通缉等情。经陈前厅长树人饬县严缉有案。迨是年六月，据儋县党部函，以麦逢秋自法归国以来，经营商业，毫无越轨行为，请准取消通缉等情。经朱前厅长家骅饬，据该县长查复称，麦逢秋尚无反动行为等语。复经李前厅长文范详加审核，再饬琼崖民政视察员饬，据临高县长查复，麦逢秋系留学法国，回国后在梓里经商，向无干预外事，亦无反动行为。经陈前厅长公博核明归卷，尚未将通缉案取消。应否准予取消之处，伏候核示。至吴卓峰并无通缉之案，应否免予置议，并候钧核等语。

（议决）麦逢秋准取消通缉，吴卓峰免置议。

二、财政厅呈复审核文澜书院文庙一案，似应查照原案，饬令承业堂将洪圣庙克日筹设市场，不得以兼领文庙为藉口，是否有当，请核示遵案。

（议决）交市政府拟办，最好由市政府收回，自行建设公用市场。

三、广东全省筹赈总处呈请委任赵文饶为第一课课长，其原由秘书兼第一课课长黄佐，应请免去兼职案。

（议决）缓议。

四、广东全省筹赈总处呈缴惠来筹赈分处长廖鸣鑫委令一件，请改委林鹤年为该分处长，以专责成；并报明陆丰县分处长空白委任已填入曾享平姓名，请备案案。

（议决）备案。

五、英德县长呈，据职署公安局及游击大队部呈，以被警卫团缴去枪械各物，开列清单各一扣，及被带去分队长并各该员自备或转借枪械，无力赔偿各情形，应如何办理之处，转请核示案。

（议决）令北区善后委员查复。

六、北区善后委员效日电告曲江县长委匪首为游击队长，已将该匪正法，并收械改编案。又曲江县长皓日电告善后委员深夜到署缴枪，催〔摧〕残威信，召集团体筹借军费亦被骇散。现在监狱无枪看守，倘有反越不敢负责，恳速派员接替案。（二案并案讨论）

（议决）（一）备案。（二）交民政厅调往别处。

七、汕头市长黄开山呈请变卖公安局地址，及发行有奖证券，另建新署各项，势鸡〔难〕变更缓办，乞准予所请施行案。

（议决）照准。

八、秘书处签呈，据会计、财政两股呈称，本处现准财厅函请严饬承办人员，漏夜编齐十七年度岁出岁入预算，早日送厅汇编等由。查年度预算关乎一年之支出，每月支出数目，非有精确之预算，难免有不敷之虞，且财厅前次通函声明，如未列入预算之数，以后概不支发等语。现本府行将改组，每月究需经费若干，职股不能确定，即无从着手编造，应否函复财厅，俟本府改组后再编，抑照现在预算数编造之处，转请核夺案。

（议决）稍缓。

九、冯委员祝万呈，为前军事厅长兼公安局长朱晖日，交代未清，业奉明令通缉在案。现接该员函称，前因大乱甫平，仓卒离任，员司星散，未能交代。现经着手整理，除军事厅款项，因全厅一炬，一时尚无办法外，公安局数目，经派员与邓局长彦华，核算清楚，自应派员回省交代等语。拟请俯念该员因变出非常，未能交代，准予将朱晖日暨该厅职员马璧珊等通缉原案注销，俾安心交代，而亦〔示〕宽大案。

（议决）准如拟，惟须限令两个月内交代清楚。

十、民政厅提议，茂名县长李炎芬辞职，遗缺拟请以黄咏台调署；郁南县长邓××撤任，遗缺拟请以赵文饶署理；廉江县长陆××撤任，遗缺拟请【以】钟喜焯署理；防城县长甄绍莘辞职，遗缺拟请以孙家哲署理。理合检同各员履历附陈，提出会议，敬候公决案。

（议决）照委试用。

广东省政府第三届委员会
第六十一次议事录

五月二十五日　星期五

公路分处应受善后委员指挥监督对善后委员公文用咨呈——民厅呈复据汕市长查复萧前任拟就厦岭港附近建筑屠场尚能兼筹并顾各情议决照拟——民厅提议请委大埔乐昌县长议决照委试用。

出席者 李济深　冯祝万　刘栽甫　朱兆莘　伍观淇　吴铁城
　　　　　李禄超　马超俊

主　席 李济深

纪　录 马洪焕

报告事项

一、本府第五十九次议事录，经奉政治分会核议通过，已由秘书处分发办理。

二、国府令发法官惩戒暂行条例，仰并饬属知照。

三、李委员烈钧寒日电告，我军已迫保定马厂，奉张故作停战缓兵之谋，现我军仍继续前进，国府已令外交当局妥办济南事件，并已派定代表分赴各国接洽。各地政府及民众，务遵中央迭令，务求进步，忍耐与兴奋，须两兼之。

四、广东全省筹赈总处呈复关于设立汕头分处原案，似应撤销，以免骈枝，而省费用，奉发委令两件缴还，请批示。

五、国府秘书处养日电告中央最近政情三项：（一）冯总司令巧日电报告我骑兵已占领东光南皮。（二）李宗仁巧电报告五月十八日武汉政治分会成立。（三）特任李品仙、叶琪、周斓、陈钧、魏益三、廖磊、李燊、刘兴、何健为军事委员会委员。

讨论事项

一、建设厅呈，据广东公路处呈复审查海口筑港及道路计划书情形复核无异复请核明饬遵案。又管理在粤财部事务函复办理海口筑堤费

用，在关税及二五税项下附加，似多窒碍情形，希查照核议见复案。（二案并案讨论）

（议决）将两厅所复，令行详细计划呈核。

二、建设厅呈，据情转请核示东路公路分处，是否归东区善后委员管辖，来往公文，应用何种程式案。

（议决）应受善后委员指挥监督，对善后委员公文用咨呈。（并令西南两路分处及各善后区署）

三、实业厅呈复财政部颁发会计师注册复验章程，奉文在后情形，请予宽假该会计师等，以办理复验时间，俾免向隅，开具先后核准会计师姓名及日期清单，请转咨财部施行案。

（议决）照咨财部。

四、民政厅呈复，据汕市长查复萧前任拟就厦岭港附近建筑屠场，尚能兼筹并顾各情，请核示遵案。

（议决）照拟。

五、实业、财政厅分呈复核周振基与陈棻良等控争台山县属土名蟾蜍吐火山场一案情形，请核示案。

（议决）饬县将该山及周、陈两姓村落附近地形精细测绘地图呈核。

六、民政厅提议，大埔县长黄逸民辞职，遗缺拟请以黄宗宪署理；乐昌县长唐济刚辞职，遗缺拟请以刘应福署理。理合检同该员履历，提出会议，敬候公决案。

（议决）照委试用。

广东省政府第三届委员会
第六十二次议事录

五月二十九日　星期二

交财厅核拨广东昆虫局月款三千元——照准番禺县照案抽收来往沙河汽车马车腐竹各捐为购置枪械扩充警力——海陆丰两县旧粮准全免，

公债准免派，烟酒禁烟屠捐未便准免，新粮如拟收，禁赌缓办——照委陆肇强为粤路整委会会计委员。

出席者　李济深　马超俊　李禄超　吴铁城　朱兆莘　伍观淇
　　　　　　刘栽甫　冯祝万

主　席　李济深

纪　录　马洪焕

报告事项

一、本府第六十次议事录，经奉政治分会核议通过发还，已由秘书处分发办理。

二、国府令知对于刑法草案，业经议决以三月十日为本法公布期，七月一日为施行期，并仰饬属知照。

三、蒋总司令函覆本府请转商中央政府查照议决案迅拨赈款二百万元一案，业照转呈核示在案，希查照。

四、政治分会秘书处函送两广惩办盗匪暂行条例，请查照办理。

五、建设厅呈复，关于粤汉铁路局职员加薪调查表一案，经饬据粤汉铁路整理委员会审查呈核复称，查案尚属相符，理合转呈察核备案。

六、国府秘书处有日电告中央最近政情七项：（一）冯总司令玉祥养电报告占领阜城、武邑、武强、献县等处。（二）刘总指挥湘巧电报告攻克万县杨森残部溃退。（三）各地华侨报解中央捐款截至本日止计共国币二十九万四千四百五十二元余。（四）第六军长兼第四路总指挥程潜免职查办。（五）任命鲁涤平等为湖南省政府委员，鲁涤平为主席，陈嘉佑兼民政厅长，李隆建兼财政厅长，张定兼教育厅长，刘召圃兼建设厅长。（六）裁撤湘鄂临时政务委员会。（七）任命于右任等为法官惩戒委员会委员，于右任为主席。

七、政治分会函送广东省政府委员会办事细则，及广东省政府秘书处组织条例，希查照办理。

八、政治分会函送广东省政府民政、教育、建设三厅组织法，希查照饬属如照。

九、广东交涉员呈报，关于无条件收回法领署地段一案，昨准法领面称，已奉到消息，法国政府允将该署地段交还，至完成正式交还手续，至少尚须三个月时期，因法领署自迁出沙面后，该旧署作为古迹保存，已移交教育美术机关管辖，须由该机关移让，然后经外交部正式交还广东省政府等语请核示。

讨论事项

一、国立中山大学函，关于去年请按月拨款三千元，举办广东昆虫局一案，迄今未准核复，请查照迅予该复案。

（议决）交财政厅核拨。

二、民政厅呈，据番禺县长呈称，拟请照案抽收来往沙河汽车马车腐竹各捐，为购置枪械，扩充警力等情，应否准予照办，请核示案。

（议决）照准。

三、略。

四、北区善后委员呈，请发给无线电收发音机，并派员提前装设各缘由，请核示遵案。

（议决）送第八路总指挥部核复。

五、第八路总指挥部函称财厅呈报电政局请领第二期修线费，未奉钧部核准，未敢遽发，请批示办理等情，此案有无核准，无案可稽；连同原呈清折，送请跟案办理案。

（议决）照案批。

六、民政厅呈，据陈村市专员呈请拟办水警及医院并酌加各种捐目各节，似尚可行，请核示饬遵案。

（议决）麻雀电影捐准照收，山票附加，有碍正饷，不准。

七、北区善后委员呈拟请发给开办韶城市政经费，并委李晖南为该市局局长缘由，请核示案。

（议决）照准。

八、建设厅呈，为据粤汉铁路整理委员会会计委员胡继贤，因奉调赴中央工作，呈请辞职，经予照准，遗缺拟以陆肇强接充，理合取具该员履历请公决案。

（议决）照委。

广东省政府第三届委员会
第六十三次议事录

六月一日　星期五

出席者　李济深　马超俊　吴铁城　李禄超　伍观淇　朱兆莘
　　　　　刘栽甫　冯祝万
主　席　李济深
纪　录　马洪焕（张百川代）

报告事项

一、本府第六十一次议事录，经奉政治分会核议通过发还，已由秘书处分发办理。

二、国府令发修正法制局组织法，仰并饬属知照。

三、教育厅呈复遵将已往施政情形，及将来施政总计划，缮具报告书，请察核示遵。

四、国府秘书处艳日电告中央最近政情五项：（一）任命白崇禧为第四集团军前敌总指挥。（二）特派第二十二军军长赖心辉为第六路军前敌总指挥。（三）最高法院广东分院明令取销。（四）简任周诒柯为安徽高等法院长，戴修瓒为最高法院首席检察官。（五）国府委员孙岳，前中华革命军湖南司令长官林德轩，积劳病故，明令褒恤。

讨论事项

一、北区善后委员呈拟办苗圃林场，暨呈计划预算缘由，请核示遵案。

（议决）似属可行，仍交中山大学审查。

二、北区善后委员呈报公费不敷，请每月加给特别费一千元案。

（议决）批复各区经费，经由政治分会增加至一万余元，着查照可也。

三、岭南大学呈请每年增加补助费十万元，自本年七月计，按月共发补助费二万一千六百六十余元，以维【教】育，恳准施行案。

（议决）交财厅列入十七年度预算。

四、地方警卫队编练委员会呈复开、封等五县联团一案，拟定将原有民团匀拨调驻，候派员改编，并请令财政厅准如所拟抽收钱粮附加团款各情形，请察核案。

（议决）照准分令广宁、开建、封川、德庆各县长，及咨广西省政府令知怀集、信都各县长，各派出代表，会商办法呈核，并令财厅查照。

五、省河牧、贩猪户全体代表唐言等呈，联请饬令省河猪捐合隆、万合两公司遵照，将增加原案撤销案。

（议决）交财厅查明呈核。

六、曲江县长邮电告王委员并不审讯，枪毙游击队长等，并诬职与匪为伍，请提出会议，将职与王委员同时撤差，并交法院裁判，或组织高等军法会审，现在威信全失，地方事不敢负责，并请对于职身予以保护，不能任王委员藉故中伤案。

（议决）呈悉，王委员处置各县民团游击队事，心虽无他，未免过于操切，手续亦有不合之处，令知嗣后审慎办理为要；该县长与王委员彼此意见未洽，着民政厅调往别处任用可也。

七、民政厅提议，英德县县长袁柳溪辞职照准，遗缺拟请以陈惠宣署理；曲江县长姜玉笙辞职照准，遗缺拟请以符和琚署理；东莞县长张拔超另候差委，遗缺拟请以沈竞署理；兴宁县长谢达夫另候差委，遗缺拟请以廖桐史署理；江门市长司徒×撤任，遗缺拟请以冯炳奎署理。检同各员履历，请公决案。

（议决）除东莞县不动外，余均准试署。

320

广东省政府第三届委员会
第六十四次议事录

六月五日　星期二

出席者　李济深　马超俊　吴铁城　朱兆莘　伍观淇　刘栽甫
　　　　　冯祝万

主　席　李济深

纪　录　马洪焕

报告事项

一、本府第六十二次议事录，经奉政治分会核议通过发还，已由秘书处分发办理。

二、外交部艳日电知致日本政府节略一件。

三、外交部函送本部致葡使修约照会稿一件，希查阅。

四、内政部咨送审核更名改姓及冠姓暂行规则八条，除公布外，请查照。

五、内政部函知孔祀之废，乃废除迷信之祭祀，并非推倒其人格学问，及其在文化历史上位置，对于各地方之孔庙，仍须妥为保护，并宜利用其地址，办理图书馆、运动场或民众学校，藉以作育人才，庶孔庙赖以永久保存，而办法又深契孔子诲人之旨，请查照。

六、政治分会函送广东省府财政厅暂行组织法，及国税管理公署暂行组织大纲，请查照。

七、政治分会函，据市政委员长呈复，关于纪念堂建筑，收用民业办法，议决准照案收用第一、二期民业，第三期缓议收用，特检同原图函达，希查照，转行遵照办理。

八、国府令，现经财务委员会议决，在减薪期间，所得捐应照实发数征收，自应一律照办，仰并饬属遵照。

讨论事项

一、建设厅呈，据公路处呈，拟略为变通各县筑路考成缘由，查核所拟办法，尚属可行，请核饬各县一体遵办案。

（说明）据公路处呈略称，职处前拟定各县公路局考成条例，限期将筑路情形填具路政报告表，呈由职处审查，汇列转报家核。原冀速将全省省道线及县道支线次第告成，惟此项考成条例施行以来，遵报者寥寥无几。其原因，虽半由地方多故无暇顾及筑路，半由县长更换纷繁。旧任忙于交代，新任初膺，民社措置当缓，均不无停顿之处。且查各县交通与经济情况各有不同。兹拟将考成原案略为变通，如确有特殊情形，准其据实呈报，惟不得饰词搪塞。仍由职处查明，宽其考成。其未经核准缓筑，而故意延岩〔宕〕，又不按期填报路政半月表，则是玩误路政，即应照考成条例分别处分。如此办理，变通之中仍属严厉之意等语。建厅据此，以该处所拟变通考成办法尚属可行，请饬行各县一体遵照云。

（议决）如拟。

二、建设厅呈复，广州市长请将中山公路拨归展筑，自无不可，拟请市厅将中山公路用过建筑费八万七千余元拨还，移作南番花公路经费，请核示案。

（说明）查前据广州市政委员长呈，请将中山公路拨归职厅继续展筑，并饬将该路修筑费一并交职厅接收管理。俾中山公路与各属公路相衔接，通车便利，成功较速，请核示到府。经第五十七次会议议决，交建设厅核复。去后，兹据复称，经令行公路处查核议复。据称，查中山公路本与市区相近，拨由市厅展筑，自无不可。该路建筑费共用过八万七千七百余元，内有一万元系市财局拨入，其余均系各项附加费及奉令指拨之款。经各前任报销，并无余存。惟市区马路与地方公路不同，该路既划入市区内，则将来两旁建筑屋宇，通行各项车辆，自有一切收益。用过筑费尽足收回有余。现南番花公路月间即须兴筑，正患款无所出。拟请市厅将此款拨还，移作南番花公路经费。转移间彼此均得其便等情。理合呈复察核等语。

（议决）交市政府查照办理。

三、电政管理局呈，请拨款四千五百元，为整理广雄线路及拟恢复粤汉直达快机各缘由，是否有当，请核示案。

（说明）据略称，查汉口为吾国重镇，南通百粤，北达京津。商务既繁，交通尤盛。广州与汉口相距过远，若用快机，必须全路电线完好无碍，始能工作。兹为敏捷戎机及利便商民起见，拟于最短期间设置广州汉口电报快机，已电商鄂、赣两省妥定办法。查职辖广州至南雄路线计六百余里，全线杆线虽较东西江及南路为好，但此路线过长，不能不整理妥善，以期灵敏。拟于广梧线路修理竣工之后，即就原用员工派赴修理，俾得迅速兴工。此项修理工料费用，估计约需毫洋四千五百元。恳请迅速如数发给，以便克日兴修。一俟工竣，造具清册实支实报，如有盈余照数缴还。倘或不足，呈请补发，并请派员验收以昭复实等语。

（议决）照准。

四、惠来县长呈请将各项学款，暂时由县署征收，挪作警兵队兵经费案。

（议决）准移用六个月，六个月后，自应拨为办学之用，令教育厅及东区善后委员查照。

五、广东全省筹赈总处呈，请委任何文铎为该处第一科科长案。

（议决）准委。

六、广东总工会呈，为推翻出店，政令分歧，据情转呈察核，乞予维持，令行公安局将第二八号布告取销，维持农工厅原案案。

（议决）未便照准。

七、民政厅提议，请委李凯训、姜玉笙为本厅视察员，理合检同履历提出会议，敬候公决案。

（议决）照委。

广东省政府第三届委员会
第六十五次议事录

六月八日　星期五

出 席 者　冯祝万　刘栽甫　朱兆莘　吴铁城　李禄超　马超俊
　　　　　伍观淇
主　　席　李济深（假）
临时主席　伍观淇

纪　　录　马洪焕

报告事项

一、本府第六十三次议事录，经奉政治分会核议通过发还，已由秘书处分发办理。

二、国府秘书处养日电告中央最近政情三项：（一）冯总司令巧电报告我骑兵已占领东山南皮。（二）李宗仁巧电报告十八日武汉政治分会成立。（三）特任李品仙等为军事委员会委员。

三、国府秘书处冬日电告中央最近政情四项：（一）太原来电，我军占领张北花园涿鹿及新保安站，战事极顺利。（二）湖南省政府委员电告于东日宣誓就职，成立省政府。（三）调任许寿裳为大学院秘书长，孙揆钧为大学总务处处长。（四）任命刘钟英署最高法院推事。

四、国府令发修正内政、外交、财政、交通、司法、农矿、工商等部，及大学院组织法各一件，仰并转饬所属一体知照。

五、国府令发阵亡官兵遗族恤金领款须知一件，仰并饬属一体遵照。

六、中央特种刑事临时法庭，函送中央特种刑事法庭办事程序，请查照转饬所属一体遵照。

七、内政部咨送各地方救济院规则请查照。

八、东区善后委员呈报拟具绥靖大纲十八条，通令各师长及各县市长照办，请察核备案。

九、南区善后委员呈报颁行保甲施行准则，请核备案示遵。

十、西区善后委员呈报拟定剿匪计划，及分防情形，并驻扎地点列表，请察核。

十一、国府秘书处文日电告奉国府令，特任阎锡山为京津卫戍总司令。

十二、广州市政委员长呈，据工务局呈复，惠爱路一带街道，大雨时辄淹浸缘由，及拟救济办法等情，报请察核。

十三、广州市政委员长呈缴广州市政府关于已办现办未办各事项报告书，请察核。

十四、鲁涤平等东日电告奉令组织湖南省政府委员会，经于六月一日宣誓就职。

324

十五、国府秘书处函知中央政治会议，据浙江省政府电，对于修正省政府组织法，发生疑义，请求解释，经答复三点，请查照。

讨论事项

一、广州市政委员长呈，据公用局呈，请着令西华汽车公司缴纳特种牌照费二百元，并将西村公路拨归市政府管理等情，似可照准，抄呈章程，请核示案。

（议决）照准。

二、北区善后委员呈请筹筑韶坪公路，以工代赈，及工程预算各缘由，当否，请察核案。

（议决）交建设厅、筹赈处会核呈复。

三、南区善后委员呈报拟请撤销琼崖实业局，移其经费，倡办农林试验场缘由，连同计划书规则，呈缴察核示遵案。

（议决）照准。计划书规则，仍交实业厅审查。

四、西区善后委员呈报编拟西区保甲条例缘由，并缴该条例，请察核示遵案。

（议决）并交民政厅、地方警卫队编练委员会审查，于一星期内呈复。

五、内政部函送本部拟定暂行公文革新办法六条，请查核案。

（议决）交秘书处审议呈核。

六、广东地方警卫队编练委员会呈，为议定训练员延长训练工作至六个月，并请将验发枪照费拨会支给饷食津贴缘由，请为照准，并转函第八路总指挥部一并核准案。

（议决）事属可行，应准转函第八路总指挥部核办见复。

七、广东交涉员呈，据前山洋务委员霍坚呈拟，移局设关闸等情，应否准予移设，乞核示饬遵案。

（议决）照准。

八、财政厅呈复，顺德县与陈村市争收香烛纸宝冥强捐一案，现拟收回厅办各缘由，请核备案批遵案。

（议决）照准。

九、广州市政委员长呈缴筹防水患清单，请令财厅照案拨二万元应用，如不至成灾，仍照缴还，以符向办，候核示案。

（议决）应由市厅筹给。

十、民政厅提议，拟委赵成希为连阳化瑶局局长，并附履历请公决案。

（议决）照委。

十一、民政厅提议，封川县县长江家修辞职，遗缺拟请以何名汉署理，理合检同履历，请公决案。

（议决）照委。

广东省政府第三届委员会
第六十六次议事录

六月十二日　星期二

出席者　李济深　冯祝万　刘栽甫　朱兆莘　伍观淇　吴铁城
　　　　　李禄超　许崇清　马赵俊

主　席　李济深

纪　录　马洪焕

报告事项

一、本府第六十四次议事录，经奉政治分会核议通过发还，已由秘书处分发办理。

二、国府秘书处歌日电告中央最近政情六项：（一）战地政务委员会报告山东省政府各委员东日在泰安宣誓就职，所有鲁省政务，一律划归处理。（二）公布劳资争议处理法，并以一年为试行期间。（三）公布修正蒙藏委员会组织法。（四）公布财政监理委员会组织条例。（五）公布中华民国刑法施行条例。（六）任命李庆施为山东省政府秘书长。

三、教育厅长许崇清呈报出席全国教育会议事经完竣，附搭海轮于本月五日抵省。

四、中央执行委员会招待海外同志第一事务所委员函知，遵于五月十四日就职，并同日将该所组织成立，连同简章，及海外归国侨胞请求介绍条例二纸，请查照。

五、总司令部函知请拨赈粤灾款二百万元一案，奉谕交财部筹办请查照。

六、政治分会函知议决改组广东省政府，从新任命各委员及各厅长：（一）派李济深、陈铭枢、徐景唐、冯祝万、刘栽甫、伍观淇、许崇清、吴铁城、李禄超、朱兆莘、马超俊、黄节为省政府委员。（二）冯祝万仍兼财政厅长并兼国税管理委员，刘栽甫仍兼民政厅长，马超俊兼建设厅长，黄节兼教育厅长。（三）李禄超兼代黄埔商埠公司督办。

讨论事项

一、国府令知给恤检察官沈藻修一案，与规行法令有所抵触，议决将该案撤销，改照官吏恤金条例办理；至广东省政府对于高等法院往来公文，嗣后改用公函，以昭划一案。

（议决）关于沈藻修抚恤一案，照国府令办理，惟给过一次过恤金免缴；关于高等法院对省政府行文程式一层，由秘书处拟具理由，呈政治分会核。

二、建设厅呈，据广三路局呈报工人要求赔偿损失，不为无据，应否准予援照粤路办理之处，请核示遵案。

（议决）不准粤汉铁路补偿，未经呈准，亦有未合，仍着该路查明呈核。

三、政治分会函请查明余迺燕应否抚恤，录案送请议办案。

（议决）该氏子已由政府官费送法留学，且闻已毕业，在政府机关任职，而次子亦已照抚恤条例办理，似未便再行抚恤。

四、南区善后委员微日邮电报筹饷专员财政专员虚设，徒糜公帑，拟请撤销归并各情形，乞提出会议裁决施行案。

（议决）交财政厅查照拟办。

五、地方警卫队编练委员会主席委员伍观淇，呈缴地方武装团体训练员养成所第二期办法纲要草案，请核定施行案。

（议决）照拟办。（考生资格乙项年龄，应改为三十五岁以下。）

六、民政厅提议，高要县长李炯辞职照准，遗缺拟请以覃元超署理；东莞县长张拔超辞职照准，遗缺拟请以沈竞署理；清远县长陈守仁辞职照准，遗缺拟请以杜荫芬署理；阳山县长邓兆贤另候差委，遗缺拟请以张育东署理。理合检同履历，提出会议，敬候公决案。

（议决）照委试用。

广东省政府第三届委员会
第六十七次议事录

六月十五日　星期五

出席者　李济深　冯祝万　刘栽甫　朱兆莘　伍观淇　吴铁城
　　　　　李禄超　许崇清　马超俊
主　席　李济深
纪　录　马洪焕

报告事项

一、本府第六十五次议事录，经奉政治分会核议通过发还，已由秘书处分发办理。

二、国府令发，国府军委会法规编审委员会组织条例，仰并饬属知照。

三、财政厅长冯祝万呈报，奉令派充省府委员，仍兼财厅，并兼国税委员，遵定七月一日从新组织任事，请备案。

四、筹赈总处呈复，办理新丰县米荒一案，前准该县长陈运炽梗日代电及，据该公民代表请赈，经职处拨款二千五百元，交该县长会同各地方团体领收，负责散赈在案，现复派干事郭业等前往查核一切。

五、筹赈总处呈复，关于饬赈龙川县饥民一案，决定拨发毫银五千元，为该县平粜之用，经电该县长克日派员来处，具领后会办。

讨论事项

一、南区善后委员呈议琼崖财政收支，悉以大洋为本位各缘由，是否有当，请批遵案。

（说明）据略称，查琼崖属内各商行用向以大洋为本位，故数无巨纤，价无昂贱。其交收互易之旧惯俱用大洋计算，则政府之收支款项似须因地制宜，依其本位以为准的。庶于出入均衡，公私无亏。考之各国，其所属地虽有同隶一省，而各地之货币本位间不相侔，乃祗就其地所行用之本位定为出入交纳之标准。由此以观，则省市虽以毫洋为主币，而省外之习尚本同者，似未可遇事谬执强为一例。现就琼崖而论，实际上皆用大洋，省毫竟不通用。若政府收入为毫洋，实无毫洋可收，不过以大洋伸合。大洋加水之涨落不同，遽假以定值，固有未当，甚或适予征收人员以取巧作弊之机。且商民贸易俱属大洋，而偏以毫洋缴纳税捐，在个人占益尚鲜，在政府收入短折颇巨。即支出官兵薪饷，名为毫洋，实亦无毫洋可发，又不得不以大洋伸合。辗转核计，已觉纷烦，而官兵以出入不均，尤受亏损。故召集琼崖各军事及行政长官开地方善后会议提出讨论，佥以此间情势确与别处有不同之点，似可认为有应行改革之必要等语。

（议决）所呈甚是，着财政厅妥筹统一币制，改用大洋为本位办法，在未统一以前，暂从缓议。

二、广州市学生联合会呈缴暑期各地宣传队组织大纲，请援往例，发给经费四百元，及舟车免费证一千份，以利进行案。

（说明）查十五年十二月间广州学生联合会呈，为组织各地寒假宣传队，请给护照三百张，拨助毫洋一百元，并饬各铁路、轮船公司免费，及各地方官保护招待膳宿等情到府。当经前委员会第八次会议议决，着将宣传计划详细拟具，至出发会员名单相片及出发所经地点并须分别报告核办在案。嗣经该会呈缴队员名册、宣传大纲、组织条例及队员须知、队员相片等件到府。经照准，发给经费一百元，护照及舟车免费证各三百五十张，并分令各市厅县保护在案。

（议决）着到省市党部民众训练委员会接洽商办，并函省市民众训练委员会查复。

三、广东全省钱粮【附】加筑路经费管理委员会呈送修正及原有征收全省钱粮附加筑路经费章程各一份，请察核，如蒙准照办，即请通令各厅长遵照，并分行财政、民政、建设各厅备案案。

（说明）查前据财政、建设两厅呈，遵令会同拟订征收全省钱粮附加筑路经费章程，请核议施行到府。当经前委员会第三十二次会议议决，准试办在案。嗣据两厅呈，请将此章程明令颁行各县，定期十六年九月开收，并布告全省各业户遵照等情。经照所请分别令行各县，及布告有案。兹据该会以各县多有延不开征或不照二成附加，以致办理纷歧，仍未能收划一之效。结束时必与预算不合，自非将章程修正饬令切实遵令，无以资整理等情。连同修正及原有章程，请核准通令各县长遵照，并令行财、民、建各厅备案等语。

（议决）照修正案令各县执行。

四、市政委员长、实业厅长会呈复调处本市灾区燕梳行赔款一案，再无办法解决情形，请核示案。

（议决）仍交市政、实业并交财政厅调处。

五、西区善后委员呈拟西区各县市行政官员惩奖规则七条，候核示遵案。

（议决）交民政厅审核，拟具全省统一办法，呈候通令各区遵照。

六、建设厅呈，据广三路管理局长转呈准职路总工会函请照案全路工人每年六月十一日起加薪一次等情，应如何办理，请批示饬遵案。

（说明）据广三铁路局呈称，准该会函称，查历任局长亲签履行之条件第三条，全路工人在路服务每年六月十一日起准加薪一次，但最高度不得超过加五，最低不能少过加二案，去年已经照案办理。工薪一元以下者照加一毫半；一元以上者照加一计算有案。本年现将届期，应请查照办理等由，转呈到厅。建厅据此，以所陈各节事关路款增加支出，究应如何办理，转请核示饬遵等语。

（议决）查照批饬粤汉路工人请加薪批示办理。

七、财政厅长提议请将所有垦荒给照一切事权，交回职厅土地局主办，以资整顿案。

（议决）照准，令实业厅查照。

八、财政部长宋子文阳日电知七月一日召集全国财政会议，请派员到宁列席案。

（议决）交财政厅拟定提案，并选定出席人员呈核。

广东省政府第三届委员会
第六十八次议事录

六月十九日　星期二

出席者　李济深　冯祝万　刘栽甫　黄　节　朱兆莘　伍观淇
　　　　　李禄超　马超俊　许崇清

主　席　李济深

纪　录　彭一湖

报告事项

一、本府第六十六次议事录，经奉政治分会核议通过发还，已由秘书处分发办理。

二、国府令发修正蒙藏委员会组织法，仰并饬属知照。

三、中央执委会齐日电告派中央党务视察员许兆龙往江苏、广东两省访察民众反日运动，及党部指导情形，到时希予接洽。

四、政治分会函复议决市政府制度未变更以前，办理各事应报省政府察核，市府组织法交建设委员会起草在案，希查照。

五、政治分会函复关于广东治河处应如何饬令改善一案，经本会议决，俟新组织法拟定再议在案，录案函复查照。

六、国府令发修正财政监理委员会组织条例，仰并饬属知照。

七、阎总司令锡山真日电告遵于本月十一日驰抵北京，市廛无扰，七邑不惊，谨当遵照中央意旨，辑睦邦交，抚安民众。

八、法官惩戒委员会佳日电告依照暂行条例第六条业于本日成立。

九、卸本府秘书长马洪焕呈报于六月十六日交卸，请察核。

十、本府秘书长彭一湖呈报于六月十六日到差视事，请察核。

讨论事项

一、政治分会函知省府各厅改组办法，业经议决修正公布，各厅长亦经从新任命，并分饬遵照改组，及函实业、农工两厅结束移交在案，希查照将改组日期具报案。

（议决）（一）令农、实两厅于本月内结束，将所管事务移交该管厅办理具报接管应管事务，并令民、建两厅查照新组织法。（二）令民、财、建、教四厅遵照新组织法于七月一号实行改组。（三）省政府改组定七月一号实行，俟实行后呈报。

二、第八路总指挥部函，据政治训练委员长呈称，会址狭小，不敷分配，请将实业厅房屋，拨归职会应用等情，转请查照办理见复案。

（议决）俟实业厅结束后即予拨用。

三、广东全省筹赈总处呈请通饬保存各属仓捐仓款仓产，以厚筹赈基金缘由，连同请议书，请核议施行案。

（议决）交民、财两厅审查呈复核办。

四、广东交涉员呈，据何委员焱森呈请给价收回东兴洋务局局所，似尚可行，拟请核准由省库拨款收回，以资办公，而崇体制，请察夺示遵案。

（议决）照准交财厅分期筹还。

五、财政、教育厅会复增城县拟抽收货船筹设中学，既称各界同意，自可照准试办，复请察核饬遵案。

（议决）所请抽收货船，于航行诸多妨碍，未便照准，如办学需款，着另拟筹款办理可也。

六、民政厅呈复，查奉发代理文昌县长林鸿飞履历，尚与县长任用暂行规则第二项相符，可否仰恳察核，提出会议，加给委任之处，请核示案。

（议决）下次将履历一并提出再议。

七、建设厅呈报，照最高额美金三十万元计划办法，与德商西门子电机厂订购全省各无线电机合约，及拟就地筹拨装配机件所需之材料工资各费缘由，连同合约计划预算表，请鉴核示遵案。

（议决）函第八路总指挥部代为审查，函复核办。

八、本府秘书张百川、黎时雍、朱公准，呈为本府更组，请准辞职，以让贤能案。

（议决）朱、黎准辞，张仍留，改第二科长，余由秘书长荐人补充。

九、国立中山大学函送戴校长所著《产业合作社法》《商会与

〈与〉商会法》，请提出会议，审定公布案。

（议决）交许、马委员审查。

十、伍委员观淇、朱委员兆莘提议促成广番花公路案。

（议决）准如拟办理，令建设厅，番、花两县长，并西区善后委员公署查照，并令迅由该两委员及番、花两县长，公路处长，及西区善后委员会同组织番花公路委员会，负责办理可也。

广东省政府第三届委员会
第六十九次议事录

六月二十三日　星期六

出席者　李济深　冯祝万　黄　节　伍观淇　李禄超　马超俊
　　　　　许崇清　刘栽甫

主　席　李济深

纪　录　彭一湖

报告事项

一、本府第六十七次议事录，经奉政治分会核议通过发还，已由秘书处分发办理。

二、国府令发特种刑事临时法庭诉讼程序暂行条例，仰并饬属知照。

三、国府令发公文程式条例，仰办并【饬】属一体遵照。

四、国府秘书处删日电告，奉国府指令，蒋总司令所请解职各节，未便照准。

五、内政部咨送本部拟具县政府书吏皂役政府①办法，通令各省民政厅转饬所属遵照，令文请查照。

六、战地政务委员会主席蒋作宾东日电告山东省政府业于六月一日在泰安成立，所有敝会对于山东战时政务，已告一结束，而山东民政司

---

①　原文如此。

法交通各政，应归中央及地方者，并经敝会厘分明晰，即日清交。

七、战地政务委员会元日电告本会于本月十三日移驻北京旧交通部办公。

八、白总指挥崇禧，卅日电告遵于五月三十日在汉就职，并即北上督师，完成国民革命。

九、安徽省政府冬日电告日本侵略，近复出兵津沽，应由我政府严重抗议，据理力争，并冀一致主张，团结奋斗。

十、第一军团总指挥刘峙，东日电告北伐战事胜利各情形。

十一、第二军军长郭汝栋邮电告于五月十五日在四川涪陵军次宣誓就职。

十二、国府秘书处效日电告中央最近政情五项：（一）推蒋、冯、阎三总司令赴北京总理灵前祭奠省视。（二）任李煜瀛为中华大学校长。（三）任邹肇明为凤阳关监督，唐海安为淮安关监督，沈庆沂为扬由关监督。（四）任诸昌年等为外交部参事秘书科司长等。（五）调任符鼎升为交通部总务处处长，蔡培为交通部参事。

十三、主席条委钟泰为本府秘书，李柏存为第一科科长，张百川为第二科科长，高阳为第三科科长。（改用任命状先办）

讨论事项

一、南区善后委员呈报建筑港口附加税款，已得总税务司及各国侨商赞助，请予批准，行厅备案，当否，候示祗遵案。

（议决）准备案。惟仍应将前批示各点，造详细计划前来审查。

二、南区善后委员呈，据琼山、澄迈两县会呈，琼山县属之大云市，与澄迈县境毗连，形同瓯脱，请将该地方改入澄迈县管辖，易于管理等情，绘具略图，转请核夺示遵案。

（议决）（一）照准并令知民、财两厅查照。（二）该屯市既座落澄迈范围，为图行政管理便利起见，自以拨归澄迈管辖为宜，所请未便照准。①

---

① 该"议决"第二项是批复琼山县第十四区保卫团正副团总等呈，大云市不能割与澄迈县管辖缘由，请批令取消。故议决"所请未便照准"。原误载为批复南区善后委员呈。

334

三、民政厅呈复，查奉发代理文昌县长林鸿飞履历，尚与县长任用暂行规则第二项相符，可否仰恳察核，提出会议，加给委任之处，请核示案。

（议决）准委试署。

四、民政厅呈复，南区善后委员呈缴定安县长彭启彬履历，核与规则第二项相符，可否提议加委之处，请核示案。

（议决）准委试署。

五、农工厅呈，据职厅全体职员呈称，为政府议决将本厅裁并，恳请援例发给恩饷一月，以恤下情，等情，查核所呈各节，尚属实情，似可照准，连同职员薪额表，转呈察核示遵案。

（议决）除各厅调用外，其余职员，准发恩薪一月。

六、广州市政委员长呈，请察核加委陆幼刚调充教育局长，王铎声调充财政局长，沈毅调充土地局长案。

（议决）准备案。

七、本府委员兼财政厅长提议，拟将航政局划入财务范围，拨归财厅主管，以资整理，而裕库收案。

（议决）着两厅会商划分管辖办法。

广东省政府第三届委员会
第七十次议事录

六月二十六日　星期二

出席者　李济深　冯祝万　刘栽甫　黄　节　朱兆莘　伍观淇
　　　　　李禄超　马超俊　许崇清

主　席　李济深

纪　录　彭一湖

报告事项

一、本府第六十八次议事录，经奉政治分会核议通过发还，已由秘书处分发办理。

二、国府令发京津卫戍司令暂行条例，仰并饬属知照。（附原件①）

三、国府秘书处删日电告中央最近政情七项：（一）发布国民政府对内通电及对外宣言。（二）任命张继等为蒙藏委员会委员，并指定张继、白云梯、刘朴【忱】为常务委员。（三）任命陈鸾书为山东省政府委员兼工商厅厅长。（四）任命王伯群为第一交通大学校长。（五）蒋总司令、杨海军总司令、内政部薛部长辞职，均慰留。（六）任命张荫梧为北京警备司令，傅作义为天津警备司令。（七）公布奖励工业品暂行条例。

四、政治分会令饬嗣后征存款项，应悉数交由中央银行及各分行寄存，其当地未设分行者，亦解就近之分行代存，不得寄存商号；至此项存款，须以机关名义开立户口，不得以个人具名，仰并转饬所属遵照。

五、略。

六、政治分会函知本会议决，嗣后各县市党政机关，及地方团体，非依照统系层〔程〕序，呈奉核准，不得在国税或省税范围内，私擅抽税，倘奉核准通令之后，仍有此等情事，以破坏政制论罪，请查照饬属遵照。

七、政治分会函送修正县政府组织法请查照。

八、国府令据司法部呈转各机关不得干涉司法等情，应予照办，仰并转饬所属一体遵照。

九、国府秘书处俭日电告我军有日攻克张垣，敬晨克柴沟，约明日可克宣化。

十、最高法院首席检察官王维琛函知遵于本月七日就职，请查照转饬所属知照。

十一、司法部皓日电知惩治盗匪暂行条例施行，继续延长六个月，希饬所属知照。（查国府颁行之惩治盗匪暂行条例前奉饬行到府，当时以本省匪氛正炽，共党四处谋乱，与别省情形不同，故由第三六次委员会议决现在绥时靖〔靖时〕期仍照原案办理，俟地方平靖再行遵照执行并呈复国府察核，奉批照准。最近复奉政治分会一○八次议决公布两广惩办盗匪最〔暂〕行条例，复由本府通饬遵行各在案。此件拟由秘

---

① 缺附件。

书处录案复部。）

十二、天津徐源泉等庚日电，以外侮凭凌，不忍遽去，谨即约束部伍，暂保天津治安，俟有人负责，外交可免纠纷，即当解甲遂初，以谢国人。

十三、西区善后委员呈报督促属内各县市迅速完成公路，并制定路线表里数，建筑章程，委员会章程发颁〔颁发〕，限期成立，克日兴工，请准予备案。（通令各区，嗣后关于民政一切设施，非呈本府核准后，不得径自施行，所请备案，未便遽准，俟交建设厅审查后再议。）

十四、汉阳兵工厂函复收到会葬林修□代表旅费一百元，祭物费五十元，经准备一切，派员赴湘参加典礼，请查照。

十五、秘书处呈报财厅准照核销本府委员会及秘书处十七年四月支出计算书表单据，请核备案。

十六、农工厅长马超俊呈报七月一日就建设厅长职，请派员指导（派许委员前往指导）。

十七、农工厅长呈报六月三十日结束。

十八、吴委员铁城函报本日请假一天。

讨论事项

一、财政厅呈，据职厅土地局长黄秉勋呈，拟改订恩开台山报官有山林单行简章等情，尚属可行，请核示遵，俾公布施行案。

（议决）交民政、实业两厅审查。

二、建设、财政两厅会呈复遵令会同派委彻查前粤汉铁路总理王×侵吞佣款，请在经手借款拨还一案情形，连同奉发抄件，暨将抄录王×致刘荫荪原函，缴呈审核示遵案。

（议决）仍由该两厅彻追。

三、南区善后委员呈请豁免琼崖钱粮附加公路费，以恤灾民，而培元气，请核示遵案。

（说明）查昨据广东全省钱粮附加筑路经费管理委员会呈送修正及原有征收全省钱粮附加筑路经费章程各一份，请察核。如蒙准照办，即请通令各县长遵照，并分行财政、民政、建设各厅备案一案。当经本府委员会第六十七次会议议决，照修正案令各县执行在案。查该修正章程第二条，有"此项附加专为补助兴筑全省公路省道干线及县道支线，不以移作别用"等语。兹据该委员呈称，钱粮附加公路费一项，虽指定为建筑省道之用，惟于灾情重大如目下之琼崖，则使负担偶轻，即是深蒙厚惠。乞钧府俯准将琼崖各属钱粮附加公路费一项概暂免附征，以恤灾民而培元气。一俟地方稍告平复，应如何继续征收之处，再行随时呈报核夺等语。

（议决）未便悉准豁免，如确属受灾甚重之区，分别列报请免可也。

四、中山县商会等电报中山仙逸学校瞒请附加电费一案，全体商民，一致否认，自行剪线，致全城黑暗，盗匪潜伏，乞速核准将案撤销案。

（说明）查仙逸学校因经费不敷，请附加石岐市电灯一成四一案，前由府饬据教育厅呈复，似可照准。复经本府四十一次会议议决，暂准照办，俟筹有的款时取销在案。昨据该校程校长呈报，电灯公司违令抗缴，请严厉执行等语。复经行县切实妥办，以维教育各在案。现据该县商民以一致否认，电请撤销前来。倘照原案办理，则应加以批驳，惟来电有"自行剪线，全城黑暗，盗匪潜伏"等语，虽未悉有无张大其词，总不免碍及公安。若遽准予撤销，则又与本府议决不符，且校费又复无着。究应如何办理，请公决。附中山县长呈报县商会暨石岐市全体商民不愿仙逸学校附加电费其理由：（一）前县模范学校附加电费，当时经李县长声明，嗣后无论是何机关，均不得援【例】请附。现仙逸学校瞒请照准，实与原案不符。（二）县属自去年赤祸，元气至今未复，商民难再增负担，故现在纷纷剪线，改用油灯。（三）电局因用户剪线，收入骤绌。倘一旦停闭，不特仙逸学校无加抽可收，即模范学校亦必连带受累。（四）因用户剪线，全城黑暗，影响治安非浅。（五）私立学校当量己力而为。查仙逸之封翁系属巨富，当有余力，何至抽及苛细？（六）省委会对该校附加系暂准照办，足见政府亦体民艰。与其徇片面之请徒滋骚扰，曷若收成命以顺舆情？（七）现接杨然翁（即"仙逸之父"）电称，亦不主张附抽。基上种种理由，故联请撤销。县特据情转达，请并案讨论。

（议决）交教育厅撤〔彻〕查拟办。

五、香港大学校函请将省费学生积欠学费早日设法偿还案。

338

（说明）查此案，积欠该校经费，前经迭准该校函请偿还到府。经交教育厅核复，以该积欠费壹万余元，拟俟库储稍裕再行清理到府。经批准如拟办理在案。嗣该校请分期摊还前来，复经交教厅查明办理具报又在案。未据该厅呈复，兹再据该校函称，以因有此项积欠，致学校经济甚形支绌，请早日赐还。应如何办理，请公决。

（议决）交教育厅拟复：（一）所欠学额费，拟分期拨给。（二）所送学额，查当时理由，拟具理由复知，以后取销。

六、实业厅呈，据全体职员呈称，奉令将厅裁撤，请援案给恩俸一月等情，转呈察核，恳援案发给案。

（议决）查照农工厅案办理。

七、教育厅呈附履历，请加给职厅主任秘书刘蓉森等委任案。

（议决）照加委。

八、阳春县长呈报拟请各地方上有著匪名下房屋，查明属实，应即尽数焚毁，其窝藏著匪之屋，则查封充公，以绝匪患，当否，乞察核示遵案。

（说明）据称，职县此次剿办属内石仔垌等乡股匪，查得各乡著匪常有回家中藏匿。族内良善者老畏其凶悍，固不敢过问，甚且迁避他方，冀免被害。是以匪徒无所顾忌，愈弄愈凶，竟有勒得财回乡大兴土木，建筑高楼大厦，安然居住，与良善殷富无殊。乡邻视作故常，不加干涉，遂致不良分子见而垂涎，甘从匪类，不觉为非。似此情形，实长羡慕为匪之心，挫良善维护乡间之志。长此以往，设想何堪。拟请如地方上有著匪名下房屋，查明属实，即尽数焚毁；其窝藏著匪之屋，虽非匪产，亦应查封充公，以儆效尤而绝后患等语。

（议决）匪屋如能充公利用，则利用之；不能，则拆毁；不能拆毁，则准焚毁；窝匪之屋，准予充公。

九、广东交涉员呈报西班牙招华工案。

（议决）应由交涉署将条件改良优待，并将华侨所受一切苛例，订明免除再议。

十、广东交涉员呈报接驻华智利公使函称，智利硝似无专卖之可言，应与各国肥田料一体待遇，以昭平等，应如何办理，抄录原函，及说明书，请核示案。

（说明）查智利硝一案，前经本府第五十六次议决，准划出爆烈品范围之外。至应如何由政府专卖办法，交财、建两厅及中大农科会商在案。现据称，此议决案谅系因中大议复时，谓进口经本科之检查，配以化合物则有益而不能制私硝之说所致。现经根据科学原理备具说明书，将智利硝无须配制施用，及不能径作危险品物情形函中大农科，俾资参考，以免误会。又据称，该公使前在本府宴会时，已蒙当众允许，谓如果确属有益，即准开放入口。何以现既认为有益农业之品，议决划出爆烈范围之外，又有专卖之议？故应与各国肥田料一体待遇，万勿施行何种缚束条件等语。

（议决）准予自由贩卖于治安殊有妨碍，仍照原议由政府专卖。

十一、民政厅长刘裁〔栽〕甫请委陈浩钧为龙门县长。

（议决）委试用。

广东省政府第三届委员会
第七十一次议事录

六月二十九日　星期五

出席者　李济深　伍观淇　许崇清　朱兆莘　马超俊　黄　节
　　　　　李禄超　冯祝万

主　席　李济深

纪　录　彭一湖

报告事项

一、本府第六十九次议事录，经奉政治分会核议通过发还，已由秘书处分发办理。

二、黎宅治丧处号日电告黎宋卿于六月三日五时终于津寓，定期三十日受吊，（先办）拍电致吊。

三、政治分会函送修正工会法，除将条文公布外，请查照。

四、国府令发奖励工业品暂行条例，仰并饬属一体知照。

五、陈委员铭枢宥日电报，于本日带同参谋长黄强出巡琼属各县，一切署内公事，暂令政务处长曾蹇代拆代行，请察核。

讨论事项

一、政治分会函，据中国煤矿股份有限公司呈拟联合华商，集资承受地利公司矿区物权，继续开采，如蒙核准，即招股进行等情，经本会议决照准，详细计划，由省府拟在案，检送副呈函达查照办理案。

（议决）交建设厅审议，令将详细办法呈核立案。

二、财政厅呈复拟议办理汕头交涉员增加预算缘由，请察核令遵案。

（说明）查此案，本府前奉政治分会函，据汕头交涉员呈，拟于接事之月起实行新编预算，请转饬财厅照案支付等情。经议决，该署预算准照所拟支给，惟该署一切收入应实报实销，以重公帑在案，请转行遵照办理到府。当经分别饬遵在案。嗣据财厅呈复，拟请仍俟十七年度七月一日起再行照新预算开支，其十六年度仍照旧额支销，以免更动预算等情。当饬该交涉员知照。去后，旋据该交涉员复称，该新预算实行已二月有余，若照财厅所拟，则经费已经开支，固难追还，即现在至七月为时不过月余，职署长员亦无于此短期间暂为裁撤，俟七月一日复职之理。且职署每月经费向系在船规牌照等费收入项下开支，并非赴厅请领，似亦不至牵动其他一切预算。请仍准予新预算案继续【实行】，免予展期开支等情。当以所陈各节尚属实情，即饬财厅酌核办理具报。去后，兹据复称，查职厅以十七年度将届，各机关经临各费如认为必需要者，应列入年度预算，审查核定后方能照支，不得随时追加，提呈会议议决通行有案。今该交涉员增支经费，既经核定自十七年度开始月份照支，自应遵令办理，不得中途变更。现该交涉员所呈各节，核与本厅前后两案均属不符，似未便准予所请。所有支过各月多支经费，拟请令行如数解还库收，以维预算等语。

（议决）如拟令遵。

三、第八路总指挥部政治训练委员会函请将实业厅全部用具，并归敝会应用，如蒙俞允，届时再请双方派员交收案。（查前准该会请将厅址拨用，经前次会议议决照拨在案。）

（议决）分令知由建设厅接收后，除必须留用者外，悉予移交该会。

四、财政厅呈缴具黄秉勋等各员履历，请加委为职厅土地等各局长秘书视察员案。

（议决）分别请委照委。

五、广东交涉员呈送，关于西班牙政府欲招华工开垦种植一案，增补待遇华工条文一件，当否，候核示案。

（说明）此案昨据该交涉员呈抄节略到府，经于第七十次会议议决，应由交涉署将条件改良优待，并将华侨所受一切苛例订明免除，再议在案。兹据续呈，为待遇华工安全起见，于节略中所未备者增补十二条，请裁夺。

（议决）如拟函知，如承认此条件，即准招工。

六、财政厅呈，请将省陈鲜果咸货行台炮经费照旧由厅办理，生果入市税，即由市政厅饬局拟办，请核示遵案。

（说明）查前据财厅呈，据省陈鲜果咸货行代表呈，请转请迅赐饬令市政厅将果栏营业所得捐暂缓举办，以免顾此失彼一案，经本府第五十七次会议议决，缓办在案。兹据财厅呈，准市厅咨，据财局呈称，如因有台炮经费在前，即不再抽别捐，则市库收入必蒙莫大影响。且此项果栏捐全系间接取诸消费之人，核与货主栏店营业均无影响。经饬传各果栏商店开导之后，均各自具结，情愿遵办。职局为兼顾省市两库起见，拟将果栏捐改为生果入市税，依照原定章程略加修改，以符名实而便施行。至财政厅原有之生果台炮经费，拟请转咨即行取销。该项捐税统归职局办理，照汽水捐由财厅统承分拨之法，该生果台炮费年额三万元，将来即由职局在果品入市税项下如数拨还抵补等情，转咨到厅。查台炮经费系属本省厘金收入之一，若此项台费改归市政厅入市税内征收，嗣后即由该税收项下每年拨回三万元。年得之款既有定限，不能随时酌增，对于库收颇有影响。惟增加台费系属维持省库收入，举办入市税亦系增裕市库税收，总期两不相妨，自可推行尽利。基上理由，所有此项省陈鲜果咸货行台炮经费应仍照旧由职厅办理，其生果入市税似应由市政厅饬局拟办，俾得各维收入等语。

（议决）准如拟办。

七、广西怀集人邓资范呈，为永固诗洞等一带，腹地深邃，边治不及，恳请增设县治，以专责成，而便治理案。

342

（议决）呈政治分会核夺。

八、管理财部在粤事务兼财政厅长函，据中央银行请转饬江门市政厅将江门分行附近之四邑新商报铺位，拨与中央银行分行为改建地址等情，转请查照见复案。

（议决）令江门市政厅照拨，并由该行补回相当产价。

九、教育厅长呈缴十七年度岁出预算书，至岁入预算无从造缴，请提议公决案。

（议决）交财政厅汇编总预算。

十、教育厅长提议拟具修缮省立第一中学校舍讲堂等朽坏修葺计划书，请提会公决案。

（议决）照准。令财厅照拨。

十一、农工厅长呈缴职厅已往及现在将来施政计划与经过情形表，请察核案。

（议决）交民政厅审核继续办理。

十二、编练委员会、民政厅会复拟请于保甲条例公布时，酌留犹豫期间，除南区已布告令其依照修正条例继续试办外，其未施行各区，则分别先后，酌定期间，或一区中分期分县办理，倘某区体察地方情形，有急须施行者，准其呈明择一二县先行试办，连同审查修正保甲条例草案，及修正调查户口表，请察核示遵案。

（议决）照修正发各区善后公署斟酌地方情形，分别试办，三个月后呈报办理情形，再行酌定公布。

广东省政府第四届
委员会会议录

（1928 年 7 月 3 日—1929 年 7 月 26 日）

广东省政府第四届委员会
第七十二次议事录^①

民国十七年七月三日　星期二

出 席 者　冯祝万　徐景唐　许崇清　马超俊　李禄超　伍观淇
　　　　　　朱兆莘　黄　节　刘栽甫

临时主席　冯祝万

纪　　录　彭一湖

报告事项

一、本府第七十次议事录，经奉政治分会核议通过发还，已由秘书处分发办理。

二、国府文日电告中央及各省军政机关，关于军事结束，训政开始时期，应即刷新政治，解除人民痛苦，列举数事如次，一励行法治，二澄清吏治，三肃清匪盗，四蠲免苛税，五裁减兵额，以上诸端，务须切实奉行，以期于最短时间，收其实效。

三、阎总司令巧日电告上蒋总司令电文如下："奉令，经和平接收京津，惟收编各军，麇集天津附近，数近十万，非钧座派员接收，不足以资结束"等语。

四、阎总司令号日电告上中央电文如下："今后定国要略三点：（一）革命领袖开军缩会议，限定兵额，分期裁减，其裁余之军队，务宜军权集中，统一训练，免蹈前此军阀之覆辙。（二）财政亟宜统一，应按各省需要，适当配分，以期财用适当。（三）交通亟宜统一，以利运输，而维路政，致此次革命，以民治号召成功，亟应以省政付诸省民，以全党信。"

五、工商部函送国府议决公布工业技师登记暂行条例，请查照转饬

所属知照。

六、外交部长王正廷寒日电告遵于本日宣誓就职。

七、政治分会函送邓彦华条陈防共办法，黄伯臣等条陈两粤治水垦荒方略，许坚心条陈任贤开矿垦殖计划，各案意见书，希查照分送各机关参酌采用。

八、蒋总司令巧、艳两日电知自七月一日起，禁招兵，希查照饬属遵照。

九、政治分会函复七月三日省府成立三周纪念庆典，经议决请朱委员代表本会出席监誓，希查照。

十、建设厅长吴铁城呈报经于七月一日交卸，请察核。

十一、第十一军司令部函复陈委员铭枢出巡南路，恐不能赶回出席，请查照。

十二、政治分会函送本会所属文官官俸暂行条例，及文官官等暂行条例表，希查照。（十七年度起适用）

十三、卸农工厅长马超俊呈报于六月三十日交卸，请察核。

十四、财政厅呈报拟定改组裁撤南路筹饷专员各缘由，请核转饬遵照。

讨论事项

一、政治分会函，据华人煤炭矿业研究会江锡武呈请通令提倡购用国煤，以救危亡等情，检同副呈，函送核办案。

（议决）令建设厅查酌办理。

二、政治分会函知本会主席提议，派蔡增基为粤汉铁路管理局局长，粤汉铁路委员会同时撤销一案，经议决通过在案，希查照分别给委，遵办具复案。

（议决）令建设厅照办。

三、东区善后委员感日电，据平远县长林公顿简电称，昝晚倾盘〔盆〕大雨，城乡铺屋，倒千余间，人口淹毙无算，现哀鸿遍野，恳拨款接济等情，转请拨款急赈案。

（议决）交筹赈处查明办理。

四、湖南匪灾急赈委员会感日电请一致请求中央政府，准予援例抽收海关附加一成，为直鲁湘粤四省赈灾之用，乞裁示复案。

（议决）交筹赈处拟复。

五、第八路总指挥部函，据建设厅呈复中山公路行将完成，因款绌停顿，核计修补各费，共需银一万七千二百元，列表请给拨等情，转请查照核拨，令饬从速完成该路，希见复案。

（议决）令市政厅查明并案办理。（并查前案复总部）

六、广州市政委员长呈报职厅拟办市立贫民教养院，筹备经过情形，连同修正章程，请察核示遵案。

（议决）交许、伍两委员，黄厅长审拟。

七、电政管理局呈拟经桂湘两省转达湖北拍发京津沪宁各处电报缘由，当否，请核示案。

（议决）照办。（咨湘桂两省）

八、广东全省体育协进会呈请继续发给体育协进会补助费，每月共增一千元，以资发展案。

（议决）照准，并令该会归教厅监督指导。

九、北区善后委员呈请加委王伯枬等为职署秘书科长，并缴履历，请分别核委案。

（议决）照委。

十、建设厅呈缴公路处长所拟钱粮附加筑路费分配用途计划书，应否照准，请核示饬遵案。

（议决）交由马厅长妥拟办法。

十一、建设厅呈，据广东公路处处长呈请添设特派员六人，并拟具条例等情，转呈核示批遵案。

（议决）并案交马厅长妥拟呈复。

十二、政治分会函告本会议决由全省各县募捐三十万元为修孔庙，并附建教育厅署之用，希即根据议决案，妥定募集保管方法，分饬遵办，并转教厅知照案。

（议决）交财、教两厅及许委员拟具办法。

十三、东区善后委员呈送东区地方治安委员会章程，及图表一本，东区保甲施行细则一本，请核准备案案。

（议决）交民、建两厅，伍委员审查，下次提出。（先办）

十四、民政厅长刘栽甫提议，请委郑启聪署理宝安县县长，并检送履历一份，请公决案。

（议决）照委。

十五、厦门市党部筹备委员会函称，周同志骏烈，系努力忠实党员，平日倡办实业，卓著成绩，曾受任兴泉永公路处长，兹因经营东沙岛事来粤接洽，特为介绍，希指导照料，予以种种便利案。

（议决）交建设厅办理呈复。

十六、广东地方警卫队编练委员会呈请将编练处延期一个月，照案发给二十七县编练处经费，及学员津贴，请核示案。

（议决）照准。并限一月办理完竣。

广东省政府第四届委员会
第七十三次议事录

七月六日　星期五

出 席 者　冯祝万　徐景唐　许崇清　马超俊　李禄超　朱兆莘
　　　　　黄　节　刘栽甫

临时主席　冯祝万

纪　　录　彭一湖

报告事项

一、本府第七十一次议事录，经奉政治分会核议通过发还，已由秘书处分发办理。

二、国府令发县长办理盗匪案件考绩暂行条例，仰并饬属知照。（又内政部函同前由）

三、政治分会令知，本会主席提议，严禁住宅及商店赌博，麻雀牌亦在禁例一案，经议决通过，仰并饬属一体遵照办理。（缓候呈请政治分会解释后再办）

四、政治分会函复，据呈关于该府对于高等法院行文用令，系照本会议决案办理，现奉国府令改用公函，应如何遵办，请核示一案。议决："司法制度未能完成以前，仍应受省政府之监督，一面由会去电中

350

央解释"在案，希查照。

五、第十军司令部通报由济南发来报告一通。

六、谷正伦电告奉国府简任为首都卫戍司令，经于艳日就职。

七、广州市政委员长呈缴土地局遵令修正广东都市土地登记条例及细则各条文各二份，乞核公布，藉便执行。（查前奉政治分会函，以此案已据建设委员会呈复，连同意见书请核施行前来，经议决照修正案通过，交省政府办理等因，当即饬令该市府遵照修正。去后，兹据呈复，遵经按照审查意见书将条例细则分别修正，缴呈察核公布。）

八、广东交涉员呈准英总领事函送提犯简论，请察核备案。

九、建设厅长马超俊呈报遵于本月一日到厅宣誓就职，请察核备案。

十、委员吴铁城函报接沪电，家岳病逝，且须赴中央公干，即日东上，一俟事毕，即回供职，请察照备案。

十一、政治分会令据财政厅呈报所有党政机关一切经费，在十七年度预算未经审查确定以前，其总数均应暂照现行额支付，如因改组关系，其项目支配，则由主管长官自行酌剂办理，等情，经本会议决照办，仰并令饬所属一体遵照。

十二、政治分会函，据农工厅转送广东全省工联会一次过开办费预算表，及每月经费预算表等情，经议决预算照准，但经常费以三个月为限，其他各工会补助费，一律取销，并令财政厅知照在案，希查照分别转即遵照办理。

十三、本府主席函，以现省政府经照新组织法改组，依新定办事细则，应有委员二人批阅日常公事，拟请指定吴委员铁城、许委员崇清担任。（推许、李两委员担任，因吴委员请假，改推李委员，俟吴委员销假时瓜代。）

十四、政治分会函，据建委会拟定劳资仲裁裁判所条例一案，经议决修正通过公布，希查照。

十五、实业厅长呈报遵令移交经管案卷器具文件与建设厅接收，至奉颁印信官章，俟结束文册钤用完竣，另呈缴销。

讨论事项

一、政治分会函，据省党务指导委员会朱委员家骅提议，本党部房屋失修，应早修葺改建一案，现经本会议决，修理费由省政府担负四分之三，市政府四分之一，每月共一万元，以一年为限，此款由中行保管在案，录案函达查照办理案。

（议决）令财厅照拨。

二、南区善后委员呈，据琼雷各地商人条陈，请援例准由商等备轮走海口、北海、广州等埠，所有货物，均归常关征收，又雷州产蒲包甚多，拟请准其备轮行走雷州、香港，俾发展商业等情，应否予以核准之处，请核示案。（据称查核所陈，一则欲准其援内河航行则例，使得免不能负担之海关入口征税，以振起海口、北海、广州关已绝之交通；一则欲请设法俾得备轮行走雷州、香港，以畅日形衰退之雷州蒲包销路。二者直接所以便利地方商务之发展，间接亦所以裨助职区善后建设之进行，于本省南部政治交通前途，关系至巨，惟是事关对外交涉，未敢擅便，应否照准，请核示等语。）

（议决）令交涉员查复再核。

三、广州市政委员长呈送保护已登记产业办法四条，请核公布施行案。

（议决）令法院审查呈复。

四、政治分会函，据兵工试验厂厂长黄骚条陈筹设化学工厂，制造漂白粉烈性梳打，藉以振兴实业，补助军事一案，议决交省政府核办，希即查照核办案。

（议决）交李委员禄超会同建设厅筹拟呈复。

五、本府委员伍观淇、朱兆莘呈报，奉令组织广番花公路委员会成立日期，经刊就木印，请核准启用；又广番花公路原线，经行三元里地段属南海范围，该县长应否加入委【会】办事，请示遵案。

（议决）应令南海县长加入该会。

六、汕头交涉员呈，拟议嗣后关于汕头市民与外国籍人为永租地或抵押地权办理手续各缘由，请核示遵案。

（议决）准备案。

七、汕头市长黄开山呈为宝华兴贩卖人口出洋一案，久悬未决，究应如何办理，请迅夺批遵案。

（议决）令东区善后委员公署迅即查讯办理具报。

八、西区善后委员呈，据顺德县长呈请撤销陈村市政等情，转请察核批遵案。

（议决）交民政厅审拟省内各市应存应废，分别核拟呈复。

九、建设厅呈复，办理汕潮铁轨电车公司撤销清理员一案，饬该公司速选董事，在董事会未成立之前，由潮阳县就近监督，拟具变通清理办法，抄录本案要件，送请核示案。

（议决）仍交马厅长核办。

十、广州市政委员长呈，据财政局呈请续行招商承办特种娱乐捐等情，查前经举办有案，似属可行，应否准予继续批商承办，请核示案。

（议决）候政治分会对于禁止住宅商店赌博一案解释到府后再核办。

十一、财政厅呈送修正国省两库十七年度会计科目，请察核备案。

（议决）准备案。

十二、财政厅呈缴请废止原订广东全省商埠海坦补价承升章程，请察核备案案。

（议决）准备案。

十三、教育厅长提议，本年八月上旬，召集全省教育会议，及各市县教育局长公私立中等以上各校，均令其赴会，一以宣示职厅之施政方针，一以改进各市县之教育事业，谨拟具全省教育会议简章及预算书，请公决案。

（请〔议〕决）照办，并令财厅知照。

十四、教育厅长提议，现拟省立工专校长叶家俊呈请饬修由长庚路至西村车站公路一段等情，请转建设厅令饬公路处于最近期内完成此路案。

（议决）令市厅从速办理。

广东省政府第四届委员会
第七十四次议事录

七月十日　星期二

出 席 者　冯祝万　徐景唐　许崇清　马超俊　李禄超　朱兆莘
　　　　　伍观淇　黄 节　刘栽甫

临时主席　冯祝万

纪　　录　彭一湖

报告事项

一、本府第七十二次议事录，经奉政治分会核议通过发还，已由秘书处分发办理。

二、国府令自八月一日起，所有京内外各行政机关俸给，概照原数支给，免予折减，仰并转饬所属一体遵照。

三、国府令发修正特种刑事临时法庭组织条例，仰知照。

四、国府令发国民政府财政部津海关二五附税，国库券条例，仰并饬属知照。

五、国府秘书处艳日电告最近中央政情四项：（一）中华民国刑法，展期至九月一日起施行。（二）制定市组织法及特别市组织法，明令公布。（三）制定津海关二五附税国库券保管基金条例，明令公布。（四）新疆杨增新电陈改悬青天白日旗，奉行三民主义，服从中央，复电嘉勉。

六、新疆杨增新铣日电告服从国府，奉行三民主义，并改组新疆〔疆〕省政府，一律改悬青天白日旗帜。

七、政治分会送工会法施行细则一份，希查照，并转行知照。

八、政治分会令发拟定制服原则，仰转饬所属各校遵照。

九、司法部艳日电告中华民国刑法，经国府议决展延至本年九月一日施行，希饬属知照。

十、民政厅长呈报遵于七月一日改组成立，请察核。

354

十一、国府令准中央政治会议咨知关于内政部拟具京兆直隶区域名称问题办法一案，议决四项，请查照办理等由，除分令外，仰并饬属知照。

十二、国府秘书处函告国府任命李济深等为广东省政府委员，并指定李济深为主席，又任命刘栽甫等兼广东民政厅厅长等职，除分别填发任状并公布外，函达查照。

十三、政治分会函抄送李主席来电一通，请查照。

十四、财政厅长呈复奉令筹还世德堂产价一案，业令北海分金库拨款六千元，交防城县长给还具领，即将厅发图照缴销，请核备案。

十五、建设厅长呈，据卸粤汉铁路整理委员会主席兼经理委员陈剑如呈称，经于本月四日分别交接清楚，转请察核备案。

十六、李委员禄超函报因事回乡，由本月十一日起至十七日止，请假一星期。

讨论事项

一、政治分会函，据环球世界语分会呈请拨助款项三千元，建设图书馆等情，经议决交省政府酌量补助，录案函达查照酌办案。

（议决）财政支绌，未便补助。

二、略。

三、南区善后委员呈请，裁撤北海、梅菉两市，援照佛山例，归县管理，收入余款，拨为展筑各县公路之用，请察核施行案。

（议决）交民厅并案办理。

四、广东交涉员呈报，准智利公使奥沙来函，对于我国智利硝专卖之议，亦甚赞成，其所举办法三项，足供参考，附同原函译文，请提会核夺示遵案。

（议决）令饬交涉署智利公使所举办法三项，大致可行，另由建、财两厅拟具专卖章程呈核。

五、广州市政委员长呈，据工务局呈转据取缔课长呈，请准予灾区报建免征附加费等情，查所称似属可行，只以事关赈费，未敢擅便，请察夺示遵案。

（议决）交筹赈总处拟办。

六、教育厅长提议，拟于本年暑假后，筹办省立第一女子中学校一间，其校址拟收用市内私立广东体育学校校舍，并请酌给回历年欠发之补助费二万八千一百八十元与该校，以资收束，连同省立第一女子中学经常费预算书，一并提出，请公决案。

（议决）交财政厅核拟呈复。

七、五华县长呈，准五华地方警卫队编练处函称钱粮捐税附加拨充警卫队经费一案，经县民议决各情，转呈察核批遵案。

（议决）交财政厅饬将预算呈核。

八、民政厅长刘栽甫、建设厅长马超俊、委员伍观淇，临时提议审查东区治安委员会章程案。

（议决）治安委员会准备案，至关于县警卫队管理委员会应如何修正之处，由刘委员下次提案再议。

广东省政府第四届委员会
第七十五次议事录

七月十三日　星期五

出 席 者　冯祝万　马超俊　伍观淇　朱兆莘　许崇清　黄　节
临时主席　冯祝万
纪　　录　彭一湖
报告事项

一、本府第七十三次议事录，经奉政治分会核议通过发还，已由秘书处分发办理。

二、国府令知国府财部煤油特税短期公债条例，前经制定公布在案，兹将该项公债名称，及该条例第十条明令修改，饬令照行，仰转饬所属知照。

三、中央政治会议庚日电告议决指定李济深为广东省政府主席。

四、国府令发津海关二五附税国库券保管基金条例，仰并转行知照。

五、国府令行查禁在职人员挟妓赌博酗酒及吸食鸦片等，以清吏治，仰饬属遵照。

六、国府内政部函送禁止未成年者吸纸烟饮酒规则，请查照饬属遵办。

七、国府财政部函，将煤油特税公债改定名称为国民政府财政部善后短期公债，并将条例简章通告暨还本付息表，送请查照，饬属迅速切实劝销，集款报解，以济要需。（查此项条例简章及表，均未见送到，合注明。）

八、国府工商部函，查劳资争议处理法第六章第四十五条规定省府或特别市府于必要时得拟具本法施行细则呈国府核定等语，如将来拟具呈奉核定后，请检寄一份，以备查考。

九、国府财政部函送国用物品免税暂行办法，请查照。

十、国府秘书处感日电告中央最近政情九项：（一）设裁兵善后委员会。（二）任命李济深等为广东省政府委员，并指定李济深为主席，刘栽甫等兼民政厅长等。（三）湖南财政厅长李隆建呈请辞职照准，遗缺任命刘委员岳峙兼充。（四）任命陈容为湖南省政府秘书长。（五）任命钱夫任为外交部特派江西交涉员。（六）公布津海关二五附税国库券条例。（七）北京改名北平，所有与北平相关联之各等名称，凡用"京"字者，一律改为"平"字。（八）任命谢葆璋为海道测量局长，并令兼海岸巡防处长。（九）派宋子文等为国货银行筹备委员。

十一、国府秘书处函告国府议决各机关暑期办事时间，改定每日上午七时起至十一时止，下午三时起至六时止，自七月四日起实行。

十二、河北省政府委员会商震等豪日电告奉命遵于豪日在津宣誓就主席委员及兼厅长各等职。电贺。

十三、南区善后委员报告琼属最近剿匪各情形，请察核。

十四、广州市政委员长呈报，限于本年七月十日起至十月十日止三个月内，暂行将前市立银行发行之五种凭票收回情形，请察核备案。

讨论事项

一、国府令发市组织法仰并转行知照案。

（议决）照通令，广州市组织法仍候政治分会示遵。

二、东区善后委员呈拟盗匪自新条例十三条，请核备案案。

（议决）准备案。

三、广东地方警卫队编练委员会呈缴拟定广东地方警卫队奖恤及惩罚条例，暨褒状及奖章给与规则等，请察核示遵案。

（议决）准备案。

四、广东地方警卫队编练委员会呈，据中山县地方警卫队编练处呈，拟抽收沙田亩捐办理警卫，请核准抽收等情，经职会议决，暂准先收一造，并限五日内将财政管理办法，拟呈候核在案，理合据情转请察核案。

（议决）交财厅审拟具复。

五、教育厅长呈，拟将分期拨还香港大学积欠补助费，及取销学额理由，复请核示案。

（议决）照办。并令财厅知照。

六、第八路总指挥部函复审查西门子之计划，利益既渺，糜费复多，请查照再从长计议案。

（议决）交建设厅。

七、民政厅呈报，准北区善后委员函，新委连阳化瑶局长赵成希，现据贺县县长电称，实系李成希，前言赵姓，系一时忆错，检同原发委令，请准更正转给案。

（议决）照改正委任。

八、国府鱼日电知嗣后高等法院院长应即列席省政府会议，仰遵照案。

（议决）令知该院长遵照。

九、孙中山先生纪念堂筹备会函告，经将纪念碑木制模型遵送陈设；查该模型，系根据取定图案构造，但其中花纹，有无尚须修改之处，敬祈指示；再工料经已准备，日内即须着手，恳于本星期内示复案。（先办）

（议决）复纪念堂，将遗嘱碑座及额除去，将碑嵌入塔之前面，与塔之本身相平，不用凸出。

十、民政厅长刘栽甫提议请委庄徇如为始兴县长案。

（议决）照委。

十一、本府秘书长提出本府委员会暨本府秘书处十七年度预算案。

（议决）交财厅汇办。

广东省政府第四届委员会
第七十六次议事录

七月十九〔七〕日　星期二

出 席 者　冯祝万　刘栽甫　黄 节　朱兆莘　伍观淇　李禄超
　　　　　　马超俊　许崇清

临时主席　冯祝万

纪　　录　彭一湖

报告事项

一、本府第七十四次议事录，经奉政治分会核议通过发还，已由秘书处分发办理。

二、政治分会函知，关于奉令严禁住宅及商店赌博，麻雀牌亦在禁例一案，议决，属于茶楼酒馆旅店之赌博，交市政厅取缔，至所谓住宅商店，以含有俱乐部性质者为限在案，请查照办理。

三、政治分会函送现定司法官暂行官级表案，暨暂行俸给表，全省司法官及司法机关各职员应增减之俸给数目表，希查照。

四、政治分会函知本会冯委员提议完成粤汉铁路一案，已据建委会拟具审查意见书，经议决：（一）粤汉铁路决定于可能的短期间内完成。（二）审查意见，除借外债有反粤路历史精神外，余两方法可按照实情，择尤采用。（三）交建设厅参酌审查意见，拟定完成粤汉路程序呈核在案。希查照。

五、云南省政府委员孙庭光宥日电告奉命遵于六月二十六日就委员职。

六、云南省政府江日电告蒋文华有假藉云南代表名义，在外接洽之说，如有接洽情事，请即严行拒绝。

七、天津特别市长南桂馨宥日电告奉命遵于六月二十五日就职。

八、全国经济会议委员世日电告本会议决认为财政统一，实行全国预算，为当务之急，请一致主张。

九、李品仙感日电知呈李总司令电，主张缩减军额，施行兵工政策，统一党员意志与行动，训练民众，召集国民会议诸端，请一致主张，促其实现。

十、新疆省政府感日电告经于六月二十日组织成立，由增新①兼充主席，金树人等兼民政厅长等。

十一、江苏省政府鱼日电告北伐告成，首须统一财政，望举国贤哲，一致赞同。

十二、徐源泉俭日电告于六月二十七日就第三集团军第六军团总指挥职。

十三、国府秘书处青日电告奉国府令禁止招募新兵，仰各该管长官转饬所属一体遵照。

十四、政治分会令知中华民国与各外国旧约已废，新约未订前适用之临时办法七条，仰即知照。

讨论事项

一、民政厅呈，据河源县长呈为办理县属警卫队，拟抽收田亩捐为经费等情，查现拟办法，可否暂准试办，请核示案。

（议决）准试办。

二、广州市政委员长呈请，令行建设厅查照原案，将中山公路拨归职厅管理，并免予解还用过筑路费，候示遵案。

（议决）令市厅迅即将该中山路完成，其由建设厅拨过用款，仍着市厅分期归还，并令建厅知照。

三、财政厅长呈，据普宁旅汕同乡会呈报该县惨受赤祸情形，请豁免钱粮，免派公债，禁烟赌以惠灾黎等情，除禁烟不能准，禁赌缓办外，其余旧粮公债，应否援照成案，分别豁免免派之处，请核示案。

（议决）准查照海陆丰成案办理。

四、广州市政委员长呈，据工务局呈，请转呈，省政府核准由省库拨还职局现址曾经用去之修复费一万四千四百元，为开辟光孝寺街南段马路之用，及明令指定农工厅旧址为职局永远办公地址等情，转请核示案。

---

① 前载为"杨增新"。

360

（议决）开辟光孝寺街南段马路，应由市厅筹拨，所请由省库支还该局用去之修复费，应无庸议。

五、河源县长呈缴职县人民代表临时善后委员会简章，请核准备案案。

（议决）交东区善后公署查核，径饬该县遵照。

六、国府令发特别市组织法，仰遵照并行知照案。

（议决）候政治分会办理。

七、财政厅呈，拟议海陆丰两县清查业户被共匪焚去契据声请补契暂行办法，请核饬遵案。

（议决）照办。

八、民政厅长呈，据东莞县长呈报，查明宝安县党部等呈控该县县长江××不职，及请饬县支拨经费，及将区分部地址公具交回，留押委员释放各情一案所得情形，惟当如何议处之处，请核示案。

（议决）略加申斥。

九、广东交涉员呈报，德领事对于现寓大沙头尾之房屋地基，拟与该业主魏基备价承买，应如何办理之处，连同照据影片，请核示复案。

（议决）查官产只准华人承领，应由交涉员拒绝。

十、民政厅长呈，将职厅主任秘书、秘书、科长、总务主任等员名，开具清单履历，请核赐任用案。

（议决）照委。

十一、广东交涉员呈报，法士官达罗欧在东京边界被害，法领请给恤款以了悬案，可否，乞示遵案。

（议决）令交涉员查明死者官等呈复后，查照军队恤例办理。

十二、民政厅长刘栽甫提议，请委谢达夫为梅县县长案。

（议决）照委。

广东省政府第四届委员会
第七十七次议事录

七月二十日　星期五

出 席 者 冯祝万　刘栽甫　黄节　伍观淇　李禄超　马超俊
　　　　　 许崇清　朱兆莘

临时主席 冯祝万

纪　　录 彭一湖

报告事项

一、本府第七十五次议事录，经奉政治分会核议通过发还，已由秘书处分发办理。

二、国府秘书处鱼日电告中央最近政情五项：（一）通令各军禁招新兵，缺额不补。（二）任命苏体仁为河北交涉员。（三）任命张邦翰兼云南省政府建设厅长。（四）任命易恩侯署山东高等法院院长。（五）交通部呈报订期八月十日召集全国交通会议。

三、国货银行筹备委员会虞日电告奉国府令在京成立筹备委员会，筹备国货银行，议定无论个人或团体，凡自认或兼招股一万元以上者，均可推为发起人，凡发起者希于七月以内将认股及认投股数电复。

四、十一军驻即墨办公处等冬日电告，于七月一日敬悬青天白日旗帜，一致奉行国民政府命令，服从三民主义工作。

五、张学良东日电告，为贯彻和平起见，已令前方敝部从事撤退，以明真意，至国是所在，当以全国民意为依归，请以最简捷方法，速开国民会议，解决目前一切重要问题，学良爱国爱乡，不敢后人，决无妨害统一之意等语。

六、政治分会令颁发铁路员工服务条例四十一条，俾共遵守，仰切实奉行。

七、范军长石生删电告，恳政府明令将职军调回云南，先筑滇邕铁路，继兴沿路两侧实业，倘仍窘于财力，则请划定一地，俾得从事于职

362

业工作。

讨论事项

一、民政厅呈报，核拟汕头市公安局破获共党机关，拿获要犯，据报办理各情形，请鉴核示遵案。

（议决）准如拟办理。

二、西区善后委员呈报，督促属内各县市迅速完成公路，并制定路线表及各章程颁行，限期成立一案，理合据实缕陈，请鉴察，仍准备案案。

（议决）交建设厅并案拟复。

三、民政厅呈复，关于龙川县长黄××审理匪犯黄亚常，轻率谬妄一案，查该县长审理案犯，任意出入死生，轻率谬妄，实属有忝职守，拟将该员撤任，并停止差委一年，以示惩戒，当否，请核示案。

（议决）照准。

四、广东高等法院呈，关于官市产奉发审查案件，应否即由现有各机关所派之员办理，抑应如何派员补充之处，请核示案。

（议决）以法院、财厅、市厅三机关组设委员会，并以法院所派之员为主席，从速清理积案。

五、广东高等法院呈，据中山分庭长陈炽昌呈，请照例发给职庭故推事黄焕标两月俸额恤金二百四十元，以示体恤等情，如奉核准发给，拟即在该分庭司法收入项下拨支报销，并乞饬财厅知照案。

（议决）照准。

六、革命纪念会函，据李陈氏呈请俯念烈士遗族，代为请恤等情，经敝会二十七次会议议决，据情转报有案，请核令财厅依例抚恤给款案。

（议决）令财厅照办。

七、财政厅呈报变更廉江县抽收龙湾河道捐，应将盐船捐一项剔出各缘由，请核备案案。附廉江县长呈报龙湾河道捐抽收大概情形，及未敢遽尔率遵各缘由，呈复察核，究应照旧征收抑或取销之处，乞核示案。（二案请并案讨论）

（议决）河道捐着即取销。

八、民政厅呈报拟定省县市各工会督察员官级表俸额表请核施行案。

（议决）准备案。

九、西区善后委员呈请增加经费以资办公缘由乞核准施行案。

（议决）呈政治分会核办。

十、委员伍观淇、朱兆莘呈报南番花三县公路，由委员等兴筑，而沿路桥梁，则议定仍归建设厅公路处建造，现南番花三段建筑档〔桥〕梁购置辘机等费，共十五万二千九百五十八元，此款应归入何处项下支付，连同预算表，请核示案。

（议决）交建设厅拟复。

十一、省党务指委会函，据惠阳淡水潘寿明同志呈称伊叔鼎铭，于去年突被驻淡军队练部警察邓发挟恨混拿，转解二十五师李部，安杀，恳转省府按例给恤等得〔情〕，查属实情，请查照抚恤条例办理见复案。

（议决）查例照恤。

十二、学生孙满呈请，准予列入广东留美官费生，由政府资遣，俾遂所志，候示遵案。

（议决）准，函中大遣送。

十三、教育厅长黄节提议，请拨定旧法国领事署建设省立图书馆案。

（议决）照拟，呈政治分会。

十四、本府秘书长呈，据本府书录伍岳灵等呈称，书录等薪水微薄，生活困难，现幸北伐告成，中央纸币十足通用，请自七月起，书录等之薪水，十足发给等情，查属实情，且人数无多，似可照准，请核示案。

（议决）案关通令未便照准。

十五、朱委员临时提议，续议法巡查长达奴欧遇害，法领请给恤款案，请与教育厅请收回法旧领署为图书馆案并案讨论案。

（议决）巡查长给恤五百元，拨还法领事署建筑费一万元，分【令】财厅查照发给。

十六、建设厅呈，据广三路局奉国府交通部路政司电为整理交通四政，召集军政商各界，及直辖各机关，开交通会议，应否派员列席案。

（议决）令建设厅转饬各路邮航电等局长，将所有议案，提呈该厅审拟，由厅派员出席与议。

十七、交通部长电告定本年八月十日在京召集全国交通会议，希派代表列席案。

（议决）交建设厅。

广东省政府第四届委员会
第七十八次议事录

七月二十四日　星期二

出 席 者　冯祝万　刘栽甫　黄　节　伍观淇　李禄超　马超俊
　　　　　　许崇清
列 席 者　罗文庄
临时主席　冯祝万
纪　　录　钟　泰（代）

报告事项

一、彭秘书长因事告假，由钟秘书泰代理。

二、本府第七十六次议事录，经奉政治分会核议通过发还，已由秘书处分发办理。

三、国府秘书处蒸日电告中央最近政情四项：（一）制定国民政府裁兵善后委员会组织条例公布之。（二）简任朱兆莘为外交部次长。（三）任命石铭勋署湖南特种刑事地方临时法庭庭长。（四）通令各省政府，凡民国十六年十二月三十一日以前，旧欠田赋，实欠在民者，一律豁免。

四、国府外交部函知中法陆路商务专条附章，早届期满，在新约未订立以前，应由国府颁布临时办法，以维持中法陆路商务关系，请查照。

五、国府内政部函送各县政府暂行内务行政纲要，请查照。

六、国府令发裁兵善后委员会组织条例，仰并饬属知照。

七、国府秘书处函，奉国府令，所有十六年十二月三十一日以前，全国旧欠田赋，实欠在民者，应即一律豁免，仰即遵照，等因，录令函达查照。

八、武汉政治分会文日电告，对于时局，略述管见，曾上谭主席蒋总司令一电，约分数点：（一）对奉问题。（二）军队问题。（三）政治问题。（四）外交问题。（五）党务问题。（六）国民会议问题。（七）党内团结问题。

九、海陆丰灾区慰问委员黄佐呈报慰问灾区难民经过情形，报告一份，旅费清单一纸，存余款一十二元零五仙，请察收示遵。

讨论事项

一、南区善后委员呈报增加经费理由，并再检同五、六月份支付预算书，呈请察核，俯赐体察下情，准予备案案。

（议决）呈政治分会核。

二、京师总商会阳日电告举行全国瞻谒总理典礼，拟以全国各机关团体派遣一人至二人，准于八月一日以前齐集北平，并集议酿金铸像，裁减军队，开矿森林，浚河筑路诸举，如荷赞同，盼即复示案。

（议决）存。

三、建设厅呈复，查明广三路局呈请准予援照粤路办理，补偿工人因共乱损失案，办理经过各缘由，请核办案。

（议决）仍照前案，批饬不准。

四、民政厅呈复，查明前郁南县长邓××被控渎职情形，拟再停止公差一年，或酌予记过二次，以示惩戒，当否，请核示案。

（议决）停差一年。

五、卸廉江县长陆精洽呈，为挟嫌构陷无辜，久押生病，恳请赐准保释，回家调理候讯案。

（议决）交民厅查办。

六、广州市政委员长呈请，准将法政等路两旁各官有地，与应负担路费四万二千二百五十元，如数发下，以维路政案。

（议决）现省库支绌，着仍由该府筹拨。

七、建设厅长呈，据琼崖公路处处长梁朴园因病辞职，兹查有张韬堪以荐充，除先令饬遵照前往接事外，连同该员履历，请核加委案。

（议决）照委。

八、政治分会马日邮电告复李主席德邻电文，如表同情，望一致主张案。

（议决）由省府通电赞成。

九、民政厅提议，拟委方新为本厅视察员，连同履历，请加委案。

（议决）照委。

十、仁化县长郜重魁出席报告北区善后委员改委蔡乐天代理仁化县长，及被看管逃省情形，并称蔡代县长现将留办交代之财政科员杨××、仁化分庭管狱员高××、警察第一区署长江××，扣押解韶，请提省办理案。

（议决）由省政府电令王委员将扣留之杨科员等三人解省讯办，该县长所呈，由民政厅办理。

广东省政府第四届委员会
第七十九次议事录

七月二十七日　星期五

出 席 者　冯祝万　刘栽甫　黄　节　伍观淇　李禄超　许崇清
　　　　　　马超俊　朱兆莘
列 席 者　罗文庄
临时主席　冯祝万
纪　　录　钟　泰（代）

报告事项

一、本府第七十七次议事录，经奉政治分会核议通过发还，已由秘书处分发办理。

二、国府令发处理逆产条例，仰并饬属知照。

三、国府秘书处虞日电告中央最近政情三项：（一）制定暂行特种刑事诬告治罪法明令公布。（二）制定陆海航〔空〕军平时战时抚恤条例明令公布。（三）内政部呈请召集全国内政会议指令照准。

四、蒙藏委员会委员张继等真日电告遵于七月十一日在首都本会宣誓就职。

五、第九路军前敌总指挥王家杰遵于七月八日在遵义军次敬谨就职。

六、南区善后委员霰日邮电呈报职区最近剿匪工作，及维持治安实情，请察核。

七、江西省政府梗日电贺本府委员就职。

八、李宗仁马日电贺本府委员就职。

九、何键马日电贺本府委员就职。

十、胡宗铎箇日电贺本府委员就职。

十一、夏威、钟祖培马日电贺本府委员就职。

十二、国府令发修正国民政府审计院组织法仰并饬属知照。

十三、卸本府秘书长马洪焕呈缴本府委员会及秘书处由十六年十月一日至十七年六月十五日卸事前一日止，各同经临费收支四种清册，请核备案，并令行财政厅知照。

十四、国府财政部元日电告全国财政会议议决宣布裁厘，兹定于七月十七日在本部成立裁厘委员会〈议〉，希察照。

十五、广东各界筹赈粤灾游艺会函告，拟联合各界组织广东各界筹赈粤灾游艺大会，定于本月二十八日，假座广东筹赈总处开筹备大会，届时请派代表贲临。

讨论事项

一、（略）①

二、财政厅呈送省党务指委会垫过国府成立三周年纪念公宴费清单，应否准予另案开支，抑仍就原额支销之处，请核示案。

（议决）准另案核销。

三、民政厅呈报，核复阳春县长具呈第三区剿匪善后办法各缘由，当否，连同议决案，请核示案。

（议决）交编委会审拟呈复。

四、西区善后委员呈报，西区地方善后会议及善后讨论会开会经

---

① 凡注"（略）"处均为原文所删。

费，共需毫银四千二百元，连同预算书，请核令财厅照拨案。

（议决）该项费用，应由该区自理。

五、建设厅呈复，遵令审查关于西区善后委员拟将全区公路划分三期办理一案缘由，请核示案。

（议决）照拟令西区知照。

六、广州市政委员长呈缴广州市果类入市税章程请核示案。又广州鲜果行各栏代表李月生等呈联乞俯念敝行担负厘费极重，此次市财局拟生果入市税与前时营业所得捐名异实同，请查照成案饬令缓办案。（二案请并案讨论）

（议决）准备案。

七、德和公司甄德呈为领地空旷无碍坟茔，恳请核准将民承西村大板石高山两冈饬令发还案。

（议决）照案保留，并令市厅从速发还产价，或另拨别地官产。

八、广东地方警卫队编练委员会呈缴各县市区乡各级管理委员会组织，及会议规程，并附编制表，请核备案颁行案。

（议决）准备案。

九、建设厅呈复，遵令审查公路处呈拟组织公路测量队计划书一案情形，当否，请核示案。

（议决）照办。

十、略。

十一、南区善后委员呈报拟订团务指导员章程缘由，并检同该章程，请核示案。

（议决）交编委会审核。

十二、南区善后委员呈报拟订视察员章程缘由，并检同章程请核示案。

（议决）准备案。

十三、裕成公司商人李有成呈，为呈明喧宾夺主，恳主持公道，准将公司一切事项，仍照前批由商负责办理，并勒杜星垣等将历年溢利清算分派，以保血本案。

（议决）交法院审查。

十四、财政厅呈报办理加征筵席捐情形，请核备案案。

（议决）准备案。

十五、革命纪念会函复敝会会议讨论，金称庞烈士雄，确系辛亥二〔三〕月二十九殉国，今既由吴川县党部转请抚恤交查，自应据实函复，请核准援例办理案。

（议决）援案抚恤。

十六、建设厅呈，遵令拟派周钟歧代表出席全国交通会议，所需公旅等费毫洋八百元，乞如数发给，俾便遄行案。

（议决）照准。又请加委案，照委。又提议案案，存。

十七、（略）

十八、（略）

十九、（略）

二十、建设厅呈，奉令据公路处长拟具特派员条例，饬即妥拟呈核等因，谨将审查本案意见呈复察核示遵案。

（议决）照拟。

二十一、教育厅提议，关于职厅前清〔请〕拨发之全省教育会议经费案，请照十足发给案。

（议决）查案照十足发。

二十二、民政厅提议，拟委顾时济为职厅视察员案。

（议决）照委。

广东省政府第四届委员会
第八十次议事录

七月三十一日　星期二

出　席　者　冯祝万　马超俊　许崇清　李禄超　伍观淇　黄　节
列　席　者　罗文庄　王应榆
临时主席　冯祝万
纪　　录　彭一湖

370

报告事项

一、本府第七十八次议事录，经奉政治分会核议通过发还，已由秘书处分发办理。

二、国府令发中华民国权度标准一份，仰并饬属一体遵照。

三、国府令发禁烟委员会组织条例，及全国禁烟会议组织条例，仰并饬属遵照。

四、国府敬日电复，寒电悉。革命策源之地，训政开始之期，共矢精诚，勤求治理，新猷所播，良效必多！长治久安，尤深利赖；腹心攸寄，嘉慰良深！

五、国府秘书处元日电告中央最近政情三项：（一）任命刘纪文为南京特别市市长，杨兆泰兼山西民政厅长，孟元文兼山西财政厅长。（二）任命贺世缙等为审计院审计等。（三）制定中华民国政府标准方案，处理逆产条例，禁烟委员会组织条例，及全国禁烟会议组织条例。

六、国府秘书处篠日电告中央最近政情二项：（一）制定违警法，明令公布。（二）财政部定七月十五日成立裁厘委员会。

七、第八路总指挥部函知办理取销新编第六师情形请查照。

八、李宗仁艳日电告，六月艳晚，随蒋总司令北上，共商大计，所有总司令武汉政治分会事务，暂委张华辅等代拆代行，例会推临时主席处理。

九、战地政务委员会鱼日电告，北伐成功，政务负责有人，自应结束，除将关于河北省中央及地方所有各政分别划清即日遵令交代外，谨电闻。

十、江苏省政府敬日电贺本府委员就职。

十一、张知本敬日电贺本府委员就职。

十二、谷正伦有日电贺本府委员就职。

十三、独立第七师长刘士毅巧日电贺本府委员就职。

十四、徐源泉文日电告就第六军团总指挥职。

十五、广西省政府感日电贺本府委员就职。

十六、冯玉祥祃日电贺本府委员就职。

十七、国府秘书处敬日电告中央最近政情四项：（一）制定土地税征收法，明令公布。（二）任经亨颐等为中央处理逆产委员会委员，内长、财长为当然委员，并指定经享〔亨〕颐为主席。（三）任蒋中正、冯玉祥、阎锡山、李宗仁、李济深、何应钦、钟可讬、李登辉、张之江、李烈钧、陈绍宽为禁烟委员会委员，内长、外长、法长为当然委员，并指定张之江为主席，薛笃弼、钟可讬为常务委员。（四）制定国民政府筹赈处组织条例，明令颁布。

十八、北平特别市长何其巩电告，于本月十三日宣誓就职。

十九、筹赈总处呈送职处十七年二月份至六月份施政报告书请察核。

二十、方振武有日电贺本府委员就职。

二十一、新疆金树仁佳日电报捕获乱党樊耀南等处决，并就新疆〔疆〕省府主席及总司令职，乞示机宜，以维边局。

二十二、本府秘书长呈，现经销假，回府供职，照常办事。

二十三、邓世增艳日电报奉总指挥来电，北平任务已毕，俭晚偕德邻等首途赴宁，出席会议，并过郑约焕章同行，会议前途，极可乐观。

二十四、广东交涉员呈报，遵令赴京就职，由七月三十日起，请假半个月，告假期内，所有职署公事，委总务科长梁植槐代拆代行，请察核备案。

二十五、政治分会函知本会议决广东省党务指委会经常费从十七年度起照中央额定数目十足拨发。

二十六、交通部感日电告，会期在迩，希速指派代表早日入都，并盼电复。

二十七、西区善后委员呈报，定于八月一日在本市西瓜园警察同乐会举行西区地方善后会议及善后讨论会开幕典礼，请派员莅会指导。（派马委员）

讨论事项

一、民政厅呈，据汕头市长缴汕头市征收公厕建筑费章程，公厕建筑图，似亦可行，请核示批遵案。

（议决）建筑公厕，尚属要政，惟所拟向店户抽收建筑费，似不可行，着该市长另筹办法呈核。

二、民政厅呈缴汕头市市政统计条例，及汕头市政厅总务科统计股预算书请核示案。

（议决）准备案。

三、广州市政委员长呈，据财局拟具征收及取缔特种娱乐捐章程十二条等情，转请准予由该局招商投承，藉资取缔，当否，候示遵案。

（议决）准备案。

四、广州市政委员长呈报奉发政治分会所局文官官俸暂行条例，及文官官等暂行条例，自应遵办，惟市府奉令改组在即，在未有实行改组以前，似应暂照旧俸支给，俟改组后，始照新定俸给表办理，以省手续，请核示案。

（议决）准备案。

五、广州市政委员长呈为九曜坊旧提学使署，合于市府合署办公之用，拟请准予拨给，以便筹设案。

（议决）呈政【治】分会核示。

六、第十八师师长李务滋径日电报惠州省立第三中学向设西湖丰湖书院，毁于兵燹，现就城内祠堂庙宇并合散漫无序，请由省库拨款五万元，就暑假期内，在原址修筑，以维学政，如何？候电示案。

（议决）交教育厅查复。

七、略。

八、建设厅呈准市府咨请将公路处支过西材〔村〕公路建筑费一万零八百六十一元七毫，在粤汉铁路公司尚欠协助该市修筑六月二十三路——即沙基马路——工程费十万元内划拨一节，此款当查市政府与粤路公司如何商允拨助，【此】事在职厅未成立以前，无案可稽，应如何办理，请核示案。

（议决）令市厅查案呈复再核。

九、广东全省筹赈总处呈复职处为临时机关，所有职处经费及职员俸给表，拟不变更，均仍照旧，请核示案。

（议决）照准，并令财厅知照。

十、广州市下级饭店公会呈请撤销新例，照旧章令财厅执行，毋任筵捐局苛扰案。

（议决）令财厅核办。

十一、第七军军长夏威感日电告，查敝军残废将士，广西籍共一百零一名，广东籍二十二名，湖南籍共二十四名，生命虽存，形体已缺，现拟派员分遣回省，尚希代为设法，代图生计案。

（议决）送第八路总部办。

十二、建设厅长呈拟委黄元彬等为职厅主任秘书、秘书、科长、技正、视察、总务主任等，连同各员履历，请赐核委案。

（议决）照委。

十三、建设厅呈拟议官督商办广东士敏土厂简章，请提议公决案。

（议决）照准。

十四、（略）

十五、韶城公民代表张凤仪等陷日电，为韶城地瘠民贫，工商疲敝，乞加怜鉴，迅电北区善后公署，着将拆铺筑路一案，暂行缓办，以苏民困案。

（议决）令北区体察情形，妥为办理。

十六、建设厅长呈，据情转请将购料委员会裁撤，现时未办各购料事件，概行交回各局处自行购办，请核示遵案。

（议决）照拟。

十七、国民政府电告阳历八月一日至三日为追悼国民革命军阵亡将士大会，全国官商民众，一致举哀，希饬属一体遵照案。

（议决）先由秘书处派人至总部接给〔洽〕，再行分饬遵办。

广东省政府第四届委员会
第八十一次议事录

八月三日　星期五

出　席　者　　冯祝万　刘栽甫　马超俊　许崇清　李禄超　黄　节
　　　　　　　伍观淇
列　席　者　　罗文庄
临时主席　　　冯祝万
纪　　录　　　彭一湖

报告事项

一、本府第七十九次议事录，经奉政治分会核议通过发还，已由秘书处分发办理。

二、国府秘书处感日电告中央最近政情五项：（一）制定刑事诉讼法及施行条例，明令公布。（二）美国国务卿凯呃凯洛格致照会王外长对修约表示赞同。（三）宋财长、赵连茹为察哈尔交涉员。（四）任命陈需翔【为】省赈务处副处长。

三、财政部真日电告，经财政会议议决本部十七年度施政大纲希查照。

四、全国财政会议电告七月十五日召集裁厘委员会，讨论切实裁厘及改办新税各方案。

五、全国经济会议函送要电三通：（一）请求裁兵通电。（二）请停止招兵通电。（三）请统一财政通电。请查照翻印，分发各财政机关各县长等。

六、冯玉祥歌日电告，协议结束军事方法六大端，以备中央采择。

七、李宗仁养日电，据第四十四军长邹鹏呈请将该部裁撤，业于本月巧日准令改编成队暂任修堤拆城工作，请察照。

八、第十军司令部参谋处通报胶济路奉鲁军之残部与济南等处之日军及商场人民情况，及莱芜与博山之地方民团红黑旗会自维安宁情形。

九、北区善后公署参谋长东日电报朱、毛二匪在郴州被剿退去各情形。

十、鹿钟麟养日电告，奉令指挥河南山东及直隶境内前方作战之部队负责整理。

十一、阎锡山真日电告，奉令遵于七月十一日卫戍京津就职。

十二、刘纪文号日代电告，于七月二十日就南京特别市长职。

十三、内政部函贺本府委员就职。

十四、安徽省政府迥日电贺本府委员就职。

十五、阎锡山敬日电贺本府委员就职。

十六、黄绍雄感日电贺本府委员就职。

十七、何其巩梗日电贺本府委员就职。

十八、第十二军长任应岐马日电贺本府委员就职。

十九、天津特别市长南桂馨敬日电贺本府委员就职。

二十、南昌市长伍毓瑞哿日代电贺本府委员就职。

二十一、乐昌县长世日电报击退共匪情形。

二十二、粤海关监督呈报，赴京就外交部次长职，由七月三十日起请假半个月，假期内所有职署公事，委第一科长朱华甫代拆代行，请察核备案。

二十三、国府令发暂行特种刑事诬告治罪法，仰并饬属一体遵照。

二十四、湖南省政府漾日电贺本府委员就职。

讨论事项

一、民政厅、财政厅会呈复，审查筹赈总处呈请通饬保存各属仓捐仓款仓产以厚筹赈基金一案结果，似应仍由职厅等照旧办理，当否，候核示案。

（议决）照办。

二、东区善后委员皓日代电，恳核明所拟筹款各节，准予分令各厅处如数照拨，以济要需，伫候示遵案。

（议决）交筹赈总处，财、建两厅迅速拟复。

三、财政厅呈复，审拟广东地方警卫队编练委员会呈据中山县地方警卫队编练处呈请将县属高低沙各田亩每造抽收附加费二毫半，以为办理地方警卫队一案各缘由，请核令遵案。

（议决）交编委会照办。

四、南区善后委员呈报，拟定规程准则，派员赴县调查各缘由，连同调查规程准则，请核备案案。

（议决）备案。

五、国立中山大学函送修正之广东第一模范林场章程暨办事细则，希查照备案案。

（议决）交建设厅审查。

六、财政厅呈复，请转饬黄文侯遵将应领黄梦麟一次恤金先行来厅请领，其遗族恤金并由该领款人备具相片二纸，缴候核明填发恤金证书，以凭按月赴领；再查黄文侯之子梦麟家属十三人，系于杨廷光变叛之役同时被害，此项遗族恤款，应否给至梦麟之父母亡故时止，请核示案。

（议决）应发给至黄父母亡故时止。

七、台山、恩平县长呈复，会同查明长塘洞地方未便划归开平县管辖，拟请由该地方人民设立经界局自行分清县界绘图备案缘由，当否，请核示案。

（议决）令台、恩、开三县县长会同划清界限呈复核办。

八、广州市政委员长呈，据购料委员会呈请准将职会向外采办之物料一律兑〔免〕税等情，查该会所请系为节省经费及利便采运起见，似可准行，请核批遵案。

（议决）交财厅核拟呈复。

九、蕉岭县长呈报职县特殊情形，可否准免钱粮再附加全省筑路经费，或展缓之处，请批示案。

（议决）交建设厅查复。

十、建设厅呈，据广三铁路管理局长姚观顺呈称，星期晚偕母妻闲游滋事，拔枪防卫，请彻查处分，以尊法纪等情，应如何议处之处，伏候钧裁，至对方滋事之人，应否彻查惩究，并乞示遵案。

（议决）着记大过一次，对方人员函第八路总指挥部彻查惩处。

十一、教育厅长呈缴连县教育局长何诗逎履历，请核明加委案。

（议决）照委。

十二、国立中山大学函复学生孙满资遣赴美留学一案，现未准贵府函知分饬财厅，似无从会商遣送事项，希即查照，并请分令财厅筹给该生公费，以便办理案。

（议决）令财厅查案办理。

十三、教育厅呈，据省立第四中学校长呈称，该校坦地因汕头市厅筹辟韩堤马路，先后割拆一千二百八十余井，损失校产地价二十八万余元，恳转省府饬汕头市厅及韩江治河处分别更改辟路及河线计划，并容纳该校条举要求各项等情，检同图说，请察核示遵案。

（议决）令建设厅分饬汕头市厅、韩江治河处查照拟复。

十四、建设厅呈遵令审议中国煤矿股份有限公司呈拟集资承受地利公司矿区继续开采一案情形，是否有当，复请核示案。

（议决）令建设厅转饬该公司遵照厅拟复办法，妥订章程呈核，并饬知中兴给煤期以一年为限。（此案奉政治分会核复保留）

十五、民政厅长提议委潘延闿署理龙川县长案。

（议决）照委。

广东省政府第四届委员会
第八十二次议事录

八月七日　星期二

出 席 者　冯祝万　刘裁甫　马超俊　李禄超　伍观淇

列 席 者　罗文庄

临时主席　冯祝万

纪　　录　彭一湖

报告事项

一、本府第八十次议事录，经奉政治分会核议通过发还，已由秘书处分发办理。

二、北区善后委员公署参谋长李郁焜江日电，准赣州刘师长东电称，朱、毛二匪盘据各方，分布重兵，希图抵抗，现正频商湘军及珥岛合力围剿。

三、省党务指委会秘书处函知奉中央执委会议决所有经济及政治设计委员，由省指委会推荐等因，现经议决由本会各委员物色相当人才，交秘书处审查推荐。

四、略。

五、南区善后委员呈送五月份办事报告统计表及办事报告摘要请察核。

六、新疆〔疆〕省政府支日（七月四日）电告，将现有八道改为八区，即以该道尹为各该区行政长，旧有三十八县，新添一十七县，旧有县佐一，新添县佐十，查前各县知事现拟一律改为县长，县佐改为分县长，以符新制。

七、白崇禧有日电贺本府委员就职。

八、李品仙漾日电贺本府委员就职。

378

九、福建省政府支日电贺本府委员就职。

十、国府令发国民政府赈务处组织条例，仰并饬属知照。

十一、内政部函送发各省民政厅令文请查照。

十二、内政部函送本部视察员章程，请查照饬属知照。

十三、内政部函送全国内政会议章则辑览，请查照转令知照。

十四、国府令发土地征收法，仰并饬属知照。

十五、广东全省筹赈总处函送职处劝捐册，请俯予捐助。

十六、李民欣、邓家彦卅日电告，李主席、李总司令、阎总司令、戴委员、冯总司令等一致会师入都。

十七、政治分会函准中央执委会秘书处据招待海外同志第一事务所请转函广州政治分会令广东省府嗣后对于该处送拍电报，仍照前例办理等由，议决交省府在案，请查照。（准查照前例办理，惟仍由秘书处核发。）

讨论事项

一、东区善后委员呈送奉第八路总指挥部令饬更正盗匪自新条例一册，请察核备案案。

（议决）准备案。

二、广东高等法院呈，拟将佛冈改并清远为清佛县分庭各缘由，请核示案。

（议决）照办。

三、江门市政厅呈复，据财政、民政两局会复勘沽四邑新商报铺位面积及价值情形，请察核等情，转请饬知中行，即将产价拨解过厅，以便给领点交，乞示遵案。

（议决）令财厅查照。

四、民政厅呈，据宝安县民冼善之呈请发还封产等情，应如何办理之处，请核示案。

（议决）交伍委员、民政厅查复核办。

五、建设厅呈，据改良蚕丝局所陈扩大缫丝厂之工作，及设立蚕种制造场以推销顺属蚕农各节，应否准予如数照拨之处，连同所缴开办费及预算书，请核批遵案。

（议决）准拨交财厅查照。

六、联义海外交通部执委会呈，据情转请俯念部员梁广文奔走革命多年，因公残废，准予援照宋少东前案恤给年金，以资养老案。

（议决）交革命纪念会查复核办。

七、东区善后委员呈，据建筑商人请查案拨款赓续建筑葱陇公署各缘由，转请核示案。

（议决）汕市将来是否建置军政机关，该旧公署是否适用，由该委员再行考查，或另招商将该署改造，以最廉价为适宜，希查复再核。

八、教育厅长呈，据化县县长呈缴黄恩滢履历，请加委为该县教育局长案。

（议决）照委。

九、国府工商部函送中华国货展览会组织大纲，暨章程规则，请分令照办，随时将办理情形见复，以凭转饬案。

（议决）令建设厅查照。

十、建设厅呈，据广三铁路局呈报期满停收赈费缘由，转请将该局附加赈费照案取销案。

（议决）照准。

广东省政府第四届委员会
第八十三次议事录

八月十日　星期五

出 席 者　冯祝万　马超俊　许崇清　李禄超　伍观淇　黄　节　刘栽甫

列 席 者　罗文庄

临时主席　冯祝万

纪 　 录　彭一湖

报告事项

一、本府第八十一次议事录，经奉政治分会核复，除讨论第十四案"建设厅呈遵令审议中国煤矿股份有限公司呈拟集资承受地利公司矿区继续开采一案情形案。（议决）令建设厅转饬该公司遵照厅拟复办法妥订章程呈核并饬知中兴给煤期以一年为限"保留外，余通过等因，已由秘书处将各案分发办理。

二、国府令发陆军礼节，仰并饬属知照。

三、国府俭日电知本日颁布刑事诉讼法及施行条例，并规定以九月一日为施行期。

四、国府秘书处江日电告中央最近政情二项：（一）简田汝翼署理山西高等法院院长。（二）制定司法官任用考验暂行条例，暨驻外使领馆职员任用考试条例，明令颁行。

五、外交部长王正廷卅日电告有日中美互订关税新约内容，系适用关税完全自主之原则，查我国关税受不平等条约束缚，丧失税则自立主权，至今已八十余年，迭经政府人民努力从事自立运动，匪伊朝夕，今美国既首先承认，各国当可相率景从。

六、江苏省政府陷日邮电拥护中央第五次全体会议。

七、内政部函送县政府政务警察章程请查照。

八、东区善后委员呈送第五军第十三、十五等师，第十三军第二师及澄海等县绥靖周报表，请察核。

九、开封政治分会俭日电贺本府委员就职。

十、河南省政府敬日电贺本府委员就职。

十一、韩复榘有日电贺本府委员就职。

十二、国府令发抚恤黄花岗先烈补充条例，仰查照办理具报。

十三、江西省政府庚日电报朱、毛各匪，已由第三军加派第八师协同第九师等剿办，关于三省会剿计划，已电王军长商议奉复，请查照。

十四、广东各界筹赈粤灾游艺大会，函知敝会经于本月七日第二次执委会议，即席推举钧府为稽查委员，请鼎力担任。

讨论事项

一、财政厅呈复，核办汕头市政厅抽收附加二成旅客捐一案情形，请核示案。

（议决）照准。

二、建设厅呈复，据电政管理局呈送广九路大沙头至深圳电杆改换三合土办法并图，如奉核准，请将前拟奉准拨修广雄线路费用移作修理省港线路一案取销，并乞转呈照拨毫洋八千元以便办理等情，查所拟办法尚妥，请核办批遵案。

（议决）照拟，并令财厅知照。

三、广州市政委员长呈，据土他〔地〕局长呈，拟调查测量全市官有空地以资整理，并请转呈省政府将本市拟定区域范围界址公布等情，连同广州市区域地图，请核示案。

（议决）案经公布，应由市政府查照前案，再行公布办理。

四、建设厅呈报，东北区善后委员电请派技士分赴惠韶测勘公路，筹划市政，惟厅内技士各有职务，不能临时调往，惟有在厅外代为遴用，但此项技士薪俸，及川旅各项经费，应否饬由财厅查照拨还，抑由各善后区就地筹拨，请核示案。

（议决）技士由建设厅选派，薪俸由各区支给。

五、建设厅呈，为筹设工业试验所，拟具计划书及开办经、临各费概算表连同建筑图式，请核示案。

（议决）交财政、教育两厅审查呈复。

六、广东交涉员呈复，准粤海关监督署查复关于南区善后委员呈据琼雷各地商人条陈拟备轮行走海口、北海、广州等埠，所有货物，均归常关征收等情一案缘由，请察核案。

（议决）照转。

七、东区善后委员呈复陆丰县上沙乡自治委员庄照楼等请给恤旌表御共伤亡乡民等情一案，经饬据查明属实，自应酌予旌恤，惟旌恤御共伤亡乡民，并无成案可以根据，且职区因御共死难，又不止该乡，究应如何旌恤之处，请示遵案。

（议决）交民政厅拟办。

八、财政厅呈报，据南海县沙贝乡民李活陵等呈称，田变沧海，请予豁免先祖遗下尝田一顷零五亩六分五厘三毫一丝二忽之虚粮等情，经县派员勘查明确，似应准予豁免，理合加具印结，连同县缴册结图说，一并转请核示案。

（议决）准免。

九、甘肃省政府皓日电告今岁此间自春徂夏，亢旱异常，已成灾荒，乞捐助巨款，嘉惠群黎案。

（议决）交筹赈处拟电复。

十、财政厅呈准东区善后委员咨称，据惠来县长呈称，县属地方受灾深重，请援案缓免钱粮，及免粮后该县行政、财政、司法、监狱各项经费，拟由潮梅财政处给领，均属实情等由，似应援照海陆丰两县案办理，请提议核示案。

（议决）准。

十一、军事交通技术学校函据情转请发给学生蒋永富等每人每月给予留学津贴十五元，以示体恤案。

（议决）碍难照准。

十二、民政厅提议，汕头市长黄开山辞职，遗缺拟请以陈国槼署理；潮阳县长陈权辞职，遗缺拟以翟瑞元署理；澄海县长张大猷辞职，遗缺拟以余葆贞署理案。

（议决）照委。

广东省政府第四届委员会
第八十四次议事录

八月十四日　星期二

出 席 者　冯祝万　马超俊　许崇清　伍观淇　黄　节　刘栽甫
　　　　　李禄超
临时主席　冯祝万
纪　　录　彭一湖

报告事项

一、本府第八十二次议事录，经奉政治分会核议通过发还，已由秘书处分发办理。

二、国府秘书处世日电告中央最近政情四项：（一）制定商民协会、农民协会组织条例，明令公布。（二）派薛笃弼等为赈款委员会委员，薛笃弼、许世英、王震、严庄、胡毓威为常务委员，以薛笃弼为主席。（三）任命李范一为建设委员会无线电管理处长。（四）派李庆施署山东省政府建设厅厅长，陈雪南署民政厅厅长。

三、国府令发陆海空军平时抚恤暂行条例，及战时抚恤暂行条例，仰并饬属遵照。

四、阎锡山勘日电告，于七月勘日晋京，所有总司令事务，暂委参谋长朱绥光代拆代行；北平政治分会日常事务，暂委秘书长贾家骥代拆代行；例会由出席各委员推定临时主席处理，希查照。

五、北区善后委员王应榆佳日电称，共匪首梁明哲已解韶，查该匪系奉府准江西省政府电令缉，曾于陷电请示，久未奉复，诚恐或有疏虞，经将之枪决。

六、范军长石生庚日电告，支电奉悉，现下共逆首领朱、毛率残部溃窜赣属，已遵约各路友军合力兜剿。

七、河南省政府东日电告，赞成武汉、广东两主席所发文、马两电。

八、安徽省政府支日电复，诵悉李主席德邻文电揭示七条，及本府通电，自应一致主张，早期实现。

九、河南省政府江日电告拥护中央第五次全体会议。

十、北京临时政治分会佳日电贺本府委员就职。

十一、广东高等法院院长罗文庄函告，拟于本月十三日赴港欢迎王司法部长，须在港逗〔逗〕留两日，请予给假，本府第八十四次会议未能列席，请鉴核。

十二、政治分会函准国府秘书处函送司法部呈，请转行废止两广惩办盗匪暂行条例，经本会〈会〉议决照办在案，希查照。

十三、太原政治分会主席阎锡山微日电告，于本月五日补行宣誓就职。

讨论事项

一、民政厅呈，据江门市长呈报组设市政参议会缘由，连同章程、名册，请核备案等情，查核所缴章程除第二十二条末句应改为"由市长随时修正呈请备案"外，其余大致亦合，转请察核案。

（议决）准备案。

二、广州市政委员长呈报公用局购办市营汽车，恳请转行粤海关监督仍发给免税照准予放行案。

384

（议决）交财政厅。

三、财政厅、高等法院呈复，会核广济医院与周渭访互争沙田一案缘由，抄录阅卷笔录验照简表图说各一份，请核示遵案。

（议决）照拟。

四、财政部长函请查照察酌当地情形，筹备组织经济设计委员会，共策进行，即希见复案。

（议决）交财政厅。

五、教育厅呈复，中山商会电称仙逸学校加抽电灯捐请令县撤销以恤商艰一案查办情形，请察核案。

（议决）照拟。

六、张惠长等呈请，由省库加拨一千元以为仙逸学校经费缘由，乞准所请案。又省党务指委会函，据中山县党务指委会转据党员程伟彦等请转省府查照月拨仙逸学校五百元案再拨一千元，抄录原呈，请查照核办见复案。（二案请并案讨论）

（议决）已核准加抽电费一成，毋庸再拨。

七、台山县呈复，奉令将测勘土名蟾蜍吐火等山场及周、陈两姓村落附近情形，连同绘图一纸，请鉴核案。

（议决）交建、财两厅会拟办理。

八、民政厅长提议，请委王仲和署理揭阳县长，曾越署理普宁县长，杨瑞歧署理南澳县长案。

（议决）照委。

广东省政府第四届委员会
第八十五次议事录

八月十七日　星期五

出　席　者　冯祝万　马超俊　许崇清　李禄超　伍观淇　黄　节
　　　　　　刘栽甫
列　席　者　罗文庄

临时主席　冯祝万

纪　　录　钟　泰（代）

报告事项

一、本府第八十三次议事录，经奉政治分会核议通过发还，已由秘书处分发办理。

二、国府令发政军警各机关工作人员研究党义暂行条例，仰并饬属遵照。

三、国府令发驻外使领馆职员任用考试条例，仰并饬属知照。

四、江苏省政府佳日邮电告经遵照中央颁行组织法改组，请查照。

五、东区善后委员呈送七月份绥靖周报表，请察核。

六、南区善后委员呈报职区驻廉行署组织成立日期，缮具组织章程、关防摹式，请核备案。

七、南区善后委员呈送六月份办事报告统计表及办事报告摘要，请察核。

八、广东全省教育会议邮电告，现在会议告终，同人等对于各机关团体之优待，各长官同志之指导，自当同加策勉。

九、北平刘镇华真日电贺本府委员就职。

十、秘书长彭一湖呈，妻丧请准予给假四星期赴鄂料理，本府秘书处事务暂交钟秘书泰代理。

十一、中国国货银行筹备会函送招股章程及进行程序，请查照本章程第十四条之规定，先认提倡股若干万元，一面饬属进行，限期竣事，并先将扬集数目随时通知。

讨论事项

一、政治分会函，据中国煤矿有限公司代表简英甫等呈请承受地利公司矿区物权一案，议决准照厅〔建〕设厅审查原案办理，希查照办理案。

（议决）令知建厅。

二、建设厅呈复，遵令审查东区征工筑路法则及赈工大要购地细则一案情形，请核示遵案。

（议决）照办。

三、建设厅呈，拟设广州市工业品陈列所组织规则及经临各费概算，请核示遵；如蒙照准，请饬财厅查照核定经临两费分别如数筹拨，以应开办案。

（议决）令建设厅督同商会筹办，开办费由政府补助。

四、广州市政委员长呈，奉令查明粤汉铁路公司欠协助修筑工程费一案始末情形，连同抄件，呈请令饬建厅将支过西村公路建筑费一万零八百六十一元七毫，及应还中山公路用过建筑费七万七千余元，一并在粤汉铁路公司所欠协助款十万元项下抵扣，余款仍解还职厅，以清款目案。

（议决）照拟。

五、民政厅呈，据汕市长呈，增订汕头市海港检疫所暂行条例应否准予备案，请核示案。

（议决）准备案。

六、建设厅呈，据广九铁路管理局呈报征收附加赈费六个月已届期满，未奉停止明文，应否停止，候示等情，转请核示案。

（议决）照准。

七、建设厅呈拟变通商号注册办法缘由，请核示遵案。

（议决）照办。

八、建设厅呈，据卸琼崖实业局长吴启东呈缴职员名额薪俸表，请准予发给恩俸一个月等情，连同该局职员表转请察核，应否准予发给之处，乞示遵案。

（议决）照准，交财厅。

九、中山县长呈，据情转呈拟定纪念总理故乡办法大纲五种、先决问题二种，请核饬遵案。

（议决）缓议。

十、广东高等法院呈复遵令审查裕成石矿公司股东互控一案情形，缴还原卷，请鉴核案。

（议决）令建厅将该案全卷移送法院察查。

十一、民政厅呈报，连山县瑶务科应否取销，嗣后瑶饷可否改由化瑶局请领转发缘由，请提会议决饬遵；又现化瑶局业经成立，拟并将连山、乳源瑶务绥瑶等费一律取销，所有瑶饷瑶盐均拨由化瑶局请领转发案。

（议决）照办。

十二、政治分会函知，准陈委员铭枢函开，顷接广西伍代主席宥电开，于举办邕钦铁路一案，请提会办理等由，经本会议决交省政府在案，检同抄电，希查照案。

（议决）交建厅。

十三、广州市政委员长呈，据财政局转据承商合益公司呈拟增改果栏入市税章程，转请核示案。

（议决）准备案。

广东省政府第四届委员会
第八十六次议事录

八月二十一日　　星期二

出 席 者　冯祝万　刘栽甫　黄　节　伍观淇　李禄超　许崇清
　　　　　　马超俊

列 席 者　罗文庄

临时主席　冯祝万

纪　　录　钟　泰（代）

报告事项

一、本府第八十四次议事录，经奉政治分会核议通过发还，已由秘书处分发办理。

二、国府令发司法官任用考试暂行条例，仰并饬属知照。

三、内政部函奉国府令，关于财政部长呈八月一日以后之禁烟事务，就近秉承各省政府核示办理一案，除指令应准备案外，仰查照等因，转函查照。

四、外交部元日电告南京事件，关于英国部分，业于本月九日提出解决，英方允与我国修订现行条约。

五、本府委员伍观淇、朱兆莘呈报，广番花公路原定八月一日开始兴筑，嗣据南番两县长报称，调查户口尚未完竣，头造禾田正在收割，而晚造又继续开耕等情，职等公同商酌，议定展期三个月，再行兴工。

六、广东地方警卫队编练会呈复，职会发给各县编练处经费，俟汇齐各处寄回收条，方能报销，至第一期编练区域，计已设编练处者共有二十九县之数，未办县份之款均已移作别县之用，请察核。

七、财政厅呈，拟议规定取缔留学生领费办法各缘由，请察核。

八、总指挥部李民欣篠日电告，接李秘书由京来铣电称，李主席铣晚挈眷游杭州莫干山，约月底可抵粤。

九、粤海关监督朱兆莘呈报，李主席嘱候同行拟续假半月。

十、河北省政府元日电贺本府委员就职。

十一、北平独立第八师长刘春荣庚日电贺本府委员就职。

十二、李郁焜篠日电，准十六军参谋处佳日通报，朱、毛股匪有退出浏窜扰湘赣边境模样，现由第八军阎师等团进剿中等由，汝城仍属胡凤璋部驻防，粤边安堵。

十三、湖南省政府阳日邮电复，经转请湖南全省清乡督办署迅派大兵协剿朱德等共匪。

讨论事项

一、东区善后委员呈请，令行全省筹赈总处拨定一百万元为属区工赈费，并请先拨五十万元，俾便限期兴工各缘由，连同路线表规划及赈款分配概算表，请核示案。

（议决）交筹赈处、建设厅会拟呈核。

二、东区善后委员呈，据汕头市公安局局长张我东呈解署长蔡××私委稽查，贪污赃私等情，所有审理本案及拟判情形，抄录供折原呈，请核令遵案。

（议决）准照行政处分从严办理。

三、南区善后委员呈，据临高县长呈拟请续征十九年份粮款，俾政费民艰两均兼顾，等情，转请核示饬遵案。

（议决）交财厅核拟呈复。

四、广东地方警卫队编练委员会呈缴职会秘书长黄庆、第一科长张尔超、第二科长严博球履历，请准予加委案。

（议决）照委。

五、南区善后委员呈报警卫保甲应行变通并合举办各缘由，连同修正警卫保甲条例，请核示遵案。

（议决）交民政厅，编委员〔会〕核拟呈复。

六、革命纪念会函请核定每年九月九日为公祭七十二烈士外为革命已死各先烈日期，每岁拨款，依期举行，以昭崇敬案。

（议决）函省指委会拟办。

七、教育厅呈缴博罗县教育局长李允庄履历，请核明加委案。

（议决）照委。

八、教育厅呈缴茂名县教育局长陈道耕履历，请核明加委案。

（议决）照委。

九、民政厅长临时提议，请委朱兆奎署理连县县长，凌锡华署理连山县县长，方炳彰署理五华县县长案。

（议决）照委。

广东省政府第四届委员会
第八十七次议事录

八月二十四日　星期五

出　席　者　冯祝万　马超俊　许崇清　李禄超　伍观淇　黄　节
列　席　者　罗文庄
临时主席　冯祝万

纪　　　录　钟　泰（代）

报告事项

一、本府第八十五次议事录，经奉政治分会核议通过发还，已由秘书处分发办理。

二、国府令，据审计院长呈称，属院定自本年九月一日起，审核各机关之支付命令，请通饬遵行等情，仰即查照办理。

三、刘委员栽甫函知因事请假一天。

讨论事项

一、财政厅呈报，办理台山县民谭耀初等，与西岩寺僧秉俦，互争台山县西岩寺一案，经过情形，并妥拟解决办法，连同卷宗，请察核案。

（议决）照拟。

二、建设厅呈，据汕头市长呈称，堤工处业已裁撤，关于堤坦事，应否组设委员会，继续开会讨论，抑如何办理，转请察核示遵案。

（议决）由汕市厅执行办理。

三、广东地方警卫队编委会呈，奉令审核南区善后委员公署团务指导员章程，略具修改意见，呈复察核饬遵案。

（议决）照办。

四、教育厅呈复，遵令审拟贫民教育院组织章程草案情形，请察核案。

（议决）令知市厅。

五、国府令，仰迅即提出佃农保护法修正案，以凭汇送案。

（议决）交民厅。

六、建设厅呈，据粤汉铁路管理【局】呈报，征收附加赈费六个月，已届期满，遵令饬属截止征收等情，请核示案。

（议决）照准。

七、广州市政委员长呈，据工务局拟具管理市区域公路章程五条，转请察核备案案。

（议决）行建设厅审拟呈复。

八、教育厅呈缴省立第一中学校十七年度追加预算书，及清册，请核转财厅查拨案〈案〉。

（议决）令财厅。

九、教育厅呈复，饬核第十八师李师长，电请由省库拨款五万元，修建省立第三中学校舍一案，拟请如拟拨给以维学务案。

（议决）行财厅。

十、革命纪念会函复，关于联义交通部，转据部员梁广文呈称，因公残废，请予给养一案，经敝会议决，据实函复；至应姓〔如〕何给养，以示抚恤之处，请卓裁办理，见复案。

（议决）呈政【治】分会。

十一、建设厅呈复，关于伍、朱两委员提议，促成广番花公路一案，办理情形，请核示案。

（议决）交该委员会筹拟。

广东省政府第四届委员会
第八十八次议事录

八月三十一日　星期五

出 席 者　冯祝万　马超俊　许崇清　李禄超　黄　节　伍观淇
　　　　　　刘栽甫
列 席 者　罗文庄
临时主席　冯祝万
纪　　录　钟　泰（代）

报告事项

一、本府第八十六、七两次议事录，均奉政治分会核议通过发还，已由秘书处分发办理。

二、内政部函告，准国府秘书处函知，奉国府核准，明令颁给新疆省杨故主席治丧费三千元，并派新省大员就近致祭，灵柩回籍时，由经过地方官吏妥为照料，并援照官吏恤金条例给以遗族恤金等因，请查照饬属知照。

三、司法部巧日邮电，本部蔡代部长业经呈请辞职，自本年八月十七日起，所有部务，派由次长朱履和代拆代行，请查照。

四、国府秘书处篠日电告中央最近情形四项：（一）外交部报告己与英使解决宁案，并商议○○条约。（二）任命罗家伦为清华大学校长。（三）决设抚恤委员会。（四）决设预算委员会。

五、国府秘书处敬日电报中央最近政情七项：（一）制定预算委员会条例，明令颁布。（二）任命杨树庄等为福建省政府委员，指定杨树庄为主席，兼任命陈乃元兼民政厅长，徐桴兼财政厅长，程时煃兼教育厅长，许显时兼建设厅长。（三）任命郑萃英为河南省政府委员兼教育厅长。（四）任命秦德纯为山东省政府委员。（五）任命稽瑜为河北省政府农矿厅长，任命吕咸、李竟容为河北省政府委员，吕咸兼工商厅长。（六）任命李宗侃为开滦矿务督办，徐建湖【为】农矿部农司长。（七）特派钮永建、马寅初为禁烟委员会委员。

六、国府禁烟委员会号日电告，于八月二十日宣誓就职。

七、西区善后委员呈报各属剿匪情形，请察核。

八、西区善后委员呈本年七月份工作月报表，请察核。

九、本府秘书处第三科科长高阳呈请给假半月，遄赴原籍，料理乡事，至职科文稿，暂交科员陆微庐代核，其余各股事务，由各股科员负责办理，请察核。

讨论事项

一、建设厅呈复，奉发中山大学前后所拟广东第一模范林场章程暨办事细则，遵即一一审查其修正各节，尚无不合，连同章程及办事细则，复请察核案。

（说明）查前准国立中山大学函送修正广东第一模范林场章程暨办事细则，请查照备案等由，当经第八十一次会议议决交建设厅审查，去后，兹据复称，遵即一一审查其修正各节，大致尚无不合等语。

（议决）准备案。

二、财政厅呈，据海陆丰两县长会呈，请体念职县灾情重大，经费无着，准将海陆丰两县属屠捐及烟酒两税，全数分拨两县办理善后事宜，以一年为限等情，似可照准，惟事关库收，未便擅专，请核示案。

（说明）据称，查海陆丰共乱初平，原气未复，所呈地方困难情形，尚非虚饰，现该县长拟将县属屠捐及烟酒税款完全拨充地方善后经费，以一年为限，似可照准，惟事关库收，未便擅专等语。

（议决）准至明年六月为止。

三、民政、建设厅长会呈复，关于财政厅长具呈改订恩开台山报承官有山挞单行简章，请核示一案，审查情形，请核夺饬遵案。

（说明）查前据财厅呈，据土地局呈拟改订恩开台山报承官有山挞单行简章等情，请核示遵，俾公布施行一案，当经第七十次会议议决交民政、实业两厅审核，去后，因实业厅归并建设厅，现由民政、建设两厅审核呈复前来，据称，当将简章会同详加审查，与原案意旨大致无甚出入，惟于简章内尚有考虑者，为山挞名称，似近浮泛，诚恐将来易与邱陵高岗相混淆，拟在山挞二字之下，附注地势高度，以示区别，而免日后报承时发生争执；第七条关于山挞产价定额，亦嫌稍昂，似宜比照荒地承恳条例，酌量减轻，以便人民易于报承。又第八条所定公示期限一个月，略嫌过短，拟改为二个月，似较妥善等语。

（议决）照办。

四、民政厅呈，奉令颁发处理逆产条例，查本省处理逆产委员会尚未成立，对于各县市逆产事项，应由何处办理，请核示案。

（说明）查前奉国府令发处理逆产条例到府，当经分行各厅知照，去后，兹据民政厅呈称，查奉颁处理逆产条例，省特别市特别区应各设处理逆产委员会，由各该地行政官署委派委员组织之；现本省处理逆产委员会尚未组织成立，嗣后对于各县市逆产事项，应由何处办理，抑在处理逆产委员会未成立以前，关于此类案件，暂由各县市长呈奉钧府核准执行等语。

（议决）应由县市长办理。

五、财政厅呈，据陈村市政筹备专员刘宝琛呈报办理市内电影附加费及麻雀牌捐各情形，请核备案等情，惟查麻雀牌捐款，原奉饬征拨为全省体育费，应否核准备案，似仍应拨为全省体育费之处，请核示案。

（说明）查前据民厅呈，据陈村市专员呈请拟办水警及医院，并酌加各种捐目各节，拟尚可行，请核示一案，当经第六十二次会议议决："麻雀电影捐，准照收；山票附加，有碍正饷，不准。"在案。兹据财厅呈据该专员呈称，遵饬市内天星电影公司切实开始遵缴，计本年六、七月份共据缴来一百零六元零四分。自七月十八日起，该天星剧院因市内西潦泛滥，往来行人，均感不便，且天气酷热，观剧者寡，遂尔停业至今，尚未续影；关于麻雀牌捐，业将开投及承办简章，先行布告，定期本年六月二十八日下午一时在市商民协会当众开投，嗣因是日无人投票，核办末由，旋据顺利公同〔司〕商人梁耀明呈请按明缴饷一百元承办陈村全市麻雀捐等情前来，查所认饷额，尚属核实，业予批准开办，并饬于本年八月一日开始起饷，切实遵办，请赐备案等情。据财厅称，查该市电影附加一项，既奉钧府核准有案，自可照办；惟查麻雀牌捐款，原奉饬征拨为全省体育费，今独该市将以变易用途，此例一开，其他县市难免援为藉口，对于体育费前途，不无顾虑，应否核准备案，抑仍应拨为全省体育费之处，请示等语。

（议决）照准。惟麻雀捐款应由该市征存，作为体育费之用。

六、国税管理委员函请转饬江门市长将四邑新商报铺位按照原价四千三百六十元零七毫四仙将地拨作建筑中央分行之用案。

（说明）查前准管理财部在粤事务兼财厅长函，据中央银行请转饬江门市政厅将江门分行附近之四邑新商铺位拨与江门中央银行分行为改建地址等情，请查复到府，当经第七十一次会议议决："令江门市政厅照拨，并由该行补回相当产价。"去后，嗣据该市厅呈复，据财政、民政两局会复勘沽四邑新商报铺位，面积及价值情形前来，据称，查该街现虽未甚繁盛，将来拆通建筑新市路，必成旺地，该铺位在市路之旁，其地价当然增高，照现在常安路之铺地，每井值千元，以之比例该铺地，每并应值时价八百元，按照工务局测量，该地共有二十一井八十方尺零三十七方寸，计算应值地价银一万七千四百六十九元六毫，至连上盖，共应值产价银一万九千一百九十六元五毫六仙等情，请饬知中行即将产价拨解过厅，以便给领点交到府，又经第八十二次会议议决："令财厅查照。"去后，现准函复，据中央银行函略称，查该铺位当日向财厅承领，原价每井二百元算，系连上盖在内，共计值价四千三百六十元零七毫四仙，此系六庙尝产底案之确有可征者。现虽收归市有，仍属公有物业，而敝行为政府金融机关，自与人民购地建造不同，且该分行正因筑路被拆，致须迁徙，此中受损，已属不资，若将该铺位而仍索重价，殊与政府拨定改建之旨未符，既承拨定该铺位为江门分行行址，祇可酌量补回原价，未便逆料该处将来地价腾贵预为取值如此之巨，请准予按照当日承领原价四千三百六十元零七毫四仙补回领照等情。查核所称各节，均属实在情形，该地价原价每井二百元，若预料将来地价高涨取价办法，似欠公允，亦与原议补回相当产价之意不符等语。

（议决）令江门市厅遵照办理。

七、中华国货展览会函，奉国府核准组织筹备委员会，应需经费，不敷尚多，经敝会议决，各项协款漂〔标〕准，计自五百元至二千元，请鼎力赞助，察酌办理见复案。

（说明）查前准工商部函送该会组织大纲章程规则等，请随时将办理情形见复到府，当经第八十二次会议议决令建设厅查照在案。兹准该会函称：敝会奉国府命筹备，自当黾勉进行，惟全会经费，预算计须十一万元，除由财部补助五万元，暨与会商家酌量担任外，不敷尚多，兹经敝会议决，各项协款标准，计自五百元至二千元，事关实业救国，务祈贵府鼎力赞助，以襄盛举等语。

（议决）拨助一千元。

八、建设厅长呈，据粤汉铁路管理【局】呈缴修正粤汉路请领乘车免费票条例草案，应否准予规复，抄同原缴条例草案，请核示案。

（议决）准备案。

九、教育厅呈，据省立第一女字〔子〕中学校筹备委员会呈，拟请追加建筑费等情，似应照准，请核转行财政厅迅照七千三百元之数一次发足案。

（说明）据称，据省立第一女子中学校筹备委员会主席委员欧宗祐呈称，案查职会接收女子体育学校，改建校舍，工程一项，钧厅原拟建筑费五千六百元，旋因各校送来女生过多，原日拟定改建之教室，实不敷容，自应增建教室两间，经招商投承，并经钧厅会同财厅派员会同监投，当由吴瑞记出价七千三百元投得，经立合约，订明四十五日竣工，惟查此项建筑费，因增建教室，与原拟五千六百元之数，增多一千七百元，应请转呈省府核准，如数追加，并行财厅一次发足等情，似应照准等语。

（议决）准。

十、建设厅呈，转据东路公路分处呈据梅县公路委员会拟拆卸城基，将城砖泥沙地价，拨为建筑梅松公路之用，经梅县县长查后〔复〕，众论佥同，似属可行等情，请核示饬遵案。

（议决）照准。

十一、广东高等法院呈具审查土地局保护已登记产业办法四条意见书，请采择施行案。

（说明）查前据广州市政委员长呈送保护已登记办法四条，请核公布到府，经第七十三次会议议决令法院审查呈复，去后，兹据复称，遵经职院召集民、刑各庭庭员会议，详细审查办法四条，似尚有应行修正之处，兹据会呈意见书前来，请采择施行等语。

（议决）照拟令知市厅。

十二、建设厅呈，据整理新宁铁路委员会陈述，车利收入短绌，困难情形，应否准将附加宁路车费拨筑台鹤公路一案取销，抑俟该路收入畅旺时，再行酌核办理之处，连同该路收入车利比较表，请核提会批示饬遵案。

（议决）准暂取销。

十三、财政厅呈报，前仁化县长郜重魁挟带第三次债票面额五千元潜逃，请通令所属严缉，归案究办，以重公帑案。[①]

十四、财政厅呈报，北区善后委员拟办模范苗圃林场，现奉议决交中山大学审查，应俟函复钧府令行到厅，再行办理，请核转知案。

（说明）查前据北区善后委员呈拟请将沙冲坪第五区苗圃林场拨归该署管理缘由，呈具计划预算，请核示到府，当经第六十三次会议议决，似属可行，仍交中山大学审查，去后，嗣准函复，该区委员对于提倡林务，既具热心，将原有之第五区苗圃交办，亦无不可，但如北区善后公署或有变更时，仍请交还，以便继续管理，等由，经即令行北区遵照办理在案。旋据该区呈请将此项开办经费一万一千元，由七月份起，饬韶州分库拨支，俾利进行等情，又经令饬财厅查酌办理。去后，兹据该厅复称，查北区委员拟办模范苗圃林场，即奉议决交中山大学审查，似应俟中山大学审查完竣，函复钧府，令行到厅，再行办理，等语。（查中大审查复函，已如前述，但关于审查该区预算一节，未见提及，合并注明。）

（议决）令财厅款先照拨。

---

① 原文缺"议决"内容。

广东省政府第四届委员会
第八十九次议事录

九月四日　星期二

出 席 者　冯祝万　马超俊　许崇清　李禄超　黄　节　刘栽甫
　　　　　　伍观淇

列 席 者　罗文庄

临时主席　冯祝万

纪　　录　钟　泰（代）

报告事项

一、国府秘书处马日电告中央最近政情三项：（一）任命黄乃桢为禁烟委员会秘书长。（二）交通部收回部权，及公布邮政总局章程，并简派刘书蕃为邮政总办。（三）内定特别刑事法减刑等计算标准条例，明令公布，九月一日起施行。

二、全国交通会议巧日电告全国交通会议议决各案，关于整理建设尤要者，冀望政府积极施行。

三、兰皋〔皋兰〕刘郁芬电告奉冯总司令令统辖陕甘两省驻扎之部队，及负责整理。

四、国府秘书处世日电告中央最近政情四项：（一）制定中央财政整理委员会组织条例，明令公布。（二）明令褒恤郭松龄。（三）加任李烈钧等为侨务委员会委员，周启刚、邱莘甫为常务委员，又前常务委员林森、萧佛成、邓泽如，未到任以前，由李烈钧、宋渊源、孔祥熙暂先代理。（四）准河北省政府迁移北平。

讨论事项

一、西区善后委员呈缴西区各县县事区事乡事委员会条例，请核备案案。

（议决）交民厅审查。

二、东区善后委员呈复，再行考查汕市将来是否建置军政机关情形，及不宜另招新商将汕头葱陇公署改造理由，请核准照原案办理，令财厅将此款加入预算，将第一期应领之款二万六千二百元，填具支付通知单，发交职署，以便赴领转发，刻日兴工案。

（议决）照办。

三、国立中山大学函复，关于北区善后委员请将第五区苗圃移交办理，并拟具林场及苗圃经费预算表审查见复一案情形，连同原送表补行函达查照案。

（说明）查此案前据北区善后委员呈请前来，经第六十三次会议议决，似属可行，仍交中山大学审查。去后，嗣准函复，该区对于提倡林务，既具热心，将原有之第五区苗圃交办，亦无不可等由，当即转令该区，去后，复据该区呈请将此项开办经费一万一千元，由七月起饬韶州分库拨支等情，又经令饬财厅查酌办理。去后，据厅复称，似应俟中大审查完竣后，令行到厅，再行办理。惟查中山〔大〕前函所复，未见提及预算一节，当经昨第八十八次议决令财厅，款先照拨在案。兹又准中大来函称：前函所复，敝校当时只就该区苗圃应否交办一点审查，至移交办理后所有预算经费，以为当由北区主持，故未及注意审查，现复准北区派出委员面称，仍请将该预算表审查等由，查表列各数，尚属核实，似属可行，惟该项预算，既定为苗圃及林场预算，自宜举办纯粹的苗圃及林场事项为限，现查表列第五项模范果园，第六项蔬菜园艺，第七项花卉园艺，第八项农业速成班，第九项农事推广，第十一项农产制造所，其性质未能划入苗圃林场范围，似应另行划分，以清款目，至第八项既拟设农业速成班，则职教员薪金等项，自属必须支出，而预算内未见列入，亦未免略欠详晰，总之表列各项数目，尚无浮滥，惟编造则尚未臻完备，又查请饬粤汉铁路拨给常年经费六千一百二十元以供给枕木作偿还之资一节，尚属适合，惟因此则领取各费，似应纯用作林业范围，始属平允等语。

（议决）分令财厅、北区查照。

四、新会县长呈，拟将民国三年李前民政长原令恢复，凡勒写私数案件，一经查拿，准由县署审讯明确，应予立处极刑，以杜奸宄，是否可行，请核示案。

（议决）交民厅、法院会核。

五、南区善后委员呈请饬令北海财政支处将八月份职行署应领薪公各费毫银二千元如数给领，至不敷之数，就近由国民革命军第十一军司令部核发给领，俾便办公案。

（说明）查此案前奉政治分会函据各区善后委员等呈请分设办公机关，经本会议决，准东南两区分设行署，每署每月准支办公费二千元，余无庸议在案。并准第八路总指挥部函同前由，当经分行转知各在案。兹据南区呈称，职行署自组织开始办公以来，瞬届一月，所有每月开支薪公各费，共毫银二千元，应由北海财政支处按月就近拨领给发，请饬将八月份职行署应领各费，如数给领，俾便开支；再职行署范围辽阔，事务自多，在职人员，虽力加撙节以省经费，无如范围既广，事务繁多，用人太少，则公牍嫌有积压之虞，过多则经费有不敷之感，开办伊始，即经妥为筹划，设法撙节，然每月所领薪公各费，为数仅二千元，不敷尚巨，但案经政治分会议决核准，未便逾越，请求谨以不敷之数，就近由国民革命军第十一军司令部核发给领，俾便办公等语。

（议决）照准。

六、南海县长呈，为编练委员会函县就地筹拨编练处七月份经费一个月，应否照办，请核示案。

（说明）查此案先经据该县呈准该公函请就地筹拨七月份经费一个月等由，转请核示到府。当查此案前经据该编练委员会呈为推行各属警卫队起见，拟就广府属及东江一带，指定二十七县派员先办，以为全省楷模，每县每月经费，预算三百三十一元，合计二十七县，共八千九百三十七元，拟以三个月为期，此项经费，暂由省库拨给等情一案，经第三十八次议决照准在案饬知。去后，兹复据该县呈称，窃查县警卫队编练处经费，由省库拨给，系以三个月为期，至七月份经费系三个月以后之经费，照案应由地方筹拨，但编练处经续请发经费一个月，而以数县推广，为酌盈剂〔济〕虚起见，函县就地筹措，惟应否照办，未奉令复，未敢擅便等语。（按查本府经据编练委员会续呈拟请将省库发给二十七县警卫队编练处每月经费三百三十一元，及津贴出发工作武训养成所毕业学员每人津贴十元两案，均展期一月，继续发给等情到府，经第七十二次议决照准，并限一月办理完竣在案。）

（议决）交编练委员会。

七、教育厅呈，据惠阳县长黄钧铨呈缴县教育局长祝国张履历，请核明加委案。

（议决）照委。

八、民政厅呈，拟给南海县监印故员马有銮恤金一次一百二十元，并照俸给十分之一给以遗族恤金六元，请核饬遵案。

（议决）照办。

九、委员李禄超、建设厅长会呈审查筹设化学工厂意见书，请核示案。

（说明）查本府前奉政治分会函据兵工试验厂厂长黄骚条陈筹设化学工厂制造漂白粉烈性梳打，藉以振兴实业，补助军事一案，议决交省政府核办一案，经第七三次议决交李委员禄超会同建设厅筹拟呈复在案。兹据呈称，遵即按照奉发原呈所列溢利及设厂地点开办经费各节，会同悉心审查，签具意见，复请察核等语。

（议决）交建设厅。

十、惠来县长邮电呈报依县政府组织法改组，惟第十条建设课掌管第一、二项，即系公路事务，现在各县公路局长是由县长兼任，应否将公路局取销，抑如何办理，请核示遵案。

（议决）交民、建两厅核。

十一、马委员提议补救总理纪念堂用松木打桩案。

（议决）令建设厅召集该会现在监理工程人员，同拟补救方法。

十二、民政厅提请委王集吾署理万宁县长，黄玉同署理徐闻县长，蔡乐天署理仁化县长案。

（议决）照委。

十三、地方警卫队编委员呈审拟删改阳春县第三区剿匪办法条文，请核案。

（议决）照拟。

广东省政府第四届委员会
第九十次议事录

九月七日　星期五

出 席 者　冯祝万　马超俊　许崇清　李禄超　伍观淇　朱兆莘
　　　　　　黄　节　刘栽甫

列 席 者　罗文庄

临时主席　冯祝万

纪　　录　钟　泰（代）

报告事项

一、本府第八十八次议事录，经奉政治分会核议通过发还，已由秘书处分发办理。

二、国府令发特别刑事法令刑等计算标准条例，仰并饬属知照。

三、国府令发预算委员会条例，仰并饬属知照。

四、国府秘书处俭日电告中央最近政情三项：（一）特派谭延闿等为预算委员会委员。（二）任命庄智焕为交通部电政司司长。（三）明令旌恤四川先烈臧在新、伏龙、顾锡九、王正宗并追赠军职。

五、内政部函送国府军委会查验自卫枪炮及给照暂行条例，查验人民自卫枪枝子弹注册簿，及给照收费报告表各一份，请查照饬属遵照。

六、财政部函议将盐斤附税作为临时性质征收，一俟财政充裕，即一律取销，以重民生。

七、财政厅呈报，电复南区善后委员关于收毫洋大洋办法文一通，请核备案。

八、财政厅呈，据广州市奉准免捐下级饭店公会代电，分呈请求撤销新例，仍照旧章办理等情，应将颁发新章第八条（甲）项内载"皆不及二毫者外"一句，改为"二毫以上者抽捐，其价格二毫者，准予免抽"，其余所请各节，应饬查照前次批令，及颁发新章办理，除分令外，请核备案。

讨论事项

一、民政厅呈，据潮安县长呈，拟援照广州市旅店附加二成军费案，开征旅店加二警卫队费缘由，附缴章程，转请准予试办案。

（议决）不准。

二、南区善后委员呈报，参准刑律，拟订械斗处罚章程缘由，请核示遵案。

（说明）据称："窃查聚众械斗，大干刑宪。往往发端甚微，双方各逞一朝之念，结族联村，累月经年，至相仇杀，戕贼生命财产，扰害地方治安，莫此为甚！兹由职署参准刑律，制定广东南区械斗处罚章程，剀切申明斗案所有关系各方在刑罚上之责任，颁行属内。军政长官办理斗案，有所准绳，而乡村顽恶，亦知所忌惮，不敢轻于启衅！除呈总指挥部外，缮具章程，请察核示遵"等语。

（议决）据分呈总指挥部，应候部示办理。

三、广东省党务指委会秘书处函知宣传部拟将广东通讯社所有重要消息，用电报传达，所有电报费，拟由本处转函省府，通饬各电报局，悉数豁免一案，经本会议决，转省府核办在案，录案函达查照，办理见复案。

（议决）查案函后〔复〕。

四、民政厅呈，据情转请将梁沛等所遗焚余匪屋十四间，援照黄日华等匪屋拆料变价充作购缉花红之例，准予招投拆卖，得价拨作盐步警署购置警械之用，应否准予照办，请核示案。

（说明）查前据该厅呈，据南海县长请将逆匪黄日华等屋宇拆卖，价款储作购缉花红，以儆凶暴等情一案，当批照准在案。兹民厅复据该县呈称："职属盐步堡颜边乡上湾地方，向有农民十余户，前曾组织农民协会，共匪肇乱，该农民梁沛等，曾到广州参加助乱，迨共祸敉平，该农匪等逃走一空，所有房屋，多被附近乡民焚毁，所遗残破匪屋十四间，近每被歹人拆毁，盗卖砖石，保全不易，可否将该匪屋援照乡例卖屋习惯，将上盖物料，招投拆卸变价，将价款购置警械，既可杜绝盗卖，更可巩固治安，诚为一举两得。该匪屋十四间，共估计拆料变价值银七百一十二元八毫"等情。查梁沛等既据该县长查明确有附逆助乱情事，所请将该匪屋十四间援照前奉钧府，核准将农匪黄日华等匪屋拆料变价充作购缉花红之例，准予招投拆卖，得价拨作盐步警署购置警械之用，似属可行等语。

（议决）准如拟办理。

五、东区善后委员呈东区善后会议议决建筑公路全案一本，请察核案。

（说明）查前据该区呈报议决东区征工筑路法则，及赈工大要购地细则到府，当饬交建厅审查呈复，经第八五次会议议决照办饬知在案。旋据该区请先拨五十万元俾便限期兴工等情，又经第八六次议决，交筹赈总处建设厅会拟呈核又在案。兹据呈，以路线绵长，工艰费巨，经善后会议一致议决，采用征工派股工赈等办法，相辅并行，并以奉颁之全省征工筑路办法，与本区地方习惯，容有窒碍。为因地制宜起见，拟参配〔酌〕地方情形，略予变通，以求实效，兹以路政急待进行，亟应颁行遵守，理合将东区善后会议议决建筑公路全案，缮录呈核，再此项建筑公路议案，已由职署印发各县，俾资参考等语。

（议决）交建设厅、筹赈处会同审查。

六、政治分会函复南区善后委员呈请核定各县官等官俸表准予增加预算一案，经本会议决仍交省府拟办案。

（说明）查此案前据该区呈称："查各省各县行政公署组织法，系沿用民国五年颁布成案，县长之下，分设科局长员，襄理县务，而民、财两政经费，亦均照成案拨支。时异势移，县署组织法，自有更张之必要；民、财两政经费之增加，尤属刻不容缓，揆其理由，要有三端：查文官官等官俸两表，民国十四年曾经省政府议决公布在案，事隔数年，中因财政困难，未及实行，然查十四年来政府各厅科局员及新设之市厅、财政处、内地税局、煤油特税局等，均按照官等官俸两表规定给领，独于事繁责重之县署，久令向隅，大失行政划一之旨，于事理亦属不平，此宜增加者一；县署旧案，县长月俸多者三百元，少者二百六十元，县长以下科局长或课长月支五十元，科局员或课员月支三十元，处此米珠薪桂，生活艰困之社会，如此区区，实不足以供事蓄，用是稍称干练者，非望望而去，则视同鸡肋，索然无味，敷衍塞责之心生，克尽厥职之人少，以云建设，实同梦想，责以廉洁，更属空言，此宜增加者二；县署人员，月薪微薄，既如上述，势非津贴不易得人。而限于例案，每月报销，绝无伸缩余地，于是县长乃迫将各科局暗行裁并，以为抿彼注兹之计，报销一数，实支又一数，上下相蒙，视为当然，致习成欺骗浮滑之风，政疲至此，能无痛心，此宜增加者三"等情，当经转呈政治分会核示去后，现奉函复议决，仍交省政府拟办在案。

（议决）交民政厅。

七、民政厅呈，据陈村市呈缴承办麻雀牌捐章程，请察核案。

（说明）查前据财厅呈，转据该专员呈报办理市内电影附加费及麻雀牌捐各情形，请核备案等情。惟查麻雀牌捐款，原奉饬征拨为全省体育费，应否核准备案，抑仍应拨为全省体育费之处，请核示到府，当经第八十八次议决照准，惟麻雀捐款，应由该市征存，作为体育费之用在案。兹民厅据该专员呈称，据顺利公司商人梁燿明呈请按月缴饷一百元承办陈村市全市麻雀牌捐等情，查所认饷额，尚属核实，业予批准开办，并饬于本年八月一日开始起饷等情，连同章程，转报察核，等语。

（议决）照准，交财政厅备案。

广东省政府第四届委员会
第九十一次议事录

九月十一日　星期二

出 席 者　冯祝万　马超俊　徐景唐　许崇清　李禄超　伍观淇
　　　　　朱兆莘　黄　节　刘栽甫
列 席 者　罗文庄
临时主席　冯祝万
纪　　录　钟　泰（代）

报告事项

一、本府第八十九次议事录，经奉政治分会核议通过发还，已由秘书处分发办理。

二、国府冬日电知禁烟委员会业已成立，禁烟会议，即定十一月一日举行，由禁烟委员会查照该组织条例第二条应行与会各机关团体，分别通电召集，并商同内政部先期筹备事竣，具报考查。

三、国府秘书处支日电告中央最近政情三项：（一）任命李书华为中华大学副校长。（二）任命渭增璧为侨务委员会秘书长。（三）任命胡祖玉为国民革命军陆军第五师步兵第十三旅旅长，周浑优为该师第十四旅旅长，刘士毅为该师第十五旅旅长。

四、国府禁烟委员会支日电告准外交部转到王公使景岐先后拍发电告，外人曾拟组委员团调查远东烟案，尤形紧迫等情，自应遵奉总理铲除烟毒不受妥协之遗训，共同努力，务绝根株。

五、惠阳县长呈改良惠城建筑章程，请核备案。

六、内政部函送各省民政厅长巡视章程，及县长巡视章程，请查照。

七、政治分会函知冯委员等提议发展广州市东南区域及整理河道一案，经本会议决照办在案，请查照。

八、广州市委员长林云陔呈报告假二星期，出席首都建设委员会，并视察京沪市政。

讨论事项

一、东区善后委员呈复，遵令查明汕市旅业代表等呈，请令汕市长收回征收旅客捐一案拟办缘由，请核示案。

（议决）照拟。

二、民政厅呈复，遵饬核拟陈村等市应存应废情形，抄录各该市原呈，暨调查表，请核示遵案。

（议决）陈村、九江、梅菉、北海四市均裁撤。

三、建设厅呈，拟请恢复权度检定各局，酌定规则，变通权度市制标准各缘由，连同规则说明表，请核示案。

（说明）据称，查本省权度检定，先经实业厅遵照部章，特设专局，暨各属分局，派员开办；嗣以办理毫无成绩，经李前局长仲素，呈请除省、佛两分局外，将该局及其他分局，一律取销，时值李前厅长奉文裁缺在即，未及派员接办，遽予呈报结束，各属检定，由是停顿。现在国府新颁权度标准方案，意在积极实施，自应遵照奉行，拟请将原设之检定局，及各繁盛区域之分局，次第恢复，派员办理。员司组织，暨薪工一切，悉照原案，在检定费项下提给，不另动支公帑。其余简县，则委由各该县长兼办，以收划一之效。至以前各局员往往舍本逐末，仅在购用之商店检验，兹并先从鉴定制造发给特许证为根本之整顿，并依据条例，勘〔斟〕酌情形，更定检验暂行规则，俾资遵守，此外尤应注意者，查各省商场用器，习惯不同，粤省都会所用度器，曰排钱尺，以十寸为尺之单位，容器曰升，以十合为升之单位，权器则以库平一两为单位，积十六两为斤，三者最为通行，亦属平允，拟即定为广东市制之标准，参照部案明白解释，庶几适合商情，有裨实用等语。

（议决）照办。

四、教育厅呈，据省立工业专门学校校长呈，请转恳省府致函第八路总指挥部核发枪枝四百杆，以备本校学生军练习之用等情，转请核办案。

（说明）据称，属校于上年四月间办学生军，各班学生加入者约共二百人，前任校长经将学生军成立日期及开办情形呈报钧厅察核在案。查开办之初，规模粗备，学生军练习之际，均暂用木质枪枝操演，现值注重体育，亟须力图进展。近日中大学生军，已奉发给正式枪枝，本校原置木枪多已废坏，本学期所招新生，约计百人，连同旧生，共三百余人，自应援照中大办法，领备正式枪枝四百杆，俾便分配，而资操练等语。

（议决）照办。

五、宝安县长呈，拟请准由职县试办清丈田亩缘由，请示遵案。

（议决）交财政厅。

六、革命纪念会函复，查明陈任平奔走革命有年，癸丑讨袁一役，奉派赴梧，为龙逆济光所害，均属实情，请酌办案。

（说明）查前据兴宁县民陈笃平呈，为先弟任平，身殉党国，事绩昭彰，请准予照例给恤等情，当即函转革命纪念会查明是否属实，去后，兹据复称，陈故同志任平，奔走革命有年，癸丑讨袁一役，奉派赴梧，为龙逆济光所害，均属实情等语。

（议决）呈政治分会核办。

七、民政厅呈复，奉令饬厅设局专办禁烟行政，系属某种事项，未奉指定，未敢擅拟办理，请核指遵，并请将现行禁烟条例颁发，以便遵照办理案。

（说明）查前据财厅呈称，职厅所辖之禁烟局，照暂行组织法，掌管药膏专运专卖，及禁烟证照检查各事项，原属寓禁于征，与禁烟行政，系属两事，若必合并办理，似有未宜，拟请明令将禁烟行政事宜，拨归民政厅，另行设局专办等情，当经照饬民厅查照办理，去后，兹据呈称，查禁烟行政，范围甚广，此次拨归职厅设局专办之禁烟行政，系属某种事项，未奉钧令指定，职厅未敢擅拟办理，请指令祗遵，并请将现行禁烟条例颁发下厅，以便遵照办理等语。

（议决）交财政厅。

八、国府令，准中央执委会常务会议讨论决议，所有各种特别法庭，均应取销，其特种刑事临时法庭取销办法，俟司法院成立再行交议，至"一一·二二"惨案特别法庭，应即结束，所办案件，移送有管辖权之法庭，按法审办，仰遵照，并转饬知照案。

（议决）呈政治分会核。

九、政治分会函，据慰问越南华侨专员陈秋波呈报工作情形一案，经本会议决，关于南圻总商会决议捐款万元，交广东省政府办理善后，及侨商韦少伯拟集资回国承办士敏土厂两项，抽送省府在案，检同原呈二件，希查照案。

（说明）查关于士敏土厂一案，本府前据实业厅呈据商人谭荣煊等呈具章程，请将该厂改为官督商办，当经第四十一次议决，仍归商办，旧约交由农工、实业两厅会同修正呈核，去后，嗣据两厅会拟，援改批约前来，又经第五十四次议决修正通过在案。旋据实业厅呈，据该商呈称，奉令后，自应恪遵办理，无如商公司自接办以来，迫于环境，雇工无自由之权，舶土无限制之法，机器陈旧，成本随高，以言振兴，有心无力，若不速行收束，不特商力难支，实于库收有碍，迫得呈请解除批约，等情，并据陈明其原料中有已磨成粉，或已制成砖而待煅炼者，及其他太过笨重之品，皆属不能移动，应请由将来接办之官委，或租商，折价承受，而便清还债款，等语，经据厅称核呈各节，尚属实情，自应准予退约，请察核到府，经批准予备案在案。兹查韦少伯原函所称，拟投资承办，凡厂内所有毁坏机件，义务修理完善，由政府议定最低限度之年饷，准以完全商办性质，承办二十年为期，至于详细章程，统由政府妥定等语。

（议决）（一）交筹赈处（款到归筹赈处）。（二）交建设厅。

十、本府委员提议，拟请转令西区将警卫队之组织编制训练各办法，呈由本府审核，有无与本府前颁广东地方警卫队条例抵触案。

（议决）令西区查照。

十一、民政厅提议，拟委朱沧浪为本厅视察员案。

（议决）照委。

十二、民政厅长提议，化县县长莫绍宜辞职，拟以信宜县长杨伟绩调署，递遗信宜县缺，拟以何天瑞署理；代理儋县县长丘海云辞职，拟以林文炳署理。检同履历，请公决案。

（议决）照委。

广东省政府第四届委员会
第九十二次议事录

九月十四日　星期五

出 席 者　冯祝万　刘栽甫　黄 节　朱兆莘　伍观淇　李禄超
　　　　　许崇清　马超俊

列 席 者　罗文庄

临时主席　冯祝万

纪　　录　钟 泰（代）

报告事项

一、本府第九十次议事录，经奉政治分会核议通过发还，已由秘书处分发办理。

二、国府秘书处阳日电告中央最近政情六项：（一）略。（二）加派贺国光、李铎、葛敬恩为建设委员会委员。（三）改任崔延献为天津特别市市长。（四）任命卢汉为云南省政府委员。（五）调国府参事黄芸苏为秘书，任命段炳璋为国府参事。（六）加派王伯群、冯少山、京亢缪、程源铨为中国国货银行筹备委员。

三、国府侨务委员会委员李烈钧等鱼日电告，业于本月支日宣誓就职。

四、鹿钟麟鱼日电告，遵将第九方面军总指挥及第十八军军长本兼各职自今日起一律取销。

五、建设厅呈报，拟定派员办理各县商号注册缘由，请察核备案。

六、教育厅长黄节、卸教育厅长许崇清会呈，遵将印信卷宗器具，及前广东教育委员会移交款项坻〔抵〕押契，前财政厅填发无款可领各项支付通知单，广东全省第十一次运动大会款项，并陆续将任内结存现款一万零六百三十七元七毛三仙，金库券八千零一十元，第一、二、三次有奖公债票四千六百七十一元，逐件移交，点收清楚。备文列册，请察核备案。

七、国府令饬，关于各机关对人民有所通知时得用公函一案，据法制局呈复，若无强行性质，仅对个别人民或私团有所通知，布告与批令均不适用时，自可准照公文程式条例第二条第八款采用公函等情，事关划一公文程式，应准如拟办理，仰并饬属知照。

八、国府令发中央财政委员会组织条例，仰并饬属知照。

九、内政部函送修正内政部审核更名改姓及冠姓暂行规则，请查照通饬一体遵照。

十、政治分会函，抄送国有荒地承垦条例暂行补充施行细则，希查照公布。

讨论事项

一、民政厅呈，据石龙市长呈，将改订拓宽街道暂行条例，请核备案指遵案。

（说明）查前据民政厅呈，据石龙市长转据工务局呈，拟订拓宽街道暂行条例，并绘具市图，请核备案到府，当交建设厅核复称，遵查奉发原缴各件，大致尚无不合，惟条例第四条所称"拟建造"之建筑物，"拟建造"三字，殊欠明晰，是否系指铺屋从平地新建？抑系拆落重建？抑就原有铺屋改建？抑或但动一砖一木亦须退缩？以至如何情形始受本例之拘束？凡此种种，若非明白规定，将恐流弊滋多，拟请令饬将该条例第四条妥为改订，另呈核办，以杜流弊，而便审查等情，当令民厅转饬妥拟呈核。去后，兹据复称，查拓宽街道暂行条例，为未开辟马路时商民有改建铺屋而设，故第四条之规定，指原有民居商店改建时而

410

适用之。兹将第四条"拟建造之建筑物"七字，改订为"原有店户改建时"七字，自无流弊，请察核备案等语。

（议决）行建设厅。

二、民政厅呈广东各县市警察服制暂行条例，请察核施行案。

（说明）据称："案据博罗县长呈请将各县警察服制规定划一办法，俾资遵用"等情，经令广州市公安局核议具复，去后，兹据拟具各县警察服制及图式前来，查该局所拟各县警察服制图式，系根据该局呈奉核准现行警察服制条例参酌订定，尚属妥惬，似可采用，于内政部未将警察制度颁布以前，通令各县市一体遵用，以昭划一等语。

（议决）交伍委员审查。

三、民政厅呈县长任免条例草案，各县县政府行政经费表，广东各县县政府等级表，请核指遵案。

（说明）据称准建设委员会函，以两广县政府组织法一案，奉令起草，经办理完竣；至县行政经费之规定，及县长任免条例，应请分别拟订，函送过会等由，兹经分别拟就，请鉴核等语。

（议决）交许委员、财政厅会同审查。

四、财政厅呈，乞核转令北区善后委员暨所属各县一体停收粮额派征筑路公股案。

（议决）照准。

五、中央国术馆长张之江鱼日电告，本馆经费不敷，请筹捐款接济案。

（议决）函第八路总指挥部。

六、革命纪念会函，抄送辛亥三月二十九粤省殉义各烈士家族状况调查表，请察存备案案。

（说明）查前准省党务指委〈员〉会函，据梅县党务指委会转据前县党部执委谢北岳函称，周增烈士，自三月二十九之役殉难后，遗下老母子女，赡养为艰，未蒙政府知悉，请转省党部转咨省府给恤等情，函请按照抚恤条例办理见复。到府，当经转函革命纪念会查复，去后，旋准函复，关于此案，经函请核明给恤有案等由。惟查前准该会函送粤籍殉义三月二十九各烈士家族状况调查表内，未见将周烈士增一名列入，当再函请查照前案补送，以凭分别办理，去后，兹准抄送前来，请

411

公决。

（议决）查案交财厅。

七、财政厅呈，拟议抚恤潘鼎铭一案缘由，请核转省党务指委会饬知惠阳县淡水潘寿明遵照，觅具县党部证明书缴厅核明，将前项恤款给领，并候指遵案。

（说明）查前准省党务指委会函，据惠阳淡水潘寿明同志呈称，伊叔鼎铭，于去年突被驻淡军队练部警察邓发，挟恨混拿，转解二十五师李部妄杀，恳转省府按例给恤，等情，查属实情，请查照抚恤条例办理见复一案，经第七十七次议决，查例照恤，当即令行财厅查例照恤，去后，兹据复称："查该故员潘鼎铭，因任县区党部改组委员，从事于党的运动，致被驻淡军队藉端诬杀，核与前潮阳县商民协会运动指导员吴声桂及虎门市党部候补执行委员黄玉端惨被刺杀案，情节大略相同，应查照吴声桂、黄玉端给恤成案，给予一次恤金三百元，以示体恤，请转饬知潘寿明遵照，觅具县党部证明书缴厅核明，将前项恤金给领"等语。

（议决）照拟。

八、建设厅呈，转报东路公路分处长张友仁就职日期，连同该员履历，呈荐加委案。

（议决）照委。

九、财政厅呈复潮安县商会请将各属厘税加五专款取销一案，查现军事虽告结束，惟整理金融、绥靖、建设诸务，尤须积极进行，尚资此项加五附加挹注，似应暂缓取销，请察核示遵案。

（说明）查前据潮安县商会呈，据各行档董等，请俯念商业疲敝，各行店倒闭者累累，现在军事己〔已〕无问题，恳准予明令将各属厘税加五专款一案取销等情到府，当交财厅核办，去后，兹据复称："窃查现在军事虽告结束，惟粤省金融，现在设法整理，而绥靖、建设诸务，尤须积极进行，此项加五附加，尚资挹注，似应暂缓取销，一俟上项诸务逐渐整理就绪，再当体察情形，酌量分别减免，以轻商民负担"等语。

（议决）照拟。

412

广东省政府第四届委员会
第九十三次议事录

九月十八日　星期二

出 席 者　冯祝万　马超俊　许崇清　李禄超　伍观淇　朱兆莘
　　　　　黄　节
列 席 者　罗文庄
临时主席　冯祝万
纪　　录　钟　泰（代）

报告事项

一、本府第九十一次议事录，经奉政治分会核议通过发还，已由秘书处分发办理。

二、国府秘书处真日电告中央最近政情四项：（一）制定县组织法，明令公布。（二）制定禁烟法，及禁烟法施行条例，明令公布。（三）任命沈昌为赈款委员会秘书长。（四）"三一八"惨案死难烈士灵柩，停平者准公葬圆明围〔园〕，并以北平特别市何市长办理调查抚恤事宜。

三、内政部函知河北省政府经中央政治会议议决准移设北平，请查照。

四、内政部函送现任县长公安局长训练章程，及各县现任地方行政人员训练章程，请查照。

五、内政部函，奉国府冬电，以禁烟会议定于本年十一月一日与内政会议同时举行，并由禁烟委员会商同内政部，先期筹备，事竣具报，等因，查前经函请转饬民政厅长，届期先行到京开会在案，抄送原电，请转饬知照。

六、兰州刘郁芬冬日电告，遵将第七方面军总指挥部即日取销，所有隶属部队，正在着手缩编，希鉴察。

七、广西省政府函送十七年度施政大纲，请查照。

讨论事项

一、财政、建设厅呈复会同拟具智利硝专卖办法，连同专卖条例及施行细则，请察核案。

（说明）查关于智利硝一案，前据广东交涉署呈报，准智利公使奥沙来函，对于我国智利硝专卖之议，亦赞成，其所举办法三项，足供参考，附同原函，请提会核夺等情，当经第七十四次会议议决，令饬交涉署，智利公使所举办法三项，大致可行，另由建、财两厅拟具专卖章程呈核。去后，兹据两厅会复略称："查智利硝一项，为农产肥料之要需，每年在广东运销不少，现由利隆号独家经理，办理未甚得法，于农业发展前途，殊多窒碍，兹为减轻农民负担，以期发展农业起见，拟由政府设局专卖，俾价格易于调剂，而农民乐于购用，并可随时分别用途，防止滥制轰烈品之危险，一举数善，兼利公私；至关于专卖价格，由政府于适中之点，妥为厘定，将来即以此项利得，储为奖励农业补助金之用，经职厅会同议定，智利硝专卖条例及施行细则各一份，务期于折衷办法之中，寓发展农业之意"等语。

（议决）修正通过，施行细则第一条"前项价格得于买受后两个月内清给"一行十五字删去。

二、国立中山大学函，准农科教授会议主席沈鹏飞函，拟具昆虫局组织法草案，请转省府提会通过，并令财厅迅将经费按月发给，等由，函达查照办理见复案。

（说明）查前准该校函送筹办广东昆虫局计划及预算，请核明见复前来，经第十一次会议议决送预算委员会核复在案。嗣于本年五月间，复准该校函称，以前函所请按月拨款三千元举办广东昆虫局一案，久未见预算委员会答后〔复〕，各地农作物正当繁茂时期，对于虫害防除之指导，尤属急不容缓，请迅予核明等由，又经第六十二次议决交财政厅核拨，去后，旋据该厅呈报，以该校举办昆虫局，随时追加经费，与通案不符，似应列入十七年度预算审查核定后，再行照支等情，当即转函该校查照又在案。兹准函称，近闻本年各地虫害，又复发生，昆虫局之成立，实难再缓，复查江、浙等省，自设置昆虫局以来，对于地方上防除虫害，收效甚大，本省现当训政开始时期，对于农民福利，正宜及时增进，以达建设之目的，用是拟具昆虫局组职〔织〕法，请提会通过，

414

并令财厅迅将经费按月发给，俾便举办，等语。

（议决）准备案，经费应在大学应领经费项下开支。

三、花县县长呈报，拟援县属裕成石矿等公司原案，征收大同石矿公司报效费一千八百元，拨充县属学款缘由，请核遵案。

（议决）交建设厅。

四、革命纪念会函复，据钦县人刘士彬等呈，为先叔刘思裕，因革命身亡家破，遗族赤贫，乞行县将遗产发还，并建祠崇祀等情一案，查明均属实情，完〔至〕应如何旌恤，暨发还遗产之处，希核夺办理案。

（说明）查前据钦县人刘士彬等具呈，以先叔刘思裕，为革命前驱，身亡家破，遗族赤贫，乞赐旌恤，并援案令行钦县县长将先叔遗产广成押铺一所，及左右坡地一亩发还，并建祠崇祀，由地方官春秋致祭，以慰幽灵，到府，经函革命纪念会查复，去后，兹准复称，据黄隆生同志函称，刘思裕同志，确因革命殉义，生平薄有资产，故失败之后，有押铺乙间，及坡地一亩，致被抄没，光复以后，复经胡汉民督粤任内，批准发还在案，现在邝敬川同志尚在，并希查询，当更明确等语，复访之邝同志，据称刘故同志思裕，系在防城之役以前殉难，核与刘士彬所呈，先后略有出入，惟因革命殉义，及被抄押店田产，均属实情，各等语。

（议决）令南区善后公署查复。

五、建设厅呈，据粤汉铁路管理呈拟照办法第三条，先将附加军费及加五专款两项，概予取销等情；再广三铁路附加二成军费，事同一律，应否一并取销，连同议事录，请核指遵案。

（议决）照准。

六、东区善后委员呈请俯念东区各属路，已兴工建筑桥梁，需款孔亟，迅赐令行全省钱粮附加筑路费管理委员会，将东区属内年约收入二十万元，照案拨交职署接收，并将自开收日起收入各数核拨，以资接济案。

（说明）查前据东区呈善后会议议决建筑公路全案，请察核到府，经第九十次会议议决，交建设厅筹赈处会同审查，去后，尚未据复，兹复据该区呈称："查现在划定路线，业已分头兴工，路款之接济稍延，全路之前功必弃。伏查决议案筹款方法乙项，请拨回钱粮附加筑路费东区属内年约收入二十万元，应请省政府令行全省钱粮附加筑路费管理委员会照案拨回本署，饬行各县如数抵解，以省手续等语，查此项全省钱粮附加筑路费，原系指定为建筑各属桥梁专款（查修正全省钱粮附加筑路经费章程第二条，有此项附加专为补助兴筑全省公路省道干线及县道支线，不以移作别用，等语），现拟请将属区收入者，拨回属区筑路，以地方财办地方事，既可餍民众之信仰，更可促路政之速成，且属区公路，业已兴工，分段通车，关系工程经济，至为重要，是架桥梁，实为全路工程迟速之命脉，自应趁一鼓之气，免亏九仞之功，请令行全省钱粮附加筑路管理委员会，克日照案克日拨交职署接收，并将自开收日起收入各数核拨，以资接济"等语。

（议决）交建设厅。

七、西区善后委员呈报各县筑路工程紧急，需款浩繁，乞准将钱粮附加款拨还各县，以资补助案。

（说明）据略称，月前西区善后会议，叠据郁南、高要等县提议，拟请将钱粮附加费拨还各县，弥补筑路，当将各案付表决，众意佥同，自应根据转呈核办，正具文间。又龙门县长呈，以增龙路为省道要线，现已筹有具体办法，定于下月开始施工，查朱前县长任内征存附加筑路费，计省道存五百五十余元，县道存款一百四十余元，拟请将该款留县，藉资补助等情，理合并案呈请，乞俯念各县现在筑路工程紧急，需款浩繁，准将钱粮附加款拨还各县，以资补助等语。

（议决）交建设厅。

八、南区善后委员呈，据情转请准予将文昌县钱粮附加公路费豁免，以恤灾民案。①

（议决）照准。

---

① 该项"说明"内容略。

广东省政府第四届委员会
第九十四次议事录

九月二十一日　星期五

出 席 者 冯祝万　马超俊　许崇清　李禄超　伍观淇　朱兆莘
　　　　　黄　节　刘栽甫

列 席 者 罗文庄

临时主席 冯祝万

纪　　录 钟　泰（代）

报告事项

一、本府第九十二次议事录，经奉政治分会核议通过发还，已由秘书处分发办理。

二、国府秘书处盐日电告中央最近政情二项：（一）规定热河、察哈尔、绥远、青海、西藏五特区，均改行省；旧直隶省之口北道十县，划归察哈尔，察哈尔原划绥远之丰镇、凉城、兴员、陶林、集宁五县，仍归绥远；五省政府之组织，暂定委员五人至七人，设民政、财政两厅，并得加设教育厅、建设厅，余照省政府组织法办理。（二）任命张叙忠为北平陆军军需学校校长。

三、李总指挥品仙蒸日电告捷报六项。又庚日电告奉令进驻平东肃清张褚残敌，于本日率我左翼军进攻丰润，即于是日正午将丰润占领，毙俘获甚多，敌向东南溃窜，刻正在追击中。

四、烟台胶东防守总指挥刘珍年支日电告，九月一日重悬青天白日旗，并就胶东防守总指挥名义，暂维胶东全局，静候政府命令。

五、第四集团军第三师长胡宗铎真日电报，奉令改编完竣，并于支日在武昌宣誓就职。

六、郑州刘骥真日电告，奉命就陇海路督办职。

七、第二集团军第三军长门致中江日电告，奉冯总司令俭电，遵将所部官兵着手编遣，即日取销第七军名义。

八、建设厅呈报，将前请设立之工业品陈列所名目，改为国品陈列所；关于征品种类，增加有农林、矿、渔、蚕丝各项，除函广州总商会查照办理处，请核备案。

九、本府秘书处呈，据第三科科长高阳呈请辞职，乞批准等情，请核示遵。

十、略。

讨论事项

一、广东高等法院呈复，审查裕成石矿公司股东互控一案情形，请鉴核案。

（说明）查此案，本府前据裕成公司商人李有成呈，为呈明喧宾夺主，恳主持公道，准将公司一切事项，仍照前批，由商负责办理，并勒令杜星垣等，将历年溢利清算分派，以保血本等情，经第七十九次议决交法院审查。去后，嗣据呈复略称："本件李有成争点：（一）为主张改选无效。（二）为请责令杜星垣等将历年溢利清算分派。（三）为不服撤销其代表名义。关于第一、二两点，纯属司法范围，应饬令向法院诉请解决，关于第三点，应由行政主管机关更正前批（查本年五月，据实业厅呈复办理本案情形，略以经牌示该公司，将以前代表名义取销，另行开股东选举等词，当由本府批准如拟办理在案），仍暂予维持李有成代表名义，候法院解决第一点后再予核办"等情，复经第八十五次会议议决，令建设厅将该案全卷移送法院审查又在案。兹据该院呈称："随准广东建设厅将本案案卷共六宗函送过院，正在遵令审查间，复据杜星垣、戴天权等，以案经先后分向广州地方法院民刑庭起诉，恳将全案卷宗发交地方法院并案办理；又据李有成以杜星垣、戴天权等涉及刑事，行使伪造文书罪，恳依法移送管辖法院侦查，各等情。遵将本案卷宗，详加审查，并复查职院前次审查意见，其系争计分三点，现在两造既分向职院呈诉，自应将案转发广州地方法院审理，是第一、第二两点，一经集讯明确，自可依法解决；至关于第三点，俟第一点解决后，亦当然不成问题，而在第一点未经法院解决以前，事关行政处分，或亦可由行政主管机关斟酌情形，暂定妥善方法"等语。

（议决）在法院未判决以前，应由建设厅斟酌情形，妥善办理。

二、广东高等法院呈，为连县分庭书记官梁立燊，积劳病故，现据其妻呈恳抚恤等情，于例相符，核其应得二个月俸给之一次恤金为一百二十元，拟请准由职院在司法收入项下，传案发给，取具领结，函送财厅核销，请核示案。

（说明）查本府第五次会议，据司法厅呈请给广州市法院三等书记官表〔袁〕式文恤金一百二十元，又十九次会议请照例抚恤广州市法院已故候补书记区赞明恤款六十七元五角，又二十一次会议请给文昌管狱员丘骥恤金六十元，又第七十七次会议据该院长呈据中山分庭请发给推事黄焕标两月俸额恤金二百四十元，以示体恤各案，均经议决照准在案。

（议决）照准。

三、西区善后委员呈报议决订定西区各县地方警卫队组织条例缘由，连同条例，请核备案案。

（说明）查第九十一次会议伍委员提议，拟请转令西区将警卫队之组织编制训练各办法，呈由本府审核，有无与本府前颁广东地方警卫队条例抵触一案，经议决令西区查照在案，兹据该区呈缴西区各县地方警卫队组织条例，请核备案前来，应如何办理，请公决。

（议决）交编委会审查。

四、民政厅呈复，据市北棠溪乡民团局等，呈为团友梁蘕等，为国捐躯，请酌予恤款等情一案，查得情形，请察核案。

（说明）查此案前据该乡民团局呈请到府，经饬民厅查复，去后，兹据呈称，经先令番禺县饬据慕德里民团筹备处呈复称，遵查去年四月十五日，棠溪等乡团集合围剿盘踞横滘上步鹅掌坦等乡之共匪，事属实情，惟棠溪系属南海县辖境，职处未尽详悉等情。当再令行南海县查复，据称，卷查去年四月十五日，各军团曾赴市北横滘等乡剿共一役，事前并无知会县署，事后亦未有据棠溪乡团局呈报，阵亡团友梁蘕、赵浣等之案，是否属实，无从悬揣。查县属恩洲堡地方警卫队管理委员会，系由市北联团总局改组，而棠溪等乡团局，又为其所统辖，当能知其确情，经饬令该会主席委员蔡亦东等呈复称，查前次共匪在横滘村扰乱时，市北各乡乡团，多有随同国军出发，然当日事起仓猝，未有集团会议，所有随军出发者，均系各乡激于义愤，自由参加，故对于该乡团丁梁蘕等死事，实情如何，未得其真相等情，职县查棠溪等乡团丁，于去年四月随同官军前赴横滘等乡团剿共一役，证之各方查复之文，复询诸舆论，则固事迹昭彰，系属实情，惟该团了〔丁〕梁薿等死事详情，因当时未据报县有案，无从考证，但棠溪乡团局原为直辖主管团体，平时与之接近，见闻较确，其言当属可信，所有该团局等呈请将阵亡团丁梁薿等酌予抚恤一案，应否照准，抑如何办理之处，请察核办理等语。

（议决）由民政厅传谕嘉奖，并饬县查例办理。

五、民政厅呈，拟时〔将〕本厅积存前省长公署旧文件中现时办事上无调阅之必要者，酌送中大校语言历史研究所存储，请核遵案。

（议决）照准。

六、澳门慈善商业赛会筹备处函送中西章程，会场图则等，请协力劝助案。

（说明）据称月前曾派代表晋谒朱交涉员，及李主席，恳为劝助，蒙李主席面允为敝会名誉会长，并届时捐出奖品，以为鼓励，至于粤桂出产，则竭力提倡，使华南商业，日臻发达，桂省明年举办之赛会，于敝会开幕时，决定参加，但粤省出产，至今尚付阙如，昨再派代表晋省，谒朱交涉员，据谓粤省出产，乃由建设厅主持，故特上书求贵政府协力劝助，伟举得以期成等语，至本府应否参加，请公决。

（议决）交建设厅办理。

七、财政厅呈复奉令修正改订恩开台报承官有山挞单行简章各缘由，抄录简章，请核批准，俾便公布施行案。

（说明）查前据该厅呈，据土地局呈，拟改订恩开台山报承官有山挞单行简章，请核示遵，俾公布施行，到府，当经第七十次会议议决，交民政、实业两厅审查，去后，嗣据民政、建设两厅呈复审查情形，据称：当将简章会同详加审查，与原案意旨，大致无甚出入，惟于简章内尚有考虑者，为山挞名称，似近浮泛，诚恐将来易与邱陵高岗相混淆，拟在"山挞"二字之下，附注地势高度，以示区别，而免日后报承时发生争执。第七条关于山挞产价定额，亦嫌稍昂，似宜比照荒地承垦条例，酌量减轻，以便人民易于报承。又第八条所定公示期限一个月，略嫌过短，拟改为二个月，似较妥善等情，又经第八十八次议决照办在案。兹据财厅呈据土地局呈具办法及意见，并缴修正简章前来，用将原呈及简章油印，送请公决。

（议决）照准。

八、财政厅呈，准南区善后委员公署函请七月份起将经常费开支拟照军费办法分别折成十足请领，应否照办，请核示遵案。

（议决）应照八成支付。

九、建设厅呈送窃库款之犯员李钺学两次供词，连同整理新宁铁路委员会原呈及附件，请鉴核，应如何办理之处，候指遵案。

（议决）由该厅严行追缴。

十、促成广番花公路委员会呈，拟以中央银行存款六万余元，暨市厅应缴还中山西村两路之款，拨归公路处建筑广番花全路桥梁涵洞及购置之费案。

（议决）照办。

十一、民厅提议，新委五华县长方炳彰，拟与新委澄海县长余葆贞对调，请公决案。

（议决）照准。

十二、民政厅提议，拟请以李立民署理合浦县长，黄国樑署理灵山县长，李光第署理遂溪县长，姚之荣署理阳江县长，莫瑞瑛署理电白县长，蒋敬明署理吴川县长，王炯署理琼东县长，检同履历，请公决案。

（议决）照委。

十三、民政厅提议，拟请以陈同昶署理广宁县长，陈兆畴署理罗定县长，检同履历，请公决案。

（议决）照委。

广东省政府第四届委员会
第九十五次议事录

九月二十五日　星期二

出　席　者　冯祝万　刘栽甫　黄　节　朱兆莘　许崇清　马超俊
　　　　　　伍观淇

列　席　者　罗文庄

临时主席　冯祝万

纪　　　录　钟　泰（代）

报告事项

一、本府第九十三次议事录，经奉政治分会核议通过发还，已由秘书处分发办理。

二、内政部函请饬属严缉张逆宗昌，务获解办。

三、政治分公函，据呈以奉国府令知中央执委会议决取销各种特别法庭办法饬令遵照一案，经本会议决照令办理在案，是广州特别刑事法庭取销办法，须俟司法院成立后，再行交议，希查照。

四、第二十一军军长刘湘，江日电告将所部切实裁并。

五、南区善后委员呈复遵令投变广玉废舰，拟具章程，请察核备案。

六、国府令发县政府组织法，仰并饬属知照。

七、国府令发修正禁烟委员会组织条例，仰并饬属知照。

八、刘郁芬阳日电告于本月九日就陕西剿匪总司令职。

九、福建省政府号日请派队会剿永定共匪，并希电复。已转总部办理。

十、广东交涉员呈报本月二十四日法领经将惠爱中路旧领署正式交还，由交涉员与法领签字收回，即日发生效力，检同会签原文副本二份，请察核备案。

讨论事项

一、广州市政委员长呈缴修正保护已登记产业办法请核公布施行案。（附原件①）

（说明）查此案前据该委员长呈送保护已登记办法四条请核公布到府，经第七三次议决令法院审查呈复。去后，嗣据复称，似尚有应行修正之处，并呈意见书前来，复该第八八次议决照拟，令知市厅。去后，兹据呈称："遵即转发土地局查照办理，据该局复称，自应遵办，惟查该项办法，未奉有省政府公布，理合将修正办法缮呈，乞转呈省府明令

―――――――――

① 缺附件。

422

公布，俾资遵办”等语。

（议决）照准。

二、李委员提议，拟请通令各县市，将从前所有核准专款征收各附加教育经费种类数目，有无挪用，限十日内列表呈明教育厅复加审查呈核，请公决案。

（议决）照拟。

三、民政厅呈送广东暂行狩猎条例草案，及狩猎证书图式，请核示颁行，俾资遵守案。

（说明）据称：“查关于外人请发狩猎证书一案，前奉通令并抄发外交、司法两部原呈，内开：‘凡未设农工商业厅省份，暂归民政厅办理；又凡从前各种实体法，除与本党党纲主义及国民政府法令抵触者外，一律暂准援用’等因，自应遵办。现职厅迭据各国人民来厅请领狩猎证书，亟待填发。惟查民国三年公布之狩猎法及证书图式，迄今已隔十余年，核与现在情形不无出入。兹将该法略加修改，拟订广东暂行狩猎条例十五条，并依照拟订条例，将狩猎证书改定，以期实际适用。又查核〔该〕法第二条规定领证人每次纳费一元，核与现时经济状况实不敷用，兹拟增为二元，似不为过”等语。

（议决）照准。

四、财政厅长提议，拟于保险法未颁布以前，对于中外各保险公司，一体实施监督管理保护取缔办法，连同取缔保险事业暂行条例，及整理保险专员办事处暂行组织章程、预算表，各一份，请公决案。

（议决）准照试办。

五、西区善后委员呈报，制定惩办械斗条例各缘由，连同条例，请核备案案。

（说明）查前据南区呈报参准刑律，拟订械斗处罚章程，请核示前来，经第九十次议决，据分呈总指挥部，应候部示办理在案，兹据该区制定惩办械斗案暂行条例前来，亦据称分呈总指挥部，应如何办理，请公决。

（议决）交民政厅审查，并函第八路总部核示。

六、建设厅呈，据代理台山县长呈，请准将职属附近城基地段由职署照价收承投变，将所得溢款补助建筑各马路之需〔需〕等情，似尚可行，应否准如所请之处，请核示案。

（说明）查十五年三月间，据民政厅呈，据台山县长刘栽甫呈拟拆城筑路并将城砖改建县署一案，经前省务会议第八十三次议决准照所拟办理在案。兹据建厅转据该县长李仲仁呈略称，现环城西南一带地方，顿改旧观，已达繁荣之域，而东北一带，现当着手经营，惟是预算建筑各路之费，不敷甚巨，请准予转呈批准将职属附近城基地段，由职署照价收承投变，将所得溢款补助建筑各马路之需，俾事举而易成，地方得臻全美等情。据厅称，查该县长所请，似尚可行，应否准如所请办理之处，请核示等语。

（议决）照准。

七、连县县长何冀洲呈报组织修志委员会续修连县志缘由，及筹拨经费情形，请察核先行立案，并恳令行新任朱县长兆奎监督进行，乞指遵案。

（议决）令民政厅饬新任朱县长查酌办理。

八、马委员提议纪念堂用松木打桩根本救济办法案。（先办）

（议决）照拟。（行纪念堂筹备委员会办）

广东省政府第四届委员会
第九十六次议事录

十月二日　星期二

出 席 者　冯祝万　刘栽甫　黄　节　朱兆莘　伍观淇　李禄超
　　　　　许崇清　马超俊
列 席 者　罗文庄
临时主席　冯祝万
纪　　录　钟　泰（代）

报告事项

一、本府第九十四次议事录，经奉政治分会核议通过发还，已由秘书处分发办理。

二、国府令发禁烟法及禁烟法施行条例，仰并饬属知照。

三、交通部咨送铁路运输赈济物品条例，请查照。

四、司法部函送浙江省党务指委会呈请中央执委会规定审判反革命机关之服务人员不得任用非党员原呈一件，请查照。

五、内政部函请通饬所属对于盗掘东陵伙犯一体严密查缉，务获究办，如遇有潜运或售卖贵重珠宝形迹可疑之人，应即详细侦查，以免漏网。

六、内政部函送自来水规则一份，请查照转饬遵办。

七、蒋总司令簂日电告，据张汉卿皓申电称，本日张褚亲赴安山与邻葛晤面，请停战承认，全部解除武装，业允所请，张褚已收集军队，缴送军械处，听令处置等语。

八、福建省政府主席委员等马日电告于九月二十日宣誓就职。

九、财政部函送财政会议议决发行公债限制案一件，请查照。

十、财政部咨据盐务署提议统一各省盐务机关人员任免权一案，附抄原议案，请查照办理。

十一、唐山白崇禧养日电告进剿张褚残部战斗经过情形。

十二、中央国术馆长张之江皓日电告举行第一次国考，应请选派代表，莅场参观，指导一切，并希将代表台衔，先行电示。

讨论事项

一、民政、教育两厅呈复关于顺德教育界管理青云文社财产委员会章程，会同修改条文，并审查意见，缮具清单，请核示遵案。

（说明）查前据顺德育云文社清理委员会呈拟顺德教育界管理青云文社财产委员会章程，及选举章程各一份，请核令召集顺德教育界开选举大会，一俟管理委员会成立负责接收，即将职会定期解散等情，当交民、教两厅会核去后，兹据会复称：详细审核，应将"教育界"三字删去，其原案第三条乙项，县署请求派委执行委员一人，教育界则极力反对，现拟一折衷办法，于原案则〔第〕九条及第十条之下，各加一条，再原案选举章程第一、第二、第三条，均拟分别修正，其余各条，尚属妥协等语。

（议决）照办。

二、民政厅呈复遵令查办鹤山县民梁盈耀呈控该县县长罗××藉捕劫掳一案情形，可否由职厅略予申饬，姑免深究，请核示案。

（说明）查此案前准第八路总指挥部函，据鹤山县民梁盈耀，以纠率共匪，藉捕劫掳，呈恳将鹤山县长罗守颐查办等情，转咨到府，当饬民厅查明办理，去后，旋据厅复称，当经令行该县查复，据称梁奕燎等抗交国饷，殴伤员警，及开枪拒捕各情，实属刁顽不法，经批令将在押人犯即查案秉公妥办具报在案，并缴鹤山禁烟分局原呈及失单前来，当照转复总部。去后，嗣再准总部咨，据梁盈耀呈，以此案办理不妥，请转咨广东省政府提案办理，以免徇庇，而恣贪横等情，请查核办理等由，又经令行民厅派员彻查。去后，兹据该厅呈复，略称，经行高明县长查复，据称罗县长围搜良庚乡，办理似欠妥善，兵团藉势轰击抢劫，恐非罗县长始虑所及。又查当日仅搜去窳劣枪枝八九杆，损失银物亦未有八千余元之多，而梁盈耀原列损失各物，未免稍涉虚浮等情。查鹤山县长罗守颐，因徇禁烟分局之请，围搜良庚村一案，现据高明县长查复，罗此案，自欠妥善，惟梁盈耀原列损失财物亦涉虚浮，可否由职厅略予申饬，姑免深究之处，请示遵等语。

（议决）令西区善后公署查复。

三、民政厅呈报禁烟会议代表本省及总商会应各派一人出席，现在会期将届，所有应行预备事宜，自应先期筹备，惟选任各该代表，应如何办理之处，请察核施行案。又国府禁烟委员啸日电告奉国府令，禁烟会议即定十一月一日与内政会议同时举行，请将派定代表姓名先行电复案。

（说明）据厅称，查奉发全国禁烟会议组织条例第二条载，本会议由左列各项会员组织之，同条第二款载，各省政府代表各一人，又第六款载，各省总商会代表各一人等语，是此项代表，本省政府及总商会应各派一人，现在已奉行知，定于十一月一日开会，会期将届，所有应行预备一切事宜，自应先期筹备，以利进行，惟选任各该代表应如何办理之处，请察核施行等语。

（议决）令财厅查照。（先办）

四、北区善后委员呈请核准收回成命，转令财政厅将职区各县关于粮额派收路股一案，曲予维持照收，以免功亏一篑，敬候指遵案。

（说明）查前据财厅呈，乞核转令北区善后委员暨所属各县一体停

426

收粮额派征筑路公股一案，经第九十二次会议议决照准，当即饬令北区转饬所属遵照，去后，兹据呈称，窃职此次备员北区，关于善后问题，曾奉主席面谕，除绥靖地方外，以赶筑公路为急务，顾以此间贫瘠，与东西南三区稍能就地筹筑者不可同日语，即如韶州市政及模范场苗圃，亦悉赖钧府拨款，方能举办，此种困难情形，早邀洞察，至开筑公路，需款较巨，倘不自行筹措，仍求政府特别援助，在职区舍难就易，计亦良得，其如司农仰屋，独任其劳何。职为曲体钧府历次援助北区之隐裹〔衷〕，未便以一隅地方之事，再向政府为竭情之请，故当职区召集地方善后会议时，所有在场县长，及地方代表，均以筑路，势难稍缓，然除照粮额征集路股，及摊派商界路股以外，别无长策，当即一致赞同，限期举办。自施行以来，除一二不负责之县长，因粮房舞弊，藉故延宕外，所有各属官民，业已各尽职责，乐观厥成。南韶、韶连两路，现已筑成路段数十里，其用去征得粮款公股，亦各有相当数目，倘遽令停止征收，使已成之路，顿成荒废，已用之款，掷于虚牝，不特有损政府之威信，且恐无以慰人民望治之热诚。乞准收回成命，转令财厅，将职区各县关于粮额派收路股一案，曲予维持照收，以免功亏一篑等语。

（议决）交财厅核拟径复。（先办）

五、建设厅呈送韶连公路局长李桢履历，请核准加委案。

（议决）照准。

六、孙中山先生纪念堂筹备会函复，以马委员提议，纪念堂桩用松木，危险堪虞一案，现经敝会议决，请饬建设厅从速拟具如何补救方法，以便研究能否执行，在未经解决补救办法以前，未便遽行停工，请查照办理案。

（议决）准。

七、建设厅呈报本年下期六个月之矿区税，应否由职厅汇收解缴农矿部，抑应仍解国库，请核示案。

（议决）照旧解库。

八、高等法院呈拟请准由职院在司法收入项下传案发给从化县分庭故推事卢季秋二个月俸给之一次恤金二百四十元，取具领结，函报财厅核销，请核遵案。

（议决）照准。

九、民政厅提议请委刘鄂署理海康县长，检同履历，候公决案。
（议决）照委。

广东省政府第四届委员会
第九十七次议事录

十月五日　星期五

出 席 者　冯祝万　马超俊　许崇清　李禄超　朱兆莘　黄　节
　　　　　伍观淇
列 席 者　罗文庄
临时主席　冯祝万
纪　　录　钟　泰（代）

报告事项

一、本府第九十五次议事录，经奉政治分会核议通过发还，已由秘书处分发办理。

二、国府秘书处马日电告中央最近政情五项：（一）任命张治中为军事委员会军政厅厅长。（二）任命吕苾筹为国民政府秘书长。（三）任命孙连仲等为青海省政府委员，指定孙连仲为主席，并任命林竞兼民政厅长，郭立志兼财政厅长，马麟兼建设厅长。（四）任命张炯为湖南省政府教育厅长。（五）中华大学改名北平大学。

三、国民政府宥日电知，查盐税抵押各借款，据财政部拟定各省区应摊之数，尚属妥协，除令转行各盐务征收机关，自本年十月一日起实行分十二个月照数拨解，并于每月底前将款径交该部指定之银行，以备分别划拨外，特电达查照。

四、略。

五、陆军第一师长刘峙有日电告，奉总司令蒋令，遵即会同友军，将由泰安至蚌埠间津浦沿路冠英杰部完全缴械解决，又师长顾祝同感日电同前情。

六、江西省政府主席朱培德东日电告于九月二十五日回赣照常视事，敬乞随时指导。

七、国民革命军第十六师长顾震，第十七师长彭祖祐，有日电告遵于九月二十五日在诸城县就职。

八、陆军第九师长蒋鼎文、副师长岳相如，江日电告遵于八月一日在兖州防次就职。

九、天津特别市长崔廷献，删日电告，奉国府任命，遵于本月寒日就职。

十、陆军第十师长方鼎英，有日电告，奉国府任命，并奉总司令蒋电令，将所部从严缩编，业经告竣，谨于本日在京就职。

十一、民政厅呈复，将奉发之劳资争议处理法，在本省目前窒碍难行情形，及拟请暂缓施行各缘由，乞核令遵。

十二、略。

十三、国府秘书处函送农佃保护法一件，请查照。

十四、第二集团军暂编第二师长梁冠英、第三师长程心明，漾日电告奉令改编，于本月漾日在防次宣誓就职，并启用关防，同时取销第三军第二师第十八、九师名义。

十五、财政厅呈拟订各县市麻雀牌捐之征收及取缔章程缘由，检同章程，请察核备案。

讨论事项

一、西区善后委员呈报，职署为注重交通，顾恤舆情起见，请准将西区各县花捐附加款拨还各该县，藉充筑路经费案。

（说明）查原呈内称："各属花捐附加公路费，经呈奉建设厅转奉省府核准集中本处，以为兴筑省道干线经费，嗣复奉令悉数拨充韶坪公路款在案"等语，惟遍查本府各卷，并未见有花捐附加悉拨韶坪路款之令，经调建设厅案卷细查，亦未见有此件，因令建厅详查具复。去后，兹据复称，经即转行公路处查复，据称遵查省外各属花捐附加路款，尽量拨充韶坪公路督理经费，系由陈前处长于十五年六月二十六日呈奉钧厅第五九八号批复应准照办，并呈奉军事委员会核准各在案，等语。

（议决）交财、建两厅核拟具复。

二、建设厅呈复关于曹××呈为违例注册、不服评决，依限提起诉愿一案实情，请核指遵案。①

（议决）查照实业厅原案办理。

三、民政厅呈复，据职厅视察员李凯训呈复前往遂溪、海康两县及河头市查勘各节，连同抄图，请核饬遵案。

（说明）查前据海康县长呈告遂溪县新设警署，越界抽收警费，以致民情缴〔激〕昂，请察核迅饬遂溪县将新设河头市第六区分署取销，以弭祸患等情。到府，当饬民厅派员查明具复。去后，兹据复称，经饬据职厅视察员李凯训前往海、遂两县，按照令开各节，详细查明呈复略称，查得该河头市，何〔向〕隶遂溪管辖，府志县志载之甚详。该市西南北三方完全遂溪属地，即东南东北两角亦属遂溪管辖，惟正东一隅，系海康属地，本年五月间，现遂溪县长周泽中，出巡至该市，以该市警政腐败，应该市遂溪县属商民之请，将周局长所兼之巡官名义取销，另设六区分署，行便〔使〕警权，复照海康县第三区第二分驻所抽收款项，以致缴〔激〕起一部民情，联名呈请海康县县长设法制止。复查该市商务不甚发达，学校亦仅遂溪人所设之一所，人口不过数千，商户不过数百，无两县分辖之必要。且因政权不统一之故，两县官吏时有争执，而两县居民亦时因地界关系，至生讼端。欲免弊势必不能不划归一县，以便统辖。以地理历史方面言之，将该市区划入遂溪县，似较适宜，质诸遂溪、海康两县长，亦以为然。至该市居民税收重复，未免担负过重，似宜酌量减轻，以苏民困等情。查核该员复称各节，该河头市区似以划归遂溪县管辖为适宜，至所称税收重复，似宜酌量减轻一节，亦属实情，应如何办理，请核饬遵等语。

（议决）全案交南区善后公署查明，妥为办理具报。

四、财政、建设、市政厅会复，奉令派员调处本市灾区燕梳赔款一案情形，暨拟议办法，请核令遵案。

（说明）查前据市政、实业两厅会复调处本市灾区燕梳行赔款一案，无法解决情形，请核示到府，当经第六十七次会议议决仍交市政、实业并财政厅调处。去后，兹据财、建、市三厅会复称，查实业厅奉令裁撤，归并建设厅办理，当经职建厅派凌骥，职市厅派于士杰，职财厅

---

① 该项"说明"内容略。

430

派冯诗源，会商调处，去后，经据将解处情形呈复前来，查此次奉令行再调处，自应根据前案劝捐，谕令双方让步，庶期易于了结。兹据呈复，案经会议至再，华商公司方面虽允加捐五百元，联保公司方面亦承认照前在实业厅会议原案由联保总会认捐一千元，而灾区方面则坚持毋论是赔是捐，要求华商公司照保额五成，联保公司照保额七成为最低限度，似此情词各执，实属无法解决，惟查该受灾铺户，当日购保火险，系有私人契约为据，关于此点，似可饬令诉由法院讯办，以示公平，等论。

（议决）照拟。

五、广东全省钱粮附加筑路委员会呈历月征收支出对照表，请通令各善后委员转饬各县长知照案。

（议决）照准。

六、建设厅长呈缴权度检定局长周梓骥及商业注册所长周湘履历，请察核加委案。

（议决）照委。

七、财政厅厅长、广州市政委员长、高等法院院长会呈报黄君和堂不服广州市财政局撤销承领××巷第×号、第××号市产一案，现经由该案主席邀同各委员开会审查完竣，一致议决，连同本案卷宗，并议决书，呈报鉴核指遵案。

（议决）照准。

八、教育厅呈复，番禺县呈，报县立第一小学校经费不敷，拟征收市桥地方电力附加费一成，拨充学校及图书馆经费一案，似可准予照办，请核遵案。

（说明）查前据番禺县呈，据教育局呈拟仿照广州、江门、佛山三市附加电力费拨充教育经费办法，就市桥地方征收电力附加费一成，以收入十分之八拨充县立第一小学校经费，其余十分之二拨充县立第二图书馆经费，等情，请核到府，当饬教厅核议具复。去后，现据该厅呈复，查该县立第一小学校经费不敷，拟征收市桥地方电力附加一成，拨充学校及图书馆经费，似可准予照办，等语。

（议决）照准。

九、财政厅呈，拟将前恩开台报承官有山拨单行简章推行全省案。

（说明）查前据该厅呈，据土地局拟订恩开台承领官有山挞单行简章一案，经第九十四次议决照准在案。兹据该厅呈称，初本为该三属而设，嗣查省内其他各县人民欲承护坟情形，多与该三属大致相同，且由县办理，政府不需经费，能认真推行，于库收不无小裨，故因环境之要求，而该项简章，自有推行于全省之必要，经于国有荒地承垦条例暂行补充施行细则内添入推行于恩开台以外各属，嗣后关于省内各属报承护坟山挞，应即适用恩开台承领官有山挞单行简章办理，以昭一律等语。

（议决）准备案。

广东省政府第四届委员会
第九十九次议事录①

十月十二日　星期五

出 席 者　冯祝万　马超俊　黄　节　李禄超　伍观淇　朱兆莘
列 席 者　罗文庄
临时主席　冯祝万

纪　　录　钟　泰（代）

报告事项

一、本府第九十七次议事录，经奉政治分会核议通过发还，已由秘书处分发办理。

二、国府秘书处冬日电告中央最近政情九项：（一）任命李芳为特派湖南交涉员。（二）核定县组织法，分期施行一览表。（三）任命李庆施为山东省政府委员。（四）任命门致中为甘肃省政府委员。（五）任命曹浩森、周贯虹为江西省政府委员；并以曹浩森兼任建设厅长。（六）任命张金为河南省政府委员，兼建设厅长。（七）改派伍朝枢、王世杰、李锦纶为海牙公断院公断员。（八）规定社会教育经费成数，在整个教育经费中，暂占百分之十至二十；自于〔十〕八年度起，各

---

①　馆藏缺第九十八次议事录。

省市区及各县政府，一律实行。（九）规定以孔子诞日为纪念日。

三、武汉政治分会支日电告，请中央制定九月二十三日为完成北伐永久纪念日，敬希一致建议俾底于成。

四、广州市政委员长呈报开采石牌附近大石多石等冈石料，以供筑路缘由，请备案。

五、广东电政管理局呈报，奉交通部电，饬自十月十日起改订国内电报价目，自应遵办，自十月十日起实行，请察核备案。

六、国府秘书处歌日电告中央最近政情六项：（一）中国国民党中央执行委员会公布训政纲领六项。（二）修正中华民国国民政府组织法，公布施行。（三）特任蒋梦麟为大学院院长。（四）修正中央银行条例，明令公布。（五）制定十七年金融短期公债条例，明令公布。（六）派谷正伦为国庆阅兵指挥官。

七、内政部鱼日电告核议定孔子诞日为纪念日，希查照办理。

八、内政部支日电告南京特别市调查户口办法成绩，尚有可观，各省城市地方，此次户口调查，似可参酌仿办，希查照。

九、工商部函，检送机厂出品暂行办法，及国货调查表，工厂调查表等，希转饬主管厅局，查照办理，并由该厅局布告所属商厂，一体遵照。

讨论事项

一、东区善后委员呈报职区所属各县，认为有应行改革者三点，并拟定各县编制表，请鉴核案。

（说明）查前据民厅呈县长任免条例草案，及各县县政府行政经费表，广东各县县政府等级表，请核示前来；经第九十二次会议议决交许委员、财政厅，会同审查在案。

（议决）并案交许委员、财厅审拟。

二、南区善后委员呈报职区地方行政会议，议决关于财政一类，第十六项剔除财政积弊案；又第一项划定县地方税，以为进行建设事业之用案，议决办法。抄录原议案，请核示遵案。

（议决）交财厅办理。

三、南区善后委员呈请设置海防、西贡两埠总副领事缘由，请核转呈国府，察核施行案。

433

（议决）转呈国府核示。

四、广东全省筹赈总处呈送拨款筑路原则，请核遵案。

（议决）修正通过。

五、教育厅呈报组织审查平民读物委员会，并订定组织章程，及审查平民读物规程缘由，连同章程规程，请核指遵案。

（说明）据称查近日坊间所售刊物，宗旨纯正者，虽属不少，然言论悖谬者，实居多数。自应严格取缔，以杜流弊。兹据由职厅组织审查平民读物委员会，并订定审查平民读物规程，及审查平民读物委员会组织章程，俾资办理，等语。

（议决）照准。

六、教育厅呈，据曲江县长电报曲江学生联合会整理委员会产生成立，情形紧张，是否颁行解散，及县党务指委梁××之所为，有无违法，须加惩处，抑应如何办理之处，请核示等情。查该会组织成立情事，核与确定学生会之组织法第三项有所抵触。应如何办理，请核示案。

（说明）查前奉政治分会，令发确定学生会之组织，及其法律关系提案一份，该原案第三项规定："大学及高等专门学校之学生自治会，为谋上项所定四款（一自治，二智育，三德育，四体育）自治训育之合作，得为联合会之组织。但其范围，以一城市乡之区域为限，不得组县、省、国之联合会。"当经令行教育厅通饬遵办在案。兹据教厅呈据曲江县长呈报该会成立，系出自县党务指导委员梁××等之所为，核与上项规定有所抵触，等语。

（议决）（一）令教育厅转饬该县学生联合会，遵照政治分会原令改组。（二）函省党部，转饬该县党部查照。

七、武汉政治分会齐日电告，本会拟在武汉地方设立完成粤汉铁路筹备处，由本会与交通部，及粤、鄂、湘三省政府派员，共同组织。尊处对于筹备处组织，有何高明？乞示教案。

（议决）电复赞同。

八、建设厅呈送南路公路分处长麦蕴谕履历，请核加委案。

（议决）照委。

九、广东全省商联会主席团呈请令行民厅，通饬各县知事，嗣后与县商会来往公文，仍用公函，以符向章案。

（说明）据称查各县商会，对于县知事行文，得用公函。按照商会法施行细则第三条，久经规定，似未便以命令变更，致失官商合作之本意，等语。

（议决）在国府未领〔颁〕布商会法以前，应仍照十四年省令办理。

十、民政厅提议，委周季文署理开建县长案。

（议决）照委。

十一、民政厅提议，委余卓鸣、谭化雨为本厅视察员案。

（议决）照委。

广东省政府第四届委员会
第一百次议事录

十月十六日　星期二

出 席 者　冯祝万　黄　节　刘裁甫　朱兆莘　伍观淇　李禄超
　　　　　许崇清　马超俊

列 席 者　罗文庄

临时主席　冯祝万

纪　　录　钟　泰（代）

报告事项

一、本府第九十八次议事录，经奉政治分会核议通过发还，已由秘书处分发办理。

二、内政部函送各省民政厅行政会议规程，及县政府会议规程，请查照。

三、内政部函送各级公安局编制大纲，请查照，饬属知照。

四、内政部函送寺庙登记条例，暨各种表式，请查照饬属遵办。

五、内政部函送通令各省民政厅，转饬各县市政府建筑贫民住所令文，及方式图样，请查核饬办。

435

六、外交部邮电告，奉国府令饬，将侨务局取销，等因。除呈复国府，并令侨务局遵照外，特此电达。

七、山东省政府主席孙良诚，东日电告奉令遵于本月一日就职。

八、国府令发故宫博物院组织法，仰知照，饬属知照。

九、外交部函，准美国驻华代办照会内开，支加哥自然历史博物院组织旅行团，采取水陆动物标本，由波斯顿出发，将于广州稍留，请予以优待便利等由。自可酌办，抄同限制办法，请查照转饬有关系各机关遵办。

十、天津商震、徐永昌江日电告，遵令取销第三集团军前敌总副指挥名义，于十月一日在津就河北剿匪司令职。

十一、吴新田东日电告，奉总司令冯令，遵于十月一日在南郑就暂编第十六师长职。

十二、国府令据审计院长于右任呈，请嗣后凡遇私人捐款，及庆吊往还者，不准作正开支；如有此种支出，惟有按照审计法规处理等情。仰转饬所属一体遵照。

十三、国府令发修正中央银行条例，仰并饬所属知照。

十四、国府令发民国十七年金融短期公债条例，并还本付息表，仰并饬属知照。

十五、财政部函送全国财政会议公债组审查报告案二份，请查照，转饬财政厅分别办理。

十六、内政部函送县长考试暂行条例，及县长奖惩条例，请查照。

十七、南京张之江佳日电告，禁烟会议仍定于十一月一日举行。之江奉令指定兼任主席，并聘钟可讬兼任会议秘书长职。所有贵地最近一年鸦片，及麻醉药品，流毒状况，与现在根据禁烟法所拟各地禁烟施行情形，希详细见复。如有提案，或未经派定代表姓名，并希分别寄示。

十八、中央执委会宣传部，歌日电告制定追念先烈之标语十八条，口号八条，希各机关团体遵用。各行政军警机关，查照保护。各报馆登载报纸，以利宣传。

十九、出席交通会议代表周钟岐，临时出席报告会议情形。

讨论事项

一、民政厅呈，据汕头市长呈复遵将济良所章程修正，连同修正条文，请核示等情。职厅复核尚属可行，似应准予备案。抄录原缴章程，请察核指遵案。

（说明）据称前据该市长呈拟具济良所章程，请核前来。当以所拟章程，大致尚合。惟第五条内载：发给证书时，应缴手续费，分甲、乙、丙三等；于收容入所时，由主任呈请局长核定之等语。究竟所定等第，有无标准？若收费过重，殊失济良本旨。令饬遵照酌量减轻，并将第五条修正。去后，兹据该市长呈复，遵将章程第五条修正，为发给证书时，应缴手续费。手续费分三等：甲等八十元，乙等五十元，丙等十五元，其分法以年龄、相貌、性质、智识为标准。由主任呈请局长核定之等情。职厅复核尚属可行，似应准予备案等语。

（议决）准备案。

二、财政厅呈送职厅委派专员，全县办理垦荒官产简章，请核备案案。

（议决）可由县实业局办理，毋庸派员。

三、民政厅呈奉令准第八路总指挥部函，据高明县团局，呈控前县长何××贪渎枉法一案，查复情形。应如何办理之处，请核示案。①

（议决）准免置议。

四、教育厅长呈缴省督学徐思达履历，请核给予委任案。

（议决）照委。

五、财政厅呈报核拟撤销福兴景堂，报承将军窖水坦，及潮州沙捐征收局长员，分别议处各缘由。连同职厅，及潮州沙捐征收局，关于本案卷宗，请察核指遵案。

（议决）照拟。

六、民政厅长提议，以劳士正署理三水县长，吴鲁贤署理开平县长，麦友德署理仁化县长案。

（议决）照委。

---

① 该项"说明"内容略。

广东省政府第四届委员会
第一百零一次议事录

十月十九日　星期五

出 席 者　马超俊　李禄超　黄　节　朱兆莘　伍观淇　冯祝万
　　　　　　许崇清
列 席 者　罗文庄
临时主席　冯祝万
纪　　录　钟　泰（代）

报告事项

一、本府第九十九次议事录，经奉政治分会核议通过发还，已由秘书处分发办理。

二、国府令发修正中华民国国民政府组织法，仰知照，并饬属知照。

三、国府令，饬转饬所属各机关依照审计法施行细则第二条之规定，按期编造支付预算书，送财政部转送审计院，以凭审核。

四、国府令发中华民国故宫博物院理事会条例，仰知照，并饬属知照。

五、财政部函请转行所属各〈机收〉机关暨市政府，迅将现在经收各项税捐名目，与税率、年额总数及预先征借情形，一并查明径报本部汇案办理，仍希将分行处所，开单见复。

六、略。

七、河北省政府委员会文日电告于本月文日迁移北平办公。

八、第四集团军第六师师长何健、副师长刘建绪，真日电告遵于本月真日在长沙师部就职。

九、建设厅呈报整理粤汉、广三、广九三路及奉行员工服务条例经过情形，请察核。

十、促成广番花公路委员会呈报召集南番花各县委员会联席会议议决案，请核备案。

十一、略。

十二、鹿钟麟世日电告于九月十六日任暂编第四师师长兼职。

十三、财政部函知订定田赋附捐限制办法八项，请查照转饬所属一体遵照。

十四、内政部函知本部拟定义仓管理规则，经奉核准，并刊登本部内政公报声明在案。此项义仓，各省地方旧日已经办理者，自应查照规则整理；其仓政废弛省份，则须督饬各县迅速筹办，请查照。

讨论事项

一、民政厅呈送汕头市市政厅取缔医〔酱〕园规则，请指令饬遵案。

（说明）据称，查核所拟规则第五条"方得制造"句下，应加入"如原料应晒晾者，必须用木器或竹器、陶器等盛载，不得堆置地面"等语，以期缜密，其余似无不合云。

（议决）备案。

二、广省高等法院呈报拟将赤溪县分庭规复，并酌量变通办法各缘由，请察核指遵案。

（说明）据略称，查该县分庭，前于十五年间因经费支绌裁撤，所有民、刑诉讼案件，归并台山，合设台赤县分庭。惟该两县人民，其历史上关系，以及语言习俗，诸多扞格，并设分庭，固不免发生窒碍；但该县民就地筹款，独设分庭，办法亦未尽适，诚以分庭为政府之法定机关，其经费不应就地自筹。而赤溪一县，幅员极狭，案件亦甚〈移〉少，事实上既不得不规复分庭，惟有酌量变通，就广州地方法庭派一推事兼管赤溪分庭审判事务，每两月或一月前赴该分庭一次，略如从前巡回裁判制办法；其余检察职务，即由职院委令该县县长暂行兼代，书记官亦由县署科长或科员兼充；倘有司法人犯，即交由县监管押。似此办理，经资既无须加增，该县人民诉讼，即已倍觉便利，仍俟本省经费充裕，再将庭内应设职员，分派专员接充，庶于权宜因应之中，仍寓统顾兼筹之意。除分呈政治分会外，谨呈，等语。

（议决）候政【治】分会核示。

三、广州市政委员长呈广州市城市设计委员会组织章程，请核遵案。

（说明）据称，广州市亟宜组设城市设计委员会，其理由有三：（一）广州市为古城之一，按旧城市之改造，与新都市之建设不同，其难当比较百倍，根本一错，坐误百年；与其为事后之补救，毋宁慎之于始，免为无谓之牺牲，则集合多数人材设会研究所不宜缓矣。（二）广州为南部最大都市，在前先大元帅曾有建设广州为商港之议，是广州之建设计划，自宜及早确定，俾以后逐渐做去，以达先大元帅之建设主张。（三）现所属之工务局，原有设计一课，历年规划全市工程，颇资得力，但其职责袛在工程之建设及取缔，对于全市根本改造计划，常有挂一漏万之虞。现为统筹兼顾，责任专一计，似不可不有设计委员会以专司其职等语。

（议决）准备案。

四、民政厅呈复审查西区各县县事区事乡事委员会条例，缮具意见书，请鉴核案。

（议决）关于警卫队事务，查照本会第九十八次会议第十案警卫队系统案办理，余照拟。

广东省政府第四届委员会
第一百零二次议事录

十月二十三日　星期二

出 席 者　冯祝万　马超俊　黄　节　伍观淇　李禄超　许崇清
列 席 者　罗文庄
临时主席　冯祝万
纪　　录　钟　泰（代）

报告事项

一、本府第一百次议事录，经奉政治分会核议通过发还，已由秘书处分发办理。

二、国府秘书处篠日电告中央最近政情八项：（一）国民政府新任委员于十月十六日上午十时开第一次国务会议。（二）制定国民政府行政院、立法院、司法院、考试院、监察院组织法，明令公布。（三）加推胡汉民、戴传贤、王宠惠为外交委员会委员。（四）特派宋子文为中央银行总裁。（五）派蒋作宾为驻德全权公使，邹鲁为驻法全权公使。（六）任命赵戴文等为察哈尔省政府委员；指定赵戴文为主席，并任彭贺璜兼民政厅长，兰均兼财政厅长。（七）任命徐永昌等为绥远省政府委员；指定徐永昌为主席，并任命陈宾寅兼民政厅长，梁汝舟兼财政厅长。（八）任命李培基为河北省政府委员。

三、国府令饬按照向章，维护盐务，切勿擅事更张，动加干涉，以重鹾纲，而裕国库。

四、政治分会函送广东暂行森林法规，希查照。

五、刘珍年篠日电告遵于篠日在烟台就暂编第一军军长职，并将前用胶东防守总指挥名义取销。

六、代理陆军大学校长黄慕松、教育长周斌，巧日电告于本月十八日抵北平就职。

七、内政部函送县治要览十份，请查照。

八、内政部函送县长须知五份，请查照。

九、农矿部函送承领荒山登记表，请转饬林务主管机关，通告各该荒山承领权者，依限登记，汇送本部，以便请〔清〕查。

讨论事项

一、广东全省筹赈总处呈报，拟办信用合作社，并拟先组织合作事业委员会缘由，连同章程，请核指遵案。

（说明）据称："查信用合作社，能养成平民互助之精神，得储蓄及借款之机会，并能使乡村金融活动，生产发达，实为一种积极救济之良好办法。兹拟在赈款项下，暂行拨定三十万元以为办理此项合作社之需，庶积极救济，得以彻底实行。惟事属创举，筹划必须周详。在未开办之前，拟先组织合作事业委员会，以资擘划；并随时邀请富有上项学识经验之人员到会演讲。拟一面令饬愿办合作社之各地方派员来会接给〔洽〕，以便将办法说明，俾资运用，而收实效"等语。

（议决）交财、建两厅审查。

二、建设厅呈报，拟议筹设水产试验场，并拟先于中山县属地方筹设水产试验场一所，及附设水产讲习所缘由，连同组织规程预算表，请察核示遵案。

（议决）函送中山大学审查。

三、南区善后委员呈请就钱粮及花捐附加筑路费项下，第一期拨款二十五万元修筑合钦、钦防省道，第二期拨款十万元修筑信罗省道，并严定各路兴工及筑成期限，分令经过各县遵照办理案。

（议决）交建设厅拟复。

四、南区善后委员呈请设立广州湾海关，及广州湾附近设立税卡，以维高雷钦廉各属商务，而裕国家税收案。

（说明）据称："此次在北海市开高雷阳廉钦地方行政会议，据南路财政分处主任等提议书称：'高雷钦廉暨广西郁林博白陆川各属货物，自法人租借广州湾之后，极力经营，货物出入，征税极轻；水东、海康、北海各处，则海关厘金府税之外，近复增设内地税局，税项繁多，货价增涨，故同一物品，而水东、海康、北海所售价目较之广州湾相差甚巨，商人利其价廉，争相趋赴。而水东、海康、北海商务，遂日形衰落；影响所及，直接则损害商民营业，间接则短少国家税收，害国病民，公私交困，莫此为甚！查广州湾货物运销内地：一由吴川之石门黄坡而违〔达〕高州各属，一由遂溪之沈塘而达海康，一由遂溪廉江而分达钦廉郁林各属。海洋方面，则沿海各地，偷运入口，辗转贩销，广西腹地，亦渐达到，不早谋抵御，则梧州亦将同受其害。抵御之法，亟应缓〔援〕九龙关成例，在广州湾设立海关，征收出入口货物税。至石门黄坡沈塘及遂溪蔴章之城月新埠等处，其未设立厘金府税内地税局及缉私卡者，一律增设，照章抽收通过税，使其税额相等，以恢复水东海康北海及内地商务，增加税收，庶国库民生，同受其利等情。当经一致议决，呈请钧府察核施行，职复经考核该主任等所称广州湾才夺各属商务，确属实情。现在关税协定尚未取销，海关税局额无由伸缩，而厘金内地各税又因种种关系未能尽数裁减，该主任等所陈，设关增税，亦系一时救济办法，似尚可行"等语。

（议决）函国税公署办理。

五、南区善后委员呈报职署东庑全座圮塌，估计修筑工程需大洋二千五百余元，乞核准如数给领，兴工修复，以保公物案。

442

（说明）据称："此次飓风迅厉，霪雨半月，灾害骈至。职署东庑，全座圮塌，余屋上盖，撤毁多处，漫漶渗漉，堂室尽坏。虽肇事方在白昼，属员尚及走避，未致伤损，然居处危墙破瓦之下，难策安全。惴惴从公，情殊可悯！自应亟事修复，以便办公。再查职署拘留所，系由琼崖地方法院旧废房舍拨充，此次风灾，外墙亦崩圮十余文〔丈〕，监舍多所毁损，在押人犯数百，悉为未决匪党，一旦藩篱撤去，防范恐有未周，亦应亟行修筑"等语。

（议决）应由该区自行筹拨。

六、教育厅呈送督学规程草案，请核公布案。

（议决）照办。

七、教育厅呈具省督学陈衡、马衍鎜二员履历，请核加委案。

（议决）照委。

广东省政府第四届委员会
第一百零三次议事录

十月二十六日　星期五

出　席　者　冯祝万　马超俊　许崇清　李禄超　伍观淇　黄　节

列　席　者　罗文庄

临时主席　冯祝万

纪　　　录　钟　泰（代）

报告事项

一、本府第一〇一次议事录，经奉政治分会核议通过发还，已由秘书处分发办理。

二、国府秘书处皓日电告中央最近政情七项：（一）甘肃省旧西宁道属各县，划入青海省，定西宁为青海省治。（二）设宁夏省，以旧宁夏护军使辖地，及旧宁夏道，及各县为宁夏省管辖区域，以宁夏为省治。（三）制定国民政府文官处参军处条例，明令公布。（四）制定国民政府委员随从官吏条例，明令公布。（五）任命傅正举为河南省政府委员兼财政厅长。（六）调任甘肃省政府财政厅长杨好懃为民政厅长，任命李象臣为甘肃省政府委员兼财政厅长，任命赵席聘为甘肃省政府委员。（七）任命李锦纶为驻黑〔墨〕西哥国特命全权公使。

三、内政部函送县长考试及格人员学习规则，请查照。

四、内政部函送地方自治专门委员会条例，请查照。

五、财政部皓日电请转饬财政厅将该省十七年收支预算，自十七年七月一日起至十八年六月底止，所有预算征收支出各款，先行电呈总数，一面造具详册呈部，以凭办理。

六、李委员禄超函报奉孙部长电邀赴京面商黄埔商埠进行事宜，拟由本月二十七日至十一月十日止，请假两星期。

讨论事项

一、民政厅呈复审拟汕头、江门、海口、石龙四市应存应废情形，连同市政调查表，请核指遵案。

（说明）查前据该厅呈复，陈村、九江、梅箓、北海四市应存应废情形，附缴各该市原呈，暨调查表到府，当经第九十一次会议议决，陈村、九江、梅箓、北海四市均裁撤在案。兹据续缴石龙、汕头、江门、海口四市调查表前来，并据称："查汕头、海口、江门三市，其人口虽皆不及二十万，惟据报江门有十余万人，汕头有八万余人，海口亦五万余人，尚不为少。且就地势论，汕头一市，为潮梅出入之孔道；江门、海口二市，又为西江南路之要冲，均属通商口岸，华洋杂处，商旅辐凑，似均有设市之必要。就财力论，汕头收入每月达四万八千余元，江门达二万余元，海口亦万余元，加以物产出口，颇称丰富，财政上稍加整理，进行市政，当不至有经费支绌之虑；则汕头、海口、江门三市，似宜均在保存之列。至石龙一市，人口只得二万余，每月收入亦仅七千余元，既无余力以从事建设，市内商民复多怨望，似宜即予裁撤，归并县治，较为妥善"等语。

（议决）照拟。

二、民政厅呈，据南海县长呈请将义仓改建监狱等情，似尚可行，转呈察核饬遵案。

（说明）据略称："查佛山市原有义仓一所，地势颇高，面积尤广。卷查该仓自十四年十月管理该仓之绅董与农会发生纠辖，其后仓所地

444

址，旋被农团占驻，仓内存谷，竟被盗卖净尽，以致仓储久空，当经蔡前市长鹤朋呈报有案。现在该仓已无储谷，日久抛荒。职县前因办理大富乡冯、谭两姓斗案，拘留人犯颇多，为处寘案犯之必要，曾将该仓略事修改，暂行拘押人犯。惟此系一时权宜办法，未经呈准将该仓改作监狱，未敢擅便，施以监狱上永久之设备，故关于犯人管理，及犯人卫生，诸多不便。窃思义仓之设，虽属中古时代备荒要政，交通便利时代，殊无储谷备荒之必要。查佛山地点，与广州相距咫尺，轮船火车，络绎不绝，纵有荒灾，购输散赈，亦可立办，已无复储谷之必要。而事实上仓无储谷，抛荒日久，势必废坏。拟请准将该仓改建监狱，俾便施以监狱上必要之设备，化无用为有用，于监狱场所已甚适宜，改建二〔工〕程，亦得节省"等语。

（议决）照准。

三、建设厅呈报拟请实行工业专门技师登记各缘由，连同规程，请核指遵案。

（说明）据略称，查文明各国，靡不举行技师登记，即我国上海市政府，湖北建设厅，近亦均已实行。广东素称富庶之区，工业繁赜，对于技师登记一事，似未便独居人后等语。

（议决）交许委员审查。

四、民政厅呈，据江门市长呈缴修正公益管理委员会章程，似应准予备案，连同原缴章程，转报核遵案。

（说明）据称，前据该市长拟具章程前来，经饬以所拟章程大致亦合。惟章程内第五条（乙）、（丙）两项"事件"二字之上，应加"慈善"二字。又第六条（甲）"委任"二字，应改为指挥监督。（乙）项"得呈准民政局转呈省府民政厅"句，应改为"得呈由民政局呈请市长转呈省政府民政厅核准"。又第七条附则"民政局得随时修改"之句，应改为"得由民政局随时呈请修改之"。经饬遵照修正去后，现据修正呈缴前来，大致尚无不合，似应准予备案等语。

（议决）照准。

五、广州市政委员长呈，拟具招承广州赛马场简章，请核备案案。

（说明）据称，职厅前呈指拨燕塘瘦狗岭脚地方改建跑马场一案，经奉政治分会议决照准办理在案，惟筹建跑马场一事，前据商人雷荫荪等，以东较场为地址，拟具章程，呈请开办。当以该商所订章程，究未妥善，由职厅拟具意见，呈奉政治分会核准照案修正，并明定期限承商四个月完工，逾期即予取销收回等因，当经转饬该商遵照办理在案。现在逾期日久，该商尚未遵办，自应将原案取销，另行招商在新定之燕塘地方承建，俾得早观厥成，除呈政治分会外，谨呈等语。

（议决）候政治分会核示。

六、广东高等法院呈复遵令核拟汕头市市长，请将汕头市司法登记事项移归市厅管理，拟请驳回缘由，请察核指遵案。

（说明）查前据汕头市长呈，请准予令行高等法院，将潮州登记局，汕头市登记事项，移归该厅管理等情。当以是否可行，交高等法院妥拟办理。去后，兹据该院复称，职院遵查国民政府公布之各省高等法院院长办事权限暂行条例第二条第六款之规定，登记事项，应由本院院长，依职权处理之。复查司法登记事项，指不动产之保存，移转，抵押、赁借等类，与土地局所办土地登记范围职掌，各不相同。依法不能将法院向设之潮州登记局，移归汕头市厅管理。至广州市区域，前因国民政府所在地，将广州市改称特别市，遂暂将市内司法登记事项，归并市土地局接管；原属权宜办法。原呈援以为例，未免误会。又查南海、新会、中山、开平四县登记局，被前广东土地厅占管，自职院成立后，业奉钧府令饬收回，是司法登记，依法系属法院职掌，倘将汕头登记划入市厅办理，不惟与现行法令不符，且与钧府前令亦相抵触。应请将该市长所请驳回，以符法令等语。

（议决）照转。

七、广东高等法院呈复核议关于处理逆产事项一案，拟请迅将省特别市特别区应设之处理逆产委员会，查照条例组织成立，俾各市县处理此等案件，即可秉承委员会遵照条例办案。

（说明）查此案本府前据民厅呈称，奉令颁发处理逆产条例，查本省处理逆产委员会尚未成立，对于各县市逆产事项，应由何处办理，请核示，等情。当经第八十八次议决，应由县市长办理通饬。去后，嗣据惠来县长呈称，查处理逆产条例第十条、十一条、十二条，处理逆产委员会，均以五人组织之，今奉令各县市地方由各县市长办理，是否由各县市组织委员会，抑或归各县市长独裁办理，令未声明。又重要共匪首

446

领之被官军当场格毙者，是否适用该条例第一条办法，统请核示，到府。又经第九十八次议决，交法院复。去后，兹据该院复称，查处理逆产条例第十条第二款，暨第十二、十三两条内载，省特别市、特别区应设处理逆产委员会，拟请钧府迅将此项委员会，查照条例组织成立。一俟委员会成立后，各市县处理此等案件，即可秉承委员会遵照条例办理。至该条例第一至第七条各疑义，亦得迎刃而解等语。

（议决）由省市党部，民、财两厅，及法院，各推一员会同组设。

八、民政厅呈关于奉发县组织法，应请核示者两端，统乞鉴核示遵案。

（说明）（一）以本府于本月转奉国府令发之县组织法，其第二章系规定县政府之组织，与前本府于本年六月间转奉政治分会，据建设委员会拟送经修正通过之县政府组织法，不无出入，查县政府组织法，业经奉令通行在案，现又奉到县组织法，究应如何办理之处，应请核示。（二）查国府颁发之县组织法第四条，规定："各县政府分为三等，由民政厅编定，呈经省政府会同内政部核准行之"等语。现奉内政部令，以各省县等极〔级〕不一致，应即按照区域大小事务繁简，一律区〔分〕为三等，以符法令，等因，查关于广东各县县政府，从新规定等级一事，前准建设委员会函厅拟订各县行政经费，及县长任免条例一案，经分别拟就，连同拟订广东各县县政府等级表，呈请钧府鉴核。所拟广东各县分为一、二、三共三等。复斟酌情形，于一等县内别为一、二两级，与部令大致相同。惟是否可行，应请查案核示。（查此案经本府第九十二次会议，议决，交许委员、财政厅会同审查在案，未据呈复。）

（议决）仍候审查呈复后核办。

九、建设厅呈报广东航政局长王经舫，具呈辞职，拟委陈维周接替。附具履历，请核委任案。

（议决）照加委。

十、冯代主席提议，本府第三科科长高阳辞职，照准，拟以龙思鹤委充案。

（议决）照委。

广东省政府第四届委员会
第一百零四次议事录

十月三十日　星期二

出 席 者 冯祝万　马超俊　许崇清　伍观淇　黄　节

列 席 者 罗文庄

临时主席 冯祝万

纪　　录 钟　泰（代）

报告事项

一、本府第一百零二次议事录，经奉政治分会核议通过发还，已由秘书处分发办理。

二、国府漾日电知统一告成，实施训政。将欲图主义之发皇，副民众之喁望，仔肩弥重，待理万端！乃承各方期许之殷，益切同人冰渊之惧，此后治臻上理，民纳轨道，内外相维，端赖群策群力，宏我丕基等语。

三、国府文官处梗日电告中央最近政情四项：（一）特令李宗仁为军事参议院院长，李济深为参谋部参谋总军长，何应钦为训练总监部训练总监。（二）特任阎锡山为内政部长，王正廷为外交部长，冯玉祥为军政部长，宋子文为财政部长，王伯群为交通部长，孙科为铁道部长，孔祥熙为工商部长，易培基为农矿部长，蒋梦麟为教育部长，薛笃弼为卫生部长。（三）特任古应芬为国民政国〔府〕文官长。（四）任命赵戴文为内政部次长。

四、国府秘书处函，奉国府令，嗣后上级机关对下级机关，或平行机关，不得以私人名义，有所推荐，藉杜幸进，而肃官常，录令函达查照。

五、财政、内政部函送勘报灾歉条例第六、第八两条修正文，请查照。

六、中央国术馆敬日电告此次考试所得之经验，原定条例，尚有未合，现拟修正所有原颁国术考试条例，应即暂废止。

七、国府令发行政院、立法院、考试院、监察院、司法院组织法，仰知照，并饬属知照。

八、国府令发共产党人自首法，仰知照，并饬属知照。

九、内政部函送公墓条例，请查照转饬遵办。

十、工商部函知本部前接收北京旧有经济讨论处呈奉国府令准改为工商访问局，现已改组成立，关于国际贸易暨工商物产以及全国重大经济问题，应函请全国各机关，搜集调查，函送该局，除分函外，请查照办理，并转饬遵照。

十一、中央执委会宣传部漾日电告制定总理诞辰纪念日标语十四条，希分行所属一体遵照，各行政机关饬属保护，并各报馆刊载，以利宣传。

十二、河南省政府委员兼教育厅长邓萃英咨知于十月十二日接事，请查照。

十三、国府秘书处函，奉国府令知，嗣后政务官即因政函〔务〕上之必要而兼差者，不得兼薪，并不得支夫马津贴类似兼薪之事项；事务官则绝对不得兼差等因，录令务达查照。

十四、外交部函送各省各埠交涉署经费分等表，请查照备案。

十五、政治分会函，据建设委员会呈复，经将广东省府转据农工厅呈拟筹办农工银行则例章程修正等情，经议决通过，检同修正则例章程，希查照。

十六、广西省政府感日电报广西旱灾，请求广筹汇济。

讨论事项

一、建设厅呈，据广东公路处呈报韶坪路款艰窘情形，除饬三铁路局迅将欠交该路之款照数付交，并仍将韶坪路附加费继续征收外，拟请另饬省库每月再拨给三万元，以八个月为限，使该路得以早日完成案。

（议决）准每月再拨一万元，以八个月为限。

二、高要县长呈拟办县属均安堡与罗竹源里等村械斗案罚款办法，请核指遵案。

（说明）据略称，查此案悬讼多年，凶匪在逃，久未解决，而在押李大年、邓德芬二名，征诸该区舆论，事前确曾极力制正〔止〕，并无主动行为，身虽为团长，不能阻止斗祸发生，应难卸责，惟监禁已逾六年，亦已受相当之惩戒。现据各村自动商议调和，各愿赔款了事，以免互相挟恨，恶感日深，似可俯顺舆情，准其议和，使各村共敦乡睦，和好如初，免致延讼多年，无期了结，现拟责令该均安堡具缴责款五万元，由堡内五十六乡共同负担，将在押李大平、邓德芬二名省释。在五万元内拨还罗竹村赔偿费二万一千元，源里村赔偿费六千五百元，其余二万二千五百元内，拨三千元为该第八区兴办教育经费，拨三千元为抽集全县警卫队训练费用，拨一千元为兴办全县师范讲习所经费，拨三千元为购买苗种分发各区以使造林之用，拨四千元为建设贫民教养院之用，拨五千元为建设一所市立医院之用，拨二千五百元为补助全县平民教育经费，似此办法，一方面可以办结此件久悬斗案，一方面得二万余元之罚款，可为地方谋种种之建设等语。

（议决）支配办理地方庶政各款，应照准，余候第八路总指挥部核示。

三、广州市政委员长呈，据卫生局呈缴该局与利群公司商人张福民所订承办广州市屠场合约，经复核，大致尚无不合，连同合约，请备案饬遵案。

（议决）河南屠场，因接近学校，不便照准，应另觅地点。

广东省政府第四届委员会
第一百零五次议事录

十一月二日　星期五

出　席　者　冯祝万　马超俊　许崇清　伍观淇　黄　节　徐景唐
列　席　者　罗文庄
临时主席　冯祝万
纪　　录　钟　泰（代）

报告事项

一、本府第一百零三次议事录，经奉政治分会核议通过发还，已由秘书处分发办理。

二、国府令饬嗣后征收党费，应依照党费征收规则第一条办理；各机关不得径扣党员党费，并应由党员直接向各该党部缴纳，仰即遵照，并转饬所属一体遵照。

三、国府秘书处宥日电告中央最近政情十二项：（一）发布国民政府宣言。（二）特任何成濬为国民政府参军长。（三）任命吕芯筹为行政院秘书长。（四）任命连声海为铁道部政务次长，王征为常任次长。（五）任命胡毓威为卫生部政务次长。（六）任命马叙伦为教育部政务次长，吴震春为常任次长。（七）任命张寿镛为财政部政务次长，李调生为常任次长。（八）任命班禅额尔迫宅为青海省政府委员。（九）任命门致中等为宁夏省政府委员，指定门致中为主席，并任命邵遇芝兼民政厅长，戴天魁兼财政厅长，李世年兼教育厅长，魏鸿发兼建设厅长。（十）任命吴新田等为河南省政府委员。（十一）任命曾继构兼湖南省政府民政厅长。（十二）制定中国钤铸条例明令公布。

四、国府文官处宥日电告，奉国府令，值兹训政开始，对于田赋之法，自应力加整顿，务期赋由地生，部〔粮〕随户转，富者〔无〕揽〔抗〕匿之弊，贫者无代纳虞之〔之虞〕，以收田赋平均之效，等语；特电查照。

五、谭延闿、冯玉祥、阎锡山等，有日电告于十月二十五日，就国府行政院长，及各部部长职。

六、国府禁烟委员会，宥日电请重申禁令，饬属于本年秋季，严禁各地种植烟苗。

七、第八路总指挥部函复，关于西区善后委员，呈报制定惩办械斗条例一案。（本府第九十五次议决，交民政厅审查，并函第八路总指挥部核示。）兹由本部参酌现行法令，及西南两区呈拟条例章程，拟定广东惩办械斗暂行条例十五条，呈请政治分会核议在案，抄同条例请查照。

八、政治分会函，据建设厅呈拟劳动法院法草案，及调解委员会法草案，请公布等情。经本会议决照准在案；抄同原呈，及原案，希查照，并分别令行建、民两厅遵照。

九、政治分会函，本会朱委员，拟具两广森林火灾预防办法一案，经议决修正通过，并令两广省政府查照，一面令建设委员会照议章程在案。希查照办理。

十、国府令发参军处条例，仰属知照，并饬知照。

十一、国府令发文官处条例，仰知照，并饬属知照。

十二、国府令发国府委员随从官吏条例，仰知照，并饬属知照。

讨论事项

一、教育财政两厅会呈，审核筹办工业试验所情形，连同审查计划书，及奉发计划书图表，缴请核明转饬遵照案。

（说明）查前据建设厅拟具筹设工业试验所计划书等，请核示到府。经第八十三次会议，议决交财政、教育两厅审查呈复。去后，兹据两厅会复称，兹由职教厅拟具审查筹设广东工业试验所计划书，至该所经费一节，职财厅查核原发计划书内列开办建筑费二万七千元，设备费七万三千三百五十一元，每月经常费九千元，为数颇巨。查本年度预算收支比较，月约不敷二百六十余万，此项工业试验所经费，如认为有可节省者，仍应从实节减，或缩少筹办范围，俾顾库藏。是筹办该所应需各项经费，似应先将建筑费召匠勘估，拟定价格，连同设备经常各费，切实减定，编具详细支付预算书，呈缴核定，再行筹拨等语。

（议决）交建设厅详拟呈复。

二、广东高等法院呈报派员出巡所属县分庭缘由，连同出巡分庭简章，报告表式，请核指遵案。

（议决）照准。

三、广州市政委员长呈广州市政府发行短期市金库券条例，请核备案案。

（说明）据财政局长呈，略称，兹体察情形，拟发行短期市金库券，以调剂市库现金，使政费供给，藉资救济。规定每月发行总额，以不超过收入总额十分之三为率，且限于最短期间，本息清偿，推行似尚无碍，而市库获此周转，于市政进行，不无少补，等情。当经提出市行政会议，议决修正通过，自应照案执行，除呈政治分会外，谨呈。等语。

（议决）候政【治】分会核示。

四、民政厅呈报，查明卸仁化县长郜××被控案，暨拟办情形，请

452

核示遵案。

（议决）照拟。

五、建设厅呈复核拟东区请将钱粮附加路款拨还筑路建桥一案情形，请核指遵案。又建设厅呈复西区请准将钱粮附加路款拨还各县，补助筑路一案情形，核与东区所请，事同一律，似可照案协理，请察核办理案。

（说明）查前据东区善后委员，呈请俯念东区各属路已兴工建筑桥梁，需款孔亟，迅赐令行全省钱粮附加筑路委员会，将东区属内，年约收入二十万元，照案拨交职署接收，并将自开收日起，收入各数核拨，以资接济，等情。当经第九十三次议决，交建设厅在案。嗣再据该区委员，呈请令行钱粮附加委员会，将东区各县收得附加，截至本年九月底止，划归汇解职署，以便令知东路公路分处，通盘筹划支配，分拨建筑省县道桥梁，以完路工，到府。复经令行建厅并案查复。去后，兹据该厅复称，经饬据公路处呈复称，遵查钱粮附加路费，原为补助各属公路建筑三十尺以上桥梁之用，照全省粮额预算附征二成，一次过约有五十余万元，前经管理委员会，将支配办法，提出讨论，佥以征入有限，各属公路建筑桥梁需款甚巨，势难照原案办理，与其有补助之名，而无补助之实，不若变更原案，由公路处组织测量队，将此项附加，拨作测量队经费，派赴各属测定路线，以符补助之旨；议决后，并呈奉（本府第九十七次议决）核准照办，如各县县长催征得力，能照预算之数收足，除开支测量队经费外，余款仍多，未尝不可酌助各属公路桥工，惟查短征原因，实由于各县长之不力，或留而不解，而管理委员会，远在省垣，虽极认真督察，仍不免有鞭长莫及之势，近来各区善后委员，以及各县县长，均以筑路为先务，于征工派股外，皆冀将钱粮附加拨还补助。在管理委员会一方，则以所征之款，业经呈准改定用途，不能再有变更，而各区善后委员，及各县县长，皆未明此中原委，往往根据附征，再次争论。似此情形，非另拟酌中办法，无以应付。拟请各区善后委员，严饬各县长，将附加路费，限期征足，所征之款，即自十一月一日起，以百分之六十，就近缴解本区善后公署，为建筑省道补助费，并准该县提扣督征费百分之五，其余百分之三十五，仍直接解交省库，以充测量队经费，至十月底以前征收之款，须悉数解省，不得挪用，等情。所拟办法，似尚可行，等语。至奉令据西区善后委员呈请准将钱粮附加路款，拨还各县，补助筑路一案。（本府第九十三次议决交建设厅）查所请各节，与东区事同一律，似可照案办理云。

（议决）已设公路分处之区，准将该项附加，除百分之五，为督征费外，悉交由分处，再由分处，将该附加百分之三十五，汇交公路处，并令各善后委员，督促进行。其未设分处之区，仍照旧办理。

六、建设厅呈奉发商联会事务所组织大纲，及执监委员名册，事务所印模，议事录等件，核办情形，请核指遵案。

（说明）查前据该商联会主席团呈缴组织大纲等件前来，当交建厅核明。去后，兹据复称，查商联会事务所组织大纲、名称，自系根据上海总事务所呈准备案之改组大纲而定。惟改组大纲，系划一办法，提挈纲领之意，与普通章程不同。该事务所组织大纲，似应改为暂行组织简章以符通例。此外，如第四条条文，及第三章第十四、十六、十九、二十各条文，均有分别修正补充之必要，经在据缴章程，逐一签注。又查定章商联会，及总商会商会之关防钤记，悉应缴费解部请领，今该商联会事务所关防，自行刊用，亦与定章不符，应饬令缴费，暂由钧府酌定限度，刊发给领之处，统祈指令祗遵，等语。

（议决）照修正章程，暂准备案。

七、教育厅长提议，请收回东较场，为全省运动场所，并请指拨款项建筑会场，以宏体育案。

（议决）照拟，交财政、教育两厅办理。

八、教育厅呈据潮阳县长，呈请加委姚华萼为该县教育局长等情，附具履历请核委任案。

（议决）照委。

广东省政府第四届委员会
第一百零六次议事录

十一月六日　星期二

出 席 者　冯祝万　马超俊　黄　节　伍观淇　许崇清　徐景唐
列 席 者　罗文庄
临 时 主 席　冯祝万
纪　　录　钟　泰（代）

报告事项

一、本府第一百零四次议事录，经奉政治分会核议通过发还，已由秘书处分发办理。

二、国府文官处江日电告中央最近政情十一项：（一）公布中华民国国徽国旗法，国民政府铁道部组织法，中央研究院组织法，立法院议事规程。（二）任命王用宾、王葆真等四十八人为立法院立法委员。（三）浙江省政府主席何应钦，请辞兼职，照准，改任命张人杰等为浙江省政府委员，指定张人杰为主席，并任命朱家骅兼民政厅长，钱永铭兼财政厅长，程振钧〔兼〕建设厅长。（四）任命钮永建等为江苏省政府委员，指定钮永建为主席，并任命缨斌兼民政厅长，张寿镛兼财政厅长，王柏龄兼建设厅长，何玉书兼农矿厅长。（五）杨森免予查办，任命刘文辉等为四川省政府委员，指定刘文辉为主席，并任命邓锡侯兼民政厅长，向传义兼财政厅长，任鸿隽兼教育厅长，谢持兼建设厅长。（六）设立川康裁编军队委员会，派刘湘等为川康裁编军队委员会委员，并指定刘湘为委员长，邓锡侯、刘存厚为副委员长。（七）任命金树仁等为新疆省政府委员，指定金树仁为主席，并任命王之何兼民政厅长，徐谦兼财政厅长，刘文龙兼教育厅长。（八）陕西省政府委员兼建设厅长田雄飞另有任用，免去本兼各职，山东省政府委员兼民政厅长陈雪南调任陕西省政府委员兼建设厅长，任命张吉镛为山东省政府委员兼民政厅长。（九）山东省政府委员兼工商厅长陈鸾书调任河南省政府委员，任命马鸿逵为山东省政府委员。（十）兼山西民政厅长杨兆泰免去兼职，任命邱仰濬等为山西省政府委员，并任命邱仰濬兼民政厅长，耿步蟾兼农矿厅长，李尚仁兼工商厅长。（十一）任命朱兆莘为外交部政务次长，唐悦良为常任次长，李仲公为交通部政务次长，韦以黻为常任次长，麦焕章为农矿部政务次长，曾养甫为常任次长，刘瑞恒为卫生部常任次长。

三、国府令发中国银行条例，仰知照，并饬属知照。

四、国府军政部长冯玉祥卅日电告遵于十月三十日启用印章，希查照。

五、司法院长王宠惠、副院长张继，东日电告遵于十月三十一日宣誓就职。

六、国府文官长古应芬世日电告遵于十月卅一日宣誓就职。

七、建设厅呈复办理全省商联会呈为请废天平制改两为元，及请废平码以改善交收两案情形，请察核祗遵。

（说明）查此案前据全省商联会呈请前来，当即发交建设厅审查复夺，去后，兹据复，经饬据权度检定局复称："查天平制度，原为使用银锭时代而设，向来用途，除专以之平银外，间有用于平丝与药者，惟平丝可以用秤，平药多已用戥，是天平之用途绝微，此其应废者一；天平器具制造不良，感量失准，容易舞弊，此其应废者二；国家币制，早经确定，使用银锭时代，已属过去，再沿用天平，实无异破坏国家币制，此其应废者三；该会提案，以实行废除天平制度改两为元，无论国税收入，商场交易，皆以元数为计算，俾币制划一，剔除用平弊病，所见原属至当，平制亟宜废除，已无可疑"等语。

讨论事项

一、民政厅呈报拟订广东县市平民住所或村规则及申请书保证书户籍报告表缘由，连同规则书表，请核鉴定饬遵案（专案送）。

（议决）呈政【治】分会核示。

二、仲恺农工学校呈缴建设冷藏库必要说明书，请核准拨二万元以为属校建设冷藏库之用案。

（说明）据略称，属校受国库补助，负有促进蚕丝发展之使命。现在积极研究蚕丝业之改良，并亟求推广，最近已聘定研究改良蚕种之专

456

门学者担任工作，而进行此项研究工作之第一要具，即为设备完全之冷藏库。计此库建设需费，最少约二万元，此款拟请钧府即予特别拨给，俾得立即着手进行，等语。

（议决）交教育厅查复核办。

三、南区善后委员呈送各指导员月需费用支付预算表，乞准备案，并迅行财厅转饬海口分金库照数拨发，以符章程案。（附原件①）

（说明）查前据该区呈，拟订团务指导员章程到府，经第七十九次议决，交编委会审核去后，嗣据该会审查呈复，称团务指导员名称，似嫌未惬拟改为编查指导员，似较妥当等情。当经第八十七次议决照办在案，并据该区缮具派遣琼崖各县市团务指导，兼视察员姓名，及区域清单到府，经指令准予备案，各在案。兹据续呈，以所派各指导员均于八月间出发办理，前项任务，计期至十一月底即可竣事，在此四个月内，所有日逐需用旅费，往来船车费，为数颇巨，经先设法挪垫，俾速呈功计，每月需毫洋一千六百四十五元，四个月计共需毫洋六千五百八十元，请迅行财厅转饬海口分金库照数拨发，归垫等语。

（众议）交财厅核。

四、民政厅提议，请委文尚纲为仁化县长，胡以兰为昌江县长案。（附原件②）

（众议）照委。

广东省政府第四届委员会
第一百零七次议事录

十一月九日　星期五

出 席 者　冯祝万　马超俊　黄　节　伍观淇　许崇清　徐景唐
列 席 者　罗文庄

---

① 缺附件。
② 缺附件。

临时主席　冯祝万

纪　　录　钟　泰（代）

报告事项

一、本府第一百零五次议事录，经奉政治分会核议通过发还，已由秘书处分发办理。

二、国府令发民国十七年金融长期公债条例，仰知照，并饬属一体知照。

三、国府文官处函，奉令着内政部关于卫生行政一切事宜，移交卫生部办理等因。录令函达查照，并转行知照。

四、财政部咨知上海中央银行，定于十一月一日开幕，发行兑换券五种。前发行之辅币券，仍照常兑现，请查照，转饬知照。

五、财政部咨知前国民革命军总司令部行营，发行之中央银行临时兑换券等，本部刻正妥筹整理办法，俟筹划完善，当分别施行，请查照，并转饬前项各券持券人等知照。

六、财、内政部函请转饬民、财两厅，督饬各县政府，自本年十一月起，至十八年四月底止，于半年限内，按照征粮册籍，详查地亩粮户是否相符，并将办理情形，随时报查。

七、内政部函送县政府办事通则，请饬属遵照。

八、内政部函送修正各省民政厅长巡视章程，请查照。

九、第八路总指挥部函送广州市民警卫队组织大纲草案，请查照。

十、第八路总指挥部副官处，鱼日电告接奉京电参谋部李总长，本月阳日在京就职。

十一、建设厅呈报设立整理汕潮铁轨电车路委员会缘由，连同该会规程，及计划预算，请核备案。

十二、铁道部长孙科，东日电告于十月二十五日就职。

十三、政治分会函知总理诞辰纪念，应遵照中央规定庆祝办法举行，兹定十二日上午九时，在省党部大礼堂举行，各界团体代表，由省党部召集；军界校官以上，政界荐任以上，均须一律参加。

讨论事项

一、建设厅呈，据改良蚕丝局呈拟设立改良蚕桑指导员养成所缘由，连同计划书、预算表，请核饬遵案。

458

（说明）据厅称，据该局呈缴计划书，及预算表前来，当以所拟办理蚕桑指导员养成所，兹当推广蚕桑区域时期，此举尚属要图。至设立中顺蚕桑试验场一节，本厅正在计划筹设林业蚕桑糖业园艺试验场，应俟并案呈请省政府核办在案。复经核算该养成所预算开办费，不过一万一千五百元，常年经费所需政府补拨经费不过一万零二百元。似此所费无多，而一年之内，将见蚕桑人材蔚起，则对于已有蚕桑各县，固可收指导之益，其余未有蚕丝各属，亦可藉资观摩，以收闻风兴起之效。惟查该计划书所定每县选派学员四名，以中山、顺德蚕桑发达地方，未免过少，拟请改为十名等语。

（议决）交财、教两厅审查呈核。

二、政治分会函，本会朱委员家骅提出纂修《广东通志》一案，议决交省政府，希查照案。

（议决）交黄、许、伍三委员，罗院长拟其办法呈复。

三、第八路总指挥部函，据兴五龙河紫各属绥靖处长，转请优恤奋勇击匪中弹毙命之友助乡警委会队员廖俊、刘崇来二名一案，希查照办理案。

（说明）据兴五龙河紫各属绥靖处呈，略称，河源县属长平约罗洞村民，被匪掳抢，当时友助乡警委会据报即派朱队长志鸿，驰赴截击。队员廖俊、刘崇来，奋勇跑步追击，登即被匪枪伤毙命！计是役与匪对敌，相持一小时之久，甚为剧烈。此次该队员廖俊、刘崇来奋勇杀贼阵亡，殊堪怜悯！理合据情转请优恤，以励将来等语。

（议决）交编委会核复。

广东省政府第四届委员会
第一百零八次议事录

十一月十三日　星期二

出 席 者　冯祝万　马超俊　许崇清　徐景唐　伍观淇　黄　节

列 席 者　罗文庄

临时主席　冯祝万

纪　　录　钟　泰（代）

报告事项

一、本府第一百零六次议事录，经奉政治分会核议通过发还，已由秘书处分发办理。

二、五院长谭延闿等佳日电告海宇又安，舆情望治，确定五权制度，以为宪政阶梯。同人膺兹重任，夙夜兢兢！远承嘉许之殷，弥〔迩〕凛仔肩之重。此后实施训政，宏我新规，党国前途，是在共同努力！等语。

三、内政部函送特别市及市生死统计暂行规则并表格九种，请查照饬属办理。

四、财政厅呈修正烟酒税费规程，请核准备案。

五、南区善后委员陷日邮电报第十师长蔡廷楷收缴莫如澍等各部匪兵枪械，及枪决该匪首匪兵等情形，请核备案示遵。

六、内政部函知首都取缔携带手枪【条】例三条，请查照饬属知照。

七、内政部函送传染病预防条例施行细则，及传染病预防之清洁及消毒方法各一份，请查照饬属遵照。

八、内政部函送警察制服条例，附图一册，并抄送呈国府原呈，请查照饬属遵办。

九、薛笃弼函告于十一月一日就行政院卫生部长职。

十、代理内政部长赵戴文函告于十一月一日就内政部次长职。

十一、财政部盐务署长邹琳函告于十一月一日就职。

十二、李委员禄超电告因事未竣，请续假十天。

十三、伍委员临时报告本省旱灾以及筹赈情形：（一）调查。由各县公署与县党部会同调查报告，再派人续查。（二）平粜。预备一百万购米十万包。（三）筹捐款办法。（四）招徕米商，设法不令香港垄断，使轮船直抵广州，豁免米税。

讨论事项

一、财政厅呈覆仍请准照原拟派专员前往各大县会县办理官产垦荒各缘由，请核指遵案。

（说明）查此案前据该厅呈拟委派专员会县办理垦荒官产简章请备案到府，经第一百次议决，可由县实业局办理，毋庸派员在案。兹据续呈称，若由县实业局办理，恐行之无效果，等情，应如何办理，请公决。

（议决）照准。

二、南区善后委员呈报改定海口筑港计划，并妥定海口筑港局章程，及应在琼海关关税二五税带征经费各缘由，连同计划书图表等，缴请察核示遵案。

（说明）查前据该区呈为谋地方发展，为国家增收入计，先由改善港口交通着手。谨将筹款筑堤缘由，并缴建筑海口码头计划书，请核示到府，经第五十四次会议，计划交建设厅审查，筹款交财政厅函询，各在案。嗣据建厅查复称，海口筑港及道路计划书，大致尚属可行，惟此项巨大工程，须详细探验地质。是否流沙，应否抄桩，经费若干，应列入预算，并应将该港堤工位置详图，及海底地层剖面图呈缴，以便易于审核，等情。又准管理在粤财部事务函复办理海口筑堤费用，在关税及二五税项下附加，似多窒碍，等情。当经并案提出第六十一次议决，将两厅所复，令行南区详细计划呈核。去后，嗣据该区续呈称，附征集堤经费，已得总税务司及在琼各国侨商赞助，请迅予批准行厅备案，等情。后经第六十九次议决准备案，惟仍应将批示各点，造详细计划前来审查。批饬去后，兹据呈报改定海口筑港计划，并妥定海口筑港局章程，及应在琼海关关税二五税带征经费各情，并缴具海口筑港计划书及章程前来，请公决。

（议决）交财、建两厅审核。（连原计划书图表等）

三、广东地方警卫队管委会呈，据灵山县管委会电报该县警卫队小队长陆茂山煽惑队兵叛逃，及率队追击，擒获叛兵卢畏三等，拟就地枪决，并通缉陆茂山归办等情，复据该会呈报陆茂山已被击毙，其卢畏三等应如何办理，请核示前来，抄同原呈，请核夺饬遵案。

（说明）查原呈称陆茂山一名，原属绿林出身，自民国十年间投诚，历充地方团勇职务多年，屡次随同剿匪，尚觉尽力。职会于本年七月成立，奉令组织警卫队遂委以第二小队长职。殊该犯贼性不改，胆敢与外匪沟通，煽诱部内士兵，挟械叛变，意图内外响应，大举滋扰。幸各士兵久受教育，未被摇夺，职等侦查严密，立加不动声色，设法擒拿，殊该犯自知事机败露，突乘各队伍出操，遂率其心腹谢德新等数名，向先〔先向〕队部胁逼，携械同逃不允，即开枪扫击，伤卫兵一名，职等闻警，立派小队长督率士兵，分头堵截，该犯陆茂山冒弹冲出，拼命逃逸；其余随同叛变之卢畏三、梁广泉、谢德新、陆福华、陆庆华等，均被擒获，业经提讯均直认受陆茂山煽惑，志愿同谋不轨不讳，拟即按照军法就地执行枪决，以快人心等语。又查续呈称，据属内三圣团，团董袁凤三等，函报该处团丁出卡于二十一日夜二鼓时分在芋蒙涌地，突见有匪经过，团丁等喝问口号，匪即开枪射击，各团丁等一齐开枪抵抗，匪中要害倒毙察验，始知即要匪陆茂山云，至该叛兵卢畏三等五名，究应如何办理请示等语。

（众议）准将卢畏三等五名就地枪决。

四、教育厅呈具恩平县教育局长郑廷钦履历，请核明加委案。（附原件①）

（众议）照委。

广东省政府第四届委员会
第一百零九次议事录

十一月十六日　星期五

出 席 者　冯祝万　马超俊　许崇清　徐景唐　伍观淇　黄　节
列 席 者　罗文庄
临时主席　冯祝万
纪　　录　钟　泰（代）

报告事项

一、本府第一百零七次议事录，经奉政治分会核议通过发还，已由秘书处分发办理。

----

① 缺附件。

二、国府令发铁道部组织法，仰知照，并饬属知照。

三、财政厅呈，据出席国府禁烟委员会代表张敏佳日电报禁烟会议议决案大要九项，请察核：（一）实行遵照国府明令，于明年三月一日以前禁绝鸦片。（二）实行检验党政军等一切公务人员，凡吸食鸦片者，一律停职。（三）各省应广设戒烟所，并委托当地医院兼办戒烟事宜。（四）特定违犯烟禁惩治法律。（五）由中央随时派员督促禁烟。（六）中山小学教科书，应加入拒毒教材。（七）呈请中央党部国民政府通令全国，在禁烟期内，各地举行总理纪念周时，兼读总理拒毒遗训。（八）规定每年十一月一日为禁烟纪念日。（九）扩大国内外禁烟宣传。

四、考试院长戴傅〔传〕贤佳日电告，现奉国府颁发大印小章，业经收存，惟此项院印，应俟敝院正式成立时再行启用，现值筹备期内，关于筹备事项所用往还文件，暂行启用小章为信据，希查照。

五、南京军事委员会灰日电告奉国府令，军委会着即裁撤，所有该管一切事宜，限十一月十日以前结束，分别移交军政部、参谋部、军事参议院、训练总监部办理等因，特奉达。

六、军事训练总监何应钦虞日电告于本日就职。

七、省党务指委会函知本会议决援照湖南等处办法，由所在地最高党部与行政机关协同办理共党自新事宜在案，希饬所属各县市遵照。

八、内政部函送神祠存发标准，请查照饬属遵照所定标准，妥慎办理，并希于着手实行时，如发现本编所述有遗漏或应行修正之点，即祈函示，以便再事查考。

九、本府秘书处第三科长龙思鹤呈报于十一月十六日到差。

讨论事项

一、南区善后委员呈，据万宁县长呈，请将该县钱粮附加筑路经费大学经费及仓捐等项，暂予豁免，以资体恤等情，是否可行，请核饬遵案。

（说明）查关于钱粮附加筑路费一案，本府前据南区呈请豁免琼崖各属钱粮附加公路费，以恤灾黎等情，经第七十次会议议决，未便悉准豁免，如确属受灾甚重之区，分别列报请免可也，在案。至大学经费一节，本府无案可稽，又仓捐一项，本府前据筹赈总处呈请通饬保存各属仓捐款仓产，以厚筹赈基金等情，经第六十六次议决，交民、财两厅审查呈复核办。去后，旋据复称，查各属仓捐，专为备荒而设，向例不准任意侵挪，如有私擅挪移者，责令各该经手县长赔偿，此种办法，历经职财厅办理有案；而仓产之保管监督事项，系职民厅奉行职权，自应认真办理，以重仓政，则此种仓捐及仓产保管监督事项，似应仍由职厅等照旧办理，等情，复经第八十一次议决照办在案。兹该区呈据万宁县呈据县属团局长等呈……比及秋收，又遭水潦巨浸，收成大减，人祸天灾，先后沓至！物力既凋，财用自匮。灾民负担国家正供，已难胜任，若再于钱粮附加各费责成并负，则难之又难，徒墟痛苦。至仓捐一项，原储备以资赈济，际此奇灾大荒，复循倒挂名抽捐，而无赈恤，饥民侧目，现犹以此项重累，似属背道而驰，联请核转省府，轸念灾情，准将钱粮附加筑路费大学经费以及仓捐等项，概行豁免等语。

（议决）交财厅核复。

二、南区善后委员呈报南区公路分处经费支绌，自属难期发展，经职区行政会议议决，请由花捐附加及兴筑全省工程督理费内核拨。是否可行，请核示遵案。

（说明）查本府第一〇五次会议，建设厅呈复核拟东区请将钱粮附加路款拨还筑路建桥一案，议决，已设公路分处之区，准将该项附加除百分之五为督征费外，悉交由分处，再由分处将该附加百分之三十五，汇交公路处，并令各善后委员督促进行；其未设分处之区，仍照旧办理在案。又查前据东区呈请将东区花捐附加，就近拨回该署接收等情，经饬据建厅核复称，查花捐附加，既经核定拨充韶坪路款，似应维持原案，以免工程中绌，在案。

（议决）交建设厅核复。

三、财政厅呈缴土地局十七年七月一日至十九年底工作计划书，请审定施行案。

（议决）照准。

四、民政厅、高等法院会呈遵令会拟关于乐昌县下西乡团局呈报办团困难情形，请明定职权，迅示办理一案，拟具办法二条，连同所拟办法及理由书，请核示指遵案。

（说明）查前据乐昌第四区下西乡团局呈，沥陈办团危险情形，请明定职权，迅示办理前来，当交民厅高等法院会拟呈核。去后，又准第八路总指挥部函，据该团局呈，以捕获盗匪罗庚福，交保省释被控，乐昌分庭将该匪案移送县署，仍留伤害一部；久延未决，请饬将案注销，等情，转请查照办理到府，复经并案交民厅高等法院会拟呈复又在案。兹据会复称，经遵照令行事理，就县庭及团局三方权限争执之点，拟具办法二条，兹将采取理由，详加审核，意见均属相同。至关于乐昌县分庭现所留办之伤害案，经转饬分庭迅速依法妥办具报等语。

（议决）照办。

五、教育厅呈报订定中等学校备缴立案保证金办法缘由，请核备案指遵案。

（说明）据略称，查私立学校立案条例第三条，关于经费一项，已定有标准，自应遵照办理，惟省内私立中等学校，不能达此标准者尚多；往往有因经费不能支持，中途倒闭，致令就学学生，或其他方面，受其牵累。兹由职厅酌定暂行办法，凡私立中等学校，如不能遵照立案条例筹足经费者，须筹有保证金存入中央银行，以为保证。所存数目初级中学最少三千元，高级中学最少五千元。在广州市内由校董递交中行存贮，各属则就近交存中央分行，如无分行之处，可汇寄广州中央银行，一律掣回单据，须于单据内注明此项保证金未经本厅核准动支，除利息外，不得擅自提用。至已存贮保证金之学校，于设备课程能遵章办理，经职厅派员查明，自可暂准设立，仍须由校董会力筹经费，俟筹有确定之相当资金或资产，足以维持学校常费，方得准予立案。在暂准设立而未准立案之学校，所有学生毕业证书，职厅仍不盖印，但得于核准立案后，由校呈请补印云。

（议决）照准。

六、广东高等法院呈请准予从优给予故三水县分庭推事成俊英恤金年额一百四十四元，并请令知财厅，即由职〔院〕于本省司法收入项下递年照数拨给，取具领状，函请核销案。

（说明）查本府九十六次会议，据该院呈拟请准由职员〔院〕在司法收入项下传案发给从化县分庭故推事卢季秋二个月俸给之一次恤金二百四十元，取具领结，函报财厅核销一案，经议决照准有案。

（议决）照准，并准由该院查例照给。

七、广东地方警街〔卫〕队编委会呈，据武装团体训练员养成所政治训练部主任曾作忠呈，请转呈省政府准予辞职案。

（议决）照准。

八、揭阳县长呈，奉令发印花税行政状纸简章，自应遵办，惟职县第二中学状纸附加，能否照案征收，请核明示遵案。

（说明）查前准国税管理委员会函送发行印花行政状纸简章，请通令各县市厅局一体遵照到府，当印分饬遵照。去后，兹据该县呈称，查职县前县立第一高小女校，因经费拮据，于民国六年间，呈准杨前县长玉衔，县署每售行政状纸一套，附加毫洋二角，拨充该校经费。嗣后该校归并县立第二中学校后，该项附加，则拨归二中收用。现查发行印花税行政状简章第四条内载："此项状纸，每套连印花税票及印刷工本共售毫洋四毫，各县公署等售与人民，应照定价征收，不得额外需索，如违重罚"等说。究竟职县前状纸项附加能否照案征收以充学费，请核明示遵，等语。

（议决）函国税署核办。

九、国立中山大学函复，准送建设厅筹设水产试验场组织规程及预算一案，经准生物学系费、辛两教授审查函复，抄同原件，函达查照案。

（说明）查前据建厅呈报拟议筹设水产试验场，并拟先于中山县属地方筹设水产试验场一所，及附设水产讲习所等情一案，经第一百零二次议决函送中山大学审查。去后，兹准函复，经交敝校生物学系费、辛两教授审查，现准函复，附具意见前来，请公决。

（议决）令知建设厅，准照该厅提案办理。

十、广州市政委员长呈请调现任市工务局长彭回先任设计委员会委员，兼办职厅总工程师职务，并拟派局建筑课课长左元华暂行兼代工务局长，乞核备案示遵案。

（议决）准备案。

十一、建设厅呈请饬粤海关豁免安南暹罗西贡米船入口糠税八个月，俟来岁早稻登场，获收较丰，再行照旧征收案。

（议决）照办。

十二、建设厅呈报小吕宋时开远东商务及实业展览会，本省应否加

466

入何处，请核夺。

（议决）呈中央核示。

广东省政府第四届委员会
第一百一十次议事录

十一月二十日　星期二

出　席　者　冯祝万　马超俊　许崇清　伍观淇　黄　节
列　席　者　罗文庄
临时主席　冯祝万
纪　　　录　钟　泰（代）

报告事项

一、本府第一百零八次议事录，经奉政治分会核议通过发还，已由秘书处分发办理。

二、国府文官处蒸日电告中央最近政情十项：（一）公布修正司法院组织法、司法行政部组织法、最高法院组织法、军政部条例、豫陕甘赈灾委员会组织条例。（二）任命钮永建为立法院立法委员。（三）派刘文辉、李家钰、孙震为川康裁编军队委员会委员。（四）改任罗良鉴、袁励宸、李范一、吴醒亚为安徽省政府委员，并任命罗兼民政厅长，袁兼财政厅长，李兼建设厅长，罗未到前，以委员吴醒亚暂代。（五）改任叶容为甘肃省政府委员兼民政厅长。（六）任命刘汝贤、葛敬恩为参谋部参谋次长。（七）任命周亚卫，贺耀祖为训练总监部训练副监。（八）任命郑洪年为工商部政务次长，穆湘明署工商部常任次长。（九）任命陈融为行政院政务处处长，李文范为立法院秘书长。（十）派冯玉祥等为豫陕甘赈灾委员会委员，并指定冯玉祥、许世英、刘治洲为常务委员，冯玉祥为主席。

三、北平临时政治分会主席张继蒸日电告奉令遵于十一月九日宣誓就职。

四、第五路总指挥朱培德删日电告奉令缩编为两师，归中央直辖，现已编遣就绪，所有第五路军总指挥部，准本月十日撤销。

五、国府令发中央研究院组织法一份，仰知照，并转饬所属知照。

六、教育部长蒋梦麟函告奉令，大学院改为教育部，遵经于十月二十五日就职，三十一日启用印信，请查照转行所属知照。

七、政治分会函，准国府文官处函，准司法部函复，关于第八路总指挥部请将两广惩办盗匪最〔暂〕行条例再行延期六个月一案，既经查系实情，自可照准，等由，希查照饬属知照。

八、朱委员兆莘寒日电请续价〔假〕三天，定十七日随李主席返粤。

九、考试院长戴传贤元日电告拟在各种考试规章未经正式公布以前，所有各省关于文官各种临时考试者，将考试规章暨名册成绩分别呈送本院备案，将行考试者，事前呈报本院希查照。（附原件①）

十、国府文官处函，奉国府令，应由各省政府就旧道区域内选择公正廉明有学识经验者，每区甄访一人至三人，并令每县甄访一人至三人汇报政府录用，着由行政院迅即拟定人选资格，及详细办法，呈候核定施行，等因，录令函达查照。

讨论事项

一、财政厅呈请令行广州市政厅转饬财政局，将所办取缔保险事务之一切档案卷宗，以及保证现金，缴存契据等件，分别列册移交职厅点收专办案。

（说明）查前据财政厅拟具取缔保险事业暂行条例四十四条，及整理保险专员办事处暂行组织章程十一条，及预算表，请提议公决到府，经第九十五次议决准照试办在案。嗣据该厅呈复，于本年十月十一日在厅设处开办，连同条例，请校转备案前来，又经转呈政治分会暨分发各厅在案。兹据该厅呈称："职厅既负责整理保险事业，委定专员，设处开办，则市财政局现办之取缔保险事宜，自应明令收归职厅专办，方免骈枝。为此请俯赐议决，令行广州市厅，转饬财局，将所办取缔保险事务之一切档案卷宗，以及保证现金，缴存契据等件，移交点收专办，以一事权"等语。

---

① 缺附件。

（议决）照准。

二、民政厅呈，据信宜县长呈，为警察署长周植成，因公被戕，请给恤等情，兹拟查照官吏恤金条例，给予一次恤金一百二十元，并给以遗族恤金四元二毫八仙，由县照给，是否有当，请核饬遵案。

（议决）照准。

三、教育、财政两厅会呈，奉令抚恤惠来县教育局故员方肇创死难一案，查该教员长子，已达成年，并且受室，恤金应合发给至其幼子成年之日止，或无庸发给，条例并无详细规定，未便擅拟，究应如何办理，请核令遵案。

（说明）查前据惠来县呈缴该县教育局局员方肇创死难事实册，请核给恤金到府，当交财、教两厅会同拟复，去后，兹据复称："查该故员死难事实，核与官吏恤金条例第九条第一项因公亡故情节相符，自应依照本条，按其最后在职时俸给十分之一，每月给于遗族恤金四元五毫，并照第十三条于两个月俸给之限度内，给以一次恤金九十元，用示矜恤。惟查册列该故员遗族有妻二，又子女十名口，其长子已达成年，并且受室，前项遗族恤金，应否发至其幼予达于成年之日止，抑因其长子已达成年毋庸发给，条例第十一条并无详细规定，未便擅拟，应如何办理？请示"等语。

（议决）准从优发给一次过恤金一百八十元，给与遗族恤金，应以其母亡故之日为止。

四、财政、建设厅呈复遵令会商航政局划分管辖办法一案，拟订该局组织法，请核指遵案。

（说明）查第六十九次会议，财政厅长提议，拟将航政局划入财务范围，拨归财厅主管，以资整理一案，当经议决，着两厅会商划分管辖办法，经饬财、建两建〔厅〕遵照办理，去后，兹据该会复称："查航政局之设立，以征收船课及整理航业二者为要图。前一种关于航税收入，系属财政范围；后一种关于航运交通，系属建设范围。现既奉令将该局划入管辖，自应遵照详订办法，以期妥善。兹由职厅等会商拟订广东航政局组织法十五条，其中监督范围与委任权限，均已分别规定；于职权分掌之中，仍存积极整理之意，业经往返函商，意见相同"等语。

（议决）照办。

五、兼广东地方警卫队编练委员会委员刘裁甫呈，以宿疾复发，请准予辞去兼职案。

（议决）缓议。

广东省政府第四届委员会
第一百一十一次议事录

十一月二十三日　星期五

出 席 者　李济深　冯祝万　马超俊　许崇清　李禄超　伍观淇
　　　　　朱兆莘　徐景唐　黄　节
列 席 者　罗文庄
临时主席　冯祝万
纪 　 录　钟　泰（代）

报告事项

一、本府第一百零九次议事录，经奉政治分会核议通过发还，已由秘书处分发办理。

二、国府令发颁发印信及请铸缴销办法，仰遵照，并转饬所属遵照。

三、国府令发立法院议事规则，仰知照，并转饬所属知照。

四、国府令发豫陕甘赈灾委员会组织条例，仰知照，并转饬所属知照。

五、国府文官处函知奉令对于中央银行总裁宋子文印发各项兑换券，须与现金一律行使通用等因，录令函达查照。

六、国府文官处函，奉令关于明定法令，责成各地方官克日筹设苗圃，选储树苗，划定林区，广劝种植，并切实保护，限制采伐，着由农矿部迅行编订森林法规，及奖励种林条例，呈候核定施行，仰各省政府遵照，并转饬各县领导人民团体，及教育机关，切实办理等因，录令函达查照。

七、国府文官处函，奉令案经总理葬事筹委会议决，十八年三月十

470

二日为总理灵枢奉安于首都紫金山陵墓之期，着京内外各机关一体敬谨知悉，并转饬所属一体敬谨知悉，等因，录令函达查照办理。

八、内政部函送警察官官等暂行条例，俸给暂行条例，暨附表等，请查照办理。

九、内政部函送警察队组织暂行条例，请查照办理见复。

十、内政部函，据江苏民政厅长茅祖权呈，为泰县组织救济基金管理委员会，据情转请解释救济院规则第八条第一、二两项等情，除指令分函外，抄同原呈请查照。

十一、张学良等□日电告与韩麟春等召集军缩会议，及会议结果所议各条，现均逐一实行。

十二、司法行政部长魏道明□日电告遵于本月十六日就职，本部即日成立。

十三、建设厅呈报开办智硝专卖日期，请核备案，至各属专卖分局价格，一俟陆续派出，再行依照条例第六条办理，酌量规定呈报夺核。

十四、广东交涉员、粤海关监督朱兆莘呈报已于本月二十日回粤到署，销假视事，请察核。

讨论事项

一、民政厅呈，据台山县呈，为该县县兵营经费尚无的款，拟援照南海等县成案，抽收田亩捐，以资补助，连同拟具征收田亩捐简章，请核照准等情，查所拟简章，亦尚妥惬，转呈察核示遵案。

（说明）查前据民厅呈，据番禺县办预备团，请援照顺德等县办法，开收田亩捐等情，当经前省务会议照准有案。嗣该厅复据新会南海等县呈请援照番禺成案抽收田亩捐等情，均经前省务会议议决照准办理各在案。兹该厅复据台山县呈称，县兵营经费尚无的款，自应指筹款项，以资编练，拟照南海新会等县成案举办田亩捐，专充县兵薪饷之用，定为县兵营经费预算。此项捐收，年可得四万余元，其不敷之数，仍由补助行政费项下拨给，等情。据厅称，查该县县兵营经费，尚无指定的款，每月除收入外，不敷达四千余元，拟援照南海新会等县成案，抽收田亩捐，以资补助，办法与各该县相符，所拟简章，亦尚妥惬，等语。

（议决）照准。

二、高要县呈报办理波西等村械斗案情形，暨拟罚款支配办法，请察核案。

（说明）据略称，查此次械斗，实由波西、大辂头、朗鹤三村酿成，其中尤以波西村民为强悍，其余长塘、山头、罗有、茅山等四村，当时确无加入械斗，自应免予置议。至波西、大辂头、朗鹤三村械斗之所为，本拟依法严办，第念其系因争陂水灌救田禾，至触一时之怒而起斗争，尚无伤及人物罪情，似非十分重大，且为粒〔粮〕食问题，其情亦殊可矜，姑予从轻惩罚。兹拟对波西村判处罚款四千元，大辂头村判处罚款一千五百元，朗鹤村判处罚款一千五百元，以示惩儆。俟将罚款缴案，即可将在押各耆老释放。至此七千元罚款支配，拟内拨二千元归第五区为办理警卫队经费，一千元为第五区办理教育经费，二千元为修理县志出版经费，二千元为全县调查户口基金。业于本月九日，当庭宣判在案。除呈总指挥部、民厅、两〔西〕区善后公署外，谨呈等语。

（议决）准备案。

三、东区善后委员据蕉岭县长呈报林集思、张斯科二人经再三探查仍无共产确据，请察核，恳将林等二人可否释放及销案之处，先行示遵等情，转请核示饬遵案。

（说明）查此案本府前准省指委会函，据蕉岭县党指委会呈称，何县长龙章，办理因蕉中风潮先后呈控林照寰、林集思、张斯科等为共党分子一案，不当，请予何县长以严厉处分等情，应如何办理，希查核见复等由，当即令饬该县长明白详复。去后，嗣据呈复称，关于职县指委会所呈各节，缘职属蕉中风潮因县党务指导员张自铭曾毕业于城北小学，为城北派学生所拥护，而蕉中校长林照寰，乃城区派，张斯科、林集思为拥林派，学生因争夺中学校长一席，两派均以共逆大题，互相攻击。至县党部呈谓暗示共逆逃脱云云，徐汉伟系蕉中风潮未发以前通缉之人，在职未到任前，已经远遁，林照寰亦经学生枪迫校长学潮后早已辞职离蕉，林集思、张斯科虽经票传，并不逃去，近经拘押在狱，足见其所诬者无非挟其罗织之私意，故入职于罪累。至林、张拘案后，再三研讯，坚不承认。查党部亦无确实证据移交，但凭张自铭以县党部执委名义，函送抄白一纸，据称准梅县党部报告共逆在蕉内部情形，查原文内载亦无林、张二人之名，且有学校校长及蕉中学生多人，暨人民等联名具呈请释，是否共逆，不敢擅行裁决等情，当即函转省党务指委会核办。去后，旋准省指委会函，复经转东区善后委员将林、张两名提讯究办在案。兹据东区呈复，经饬据该县长呈称，林张二人职经再三探查，仍无共产确据，而邑人之请保释者纷至沓来，可否将林张二人释放及销案之处，乞转省府察核前来，理合转呈核示，再行饬遵等语。

（议决）准交保省释。

四、财政厅、市政厅、高等法院会呈，关于××号与冯××争承吉星里第××号铺业一案，业由该案主席邀同各委员审查完竣，连同本案卷宗并议决书，缴请鉴核指遵案。

（议决）应维持本府原判效力，发还再审。

五、财政厅、市政厅、高等法院会呈，关于监察院团黎××与吴××争承×××巷市产咨送诉呈副本请提山答辩一案，业由该案主席邀同各委员审查完竣，连同本案卷宗，并议决书，缴请鉴核指遵案。

（议决）应改判将本案各级批判呈送省政府核示再办。

六、财政厅、市政厅、高等法院会呈，关于曹×与蔡××堂争承广州市×××路第×××号铺业一案，业由该案主席邀同各委员审查完竣，连同本案卷宗并议决书，请鉴核指遵案。

（议决）照判。

七、财政厅、市政厅、高等法院会呈，关于冯××等呈控××、××两公司瞒承×××街第××号铺屋一案，业由该案主席邀同各委员审查完竣，连同本案卷宗并议决书，请鉴核指遵案。

（议决）照判。

八、财政厅、市政厅、高等法院会呈，关于张××与罗××堂讼争×××××街第××号、第××号屋一案，业由该案主席邀同各委员审查完竣，连同本案卷宗并议决书，请鉴核指遵案。

（议决）照判。

九、财政厅、市政厅、高等法院会呈，关于何××与李××等争承××坊第××号庙产一案，业由该案主席邀同各委员审查完竣，连同本案卷宗并议决书，请鉴核指遵案。

（议决）照判。

十、财政厅、市政厅、高等法院会呈，关于××码头业主××等与

××公司讼争水坦一案，业由该案主席邀同各委员审查完竣，连同本案卷宗并议决书，请鉴核指遵案。

（议决）照判。

十一、财政厅、市政厅、高等法院会呈，关于许××与朱××、戴××讼争顺水岩近河菜地及许××与谢××讼争顺水岩门口菜地一案，业由该案主席邀同各委员审查完竣，连同本案卷宗并议决书，请鉴核指遵。

（议决）照判。

十二、广州市政委员长呈报此次开辟德宣东路，钧府应交路费五千七百五十三元九角五分，拟请援案照拨下厅，以凭转发备用，抑应如何办理之处，伏候示遵案。

（说明）查十六年十二月间，据该厅呈，据工务局呈，请将审判厅应缴之辟路费九千八百二十元令催司法厅速缴，或径饬财厅将款拨交总商会保管等情，经行司法厅核复在案，迄今未据呈复。兹据市厅呈称，查筑路费向归两旁铺户负担，无论官署商店，事同一律，前兴筑仓边马路直达越秀北路时，所有司法厅缴筑路费九千余元，业已照缴，此次开辟德宣东路，钧府应交路费银五千余元，拟恳援案照拨下厅，以凭转发备用，抑应如何办理之处，伏候指令祗遵，等语。

（议决）照交。函财厅。

十三、教育厅呈，据南雄县呈，请委任林汝行为县教育局长，查核履历资格尚合，请核明加委案。

（议决）照委。

十四、建设厅呈，请令行财政厅拨款五万元交筹赈总处购发种苗，督促各县提倡冬耕，以维民食，连同拟订暂行办法，请核指遵案。

（议决）交筹赈总处。

广东省政府第四届委员会
第一百一十二次议事录

十一月二十六〔七〕日　星期二

出席者　李济深　冯祝万　马超俊　许崇清　李禄超　伍观淇
　　　　　朱兆莘　徐景唐　黄　节

列席者　罗文庄

主　席　李济深

纪　录　钟　泰（代）

报告事项

一、本府第一百一十次议事录，经奉政治分会核议通过发还，已由秘书处分发办理。

二、国府令知国务会议决议，事务官不得兼职，但因特殊情形，经主管之机关指派或认可者，适用以下之规定：（一）在本机关任某职而派兼意〔本〕机关内他职者。（二）因特别关系，由主管机关会派兼职者，以上二项，均不得兼薪。（三）由主管机关认可，兼任学校功课者，其所兼之课，以一星期四小时为限。录案令仰遵照，并转饬所属一体遵照。

三、国府令知本府新铸银印一颗，文曰"中华民国国民政府印"即日启用，仰知照。

四、国府令发公文程式条例，仰知照，并转饬所属一体知照。

五、国府令发交通银行条例，仰知照，并转饬所属一体知照。

六、国府文官处篠日电告中央最近政情六项：（一）公布卫生部组织法，及惩治盗匪条例，商标局组织条例。（二）任命蒋作宾兼驻奥地利国特命全权公使。（三）四川省政府委员兼民政厅长邓锡侯辞厅长兼职，照准，改任田颂尧兼四川民政厅长。（四）任命陈继善兼外交部特派迪化交涉员，屠文沛兼新疆省政府秘书长。（五）外交部特派安徽交涉员调部，改任白〔卢〕春芳为安徽交涉员。（六）明令褒恤朱执信、倪映典。

七、国府文官处函，奉国府令开，关于整理川政之计划，责成该省政府切实进行，所令各节，不容丝毫敷衍等因，函达查照。

八、浙江省政附〔府〕主席张人杰、委员朱家骅等，铣日电告奉国府任命，遵于十一月十六日就本兼各职。

九、江苏省政府主席钮永建等，铣日电告永建等于训政初期，谬膺重寄，陨越时虞，务希不吝良箴，资为矜式等语。

十、司法院长王宠惠、副院长张继，铣日电告本院于本年十一月十六日成立，并启用院印。

十一、财政厅呈，据职厅土地局长黄秉勋主计局长黎汝璇会呈，拟将本厅所属各属办理沙田机关旧有名称，概行取销，一律改为沙田局，冠以某属等字，以免分歧，而资识别；并拟定组织章程，及预算表，准由十八年度起，由库给领等情，业经批准照办，除分令所属各局办理外，连同拟定章程及预算表，请察核备案。

十二、最高法院院长林翔，皓日电告奉国府令，遵于本月十六日就职。

十三、广州政治分会函，据建设厅呈送劳资协约草案，请核公布施行一案，经交林委员审查。现准复称，原拟草案各条，或未尽完善之处，经已签明请核等由，当经议决通过，交省政府公布在案，希查照。

十四、财政部长宋子文，养日电请将摊派赈款十五万元电汇来部，以便汇解灾区散赈。又国府迥日电饬于电到十日内，将财政部提议摊派赈款十五万元，如数汇到，以资赈济。

十五、国府行政院令知中央银行发行之一元、五元、十元、五十元、一百元五种兑换券，须与现金一律行使通用，仰饬属知照。

十六、国府令，据行政院正副院长呈，请通令中央各机关及各省市政府，所有公款，均应转存中央银行一案，应准照办，仰遵办，并饬属遵办。

十七、广西筹赈委员会蒸日邮电，报桂省旱灾，当由省政府组织广西筹赈委员会，业经于本月十日成立，希鼎力赞助，共拯灾黎。

十八、出席中央禁烟会议代表张敏，临时出席报告禁烟会议情形。禁种，禁运，禁售，禁吸，共三十七条。根据一九二〇年海牙会议，由外部交涉，要求外人停止输入，并租界禁烟，十一月一日为禁烟纪念日。

讨论事项

一、政治分会函，据本府函，请核关于卓康成等拟组织中华土木工程师会章程，应否准予备案一案，经议决交省政府审查，希查照案。

（说明）查前据建设厅呈缴中华土木工程师会章程，请核转备案到府，经函转政治分会察核，去后，现奉函复，经议决交省政府审查。兹查该会原章，冠用"中华"二字，范围不仅属于一省，且原呈有设总会于广州市，并在国内各处设分会等语，似难在省政府备案。究应如何办理，请公决。

（议决）用"中华"名义，应向中央呈请备案。

二、财政、民政厅会呈报派员会同审查卸花县县长江龙图前在花县任内因共党陷城损失公币一案实在情形，应否准予将损失数目照案核销，仍候令遵案。

（说明）查前据卸花县县长江龙图呈报将任内征存各款，造具各册，移交新任江县长家修接收，请核备案到府，当饬分呈民、财两厅查核。去后，嗣据财厅呈称，查该县长前在花县任内，报失国家税银二千三百八十余元，仓捐一千零七十余元，并册列多抵粮串纸价九十余元，请严饬该县长速将花县任内报失各款，克日补解清楚，并妥办宝安县任内交代，再赴清远县新任等情，经照饬该县长遵照委办在案。兹据财、民两厅会呈，前据该卸县长呈，以前在花县任内，因共党陷城，损失公币，请派员会同复查等情。经职财厅派委员马季恺，职民厅派委员张鸾翔，前往详细查明。据复称系属确实，核对案卷数目，亦属相符等情，应否准予照案核销之处，仍候指令祗遵等语。

（议决）准核销。

三、政治分会函，本会朱委员提议分别筹设航业、水产学校，藉以争回航海业权，启发天然富源一案，议决，航业学校向中央建议，水产学校交省府筹办在案，希查照办理案。

（说明）查原提议书云："粤省为滨海之区，水产饶富，只以人民素鲜讲求，以致未能充分利用天然富源。最近广东建设厅，拟在中山县属城方，先行筹设水产试验场，敷陈策划，胥中肯繁。际兹建设时期，允为当务之急。查该试验场办法，亦拟附设水产讲习所，苟能扩大范围，另设专门学校，使与农业工业并重，将来收效，更不可量"等语。查前建设厅拟该筹设水产试验场，并拟先于中山县属地方筹设水产试验场一所，及附设水产讲习所一案，经本府第一〇二次议决，函送中山大学审查。后准该校函复，准该校生物学系费、辛两教授审查，附具意见前来，经提出第一〇九次会议议决，令知建设厅准照该厅提案办理，在案。

（议决）交建设厅并案办理。

四、民政、建设厅会呈复核惠来县长请示应否取销县公路局一案情形，请核饬遵案。

（说明）查前据惠家〔来〕县长呈报依县政府组织法，改组县政府。惟第十条建设课掌管第一、二项，即系公路事务。现在各县公路局长，是由县长兼任，应否将公路局取销，抑如何办理，请核示前来，经第八十九次议决，交民、建两厅核。去后，兹据两厅会复，据称，查现颁县政府组织法，建设课第一第二两项，悉属公路事宜，既有建设课兼理公路，自毋庸再设公路局，致涉骈枝；至县长兼公路局长，本属权宜办法，现县政府组织既有规定，此种权宜办法，自应取销，等语。

（议决）应予取销。

五、教育厅呈缴广东省教育厅改良戏剧规程，广东全省剧社班电影公司立案章程，及广东全省戏剧改良委员会组织章程，请核备案案。

（议决）修正通过。

六、南区善后委员呈，据澄迈县长呈请转请豁免钱粮附加公路费，以恤灾民等情，似应暂予照准，请核饬遵案。①

（议决）照准。

七、东区善后委员呈，惠州拆城改建街道以后，靠城及街内商民失业失居，拟于附城余地及塘下地区，照没去面积，拨回地段，使其自建上盖，其塘下地域，现经展拓市场，除划出公共地址外，余地请准由职署招投，拨充建设公共事业场所之用案。

（议决）照准。

---

① 该项"说明"内容略。

478

八、建设厅呈报现在江苏等省对于各县建设局之设置，已遵照法规组织成立。究竟粤省各县建设事务，应如何派委办理之处，请核指遵案。

（议决）准由该厅会同民政厅审察各县情形，拟定办法呈候核办。

九、建设厅呈拟订各县清理荒山强制造林暂行条例缘由，请核施行；至条例内拟设各林业促进会及各苗圃，并征工造林办法，俟本案奉准后再行分别拟具案。

（说明）据略称，前者当局经订定兴办林业章程，颁行各属，限期造林。惜因时局多故，未能实现。迄今历时已久，该项章程，已不无因革损益之处。迩来各区善后公署，关于兴办林务，亦多订有章则，但办法既有异同，施行难期一致。兹为划一规章，督促进行起见，用谨参照现行森【林】法规，体察各属民情习惯，拟订各县清理荒山强制造林暂行条例三十条，以为实行监督造林之助。倘各县长果遵照举办，实事求是，则粤省林业，自不难陆续发展，以收森林直接间接之效等语。

（议决）俟森林局成立后再议。

十、广西旱灾旅粤筹赈会呈拟仿照广东筹赈总处拍电办法请准予豁免电费案。

（说明）查前据广东全省筹赈总处呈拟仿照海外部驻粤办事处拍电办法，每月未超过五百元之数，请准予豁免到府，经第四十二次议决照办在案，当饬电报局遵办。去后，嗣据该局呈复称，查拍发电报，有经陆线或水线之分，如系经由陆线电报，自可照办；但须关于筹赈事项，及用明码电文，以示限制。至于水线电报，其报费完全为香港洋公司之收入，向无免费，职局不过代收代转，按月清结，不能拖欠。如该处或拍发经由水线电报，仍应全数照收现费，以便转给，等情。又经转饬筹赈总处知照有案，兹据广西旱灾旅粤筹赈会呈拟仿照办法，每月拍电费用，不论等级，倘合计未超过五百元之数，请准予豁免电费，逾额仍照数缴纳，以示限制，等语。

（议决）准文由筹赈总处代发，并令筹赈总处知照。

十一、财政厅、市政厅、高等法院会呈，关于李××呈光雅里第××号铺业被××公司串报瞒承一案，业由该案主席邀同各委员审查完竣，连同本案卷宗并议决书，请鉴核指遵案。

（议决）照判。

十二、财政厅、市政厅、高等法院会呈，关于××堂刘×与郭林氏因捏报××街第××号为产庙，不服市财政局最后之处分上诉一案，业由该案主席邀同各委员审查完竣，连同本案卷宗并议决书，并鉴核指遵案。

（议决）照判执行。

十三、财政厅、市政厅、高等法院会呈，关于黄××与李××因互争梅县××街口×××官地上诉一案，业由该案主席邀同各委员审查完竣，连同本案卷宗并议决书，请鉴核指遵案。

（议决）照判执行。

十四、财政厅、市政厅、高等法院会呈，关于李××呈××路第××号铺业被××公司诬报承领一案，业由该案主席邀同各委员审查完竣，连同本案卷宗并议决书，请鉴核指遵案。

（议决）发还再审。

十五、财政厅、市政厅、高等法院会呈，关于××堂刘×与××公司岑××争承太平门豆栏东××号庙傍巷地，不服广州市政厅处分上诉一案，业由该案主席邀同各委员审查完竣，连同本案卷宗并议决书，请鉴核指遵案。

（议决）照判执行。

十六、财政厅、市政厅、高等法院会呈，关于××堂冯×等不服广州市政厅第二次处分×××街西角道第×号屋业上诉一案，业由该案主席邀同各委员审查完竣，连同本案卷宗并议决书，请鉴核指遵案。

（议决）照判执行。

十七、民政厅提议，请委黄世光署理恩平县县长，梁鸾玱署理花县县长案。

（议决）照委。

广东省政府第四届委员会
第一百一十三次议事录

十一月三十日　星期五

出席者　李济深　冯祝万　马超俊　许崇清　李禄超　伍观淇
　　　　　朱兆莘　黄　节
列席者　罗文庄
主　席　李济深
纪　录　钟　泰（代）

报告事项

一、本府第一百一十次议事录，经奉政治分会核议通过发还，已由秘书处分发办理。

二、国府令发最高法院组织法，仰知照，并饬属知照。

三、国府令发修正司法院组织法，仰知照，并转饬所属知照。

四、国府令发司法行政部组织法，仰知照，并转饬所属知照。

五、行政院令知奉国府颁发改铸行政院银质大印，遵于十一月十六日敬谨启用，仰知照。

六、国府文官处号日电告奉国府颁发铜质大印，遵于本日启用新印。

七、江苏省政府主席钮永建、委员叶楚伧等函告奉令遵于十一月十二日就本兼各职。

八、宁夏省政府主席门致中、委员邵遇芝等寒日电告遵于十一月十日在兰州就职。

九、衡州何键敬日电告在衡阳设立之湖南全省清乡督办署会办行署，遵令于有日收束，遄返长沙，所有衡水各属治安，由刘副师长建绪督同各部照常维持。

十、保靖李燊东日电告贵州周部王家烈奉命进入鄂边，压迫我军情形，恳请电令制止，免酿事端，以重边防。

十一、教育厅呈报奉大学院令行办理义务教育情形，连同各级义务教育委员会组织大纲，及全省义务教育委员名单，请核备案。

十二、广州市政委员长呈教育局博物院提案计划，暨调查表，请核通令施行。

十三、南区善后委员呈，据琼崖赈灾会呈报调查各县灾情统计表及影片，请核转筹赈总处迅拨赈款一百万救济灾黎等情，查所报自属实情，乞核拨巨款施放，以拯灾黎。又琼崖赈灾会呈同前由。

十四、行政院函，据中国国民党政治讲习班学生楚云等，呈请分派各省政府工作一案，抄同原呈，请酌予录用。

十五、青海省政府主席孙连仲、委员林竞等咸日电告遵于十一月十五日在兰州先行分别就职。

十六、中央处理逆产委员会函送国府通缉各犯名单，请饬属各就境内分别查明，如有该逆等逆产，务将该逆产所在地及其类别数量，一一详确开报，转复到会，以便处理。

十七、政治分会函，据广州市政委员长呈，据工务局呈复填筑省河以通河南统筹全局办法及图式意见书一案，经本会议决照准在案，希查照。

讨论事项

一、西区善后委员呈复西区各县地力警卫队条例一案，对于广东地方警卫队编练委员会修正各点，未合西区各县地方情形，缕陈察核；所有关于各县各级警卫队管委会之撤销，及队伍之编制，仍恳准照前呈备案案。

（说明）查前据西区呈报议决订定该区各县地方警卫队组织条例，请核备案到府，经第九十四次议决交编委会审查，去后，嗣据该会呈复审查该区条例情形，并拟具修正事项，及县事委员会与县地方警卫队管委会组织系统及职权关系表，请核饬遵前来，经第九十八次议决照拟在案，令行西区遵照妥办，去后，兹据该区呈，以编委会修正各点，未合西区各县地方情形，仍恳准照前呈备案等语，应如何办理，请公决。

（议决）交编练委员会拟复。

二、南区善后委员呈请俯准提出将职区各汽车公司一成溢利拨充南区公路速成学校经费一案，通过，指令祗遵案。

482

（说明）据称前在北海召集高雷阳廉钦行政会议议决案内，关于交通类公路款第一条有议决设立南区公路速成学校一案，其办法拟按属县之大小，各选送学生若干名，其经费除由南路公路分处酌拨若干，及各县分担若干外，并拟依照建设厅规定，以各汽车公司一成溢利为兴办地方事业之款，移充该校经费，良以职区僻处偏隅，交通阻梗，兹为补偏救弊，亟宜查案筹设公路学校，藉育交通人材。现经委员筹备，开办在即，需款孔殷，乞俯准提出，将职区各汽车公司一成溢利拨充南区公路速成学校经费一案通过等语。查该区前呈送行政会议议决案，请察核前来，并未将此项议决案附缴到府，当经令饬补缴去后，迄今未见具复无可查考；至关于建厅规定以各汽车公司一成溢利为兴办地方事业之款一案，本府亦无前案，应如何办理，请公决。

（议决）交建设厅审查。

三、国府令发商标局组织条例，仰知照，并饬所属一体知照案。

（说明）查前据建设厅呈报商标注册，应以商号或经理人代理人所在官厅办理较宜，正拟请示，适又准广东交涉员函请查复关于德国驻广东代总领事所询关于已在国府所属注册之商标之保护各节，除商标注册一点，可依例办理，并函复外，其余各节，理合并案请示一案，当经本府第九十八次会议议决，所有已注册之商标，一律转呈中央备案追认在案。嗣又准工商部函，请转饬实业厅查明将办理商标法令取销，并将从前经办案件分别移交全国注册局，以明系统等由，又经令饬建厅并案查酌办理具报在案。未据该厅呈复，兹奉令发商标局条例，应否照饬知照，请公决。

（议决）交建设厅将曾在粤注册各案汇报中央。

四、财政厅呈请令行东区善后委员查办和平县县长各缘由，抄呈连平县县长并区署报告原文，请核施行示遵案。

（议决）密电东区善后委员，密令当地军队，将该县长传押来省讯办。（先办）

五、民政厅呈，据阳山县长呈复，遵查阳山邓卸县长××与黄××互控一案，互呈情节，指饬事理，及略参管见，分别具陈各缘由，请查核施行等情，连同奉发案卷，呈复察核案。

（议决）关于办党陈秉中等通缉案，函省党部查明见复，邓县长免

483

议，梁秀清密令北区善后委员缉拿；又该地商会团局等连年抽收护费，交阳山及连县县长查明呈核。

六、李主席提议设立广东戏剧研究所，附同该所设计概略，请公决案。

（议决）交教育厅审查。

七、李主席提议设立国术馆，连同组织大纲预算表，请公决案。①

广东省政府第四届委员会
第一百一十四次议事录

十二月四日　星期二

出席者　李济深　冯祝万　徐景唐　黄 节　朱兆莘　伍观淇
　　　　　　李禄超　许崇清　马超俊

列席者　罗文庄

主　席　李济深

纪　录　钟 泰（代）

报告事项

一、本府第一百一十二次议事录，经奉政治分会核议通过发还，已由秘书处分发办理。

二、国府令发行政院军政部条例，仰知照，并饬属一体知照。

三、国府令发卫生部组织法，仰知照，并饬属知照。

四、国府令发惩治绑匪条例，仰知照，并转饬所属一体知照。

五、行政院令发交通银行条例，仰知照，并饬属知照。

六、行政院令知本院决议京内外各机关所有一切中央收入概应汇解财部，并具报查考，仰遵照，并转饬所属一体遵照。

七、行政院令知中央银行为国家银行，经国府议决，各机关所存公款，应即一律改存中央银行，仰遵照，迅将移存数目具报备案。

---

① 原文缺"议决"内容。

八、国府文官处漾日电告中央最近政情六项：（一）广东省政府委员兼主席李济深请辞主席兼职，照准，指定陈铭枢为广东省政府主席。（二）察哈尔省政府委员兼主席赵戴文，已另有任用，着免去本兼各职，遗缺改任杨爱源接充。（三）青海省政府委员兼民政厅长林竞请辞本兼各职，照准，遗缺改任王玉堂接充。（四）任命刘铏为湖南省政府委员。（五）加派熊希龄等为豫陕甘赈灾委员。（六）任命朱履和为司法行政部政务次长。

九、国府文官处函知，关于印铸局印铸各项印信，经国务会议议决办法二条，录案函达查照。

十、财政部长函，奉国府行政院令，据本部呈送中央银行章程，经转呈国府批准备案，仰知照等因，请查照。

十一、财政部函，本部呈报中央银行发行印有上海地名之兑换券，计分一元等五种，流通市面，十足兑现，并无限制，其以前由总司令部发行之中央辅币券，仍照常由各兑换所兑现一案，奉国府指令，准予备案，请查照。又财政部函，奉国府行政院令开，奉国府令，行政院呈送中央银行兑换券章程，请备案一件，奉令准予备案等因，请查照。

十二、新疆省政府主席金树仁等真日电告遵于十一月十九日宣誓就职。

十三、工商部函送预防工业危险问题一份，请查照转饬所属工业机关按条解答，呈复汇转。

十四、国府赈款委员会函送各省赈务组织章程，赈款给奖章程，赈款管理规则各一份，请查照并饬属知照。

十五、民政厅呈汕头市户籍单行条例及施行细则，请核备案令遵。

讨论事项

一、许委员函复，准送建设厅拟订工业专门技师登记规程，请审查见复一案，现经审查完竣，检同修正规程，请提会复核案。

（说明）查前据建厅呈报拟请实行工业专门技师登记各缘由，连同规程，请核指遵到府，经第一百零三次会议议决交许委员审查在案，兹准函开，经审查完竣，请提会复核等语。

（议决）照修正通过公布。

二、财政厅、建设厅会呈复，奉令会核西区请将花捐附加路款拨还筑路一案情形，请核令遵案。

（说明）查前据西区呈报，职署为注重交通，顾恤舆情起见，请准将西区各县花捐附加款拨还各该县，藉充筑路经费等情到府，当经第九十七次会议议决交财、建两厅核拟具复，去后，兹据两厅会复称，经由建厅饬据公路处呈称，查韶坪公路，系十五年五月奉军事委员会令饬赶速筹备兴筑，以利交通，因路款不敷，经职处呈请将本府花捐附加路费尽量拨充该路督理等费，业奉钧厅转呈军事委员会核准在案。现该公路正在积极施工，需款浩繁，原指定经费，拟请力为维持，以免工程中辍等情，职厅等复核无异等语。

（议决）照厅议令知。

三、建设厅呈复核拟南区善后委员请将花捐附加路款及钱粮附加总数百分之五援助南路公路分处经费一案情形，请核示遵案。

（说明）查前据南区呈报，南区公路分处经费支绌，自属难期发展，经职区行政会议议决，请由花捐附加及兴筑全省工程督理费内核拨等情，当经本府第一〇九次会议议决交建设厅核复。去后，兹据复称，此案经奉钧府指令（第一〇五次议决）已设公路分处之区，准将该项附加除百分之五为督征费外，悉交由分处，再由分处将该附加百分之三十五汇交公路处，其未设分处之区，仍照旧办理等因，此项附加既经指定以百分之五为各该县督征费，并由各分处将百分之三十五汇解公路处。查公路处原呈，系拟将此项百分之三十五拨充省道测量队经费，是附加百分之五及百分之三十五两项，均经指定用途，自未便移拨别用，致违原议，惟钱粮附加，除此两款之外，尚余百分之六十，可否即由该百分之六十项内照南路公路分处预算不敷之数，提拨补助，以符功令，而重路政等语。

（议决）照厅议令知。

四、第八路总指挥部秘书长邓家彦函，奉总指挥交下盐务总处范其务来函，请取销汕头市旅客附加捐一案，饬送贵府办理等因，检同原函及附件，请查照办理案。

（说明）查关于汕头市厅抽收附加旅客捐一案，前据旅省潮梅闽赣军政府商学各界公民杨辉弼等，及梅县商会各机关等，先后电请将此项附加旅客捐取销前来，经饬据财厅核复称，查此案前据汕头市长呈请征

486

收旅馆附加警学费，经职厅拟准试办，旋据汕头市各团体分电呈请取销前来，又经酌予核定变通办理，凡每客日收房伙合计不及毫洋一元者免抽，批行该市长遵照各在案。兹查该捐既经该市商会呈请将抽率再次改为每日房租在小洋一元以下者免抽，则不及于贫民过客矣，应照案抽收，以维该市警学费等情，当经本府第八十三次会议议决照准在案。嗣东区善后委员呈奉第八路总指挥部令，据汕市旅业代表潘伯伟呈请饬汕市长收回征收旅客捐成命等情，饬即查明办理等因，当将查明本案情形呈复到府，据称，拟仍用公安局长张我东原拟办法，前项附加捐款，改为一成，及房租每日实收一元者始行附加，较为适当，缘来往行旅，力能支给一元以上房租者，其非贫苦小民可知，且附加费已减轻为一成，自无苛捐病民之虑，若照向办手续，由市政厅另行妥拟章程，呈送民厅提出会议核定颁行，是各界请求意见，既已酌予容纳，面〔而〕市厅对于警学要政，亦得的款办理，庶于筹款之中，仍寓体恤之意等情，又经第九十一次议决照拟在案。兹查盐务处长范其务原函称，梅县五属，地瘠民贫，远出南洋，以劳力为帝国主义开辟殖民地，藉以谋生者至众至苦，虽谓人民勤苦耐劳，实为饥寒所迫，其出洋时大抵布衣数袭，糙米数升，咸菜数斤，外零用数元而已。其在韩江木船中，汕头旅舍中，皆自炊以食，其船票则靠水客担认，水客则倚旅舍垫贷，此中实情，即汕头之潮属人亦多不详悉，外人更不知之矣等语，并附汕市公安局布告一纸汕头早报一页。

（议决）交汕市政厅查明办理呈报。

五、广州机器商务联益公会呈请俯念商难，将权度检定局所设之修理制造洋磅取销案。

（说明）查此案前经据该会呈请维持到府，业行建厅核明办理去后，未据呈复，兹复据该会称，该权度检定局近更为严厉之进行，对于用磅之家，固分派差役，前往勒令将磅扛赴该局所办之工场修理，如违则严罚，即对于敝会各商厂所代人修理之磅，亦必勒令照该局工厂修理规程，重纳修理之费，方准烙印。查敝会制磅科各商，以广州市而论，为数不少。且各商等营此业，开办已久，一旦为该权度检定局设厂专利，敝会各商号宁有存在之余地？近者该局复四出派役分赴用户骚扰，指定所有斤磅，须扛赴该局设之制造场修理，其修理规程，定为四元、六元、八元三等，现再改定按磅之大小而征收，用户畏之，莫不遵缴修理费，因是该制造场，每日独忙于收入，而敝会各商号则门堪罗雀。盖用户既逼于官威而不得不交其修理，且若交敝会商号等修理，既纳修理费矣，而呈请检定烙印时，仍须照缴该制造工场之修理费，是一磅而修理费有二，转不如遵照该局指定之工场尚为省费。夫权度划一，固为政府所规定，商民自应遵守，然未有明定权度由官专利之规定也。现敝会各商厂以迭呈建设厅，久无办法，营业既无人过问，已如病者之奄奄待毙，伏冀体念商人创业之艰，立令将该局所设之制造场取销等语。查本府前据建厅呈拟恢复检定各局，酌定规则，变通权度市制标准，请核示到府，经第九十一次会议议决照办在案。惟关于该局设制造场一节，则未曾呈准备案，应如何办理，请公决。

（议决）交建设厅呈复。

六、财政厅呈报南区善后公署派委指导员旅费，似应即就额定经费内腾挪开支，未便饬由海口分库拨还，请权明转饬知照案。

（说明）查前据南区善后委员呈送各指导员月需费用支付预算表，乞准备案，并迅行财厅转饬海口分金库照数拨发，以符章程等情，当经第一〇六次议决交财厅核，去后，兹据复称，查各机关派委出差舟车旅费，照例应在原有办公费项下开支，不能另领库款，历办有案，所有南区善后公署派委指导员旅费，似应即就额定经费内腾挪开支，未便饬由海口分库拨还，用资撙节等语。

（议决）如厅议令知。

七、全省钱粮附加筑路经费管委会呈报议决钱粮附加，除准县提扣百分之五为督征费外，拟请仍由财厅核收，统一支拨；再十月底以前经征过此项附加，应速交省库核收，悉数充作公路费，测量队经费；十一月以后，即照职会第十五次议决办理一节，未奉核定，请一并照办，通令遵照案。

（说明）查前据建设厅呈复，核拟东区请将钱粮附加路款拨还筑路建桥一案情形，请核到府，经第一〇五次议决，已设公路分处之区，准将该项附加除百分之五为督征费外，悉交由分处，再由分处将该附加百分之三十五汇交公路处，并令各善后委员督促进行，其未设分处之区，仍照旧办理在案。录案令饬钱粮附加筑路委员会去后，兹据呈称，奉令后，自应遵办，惟查此项钱粮附加，除准县提扣百分之五为督征费外，其余均应解缴省库，由财政厅核收，一则合于财政统一，二则有无欠解，可就月表勾稽，最为便利；若由分处核收，汇交公路处，不经库收，稽核殊感不便；未设分处之区，又须照旧办理，亦微嫌参差。就各县批解而论，既须将款分开，手续繁琐，难免错误，势必时须行查，转折滋多，且复费时，似非划一之道。经职会议决，拟请仍由财政厅核收，统一支拨；如应拨作建筑省道补助费，则由财政厅转交；应解公路处充作测量队经费，由职会函请具领；设有青黄不接之时，亦可向财政厅提前借拨，将来扣还，如此则各得其便等语。再十月底以前征过此项附加，应速解交省库核收，悉数充作公路处测量队经费。十一月以后，即照职会第十五次议决办理一节，未奉核定，应请一并照办，统乞通令遵照云。

（议决）准如所请，通令办理。

广东省政府第四届委员会
第一百一十五次议事录

十二月七日　星期五

出席者　李济深　冯祝万　徐景唐　黄　节　朱兆莘　伍观淇
　　　　　李禄超　许崇清　马超俊
列席者　罗文庄
主　席　李济深
纪　录　钟　泰（代）
报告事项

一、本府第一百一十三次议事录，经奉政治分会核议通过发还，已由秘书处分发办理。

二、国府令发所得捐征收条例，仰遵照办理，并转饬所属一体遵照。

三、国府令，据审计院请通令各机关，嗣后如有对于计算或决算报告书类送达期限，及查讯之通知书答复期限，经三个月者，则停止核准其支付命令等情，应准照办，仰并饬属遵办。

四、国府令，各省政府各特别市政府，依其性质，应径隶行政院，嗣后各该政府如对于行政事务有所禀承，应先呈行政院，以明系统，仰遵办，并饬属知照。

五、国府通令将已编十七年度国家预算事实变更者，另编修正预算，其未编国家预算者，迅编十七年度核实预算，送财部转预算委员会核办，并抄发全国财政会议通过划分国家地方收入支出标准案，令仰遵办。

六、国府令知，广东省政府主席李济深请辞兼职照准，经指定陈铭枢为主席在案，仰即遵照。

七、行政院内政部咨复，准函据民厅编送各省市县公安局长姓名年龄籍贯出身及任事日期调查表一案，查表列梁毅等资格不合，应遴委合格之员接充，至未报各县市公安局人员，亦请补报审核，希转饬该厅分别办理见复。

八、民政厅呈，奉令准内政部电请将最近办理户口调查情形，切查电复。并饬属积极办理一案，除饬赶办并分呈外，连同拟就临时办法，录呈核示。

九、国府文官处东日电告中央最近政情九项：（一）公布行政院所属内政、外交、财政、农矿、工商、教育、交通各部组织法。（二）参谋部改称参谋本部。（三）批准中美新约。（四）设立两粤赈灾委员会，特派胡汉民等为两粤赈灾委员会委员。（五）改派赵戴文，赵丕廉兼充赈款委员会委员。（六）卫生部长为禁烟委员会当然委员。（七）任命叶楚伧为江苏省政府秘书长，龚自知为云南省政府秘书长。（八）任命陈绍宽为军政部海军署署长。（九）调任谢瀛洲为司法行政部常任次长。

十、建设厅呈，据情呈请应否准予傅保光兼蚕丝局长职之处，请核令饬遵。

十一、最高法院函告奉司法院转发铜印小章，遵于本月二十六日启用。

十二、广东各界哀念共党祸粤筹备会函知，本月一日各机关团体代表会议筹备于十二月十一日举哀念共党祸粤大会决议案第十项，关于各政府机关等，应否同时举行一案，经议决函政治分会等饬属在各该机关于是日午时一闻炮声，举行志哀礼在案，希查照。

讨论事项

一、略。

二、高要县民周杏南等呈，为关于均安堡与罗竹乡因械斗罚款一案，无力遵缴，恳饬高要县长照六围团绅调和原议二万七千五百元分期赔偿罗竹及南门何族，另缴地方公益费四千元，听由县长分配，销案释人，以恤农艰案。

（说明）查关于此案，前据高要县长呈拟责令该均安堡县缴罚款五万元，由堡内五十六乡共同负担，将在押李大年、邓德芬二名省释。在五万元内，拨还罗竹村赔偿费二万一千元，源里村赔偿费六千五百元，其余二万二千五百元内，拨三千元为该第八区兴办教育经费，拨三千元为抽集全县警卫队训练费用，拨一千元为兴办全县师范讲习所经费，拨三千元为购买苗种分发各区以便造林之用，拨四千元为建设贫民教养院之用，拨五千元为建设一所市立医院之用，拨二千五百元为补助全县平民教育经费等情。当经第一○四次议决，支配办理地方庶政各款，应照准，余候第八路总指挥部核示在案。嗣准总指挥部函知，应责令该堡具缴罚款六万元，姑予销案，即着于该罚款内拨二万九千元赔偿罗竹村，并拨八千五百元赔偿源里村，以示体恤，其余均准拨为地方庶政之用等由，经先后令饬高要县遵照办理各在案。兹据呈称，此案经于今年由六围团绅召集双方，提出和议，均安堡补恤罗竹损失二万一千元，补回南门何族六千五百元，两家和解了结，双方允肯，和议遂成。均安堡以因案牵累久押之李大年、邓德芬二人尚在狱中，情愿报效地方公益费四千元，请求将两人释放，两造自愿具结，将案注销。讵高要县长遽详钧府，暨第八路总指挥部，判罚巨款，民等对于赔款二万七千余元之数，已属财力俱穷，再报效四千，更成强弩之末，今忽宣布罚款六万元，勒限二十天缴款，奉命之下，惶恐万分！况值大旱之秋，赤地百里，乡民粒米无着，救死不遑，安能筹措多金，填此无底之壑，恳饬县照六围团绅调和原议判罚销案等语。

（议决）仍函第八路总指挥部核办。

三、财政厅呈，奉令据建厅转据和合公司请将该公司缴过投承广三码头产价一十五万零七百元并按照月息一分发还一案，遵将查拟情形，连同卷宗，复请察核令遵案。

（说明）查前据建厅呈，据和合公司呈，以前出价一十五万零七百元投得之西濠口广三铁路码头，久未将码头点交管业，经饬据广三路局呈报，以该码头地当要津，关系路政发展甚巨，诚以该码头所在地位，与港澳轮船暨各属乡渡寄艇湾泊地点贴近，亦即本市繁盛之区，商旅渡河，均感利便，无论任何地点，其位置适宜，概不足与西濠口同日而语，应曲予保存，以免职路生机窒塞。现阅该公司原呈，以经股东会议表决，请将缴过产价连息发还，俾便印照缴回注销等语，为顾全职路命脉起见，应请准予照办。至当日果有收过产价，现时库币，容或未裕，则假以时日，陆续核发，亦足维持信用等情，转请核示到府，当交财厅核复。去后，兹据复称，现该和合公司既请将缴过产价并月息发还，是商人自请退承，与政府取销承案不同，可否令行建设厅转饬该路局筹款缴厅，发还该承商所缴产价，并酌补利息，吊销原照，另发新照，交该铁路公司管业，抑仍照案饬由建厅转饬该路局妥筹办法，限日迁移，并酌补租项之处，请察核令遵等语。

（议决）交建设厅饬广三路分期筹还，利息酌给。

四、财政厅呈报酌订征收田赋考成及人民滞纳处分暂行章程。当否，连同拟就章程请核施行案。

（议决）如拟通令遵照。

五、建设厅呈，据公路处呈缴收支对照表等情，查该处经费来源不一，可否将该处预算划入经常费范围，其奉令核准之花捐附加及钱粮附加百分之三十五，嗣后应扫数解缴省库，再由库按月发给，以免财政紊乱。当否，请核示案。

（说明）查关于钱粮附加筑路一案，前于一〇五次议决，已设公路分处之区，准将该项附加，除百分之五为督征费外，悉交由分处，再由分处将该项附加百分之三十五，汇交公路处；其未设分处之区，仍照旧办理，在案。至关于花捐附加路款一案，前据西区请将各县花捐附加公路费拨还各该县，藉充筑路费等情，曾经饬令财、建两厅会核。去后，昨据两厅会复称，经建厅饬据公路处呈称，查韶坪公路系十五年五月奉

492

军事委员会令饬赶速筹备兴筑，以利交通，因路款不敷，经职处呈请将本省花捐附加路费，尽量拨充该路督理等费，业奉钧厅转呈军事委员会核准在案。现该公路正在积极施工，需款浩繁，原指定经费，拟请力为维持，以免工程中辍等情，据厅称复核无异，请核示到府，又经第一一四次议决照厅议令知在案。兹据建厅呈，以此项核准附加之款，嗣后应扫数解缴省库，再由库按月发给，以免财政紊乱等语。

（议决）如拟办。

六、国税管理委员函复，准函准财政部电，请查照财政会议议决案，将粤省原用印花税票停止行使，造册报部，并照章备缴一成工本，派员来部领票，以归划一等由一案。相应将赴领转折延误及于收入影响情形函复，似应暂仍照旧办理，请查照转复案。

（说明）查前准财政部文电开，贵省所用印花税票，应请查照议案一体办理，即将原用旧票停止行使，造册报部，照章备缴工本一成，派员来部请领，至现在承办此项税收人员，是否胜任，亦请分别查明，开具略历见复，以凭加委等由，当经转函国税管理委员查照。去后，兹准函复开，查粤省现用各种印花税票，原系财政部在粤时与商务印书馆香港印刷局订约制印，计普通印花税票每万张印刷工本毫洋一百七十五元，烟酒等票每万张毫洋三百五十元左右，计每月约支工本毫洋八千元左右，现仍照成约印制行销，如果嗣后须派员赴京部领票，不独转折延误，而按照每月收入总额预缴工本一成，约计五万元，比较现在开支工本，实数增加数倍，亦于粤库收入不无影响。凡此情形，经于全国财政会议提案内附陈察核在案。现在粤省财政尚在整理期间，似应暂仍照旧办理等语。

（议决）照咨复财部。

七、番禺县呈，为梁少文骗照瞒承职县所属东檀两水蚬塘捐一案，彻底解决，另行招商承办各缘由，乞核准予将梁少文承案撤销，另行招承，即以梁少文原承之数为底价。当否，候令遵案。

（说明）查该县前呈报拟请准东檀水蛋民代表梁少文等承回东檀水蚬塘自办，以维警学各费一案，当经第四十二次议决照准在案。兹据续呈称，现该梁少文复被控讦系假冒代表名义，瞒呈承批，经涉讼广州地方法庭，查前之所以改照旧章呈准，批给该代表承办者，原欲维持该水蛋民生计，免其失业耳，今既发觉系属取巧搀夺，骗照骗承，实与原案本意大相违背，自应将其撤销，另行招致殷实商人承办，即以梁少文原承之数二千六百四十元为底价，庶维收入，而儆刁顽，并免再踏以前覆辙，等话。

（议决）准撤销梁少文承案，另行开投。

八、民政厅呈复，饬查李安福等先后呈控紫金县长洪砚香庇匪殃民滥权擅杀一案，经饬据河源县长查复该县长被控各节，多无实据，处决许仿贤案，亦非擅杀，可免置议。惟署长藉案勒诈，及清查逆产委员，难免从中舞弊，均属失于觉察，拟酌予申诫。当否，请核示案。

（议决）如拟。

九、财政厅呈报查议阳江德安公司等报承县属闸坡水塘与该处善堂发生纠纷一案缘由，连同案卷，请核指遵案。

（议决）照拟办理。

十、本府秘书长呈，本府缮校股雇员徐峙霍病故，请照章给恤案。

（议决）如拟办理。

十一、朱委员提议，请以三元宫为两广国术馆地点，并拨款筹备案。

（议决）地点函总指挥部代觅，并拨筹备费三千元。

十二、民政厅提议，请委王雨若为定安县县长；白深耘为临高县县长，周文海为感恩县县长。又蕉岭县县长何龙章辞职照准，遗缺拟委廖鸣鑫署理；曲江县县长符和琚辞职照准，遗缺拟委石楚琛署理，请公决案。（附履历五纸及提议书①）

（议决）照准。

---

① 缺附件。

广东省政府第四届委员会
第一百一十六次议事录

十二月十一日　星期二

出席者　李济深　冯祝万　黄　节　朱兆莘　李禄超　许崇清
　　　　　马超俊

列席者　罗文庄

主　席　李济深

纪　录　钟　泰（代）

报告事项

一、本府第一百一十四次议事录，经奉政治分会核议通过发还，已由秘书处分发办理。

二、筹赈总处呈复，奉令关于建设厅长拟请筹拨款项购发种苗，督促各县提倡冬耕一案，经敝处议决办法四项，并经先后进行请察核。

三、行政院令发交通部长请免检查电报原呈，仰遵照转饬照办。

四、陕西省政府宋主席电告全陕民众公意，在日本未撤兵以前，先与停止谈判，断绝国交，非达最后之目的不止，请一致主持。

五、国府令饬，转饬所属一体遵照审计法施行细则第十六、第十七两条办理。

六、国府令知，嗣后如有文武官吏，贪赃枉法，或奉令不力，情虚蒙蔽，案情重大者，应由各该高级长官，押送来京讯办，或由该管长官撤究，如于某省犯案未了，他处不许复用，并不得只撤差委，仰遵照。

七、刘师长峙电告樊钟秀匪军近日盘据蒙城一带，师长奉命指挥各师，协同豫东鹿总指挥所部，会剿该匪，业已收复蒙城，并派队追剿逃匪。

八、贵州省政府周主席电告李燊蹂躏之各县，已次第克复，分别派队剿抚，并筹办地方善后事宜。

九、行政院军政部函知全国营产事宜，划归本部军需署管辖，请饬所属各县遵照前颁调查表，迅将全县营产确查到表，由县呈部。倘有视为具文，希择尤惩处。

十、陆军骑兵第二师师长张砺生电告于二月一日在安徽宿县就职。

十一、第四集团军第十一师师长王泽民，副师长刘凤池，旅长闻捷、郝梦龄、薛毓瑛，电告于十二月二日在古冶就职。

讨论事项

一、财政厅长呈报广东治河处近年在东西江各属修理基围，建筑水闸，所有割用民间因地，应否援案豁免各田粮额案。

（说明）据称，准治河处函，转据洋正工程师柯维廉呈称，近年在东江博罗、东莞，西江高要、高明各属，建筑基围，及建设水闸，割用民间田地。惟地既割用，仍旧输纳钱粮，揆之情理，似有未平，将各属围基占用地段，开列清册，请援案转呈豁免等由。查修筑围基，割用民地，历经呈奉前省长公署核准，将各户原纳粮额豁免有案，此次治河处请援案办理，未便擅拟，抄录原册，请察核批示，等语。

（议决）准豁免。

二、建设厅呈请，拟先行筹办鼎湖山第一模范林场，检同意见书及章程预算表，请核令遵案。

（说明）查该厅前呈送拟订各县清理荒山强制造林暂行条例，经本府第一百一十二次会议议决，俟森林局成立后再议，并呈奉政治分会核议通过在案。现厅呈拟实行提倡林业，查照前广东林务专员原案，将原定各区模范林场，由厅直接兴办，并于本年内先在鼎湖山着手筹办，俟有成效，以次推及罗浮南华各处，拟具意见书及章程预算表，呈请察核令遵等语。

（议决）归森林局统筹办理。

三、民政厅呈复，关于罗定县长黎××被控一案，经饬据本厅视察员查复，除爱护共党，结交匪类两款，或因传说之误，或缘当时剿抚兼施，未能证实外，其余擅离职守，不避嫌疑，儿戏官常各节，据查属实。惟该员业经辞职，核准离任，可否酌记大过一次示惩，连同视察员报告表，请核示案。

（说明）查此案前据该县私立国民学校校长黎世珍等呈控，经行民政厅核办，又据西区善后委员呈，以该县长被控各款，饬据十一师查明属实，请从严惩处，嗣据厅呈，谓黎控案，据郁南县查复，与十一师师长所复，情节悬殊，非确切查明，不足以昭折服等语，现据查复如呈，合签明。

（议决）如拟。

四、建设厅呈，拟请开办稻作蚕桑糖业园艺林业各种试验场，并拟先将糖、林、蚕三场提前办理，以谋改进本省实业各缘由，连同拟订各该场计划预算章程，请核遵案。

（说明）案查民十六年，本府准中山大学委员会请查照从前结束省地方农林试验场，另行举办稻作蚕桑蔗糖园艺林业等专场原案，即予决定期间，分头开办，或按期举办，由省库照原委预算，拨定经费，委托代办等语，当经令行前实业、农工两厅核复。嗣据实厅呈复，以该案原定计划，筹设五个分场，在民十二时预算第一年已需用开办及经常费约三十万元，现时当不只此，拟酌量缓急，先行择办一二，并以本省已有改良蚕丝局之设，故原定蚕桑场计划，自不必重设。至稻作试验场，园艺试验场，开办及经常费，为数甚巨，省库未必遽能负担。此外如糖业场，开常两费，只须五万二千元，林业场只须二万余元，轻而易举，经咨商财厅照支，俾资举办等情，呈复到府，复经本府第二十二次会议议决，交财厅拟复。旋据呈复，大致与实业厅核拟相同，惟关于糖业场开办及常费，则主张由中山大学月领十二万元经费内拨支等语，又经本府第三十二次议决照拟办理各有案，合签明。

（议决）准先办园艺、林业、糖业三场，款由财政厅筹拨。

五、财政厅、市政府、高等法院会呈，关于联德公司伍××呈诉沙河糖后无税官产，被冯××混争一案，业由该案主席邀同各委员审查完竣，连同本案卷宗并议决书，请鉴核指遵案。

（议决）照判执行。

六、财政厅、市政府、高等法院会呈，关于××公司周×等请撤销罗××等瞒领河南×××街××号屋业一案，业由该案主席邀同各委员审查完竣，连同本案卷宗，并议决书，请鉴核指遵案。

（议决）照判执行。

七、财政厅、市政府、高等法院会呈，关于××公司与许××讼争××里屋地一案，业由该案主席邀同各委员审查完竣，连同本案卷宗并议决书，请鉴核指遵案。

（议决）照判执行。

八、财政厅、市政府、高等法院会呈，关于××堂陈××等与××堂黎××争承××街××号铺房一案，业由该案主席邀同各委员审查完竣，连同本案卷宗并议决书，请鉴核指遵案。

（议决）照判执行。

九、财政厅、市政府、高等法院会呈，关于胡××呈诉××围田被××公司瞒承一案，业由该案主席邀同各委员审查完竣，连同本案卷宗并议决书，请鉴核指遵案。

（议决）照判执行。

十、财政厅、市政府、高等法院会呈，关于许××与孙××争承××路第×××号前进铺业一案，业由该案主席邀同各委员审查完竣，连同本案卷宗并议决书，请鉴核指遵案。

（议决）照判执行。

十一、财政厅、市政府、高等法院会呈，关于曾××与××公司讼争××及××××中间菜地即×××田亩一案，业由该案主席邀同各委员审查完竣，连同本案卷宗并议决书，请鉴核指遵案。

（议决）照判执行。

十二、民厅提议，以番禺县长李民雨调署中山县，遗缺以陈樾署理案。

（议决）照委。

广东省政府第四届委员会
第一百一十七次议事录

十二月十四日　星期五

出席者　李济深　冯祝万　黄　节　朱兆莘　伍观淇　李禄超
　　　　　许崇清　马超俊

列席者　罗文庄

主　席　李济深

纪　录　钟　泰（代）

报告事项

一、本府第一百一十五次议事录，经奉政治分会核议通过发还，已由秘书处分发办理。

二、第四集团军第十师师长廖磊，及旅长颜仁毅、周组时、张范等，电告于本月六日在开平就职，并同时取消第十六军名义。

三、贵州省政府主席周西成电告李燊藉名到夔巫剿匪，兴兵寇黔，围攻铜城，及被我军击散缴械各情形，并饬分别剿抚，才〔妥〕筹善后。

四、察哈尔省政府主席杨爱源电告业已就职。

五、国府训练总监何应钦，函知于十一月七日就职，请转饬所属知照。

六、文官处电告中央最近政情五项：（一）公布中华民国海开（关）进税税则，并规定于民国十八年二月一日起施行，以一年为有效时间。（二）公布修正教育部大学委员会组织条例，暨修正大学区组织条例。（三）明令地方政府机关，在未经中央核准以前不得与外人订立合约，借用外资，或准外人有经营建设事业之特权。（四）设立晋冀察绥赈灾委员会，特派阎锡山等为委员，以阎锡山、熊希龄、王芝祥、朱庆澜、杨兆泰、商震、杨爱源、徐永昌为常务委员；指定阎锡山为主席。（五）加派唐绍仪等为两粤赈灾委员会委员。

七、陆军第四十五师师长鲁删电告于十一月念八日在惠民防次就职。

八、新疆省政府金主席电告严定防范赤色传染办法，密饬沿边各关卡，无论何色人等，非经省政府审查许可决定，不准入口；倘有故违，一经查获，当按共党治罪等语。

九、财政厅长呈缴修正整理保险事业暂行条例，及增订整理联保火险公会暂行章程，提请公布。

讨论事项

一、财政厅呈，关于南区善后委员呈，据万宁县县长王集吾，转据保卫团长吴中兴等呈，请将该县钱粮附加筑路费大学经费，及仓捐等项，暂予豁免一案，遵令核明附加大学经费，及钱粮串票附加仓捐，拟准缓征一年，至附加筑路费，拟准豁〔豁〕免案。

（说明）查此案前据南区善后委员呈，据万宁县长呈，请将钱粮附加筑路费大学经费，及仓捐等项，概行豁〔豁〕免。经本府第一○九次会议，议决交财厅核复在案。兹据复称，钱粮附加大学经费，及钱粮串票附加仓捐，或关国家作育人材，或属指令专储备荒专款，该县遭共乱之后，元气大伤，拟准其缓征一年。至附加筑路经费原案，仅带征一年，似可准予豁〔豁〕免，以示体恤等语。

（议决）照议。

二、教育厅呈，转据丰顺县县长方乃斌呈，请委任李伟嵩为该县教育局局长，查核资格尚合，抄同该员履历，请核明加委案。

（议决）准照委。

三、教育厅呈，准国立中央大学函开，据敝校粤同乡会执委林远铭等呈，请转函广东省政府，逐年拨助本校粤籍学生奖学金，请核办见复等由。查本省教育经费，均经指定用途，并无余款拨助。究应如何办理，请核夺今遵案。

（议决）未便津贴。

四、筹赈总处呈复，关于广西旱〔旱〕灾旅粤筹赈会呈，请拍电免费一案。查该处拍电免费条例，每月五百元为限；且须声明用该处名义，若用该会名义拍发，应请令广东电政管理局遵办，以免阻难案。

（说明）查本府前据广西旱灾筹赈会呈，请援照筹赈总处免费拍电，倘未超过五百元之数，请予豁免，逾额仍照数缴纳等情。经本府第一百一十二次会议，议决准交由筹赈总处代发，并令筹赈总处知照在案。兹据复称，该处拍电免费额，月以五百元为限，若代该会拍电，将来电费或至逾额，应否由该会负担？倘用该会名义发电，应请饬令电政管理局遵办，以免阻难等话〔语〕。

（议决）令电政管理局，准该会援筹赈〔赈〕总处例办理。

五、建设厅呈，据公路处长呈，请先将建筑南路桥洞工程费三十三万元，分本年十二月及十八年一月、二月，共三个月，完全拨足，以便趁冬令，早赴要工，连同原缴图表，请核令遵案。

（说明）查此案本府无案可稽，据称南路各属公路，多已建筑完竣，惟桥梁涵洞，以款项支绌，难于兴筑。现为贯通南路省道干线，以与省会交通起见，特派技士陈毓南前往查勘。兹据呈复，该处桥梁，类多临时建筑，仍须改造，方免危险。计长桥三度，每约长四百尺，共长一千二百尺。小桥约二十度，每约长五十尺，共长一千尺，合计共约长二千二百尺。每尺约需建筑费一百五十元，共约需款三十三万元。此款须由政府补助，方可完成南路干线等情前来。拟请分本年十二月，及十八年一月、二月，共三个月，完全拨足，以便冬令水涸，工程易于进行等语。

（议决）交财政厅筹拨。

六、西区善后委员呈复，奉令据民政厅呈复，关于鹤山县民梁盈耀呈控该县县长罗守颐，藉捕劫掠一案，查复情形，请核示案。

（说明）查案据鹤山县民梁盈耀呈控罗守颐，藉捕劫掠，由省府令行民厅，饬据高明县查复，略以罗守颐因徇禁烟局之请，围搜良庚村一案，办理自欠妥善。惟梁盈耀原列损失财物，亦涉虚浮。可否由厅略予申饬，姑免深咎等语，呈复到府。当经九六次会议，议决转令西区查复在案。现据复称，以此案祸首，全因梁×一人，卖私烟而起。而罗县长办理此事，并无不合，似应免予申饬。至梁盈耀所控各节，既多失实，而梁×又确有殴警抢夺情事，刁横本应惩办，姑念梁×已死，而现留押之梁奕燎等八名，查与本案无关，拟一并免究，以示宽大等语。

（议决）照西区善后公署所拟办理。

七、财政厅、市政厅、高等法院会呈，××堂谭××因×××××街××号铺业，混请撤销一案，业由该案主席，邀同各委员审查完竣，连同本案卷宗，并议决书，呈请鉴核令遵案。

（议决）照判备案。

八、财政厅、市政厅、高等法院会呈，蔡×等控黄××瞒承清水濠约第××号门牌产业一案，业由该案主席，邀同各委员审查完竣，连同本案卷宗，并议决书，呈请鉴核令遵案。

（议决）照判执行。

九、财政厅、市政厅、高等法院会呈，××公司与谭××互争小北洪桥第×号、第×号、第×号庙堂一案，业由该案主席，邀同各委员，审查完竣，连同本案卷宗，并议决书，呈请鉴核令遵案。

（议决）照判执行。

十、广州市土地裁判所裁判官陈大年呈，请准予辞职，委员接替案。

（说明）查裁判所章程第一条内载，由下列各机关派员组织之：（一）司法行政委员会，或省之最高司法行政机关委派一人。（二）省政府委派一人。（三）市政府委派一人。陈系十五年十一月由本府委任，合签明。

（议决）准辞。

十一、教育厅呈奉令发广东戏剧研究所设计概略一案，当经拟就审查意见书，缴请察核案。

（议决）照所拟派欧阳予倩为所长，令知即行筹备；另令财厅先拨筹备费三千元。

十二、教育厅呈，奉令发两广国术馆缘起组织大纲，及预算书一案，当经拟就审查两广国术馆组织大纲，及预算意见书，缴请察核案。

（议决）一函第八路总指挥部；二令知将预算改正呈核。

十三、民政厅提议，请以文昌县长林鸿飞调署琼山县，递遗文昌县缺，以蔡枢署案。

（议决）照委。

十四、国府文官处函，奉主席谕，由各省保荐学历兼优，操行纯笃者一员，任为参事案。

（议决）荐陆嗣曾。

广东省政府第四届委员会
第一百一十八次议事录

十二月十八日　星期二

出席者　李济深　徐景唐　黄　节　朱兆莘　伍观淇　李禄超
　　　　　许崇清　马超俊

列席者　罗文庄

主　席　李济深

纪　录　钟　泰（代）

报告事项

一、本府第一百一十六次议事录，经奉政治分会核议通过发还，已由秘书处分发办理。

二、国府令知，据财政部长电称，中央银行辅币券已由职部规定于十二月七日起，归中央、中国、交通三行无限制兑换，每大洋一元【兑】辅币券十二角，乞令所属各机关完纳公款，一律无限制收受等情，经照准，仰遵照饬属遵照。又财政部咨同前由。

三、国府令知处理逆产事宜，现经国务会议议决，由内政部各省民厅各特别市府接管，自比〔此〕次规定之后，主管官厅务须依照条例处理，不得任意出入，其他机关团体，不得越权处置，仰遵照【并】饬属遵照。又内政部咨同前由。

（说明）查前奉国府令发处理逆产条例，当经分饬各厅法院市府知照，去后，旋据民厅呈请核示对于各县市逆产事项，应如何办理等情，经第八十八次会议议决，应由县市长办理在案。嗣据惠来县呈报关于处理逆产事项，是否由各县市组织委员会，抑归各县市长独裁办理等情，经第九十八次议决，交法院复。去后，据复称，拟请迅将此项委员会查照条例，组织成立，一俟委员会成立后，各市县处理此等案件，即可秉承委员会，遵照条例办理等情，又经一〇三次议决，由省、市党部，民、财两厅及法院各推一员会同组设在案。查省党务指委会、民政厅、财政厅，现均派定委员到府，合并注明。

四、行政院令抄发全国财政会议通过划分国家地方收入支出标准案各×件，仰饬属遵照。

五、立法院令知本院于本月五日成立，启用印信，仰知照。

六、工商部函知全国注册局已由国府议定改组为商标局，并制定组织条例，于十一月间明令公布，经奉国府令本部通饬施行，贵省建设厅对于商标注册，自应及时停办，请查照饬遵。

七、国府文官处函送国府重颁卫生部组织法，请查照。

八、建设厅【呈】，据粤汉铁路局管理蔡增基呈请辞职，当经职厅呈准暂委胡继贤代理，应否照准之处，仍候指遵。又本案现奉政治分会函复，经议决照准在案。

九、财政厅呈，据出席国府禁烟委员会代表张敏呈报禁烟会议情形，并缴禁烟会议议决案，连同前项议决案，转呈察核。

十、武汉政治分会函，据周星棠等呈称，为恳利用英国庚子赔款，完成粤汉铁路等情，请查照协同催促进行，俾早实现。

十一、广州市政委员会呈募集填筑海珠新堤六厘公债条例，请核准备案。

十二、郑州鹿钟麟阳日电告痛剿樊钟秀军，指日可完全肃清。

十三、贵州省政府主席兼第九路总指挥周西成，江日电告剿办李燊部队情形。

十四、国府令发国府内政部、外交部、财政部、农矿部、工商部、教育部、交通部、建设委员会组织法各一件，仰知照并饬属知照。

十五、政治分会函，据广三铁路管理局长姚观顺呈请辞职，经议决照准，并委邓士学接充，交省政府照办案，希查照办理。

讨论事项

一、教育厅呈报遵照拟就审查戏剧细则十条，缴请察核备案令遵案。

（说明）查前据该厅呈缴改良戏剧规程，及全省剧社戏班电影公司立案章程，暨全省戏剧改良委员会组织章程到府，经第一百一十二次议决修正通过在案。兹据该厅呈称，查修正广东全省戏剧改良委员会组织章程第八条规定，关于审查戏剧细则另定之，自应遵照拟就审查戏剧细则，呈核备案等语。

（议决）照准备案。

二、筹赈总处呈复关于本市南关各街灾区代表陈胡等呈称，惨遭共祸请赈一案，经拟定补助本市被灾铺户建筑借款办法，以资救济，检同办法呈候令遵案。

（议决）照修正公布。

三、民政厅呈复饬查新丰县长请通缉土劣潘××等解办一案，业经饬据连平县长查复前来，抄呈陈登云等呈词，请察核案。①

---

① 该项"说明"内容略。

504

（议决）仍交由民厅派专员前往复查呈核。

四、广州市政委员长、广东高等法院会呈，拟请将广州市原设土地裁判所立予裁撤，其业经受理尚未完结各案，即送由广州地方法院依法审理，如蒙俞允，当即遵令会同布告周知，乞核示案。

（说明）查昨据广州市土地裁判所裁判官陈大年呈请准予辞职委员接替一案，经第一一七次议决准辞在案，兹据市厅、法院会呈略称，土地裁判所之设，其权责专为处断土地登记涉讼事项，维时土地登记，开办依始，人民骇于创见，对于章程内规定办法，多未了然，以致彼此构争，讼案丛集，非特设一所为之裁判，即无以清讼累，而利进行。现在办理有年，登记章程，市民既多稔悉，讼事亦因而减少。就事实上观察，该所已无存在之必要，而按之法理，复有应行裁撤者两端：（一）查该所设立，系由钧府暨职厅及前司法厅各派裁判官一员组织而成，其审判只以一审为终结，万一裁判舛误，将何以维情理之平。（二）土地登记异议，本属民事诉讼范围，依法应由普通法院审理，方足以符法统，若就普通法院应行审理事件之一部，另设机关，枝指骈拇，已嫌其赘，况此种讼案，多有径向法院起诉者，权限混淆，尤滋误会等语。

（议决）准如所请裁撤，受理未结各案，移交广州地方法院办理。

五、民政厅呈请饬由江门市厅给该市保安队小队长陈辉山恤金缘由，抄录原呈，请核令饬遵案。

（说明）查江门市长呈为保安队小队长陈辉山积劳病故，请援例给恤等情。现据厅称，查该小队长陈辉山，比照委任警官办理，其月俸查系六十元，拟给一次恤金四个月二百四十元，并照俸给七分之一给以遗族恤金八元五毫七分，饬由江门市政厅照给具报等语。

（议决）照拟给恤。

六、财政厅呈报，卸兴宁代县长廖××交代，既据现任廖县长等会核给〔结〕报，其损失公款亦经查明属实，应否准予核销以清交案，请核示案。

（说明）查前据财厅呈报该卸县长交代不清，拟请将其押解回县看管，会同现任监盘督催，限造交代结报核办等情，当批准如所拟办理，并分函民厅转咨公安局将该卸县长廖××咨解番禺县转递回县在案。兹据财厅报称，查廖卸县长交代，既据现任廖县长及监盘张卸县长会核结报，其损失公款亦经东区善后委员公署派员查复属实，应否准予核销，以清交案，职厅未便擅拟等语。

（议决）准予核销。

七、代理台山县长呈，关于同一公路如有建设厅及西区善后公署主张不同之路线，应以遵照何方命令为依归之处，请核示，俾便奉行案。

（说明）据称，路线问题，近有已奉建厅核定采用甲线，饬照兴筑；旋复奉西区善后公署改用乙线，令饬照建。查职属各路线之筹筑，该地方人民常有甲乙两线之争持，主张甲线者则以案经建厅核准为词，主张乙线者又以案奉西区善后公署核决为请，双方争执，停顿工作，究应何所适从，办理殊形棘手，甚有久经建厅核定，已曾着手兴筑之路线，复经职署限令克期竣工者，而刁狡之民，亦暗中煽惑，遽将工程停止，藉口呈请西区善后公署改线，须候批示再行动工，以抵抗职署之督促，而遂其破坏之谋。似此情形，如无奉行标准之解决，势必纠纷之起日甚一日，全县影响，完成及进展之希望，渺渺无期等语。

（议决）应遵照建设厅所定为准。并令各区嗣后规定路线，应呈省政府核准，方得修筑。

八、东莞明伦堂沙田经理局整理委员长徐景唐呈请委张振超为职会委员案。

（议决）照委。

九、北区善后委员呈请委王伯枏为职署政务处长。【检】同履历，请鉴核加委案。

（议决）照委。

十、建设厅呈请转令财厅先将水产试验场第一期经费五万元照数核拨以利进行案。

（说明）查前据该厅拟议等〔筹〕设水产试验场，并拟先于中山县属地方等〔筹〕设水产试验场一所，及附设水产讲习所一案，经第一〇二次议决函送中山大学审查。后准该校函复，附具意见前来，复经第一〇九次议决令知建设厅，准照该厅提案，办理在案。兹据呈称，兹拟具计划，分为三期完成。第一期自即日起，至一月底止，最低限度依次完竣上列诸项：（一）完成建筑物及试验船之详细图案。（二）场址之勘定。（三）订定建筑物，及试验船合同，开始建筑及造船。（四）定购重要仪器，及外国渔具。（五）定购书籍杂志。以上各项，需款五万元，请转令财厅将此项经费照数核拨，俾利进行等语。

（议决）照准令财厅尽先等〔筹〕拨。

十一、建设厅呈，据公路处请转呈省府饬行照案借拨足建筑韶坪公路费一十八万元，否则亦请续行拨借足职处寄存中央银行韶坪公路存款尾数五千五百余元，暨照案应拨入韶坪公路之花捐附加路费存款二万一千余元，俾该路早日完成等情，应否准予照拨之处，请核饬财厅办理案。

（议决）准令财厅拨足十八万之数。（即拨六万元）

十二、建设厅呈送南番花公路桥梁涵洞辘实路基及购置费用分期支配预算表，请核照数支拨案。

（说明）查前据该厅呈，以此案公路处编列预算一十五万二千九百余元略昂，经饬核减为一十五万二千四百余元；至该款应归入何处支付一节，余〔除〕在南番花、广增、白云山三路存款项下先提一万元外，余款恳由省库拨支等情，经第八十六次议决交该委员会筹拟。去后，嗣据呈复，拟以中央银行存款六万余元，暨市厅应缴还中山西村两路之款拨归公路处建筑广番花全路桥梁涵洞及购置之费，复经第九十四次议决照办在案。兹据建厅呈称，查前项预算一十五万四千余元，系公路处最后拟定，经职厅复核无异，现该路急须修筑，预算不敷之数，似应照数拨支，以利进行，连同预算表缴请核示等语。

（议决）查案令筹赈总处借拨十万元，并在南番花、广增、白云山三路存款项下借拨五万元，不足之数，由该路委员会另筹。

十三、建设厅呈报拟设全省长途电话，暨第一期计划书缘由，连同计划书请核施行案。

（说明）据略称，拟自广州南至香港，东至汕头，北至韶关，西至肇庆，西南至江门为第一期。且比较商业之旺淡，人口之稠密，以定线路之多寡。除广州至香港拟订线路四道外，其余广州至汕头、韶关、肇庆、江门，均设线路二道。又按照线路之长短，分别征收电话费。香港、江门及肇庆每次收费七毫半，汕头每次收费二元，韶关每次收费一元。至本期开办费，预算人工材料及机件等费，约需款九十六万余元，建筑地价家私装修等费，约需款八万余元，合计一百零四万余元。惟当金融整理方告成功，库款一时或未充裕，则在此计划期内权衡轻重，拟先举办广州香港，及广州江门间之长途电话。计广港线工程费一十四万余元，广江线工程费一十一万余元，广州总所建筑费二万九千元，香港一万一千五百元，江门一万一千五百元，共需三十万八千九百元，在库款支出无多，而广州附近之电话交通甚形便利，似应亟行举办，以应人民及军政之需要等语。

（议决）准先试设置广港线，款令财厅筹拨。

十四、民政厅提议请委汤藩臣署仁化县长，严博球署江门市长案。又北区善后委员保荐蒙德础试任仁化县长案。

（议决）仁化委蒙德础试署，江门市照委。

十五、东区善后委员寒日电报和平县无人主持，请遴员接替案。

（议决）交民政厅拟员接充。

广东省政府第四届委员会
第一百一十九次议事录

十二月二十一日　星期五

出席者　陈铭枢　冯祝万　黄　节　朱兆莘　伍观淇　李禄超
　　　　　许崇清　马超俊
列席者　罗文庄
主　席　陈铭枢
纪　录　钟　泰（代）

报告事项

一、本府第一一七次议事录，经奉政治分会核议通过发还，已由秘书处分发办理。

二、国府令知，国务会议议决，各省县印，应用"某某县政府印"字样在案，现各省县治多有变更，应由该省政府将各县政府名称，开单

508

呈送，以便饬铸新印颁发，仰遵照办理。

三、国府文官处函，奉主席谕，各省政府发秘书长小章，其余县政府以下各局印章，一律由该管官厅依印信尺度刊发，文为"某某县某某局钤记"等因，请查照。

四、国府文官处寒日电告中央最近政情三项：（一）公布考试院铨叙部组织法，及中央卫生委员会组织条例，陆海空军抚恤委员会组织条例。（二）明令各省政府及各特别市政府，嗣后如以国税收入抵借款项，及募邻省市公债，应于事前呈明中央，并须经财政部核准。（三）兼河南省政府主席冯玉祥呈请辞去主席兼职，照准，调任河北省政府委员韩复榘为河南省政府委员，并指定韩为河南省政府主席。

五、内政部咨，奉国府令，凡未经正当手续在出版地之行政官厅注册，或无确实负责人营业所之出版品，一概不许售卖邮寄等因，请查照饬属遵办，并将办理情形随时报部。

六、内政部函知，查本部前制县治要览表，因各县政府系以设置二科为基础，其三、四两科之有无，则以县等而有差异，故将三、四两科画为虚线，以示不能确定之意，并非指县组织法内所列一、二等县可以减设各科，请查照转饬民政厅知照。

七、政治分会函，据广东交涉员呈报，遵令拟议钦廉雷交涉署移置遂溪，暨遂溪洋务局裁撤，及将遂溪洋务局原定经费分别划拨补助各缘由，经议决照拟，并派古国铣为钦廉雷交涉员在案，请查照派委，并分别转饬遵办。

八、吴铁城函告奉国府令，特派林森、郑洪年、吴铁城随带秘书一人、书记二人、副官四人、差弁六人，驰赴北平，敬谨迎总理灵榇南来安葬等因。遵定十二月二十日首途北上，希查照。

九、北平第四集团军第八师长李品仙副官长唐哲明等，删日电告于删日就职，并同日取消第十二路总指挥名义。

十、第一集团军新编陆军第四师长刘桂堂庚日电报遵于本月庚日在莒县就职。

讨论事项

一、政治分会函，据建设委员会梁委员拟送试办乡治讲习所计划大纲及建议书请核一案，经转请中央核示，奉复所拟办乡治讲习所一节，自属可行，惟日后试办成绩，仍须随时呈报等因，经本会议决交省政府照办在案，抄同原件，希查照办理案。

（议决）先由本府派梁委员赴山西等省调查，回来再行举办。

二、南区善后委员呈请准予将职署指导员旅费迅赐核准备案，并行财厅转饬海口分库照数拨付，以资归垫案。

（说明）查前据该区呈送各指导员月需旅费等项，每月需毫洋一千六百四十五元，四个月共需六千五百八十元，请迅行财厅转饬海口分金库照数拨发到府，经第一〇六次议决交财政厅核，去后，嗣据呈复，此项旅费，似应即就额定经费内腾挪开支，未便饬由海口分库拨还等情，又经第一一四次议决如厅议令知在案。兹据该区呈称，查各县市指导员，系根据定章遴派，其时间长，责务专，与寻常派遣出差，其性质有别，不能并论。且此项指导员，按照奉发章程，本派专员办理，职署遴用现职人员兼办，已为公家撙节，岂复料及旅费亦由自筹！试按如许多数人员，如许绵长时日，所需旅费，既非零星小数，又断不能以区区月支八折办公费八百元之数可为挹注，安得以腾挪开支四字，轻轻敷衍，政府发布令教，期在必行，饬下级机关承办，应负有解除困难之责，岂宜托诸空言，而故以文告相炫饰；职署则安敢以此不肖之意，妄相揆度。今明知此项旅费非小，又明知其守法奉公而致亏累，乃坐视而不为之解除，譬犹责炊于无米之家，既饭矣而不偿其米，此在个人已为无德，堂堂政府，安得有此行！若以此项指导员旅费，为撙节计，只可令核实报销，在事在理，似不宜轻轻抹煞。政府为最高政令发布之地，来日方长，何以为劝等语。

（议决）仍照前议决案办理。

三、政治分会函知本会主席提议委孙希文为广东省政府秘书长，交省府任命一案，经议决通过在案，希查照办理案。

（议决）先派任，再电请国府任命。（先办）

四、财政厅呈报查核庆承堂承元兴国外水坦案缘由，录案呈复察核，应如何办理，乞核示遵案。

（说明）查前据惠州县民庆承堂黄干记呈为照据确凿，凭空翻异，沥陈本案原委，乞迅令饬停止召变，准予照旧领筑管业，以昭威信，而杜纠纷等情，当行财政厅查明核办，去后，兹据该厅呈送本案先后办理

510

情形，请核到府，请公决。

（议决）停止召变，每井须补缴大洋八十元。

五、财政厅呈缴拟订广东全省沙田登记章程施行细则，请核明备案示遵案。

（说明）据称，查本省沙田纠葛繁复，自非将登记制度亟早举办，不足以保护人民私权。从前登录原章规定，未免简略，且其时尚未举行清丈，目的只在迅筹巨款，似无计划之可言，因循至今，贻误非浅。现计各属预缴登录费之沙田，约有万顷，其中尚未实行登录者，不下十之三四，即已登录给证，亦多统系凌乱，经界不清，自非妥定法规，不足以资整理，而收实效。兹经博考成例，参酌现情，拟订广东全省沙田登记章程及施行细则，请核明备案等语。

（议决）由陈主席审查，再行提出。

六、民政厅呈，奉令据北区善后委员呈据韶州市政局呈报该局特别情形，拟请准予展期结束一案，查核原折所陈各节，尚属实情，似应准展限两个月，仍饬将重要工作赶办，依限移交。当否，请核示案。

（说明）查韶州市政局设立之初，原据北区善后委员呈明于开办六个月内赶将各项工程提前妥办，一俟规模已立，即交曲江县管理等情，经本府第六十二次议决照准在案。嗣据该区续据该局呈略称，查现已举办尚未完结事项，举其大者约有六端：如拆卸城垣，开辟马路，设立市场，开筑渠道，新辟两街，设置屠场；或因工匠缺乏，未克同时举行；或因民力未逮，势须分期举办；或因限于财力，未能迅速图功；或因往返筹商，不无稽延时日；或因规模巨大，一时不易竣工；或因现甫筹办，势难加限藏事。有此数种原因，进行不免迟滞，预计办理，断非两三个月所能完结。又如改造固定桥，增辟南区，展筑堤路，创办医院，设立公共体育场，改良厕所，或系整顿交通，或系维持治化，或系振兴商业，或系利济贫民，或系提倡体育，或系清洁地方，均属刷新市政刻不容缓之图，预计亦非两三个月所可完成。请准将限期酌予宽展到府，经行民厅核复。去后，兹据复称，所陈各节，尚属实情，似应准予展限两个月，仍饬将重要工作，赶紧办竣，依限移交曲江县管理等语。

（议决）准展期两月。

七、教育厅长提议筹设乡村师范学校，并拟具办法请公决案。

（说明）据略称：（一）查本省现在就学儿童，连私塾至多不过七十万二千五百六十九名，若与人口相比，失学儿童至少有五百四十七万五千八百八十二名，故欲推广义务教育，必须添设小学。但现在小学教师，仅有三万九千四百零三人，连各师范生合计，亦不敷分配，相差至少一十六万七千六百四十七人。（二）乡村人民占百分之八十以上，国人莫不承认，故其关系国家，实非常重要，况其纳税之多，贡献之大乎。就本省而论，每年沙田田赋合计平均有二百七十七万四千元，农民纳税负担既重，受教育之机会似不应后于城市。（三）教育为专门事业，欲求其效率之增进，必须专门研究，乡村教育之为一种专门事业，教育界未有不承认者，故当设专门研究之机关，训练专门之人才。基此三理由，乡村师范学校有设立之必要等语。

（议决）照办。

八、筹赈总处呈，奉令发各省赈务会组织章程，若骤然改组，诸多窒碍，谨将疑难三点，缕呈核示案。

（议决）如拟办理。

九、冯委员提议，以财厅主任秘书陈樾办事得力，请勿他调，番禺县仍留李民雨案。

（议决）李县长仍留原任。

广东省政府第四届委员会
第一百二十次议事录

十二月二十五日　星期二

出席者	陈铭枢　冯祝万　黄　节　朱兆莘　伍观淇　李禄超 许崇清　马超俊
列席者	罗文庄
主　席	陈铭枢
纪　录	孙希文

报告事项

一、本府第一百一十八次议事录，经奉政治分会核议通过发还，已由秘书处分发办理。

二、国府令，饬严饬所属各军，恪遵前令，嗣后对于各路，不得再有扣用车辆，干涉行车，及截扣路款情事；其以前所扣车辆，并即交回各路，原拨各军协饷，亦即一律停支，由财政部直接拨发。

三、国府令发修正大学区组织条例一件，仰知照并饬属知照。

四、国府令发修正国府教育部大学委员会组织条例一件，仰知照并饬属知照。

五、国府令发国府教育部编审处组织条例一件，仰知照并饬属知照。

六、国府令发全国卫生行政系统大纲一件，仰知照并饬属知照。

七、国府令发国府文官处参事服务规则一件，仰知照并饬属一体知照。

八、国府令发修正国府文官处条例一件，仰知照并饬属知照。

九、行政院令准文官处函，关于印铸局各案，录案令仰知照。

十、财政部咨知，各省建设事业所需购运之主要机器，一律免税，业奉国府令准照办，请查照。

十一、训练总监何应钦元日邮电告训练总监部经择定办公地址，其余各厅监处，已于本月十一日全部迁入办公。

十二、南京参谋本部皓日电告，兹拟订定陆地测量各种条例，扩充原有之规模，妥筹统一之办法，希表示意见，以便参酌办理。

十三、国府卫生部咨送全国卫生行政系统大纲，请查照并转饬所属一体遵照。

十四、军政部长冯玉祥函送省营房暨营房基地调查表，请将全国营房凡可驻兵一营以上，无论现在已未驻兵者，或前系营房，因日久而倾圮，仅存营基者，概请查表，克日查明；分别填列见复，藉资考证。

十五、和平县选举会各界代表呈请加委麦国钧代理和平县长，以慰民望。

（说明）查昨据东区善后委员电报，奉令传解和平县长徐××晋省讯办，据该县总务科电称，县事无人主持，请迅赐遴员驰往接替到府，经第一一八次会议议决交民政厅拟员接充在案。

讨论事项

一、教育厅长提议，拟将北平广东旅京学校藏书全部拨归广东省立图书馆，并请补助国币二千元办理该校结束费，当否，请公决案。

（说明）查前据该厅提议，拟请拨定法领署建设省立图书馆等情，当经本府第七十七次会议议决照拟，呈政治分会去后，嗣奉政治分会函复，经议决准在法领署内后座房屋建筑省立图书馆之用，余地仍由市政府管理在案。

（议决）照拨。如何起运，由黄厅长办理。

二、财政厅呈复，拟议韩江治河处呈请将开浚梅溪河道所余四百余亩荒地投变，尽数拨充治河经费一案缘由，当否，候核指遵案。

（说明）查前据建设厅呈，据韩江治河处呈，拟将开浚梅溪河道所余秀才洲、崎坎洲、鲤鱼洲三处四百二十亩荒地投变，尽数拨充治河经费等情，当交财厅核议具复去后。兹据复称，经饬据潮梅官产处详查议复，据称，遵即派员前往查勘丈量估价，丈得秀才洲新河两岸余地二十五亩八分八厘，旧河淤地一百三十二亩零九厘，崎坎洲新河两岸余地一十八亩五分一厘，旧河淤地四十六亩七分五厘，鲤鱼洲新河两岸余地四十六亩零六厘，旧河淤地一百五十三亩五分五厘，计三处新河两岸余地共九十亩零四分五厘，旧河淤地共三百三十二亩三分九厘。查新河余地系治河处收买民业开鉴〔凿〕，新河所余之地，原日以成园圃，每亩估值时价大洋三十元。旧河淤地均系官溪淤塞而成，尚须加工开垦，移培土壤，始能种植，每亩估值时价大洋一十五元。至此项地点均系滨临河流，每遇洪水泛涨，时虞冲淹，故价值无从加估等情。查该三处新旧余地合计四百二十二亩八分四厘，内韩江治河处收买民业开凿新河所余之地不过其中十分之二有奇，余均官溪淤塞而成。综计两项底价，可值大洋七千七百元，除内经治河处拨作义冢约十余亩应免投变外，约计将来投出，尚可得价七千五百元，拟请准将此项地点全部由职处依照官产章程宣布公投，所得正款，以一半拨归治河处作治河经费，并恳准免照价搭销公债，以期投价加增。如蒙准行，当函韩江治河处将拨作义冢地址，查案划出，然后宣布开投，等情。据厅称，此项余地，似应依照官产章程饬处公布开投，将所得产价，除办公费外，一半解库，一半拨作治河经费，用符自民国二年五月以后不得拨用官产之旨；既可增裕库收，无碍饷需，而治河经费，亦不致无着等语。

（议决）照厅拟办理。

三、广东地方警卫队编委会呈复，奉令据西区善后委员呈称，对于职会审查该区各地方警卫队组织条例修正意见，认为窒碍难行，所有关于各级管理委员会之撤销，及队伍之编制，仍请准照前呈备案一案，遵将议拟理由呈复察核令遵案。

（说明）查此案先据西区呈报，议决订定该区各县地方警卫队组织条例，请核备案到府，当经第九十四次议决交编委会审查。去后，嗣据该会审查呈复前来，又经第九十八次议决照拟在案，令行西区遵照。去后，旋据该区呈，以编委会修正各点，未合各县地方情形，仍恳准照前呈备案等情，复经第一一三次议决交编练委员会拟复各在案。兹据该会复称，查该区缕陈各节，虽若持之有故，但仅属片面理由，职会仍欲维持前议，谨就各级管理委员会暂应保留，及有特别情形之各乡仍得设立大队部及常备队两点，略陈理由如左：（一）职会审查西区警卫队组织条例修正意见及办法，经奉钧府议决照拟，指令下会，经饬西区各县遵照，业据各县先后呈复遵办各在案，若复遽翻前案，更有朝令夕改之嫌。（二）各区善后委员因地方情势不同，谋所以兴革之方，稍有出入，自所不免。然一省之内，情形亦不致悬殊太甚。今西区创设县区乡事委员会，东区则设治安委员会，南区则设警卫保甲委员会，北区则保甲为缓图，闻拟设财政委员会，办法之歧，抑何悬绝？是知各个设施，半凭理想，齐失楚得，未敢遽言。即如南区初认保甲为唯一要图，后因数月观察，则以保甲警卫应相辅而行，条陈钧府，拟请通令各区一律改设警卫保甲委员会。东西北三区，其能乐予同趋一轨乎？由此观之，各个办法是否真正适应，尚待各个所行之效果以为断。故凡已告成立者不妨暂为保存，俟再过数月后，比较观察，情势更明，然后再求全部解决，较为适当等语。

（议决）撤回。

四、第十五军第二师长黄旭初呈解和平县长徐××，请核办理案。

（说明）查前据财政厅呈请令行东区善后委员查办和平县县长各缘由，抄呈连平县长并区署报告原文，请核示遵到府，经第一一三次议决，密电东区善后委员密令当地军队，将该县长传押来省讯办，去后，昨据第二师长黄旭初呈，遵电备文连同该县长徐××送解到府，当由秘书处转送番禺县寄押在案。此案应如何办理，请公决。

（议决）交法院依法处判。

五、财政部咨复，关于黄前军长明堂中将月俸由粤省政府按月发给一案，录令请查照办理案。

（说明）查前准财部咨请按月拨给黄前军长明堂中将月俸前来，查来文内述本年七月三日咨请查照办理等语，惟本府并无接到此项来文，当即函复，请将本案前件补叙过府，以凭办理去后，兹准咨复，查此案前奉国府令饬查核给发等因，当经咨请财政监理会核议具复，嗣准国民政府预算委员会复称，应转行粤政府依照定案，按月拨给等因各在案。请查照办理等语。

（议决）暂照原案办。

六、政治分会函送广东省府建设讨论会组织大纲，希查照办理案。（先办）

（议决）照行。

七、政治分会函，本会主席提议，任马超俊兼森林局局长，芬次尔为副局长，议决交省政府任命在案，录案函达查照办理案。（先办）

（议决）照任命。

八、南区善后委员呈报办理万宁县前任县长何××被控诬勒贿纵一案，并拟处办法各缘由，当否，乞核示案。

（议决）交琼崖法院。

九、民政厅提议委张叔廉署理阳山县长案，附履历。

（议决）照委。

十、建设厅呈新宁铁路公司董事监察各员选出，路务应交回股东管理案。

（议决）照准。

广东省政府第四届委员会
第一百二十一次议事录

十二月二十八日　星期五

出席者　陈铭枢　冯祝万　黄　节　朱兆莘　伍观淇　李禄超
　　　　　许崇清　马超俊

列席者　罗文庄

主　席　陈铭枢

纪　录　孙希文

报告事项

一、本府第一百一十九次议事录，经奉政治分会核议通过发还，已由秘书处分发办理。

二、国府令发中华民国国徽国旗法附图样图案各二种，仰知照，并饬属知照。

三、国府令发考试院铨叙部组织条例，仰知照，并饬属知照。

四、国府令发国府卫生部中央卫生委员会组织条例，仰知照，并饬属知照。

五、国府令发陆海空军抚恤委员会组织条例，仰知照，并饬属知照。

六、国府令饬将从前该省通志及各府县志饬属分别搜齐，限于六个月内汇送本府，其边远或新设各省，向无志书者，亦应采相当记载，一律呈送。

七、行政院令查照财政部前定例言及书式，将十七年度岁出岁入预算书克日编造，送部审查。

八、国府文官处马日电告中央最近政情七项：（一）公布国军编遣委员会条例，并决定于本月二十六日开编遣委员会。（二）公布立法院各委员会组织法。（三）公布各省县举士条例。（四）任命阎锡山等为蒙藏委员会委员，特任阎锡山为委员长。（五）特任赵戴文为内政部长。（六）改任程天放为安徽省政府委员兼教育厅厅长。（七）任命萧瑜为河北省政府委员。

九、南京外交部径日电告关于关税自主条约，已有九国签字，其中比、义、丹、葡四国，并定期放弃领事裁判权，法、西两国不日亦可签字，独日本尚未来接洽。

十、汉口李宗仁漾日电告赴京参加编遣会议，武汉政治分会由各委员推举临时主席，第四集团军总司令部由参谋长张华辅代拆代行。

十一、国府禁烟委员会函，奉颁发大印小章，遵于本月十日启用，并将旧印缴销，除呈报分行外请查照。

十二、政治分会函送修正森林局组织章程，希查照。

十三、国税管理委员会函，奉政治分会令，饬将广东中央银行筹策进行情形呈候核饬等因，录案连同原呈文函请查照。

十四、贵州省政府主席兼第九路总指挥周西成感日电告击溃李燊部队，现已绥辑〔抚〕灾黎，办理善后。

十五、政治分会函，本会委员临时提议，请暂以许委员崇清代理广东民政厅长一案，经议决通过在案，除派委外，请查照。

十六、国府文官处有日电告国军编遣委员会改定十八年元旦行开会式。

十七、广西筹赈委员会皓日邮电复谢惠赈款一十万元，已函请十五军驻粤办事处陈主任杰夫就近领存，请饬处接洽。

十八、第五军长兼东区善后委员徐景棠梗日电报祖母逝世，克日回籍成服，请假十天，东区事务交陈仲英，第五军事务交余华沐代拆代行。（先办）

十九、豫陕甘赈灾委员冯玉祥马日电告三省灾情奇重，前寄捐册，集有成数，乞即赐示，以慰灾黎。

讨论事项

一、政治分会函，据广州市党部秘书处函送该会民训会所拟改良贫民及犯人之生活状况提议书，内列三节请求改良一案，议决关于监狱人犯请购棉衣一节，交广东省政府办理，希查照案。

（说明）查关于监狱人犯请购棉衣一节，据称，查南海、番禺两县监狱，并广州看守所，司法看守所，现有犯人约一千九百余名，因地方黑暗，潮湿异常，什九皆带病容，修整监狱，实为根本解决。现届严冬，冻毙堪虞，各犯人俱要求本党部函广东筹赈总处购赠旧棉衣二千套，以为御寒之用，声请泪下，目不忍睹。第一、三两病院，共有病兵七百余名，彼等曾身临前敌，立有战功，对于政府待遇不优，多表不满，均请本党部咨请广东省政府备办新毡，分发病院兵员，以御冬寒，以努力为党国奋斗之负病同志，仅此请求，实非过分也等语。

（议决）交法院查明办理，至于监狱黑暗潮湿，并速为筹备改良。

二、政治分会函，据建设厅呈，拟选派合格人员一百名分送欧美各国专习各种专门技术科学，每名月给留学费三百元，每年共需毫洋三十六万元，均由省库提前分期拨给一案，经议决交省府核拟，希查照核拟见复案。

（议决）先考选本省籍学生五十名，应考资格，在国内外专门大学毕业，而服务两年以上，确有成绩者为限，并派许委员、黄委员草拟考试章程。

三、两粤赈灾委员会函告在京假安乐酒店开成立大会，拟请陈、李两主席在粤筹备广州赈灾分会，希查照见复案。又两粤赈灾委员会函请查照就地指派散赈人员案。又政治分会函准两粤赈灾委员会函请李、陈两主席在粤筹备广州赈灾分会等由，经议决交省府筹备，请查照办理案。

（议决）交筹赈处拟订办法具报。

四、广州市政委员长呈复查勘利群公司建筑河南屠场一案，经饬据该商人另觅得河南鸡鸭滘永兴街东便吉地一段，面积约共二百二十井，用作南场地址，似尚适宜，连同该地草图，请察核案。

（说明）查前据该市长呈，据卫生局呈缴该局与商人张福民所订承办广州市屠场合约，经复核尚无不合，连同合约，请备案饬遵到府，当经第一〇四次议决，河南屠场因接近学校，不便照准，应另觅地点饬即遵办，去后，兹据复称，经饬据该公司呈称，案奉饬另觅南场建筑地点，现已觅得河南鸡鸭滘永兴街东便吉地一段，该面积约共二百二十井，此地与鸡鸭滘涌、均和涌、洪德马路及省河等处距离甚近，所有水陆交通，堪称利便，以之建筑屠场，极属适宜等情，并绘具草图，请予派员履勘前来。当饬员前赴该处勘查，该地深一百二十余尺，长约二百五十余尺，面积约二百井，东界黄南达堂旷地，西隔永兴街，即为珠江流域，南隔永兴上街，即为鸡鸭滘涌，北隔石路，为东兴货仓，与后乐园涌相距十余丈，距洪德大街马路约四十余丈，水陆交通颇为利便，四周尚无毗连民居，但略嫌地点不甚适中，然细查河南市廛，居户繁密，街道逼仄，马路未通，适中地点，殊难觅择，今所勘之地，虽稍偏西南，而比较繁盛，与马路甚近，且与西猪栏相隔匪遥，用作南场地址，似尚适合等语。

（议决）照准。

五、革命纪念会函复查明谭烈士振雄为南洋五烈士之一，请核抚恤案。（专案呈送）

（说明）查前准国府文官处函，奉谕发下据潭涤迷呈为伊兄谭振雄身殉革命，遗孤待恤，恳令广东省政府查案办理呈一件，检请查照到府，查原呈内称，先兄殉义后，遗下老父君潜，今年七十九岁，素患足疾，不良于行，妻李氏，及子女三人，长子以诺经多方设法，方能在孤儿院肄业，其余数口，不特教育无资，衣食亦时不敷，啼饥号寒，惨难言状，经呈政治分会援照邓烈士伯曜遗族抚恤案办理，奉批交革命纪念会查复，即由政治分会议决汇案办理，本应静候抚恤，惟家本寒微，朝不保夕，若汇候处决，实有河清难俟之势等情，当由本府函请革命纪念会查复去后，兹准复称，此案先奉政治分会饬查，经查明谭烈士振雄前与邓伯曜、谢八尧等谋诛陈逆，事泄被害，为南洋五烈士之一，系属实情，余呈各节，亦经交潘琴航同志查明无误，函复有案，请察核办理抚恤等语。

（议决）呈政治分会。

六、民政厅请委李肇统署理和平县长，陈明栋署理琼东县长案。

（议决）李肇统照委，陈明栋已由法院委用，琼东县长以陈骋寰署理。

七、民政厅呈，据梅菉市政筹备专员呈，奉令结束，请援照南路行政视察员署裁撤成案，发给恩薪一个月等情，拟请姑准发给恩薪半个月，以示体恤案。

（说明）据厅称，查此事前据该卸专员具呈，当经核明令复未便照准在案，兹复据陈各节，细查尚属实情，且此款既系由市库节存，拟请姑准发给恩薪半个月，以示体恤，其余存之款，仍应由该卸专员各数移交新任梅菉警察区署长接收，以重公帑等语。

（议决）照准。

八、略。

九、廉江县长兼公路局长呈为再吁恳准予发还廉安安遂两公路，俾便整理，以裕收入，而资建设，候核示案。

（说明）查民国十五年四月间经据该前县长陈敬呈，并准该县党部函，请饬令高州财政处即将廉安安遂公路交还廉江县地方办理到府，业于前省务会议议决令行建设厅核办在案。兹复据该县长钟喜焯续称，窃以廉安安遂两路，应行发还县民者，其理由如下：（一）廉安安遂两路，确为县民集腋征工及加收民米兴筑，督办人虽为邓逆本股，而路权自属诸县民。（二）股票存根不完不备。1. 因兴筑公路，事属创办，县民在压迫之下，只知有纳款，不知有权利，对于股票，视属等闲，有纳款而不追求股票，有获得股票而不知保存，事后追缴比对，似属为难。2. 因筹款时分头办理，当事者或隔于生手，或出于肥私，股票填发，诸多漏缺，且时值丧乱，当事者多已星散，股票存根，自难收集，若必责以完备，是乃苛求。（三）廉江地方财政，早已破产，积欠负债，计达八万余元，各机关各学校，势且停顿，以云整理，毋乃难事。厉行建设，更未易言。因于九月四日，召集各界代表大会议决：一再吁请政府发还廉安安遂两路，俟将该路收入展筑安山路完竣后，可将款挹注，而集股征工及加收民米，所得股票权利，完全公诸县地方所有，永以为案，是前此股东个人权利之争，已无问题股票存根考核亦属枝节矣。（四）查廉安安遂两路，政府向未拨款修筑，又非邓逆产业，自属县民兴筑，至为明显。今县民又愿放弃个人股东权利，公诸地方所有，政府似宜示民以信，立予发还，以鼓励县民急公好义之心，完成地方建设大业。（五）查廉安安遂两路收入，现为南路公路分处经费，约需一千六百余元，政府似宜设法另拨，免使有据路收租之嫌云。

（议决）交建设厅办。

十、建设厅呈拟议筹设新式士敏土厂缘由，乞核令遵案。

（说明）据略称，日前呈奉规复河南士敏土厂后，业已督饬积极办理，但查该厂每日出土，仅四百余桶，市上虽有唐山之马牌、上海之泰山牌、湖北之象牌等优良国货士敏土运销来粤，第为数有限，仍不足以敷需求。职厅职司建设，振兴实业，责无旁贷，谨拟议增设新式士敏土厂一所，厂址或择于英德，以利用其地方原料之采用，或择于花地芳村，以利用其出品运输之利便。并拟购用每日能出土一千桶最新式之机器，及机转窑，用干制法以求土质精良，煤斤节省。惟该厂房屋之建设及机器之装置，以及筹设全部之完成，约共需港币二百万元之谱。至该厂筹设情形及一切计划、预算俟呈奉核准后再行详细核议呈缴等语，除呈政治分会外，谨呈等语。

（议决）照准。

十一、广东地方武装团体训练员养成所所长李济深呈报本所任务完成情形，拟将印信款项等就便列册移交省警卫队编练委员会，连同本所第一期概览，请察核准予辞去所长一职案。

（议决）照准。

十二、广东地方武装训练员养成所教育长何彤呈请准予将现任教育长职务辞去案。

（议决）照准。

十三、工商部长孔祥熙电，远东商品展览会会期已迫，熙奉派亲往，拟请饬属广征出品，就近运会，希将办理情形电复案。

（议决）交建设厅办。

十四、本会委员提议，新历年假期限不宜过长，以免公务停顿案。（先办）

（议决）元旦放假一天。

广东省政府第四届委员会
第一百二十二次议事录

民国十八年一月四日　星期五

出席者　陈铭枢　冯祝万　朱兆莘　黄　节　伍观淇　李禄超
　　　　马超俊　许崇清

列席者　罗文庄

主　席　陈铭枢

纪　录　孙希文

报告事项

一、本府第一百二十次议事录，经奉政治分会核复，除建设讨论会组织大纲应查照原案再议外，余照通过，并经由秘书处将各件分发办理。

二、行政院令各省省志县志，失收已久，经国府议决交院令行各省设局修理，并谕各县一律修理令仰遵照，转饬遵照。

三、内政部咨，准财部函送中央银行运送纸币长期专照样本，请转饬军警一体验照放行等由，相应检照一纸，请查照饬属知照。

四、国府文官处函，奉令嗣后各省市政府以国税抵借国内款项，或募集省市公债，均应将需募债额及基金办法条例，咨由财部核明呈候政府批准，方准发行，其于各项税款如有指定抵借款项，未于事前呈准，概不生效力，各省管理国税机关，如未奉令，亦不得擅许抵押，以杜流弊，而一财权等因，请查照。

五、外交部俭日电告中法中西新约，业已签字，现先后订立新约者，共计十一国，关税自主，可无问题。

六、广东省党务指委会函，以共缉有案之农匪、共匪，已经拿获，不能任意释放，非经过履行自新手续不可，请通饬所属注意办理见复。

七、河南省政府主席韩复榘养日电告于本月二十一日就职。

八、中国国民党中央执行委员会俭日电告各区政治分会，经中央决议展期至十八年三月十五日以前裁撤，并申令各该分会须确守分会暂行条例之规定，不可逾越权限，以期行政系统日就整饬，仰知照。

九、外交部咨，据驻日斯巴尼亚公使刘崇杰请将从前沿用日斯巴尼亚字样改为西班牙，较为利便等情，经呈奉国府备案，请查照。

十、北平方振武感日电告于宥于〔日〕执行枪决背判〔叛〕党国之军官吴杰。

十一、外交部世日电告国际劳工局长 Thomes 由日本归途，约五日抵广州，希酌为招待。此件先饬知交涉署，合注明。

十二、教育厅呈报全省教育会议经过情形，并呈缴议案，整理结

523

果，及整理经过情形，连同各原案，请察核令遵。

十三、国府文官处俭日电告中央最近政情六项：（一）各集团军前敌总指挥，均加入编遣会议为委员。（二）任命赵戴文为蒙藏委员会委员，并指定为该委员会副委员长。（三）聘任唐绍仪为国民政府高等顾问。（四）广东省政府委员李济深辞职照准，委员兼民政厅厅长刘栽甫请辞本兼各职，准其辞去兼职，任命李文范、陈济棠为广东省政府委员，并任命李文范兼民政厅长，未到任前，由陈铭枢暂代。（五）山东省政府委员石敬亭辞职照准，遗决〔缺〕以秀吕文继任。（六）任命孙希文为广东省政府秘书长。

十四、民政厅长刘栽甫呈为因病赴沪就医，恳请辞去本兼各职，所有厅务委秘书陈燦章负责办理。

十五、国府令发各军编遣委员会条例一份，仰知照，并饬属知照。

讨论事项

一、民政厅呈，奉令查平远县长林××被县民陈国琛控告一案，现据蕉岭县长何龙章查明呈复原控用掌打人，酷押无辜，蹂躏司法，恃势滥权各节，或未与斗〔闻〕，或无从查确，拟请免予深究等情，惟解放各匪，情节相符，当如何办理，请核夺示遵案。

（说明）查此案本府前准江西省政府电，以平远县长释放匪犯，拒不准提，复以粗犷之词，痛诋邻省同僚，似应加以申诚等由；并据平远县民陈国琛呈控该县长林××贿放共匪，违法殃民，请派员查明撤究等情，当经先后令饬民厅查明办理。去后，兹据民厅复称，经饬蕉岭县长何龙章查复前来，查陈国琛呈控该县长林××用掌打人，酷押无辜，蹂躏司法，恃势滥权各节，或未与斗〔闻〕，或无从查确，拟请免予深究，惟解放各匪，据复查明，情节相符，当如何办理，请核示遵等情。

（议决）交东区善后公署再行查复候办。

二、委员许崇清等呈复奉函抄送政治分会朱委员提出纂修广东通志原提案一案拟办情形，连同广东修志馆组织大纲及预算表，请核示案。

（说明）查前奉政治分会函送朱委员家骅提议请纂修广东通志案，请查照办理到府，当经本府一〇七次议决交黄、许、伍三委员，罗院长拟具办法呈复，去后，兹据会复，连同修志馆组织大纲及经费预算表，请核前来，谨将原呈及大纲预算表油印，付请公决。

（议决）通过。馆长一职，由黄委员节兼充。

三、第八路总指挥部函，以饬台山县长李仲仁查拘主要犯李早荣解究一案，久不遵办，实属玩忽要公，请查照饬将该县长酌予处分，以示惩戒案。

（说明）准函称，查敝部军事裁判处，前准公安局函送古兜山土匪李平南、李林亭、李林平、李吕翘等四名到案，因案内主要匪犯李早荣一名在逃未获，曾由该处函请台山县代理县长李仲仁饬查，严拘解究，去后，旋据查复，李早荣系台山县南村人，平日挥金如土，因向母亲索银不遂，潜往澳门私造信函一封，寄回家中，函内盖有协义堂何大叶字样，内言被匪诱掳，嘱筹银数千元赎回云云。又查当日李平南等在澳被军队围捕时，李早荣适外出，故未一同被获，现已返回乡间等情，未据拘解到案，当以李早荣一名，实系本案主要匪犯，亟应拘究，经严令该代县长限期一月缉拿该匪，务获解究，并饬将所称伪造协义堂勒赎原函缴案核验，毋得违延干咎，仍着先将遵办情形报查在案。迄今逾限已久，未据遵办，实属玩忽要公，除再严令限期半月遵令拘解外，请查照饬将该代县长酌予处分，以示惩戒等语。

（议决）警告，并严饬遵令拘解。

四、建设厅呈，奉令遵办盗窃库款之犯员李鈇学一案情形，应如何处分或罚款，请核转令饬遵案。

（说明）查前据建设厅呈送窃库款之犯员李鈇学两次供词，连同整理新宁铁路委员会原呈及附件，请鉴核应如何办理之处，候令遵到府，经第九十四次议决，由该厅严行追缴，令饬遵照。去后，兹据复称：查该犯员李鈇学，盗窃库款，前据整理新宁铁路委员会呈报，除扣抵外，尚欠缴毫银七万七千五百七十七元七毫八仙，经职厅严令迅缴，该犯员业经先后缴到毫洋六万六千五百八十八元一毫九仙，再由委员会扣回李星衢担保该犯员毫洋一万元，现计该犯员除已缴过及扣抵外，尚欠缴九百八十九元五毫九仙，此外尚有该犯员前在司库任内，买入低毫及十三年毫币，顶去好银一万二千六百元，经由委员会送交广州鉴定十三年银币成色委员会鉴定改铸，此款亏折若干，俟将来该委员会呈报到厅，再行饬令该犯员一并如数填缴，以重路款外。查该犯员李鈇学，职司司库，理宜廉洁自持，今竟侵占巨款，复以低毫顶换，仅予押缴，似未足以儆其贪，究应如何予以处置，或罚款以儆效尤之处，请核夺饬遵等语。

（议决）除追缴银币亏折数目外，再由法院依律科罪。

五、广州市政委员长呈送收用执信学校旧址附近民房六间补价表，请核备案案。

（说明）据称，因市中建筑校址，收用附近民房六间，每井补回地价一百元，业主迁拆费二十元，住客五元，应否准予备案，合将原表油印，请公决。

（议决）照准。

六、政治分会函送广东省府建设讨论会组织大纲，希查照办理案。

（说明）查此案前奉政治分会函送到府，当经提出本府第一二〇次会议修改，并议决照行在案，送呈政治分会核议后，既奉核复建设讨论会组织大纲，应查照原案再议等因，谨将原案检请公决。

（议决）照修正大纲通过。

七、国税管理委员函，以治河盐捐款似应照旧仍归韩江治河处自收，抑应改由潮桥盐务支处代收，录案函请核复饬遵案。

（说明）据潮桥盐务支处呈称，则此项治河盐捐，系奉东区善后公署核准，由潮桥盐务支处代收。惟据韩江治河处呈称，则以向章系由治河处征，去年奉政治分公函，由财政部令行潮桥支处代收，暂行保管者，系因续收盐捐年期未定，为一时权宜之计，嗣以省垣政变，政治分会遂将此案停顿，当经由职处呈奉第八路东路军总指挥部核准，将此捐仍由职处自收在案，计期将及一年，各盐商并无异议。现该支处又复函知定于本月十七日开始代收，因此近数日来，职处毫无收入，河工待款甚迫，大受影响，请迅令该支处将此捐照章仍归职处自收，以济急需等情。准国税管理委员函称，查此项治河盐捐款，虽出自桥下盐商，事则隶属地方建设范围，似应照旧仍归韩江治河处自收，抑应改由潮桥盐务支处代收之处，请核明见复等语。

（议决）由潮桥盐务支处代收。

八、建设厅呈复奉饬详拟工业试验所计划，遵即按照审查计划，将原定筹设办法酌量变更，连同修正计划意见书，及经临概算表，请核示遵案。

（说明）查前据该厅呈为筹设工业试验所，疑〔拟〕具计划书表图式等到府，经第八十三次议决交财政、教育两厅审查呈复，去后，嗣据两厅呈复前来，复经第一〇五次议决交建设厅详拟呈复在案。兹据该厅呈复称，遵即按照审查计划书，将原定筹设办法酌量变更，关于开办及建筑部分，则稍求完备，经常各费，则力予撙节等语。

（议决）照办。

九、东区善后委员呈报兴宁县长廖桐史首完要政，成绩优良，应如何奖励之处，乞核令遵案。

（说明）据称，关于东区治安委员会章程及保甲施行细则一案，前经呈准钧府（第七十四次议决）备案，令委东区各县长饬妥速办在案。现据兴宁县长呈报奉办保甲一项，业已遵章编查，依限办竣，并将全属户口调查册，暨分类统计表等，缴请备案前来，查核所缴册表，详明精整，朗若列眉，具见该县长办事认真，用能于最短期间，首完要政。查奉颁修正广东各区善后章程第六条，各区善后委员对区内行政官员有惩戒奖励之权，其情节重大者应呈准省政府核办之规定。该兴宁县长廖桐史，早完要政，成绩优良，应如何给奖，以昭激励之处，请核祗遵等语。

（议决）记功一次。

十、广州市政委员长呈，以前拟规划燕塘跑马场与军营接近，不甚适宜，拟改在石牌多坟冈一带，颇形便利，除饬工务局再行计划外，请核祗遵案。

（说明）查前据该委员长呈拟具招承广州赛马场简章，请核备案到府，据称前请指拨燕塘跑马场，经政治分会核准照办，惟查该承商逾期日久，尚未遵办，自应将原案取销，另行招商，在新定之燕塘地方承建等情，当经第一〇三次议决，候政治分会核示在案。兹据该委员长续呈称，查该地与军营接近，不甚适宜，兹拟改在石牌多坟冈一带，该地址宽阔，利用广九铁路及中山公路，交通亦颇形便利等语。

（议决）照准。

十一、政治分会顾问梁漱溟呈报拟赴山西考查地点、起行日期及所需旅费各缘由，请核准饬财厅将预算旅费大洋一千六百五十元于起行之前如数照发案。

（说明）查前奉政治分会函，据建设委员会梁委员拟送试办乡治讲习所计划大纲及建议书请核一案，经议决交省政府照办在案，抄同原件，希查照等因，当经本府第一一九次议决先由本府派梁委员赴山西等省调查，回来再行举办，函请查照。去后，兹据呈复称，窃思关于考查地点一层，在河北方面，则定县翟城村举办自治历有二十余年，近年虽在干戈扰攘之中，犹复得傅葆琛、汤茂如、冯铣诸君极力推行平民教育，及试行农业改良，成绩颇著，此亟思考查者一。在山西方面，则自民国七年创行村政，迄于现在，规模具备，虽尚非自治，而可资考镜者固已甚多。其河东各县，地方较富，乡村事业，必更可观，此亟思考查者二。至于旅费一层，约计其概，则由粤至平，由平转赴定县河东等处，考查完毕回粤，一往一返，舟车之费，各以大洋三百五十元计，殆不可少，前后行程耽搁，为期总须两月，每月旅费食用各作二百元计，殆不可少，又随带书记一员，减低估计，似半数亦不可少。统共应需大洋一千六百五十元之数。其起行日期一层，本应及早动身，惟因漱溟现担第一中学校长责任，正在从事改革整顿，未能遽行离粤。拟于学校寒假期间，或寒假开学后，即二月初旬起行北上，请俯准饬财政厅将上项预算旅费，于漱溟起行之前，如数照发等语。

（议决）照准。

十二、市政厅、财政厅呈为会同拟请将果类入市税归并省陈鲜果咸货行台费统办各缘由，请核示案。

（说明）查此案前据财厅呈请将省陈鲜果咸货行台炮经费照旧由厅办理，生果入市税即由市政厅饬局拟办等情，当经第七十一次议决准如拟办在案。兹据两厅会呈称，查果类入市税与省陈鲜果咸货行台费，其抽收性质，虽各有异，而抽收货类，多数相同。若现时分办，手续较繁，征税承商，与台费行商，及果类买卖商人，因而或有误会，引起争端。兹就各方计议，拟援照汽水捐案，略事变更，将果类入市税与省陈鲜果咸货台费合并征收，归由现办省陈鲜果咸货行台费合益公司统办，并将入市税率纳入台费，一并征收，收得税款，由财厅按月拨还市库，如是则征收手续，归于统一，而市库收入，仍可维持，一经转移两皆得当等语。

（议决）暂行照办。

十三、汕头市长呈复汕头市旅客附加捐一案，前经奉东区核定在房租一元者始行征收，其余房伙在一元以下，及旅客在旅舍，自炊以食，靠水客担认水脚垫贷伙食之贫民，均不在抽捐之列，似无苛捐病民，请察核案。

（说明）查此案前准第八路总指挥部函送盐务总处范其务函请取销汕头市旅客附加捐，转请查照办理等由，当经第一一四次议决交汕头市政厅查明办理呈报。去后，兹据该市长呈复称，查征收此项附加警学费，前经〈经〉奉东区善后委员公署核拟，规定系在房租每日实收一元者始行征收，其余房伙统计在一元以下，及旅客在旅舍中自炊以食，靠水客担认水脚垫贷伙食之贫民，均不在抽捐之列，缘来往旅客，其力能支给一元以上之房租者，自非贫苦小民可知，似无苛捐病民之虑等语。

（议决）照准。

十四、广州糖面商业联合公会呈请依照前令，准将糖类捐迅予撤销，以符原案案。

（说明）查此案前于十六年十一月间，准南京特别委员会商人部函，据汕头市糖业公会呈，请将广东糖类捐撤销到府，经饬据财厅呈复称，此项糖类捐前由大本营财政部举办，旋改归职厅管辖，批商承办，认缴年饷三十万元，为岁入大宗，现值饷需孔亟，碍难予以撤销在案。兹据该公会呈，以南区善后公署呈本府文内有糖类捐原系指定北伐之用，在前通令时虽声明试办六个月，俟北伐成功即行取销，现北伐业已告结，应请政府取销，以苏民困等语，现在承捐公司违章巧取，变本加厉，即转运票一项，亦增至收费七元，商人不堪其扰，经据情呈告国税公署尚未解决，是此项糖类捐政府所得无多，徒饱承商私囊，尤当亟行裁撤，请依照前令，准将糖类捐迅予撤销，以符原案等语。查南区前呈报该区地方行政会议议决关于财政一类，原议决案五项。（内第五项所列如上文，请核示到府，当经本府第九十九次议决交财政厅办理在案，合注明。）

（议决）交财厅议复。

十五、教育厅呈为各校经费困迫，请核准照十七年度新预等〔算〕

发给案。

（说明）据略称，查省立各校，如工专，如女师，如一中、二中等，十七年度预算，早经编送，至今尚未核复，每月份照十六年度预算数目发给，各校极感困难，不绝呼吁，长此以往，教育前途，不特无发达之希望，即现状亦恐难维持，恳迅准照十七年度新预算发给，俾资接济等语。

（议决）除工专外，从一月份起照新预算发。

十六、兼交涉员朱委员提议恢复遂溪洋务局移置北海案。

（议决）照准。

十七、本会委员提议，南雄县长刘汝霖调省，另候差委，遗缺以方新署理案。

（议决）通过。

十八、伍委员提议，限制本省从政人员，以后须有在乡办事两年资格，方得任用案。

（议决）留交建设讨论会讨论。

十九、本会主席提议，拟慎重选用县长案。

（议决）照行。

广东省政府第四届委员会
第一百二十三次议事录

一月八日　星期二

出席者　陈铭枢　陈济棠　黄　节　伍观淇　李禄超　许崇清
　　　　马超俊　冯祝万　朱兆莘
列席者　罗文庄
主　席　陈铭枢
纪　录　孙希文
报告事项

一、本府第一百二十一次议事录，经呈奉政治分会核议通过发还，已由秘书处分发办理。

二、国府令发中华民国海关进口税则原文一份，仰知照，并饬属一体知照。

三、国府令发各省县举士条例一份，仰知照，并饬属知照。

四、国府令发立法院各委员会组织法一份，抑仰知照，并饬属知照。

五、国府令依禁烟会议议决制定调验公务员简则一纸，仰知照，并饬属知照。

六、国府文官处卅日电告，奉国府令，关于各省筹赈灾黎一案，除令内政、财政两部分别筹备发行公债外，仍仰各该省市县地方长官，召集富户殷商，添募巨金接济，关于民食盈虚，务须妥为调剂等因，请查照。

七、国府卫生部函送本部编印卫生十二要共十三种，请查照指正，转饬遵照依式仿印，分发各户暨各公共场所，或书墙壁，或贴通衢，以期普及周知。

八、武汉政治分会卅日电复利用英国庚子赔款完成粤汉铁路，既荷赞同，当电铁道部转请中央迅与英政府交涉，早促成功。

九、第八路总指挥李济深函知同〔因〕赴京公干，所有本部事务，派邓参谋长世增代拆代行，请查照。

十、热河省政府主席委员汤玉麟等东日电，奉国府任令为热省府委员，经宣誓就职，请赐良箴，藉匡不逮。

十一、察哈尔省政府主席兼赈灾委员扬爱源电报经大会议决截至十二月卅一日止办理结束，所有捐款及一切赈济事，均多交赈务会继续办理。

十二、贵州省府主席兼第九路总指挥周西成，敬日电告李燊野心性成，收拾余烬，复集川边之散兵土匪，及当地流民无赖，以求一逞，我军迎击，李燊受伤，弹尽粮绝，养日溃窜，同时敌众亦被击散等语。又元日电告次第击溃李燊残部及该军所过地方焚掠奸淫情形。

十三、湘赣两省剿匪副总指挥代理总指挥何键，东日电告奉令遵于元旦在长沙就职。

十四、张学良等删日电告拟垫私财影印四库全书，廉价出售，望襄盛业。

十五、第八路总指挥部参谋处长张谞文，世日电知本省设立之无线电局分站，均能用短波与本省或各省直接通报。

十六、中华航空协进会第二特别区分会菲律宾分会主席吴记球函知决定征求华侨入会，请锡赐奖品。

十七、外交部函请查照于国际联合会副秘书长艾文六及摄影队到境时，派员妥为指导。

十八、财政部咨，准工商部咨，以保险法规尚未颁行，广东财厅规定整理保险事业暂行条例，似应暂缓施行，惟事关贵省议决公布之案，请查核办理见复。

讨论事项

一、民政厅呈，据翁源县呈拟抽收田亩捐，以为警察及特务队经费缘由，缴呈办法及薪制饷表，请核示等情，转请核示饬遵案。

（说明）呈据翁源县长梁修礼呈略称，职县警察，前因经费无着，概行裁撤，至县特务队亦因经费无多，只有队兵二十名，人数太少，办事上殊感困难，自应筹定经费，从速分别恢复扩充，拟抽收田亩捐，以为经费，每亩税每年抽银二毫，预算约可收银三万元，以二万元为警察经费，以一万元为特务队经费，并缴扩充特务队及规复警察办法编制薪饷预算表等情，惟查各县游击特务队等，名目纷歧，前经饬令改编县兵有案，所有该县特务队名称，自应依照改为县兵，令饬去后，兹据呈复特务队名目，系奉北区善后委员公署委派队附张典民来县，将原有游击队改编为广东北区特务队第八队，并刊有钤记一颗，由该队附带县启用，前呈编制薪饷各表，亦系根据办理等情，查该县拟扩充特务队及规复各区警察，既系依照北区善后委员公署所规定办法办理，并制定编制薪饷表造报，似可准予照办，至所请准予开收田亩捐一节，系援照各县成案办理，似亦可行等语。查关于抽收田亩捐一案，本府前据民厅呈，据河源县长呈为办理县属惊〔警〕卫队拟抽收田亩捐为经费等情，查现拟办法可否暂准试办请核示，当经第七十六议决准试办在案。

（议决）不准。

二、建设厅长呈拟请将广东治河处及韩江治河处改组为全省永利局，拟具组织规程预算各一份，请核指遵案。

（说明）据略称，查本省原有广东治河处及韩江治河处之设，专司治河事宜，惟该处等成立已久，每年经费合计不下四五十万元，然或以隶属关系，省政府无从监督，或以抽捐举办，组织尚欠完善，且两处原定职掌仅限于治河，其各项水利之讲求，应如何利用水力以助长农业，亦未闻有所筹划，当兹训政开始，政府对于此种除弊兴利，关系綦重之水利事业，自应根本整理，以求天然之水利，胥能致用，查苏浙赣等省，均经先后设有水利局，确定预算，专司水利之事，粤省亦宜实事求是，将治河处改组而扩充之，定名为"广东全省水利局"，由职厅管辖监督，其原有经费及各种仪器家私应用物品，概由水利局接管，并广罗专门人材，将治水兴利事宜，从新规划，所有河流之淤塞者疏通之，田畴乏水者挹注之，应用水力者引用之，因势利导，认真办理，庶可以裨益农耕，消除水旱，水利工程，随而发展，于国计民生，实深利赖等语。

（议决）呈政治分会。

三、第八路总指挥部函复，前军事厅长徐景唐呈为前垫支守备军饷一十三万余元，请拨还归垫一案核办情形，请查照核办案。

（说明）查前据第五军长徐景唐呈请准将朱前军事厅长交回任内存款一十五万余元缴库收存之款，用以拨还第十三师前垫发守备军饷项一十三万二千余元，以完手续等情前来，当经函转第八路总指挥部查照办理。去后，兹准函复，查前项垫支饷项，昨据该前厅长呈同前情到部，当以该前厅长既已分呈，应候贵府核饬指令知照在案，至该守备军饷项，向系由该厅直向财厅领给，不属敝部军费额内支发，前据第五军部呈送第八路南路军总指挥部十六年十一月起至十七年三月上半月止收支表内列守备军饷项及各部临时军费数目，大致尚无不符，惟据称各项簿据，存该部备查，未据呈缴查核有案，请查照核办等语。

（议决）照拨还。

四、广东高等法院呈请照例给恤故紫金分庭管狱员赖鉴遗族年值七十二元，并酌给一次恤金一百二十元，拟请令知财政厅即由本省司法收入项下分别拨给，具领状转咨核销案。

（说明）查关于该院呈请发给各县分庭故推事书记等恤金各案，均经历次议决照准有案。又该院前请给三水分庭推事成俊英恤金一案，复经第一〇九次会议议决照准，并准由该院查例照给在案。

（议决）照准。

五、民政厅呈请加委本厅主任秘书梁祖诰，秘书陈仲伟、黎时雍，第二科长张孝箴，总务主任邹汉明案。

（议决）照委。

六、本府秘书长呈请增加本府经费预算案，附编制新预算。

（议决）通过。

七、本会主席提议分别聘委建设讨论会顾问专门委员及职员案。

（议决）通过。聘江彤候、彭一湖、何公敢，为顾问。聘光明甫、林式增、朱公准、区国强、阮淑清、杜周南、云大琦、为专任专门委员。丘琼、雷国能、伊光仪、钟泰为兼任专门委员。委王维彻为秘书。余俊生、陈永强、姚万里、林一元为干事。

八、广东交涉员临时提议，请自十八年一月起交涉署增加经费六百元，至前请在新预算每月增加三千元一案，兹请撤回案。

（议决）照准。

广东省政府第四届委员会
第一百二十四次议事录

一月十一日　星期五

出席者　陈铭枢　冯祝万　黄　节　朱兆莘　伍观淇　李禄超
　　　　许崇清　马超俊

列席者　罗文庄

主　席　陈铭枢

纪　录　孙希文

报告事项

一、本府第一百二十一次议事录，经奉政治分会核议通过发还，已由秘书处分发办理。

二、国府文官处豪日电告中央最近政情七项：（一）特任张学良为东北边防军司令长官，张作相、万福麟为副司令官。（二）任命翟文选等为奉天省政府委员，指定翟文选为主席，并任命陈文骏兼民政厅厅长，张振鹭兼财政厅厅长，王毓桂兼教育厅厅长，刘鹤龄兼农矿厅厅长，彭志云兼建设厅厅长。（三）任张作相等为吉林省政府委员，指定张作相为主席，并任命章启槐兼民政厅长，荣厚兼财政厅长，王莘林兼教育厅长，马德恩兼农矿厅长。（四）任命常荫槐等为黑龙江省政府委员，指定常荫槐为主席，并任命马景桂兼民政厅长，庞作屏兼财政厅长，潘景武兼教育厅长，高家骥兼农矿厅长，陈耀先兼建设厅长。（五）任命汤玉麟等为热河省政府委员，指定汤玉麟为主席，并任命邴克庄兼民政厅长，古兆元兼财政厅长，梁国栋兼建设厅长。（六）公布导淮委员会组织条例，及首都建设委员会组织条例。（七）制定民国十八年赈灾公债条例，及还本付息表。

三、内政部函送本部呈拟将县组织法所定县政府各科，暂准各省变通办理，以节经费，呈奉核准，原呈请查照。

四、政治分会函，据教育厅呈复审查关于孙甄陶等请给留学官费一案情形，并拟选派留学生规程，请核示等情，经本会议决，留学规程照准，交省府查照在案，希查照。（先办）

五、国税管理委员函，关于取缔江门市银号凭票，规定单行法，以资办理，除呈报布告分行外，请饬属查照。

六、财政厅呈缴整理联保火险公会章程，请察核备案。

七、教育、财政厅会呈，奉令据花县商会请将县属油榨捐案饬令撤销一案，会同核拟应酌减征率，暂定为每槽征收银二毫，抄呈花县征收榨油捐简章，请核令遵。

八、奉天省教育会东日电告张总司令慨捐国币五百万元作为奉省公立中小学教育永久基金，发商生息，以年息补助教育，并组织董事会保管支配。

九、河南全省禁烟委员会委员邓哲熙等艳日电告于十二月三十一日就职。

十、国府令发国民革命军退伍军官佐考试任用条例，仰知照，并饬属知照。

十一、行政院令，据教育部长提议，关于统一教育管辖一案，经本院会议议决照办，抄发原提案，仰知照，转饬所属一体知照。

十二、工商部函送商标局组织条例，及查验商标注册暂行章程各二份，请查照饬属知照。

十三、政治分会函知，准国府虞电关于派许崇清代理民政厅厅长案照准，并请转知省政府遵照等由，相应转达查照。

十四、浙江省政府艳日电告奉国府颁发大小印信，遵于元旦日敬谨启用。

讨论事项

一、民政厅呈，抄呈乳源县长原呈，并化瑶局长呈复派员到乳办理瑶人事件困难情形，应否准予所拟照旧办理，仍由乳源县拨，其立春给发瑶盐一事，亦由该县就近办理，作正开报之处，请核指遵案。

（说明）查本府前据该厅呈报连山县瑶务科应否取销，嗣后瑶饷可否改由化瑶局请领转发，请提会饬遵。再连山瑶务科经费，每季支给二百八十八元，瑶饷每季支给六百二十五元，此外尚有乳源县绥瑶经费每月九元六毫，瑶盐款每年三百元，现化瑶局业经成立，拟并连山轧源疏务绥瑶等费一律取销，所有瑶饷瑶盐两项，均由化瑶局请领转发等情，当经第八十五次会议照办在案。

（议决）照准。

二、民政厅呈，据汕头市长请加委各局长秘书科长等情，查所呈设立堤工一科，核与原案不符，经饬应候财厅议复呈奉核准，再行设立，暨由厅委任该市各秘书科长外，缴同该市公安等局长履历表，请核加委案。

（说明）略称，据该市长陈国桀开具公安局长张我东，财政局长赵策六，工务局长余怀德，秘书李日纶、谭护、张仲璇，总务科长卢稚文，教育科长萧德宣，社会科长黄廷宾，卫生科长朱绍东，堤工科长谭刚等履历，请加委等情，查汕头堤工处奉裁归并汕头市接办，前据市长黄开山呈请另添办事人员，划隶该市工务局办理，奉令会同财、建两厅核复，以凭饬遵等因，遵经咨请财厅核明主稿，以凭会呈。去后，嗣据该市长呈报改设四科三局情形，当以所拟系为节省经费起见，似尚可行，复经呈奉核准又在案。现呈设立堤工一科，核与原案不符，经饬应候财厅议复呈奉核准，再行设立，暨由厅照案委任该市各秘书科长，以专责成外，所有该市请委公安等局长缘由，缴同履历，请核加委等语。

（议决）照委。

三、崖县县长呈为盐田经费系充县兵薪饷，请俯准令行财政厅准将盐田经费移交场署征收一案，收回成命，仍照旧由县署征收，以维县兵经费案。

（说明）查此项盐田经费，迭准财部管理在粤事务咨请令饬该县拨归三亚场接管，并准咨责成该县于十七年内定一期限，设法另筹他款，为县兵薪饷，当经先后令饬该县遵办在案。兹据该县呈略称，查县属地方辽阔，东西袤延四百余里，汉黎逼处，黎匪劫掠之患，时有所闻，加以共匪肇乱以还，渠魁虽已歼除，余孽犹未尽获，防范稍有疏懈，死灰恐致复燃，原有县兵三十名，势力不足，不得已增设保安队三十名以充之，其饷项系由各机关职员每月酌捐薪俸一成，并由各商家按月认捐一二元以至四五毫不等，以资支给，其困苦艰难，无款可筹之状，可想而知，地方情形如此，乃欲另筹年收二千余元当全县地方税半数之税项以抵盐田经费之收入，殆事实上之绝无可能，职自奉令筹抵以来，迭经召集全县人士开会筹议，终无方法，若必将此项经费收归场署征解，惟有将县兵裁撤而已，现设县兵三十名，尚虞不足，故增设保安队以充之，若举县兵三十名而裁之，地方治安，将何所赖。查此项经费原系供县兵薪饷及时雍学校常年经费之需，学校常年经费每年六百元，昨已呈由教育厅咨请予照案拨支，独县兵经费屡请不获，岂一部分黎民之教育为重，而全属之治安为轻？又称，此项经费为县署地方行政经费，前清光绪年间所修之崖州志尚有记载，班班可考，向来列于地方费开销，成案具在，即以赋税性质而论，亦非属于国税范围。按国税地方税区分之原则，大抵以间接税为国税，直接税为地方税。此项盐田经费，论田征收，非计盐纳税，与普通地税略同，绝无转嫁之性质，实直接税之一种，不宜目为国税；若谓盐税为国税，凡征自盐田者皆属之，不必细为区别，则崖县中学亦另收盐田经费每年一千五百大元，何不并举而收同〔回〕之各等语。

（议决）咨国税公署核复，并行南区查酌情形具报。

四、略。

五、教育厅呈，据省立工业专门学校呈称，扩充学额，添置校品，

537

及经费困难情形，请提出省务会议，将十七年度经常预算从速议决核复，以维校务等情，转请迅予核复案。

（说明）据该校呈，略称，属校原日预算，每月请领经常费一万零八百零四元，除二成库券外，实领毫银八千六百四十四元，现计教职员工役校警薪俸每月连同所搭库券约支一万零一百余元，所余库券六百余元，而校内所需公费及实习费，已无现款可支，按月挪借，定难支持，近闻省立各校新预算，经已通过，由一月份照拨，惟工专尚未确定。如属校十七年度新预算仍延不解决，不特本校无从发展，即下学期万难维持，校务势必停辍，校长职掌所关，未便缄默不言等情，查该校十七年度学生班数增加，所须经费，亦随而增进，若照旧预算领用必不敷支，该校长听称省立各校新预算经已通过自一月起照拨，惟该校十七年度新预算延未解决，下学期万难维持各节，查属实情等语。"查关于教育厅呈为各校经费困迫，请核准照十七年度新预算发给省立各校经费一案，昨经于第一二二次议决，除工专外，从一月份起，照新预算发在案。"

（议决）付建设讨论会议。

六、教育厅呈，据灵山县长呈请委宁天英接充县教育局长等情，钞同履历转呈核明加委案。

（议决）照委。

七、教育厅呈，据云浮县长呈请委任邓焯荣为该县教育局长兼县督学员等情，钞同履历转呈核明加委案。

（议决）照委。

八、北区善后委员呈拟请通令各县务将县库地方各款划分清楚，各县长不得占据地方收入，藉口县库不敷，擅行动支，致乱财政，并请颁发惩治条例，以资执行案。

（说明）据称县署经费，向有定额，按月支给，历办有案，近因各县生活程度较高，支出数目或不免感受困难。然事关政费，即有不敷，亦应正式呈报上方，声请增益，听候核夺，方为正办。乃查职区各县县长，廉明自爱，确遵成法者，固居多数；而性成贪污，藉口经费不足，强将地方之款霸据，擅行开支，致令财政紊乱者亦不乏人；若非将此等不肖官吏，严加惩戒，恐循此以往，转相效尤，欲求政治修明，地方发展，实无希望之可能。委员为地方善后计，拟请钧府通令各县，务将县

538

库地方各款划分清楚，各县长不得占据地方收入，藉口县库不敷，擅行动支，致乱财政，并请颁发惩治条例，以资执行，庶贪污知所儆戒，而地方庶政得以实施等语。（查前据南区呈请核定各县官等官俸表，准予增加预算一案，经本府呈奉政治分会核复，仍交省政府拟办，当于第九十次议决交民政厅在案。）

（议决）再通令各县，将县库地方各款，缕列呈报，并行各区善后公署查报，以便考核定夺。

九、建设讨论会主席陈铭枢呈具该会支付预算书，请核示遵案。（专案呈送）

（议决）呈政治分会。

十、略。

十一、民政厅提议请委黄世治署理陵水县县长案。

（议决）照委。

广东省政府第四届委员会
第一百二十五次议事录

一月十五日　星期二

出席者　陈铭枢　冯祝万　陈济棠　黄　节　朱兆莘　伍观淇
　　　　　李禄超　许崇清　马超俊

列席者　罗文庄

主　席　陈铭枢

纪　录　孙希文

报告事项

一、本府第一百二十三次议事录，经奉政治分会核议通过发还，已由秘书处分发办理。

二、国府文官处真日电告中央最近政情五项：（一）批准中德、中法、中英、中和、中瑞、中挪，各关税务约。（二）总税务司易纨士辞职照准，遗缺以梅乐和继任。　（三）任命樊象离为内政部政务次长。

（四）任王次甫为河北省政府秘书长，袁其被为青海省政府秘书长。

（五）任南桂馨为河东监运使。

三、行政院令，奉国务会议，关于国府文官长提议划一各院所属部会名称请核议施行一案，经议决，全称国民政府某院某部，其委员会亦同，在案，等因，抄发原提案，仰即饬属一体知照。

四、行政院令知，查审计法施行细则第十六条，各机关应将出纳人员姓名履历及保证金额录送审计院备查，遇交代时亦同；又第十七条各机关长官或经营出纳人员交代时，应将经营款项及物品详列交代清册，移交接管人员，由该机关长官报上级机关转送审计院备查，仰府遵照，并转饬属遵照。

五、行政院令，奉国府令，据审计院呈称，以各机关应送院审核书类，多未能按期编送，爰特根据审计法第十六条规定，及审计法施行细则第十五条规定办理等情，所请应准照办等因，仰该府转饬所属一体遵照。

六、行政院令，奉国府令，据审计院呈请通令各机关务须遵照定章，力求撙节，尊重预算，不得于法外多添一员，妄费一款，以裕库藏等情，经令所请应予照准等因，仰该府即便转饬所属一体遵照办理。

七、行政院令知前汉口中行发行之五角辅币券，已归汉钞整理案内一并办理，所有汉口中央银行辅币券持券人等，不得向中央、中国、交通等银行及辅币券兑换各所要求兑现，仰遵照转饬所属一体遵照。

八、行政院令，奉国府令，处理逆产事宜，应由主管官厅依照处理逆产条例办理，不得任意出入，其他机关尤不能越权处置，以重功令等因，仰该府遵照，并饬属一体遵照。

九、国军编遣委员会歌日电告第一次会议情形，又庚日电告第二次会议情形。

十、内政部长赵戴文咨知于本月二十七日就职。

十一、湖北省政府主席张知本佳日电请一致主张利用英国庚子赔款完成粤汉铁路，以期早日观成。

十二、暂代陆军第三师师长陈继承佳日电告奉国府任命，遵于本日到差。

十三、汉口特别市指导委员会佳日电告，因水杏林惨案，本市工人

540

自动于本日实行对日总罢工，并望一致声援。

十四、第九路总指挥周西成歌日电告击溃李燊，班师回黔，拟恳国府饬邻省扑灭其残部，并将李燊免职，通缉归案惩办。

十五、贫民第一教养院董事会函知，敝会为保持开国纪念特殊慈善机关起见，召集全体大会，议决通告各省政府请求一致援助，特请按年拨助该院经费若干，俾得发扬光大，无弃前功。

十六、行政院令，奉国府令，嗣后如有文武官吏贪赃枉法，或奉令不力，情虚蒙蔽，案情重大者，应由各该高级长官押送来京讯办，或由该管长官撤职审究，如于某省犯案未了，他处不许复用，并不得只撤差委，使其逍遥法外等因，仰即遵照，并转饬所属一体遵照。

讨论事项

一、政治分会函，关于江门市沿河堤商反对承商汤因球承筑堤岸一案，经本会议决仍交省府核办，希查照案。

（议决）交建设厅暨西区善后公署会同办理呈复。

二、广东地方警卫队编委会呈拟组设警卫研究班，连同计划大纲简章，请核备案案。

（说明）据略称，拟组设警卫研究班，将各训练员分期调回，入班研究，俾相观摩，而资进益。第一期名额约百余人，分为二组或三组，每组约六十人，以三个月为一期，期满后与未入班研究者轮流调换。如此职务既不相妨，而学识得资深造，即各地方警卫队亦可期日渐改善，推行思利，应训政之要需，树自治之基础。至研究班教员，在武训养成所第二期未招考前，【暂】以该所教官担任指导之责等语。

（议决）照准，但武装团体养成所应即取销。

三、民政厅呈复，关于佛冈县党务登记处委员黄××胪陈区县长劣迹请撤究一案，饬据从化县长查复情形，究应如何办理，请核示遵案。①

（议决）免究。

四、北平西郊香山慈幼院函为敝院经费，经呈请国府求其维持，虽蒙迭次批允，迄未领到拨款，兹为维持特殊学校计，查籍隶贵省儿童之收养敝院者十八名，年共需费二千六百元，恳乞照数拨助，或由贵省给

---

① 该项"说明"内容略。

予川资，饬回原籍收养案。

（议决）捐助大洋一千元。

五、略。

六、潮梅商会联合会真日邮电请明令取销潮梅缉私分所，以苏民困案。

（说明）据称，该局稽查无风生波，对于普通商民，手携零用之物，如咸鱼数斤，饼干数盒，绸布数尺，药品数件，铜元数百等，立即倾箱倒箧，且不分男女，遍搜其身，指为走私，带所谎报，勒索银钱，且没收其物品；不遂所愿，则拘禁不释，甚至有华侨由外洋回国，经亲友馈赠零碎物品，随身带回者，则更视为奇货，任意敲诈。此辈既非商贩，亦非走私，而受此无理之骚扰，敢怨而不敢言，有失总理优待华侨之德意。此外商人运货，已完税而有正式税单者，亦辄多方国难，诬为单数不符，或印花贴粘未足，吓勒敲诈，罄竹难书，等语。

（议决）交国税管理委员会公署。

七、民政厅提议云浮县长刘学修调省，遗缺拟请委彭世枋署理案。（附履历①）

（议决）照准。

广东省政府第四届委员会
第一百二十六次议事录
一月十八日　星期五

出席者　陈铭枢　陈济棠　黄　节　朱兆莘　李禄超　许崇清
　　　　马超俊　冯祝万
列席者　罗文庄
主　席　陈铭枢
纪　录　孙希文

————————

① 缺附件。

报告事项

一、本府第一百二十四次议事录，经奉政治分会核议通过发还，已由秘书处分发办理。

二、国府令饬妥筹遣散士兵办法，并转饬各县克日清查户口，实行连保连坐，以绝匪患。

三、国军编造委员会歌日电告开会伊始，宣言四项：（一）不偏私。（二）不欺饰。（三）不假藉。（四）不中辍。务本上述原则，以求贯彻整理军事之全功。

四、第八路总指挥部函复，以准湘赣两省剿匪何代总指挥电知，该总部已遵命组织成立，俟完妥即向江西进剿朱毛股匪，请分饬驻军向赣方严密防堵一案，经分令东北两区暨第十六军军长第三独立师长知照，请查照。

五、民政、建设厅会呈复，办理设立各县建设局饬审察各县情形会拟办法一案，现均在审查中，关于取销县公路局一节，拟请俟各县依照组织法实行改组时，再行遵照办理。

六、财政厅呈复奉令筹款设置长途电话广港线所需各款一案，现值筹还整理金融各项债款，库储支绌，似应由十八年一月份起，分六个月匀拨，以纾财力，请备案。

七、东北边防司令张学良，副司令张作相、万福麟，久〔文〕日电知，奉令遵于本月十二日就职。（先办）电贺。

八、宁夏省政府主席门致中、委员邵遇芝等，灰日电告于一月十日宣誓就职，并暂行自刊铜质印信，同日启用。（先办）电贺。

九、晋冀察绥赈灾委员会函告奉国府令设立，特派阎锡山等为委员，遵于前月二十七日成立，奉颁关防，即日启用。

十、行政院寒日电知高公使鲁拟在法京设立巴黎中国图书馆，请就所辖广雅书局，饬将出版图书，择其重要各检一份，寄交上海高公使带往。

十一、巴黎大学中国学院监督韩汝甲呈为前在欧美各大学创办中国学院十六座，历次政府有案可稽，兹将中西文化事业与政府来往公函等件，摘要汇呈，乞转行各机关及官私各报，如允许代为募捐，请分别直寄所开地址。

十二、行政院令，奉国府令，中央处理逆产委员会着即裁撤等因，仰并转饬所属一体知照。又令，奉国府令，中央处理逆产委员会经议决裁撤，处理逆产事宜，由内政部各省民政厅各特别市政府接管等因，仰该府遵照转饬民厅接收办理。

讨论事项

一、民政、财政厅会呈拟定本省禁烟施行大纲草案，请核采纳施行案。

（说明）查前据财厅呈，据出席国府禁烟委员会代表张敏呈报禁烟会议情形，并缴禁烟会议议决案，转请察核到府，当交民、财两厅会同妥议具报。去后，兹据两厅会复，兹谨根据全国禁烟会议议决案，并按省内实在情况，拟定本省禁烟施行大纲草案十一条，设禁烟委员办事处，办理施禁事宜，以为本省禁烟初步。此项大纲，拟于十八年三月一日实行，将来一本拒毒决心，努力办理，计日程功，烟毒无难完全禁绝。除关于禁烟委员办事处组织章程暨各项办事程序俟另案拟办外，请采纳施行，等语。

（议决）交建设讨论会民政组根据此草案，拟具体详细办法呈核。

二、财政厅呈，关于梅县、揭阳两县拆城筑路拨费办法，应否仍照职厅核定原案办理，拆〔抑〕应照建设厅拟奉钧府核定办法办理，抄同东区原函，请核示遵案。

（说明）查本府前据建厅呈，据揭阳县呈拟将拆城所余空地约二千余井，每井约以五元计，共值一万余元，拟援照本府八十八次议决案之十（建设厅呈，转据东路公路分处呈，据梅县公路委员会拟拆城基，将城砖泥沙地价，拨为建筑梅松公路之用，经梅县县长查复，众论金同，似属可行等情，请核示饬遵案，议决照准）一案，由县投变，拨为补助拆城工资。及建筑梅松公路经费之用，等情，据厅称，核明该县所请，事同一律，似可照行，请指令饬遵到府，当经令准照拟办理在案。兹据财厅呈略称，本案前经准东区函，据该县呈请，事同前情，转请查照今饬潮梅官产处转饬揭阳官产专员知照到厅，当以揭汤〔阳〕拆城筑路办法，经孔前厅长核定沿照梅县拆城筑路办法成案，除将城基砖石变价拨充修费外，其城基地皮投变得价，系以七成解库，三成补助拆城及筑路工费，批饬办理在案，则该县应照原案办理，拆城砖石料准

544

由县变价拨充筑路费。城基地，除预定路线外，所有内外余地，暨城沟官地，以及路旁骑楼地，应归潮梅官产处，速即分段照章勘估编投，准在应解价款提拨三成补助筑路费，以七成解缴省库，庶筑路得以兴办，而库收不致大受影响，函复东区，转饬该县遵照在案。乃该县不特恝置不理，复敢瞒请建厅，拟定由县完全变价拨充路费办法，转呈钧府核准办理，以致政令两歧，而职厅又未闻知，似于人民观听，职厅威信，不无影响。该县长举措不当，似应加以申饬。至关于梅县揭阳两县拆城筑路拨费办法，应否仍照职厅核定原案办理，抑应照建厅拟奉钧府核定办法办理，请核示遵等语。

（议决）严饬该县长遵照财政厅原案办理，并由建设厅密令张友仁查有无作弊具复。

三、财政厅呈拟请嗣后各县市官产投变得价，以五成为该县市市政建设等费，以五成解缴省库；其留拨五成县市建设费用，仍责成各县市将收支数目报核。当否，请核令饬遵案。

（议决）照准。

四、建设厅呈，据公路处呈，以奉令准拨之款，与从前请求之数，相差尚巨，如韶坪公路早成，于粤汉铁路营业，裨益非浅，拟请令饬粤路除清偿旧欠外，从新继续附加韶坪路费五个月，以便适应工程等情，转请察核示遵案。

（说明）查前据建设厅呈，据公路处呈报韶坪路款艰窘情形，除饬三铁路迅将欠交该路之款照数付交，并仍将韶坪路附加费继续征收外，拟请令饬省库每月再拨给三万元，以八个月为限，便〔使〕该路得以早日完成一案，经本府第一○四次会议议决，准每月再拨一万元，以八个月为限，在案。兹该厅据公路处续呈，以奉令准拨之款，与请求之数比较，每月相差二万元，八个月共差一十六万元，衡度用途，仍未相抵。且广九铁路附加欠数每月仅交一二千元，恐亦不能于数月之间，清偿全数。综计韶坪路款情形，约须再筹二十万元，以期及早蒇事。拟请令饬粤路，除清偿旧欠外，从新继续附加韶坪路费五个月，以便适应工程等情。据厅称，查此系为促成该路，免因款细延误起见，请核示遵，等语。

（议决）照准。

五、建设厅呈，据广九铁路管理局呈称，奉令筹设苗圃，以本路原有东山地段为最适宜，请转省府迅赐发还，以资种植等情，候核饬遵案。①

（议决）该地段仍作仲恺公园，由市厅经理，并照原地价拨还铁路局。

六、广东森林局长呈森林局开办经费预算表，请核饬财厅先将开办费照数核发，俾资领用开办案。

（说明）查该局开办费共六千八百元，经常费月需五千三百二十五元，全年共需六万三千九百元。

（议决）交财政厅核发。

广东省政府第四届委员会
第一百二十七次议事录

一月二十一〔二〕日　星期二

出席者　陈铭枢　冯祝万　黄　节　朱兆莘　伍观淇　李禄超
　　　　　许崇清　马超俊

列席者　罗文庄

主　席　陈铭枢

纪　录　孙希文

报告事项

一、本府第一百二十五次议事录，经奉政治分会核议通过发还，已由秘书处分发办理。

二、国府令发导淮委员会组织条例一份，仰知照，并饬属知照。

三、国府令发首都建设委员会组织条例，仰知照，并饬属知照。

四、国府令发十八年赈灾公债条例，及还本付息表，仰知照，并饬属知照。

---

①　该项"说明"内容略。

五、行政院令发两粤赈灾委员会组织条例一份，仰饬属知照。

六、财政部函，奉国府颁发财政部铃发票照之印，即于十八年一月四日启用，以后印发票照，概用附印，请查照转饬所属并希布告商民人等一体知悉。

七、财政部咨请取缔各属地方钱庄商号私自发行低〔纸〕币或票券行使市面，以维币政，其业已发行者，限于一个月内将发行额数及准备实况，呈由地方政府转报本部核定，限令分期收回，除由本部布告外，请查照饬属一体遵照。

八、卫生部咨送市卫生行政会议简章一份，请查照，并迅饬所属各市府一体遵办。

九、建设讨论会呈送该会第一次会议议事录，请核备案。

十、国府文官处巧日电知贵省政府暨各厅印章已饬印铸局铸就，希派妥员备文呈领。

十一、国军编遣委员会删日电告奉国府颁发印信，业于本日启用，请查照，并饬所属知照。

十二、奉天省政府主席委员翟文选等文日电告遵令于本月十二日组织成立，先行就职。

十三、张学良等真日电告杨宇霆、常荫槐二人罪状三端，及按法执行情形。

十四、政治分会函复，据该府建设讨论会呈缴每月经常费支付预算书，请核示等情，经议决照准，自一月份起支在案，录案函复查照。

讨论事项

一、教育厅呈缴省立图书馆修建购置及搬运预算清单工程说明书开投章程合约等，请核转饬财厅迅将此项经费如数核发，至关于工程事项，俟钧府核定后，再咨请财厅派员会同召匠勘估案。

（说明）查该厅前以旧法领署后座房屋建筑省立图书馆实不敷用，请自马路贴近南段起，及北段一带，一律指定为建筑新馆之用一案，昨经奉政治分会函复，议决交教厅、市府会同办理等因，分别饬遵。去后，兹据该厅呈称，所有划地事宜，拟俟会同市厅勘明划定后，另案呈报。惟查省立图书馆现系从新迁地改造，业由职厅拟具整顿办法，并开列第一期整顿经费数目，在整理十七年度下半年全省教育经费案汇呈核夺，刻当筹备伊始，自应按照原拟办法，及经费预算，妥为计划。就中如改建堂室，添购图书器物，固属先务；即将来新馆落成，一切搬运移置及如何分别部居，亦须先事谋定，以免临时忙乱。查法领旧署后方，原有洋楼一座，基础尚属完好，惟瓦面桁桷，均已朽坏，须将上盖拆去，另行盖造。此外墙壁门扇窗棂，及电灯自来水等，亦须分别修补，从新安置，此属于改建工程者一。原有省立图书馆，所藏多属旧书，新籍尤少，设备亦甚简陋，亟宜择要添购图籍，以供浏览。书箱椅桌及一切器物用具，并应酌量添置，此属于购置图籍器具者二。属于工程者，约需一万二千六百余元。属于购置者，均〔约〕需银一万六千余元，其余临时搬运费用，均〔约〕需银五百余元。合计需银三万元，与原定第一期整顿经费预算数目，尚无出入等语。

（议决）照准。

二、民政厅、伍委员会呈复查明宝安县民冼善之被封产业应予撤封发还缘由，连同原呈节略清单等，请核令遵案。

（说明）查此案前据该厅呈，据宝安县长查复冼善之尚非助逆，以前行为，并无不合，应否取销通缉，撤封产业之处，请核示到府，当经第五十六次会议议决，准予取销通缉在案。嗣民厅据该民请发还封产，转请核承前来，又经第八十二次议决，交伍委员、民政厅查复核办。去后，兹据会复称，正在调查间，适该民来省，开具节略，亲自呈递。查节略所称各节，与调查所得，尚属相符，当经加以抚慰。该民以清白被诬，一朝昭雪，对政府表示谢忱，职等本古者强人为善之旨，劝令尽力捐助巨款，作为报效广州市贫民教育院，及广州市附近地方习艺所经费，旋据呈称，愿遵照捐助毫银二万元，第一次交八千元，其余每次交二千元，六个月缴交清楚，并请明令先将产业撤封发还，及分别令行布告等情。查该民被封产业时，借债颇多，现既如是热心报效，似应准如所请办理等语。

（议决）照拟办理。

三、广州市政委员长呈，据工务局呈请拆卸省府后墙，以便兴工开筑德宣东路等情请核示案。

（议决）准照拆，并请总部派员督拆。

四、教育厅呈，据化县呈请另委刘传邦接充该县教育局长，缴同履历，请核明加委案。

（议决）照委。

五、教育厅呈拟援例酌给故员刘恩纶恤款三个月，共银三百元缘由，请校祗遵案。

（说明）据该厅呈称，查该故员刘恩纶前在广东全省教育委员会及职厅继续供职八年有奇，办事勤慎，积劳病故。据称身后萧条，殊堪悯恻，所请酌予恩恤，似可照准等语。查本府前据该厅呈，以该厅科员冯叔润病效〔故〕，请援例给恤原薪三个月，共银一百八十元一案，经前省务会议议决照准有案。兹请援案酌给，应否照准，请公决。

（议决）照准。

六、行政院令，奉国府令，据交通部呈，为统一电信事业，嗣后关于电话仍旧统归交通部负责办理一案，经指令照准等因，仰转饬所属一体知照案。

（说明）原令开，据交通部呈，略称，闻各方或藉口市内电话属于市政范围，思收为市有，或藉口长途电话关系地方交通，思自行挂设；似此残败之电信，维持整理之不遑，何堪再遭分割破裂之害！查电信所负外债，已达七千余万元，系以全国报话产业及收入为担保，如电话不全由本部经营，则此项债务，更难统筹应付，外人实行干涉，必致危及根本，其害一；电政经济状况，竭蹶万分，酌盈剂虚，全恃临时调拨，如话局不全由部管理，则各局经费何从调拨，其害二；报话机器材料，各有划一程式，如不全由本部订购，势必不能一致，其害三；报话各局职工，均技术专门人才，凡任免升转进级加薪及一切奖惩办法，均各订有专章，如不全由部管辖，待遇必难强同，其害四；电话虽有市内与长途之分，但实际必须彼此接通，方可联络通讯，如不集中本部办理，则联络功效既失，运用大感困难，其害五；电话事业，对外接洽事件甚繁，如无固定机关处理，则事权不一，办法分歧，其害六；等语。惟查关于本省电话局一案，前于十六年一月间，据广州市政府呈称，奉交通部自汉口来电内开，广州市电话所现因筹饷改设自动电话机，扩充长途电话，为利便进行计，应照武汉电话局例，收归交通部直辖，改称为交通部广州电话局，兹任命陈铁珊为该局局长，回粤办理等因，请核示等情，当经第二届委员会第十三次议决，将电话局改隶交通部窒碍情形请示国民政府，去后，旋奉批复，已令行交通部核夺呈复在案。兹奉令前因，应如何办理，请公决。

（议决）建设厅拟复。

七、电白县长呈为拟请指拨匪产兴办县属交通电话各缘由，绘具电话图说一纸，当否，请核令遵案。

（说明）据称，案奉南区善后公署令饬，限二月内将县境内交通电话筹办接驳完竣一案，先经姚前县长遵照召集县属各界开会讨论进行，公推委员邵兆骅等五人组织成立电话筹备委员会，以资筹办在案。惟以筹款无着，前任未能着手办理。兹查县属林头区著匪梁凤泉，于去年九月一日被林头区团局派队围捕击毙，当经该区团局将该匪积年伙匪生前抢劫资财置有遗产，呈请查封在卷。查该匪遗产，有坐落土名西村洞载租九十石，又土名鹩哥洞载租七十石，又马踏水头洞载租一十二石。全计一百七十二石，约值时价五千余元，除该匪生前曾将鹩哥洞田契向华楼架村陈族按银一千二百元，应查明扣还外，尚值价银四千余元，拟将该匪产悉数投变，所得价款，全数拨为建设交通电话之用。现职县拟敷设第一期电话，业经测量完竣，共线长约三百余里，装设各费，约需款八千余元，若将该项匪产价款全数拨充，实已足敷半数，所余不足之款，为数无多，较易为力，自当另行设法筹拨，务底完成等语。

（议决）照准。

八、财政厅长、教育厅长、许委员会呈复拟具建筑新教育厅署募捐章程，请核令遵案。

（说明）查前奉政治分会函告本会议决由全省各县募捐三十万元为修孔庙并附建教育厅署之用，希即根据议决案，妥定募集保管方法，分饬遵办，并转知教厅一案，经本府第七十二次会议议决，交财、教两厅及许委员拟具办法，去后，兹据会复拟具章程前来，请公决。

（议决）建筑教育厅另案办理；募修孔庙，再拟办法具呈。

九、民政厅提议，德庆县长梁夔呈请辞职，拟请以谢鹤年署理案。

（议决）照准。

十、本会委员提议，东莞县长沈竞调省，委岑学侣署理；龙川县长潘延阊调省，委龙门县县长陈浩钧调署，递遗龙门县缺，委方德华署理案。

（议决）通过。

广东省政府第四届委员会
第一百二十八次议事录

一月二十五日　星期五

出席者　陈铭枢　冯祝万　黄　节　朱兆莘　伍观淇　李禄超
　　　　　许崇清　马超俊

列席者　罗文庄

主　席　陈铭枢

纪　录　孙希文

报告事项

一、本府第一百二十六次议事录，经奉政治分会核议通过发还，已由秘书处分发办理。

二、国府令，据审计院呈请关于审计进行，应再令饬遵办者三事，仰该府即便遵照办理，并转饬所属一体遵办。

三、国府令发总理奉安委员会章程，仰知照，并饬属知照。

四、内政部咨送全国商联会呈为没收逆产不得违累非逆产原呈一件，及提案二件，请查照将已经处分各案件于文到十日内造册迳报行政院查考，并分送本部备查。

五、内政部咨送调查警备队既调查保卫团一览表，请查照饬属于文到两月内填齐送部，以便汇编转呈。

六、行政院秘书处函，奉谕铁道部提议请行政院通令所属有关系之各部会及各省市政府，凡关于航空借款，或与外人合办商务航空事项，目前如有各种少部分之协定，应一律暂予保留，抄送原提案一件，请查照。

七、国府文官处巧日电告中央最近政情九项：（一）任命伍朝枢为驻美特命全权公使，施肇基为驻英特命全权公使。（二）特任张人杰为建设委员会委员长，任命曾养甫为副委员长。（三）侨务委员会改组，特任林森为侨务委员会委员长。（四）公布国民政府财政委员会组织大纲，国军编遣委员会进行程序大纲，及黄河水利委员会组织条例，兴办水利防御水灾奖励条例，参谋本部陆地测量总局大纲，暨编制表，寺庙管理条例。（五）特派冯玉祥等为黄河水利委员会委员，冯玉祥为委员长，马福祥、王瑚为副委员长。（六）任命陈敬棠为山西省政府委员，鲁效祖为新疆省政府委员。（七）直隶湾改名渤海湾，直隶海峡改名渤海海峡。（八）李燊擅自称兵，违犯军纪，免职听候查办。（九）喀尔喀车臊（此字电码有误）部落镇国公德钦诺布，皆自请取销镇国公爵，准明令褒扬，并另予名义。

八、国军编造会秘书处删日电告真日开第三次大会，关于宋部长说明确定军费总额实行统一财政办法之提案要旨，请核定原则，于全年总额收入，拨百分之四十一为陆海空军，暨中央军政经临各费，及陆军预备金，并提出请求五项，经议决原则通过。

九、国军编遣会秘书处巧日电告国军编遣委员会进行程序大纲，经全体出席委员一致通过，除照缮该大纲呈请公布施行外，特择要奉闻。

十、国府禁烟委员会函，为敝会员有督促执行全国禁烟之责，希将贵省办理全境禁烟情形，暨曾否成立禁烟会，其已成立者，系如何组织。查明函复过会，以便统核办理。

十一、财政厅呈复，关于庆承堂黄干记报承元兴围外水垣一案，奉令将此案停止投变，每井须补价大洋八十元，转饬该堂遵照办理，等因，遵将所拟进行缘由，复请察核备案。

十二、财政厅呈复，关于建厅呈据公路处请指拨建筑南路桥洞工程费三十三万元一案，目前暂难筹拨缘由，请核转饬知照。

十三、中央银行函，奉国府颁发铜质大印，遵于一月三日启用，请查照。

十四、政治分会秘书处函知，本会委员临时提议，举行造林运动周，并拟具办法八条，请公决一案，经议决通过，本会已派定唐世潍、高伯伊代表会同筹备，请贵府查照指派代表二人，并转饬所属遵照。（由秘书处派二人）（先办）

讨论事项

一、教育厅呈，据广东全省义务教育委员会呈缴该会组织大纲补充办法经费预算表，由厅复核，所拟尚无不合，转请核令财厅，将该会开办费一次发给，每月经常费如数照发案。

（说明）查前据该厅呈报，奉大学院令行办理义务教育委员会组织成立情形，连同各级义务教育委员会组织大纲，及广东全省义务教育委员名单各一份，请核备案到府，当经指令准予备案在案。兹该厅呈，据该委员会呈缴组织大纲补充办法经费预算表等情，据厅称，审核所拟补充办法五条，尚无不合，所列每月经费预算及开办费数目，核与职厅整理十七年度下半年教育经费数案内规定组织全省义务教育委员会每月常费三千元，另开办费三百元之数，亦属符合。现在关于筹办全省义务教育事项，急待进行，请核令财厅将该会开办费一次发给，每月经常费如数照发，俾资办理等语。

（议决）此会暂缓开办，由厅督促各县市调查失学儿童，并奖劝儿童教育。

二、第八路总指挥部函，为紫金县长洪××被民众代表及绅商学界代表先后控诉违法殃民一案，经转饬据五十三团团长王道查报情形前来，案关县长溺职，请核议处案。

（说明）准总部函开，前据紫金县古竹约民众代表刘惠霖等呈控该县长洪××庇匪殃民，藉案索诈各情，经先后令行东区善后委员查明具报。兹据该区要员，据五十三团团长王道就近查得情形呈复前来，查原夏各节，既据复查属实，该县长殊难辞咎，事关县长溺职，应请查核议处等语。惟查此案，本府先据该县公民代表李安福及古竹商民代表刘新运、民众代表刘惠霖等分词呈控该县长藉案迫诈各节，及据该县全县治安委员会呈，以该县长被冒称公民代表之李安福诬控，请察明锄奸各等情，均经先后令行民政厅饬据洞〔河〕源县长欧阳洸并案查复，转呈到府。据厅称，查紫金县长洪××被控庇匪得赃各节，现据查明，多无实据，处决许仿贤案，亦非擅杀，似可免予置议，请核示等情，当经第一百一十五次会议议决，如拟，另通令嗣后用团体或公民代表及个人名义控告在职人员，应令到案对质，如查非事实，及有诬告情事，应予反坐在案。

（议决）免职调省询问，遗缺以黄蔚竞署理。

三、民政厅提议，乐【会】县县长彭××撤职，遗缺拟委李午天

署理，请公决案。（附履历①）

（议决）照准。

四、本会委员提议，惠阳县长黄均铨调省，遗缺以方德华署理；又委陆树昌署理龙门县县长案。（附履历②）

（议决）通过。

五、广东全省筹赈总处呈拟订两粤赈灾委员会广州分会组织简章，请核指遵案。

（说明）查前准两粤赈灾委员会函告在京开成立大会，拟请李、陈两主席在粤筹备广州赈灾分会，并请查明就地指派散赈人员一案，当经第一二一次议决，交筹赈处拟订办法具报，去后，兹据该处呈复，根据奉发两粤赈灾委员会组织条例，拟订两粤赈灾委员会广州分会组织法，请核祗遵等语。

（议决）照办。

六、民政厅提议，本厅视察员余卓鸣辞职，遗缺拟请委邓祖望补充；谭化雨辞职，遗缺拟请委吴凤声补充；李凯训另候差委，遗缺拟请委余超补充，请公决案。（附履历③）

（议决）照委。

七、广东交涉员呈称，关于香港方面诉讼案件，每须延律师出庭办理，原聘钵打律师聘约期满，如续聘，须另送聘金案。

（议决）照办。

八、教育厅长提议，查原驻广府学宫之第三伤兵病院日间迁出，拟请拨该处为广东修志馆，并为设立教育行政人员讲习所之用，请公决案。

（议决）照准。

九、本会委员提议励行全省平民识字运动案。

（议决）由伍委员、黄厅长、李委员、许厅长，拟具方案先从广州市着手。

---

① 缺附件。
② 缺附件。
③ 缺附件。

554

广东省政府第四届委员会
第一百二十九次议事录

一月二十九日　星期二

出席者　陈铭枢　冯祝万　马超俊　黄　节　朱兆莘　伍观淇
　　　　　李禄超　徐景唐　许崇清
列席者　罗文庄
主　席　陈铭枢
纪　录　孙希文

报告事项

一、本府第一百二十七次议事录，经奉政治分会核复，除第十案龙门县缺交回复议外，余均通过发还，已由秘书处分发办理。

二、略。

三、新疆省政府咨送十七年度民政施行大纲，请查照核示。

四、北区善后委员王应榆有日电报宥日出发会剿朱毛共逆，署中公务交参谋长李毓焜代拆代行。

五、建设讨论会呈送该会交通、实业两组联合会议议事录，请核备案。

六、卫生部漾日电，以本部定于二月二十至二十五日在首都召开市卫生行政会议，经咨达在案，贵省依法成立之普通市府，共有几处，此次照章出席共有几人，盼电复，并请将议案即日寄部。

七、财政部漾日电告奉国府令，自十八年二月一日，中华民国海关新税则施行后，各地税局及煤油特税局，应即裁撤，归并海关办理，着转饬遵照等因，除分令外，请查照督饬进行，依限办理。

八、卫生部咨送医师暂行条例、药师暂行条例各一份，请查照转饬所属遵办。

九、国军编造会敬日电告本会祸日开第五次大会，决议案十项。

十、中华国民拒毒会函请速将原存各地所有之禁烟成绩报告案抄寄全份，并通令各县长各公安局长对于本会直接寄往之表格依式填报，限期寄会。

讨论事项

一、广州市公安局呈，据清平十约代表廖慎初呈称，前向市厅承回市产借揭款项，经法院判决拍卖抵偿，并商债主划回一部办理公益，今被黄校长藉学占夺，请维持法院原判，转饬该校免予收用等情，应否照准，候指遵案。

（说明）查此案前据该代表具呈到府，经批行市厅查复核办，去后，嗣据市厅呈复，经饬据财政、教育两局长等派员查明廖慎初等状称各节，系属私而非公，现第五十四小学又须亟谋扩充，校址方敷应用，似应仍准照案备价收用该清平十约公所地址，以维学务等情，当经指令如拟办理，并训令该代表等遵照在案。嗣复据该代表等呈为市厅违法偏祖，乞暂禁拆建，以俟法律解决，并称分诉政治分会等情，当以既据分诉，仰候政治分会核办可也，批饬知照在案。嗣奉政治分会函发市立五十四小学校，及该代表等互诉原呈，饬即查明核办等因，当即查照前案经办事理呈复，并分别批令遵照，去后，兹复据公安局呈称，据该代表呈请维持法院原判，转饬该校免予收用等情，应否照准之处，请核祗遵等语。

（议决）交市厅核办。

二、广东地方警卫队编练委员会呈送警卫研究班十八年各月份预算书，请令财厅按月发给案。

（议决）照准，连同编练委员会按月给两万元。

三、建设厅呈复关于旧历年初二雇主解雇工人一案，在劳动法典未经颁布以前，应依照劳资条件暂行通则规定办理。至关于恢复共乱被解散之工会一案，应先将工会整个统一，计划完成后，再将解散之工会由党政机关会同组织一审查工会委员会，严密审查，分别恢复，各缘由。当否，请核施行案。

（议决）俟劳工法典颁布后再依法组织。

四、民政厅提义〔议〕，阳山县长张叔廉辞职，遗缺拟调连山县长凌锡华接充，递遗连山县缺，拟委何翼州署理，请公决案。

（议决）照委。

556

五、本府委员提议，揭阳县长王仲和辞职，拟调东莞县长岑学侣署理；递遗东莞县长缺，调英德县长陈惠宣署理；递遗英德县长缺，委秦堉芬署理案。

（议决）通过。

广东省政府第四届委员会
第一百三十次议事录

二月五日　星期二

出席者　陈铭枢　冯祝万　陈济棠　黄　节　刘栽甫　伍观淇
　　　　　朱兆莘　李禄超　许崇清　马超俊

列席者　罗文庄

主　席　陈铭枢

纪　录　孙希文

报告事项

一、本府第一百二十八次议事录，经奉政治分会核议通过发还，已由秘书处分发办理。

二、国府勘日电饬转所属，凡下级机关之预算，应于本年二月十五日以前编造完竣，送由各该主管机关审核汇编，于本年三月十五日以前，送达财政部，依例执行初步审查，仰遵照，并转饬所属一体遵照办理。

三、行政院令发恤金证书样式一份，仰知照。

四、国府文官处宥日电告中央最近政情五项：（一）公布国民政府财政委员会组织大纲。（二）公布陆军大学条例，暨陆军大学暂设特别班条例。（三）公布捐资兴学条例。（四）特任吴敬恒等为国军编遣委员会常务委员。（五）特任李济深为国军编遣委员会总务部主任，李宗仁为编组部主任，冯玉祥为遣置部主任，阎锡山为经理部主任。

五、国军编遣会秘书处巧日电告第四次大会议决蒋委员长中正提议进行程序大纲十五项。又敬日电告第五次大会议决案十项，又宥日电告第六次大会议决案四项。

六、国军编遣会宥日电告，兹当闭会之日，用再掬诚奉闻，誓守开会宣言，不偏私，不欺饰，不中辍，不假藉四项，以求贯彻，共矢勿逾。

七、财政部函知制定银行注册章程，经部令施行在案，检同公布章程，请查照通行所属一体遵照。

八、内政部函送各省厘定县等办法，请查照饬办。

九、卫生部咨送修正中央卫生试验所组织条例一份，请查照饬属知照。

十、内政部咨知，绥远临河设治局改升县治一案，经奉中央政治会议太原分会咨行政院核准在案，请查照转饬所属一体知照。

十一、外交部咨知，嗣后外人请领狩猎证书，应查照民国三年颁行之狩猎法，暨民国七年前农商部公布之狩猎法，以免误会，请查照转饬所属一体知照。

十二、广西全省民众艳日电称，前在天津订立之中法陆路通商章程，及在北京订立之中法续议商务专条暨附章等，均届期满，务请外交当局，迅与法国另订平等条约，以除民族痛苦。

十三、国府令发修正国军编遣委员会条例，仰知照，并饬属知照。

十四、国府令发国府参谋本部陆地测量总局组织大纲，仰知照，并饬属知照。

十五、国府令发兴办水利防御水灾奖励条例，仰知照，并饬属知照。

十六、外交部咨，准国民政府文官处函，奉主席发下中央政治会议咨，古委员应芬提议关于各省对外交涉，应归中央办理一案，决议咨政府令外交部照办等因，抄同原件请查照。

十七、行政院令发军政部拟具各省县政府对于驻军接洽剿匪事项应用公文手续五条，仰遵照，并饬所属各县一体遵照。

十八、行政院令知，凡已经验过田房各契据，将来地方办理登记，应一律免予收费，仰该府即便遵照办理。

十九、军政部咨，兹定于各省硝磺局厂上冠以"军政部"字样，请查照饬属遵照。

二十、内政部马日电请转电所属，自接电之日起，在三个月内，暂行一律停止拆毁神祠，三个月后，依照本部所颁神祠废存标准，由各市县查明妥慎办理，不得由其他机关团体任意拆毁，请查照饬办电复。

二十一、财政部函送民国十八年赈灾公债条例，及还本付息表，请查照饬属知照。

二十二、武汉政治分会皓日代电，准铁道部电开，对于利用英国庚款完成粤汉铁路一节，业在筹议，事关铁路发展，自应竭力以赴等因，相应电达查照。

二十三、湘赣两省剿匪总指挥部参谋处俭日电知，据刘旅长先后两电告追击朱毛残匪情形。

二十四、民政厅、高等法院会呈拟定各县递解人犯程途表，请核指遵。

二十五、广东中央银行行长黄隆生函缴银行印信及官章模文一纸，请核备案。

二十六、湘赣两省剿匪代总指挥何键，艳日电告剿八面山股匪情形。

二十七、铁道部长孙科俭日电复，中山县训政实施委员会，系计划指导机关，因此邑为总理故乡，特由中央议决设立，期树风声，并收宏效，其建议办法八点，于省府职权及现行县制均无妨碍。

讨论事项

一、略。

二、教育厅呈，据廉江县长呈请委李宜元为该县教育局长，查核资格尚合，钞同履历，请核明加委案。

（议决）照委。

三、财政厅呈，据东海业户胡世德等呈请收回东海十六沙沙骨鸭埠租照案拨充护沙经费一案，经令中山县会同东海局妥议办法。兹据呈复拟议折衷解决争执意见，请采择等情，查核所复，各持理由，非彻底解决，无以昭折服，理合录案连同卷宗，请核提会议决，办理祗遵案。

（议决）照原定额拨支中山警学费，余仍归还自卫局，其批投权亦归自卫局办理。

四、教育厅呈为培养乡村小学师资，设立省立第一师范学校筹备委员会，选定江村地方为新校校址，指定何委员为该会主席，每月拟给予薪俸一百八十元，并拟派往江苏各地之乡村学校考查，请发给旅费四百元，以便启行案。

（议决）照准，多派一员，加发旅费四百元。

五、教育厅呈请在省立第一师范学校添招乡村小学师资科一班，租用祠宇，于春季始业应酌增经费缘由，连同修正预算书，请核指遵案。

（说明）查前据该厅提议筹设乡村师范学校，并拟具办法请公决到府，当经第一一九次议决照办在案。兹据续称，经由职厅聘委各筹备员择定番禺县属之江村为校址，所有应行筹备事项，积极进行，现据筹备委员会会议，金以原定办法第一年只先设立乡村小学师资科一班，然为图聘用教师之利便，与设备上之经济使用起见，应添招一班，连原定办法，共成学生二班，且拟在江村先行租用江氏阖族祠为临时校舍，即于春季招生开学，一面购地建校，设置农场，注意实习，似此办法，不至虚耗时间，复得教职员就近规划新校建设，于进行上至为妥善等语。查该筹备委员会所陈各项，不为无见，惟增招学生一班，及先行租用祠宇为临时校舍，于原列支出预算不无变更，现计开办费应增三千六百元，第一年经常费应增七千零八十元，合计应增一万零七百零四元云。

（议决）照准。

六、财政厅呈请转行建设厅将现办商业注册条例，酌予改订，准由商民自动注册，勿涉强迫，俾免窒碍营业税之进行案。

（说明）据称，职厅筹议开办本省营业税一事，当经设立营业税筹备委员会，从事规划，现已渐有端倪，将来开办后，对于原办之商业牌照，自当划入范围。惟查建设厅所颁商业注册条例，凡属商店，均须注册缴费，似与职厅原办商业牌照条例凡营各种商业，开设店铺者，无论新开旧设，均须一律缴纳牌照费领照登记之规定有所抵触，各商店每以同一政府之下而纳两次同类之照费，重复负担为词，商照收入，早呈妨碍。且查商业牌照定章，按其资本额之多寡，一次过征收照费百分之一，其资本在二三百元之小商店，不过收费毫洋二三元，此外并无征收别费，彼商业注册不论商店之大小，一律征收注册费大洋三元，另公费印花申请书送照等费，统共须缴伸计毫洋九元有奇，其细小商店负担既重，遵办尤感困难，等语。

560

（议决）饬建设厅知照。

七、国府参谋部咨，据陆军大学校呈拟援照前例，恳准咨行各学员所属省政府每员按月津贴洋六十元，汇部转发，俾该学员等安心求学等情，兹开具贵省学员刘绍武、池中宽二名履历表，请查照核办见复案。

（议决）非本省保送，不便照办。

八、罗定县呈报职县监狱失修，泥壁崩颓，地方揪隘，拟请准由清理匪产项下拨款五千元改建案。

（说明）据该县呈称，职县监狱，日久失修，陈前任内曾发生越狱一次。每思筹款改建，以地方瘠苦，迭与司法分庭互商，都无善果。现防军寄押人犯，日渐增加，统连新旧管押，共计已达一百七十余名，狱狭犯多，纵能严密防范，然于狱政卫生，妨碍滋甚！查职县去年五、六月间防军三十三团会同地方团体肃清属内积年悍匪而后，曾由当地士绅组织清理匪产委员会，从事清理，现计数月间，拍卖投变匪产，亦已不少，拟请准由匪产项下拨款五千元，俾得改建监狱等语。

（议决）准拨交法院会同该县长办理。

九、本府秘书处拟具本省行政处理及诉讼规程，呈候核定颁布，以明系统，而省尘牍。当否，候核示遵案。

（议决）照颁行。

十、财政厅、市政厅、高等法院会呈关于陈刘氏与黄××因承领广州市李家园××号屋业不服市财政局处分上诉一案，业由该案主席邀同各委员审查完竣，连同本案卷宗并议决书，请鉴核祗遵案。

（议决）如拟办理。

十一、财政厅、市政厅、高等法院会呈关于陈××与李××因承领十一甫第××号铺业上诉一案，业由该案主席邀同各委员审查完竣，连同本案卷宗并议决书，请鉴核祗遵案。

（议决）如拟办理。

十二、财政厅、市政厅、高等法院会呈奉令发还再审查关于××号与冯××争承告〔吉〕星里第××号市产一案，现经由该案主席邀同各委员审查完竣，连同本案卷宗并议决书，请鉴核祗遵案。

（说明）查此案前经据该厅等呈缴议决书请核到府，经第一百一十一次议决应维持本府原判效力，发还再审，去后，兹据呈复，经由该案主席邀同各委员开会再行审查，业经审查完竣，连同本案议决书及卷宗缴请鉴核等语。

（议决）如拟办理。

十三、轮船招商总局管理处函请准予令饬汕头市政府将以抵纳券收买招商局旷地为建筑警署及校舍之议取销，并将建筑消防队瞭望台等地址退还，以维航业案。

（说明）查此案前于十五年三月间经据前汕头市政厅长范其务呈拟，由该市厅印发抵纳券交招商局收买旷地，为建筑第二区署及市立第二小学校舍之用，俟将来投变填筑地产及招租码头时，一律准作现金交纳等情，请核准备案到府，当经前省务会议议决准予备案在案。兹据招商局函略称，据汕头分局呈报，现准汕头市厅函称，此案前经由范市长函请查照准贵局萧前局长请收回成命，复经范前任以政府对于私有土地如有公用之必要，例特收买函复在案。惟现市二小校尚租用民房，第一区署亦虚糜租金，根据前案，将制就十元五元一元三种抵纳券二万零七百八十三元，派员赍送，请按图点交接管等由。又据函称，汕市府未得本局许可，已占地五十五方丈建筑消防队瞭望台各等情。查敝局改组以来，一应兴革事宜，刻正积极筹办，该项坪地，自马路开辟后，位置适当要冲，正拟计划建筑栈房及其他业务上之设备，以谋业务之发展，汕市政府收买之议，适足以阻其进行，且该地系汕市第四区地界，市政府指作第二区警察分署地基之用，地位并不相宜，复与汕市改造原则矛盾，是则汕市府实无收买该地之必要。至谓将一部分地辟作市立小学校址一节，查建筑学校，系属公共事业，应由全市公共负担，不必责令本局独受其失，况建筑学校，随地皆可，汕市空地及海塘之待填者甚多，更不必专注该地。且该地价每方丈约值三百余元，今仅欲以无期归偿之抵纳券折作毛洋三十五元收买，尤为事理之不可能，请饬令汕市府将收买之议取销，并将建筑消防队瞭望台等地退还，以维业务等语。

（议决）交范其务查复。

十四、广州市政委员长呈请指派委员一人，会同组织广州市自来水公司评价委员会，连同章程规则各一份，候指令祗遵案。

（说明）据称，奉政治分会议决，准由省政府、市政府、市政委员会、总商会及自来水公司股东，各派代表一人，组织评价委员会在案。

兹拟具广州市自来水公司评价委员会章程，暨广州市自来水公司股东选举评价委员会委员规则各一份，除呈政治分会外，请指派委员一人，以便会同组织等语。

（议决）派建设讨论会专门委员丘琮。

广东省政府第四届委员会
第一百三十一次议事录

二月八日　星期五

出席者　陈铭枢　冯祝万　刘栽甫　黄　节　陈济棠　朱兆莘
　　　　　李禄超　许崇清　马超俊　伍观淇
列席者　罗文庄
主　席　陈铭枢
纪　录　孙希文

报告事项

一、本府第一百二十九次议事录，经奉政治分会核议通过发还，已由秘书处分发办理。

二、国府令发国军编遣委员会进行程序大纲一份，仰知照，并饬属知照。

三、国府令发黄河水利委员会组织条例一份，仰知照，并饬属知照。

四、国府令发寺庙管理条例一份，仰知照，并饬属知照。

五、行政院令发参谋总长训练总监军政部长会呈关于国府其他间接隶属之机关无须冠"国府"字样原呈一件，经国务会议议决照办，仰转饬所属一体知照。

六、行政院令，据铁道部呈请饬将广九、粤汉、广三各路局划归该部管理，以一事权等情，应准照办，除指令外，仰遵照办理具复查核。

又铁道部漾日电知，拟将广九、粤汉、广三各路局划归本部管理，业经中央议决照办在案，除将议案另文咨达外，请转饬建设厅暨各该局遵照办理。

七、国府文官处冬日电告中央最近政情八项：（一）公布国籍法及国籍法施行条例。（二）公布侨务委员会组织法，蒙藏委员会组织法。（三）公布国军编遣委员会编制，暨国军编遣委员会编遣区办事处组织大纲。（四）公布地方官协助盐务奖惩条例，及修正征收卷烟统税条例。（五）特派谭延闿为财政委员会委员长。（六）派薛笃弼前往陕甘，王甫前往察绥视察灾情。（七）任命葛敬恩为国军编遣委员会总务部副主任，刘骥为遣置部副主任，张华辅为编组部副主任，朱绥光为经理部副主任。（八）改奉天省为辽宁省。

八、内政部咨送人事登记暂行条例及表式，又补送户口调查统计报告规则及表式，请查照饬属遵办。

九、工商部咨送工人教育计划纲要，请查照力予倡导，并转饬所属各主管机关参照进行。

十、工商部咨请转饬未经注册各公司从速依法呈部注册，以符功令。又咨知各项公司，须遵照法定注册期限，来部换领执照，呈验旧照，或呈请换发新照，以符法令，请查照转饬遵照。

十一、安徽省政府漾日电告赈务会马日成立，请力予协助。

十二、国民革命军总司令部副官处函送《国军编【遣】委员会之希望》一千二百册，请在省内各地散发以广宣传。

十三、广西筹赈委员会敬日邮电复知赈款十万元已如数领讫，并申谢悃。

十四、教育、财政厅会呈复奉发改良蚕桑指导员养成所计划及预算书饬会同审核一案，遵将审查情形复请核明转饬遵照。

十五、国民革命军陆军第三师师长毛炳文敬日电告于漾日在苏州防次就职。

十六、第十三路总指挥谭曙卿漾日电告奉令改编胶东刘志陆等四部队经已改编完竣，所有从前总指挥部等各种名义一律取销。

十七、重庆刘文辉、刘湘文日电告逆踞各地次第勘定经过情形。

讨论事项

一、建设厅呈，据广三铁路局呈报增设三水分站修筑马路拟订收用民有土地屋宇简章等情，查所拟简章，大致尚合，似可准予照办，请核指遵案。

（说明）据该局称，此案前经呈奉建厅准予备案有案，查此次增设三水分站，修筑马路，应以修用马路路线所经民有土地房屋为最先急务，而收用之方，先宜择定标准，俾有正鹄。现就当地情形，细意考虑，折衷采择，拟订收用民有土地屋宇简章凡十二条，以期因应适合，请赐准照办，俾便分别会县饬属办理等情。据厅称，查该局所拟简章，大致尚合，似可准予照办等语。

（议决）照准。

二、西区善后委员呈，据罗定县长呈称，职属泗大公路建筑桥梁款项无着，请迅拨巨款，俾得从速完成等情，自非补助不能蒇事，查广东全省筹赈总处原定有借款筑路办法，可否由钧府饬知筹赈总处酌量拨借之处，请核示遵案。

（议决）筹赈处议复。

三、西区善后委员呈，拟嗣后钱粮附加路款百分之六十，请准由各该县按月直接拨作筑路之需，仍一面备具印领呈缴财厅抵解，请核饬遵案。

（说明）查前据全省钱粮附加筑路费管委会呈报，议决钱粮附加，除准县提扣百分之五为督征费外，拟请仍由财厅核收，统一支拨；再十月底以前经征过此项附加，应速交省库核收，悉数充作公路处测量队经费；十一月以后，即照职会第十五次议决办理一节（该会原议决文为：函建设厅，钱粮附加路费，可由各区善后委员催征，以百分之六十留善后公署为建筑公路费，百分之五留县为督征费，其余百分之三十五则直接解来省库，转拨为公路处组织测量队经费云云），未奉核定，请一并照办，通令遵照等情。当经本府第一一四次会议议决：准如所请通令办理在案。兹据该区呈称，查各县筑路需款孔亟，现在既奉核准，将钱粮附加路款百分之六十拨还各该县兴筑省道，自应从速拨付，以免误工，职署为办事迅速起见，现拟略为变通，嗣后钱粮附加路款百分之六十，请准由各该县按月直接拨作筑路之需，仍一面备具印领，呈缴财政厅抵解，似此办法，手续减省，可免文牍往返之繁，既有益于路工进行，又无碍于财政统一，似属可行等语。

（议决）照准。

四、建设讨论会呈复，奉令关于教育厅呈据省立工业专门学校呈请将该校十七年度经常特别两项支出预算核复以维校务一案，经由许委员等将调查该校内容，拟具报告书，提出职会议决，连同议事录报告事，请察核案。

（议决）照办。

五、建设讨论会呈报，黄委员节提议，关于邹海滨函拟筹办潮州实业专门学校请省府补助开办费二百万元之半数一案，经职会议决，俟该校成立之后，由政府分期补助开办费，其确数由省府决定在案，连同原提案及意见书，请察该案。

（议决）俟该校集款有着，筹备开办时，由政府酌量补助，到时再议数目。

六、东区善后委员呈复五华县长张×被控一案，经令县传集一干人证先后到案，饬科分别质讯明确，谨将本案查讯情形，及拟办缘由，呈请察核指遵案。①

（议决）解交高等法院依法讯办。

七、略。

八、教育厅呈，据英德县长陈惠宣呈请委任吕伟觉为该县教育局长，查核资格尚合，连同履历，请核明加委案。

（议决）缓议。

九、教育厅长提议，据省督学呈报省立第五中学校陷于破产等情，应请由省库于十七年度下学期起，每月补助该校经费二千元，以资维持案。

（议决）俟清查整理后再议。

十、民政厅长提议，新兴县长吴炽昌调省，遗缺拟请委李柏存接署；潮阳县长翟瑞元辞职，遗缺拟请委邓邦谟接署，请公决案。

（议决）照委。

十一、本府委员提议，秘书处第二科长李柏存另有差委，遗缺请委文尚絅接充案。

（议决）照委。

---

① 该项"说明"内容略。

广东省政府第四届委员会
第一百三十二次议事录

二月十三〔五〕日　星期五

出席者　陈铭枢　许崇清　李禄超　马超俊　陈济棠　黄　节
　　　　　朱兆莘　伍观淇

列席者　罗文庄

主　席　陈铭枢

纪　录　孙希文

报告事项

一、本府第一百三十次议事录，经奉政治分会核议通过发还，已由秘书处分发办理。

二、国府令发捐资兴学褒奖条例一份，仰知照，并饬属知照。

三、国府令发国民政府财政委员会组织大纲一份，仰知照，并饬属知照。

四、行政院令知，奉国府令，特派蒋中正等为首都建筑委员会委员，仰知照。

五、行政院令知，迎榇会议议决，凡送葬人员，欲表示敬意者，可采集各地树秧并汇送南京陵地栽种，以作纪念，仰并饬一体遵照。

六、内政部咨送总理安葬纪念办法，及宣传计划全份，请查照。

七、总理奉安委员会卅日电告本会办公处设国府内，业经开始办公，请察照。

八、国府文官处佳日电告中央最近政情十项：（一）任命万福麟为黑龙江省政府委员，并指定为该省府主席。（二）任命张维藩为陕西省政府委员，兼建设厅厅长。（三）任命孙其昌兼吉林建设厅厅长。（四）任命朱熙为安徽省政府委员。（五）山东省政府委员于恩波辞农矿厅厅长兼职，照准，改任王冶军为山东省政府农矿厅厅长。（六）青海省政府委员马麒辞建设厅厅长兼职，照准，任命马麟为青海省政府委员兼建设厅厅长。（七）任命陈安仁为侨务委员会委员。（八）改中山县为全国模范县。（九）改广东治河处为广东治河委员会。（十）总理奉安大典展期六月一日举行。又佳日电告奉令准中央执委会函知议决总理奉安展至六月一日举行，请查照饬属一体知悉。

九、国府文官处函送规定寄发文件途程表，请嗣后关于交付审议及交办案件按照该表期限，于文到三日内即行具复；所有复文，请叙明本府令或本处公函某字某号某案以便查对，请查照办理，并转饬所属遵照。

十、农矿部咨请迅令所属关于本届植树典礼，遵照切实举行，各地植树经过情形，请于节后两个月内，连同呈报板图说汇送过部以凭考核。

十一、内政部咨送上海特别市公安局长黄振兴提议广设游民习艺所议案一件，请查照。

十二、国军编遣委员会秘书处宥日电告编遣会议经过情形，于径日举行闭幕仪式，临时秘书处随即结束，希察照。

十三、国立北平大学函知遵令接收河北省教育厅职务，嗣后关于河北省教育行政事宜，概由本大学办理，请查照转饬所属知照。

十四、国立浙江大学东日邮电告奉行政院教育部令发印信小章，遵于二月一日启用。

十五、中央执委会秘书处函知招待海外同志第一事务所经费，经中央财务委员会议决，自三月份起，由省府按月照付在案，录案函达查照。

十六、铁道部齐日电告本部派测勘及调查地质队在福州南昌及韶州等处，请出示晓谕，并饬属保护。

十七、江苏省政府主席钮永建支日电告江苏省政府委员会及各厅处，中央大学，土地整理委员会，先后迁移镇江，定于二月十八日一律开始办公。

十八、东北边防司令长官张学良齐日电告奉颁关防小章，遵于二月四日启用。

十九、长沙陆军第十六师师长鲁涤平支日电告于本月四日在长沙就职。

568

二十、广东地方警卫队编委【会】呈缴警卫队检阅规则，请核备案示遵。

二十一、广东地方警卫队编委会呈缴拟订广东地方警卫队训练员服务规则十九条，请核示遵。

讨论事项

一、民政厅呈复关于佃农保护法案，经据各县市将查明情形暨拟办法呈复，为统筹兼顾起见，拟略为更改，连同修正条文，请察核转报案。

（说明）查前奉国府令饬迅即提出佃农保护法修正案以凭汇送一案〔原令开："经中央执委会议决：（一）关于减租问题，应适用农佃〔佃农〕保护法第二条之规定。（二）为实现本党'耕者有其田'政策起见，认为佃农保护法尚须详慎修改补充，即由本会转知国民政府，责成主管机关，于最近期间内，提出修正案，由中央核定交国府颁行"等语〕，当经本府第八十七次会议议决交民政厅。去后，兹据该厅呈复，遵即分行各县市长遵照，切实查明各该县市佃农情形，暨佃农保护法所列各条，于实施有无窒碍，拟议具复，以凭核办在案。现据各县市长将查明情形，暨拟议办法先后呈复前来，综核所拟各办法，对于佃农保护法原案第二第四第五第七第八第十各条，多认为恐于实施上窒碍难行，兹为统筹兼顾起见，拟将上列各条略为更改，以期实施无碍等语。

（议决）照呈复。

二、政治分会函，据建设厅呈拟整理潮汕铁路委员会规程请核一案，经本会议决交省府核办在案，录案抄同原规程，希查照办理案。

（说明）据略称："查该路腐败，前经饬该公司将整理计划预算呈核，日久未据遵办，可见该公司放弃路务，毫无诚意整顿，职厅为整理交通及为乘客安宁，并为该公司股东血本计，拟仿照整理新宁铁路办法，设立整理潮汕铁路委员会，以资整理。该委员会由职厅派出经理会计工程三人，及令饬该公司董事会推选董事会委员二人，共同组织。五委员常川驻在公司办理整理潮汕铁路一切事宜。整理时期，以六个月为限。整理期内，除出纳事项仍由董事会负责派司库管理外，所有该公司业务部长，及该公司董事会职权，统由整理潮汕铁路委员会行使。此种办法，系为设法整理起见，一俟整理完竣，仍由该公司继续管理，非收为国有事业"等语。

（议决）照办。

三、财政、建设厅呈复会同审查奉发筹赈总处合作事业委员会章程缘由，请核令遵案。

（说明）查前据广东全省筹赈总处呈报，拟办信用合作社，并拟先组织合作事业委员会缘由，连同合作事业委员会章程，请核指遵等情，经本府第一〇三次会议议决，交财、建两厅审查。去后，兹据会复称，查原拟章程，系以广东筹赈总处合作事业委员会筹设合作社于本省重要灾区，逐渐推广于各乡村，救济贫民之生活，及养成其互助之精神，用意原属至善。惟是合作事业，本有生产合作、消费合作、信用合作等之分，虽不外以人群合作为前提，以民生主义为归纳，然以社会经济之组织，地方习惯之悬殊，似未能与先进诸国相提并论。即欧美日本之合作社法，其所采取之立法精神，亦各有不同，查我国合作社法，现尚在拟议中，奉令审查该项章程，因亦无从根据，若筹赈名义虽不妨酌量地方情形，暂行折衷试办，惟筹赈处系暂设机关，合作事业则有永久之性质，以暂设机关办理永久事业，似不如以民政厅加入，俾筹赈处结束以后，有所附丽，庶不负兹盛举。至关于筹赈处拟拨三十万元办理信用合作社一节，职财厅查赈费系现成之款，自可照办等语。

（议决）准并加入建设厅会同办理。

四、广东交涉员呈，据前山洋务委员呈请据刘××被封前山东门内大屋一座，为前山洋务局之用，计共需修葺购置等费三千元，便克敷用，等情，理合转请核夺示遵案。

（说明）查前据该交涉员呈转前山洋务委员霍坚呈拟移局关闸应否准予移设一案，经本府第六十五次议决照准在案。兹复据转呈称，查得民国初年，前山乡人刘××，在港经商，曾因商业倒闭，负欠巨债，所有自置××××内之大屋一座，花园一所，均被查封，当时原拟拍卖，将债偿还，后因债项太繁无从摊派遂尔中止。嗣是而后，该园及屋，视犹地方公产，习以为常。顷查该屋只有以歧关车路公司借作路丁暂住，既非出于租赁，亦未经呈请县署拨用，以大好公地为园〔路〕丁食宿之场，殊为可惜，拟恳咨请民厅，令中山县饬令迁出，拨归公有，永为前山洋务局之以资办公，约计修葺费六百元，置家私器具费一千元，购汽车费一千四百元，便克敷用，等情。查前山洋务局，接近澳门，为外交重点，设置公署，既免迁徙之繁，亦省租赁之费，自是一劳永逸，等语。

（议决）谁修葺费六百元，家具费四百元，汽车免议并由民厅饬县照拨该屋充用。

五、建设讨论会呈复遵令根据广东全省禁烟施行大纲草案拟定广东全省禁烟施行大纲草案意见书，请察核案。

（说明）查前据民、财两厅会呈，拟定本省禁烟施行大纲草案，请核施行到府，经第一二六次议决，交建设讨论会民政组根据此草案拟具详细办法呈核。去后，兹据呈缴拟具对于本省禁烟施行大纲草案意见书前来，请公决。

（议决）草案修正通过，派伍、冯、许、李四委员，罗院长，并建设讨论会委员若干人为筹备员。

六、建设讨论会呈关于苏彭年拟请整顿广州市工务局一案，业由职会交通、实业两组将原意见书审查通过在案，连同原意见书修正意见书结果、议事录等，请核施行案。

（议决）交林市长采择施行。

七、建设讨论会呈报黄委员节提议整顿各县市教育行政一案，业由职会教育组议决各地方教育行政人员，先由教育厅考试，取录后施以短期之教育行政训练，其余各项，俟县组织法及县行政经费决定后再议在案，连同原提案请核施行案。

（议决）照议办理。由教育厅拟考试及训练章程具报。

八、广东机器总会呈，据所属汽车业支会等报称各厂店东无故开除大批工友，以冀消灭工人组织，予共匪以活动机会，请设法维持等情，恳迅赐传讯制止，以弭共祸案。

（议决）派马、许两厅长调查真相具复。

九、教育、财政厅会呈复会同审议广东戏剧研究所设计概略申述原定计划意见书预算书等情形，连同审议意见书，请核明指遵案。

（说明）查设立戏剧研究所一案，前经本府第一一三次会议议决交教育厅审查，旋据该厅拟就审查意见书请核前来，复经第一一七次议决照所拟派欧阳予倩为所长，令知即行筹备，另令行财厅先拨筹备费三千元在案。嗣奉李主席发下广东戏剧研究所设计概略申述原定计划意见书一件，批交省政府照此计划办理等因，并检发原缴简章预算计划共五份。奉此，当即发交财、教两厅会同审议呈复各在案。旋准冯委员将该所长请拨地址并加拨二千元原函一件，转送来府，又经令知财厅准加拨二千元，并饬财、教两厅迅将该意见书等审议呈复又在案。兹据两厅会复称，所有原拟广东戏剧研究所各计划简章，现由职教厅拟具审议意见书。至关于该所经临各费预算，职财厅查奉发预章〔算〕书，该所所长月薪五百元，按照文官官等简任二等二级，股主任演剧学校长月薪一百六十元，系委任一等二级，其余支一百二十元、一百元者系委任二等一、二、三各级，布景技士月薪二百元，现行文官官等未列有此项等级，该所既属创举，所列员薪，究竟是否适用文官官等，所长是否简任职，均无审查标准，或通用何种学校等级比例。未奉核定，殊难核议，拟请钧府核示遵行，又列支开办费建筑购置费二万二千四百元，及追加二千元，共二万四千四百元，建筑剧场既无图说，而购置各项，又无细数，单位价值亦无可考核，似应俟核定该所开办时，饬其分别将各项建筑，照章召匠估价，绘图具说，应购置各件，开列件数单位价值，呈送核定，再行发给，以昭翔实等语。

（议决）照准。所长薪水定四百八十元。

十、民政厅长提议，罗定县长陈兆畴调省，遗缺拟请委黄槐庭接署案。

（议决）照委。

广东省政府第四届委员会
第一百三十三次议事录

二月十九日　星期一〔二〕

出席者　陈铭枢　黄　节　朱兆莘　伍观淇　李禄超　许崇清
　　　　　马超俊　陈济棠
列席者　罗文庄

主　席　陈铭枢

纪　录　孙希文

报告事项

一、本府第一百三十一次议事录，经奉政治分会发还，已由秘书处分发办理。

二、国府令发侨务委员会组织法，仰知照，并饬属一体知照。

三、国府令发国籍法及国籍法施行条例各一份，仰知照，并饬属知照。

四、国府令发修正财政部征收卷烟统税条例，仰知照，并饬属知照。

五、国府令发地方官协助盐务奖惩条例，仰知照，并饬属知照。

六、国府令发民国十八年裁兵公债条例，及还本付息表，仰知照，并饬属知照。

七、国府令发整理内外债委员会章程，仰知照，并饬属知照。

八、国府令发国军编遣委员会编遣区办事处组织大纲，仰知照，并饬属知照。

九、国府令发国军编遣委员会编制表暨组织系统表，仰知照，并饬属知照。

十、国府令发蒙藏委员会组织法，及蒙藏委员会驻平办事处规则，仰知照，并饬属知照。

十一、国府令发革命史料征集种类一纸，仰知照，并饬属遵办，仍将办理情形，随时具报，以凭汇转。

十二、国府令知奉天省改称辽宁省，仰知照，并饬属知照。

十三、国府令，据行政院呈拟文武官吏捐俸助赈办法，经国务会议决议，凡月俸四百元以上者捐一月，二百至四百元者捐半月，一百至二百元者捐百分之二十，自本年一月份起，分四个月匀扣，仰遵照，并饬属遵办。（从三月一日起，通饬本省各机关遵办）

十四、行政院令仰饬属加意保护国产丝织品以维商运。

十五、财政部咨送改订稽核总分所章程各一份，请查照饬属知照。

十六、内政部咨送修正县长奖惩条例五份，请查照。（抽送建讨会一份）

十七、铁道部寒日电告经拟具庚关两款筑路各项计划，并附加图说办法，提呈政治会议议决，交付审查在案。

十八、教育部咨送识字运动宣传计剧〔划〕大纲，请查照通饬所属遵办。（抽送伍委员一份）

十九、第八路总指挥部函，据广东省兴五龙河紫各属绥靖处处长黄旭初呈为匪患已清，训政伊始，拟请各属绥靖处名义，明令撤销，俾职部得奉令缩编，专事训练等情。除指令准予撤销外，请查照转饬所属知照。

二十、福建省政府文日电告，据汀洲郭旅长凤鸣齐佳电报追剿朱毛残匪情形，除饬令仍应督队歼灭务绝根株外，电请察照。又删日电告在瑞金城围剿朱毛残匪情形。

二十一、热河省政府函告奉国府任命汤玉麟等为热河省府委员，并指定玉麟为主席。

二十二、财政厅呈报第一期第二期整理华商保险公司及联保火险公会经过情形，请核备案。

二十三、东北边防军司令长官张学良微日电告偕副司令官暨奉吉黑热四省省府主席厅长委员等于本日补行宣誓典礼。

讨论事项

一、教育厅呈为陈明设立全省义务教育委员会原委，请仍照前令办理，准予备案，令财厅将该会经费照拨案。

（说明）查前据该厅呈报奉大学院令行办理义务教育情形，连同各级义务教育委员会组织大纲，及全省义务教育委员会名单，请核备案到府，经即报告第一一三【次】会议后，指令准予备案在案。嗣据该厅呈据广东全省义务教育委员会呈缴该会组织大纲补充办法经费预算表，由厅复核，所拟尚无不合，转请核令财厅，将该会开办费一次发给，每月经费如数照发前来。又经第一二八次会议议决：此会暂缓开办，由厅督促各县市调查失学儿童，并奖劝儿童教育。去后，兹据复称，查广东全省义务教育委员会之设，正所以襄助职厅负调查失学儿童，奖励儿童教育之责，该会系奉前大学院令饬筹设，并限期于民国十八年五月底以前制定推行义务教育计划，于计划完成之日起，并期每两年减少失学儿童百分之二十等因在案。职厅遵经拟就全省及县市义务教育委员会组织大纲，并分别聘定各委员，组织成立广东全省义务教育委员会，呈奉教育部暨钧府核准备案，令既准成立于前，复奉令饬缓办于后，则将来广东全省义务教育之计划与实施，无一负责专办之机关，而徒以一纸公文督促各县市担负此繁重工作，其难见效，实可断言。且十八年五月底之限期已届，而推行义务教育工作尚无端倪，至所期每两年减少失学儿童百分之二十之目标，更不知何时始克达到等语。

（议决）除派出督察各县市干事八员，由督学兼任，并明定出外干事之职责，再修正组织条例具报。

二、广东森林局长呈缴修正开办经常两费预算表，及修缮估价单，请核令财厅依照改正预算分别核发案。

（说明）查前据该局呈缴开办经常两费预算表，请转饬财厅先将开办费照数迅为核发等情，经第一二六次议决交财厅核发在案。兹据续呈称："查职局组织章程第二条，原设秘书兼总务一人，现职等再三体核，总务系综理全局文书会计庶务等事，秘书则掌理机要核拟稿件，似此事务繁赜，一人实难兼顾，为办事利便起见，拟请将该职划分，此外各员额薪级，亦拟按照事务繁简，酌量改正，现统计全局经费，按照原呈预算，每月实增二百四十元。又前呈所列开办费第一项设备费所列五千三百元，原系六千三百元之误，应请改正；又第二项修缮费原定一千元，刻下职局办公地点，经择定旧英领署后座，并经招商估价，计共需工料银一千八百五十元，核共原定增加八百五十元，请核准令财厅依照改正预算分别核发"等语。

（议决）照准。

三、韶州市政局长李晖南呈报该局原定六个月期限，至一月底即届期满，奉准展期两月，为日无多，各项要务，待办需时，请准将结束期限再予宽展案。

（说明）查前据民厅呈报奉令据北区善后委员呈据韶州市政局呈报该局特别情形，拟请准予展期结束一案，经第一一九次议决准展期两月在案。兹据该局续呈称："展期两月，为日无多，转瞬即届，而各项要务，亟待举办者尚多，就中以筹建南门河桥一事，工程浩大，办理尤为需时；余如拆卸城垣，开辟马路，新筑渠道，增辟两街，手续纷繁，清理匪易，无论如何督促，亦非两月可以竣工，再四思维，仍恳准将结束期限，再予宽展，或请暂不规定限期，俾职局有此犹豫时间，得以分头整理、用竟全功"等语。

（议决）准再展限两个月。

四、广东交涉员提议宜划一国乐国歌，令行主管机关印布乐谱，派人训练，限两个月后，无论学生与非在学之齐民，均能共唱国歌，按腔合拍，至如何推行，详细办法，由主管机关酌拟施行，请公决案。

（议决）（一）令各机关于星期一举行纪念周时，全体职员齐唱党歌，并预先练习。（二）电请国府速制定国歌。

五、教育厅呈，据清远县县长呈请委任杜荫芬为该县教育局长等情，查核资格尚合，连同履历，请核明加委案。

（议决）照委。

六、邓彦华呈拟具设置绿〔氯〕气漂白粉及苛性钠制造场建议书，请核采择遴选专门技术人材规划进行案。

（议决）交建设厅议。

七、略。

八、新会县民吴××呈复奉令以该民控争本市×××××××尝一案，饬将各级批判搜集呈缴汇核等因，除前已粘呈有案外，添抄胡前省长令文暨财局布告请察核案。又南海县民黎辑轩呈为遵令呈缴各级批判，乞核明迅予履行，维持原案主管业，并令财厅准予报税印契，以保业权案。

（说明）查此案前据财政、市政两厅，高等法院会呈，业由该案主席邀同各委员审查完竣，连同议决书请核到府，经第一一一次议决，应改判将本案各级批判呈送省政府核示再办在案，分饬该民等遵照。去后，兹据该民等将各级批判补缴前来，除将原呈油印外，合将各级批判附卷送核。

（议决）全案发交审查委员会审查黎辑轩声明不服有无理由，议决处理办法，呈候核夺。

九、广东修志馆长黄节函送修葺工程单及购置木器价目店单，请核转财厅拨给案。

（说明）查关于广东修志馆组织大纲及经费预算表一案，前经本府议决通过，馆长一职，由黄委员节兼充在案。兹据呈称："查学宫连年被军队借住，房屋残破，器具全无，自应略加修葺，购置用具，以便迁进办公。现估计修葺费八百九十五元，购置木器费一千零三十元，又安装电话费约三百元，添置电灯费约二百元，其他购置零星物件及开办杂文等费约五百元，合共需二千九百二十五元，亟待开支，请饬财厅拨给"等语。

（议决）财厅核发。

十、建设讨论会呈议决修正整理省立学校案书及教育组第三次议事录，请核施行案。

（说明）据称，关于黄委员节提议整理省立学校一案，经职会教育组议决：除省立工业专门学校另案办理外，关于：（一）省立一中经常费，月增九百三十三元，合原有经费九千零六十七元，合月支经常费一万元，另临时门拟再支付五万元。（二）省立二中分期建筑校舍经费一项，在马路未拆之前，暂不拨款建筑，但第一期之一万七千元建筑费，须先行支付，免致临时失措。（三）省立第一女师准先行建筑宿舍，建筑费由该校编造预算，呈送教育厅核发。（四）省立第一女中准先行买校地，然后将原有操场改建宿舍，其购买地价数目若干，先由该校估定，呈送教育厅核发。（五）省会外各省立学校于十七年度下半年暂维现状，即由教育厅于十七年度下半年六个月期内计划一省会外省立学校整理办法。省会外各省立学校原有校产，同时应由教育厅会同各善后区设法清理，但五中情形不同，该校经费无着，省库若不设法接济，势将停顿，亦经议决自十七年度下半年起，由省库每月助款二千元，俾维现状，俟与省会外各省立学校整理办法定后，该校亦同并整理，各在案。（按查关于五中学校一案，本府昨据教育广〔厅〕提议，请由十七年度下学期起，每月补助该校经费二千元，经第一三一次议决，俟清查整理后再议在案。）

（议决）照准。

十一、建设厅呈筹设新士敏土厂每月支付经费预算表，请核饬中央银行依期照拨案。

（议决）照办。

广东省政府第四届委员会
第一百三十四次议事录

二月二十二日　星期五

出席者　陈铭枢　冯祝万　黄　节　朱兆莘　伍观淇　李禄超
　　　　许崇清　马超俊　陈济棠

列席者　罗文庄

主　席　陈铭枢

纪　录　孙希文

报告事项

一、本府第一百三十二次议事录，经奉政治分会核议通过发还，已由秘书处分发办理。

二、国府令，据立法院呈请令各院部会各省府及特别市府将颁行各种法规条例，除政治会议议决经国府公布者外，一律检送该院审议等情，仰该府遵照办理。

三、国府令，据立法院呈复核议修筑江西公路土地征收章程，揆诸法理事实，多不得当，应毋庸议，请通令各省政府，嗣后所有征收土地办法，一律遵照原土地征收法办理等情，仰该府遵照办理。

四、国府令，据行政院呈，据财政部长提议，煤油汽油经海关征税，任何机关不得再立名目加税，经院决议，呈请通令，并请政治会议转饬遵照等情，仰该府转饬遵照办理。

五、略。

六、陆军第十九师师长何键，文日电告奉李总司令真电，遵即改用国民革命军第十九师名义，所属各旅亦遵改用第五十五、六、七旅各番号，原第四集团军第六师名义同日取销，希鉴察。

七、湘赣两省剿匪代总指挥何键，文日电告痛剿彭王股匪情形，又篠日电告搜剿朱毛残部情形。

八、第五路司令刘建绪篠日电告彭逆经我王团及蒙师击溃，现正督兵围剿，俘获甚多，本日可期完全消灭。

讨论事项

一、许委员崇清、黄委员节会呈复，遵令会同拟就广东省政府特派留学生临时规程，及特派留学生考试规程各一份，请核转政治分会核准公布施行案。

（说明）查前奉政治分会函，据建设厅呈，拟选派合格每名人员一百名，分送欧美各国专习各种专门技术科学，每名月给留学费三百元，每年共需毫洋三十六万元，均由省库提前分期拨给等情，议决交省政府核拟见复一案，经本府第一二一次会议议决：先考选本省籍学生五十名，应考资格，在国内外专门大学毕业，而服务两年以上，确有成绩者为限，并派许委员、黄委员草拟考试章程在案。函请查照办理。去后，兹据会呈，拟就广东省政府特派留学生临时规程及特派留学生考试规程前来，请公决。

（议决）修正通过，指派黄厅长等八人为典试委员。

二、民政厅呈，据四会县长呈缴该县整理县城铺屋警费办法、抽收附城大小河面船舶警费简章前来，大致尚无不合，拟请准其试办。当否，请核示遵案。

（说明）据厅称："查该县整理县城警费办法，大致尚无不合。仓冈河面，为粤桂水道交通要冲，自应举办水警，以维治安。今为因事制宜，以陆上警察第一区署兼司其事，议于电轮船艇蛋户酌量征收水警经费，以资挹注，拟请一并准其暂行试办"等语。

（议决）抽收铺屋警费照准，不准抽收河面船舶警费。

三、财政厅呈复奉令饬查汕头总商会请取销粤省入口邮包厘金一案拟议办理各节，请核指遵案。

（说明）查前准中华全国商联会邮电请令财厅撤销和益公司承办潮汕、琼海、廉北、江新四处入口邮包厘费等情，经令饬财厅核复，碍难照办，在案。嗣复准该商联会删代电，据汕商会称，和益公司不照旧章滥抽厘金，请迅予裁撤，仍由海关照旧征收，俟粤省裁厘实行，即予根本取销，等情，当交财厅核明拟复。去后，兹据该厅呈复称："查和益公司统办各属入口邮厘，系照各关前时代收内地邮包厘金数目加倍缴纳，且此项入口邮厘，业已核准在先，举办未几，现又令饬取销，未免多事更张，对于政府威信，恐有妨碍。所有该商会请仍照旧由海关代征一节，似仍难照办"等语。（查全国商联会原电称和益公司承饷每年仅二千六百四十余元，财厅复呈，有此入口邮厘，系照前各关代收数目加倍缴纳之语，而未载明详数。）

（议决）俟裁厘时取销。

四、建设厅呈复遵令修正订购新士敏土厂机器草约条文，又分缮中西文各一份，请核指遵案。

（说明）查前据该厅呈为筹设士敏土厂订购机器磋商价值分期付款各办法，连同草约等件，请核办前来，当经提付一三一次临时议决，即交李、朱两委员审查，旋为两委员审查完毕，签具意见交回，当即发交建设厅遵办。去后，兹据该厅呈复称："遵即案照审查意见，分列三点，与史密公司再三磋商，在中西支〔文〕草约内分别修正，并于草约第四、第六两款之下，附加条文，以昭慎密，并先将修正理由，与李委员等直接讨论，意见相同"等语。

（议决）照修正通过。

五、民政厅长提议，拟委白学初、黄炳蔚、黄俊杰为本厅视察员，检同履历，请公决案。

（议决）照委。

六、卸钦廉雷交涉员沈重素呈报该交涉署奉令裁撤，请发恩津两月，以示体恤案。

（议决）准发一个月。

广东省政府第四届委员会
第一百三十五次议事录

二月二十六日　星期二

出席者　陈铭枢　冯祝万　陈济棠　黄　节　朱兆莘　徐景唐
　　　　　李禄超　许崇清　马超俊
列席者　罗文庄

主　席　陈铭枢

纪　录　孙希文

报告事项

一、本府第一百三十三次议事录，经奉政治分会核议通过发还，已由秘书处分发办理。

二、国府令发工商部全国度量衡局组织条例一份，仰知照，并饬属知照。

三、行政院令将朱执信家属状况及子女求学年龄迅行查明呈核。（函执信学校长朱夫人请其函复转报）

四、国府文官处函送行政院呈，据禁烟委员会转驻比公使王景歧，以民国十八年六月三日为福建林文忠公则徐销毁英商鸦片获罪清室远窜边微九十年纪念之期，拟请明令褒扬，并就虎门海边铸像立碑，以资观感一案，经国务会议议决交广东省政府，准予立碑纪念，等因，录案函达查照办理。（由虎门要塞司令筹备立碑）

五、国府文官处删日电告中央最近政情六项：（一）甘肃省政府委员兼教育厅厅长马闰天辞职照准，改任郑道儒为甘肃省政府委员兼教育厅厅长。（二）任命李朝杰为甘肃省政府委员。（三）派驻德公使蒋作宾为商订中匈友好通商条约全权代表。（四）公布度量衡法，及全国度量衡局组织条例。（五）公布陆海空军抚恤委员会编组大纲及编制表。（六）公布各省陆地测量局组织大纲，及系统表、编制表，暨各省陆地测量局服务条例。

六、军政部咨知，各省硝磺局提炼厂，按照条例，应归本部兵工署管辖一案，现奉行政院指令，准予备案，请查照。

七、财政部咨，派杨建平为潮海关监督，陈长乐为琼海关监督，梁致广为潮桥运副，请查照分饬移交。

八、广东高等法院首席检察官呈请通缉甘乃光归案究办。（饬交涉署向港政府交涉引渡）

讨论事项

一、建设厅呈复，奉令饬查关于电话事业统归交通部办理一案，经准广州市政厅函复，将本市电话所确难收回部办情形，请转省府呈国府【交通】部遵照等由，请核照转案。又广州市政府呈同前由。

（说明）查前奉行政院令，奉国府令，据交通部呈，为统一电信事业，嗣后关于电话，仍旧统归交通部负责办理一案，经指令照准等因，饬府转饬所属一体知照，经本府第一二七次会议议次〔决〕，交建设厅拟复。去后，兹据复称，经函准广州市政厅函复转请察核照转前来，请公决。

（议决）照呈复。

二、略。

三、财政厅呈为广州市各联保火险公会缴存市财局保证金，市库支绌，未准移交，可否准在省库提支，作为职厅偿还前欠市库一部分借款，即准该局虚领抵解，抑令市厅勉力筹还之处，请核夺指遵案。

（说明）据称，自职厅草定整理保险事业暂行条例，及增订整理联保火险公会暂行章程，奉准施行后，市财局以事权相同，请示市厅应否划清权限，分别办理，抑或停止进行，案经转奉政治分会议决划归职厅办理，业由市财局将案卷移厅接管。惟查接管卷内，广州市各联保公会缴存财厅保证金共一十一万余元，未准移交，市财局以职厅前借市库军费杂费共七百二十余万元，拟将移转接存之保证金额由所欠借款项下拟拨，虚解抵领等由。查职厅此次整理联保火险公会规定缴纳按保金办法，与市财局从前取缔各联保公会规程规定各联保公会缴纳保证金存入市库作按之办法迥然不同，照现在整理办法，各联保公会从前缴存市库作按之保证金一十一万余元，必须全数提拨过厅，发由整理保险事业专员查据各联保公会现报股额，按照现行办法，指饬各公会分别拨存，将单摺缴验，方能从事整理，如果此项保证金虚悬无着，即对于联保公会之整理无从进行。可否准在省库提支一十一万余元，作为职厅偿还前欠市库一部分借款，即准该局虚领抵解，抑由钧府令行市厅勉力筹还该项保证金之处，请察夺指遵等语。

（议决）准在省库提支。

四、建设厅呈，据士敏土厂监督黄玉成呈请转咨财厅将石厘准免缴纳以维官业等情，可否准予豁免，请核议饬遵案。

（说明）查前据广州市政府转据财局呈，凡该局管理路费建筑工程所用士敏土请一体豁免大学附加费等情，请核示到府，经批准予豁免在案，嗣据财厅呈请照折衷办法，凡系政府建筑，列明用土实数，咨准豁

582

免，其公共团体或会社出资建筑，无关库帑者，仍应完纳，以示限制，等情，又经本府前委员会第一十二次议决照准在案，兹据建厅呈据士敏土厂呈称，查灰石一项，尤为制土必须之原料，该厘额目应一并豁免，请转咨财厅照案将该项石厘准免缴纳，以维官业等情。据厅称，查士敏土厂上年改为官督商办，关于附加等费，经列入简章，呈奉核议通过准予豁免在案，自与纯然商办不同，所有该厂运石经过石门厘卡应纳石厘，可否准予豁免，俾轻成本，以维官业之处，请核议饬遵等语。

（议决）为数甚微，毋庸免除。

五、民政厅呈，据江门市长呈请委朱丹墀为财政局局长，潘景兆为工务局局长等情，备同履历，请核加委案。

（议决）照委。

六、广东森林局长呈备同职局秘书齐敬鑫、总务课长戴旭昇、土木课长兼技师梁文翰履历，请核加给任状案。

（议决）照委。

七、中山县训政实施委员会唐绍仪、孙科电荐李禄超兼任中山县县长案。

（议决）照委（并电复）。

八、番禺县县长李民雨呈请准予辞职，迅赐遴员接替案。

（议决）准辞，遗缺以余心一接充。

广东省政府第四届委员会
第一百三十六次议事录

三月一日　星期五

出席者　陈铭枢　冯祝万　陈济棠　黄　节　李禄超　许崇清
　　　　　马超俊　伍观淇

列席者　罗文庄

主　席　陈铭枢

纪　录　孙希文

报告事项

一、本府第一百三十四次议事录，经奉政治分会核议通过发还，已由秘书处分发办理。

二、财政部咨知派沈载和为广东印花税局局长，请查照。

三、财政部咨知派郑炳忠为广东烟酒事务局局长，希查照。

四、政治分会函，准铁道部铣电开，本部完成粤汉铁路保管建筑经费委员会，经派委马超俊、黄维、胡继贤等，为该会委员，并指定马超俊为主任委员，希查照等由。希查照并分别转知。

五、国府文官处函送广东省府，暨各厅铜印五颗，牙章一颗，铜章四颗，请查收见复，分别存发领用，旧章截角缴销，并将启用日期呈报备查。（三月五日启用并分发呈报通告）

六、国立中央大学商学院函介绍银行会计商业各科毕业生王澹如等十八名，请酌量任用，以证所学。

七、唐山陆军第五十一师师长李品仙铣日电告删日在唐山防次就职。

八、行政院令，据教育部呈请通令各省保障教育经费独立一案，除指令所请应准照办外，仰即知照。

九、建设厅呈，据职厅水产试验场讲习所筹备主任呈拟在惠阳县属澳头港之西南，土名猴子墩荒地，建筑场所，等情。除指令准照办理，并令县查明该处荒地，布告收用外，连同图式章程说明书，转请察核备案。

十、广东戏剧研究所所长呈为职所附设演剧学校开办在即，按照职所组织大纲第七条之规定，荐请钧府委任洪深为该学校校长，请核指导。照委，训令男女生分部，学生须具有中学毕业资格。

十一、内政部咨各省府为第一期民政会关于厅市行文程式一案，已奉行政院令转奉国府指令准以令呈分别行之，请查照。

十二、建设厅呈航政局原呈暨原缴各分局支出预算书收入预算书，应设员额表、厘正区域表、办事功过考成简则等各二份，请核饬财厅审核办理。

讨论事项

一、建设厅呈，据汕头市长查复益德公司呈诉前堤工处，强扣经费

584

一案情形，并拟具办法前来，事关堤工款项，应否准如所请办理之处，请核指遵案。

（议决）如请办理。

二、汕头市长呈复奉令关于澄海县民李时德状请填复小江场华坞栅土名外葛荒塌一案，未能遵办缘由，请核收回成命，更重申前钧府议决处理汕海堤坦纠纷办法五条之明令，严厉执行，以利堤工进展，而免发生障碍案。

（说明）查此案前准财政部咨以据汕头业户李时德承领荒塌地址，经审查确实，请饬市厅移去木枋，以维民业等由。经饬据前汕头市长方乃斌呈复，以李时德塌地契据送厅验明，并派员查勘，与盐务支处原呈相符，经饬令工务科，将木枋移置等情。当即咨复查照在案。嗣准国税管理委员函，据盐务总处呈称，李时德价领小江场荒塌被水冲没，经给执照，未准继续填复，乞请准予填复，藉维信用等情。转请查照行汕市厅遵照前令，准予该民继续填复到府。义经令饬汕市厅准予该民继续填复。去后，兹据该市长呈将未能遵办缘由，及将该处原呈逐段辩明前来，合将原呈油印，付请公决。

（议决）交建设、财政两厅会查议复。

三、建设讨论会呈缴该会议决修正筹设编译委员会案办法，及筹设编译委员会进行计划议事录等，请核施行案。

（议决）暂保留。

四、教育厅呈，据开平县长呈请委任陈汝季为该县教育局长等情，查核资格尚合，缴同履历，请核明加委案。

（议决）照委。

五、建设厅呈，拟将广东公路处，改为广东公路局，并取销该处原日关防缘由，请核指遵案。

（议决）照准。

六、广州市政委员长呈，拟将本市西湖街惠济义仓，归划职厅管理，以资整顿，请核指遵案。

（说明）据略称查该仓本属慈善机关，对于地方贫民，不无裨益。惟因循日久，整理乏人，赈灾之义举，固已名存实亡，即此施粥之小端，亦绝无而仅有。良由上无专管之政府，下无负责之绅商，以致良德美意，日渐消亡，坐视佃户之侵渔，租金之滞纳，殊为可惜！职厅有提挈市内慈善事业之责。按之市政原则，似亦宜将该仓划归市政范围内，庶易整顿，而收实效。兹略将收管办法，分别陈明：（一）惠济仓，系市内之恤贫机关，应改隶市政府管理，以资计划。（二）惠济仓款项，拟于改隶市政府管理后，将该仓之租息，作为贫民教养院之基金，开设工场，收容贫民。（三）惠济仓，每年应办之施粥施衣等慈善事业，改隶市政府管理后，仍照常办理。（四）惠济仓，每年拨助教忠执信学款，归市政府管理后，仍照案拨付等语。

（议决）民、市两厅会议收管办法。

七、仲恺农工学校呈缴拟建蚕种冷藏库图样，及估列详细数目单，请准照额拨给案。

（说明）查前据该校呈缴建设冷藏库必要说明书，请核准拨二万元，以为该校建设冷藏库之用一案，当经第一〇六次议决，交教育厅查复核办。去后，嗣据教厅复称，查所陈冷藏库之作用，及对于改良蚕丝之效能，尚属明晰，似可准予设置。惟设置工程费，仍须估列详数呈报等情。经转饬该校遵照。去后，兹据将图样及估列详细数目单缴请核准照额拨给前来。查单开一冷室及机械室建造费计九千六百元，二绝缘物购入价计四千六百八十元，三冷藏机械及附属装置全部购入价计五千七百二十元，并据呈称单内所列绝缘物，及机械价，尚未包含关税在内，两项货物入口关税，约值二千元有奇，将来拟另案呈请豁免，俾轻担负等语。

（议决）交建设厅核复后，饬财厅照发。

八、民政厅长提议，昌江县长胡以兰久不到任，该缺拟请委李景署理案。

（议决）照委。

广东省政府第四届委员会
第一百三十七次议事录

三月五日　星期二

出席者　陈铭枢　陈济棠　黄　节　伍观淇　许崇清　李禄超
列席者　罗文庄
主　席　陈铭枢
纪　录　孙希文

报告事项

一、本府第一百三十五次议事录，经奉政治分会核议通过发还，已由秘书处分发办理。

二、国府令发各省陆地测量局组织大纲，及系统表，编制表，服务条例，各一件，仰知照，并饬属知照。（交建设讨论会备考）

三、行政院令奉国府令准政治会议咨，胡委员等建议，确定中山县为全国模范县，组织训政实施委员会，经议决照办等因，仰即遵照。

四、东区善后委员呈复，遵经将卸五华县长张×，派员咨解高等法院讯办，请察核。

五、广东省执行委员会函知奉中央圈定本会新选执行委员，遵于二月二十五日宣誓就职，并于二十六日启用印信，请查照。

六、广东省党部执委会函知本会第二次会议，关于出席第三次全国代表大会代表旅费一案，经议决请省府拨给旅费五千元在案，请查照，令财厅照数拨给。（令照拨）

讨论事项

一、建设、财政厅呈复，遵令会拟周振基与陈棻良互争土名蟾蜍吐火等山场一案，各缘由，请核令遵案。

（说明）查此案前据台山县长呈，据县属冲蒌区永和堡十六乡代表团周振基呈，以久经垦植土名蟾蜍吐火等山场，被陈棻良瞒承，转请派员到勘，以昭折服，等情到府。经饬实业、土地、财政三厅，派员会勘复夺。去后，嗣据实业、财政两厅会复，派员查勘情形前来，当经第六十一次会议议决，饬县将该山场及周、陈两姓村落附近地情形，精细测绘地图呈核。去后，旋据该县绘具图说到府，又经第八十四次议决，交建、财两厅会拟办理在案。兹据两厅会复，略称，奉令后，当经两厅协定各派委员一人，先行会同审查。现据该委员等呈复，结论：（一）就理而言，照案陈姓理直，应维持陈姓承案方为合法。（二）就情而言，陈姓所承山地，接近周姓乡村，周姓与陈姓同承一地，讼争积嫌成怒，藉故酿祸，似将陈姓原承亩数，拨为周姓，亦无不可等语。复阅案卷第一点所称，与案相符，第二点究应如何办理，方能使两造相安，未敢臆断。然官厅断案，根据理法，乃职分内事，徇情则为法所不许，如为息事宁人起见，有时不便即予强制执行，须稍变通办理，似应仿照法院民事诉讼和解手续，令饬两造各举信仰人员，居间调停，试行和解。如能妥协，再予照办。否则仍候另行核办。如取试行和解办法，似应先行列举条件如下饬知两造：（一）饬由两造各举信仰人员三人（不论现时是否充任政府职员，或士绅，均可指名呈请），呈候财政厅会同建设厅委任。（二）调解范围，以陈姓原承山场除护坟所必须地段，可尽量就承照范围内指定外，可由调人裁酌让与周姓承领护坟或垦植。（三）调解期间，自委任调人日起，限二个月调解清楚，呈复核夺等语。

（议决）如拟办理。

二、教育厅呈，据龙川县立第二中学校学生叶培南、曾金德、曾占初等，呈请准予咨送国立中山大学肄业等情。查该生等，系于去年运动大会一万米赛跑取列前茅，现拟来省就学，所有学费应予分别补助，请核明令饬财厅按年照数发给案。又龙川县呈转县属第二中学学生叶培南等学历表一纸，可否准予送入中山大学公费班肄业，请核指遵案。

（说明）查此案前准广州市市民体育会长陈策提议，请奖励广东全省第十一次运动会优秀运动员，以示政府提倡体育等由。当以此案系属教育范围，经将原提议书送还，请先送交教育厅核明，转呈本府，较为妥善在案。兹据教厅呈，据该生等请准予资送国立中山大学肄业等情。据厅称，查该生等系于去年本省第十一次运动大会一万米赛跑取列前茅，现拟来省转学，所有学费，应予补助，以资鼓励。赛跑第一之叶培南一名，拟给官费年额三百元，赛跑第二、第三之曾金德、曾占初二

588

名，拟给半官费年额各一百五十元，请核明令饬财厅按年照数发给，俾该生等在省留学，养成体育人才，以昭激励等语。

（议决）叶生培南具有捷技，转送中大附中修业，按年补助三百元，至大学毕业为止，余两生免议。

三、第四军特别党部执委会函请指拨旧军事厅全幅地段，及焚毁后之一切残旧材料，为敝党部同志集资建筑妇孺职业工厂之用案。

（议决）交市厅查明该地性质面积具复再议。

四、教育厅呈，据龙川县呈请委任曾亮为该县教育局长等情，查核资格尚合，钞同履历，请核明加委案。

（议决）照委。

五、民政厅提议，海丰县长钟秀南辞职，遗缺拟请委方瑞麟署理；乳源县长萧乃昌调省，遗缺拟请以翁源县长梁修礼调署；递遗翁源县缺，拟请委陈景博署理；宝安县长郑启聪调省，遗缺拟请委谭达崙署理；又新委阳山县长凌锡华辞不赴任，该缺拟请委莫杏果署理案。

（议决）通过。

广东省政府第四届委员会
第一百三十八次议事录

三月八日　星期五

出席者　陈铭枢　伍观淇　黄　节　许崇清　李禄超
列席者　罗文庄
主　席　陈铭枢
纪　录　孙希文

报告事项

一、本会第一百三十六次议事录，经奉政治分会核议通过发还，已由秘书处分发办理。

二、国府文官处漾日电告中央最近政情五项：（一）公布禁烟委员会组织法、华侨回国兴办实业奖励法。（二）任命郭泰祺为驻义〔意〕

公使，傅秉常为驻比公使，诸昌年为驻瑞典公使兼驻挪威公使，金回泗为驻和〔荷〕兰公使，戴恩赛为驻巴西公使。（三）任命吕秀文兼山东工商厅厅长。（四）派冯玉祥等九十三人为赈灾委员会委员，指定许世英等十一人为常务委员，财政部长宋子文等八人为当然常务委员，并以许世英为主席。（五）任命何应钦为中央编遣区办事处主任委员，朱培德为第一编遣区办事处主任委员，鹿钟麟、石敬亭为第二编遣区办事处正副主任委员，周玳、辜仁发为第三编遣区办事处正副主任委员，白崇禧、胡宗铎为第四编遣区办事处正副主任委员，张维清等为第五编遣区办事处委员，杨树庄为海军编遣区办事处主任委员。

三、中央宣传部沁日电告颁发总理逝世周年纪念宣传要点十一款，希饬属遵照。

四、李宗仁宥日电告上中央及蒋主席电文，以湖南省府主席鲁涤平庇纵共匪，紊乱财政，加以撤惩，惟事出于万不得已，未免操切，请加宗仁以处分等语。

五、何应钦函寄前第一路军阵亡将士纪念馆及纪念碑募捐册，请鼎力代募，至前送之募捐册，请立予取销。

六、建设厅呈报遵令设立整理潮汕铁路委员会情形，抄同该会各委员履历，请核备案。

七、广州市特别市党部执委会函知奉中央圈定本会各委员，于二月二十五日宣誓就职，请查照。

八、建设厅厅长马超俊呈报请假三星期赴京出席，假内厅务暂交主任秘书黄元彬代拆代行，请核备案。

九、广东交涉员朱兆莘呈报因公赴京，请假二十天，假期内署中公事，委总务科长梁植槐代拆代行，请核备案。

十、广州市政委员长林云陔呈报请假晋京出席代表大会，厅务交总务科长何启沣、秘书黎藻鉴，代拆代行，一俟大会完毕，即行回粤任事，请核指遵。

十一、李主席济深鱼日电复，接本府歌电，关于特别法庭案件，在政治分会停顿期间，如何处理，应否支付省府委员会核议一电，已悉，暂时照办，当无不可等语。

十二、国府令发赈灾委员会组织条例，仰知照，并饬属知照。

十三、政治分会函知本会议决在停会期间，所有省府决议案，暂照案执行在案，希查照。

讨论事项

一、东区善后委员呈，据澄海县呈缴承办苏南出口金纸捐征收章程等情，转请察核备案案。

（说明）查此案前迭据岭东出口纸锡总会呈控该县四区治安会苛征苏南出口金纸，请求撤销等情，经饬据财厅呈复，以潮州十属纸锡捐，经批准泗益公司承办，苏南区金纸，自不得再予重征，已令行澄海县转饬撤销，毋任抽收在案。兹据该区所呈，则以所抽征率甚微，与潮属冥锡性质不同，并无抵触妨碍，经令准照抽收，以充该区警队经费云云。查与财厅前此办法不符，究竟应否照财厅原案禁抽，抑照现呈准抽，请公决。

（议决）据称并无抵触妨碍，似可暂准抽收，令财厅查复。（暂不批区，俟财厅复到再办。）章程抄交财厅。

二、财、市政厅会呈拟果税与台费合并后，饬由承商照原日饷额加一倍解缴，按月照拨还市库，是否可行，候指遵案。

（说明）查前据财、市两厅会呈，拟请将果类入市税归并省陈鲜果咸货行台费统办等情，请核示到府，经第一二二次议决暂行照办在案。兹据两厅会呈称，查果类入市税，年饷额毫银六万元，省陈鲜果咸货行年饷大元三万五千元，另加五专款，以加二五伸计毫银六万五千六百二十五元，台费比较果税稍多，现拟果税与台费合并后，其抽率照台费旧例加倍计抽，新饷额则饬由该台费承商照台费原日饷额加一倍解缴，加得之饷，即按月照拨还市库，在市库收入并无减少，反有微增，而事简易举，是否可行，仍候指遵等语。

（议决）照拟。

三、广州市政委员长呈请核示十八年度临时土地税额是否仍照十七年度原案办理，抑恢复原定百分一之税率征收案。

（说明）据称，查临时土地税，前经奉令照建设委员会审查广东都市土地登记及征税条例意见书就原定税额暂行折半征收，经于十七年度遵照办理在案。惟审查意见书并未声明减折征收期限，查去年开始征收地税，以事属创举，为推行顺利起见，故有暂行照原定税额折半征收之规定。惟查各国所定土地税率，有由低率渐次增至百分之十，至百分之十五者，本市临时土地税率，原为百分之一，揆之本市经济状况，未为过重，现在似无减折征收之必要。十八年度临时土地税，现正赶备开征，其税额是否仍照十七年度审查原案办理，抑恢复原定百分一之税率征收，请察夺祗遵等语。

（议决）仍照十七年度审查原案办理。（即折半抽收）

四、财政厅、市政厅、高等法院会呈，关于××公司与冯×、黄朱氏争承广州市×××××第×号、第×号产业一案，业由该案主席邀同各委员审查完竣，连同本案卷宗，并议决书，请鉴核祗遵案。（议决书油印）

（议决）照办。

五、民政厅呈，据江门市长呈，拟订建筑长堤及北街江门公路公债条例等情，转请察核指遵案。（条例油印）

（说明）据该市长略称，查建筑堤路，为发展市政之要图，职莅任之初，经饬工务局筹划，提交第三次厅务会议议决：计由浮石街至聚源街尾，路长六千尺，用白石堤礅，一律十五尺高，取与常安路同一水平，每尺七十元，计共需银四十二万元；另由浮石街东头至东炮台，路长约六千七百尺；由东炮台至北街海关前，路长约六千九百尺，共长约一万三千六百尺，采公路式，不筑堤礅，约需银十万元；合共五十二万元。以此项堤路，与码头船只及全市商店均有关系，拟定分配负担办法：（一）沿线码头负担九万元，照前任所定，沿线内码头，约长二千一百八十尺，每尺征银四十一元二毫八仙，如属市产之码头，则以之变价抵偿。（二）沿线店户负担二十万元，除街口外约长五千八百尺，每尺拟征三十四元五毫。（三）全市除长堤各店已照征费外，按照商业牌照，约负担七万元。（四）除以上分配负担共三十六万元外，尚不敷款十六万元，拟以所有市产及将来堤路收入担保，发行公债二十万元，依分配额数所超过预算之数四万元，即以之拨作将来建筑路面及弥补各项不足之用。经召集全市商店各界代表开联席大会议，共同讨论，一致表决通过，复由全市商店盖章，缴厅存案，以示众情允协，等语。

（议决）交建设、财政两厅核拟具复。

六、本府主席提议，确定本省十八年度预算，力求收支适合案。

（原提案油印）

（议决）照办。

广东省政府第四届委员会
第一百三十九次议事录

三月十五日　星期五

出席者　伍观淇　黄　节　许崇清　李禄超
列席者　罗文庄
主　席　伍观淇（代）
纪　录　钟　泰（代）

报告事项

一、国府令发修正教育部大学委员会组织条例，仰知照，并饬属知照。

二、国府令发华侨回国兴办实业奖励法，仰知照，并饬属知照。

三、国府令发禁烟委员会组织法，仰知照，并饬属知照。

四、国府令发中山县训政实施委员会组织大纲，仰知照，并饬属知照。

五、行政院令知省府各厅视察员之任免，应由厅长提请省府委员会议议决委任，其俸给得按照文官荐任级支给。

六、国府文官处冬日电告中央最近政情六项：（一）通令整饬学风。（二）派监察院院长蔡元培，本府委员李宗仁，编遣委员会总务部主任李济深，中央编遣区主任何应钦彻查湘事。（三）公布国军编遣委员会编遣区办事处条例，暨海军编遣办事处条例。（四）派何键暂行代理湖南省政府主席。（五）河南省添设工商厅，陕西省添设农矿厅，并任命宋则久为河南省改〔政〕府委员兼工商厅厅长，沈宗瀚为陕西农矿厅厅长。（六）河南省政府委员兼教育厅厅长邓萃英另行任用，所遗本兼各缺，以张鸿烈继任。

七、工商部函送商品出口检验暂行规则，及检验局暂行章程各一份，请查照并饬属知照。

八、湖南省政府主席何键等冬日电知于本月冬日遵令就职。

九、青海省政府主席孙连仲咨知于元月二十六日宣誓就职。

十、湘赣两省剿匪总指挥部第三路司令王捷俊支日电告进剿朱毛等共匪始末情形，及会剿任务已告终结，奉令撤回原防，整理训练，请垂察。

十一、广州特别刑事法庭函知本庭清理各案，将次原〔告〕竣，经拟具结束办法，呈奉政治分会议决照办，请查照。

十二、广东财政特派员范其务函知敝署经于本年三月一日遵照部令组织成立，相应将公署组织法暨暂行章程送请查照，转行所属各机关一体知照。

十三、教育厅呈报奉到印章及启用日期，并将旧印截角缴销，请核备案。

十四、第八路总指挥部军务处函知奉总指挥令改委陈济棠等为第八路各师旅长等，请查照。

十五、广州特别市监察委员会函知于本月四日成立委员会，宣誓就职，请查照。

十六、广东森林局长马超俊呈报代表广州市党部出席中央第三次全国代表大会，局务交由副局长芬次尔代拆代行。

十七、本府秘书长呈报遵于本月六日启用新章，并将职处大印小章缴呈验销。

十八、禁烟委员会、内政部会咨送公务员禁烟考成条例，请查照，并饬属遵照。

十九、河南省政府咨知于二月二十六日启用印信。

二十、国府文官处庚日电告中央最近政情五项：（一）批准非战公约。（二）简派驻法公使高鲁与爱司托尼亚驻法公使商订中爱通商条约。（三）公布国军编遣委员会编遣区经理分处编制表，暨海军编遣经理分处编制表。（四）公布陆军官佐服役任免调补条例，暨一般人员保请任命权区分表。（五）公布国民政府政务官请假条例。

二十一、福建省政府青日电告进剿朱毛残匪情形。

二十二、总理奉安委员会鱼日电告贵省如有组织奉安纪念会，按照奉安赠赙办法第一类乙项之规定办理，于四月一日以前通知奉安委员会布置组，指定地点，并附图样审定，电知马委员与奉安委员会接洽办理。

二十三、中央国术馆支日电告国术考试省特别市考，规定每年四月一月举行，务希于月内实行，并将考试情形报查。

讨论事项

一、民政厅呈复关于揭阳县长王××被控，饬厅查明核办具报一案，兹经饬据潮阳县长查复前来，应如何办理之处，请察核示遵案。

（议决）交民厅派员复查。

二、略。

三、民政厅呈，据汕市长请委谭刚为港务局长，卢稚文为秘书长，李日论为参事，等情，除港务局长应从缓议外，余请察核办理案。

（议决）秘书长、参事照委。

四、民政厅提议新丰县长姚希明辞职，遗缺拟请委梁若谷补署案。

（议决）照委。

五、教育厅呈，据省立工业专门学校呈被裁机科学生拟送南通纺织专门学校肄业，转请令行财厅核发补助费，连同预算书学生姓名表缴请核转发给案。

（议决）旅费照准，学费每年每名补助毫洋二百元。

广东省政府第四届委员会
第一百四十次议事录

三月十九日　星期二

出席者　伍观淇　刘栽甫　黄　节　李禄超　许崇清
列席者　罗文庄
主　席　伍观淇（代）
纪　录　钟　泰（代）

报告事项

一、中央政治会议元日电告各政治分会应即遵照中央议决案，自本日起停止开会，结束裁撤，请查照。

二、国府令发行政院会议规则，仰知照，并饬属知照。

三、国府令发国军编遣会编遣区办事处条例，暨国军编遣委员会海军编遣办事处条例，仰知照，并饬属知照。

四、行政院令，准文官处函知，中央政治会议咨，议决各省府委员兼厅长者，经任命后，应来京与主管部接洽，奉谕照办，等由，仰该府转饬各兼厅长遵照。

五、国府文官处函，关于纪念黄花岗烈士筹备处主任余承兴等，呈为纪念先烈，抚恤遗孤，案经奉广东省府核准设处筹备，兹将《起义始末》一册，呈请备案编史，并请饬省拨款兴办，以利进行一案，奉谕附件存案，拨款一节，交广东省政府核办等由，抄同原件，请查照办理。（交革命纪念会查明拟复）

六、国府文官处函，奉令特派陈铭枢等为国府赈灾委员会委员等因，录令函达查照。

七、热河省政府阳日电报奉到国府颁发印章，遵于本月七日敬谨启用。

八、西湖博览筹备委员会函知展期至六月六日，并派蔡委员仁抱前来，请协征出品，到时希赐接见。

九、北平李代总指挥品仙，佳日电告于佳日在平就代总指挥职。

十、兰州省府刘郁芬勘日电告遵照编遣会议议决，定于三月一日起提前取销陕甘青宁剿匪总司令名义，以符定章。

十一、第八路总指挥部函，关于嗣后两广各县建筑飞行场站，由省府直接指挥办理，费用亦由省库拨支一案，经政治分会议决照准在案，请查照转饬各县及财厅知照。

讨论事项

一、建设厅呈请废止旧有章程，另拟广东公路规程各缘由，请核公布施行案。

（议决）交讨论会迅速审查。

二至九、（略）

十、教育、民政厅会呈，据连阳化瑶局局长呈，拟具连阳瑶排初级小学校及瑶众耕读夜学办法清摺，查核尚无不合，抄同清摺，请核准令行财厅拨给经费，以资开办案。

（说明）据该局称，此项教育经费，统计每年不过三千元之谱，可否援照广西苗瑶教育经费，列入预算，由政府按年拨给，需费少而收效多等情。据民厅称，经咨准教育厅咨复称，检阅所拟办法，关于设校计划各事，尚无不合，惟第九项条文，似宜将按照优待革命功勋子女入学办法一话删去，以示区别。又第十二项所拟各项课本，由厅编订，查教授瑶民课本，须得熟习瑶性者编订，似较适合，拟由化瑶局物色人员，担负其事，教厅审议意见如此等由。理合抄同请〔清〕折，请核准令行财厅拨给经费，以资开办等语。

（议决）办法修正，款令财厅照拨。

十一、教育厅呈拟订广东地方教育行政人员考试及训练章程，请核指遵案。

（说明）查前据建设讨论会呈报黄委员节提议整顿各县市教育行政一案，业由职会教育组议决，各地方教育行政人员，先由教育厅考试，取录后施以短期之教育行政训练，其余各项，俟县组织法及县行政经费决定后再议在案，连同原提案请核施行一案，经第一三二次议决，照议办理，由教育厅拟考试及训练章程具报。去后，兹据该厅拟具章程前来，请公决。

（议决）修正通过。

十二、教育厅呈复，据省立第十三中学校长呈请援省立第三中学例，拨款一十万元以完成新校舍建筑一案，经饬交省督学查复，所拟办法似属可行，请核令遵案。

（说明）查前据南区善后委员呈，据省立第十三中学校呈请援照省立第三中学校例，拨款一十万元以完建筑新校舍等情，转请核示到府，当交教育厅核办。去后，兹据该厅复称，经饬据省督学韩国清查拟复称，该校已于十六年十一月间兴工建筑洋楼一座，其工程已成三分之一，即新校各地基，亦已粗为布置，只因款项不足遂停工，当新校建筑期内，已将旧校舍之操场宿舍等地，估价变卖，以为扩充新校建筑费之需，刻下新校舍建筑尚未完成，而旧校舍地方又不敷教学之用，进退维谷，殊属两难。为该校生存计，拟请省政府援照省立第三中学校成例，一次过拨给临时建筑费五万元，俾完成该校第一期建筑工程，庶该校学业不致因之而停顿。其余第二三四期建筑费，仍应责成该校长，依照原定计划，继续向南洋方面设法募捐，或向琼定乐万各属继续筹捐，务期完成该校新校建筑最后工程，等情。查该督学所拟各节，似属可行等语。查关于拨款修筑第三中学校一案，本府前据第十八师李师长务滋电报惠州省立第三中学向设西湖丰湖书院，毁于兵燹，现就城内祠堂庙宇并合，散漫无序，请由省库拨款五万元，就暑假期内在原址修筑，等情，当经第八十次议决交教育厅查复，去后，嗣据该厅呈复拟请如数拨给，以维学务前来，又经第八十七次议决行财厅去后，旋据财厅呈报，拟由十七年九月起分十二个月匀支，由李师长监督该校指定银行或银号存贮，积有成效，再行修筑在案。

（议决）归编制十八年度预算案照办理。

十三、教育厅呈，据紫金县呈请委任赖谷恒为该县教育局长等情，查核资格尚合，抄同履历，请核明加委案。

（议决）照委。

十四、民政厅呈，据中华海员工业联合总会广东支会呈，以经费支绌，请继续自四月份起每月仍由财政厅拨给一千元，并转财政厅对总会所欠尾数一千元，暂从缓扣等情，应否准予继续补助经费，并缓扣欠款之处，请核示案。

（说明）据该会呈称，前呈奉政治分会议决，特准每月拨给属会经费一千元，惟此项补助费系以三个月为限，计共三千元，但总会前因急需，曾在财厅借入款项四千元，除由财厅将此项补助费悉数扣还借款外，现仍欠一千元，亟待清还，以致属会经费，非常支绌，属会目下仍在整理时期，无款收入，恳特准继续前案，自四月份起，每月仍由财厅拨给一千元下会，并转财厅，对于总会所欠之尾数一千元，暂从缓扣等语，查此案昨据该厅转呈到府，经转请核示，惟政治分会因奉命结束，原件退回，究应如何办理之处，请公决。

（议决）原欠财厅一千元，准免缴还，所请继续补助，应毋庸议，并令财厅知照。

598

广东省政府第四届委员会
第一百四十一次议事录

三月二十二日　星期五

出席者　伍观淇　刘栽甫　黄　节　李禄超　许崇清
列席者　罗文庄
主　席　伍观淇（代）
纪　录　钟　泰（代）

报告事项

一、国民革命军兼第一集团军蒋总司令，删日电告奉国府令，遵即将总司令部及第一集团军总司令部与整理委员会一律撤销，同时成立中央与第一编遣区办事处，请查照。

二、国府委员李宗仁，齐日电告上中央执委会、中央政治会议国府恳辞去国府委员电文。

三、武汉政治分会张知本等，寒日电知武汉政治分会改组湖南省政府一案，奉中央政治会议决议，张知本等着先行免去分会委员之职，请中央监察委员会议处。

四、湖北省政府咨知，奉国府颁发本府及各厅暨秘书长等印章，遵于三月一日同时启用，请察照。

五、察哈尔省政府咨知，奉国府颁发本府及各厅暨秘书长等印章，遵于三月六日启用，请查照。

六、广东地方警卫队编委会呈缴训练员奖惩规则草案一十四条，请核备案令遵。

七、建设委员会咨送民营电气事业注册暂行规则一册，请查照饬属遵照。

八、阳山县长张育东寒日邮电报解连县路款延迟缘由，及赶办结束预备交代，请催新任来县接事，并求派员彻查伸雪。

九、白总指挥崇禧齐日电告湘事，请一致电请政府持以镇静，处以宽宏。

十、建设厅呈报接收黄埔商埠公司督办日期，暨办理情形请察核。

十一、建设讨论会呈将职会民政组专门委员讨论警卫队与保甲问题经过情形，连同民政组第四次会议录，暨审查委员等所拟关于警卫队与保甲之审查报告，广东地方警卫队计划大纲草案，及修正保甲办法大要等，请察核。

讨论事项

一、民政厅呈复，遵令饬据视察员余超查复陈××等呈控顺德县长萧××违法贪劣十大罪恶，及该县长辩诉各缘由，请核示遵案。

（说明）查前据顺德旅港华侨联合会陈××等呈控顺德县长萧××十大罪状，请垂察到府，当以控关官吏渎职，虚实均应彻究，即饬民厅查明呈复在案。旋据该县长呈报辩诉被控各款实情，请传原控人陈××等到案质讯，实究虚坐到府，当交西区善后委员传讯。去后，嗣据民厅呈复，经派视察员余超遵照查明，并据西区呈报，经函省党务指委会传知陈××等迅赴钧府投到候讯等情。兹据民厅呈报，据该视察员将查明实情呈复到厅，据厅称，查该陈日初等所控一、二、三、四各款，现据将情形查复，原控多属失实，七、八、九、十等款，该县辩诉尚属确实，应如何办理之处，请察核办理。再关于县署职员邓柏坚藉案控摇一事，似应令县迅传两造复讯明确，分别严办。惟查前据该县长呈称，案经西区善后公署提讯，分别办理，拟饬录案具复查核等语。

（议决）萧县长免予置议，余如拟。

二、民政厅呈复遵令饬据丰顺县长方乃斌查明潮安县长李××被该县自治会执委李××电控一案情形，并拟具办法，情核示遵案。

（议决）如拟办理。

三、教育厅呈，据汕市长呈报办理私立牖民小学选举校长经过情形，及翁伯良等仍持异议各情形，查该校系教会之人所办，应否收归市有，抑或准由此次选出之校长接办之处，请核指遵案。

（议决）即由选出之校长接办。

四、建设厅呈复遵令核议拟订智利硝专卖补充施行细则缘由，连同原缴细则，请照案核准案。

（说明）查关于智利硝一案，前经本府第七十次议决，仍由政府专

600

卖在案，旋据财、建两厅会呈拟具办法，并拟定智利硝专卖条例，及施行细则，请核到府，复经第九十三次议决修正通过又在案。昨据建厅续呈拟订智利硝专卖补充施行细则，请核到府，当查原定专卖条例，系指明智利硝，今补充细则第二条称制成混合肥料发售，则与智利硝有别，是否与原条例歧异，如人民有用智利硝制成肥料发卖者，是否受专卖条例之拘束，又此混合肥料与智利硝价格，是否相同，或有贵贱，未经叙明。第四条农户有施用单纯智利硝之必要时，得呈请建设厅核准购用，单纯智利硝是否为一种，如即系普通智利硝，加此一条，则未免淆乱不清，如另为一种，亦应声叙明白。以上数点，均着分别呈复，再行核夺。去后，兹据该厅复称，遵查职厅去年会订智利硝专卖条例及细则，对于农用智利硝尚未有配制发售规定。嗣因前国税管理委员公署，迭次函商以智利硝可煎成通硝，制造轰烈品，屡请依照中山大学所拟办法，以科学方法督配后，然后发售，俾免奸商转贩图利，及冒购私煎之弊。故职厅续订智利硝专卖补充施行细则第三条，即依据中大督配办法，拟将智利硝与其他磷钾质肥料配合，始行售卖，藉以补原订条例之不备。至一般人民如有用智硝制成混合肥料出售者，其购买智硝时，自应遵章采购。又单纯智利硝，即指未经配制之智硝而言，与配制后混有磷钾质者不同。农作物中需叶植物，如蒲葵烟草茶桑及一切叶菜类，实有施用多量淡〔氮〕质肥料之必要。智利硝含淡〔氮〕既富，自应变通办理，准予农民声请购用未经配制之智硝，故有补充细则第四条之规定。再查既经督配之智利硝，与单纯智利硝，其价格实相差无几，故即拟定同一价格，不再另订卖价，以免纷歧。总之职厅此次拟订智硝专卖补充细则，无非为扶植农工，杜绝奸商私煎图利，并顾全硝磺饷源起见，既与原订条例不相抵触，复于智硝之推销倍形便利，似可照准办理等语。

（议决）准备案。

五、民政厅呈，据韶州市政局呈请准予再展期结束，俾完成各项要政案。

（议决）准予展期，将未了事务，赶办完结，并令北区善后委员督促办理。

六、教育厅呈，据饶平县长呈请委任余屏周为该县教育局长等情，查核资格尚合，缴同履历，请核明加委案。

（议决）照委。

七、教育厅呈，据乐会县长呈请委任王大銮为该县教育局长等情，查核资格尚合，缴同履历，请核明加委案。

（议决）照委。

八至二十四、（略）

广东省政府第四届委员会
第一百四十二次议事录

三月二十六日　星期二

出席者　伍观淇　黄节　李禄超　许崇清

列席者　罗文庄

主　席　伍观淇（代）

纪　录　钟泰（代）

报告事项

一、国府令发陆军官佐服役任免调补条例一件，原附一般人员保请任命权区分表一件，仰知照，并饬属一体知照。

二、武汉张知本等寒日电告上中央政治会议电文，为武汉政治分会改组湖南省政府一案，奉中央议决张知本等着先行免去政治分会委员之职等因，知本等因公获罪，受宠若惊，消弭战祸，指导祥和，去职实较在位为幸，等语。

三、湘省府主席何键，灰日电为中央对于湘事有以武力处置之说，拟请中央令饬各部队停止军事行动，速回原防。至在湘各友军，键当承宣德意，极力调解，消祛战祸。所有湘省府主席一职，恳请简贤接替，等语。

四、山西省政府咨奉国府颁发印章，遵于三月八日启用，请查照。

五、教育厅呈取缔学旅规程一份，学旅登记章程一份，请核备案令行广州市公安局知。

六、上海总商会等哿日电为报载近日形势，战机又迫在眉睫，乞俯念民生凋敝，国势垂危，停止军事行动，急谋政治解决。

七、汉口总商会篠日电告武汉镇静如恒，望消除隐患，奠定和平。

八、福建省政府哿日电告朱毛残部占据汀城，形势严重，经议决电请漳州张师长派队负责剿办，陈、郭两部悉归指挥，请察照。

九、福建省防军第二混成旅第三团长兼剿匪临时指挥卢新铭等，皓日电告旅长郭凤鸣于寒日亲率所部痛剿朱毛股匪，在长岭寨激战殒命，恳迅电粤赣友军及闽省各部队会师兜剿，肃清共逆。

十、第二集团军第二十一师长杨虎城元日电告顾震违抗孙主席命令接济刘匪黑七及击溃刘匪情形。

十一、武汉胡宗铎等文日电告鲁涤平破坏事实经过情形，望党国先进指导祥和。

十二、广西省政府敬日电告上中央电文，请宽释胡展堂等，并请一致主张，以培国本。又广西省党务指委会梗日电告胡展堂在京被扣留，请迅予恢复自由，并望一致援助。

十三、第八路总指挥部参谋长邓世增暨全体将士梗日电将养日上蒋主席一电奉闻，乞为党国主持主义。

讨论事项

一、建设厅呈拟设广东全省无线电广播收音台缘由，连同计划书，请核施行案。

（议决）归十八年度预算案办理。

二、东区善后委员呈报建筑汕头行政公署行将落成，请续发建筑费一万六千元，俾竟全工，连同加筑天桥价目节略，加建各项工程价格清单，及电灯自来水估价单，请核准令行财厅发给案。

（说明）查前据该区呈请拨款赓续建筑完成汕头葱陇公署一案，经第八十二次议决，汕市将来是否建置军政机关，该旧公署是否适用，由该委员再行考查，或另招商将该署改造，以最廉价为适宜，希照复再核。去后，旋据该委员呈复，将不宜另招新商将汕头葱陇公署改造理由，及宜建置军政机关情形，请就欠旧商原价一十万四千八百元匀摊四个月支给，每月支二万六千二百元，并请令财厅迅将第一个月发给，以凭赴领转发，刻日兴工等情，复经第八十九次议决照办，饬厅遵照。去后，并据财厅呈复，经饬汕头分金库照发，并将支付通知单函送东区查收赴领在案。兹续据东区呈报该公署行将落成，惟查原定图则，办公地点计分三座，形如品字，而中座距离左右两座，相去颇遥，于联络办公，既嫌隔膜，一遇风雨，往来尤多不便。原期更改，惟四围墙基及下座，早经筑成，改造须将已成工程拆去，其费更巨，计唯有设法贯通，非由中座两旁加建天桥，分接左右旁座不可。当经令饬承商生泰公司绘图估计加筑天桥两座，合用英泥洋铁造成，共价毛洋五千二百四十元，查核尚属核实，经权令先行照筑，现经筑造竣工。惟查此项加筑天桥费，不在奉准核发赓续建筑该署工程费原额数目之内，应恳准予追加，如数给发，此为呈请追加者一。又查该署原与承商订定建造图则，所有三座内容间隔，均不适用，而中座两便，亦无骑楼，如不改造，不但不合卫生，即办公亦多不便，而全署职员或虑房舍不敷住宿，亦经令饬承商改建，核实加价毫银四千八百零一元，此应呈请追加者二。再查此次奉准发给工程费原案，系专指全署土木上盖而言，其余如电灯自来水等项必须品，尚未计及，而电灯自来水又为必不可缺少之物，现亦招商估价。计估价者约有数家，实以汕头市耀光公司开列价格为最核实，计电灯一项约共价毫洋三千四百六十余元，自来水一项一千零五十余元，此应请追加者三。以上三项，合计共追加毫洋一万四千八百余元。复查职署奉令开办，当时实奉发开办费二千元，计职署先在惠州成立，随后移驻来汕，查在惠则修用旧督办署，来汕则租用民房，所有奉发开办费，大抵为先后修整办公地点及职员宿舍开销殆尽，是以职署现用各家私等，多由租借。现值新署落成，拟略事购置，惟现查物价奇昂，虽务从简朴，计非一千余元不办，此又应行呈请核发者。连上追加各款，计共一万六千元，请俯予照准，令财厅发给等语。

（议决）款经核定，未便加拨。

三、民政厅呈复奉令经饬据潮阳县长查复惠来县长林鹤年被控一案各款，或查无实据，或经呈奉核准办理，尚无不合，似应免予置议，请核示遵案。

（议决）准免置议。

四、财政厅呈复奉令饬查关于东区呈据澄海县长呈缴承办苏南出口金纸捐征收章程，请核备案一案情形，究应如何之处，请核指遵案。

（说明）查此案前迭据岭东出品纸锡总会呈控该县四区治安会苛征

苏南出口金纸，请求撤销等情，经饬据财政厅呈复，以潮州十属纸锚捐，经批准泗益公司承办，苏南区金纸自不得再予重征，已令行澄海县转饬撤销，毋任抽收在案。嗣据该区呈，以所抽征率甚微，与潮属冥锚性质不同，并无抵触妨碍，经令准照抽收，以充该区警队经费，请核准备案等情，当经第一三八次议决，据称并无抵触妨碍，似可暂准抽收，令财厅查复。去后，兹据该厅复称，遵查此案，经准东区善后委员函同前由，当经职厅核明，以汕头出口纸锚捐，经批与商人联义公司承办，该区既称出口金纸捐与汕头纸锚捐未免性质相同，未便准予重征，该县警卫队经费，应饬另行筹抵，函复东区善后委员公署查照，并呈报钧府察核各在案等语。

（议决）如拟。

五、广州特别刑事法庭函为政治嫌疑案件交保候讯，而保店人屡传不到者，经呈奉政治分会议决，由法庭酌予惩处在案，兹将遵办情形，呈报政治分会，惟已停止收发，合将原呈转送代收见复案。

（说明）查该原呈内称，中国烟草公司简大年所保酒楼茶室工会反动嫌疑人颜泽等一十三名，迄无一人交案，该被保人等，系于十六年十二月七日交保，查出狱时，竟有多人身挂红带，用汽车欢迎……该被保人等显属反动重要份子，乃该公司并不细查，轻为具保，实属咎有应得。惟迭据呈称，当时为营业上环境所迫，实有不得已苦衷，即如所说，亦难卸其具保之责，经决定处罚该公司简大年五万元罚金，以赎前愆，并将所保逃亡之人，另案通缉在案，现尚未据遵办，职庭已办结束，除专案移送高等法院照案执行外，理合列单请核备案等语。

（议决）准备案。

六、广东特别刑事法庭函送叶焯私运仇货案判决书，连同案卷，请核复执行案。

（议决）改判半年。

七、教育厅呈，据遂溪县长呈请委任洪名銮为该县教育局长等情，查核资格尚合，缴同履历，请核明加委案。

（议决）照委。

八、中央党务学校粤籍全体学生叶凤生等呈请恳予每人每年津贴二百元，以资补助案。

（议决）未便照准。

九、财政厅、市政府、高等法院会呈，关于吴林氏与××公司因承领广州市河南×××巷新门牌××号屋业，不服市财局处分上诉一案，业由该案主席邀同各委员审查完竣，连同本案卷宗、议决书，请核指遵案。议决书油印。

（议决）照判。

十、革命纪念会函复，关于谢英伯等呈称温子纯奔走革命，苦战救国，积劳病故，恳迅赐优恤一案，合将查明情形，复请核办案。又函复，关于温葆六状称陈佐年在东江发难，讨逆身亡，请予抚恤一案，合将查明陈佐年革命略历，复请核办案。

（议决）交秘书处签拟。

十一、高等法院呈拟将积存状纸费及罚金等项，拨充建筑新监之用，并请令财厅饬中行准先提拨存款各缘由，请核指遵案。

（说明）查前据该院呈称，准广州市厅函，拨北郊钱路头马路第二模范村为筑建广州监狱等由，连同图则，请令市厅酌拟补偿价额，及收用办法到府，当经令饬广州市厅遵照在案。兹据该院续呈称，查建筑广州新监，为中外观瞻所系，自当力求完善，以树风声，而示楷模。现在预计各项工料及补偿地价等费，约需二十余万元，当库帑奇绌之秋，固未敢骤请多款，而目前切要之务，亦不敢稍涉诡随。拟先就法院固有之款，预为划定，俾济需要。查有前司法厅移交曾经呈奉钧府十六年核准拨为增筑监所之状纸费，先后共计三万八千余元，又十七年一月至六月止征存全数状纸费二万一千余元，又十七年一月至十二月止售出部颁状纸照章留用半数现存一万二千余元，共存七万一千余元，又广州地方法院接收前市法院移交，暨自十七年该院改组之日起，至十二月止，共存罚金及易科罚金二万八千余元，此项罚金经前司法行政委员会指定拨为修理监所经费在案；以上合共毫洋一十万余元，现当建筑新监，待需孔亟，自应援案请准全数拨用，以利进行，等语。惟查前广州市法院曾将诉讼当事人存款八万余元存放中央银行，上年因纸币风潮，被封存不能提取，拟请令行财厅饬中行准由广州地方法院原储当事人存款内，先行提回二万八千余元，归还罚金垫款，以便随时提拨，其余不敷之数，随时设法筹措，倘仍不敷，再行会商财厅，酌量拨足，务底于成云。

（议决）状纸费罚金，准拨充建筑新监之用。

十二、广州市政委员长呈复饬核关于市公安局呈据清平十约代表廖慎初等状请转饬第五十四小学校免予收用庙地一案办理情形，请察核指遵案。

（说明）查此案前据广州市公安局呈，据清平十约代表廖慎初呈称，前向市厅承回市产，借揭款项，经法院判决拍卖抵偿，并商债主划回一部办理公益，今被黄校长藉学占夺，请维持法院原判，转饬该校免予收用等情，应否照准，请指遵到府，当经第一二九次议决交市厅核办。去后，兹据该厅复称，此案关于廖慎初等争持之理由，前经一再批饬财、教两局会同查复，认为不能成立，录案呈奉钧府，准如拟办理。嗣据公安局转据广州市民警队总办事处呈同前情，又经呈奉钧府准照原案执行各在案。兹奉前令，又复将案分行财、教两局，现据呈复，均以仍照原案办理为词，具复前来，请察核等语。

（议决）交民政厅详查具复再核。

十三、民政厅提议请委骆鸣銮署理始兴县长案。

（议决）照委。

广东省政府第四届委员会
第一百四十三次议事录

四月二日　星期二

出席者　伍观淇　陈济棠　黄　节　李禄超　许崇清
列席者　罗文庄
主　席　伍观淇（代）
纪　录　钟　泰（代）

报告事项

一、国府令，据本府呈报奉颁印信于三月五日启用等情，准予备案。

二、内政部咨送各县划区办法，请查照饬办。

三、冯玉祥删日电告，第二集团军总司令部，遵于三月十五日撤销，结束一切。又电告，奉中央政治会议议决各政治分会自本月十五日起停止开会，结束裁撤等因，遵于即日停止开会，如期结束。

四、白崇禧等养日电告，在汉口就第四编遣区主任委员。

五、长沙总商会养日电，传闻长江下游已有军事行动，恳俯顺民意，相与以诚，以惠子遗。

六、南京赈灾委员会巧日电告，本会遵于三月十五日成立，并于是日就职。

七、教育厅呈送一月份下半月报告表三份，请核转备案。

八、总理奉安委员会号日邮电告，遵于三月二十日启用印章。

九、广西省政府函，准达启用新印日期一案，除饬属知照外，复请查照。

十、第三次全国代表大会养日通电，本会第六次决议定七月九日为国民革命军誓师纪念日，永久遵行。

十一、建设厅长马超俊呈请续假，乞俯准。

临时报告

陈特派员电告就职日期。

讨论事项

一、政治分会函，据本府呈，据民厅呈报，拟订广东县市平民住所或村规则等一案，现准林委员云陔复将该项规则逐条审查，分别签订等由，本会现已停止开会，检同原件，送请核办案。

（议决）交讨论会。

二、建设厅呈，据权度检定局长呈，拟请变通办理对外贸易行使度量衡器等情，查核所拟办法，尚属可行，惟事关增修法规条文，抄同附表，请核指遵案。

（议决）准予变通办理。

三、财政厅、市政厅、高等法院会呈，关于××堂陈×、××堂刘××与何陈氏讼争×××街铺业一案，业由该案主席邀同各委员审查完竣，连同本案卷宗议决书等，请核指遵案。

（议决）照判。

四、教育厅呈，据省立第三中学校长呈，拟就地筹款，维持学务，

608

等情，查所请各节，似属可行，惟事关税捐创办，及税款附加，系属财政范围，请核示遵案。

（议决）交财厅核拟具复。

五、汕头市长呈，据汕市同安公会等呈请取销旅客捐，情愿报效一次过二千元拨充警察教练所经费等情，经饬令增加二千元，以之拨充警察教练所开办费，其余每月经常费则由市库另行设法筹拨，请核示办理案。

（议决）照准。

六、太平商会执委会呈，为冼善之呈准将被封产业发还案内坐落东莞××墟××酒店一间，××码头一座，××公司铺一间，久经官产处变卖，合将始末情形，请核示遵案。

（议决）交财厅查复。

七、国府文官处函，据张勤生呈，为因革命破产，年老无依，请俯恤年金维持生活一案，奉谕交广东省政府查核等因，检同附件，请查照办理案。

（议决）交革命纪念会查复。

八、政治分会函，准革命纪念会查复，关于何卓俦请恤一案，经查明事略传略，确实无讹等由，本会现已停开，检同原件，请核办案。

（议决）交秘书处查照党员抚恤条例签复。

九、伍委员提议，拟由本府严令各县县长刻日完成警卫政策，查取成绩列报，并行民政厅编委会考核各县成绩呈候核办，请公决案。

（议决）照办。

十、教育厅呈，据惠阳县长呈，请委任任德茵为该县教育局长，查核资格尚合，抄同履历，请核明加委案。

（议决）照委。

十一、民政厅提议，请委宁可风为廉江县长案。

（议决）照委。

临时提议

陈主席函，准陈特派员函，请派余汉谋为北区善后委员案。

（议决）暂派余汉谋充北区善后委员，并会衔。

广东省政府第四届委员会
第一百四十六次议事录①

四月十六日　星期二

出席者　伍观淇　冯祝万　黄　节　朱兆莘　李禄超　许崇清
　　　　　马超俊
列席者　罗文庄
主　席　伍观淇（代）
纪　录　钟　泰（代）

报告事项

一、行政院令，据财政、工商两部会同议复陈委员肇英提议各省筹募公债开设工厂一案，经饬准如议办理，仰该府遵照，体察情形，酌量办理。

二、内政部咨，准外交部咨，以准法玛使函，请对于法领事汽车援照中国驻法领事发给免费执照，以敦睦谊等由，自应照办，请查照办理。

三、内政部咨送各部会省市政府水利官员考绩条例，请查照。

四、总理奉安委员会齐日电告，本会议决奉安前后，自五月三十一日起至六月二日止，全国下半旗三天，希饬属一体遵照。

五、冯玉祥东日电告，中央明令讨伐武汉军阀，谨以至诚静待复命，苟利党国，惟义是从等语。

六、政治分会函知，定于四月十五日结束，所有卷宗暂由本会派员保管账目，经送财厅接收。

七、广东财政特派员公署函复，关于仲恺农工学校拟建蚕种冷藏库，所需费用，应由国库支发一案，敝署未便擅专，除俟奉到部令，再行函达饬知外，请查照。

---

① 馆藏缺第一百四十四、一百四十五次议事录。

八、财政厅呈送一、二月份计算书表，请核准照销。

九、财政厅呈送国库自十五年十一月份起至十七年十一月十三日止各月份收入支出计算书，请核备案。

十、财政厅呈缴彻底收兑八属低毫办法，请核备案。

十一、政治分会函，本会已于四月十五日结束，所有本会秘书长金曾澄及丘雷伊各委员，自四月十六日起，在建设讨论会支薪，希查照办理。

十二、第三独立师长许克祥鱼日电复，奉世电，感服莫名，除严勒所部屯驻原防，照常训练，静候编遣，并保护防区安宁外，誓以至诚拥护公等主张等语。

讨论事项

一、中山大学函复，准函以顺德县民苏树权呈请免将坟地划入林场一案，经函据农科查复，所请免划之处，仍未便照办，等由，请查照行县转饬遵照案。

（议决）行县饬遵。

二、建设讨论会呈复，奉令核议财政厅呈拟营业税暂行条例草案一案，经交职会财政组讨论，认为应行再为详酌者三点，请发交财政主管机关再行考虑，略加修正，当否，请钧裁案。

（议决）交财厅再拟。

三、财政厅呈准李师长务滋函整理惠州土地，请将印发执照交局备用等由，查官产变价，似应照奉颁组织法及向办手续归职厅办理，以免歧异，当否，请核令遵案。

（议决）仍归厅办理。

四、财政厅呈复，奉令拨款先办园艺林业糖业三场一案，查核预算为数甚巨，目前库收短绌，确属无力筹拨，拟请暂从缓办，请核转饬遵案。

（议决）归十八年度预算案办理。

五、政治分会函，前据国税管理委员呈，准建厅函，以三铁路购料委员存款请提取支发，准中央银行查复，与清理办法抵触，遽难发还，请议决令遵等情一案，本会现已办理结束，即希核办案。

（议决）照令建厅。

六、赈灾委员会青日电，以查贵省赈务会未据呈报成立，不知已否设立，本会议决嗣后赈款，均交各省赈务会收放，以专责成案。又续青电，请将赈款扣留不发，并希查照省赈务会组织章程，迅速筹备成立电报案。

（议决）交筹赈处拟复。

七、教育厅呈，拟请将政治分会地址拨为职厅应用，至原有旧址，拟将广雅书局板片仍搬存楼上保存，楼下则留为编译图书及印行书籍之用案。

（议决）准予照办。

八、民政厅提议，新丰县长梁若谷与河源县长欧阳洸互调案。

（议决）准调委。

九、民政厅提议，丰顺县长方乃斌辞职，遗缺拟委萧鹏举署理案。

（议决）照委。

十、民政厅提议，兴宁县长廖桐史调省，另候差委，遗缺拟委马文芳署理案。

（议决）照委。

十一、民政厅提议，海丰县长方瑞麟辞不赴任，拟请委陈祖贻署理案。

（议决）照委。

广东省政府第四届委员会
第一百四十七次议事录

四月十九日　星期五

出席者　伍观淇　冯祝万　马超俊　许崇清　李禄超　黄　节
列席者　罗文庄
主　席　伍观淇（代）
纪　录　钟　泰（代）

报告事项

一、国府令发国府监督地方财政暂行法，仰知照，并饬属知照。

二、国府文官处元日电告中央最近政情九项：（一）公布司法行政部组织法。（二）公布国民体育法。（三）公布服装条例。（四）公布中国航空各条例，并特派孙科为航空公司理事长。（五）设立海军部长，特任杨树庄为海军部长，陈绍宽为海军部政务次长。（六）派卫生部长薛笃弼出洋考察各国卫生行政事宜。（七）任命朱兆莘兼特派广东交涉员。（八）任命张荣芳为四川财政特派员。（九）任命陈仪为军政部兵工署署长。

三、何应钦庚日电报，兼署参谋本部参谋总长，于本月八日在京就职。

四、驻墨西哥特命全权公使李锦纶函知，奉国府任命，遵于二月二十日就职。

五、陕西省政府咨知于三月十七日启用印章。

六、财政厅呈报，拟嗣后凡各属旅馆捐承办之届期满者，即行停办，其委办者，于本年四月三十日概行撤销，以归划一，毋庸再交改良税捐会讨论办理，请核祗遵。

七、财政厅呈缴国库十七年六月份收入计算书，及支出报告书各一本，请核备案。

八、广东交涉员朱兆莘呈报，于本月十五日回粤到署照常视事。

九、吉安金汉鼎删日电知，前此会剿共匪工作，正在得手，突值桂逆叛起，各军奉命讨贼，队伍不免调动，现大局平定，剿匪任务已可继续，一俟出征部队归还，即行进剿。

十、范石生文日电告，奉将总司令密令，将所部集中安仁，准备开入赣南，本月东日遵将所部开向安仁。

十一、陆军第五师十五旅部参谋处铣日电告，朱毛共匪自汀杭回窜瑞金后，希图迫近赣城，敝旅集结赣城，相机兜剿，该匪在雩都渡河南窜，并分一股约千余经江口，于删午窜扰茅店，本日拂晓派队驰赴截击，现正沿贡水迎头搜剿等语。

十二、财政厅呈修正悬缉私铸私运代销新币匪犯条例，请核备案。

十三、冯玉祥元日电告最近经过情形，及绝对服从中央命令，拥护中央威信，外传谣言种种，万勿误听等语。

十四、政治分会函知，本会定于四月十六日结束，日前本会按月补助各报社团等津贴费，以后应否继续照给，附具清单，请酌核办理。

讨论事项

一、东区善后委员呈复，饬据澄海县长查明饶平县绅商学界代表黄××等呈控饶平县长毛×与胡营长朋比为奸一案情形，请核指遵案。

（议决）该县长办理不善，应予申饬，另行北区将胡营长查究。

二、财政厅呈复，奉令审查建设厅拟筹设工业试验所并开办建筑购置及每月经常费各项，现值库收奇绌，若再增巨款，似于库藏不无影响，应如何办理之处，请核指遵案。

（议决）归十八年度预算案办理。

三、民政厅呈复，奉令经饬据新任新兴李县长查明刘××等与新兴县吴前县长等互控一案情形，应如何办理之处，请核示遵案。

（议决）交法院依法办理。

四、民政厅呈，汕头市长因改组请发印信一案，拟俟汇案请转铸发；至请加委谭刚为港务局长一案，既经奉准有案，似应如呈加委，抄同履历，请核赐任命案。

（议决）准加委。

五、广东中央银行函，现在香港筹设分行，应由总行给予英文授权书，合将英文授权书译成中文，送请核示案。

（议决）准予备案。

六、革命纪念会函复关于纪念黄冈先烈筹备处请款一案，合将本会拟议情形，录案复请钧裁办理案。

（议决）交财厅拟复。

七、教育厅呈复遵令审核汕头市政府通信教育委员会章程草案情形，请察核案。

（议决）准予试办。

八、广东戏剧研究所呈送原订经常费预算表，及增加经常费预算表各缘由，请核准予追加案。

（议决）交财、教两厅核复。

九、建设讨论会呈，职会议决修正广东省府派遣留学生赴欧美研究教育办法，及教育组议事录，请核施行案。

（议决）归十八年度预算案办理。

十、广州市政委员长呈，据兼代工务局长左元华呈请辞职，经照准，遗职以城市设计委员会主席委员程天固暂代，请核备案令遵案。

（议决）准备案。

十一、高等法院呈，请委任罗邦为感化院长，附具履历，请核委案。

（议决）照委。

广东省政府第四届委员会
第一百四十八次议事录

四月二十三日　星期二

出席者　伍观淇　黄节　朱兆莘　李禄超　许崇清　马超俊
列席者　罗文庄
主　席　伍观淇（代）
纪　录　钟泰（代）

报告事项

一、国府令发陆海空军留学条例，仰知照，并饬属知照。

二、国府令发修正国府文官处条例，仰知照，并饬属知照。

三、国府令发国府颁发印信条例一件，附图一份，仰知照，并饬属知照。

四、国府文官处函复，准送贵府暨各厅及秘书处等截角旧印章十二颗，经转奉主席谕，准予备案，旧印交印铸局销毁，请查照。

五、财政厅呈，为广州市各联保公会缴存市财政局保证金一十一万余元，无法筹付，请在省库提支，作为前欠市库一部分借款一案，经呈奉议决，准在省库提支，现市财局补报增多五百一十八元，查核与前案事同一律，应否准照前案并入省库提支之处，请察夺指遵。

六、建设厅呈送十八年二月份工作报告表三份，请分别汇转。

七、教育厅呈缴二月份上半月及下半月办事报告表各三份，请核转备案。

八、兼武汉卫戍司令鲁涤平删日电告，于四月删日在汉就职。

九、北区善后委员余汉谋篠日电报，遵于四月十七日就职，请备案。

十、特派留学生典试委员黄节等呈报召集会议经过情形，连同特派留学生十八年度经常临时费预算书三份，请核指遵。

十一、财政部咨，据两广盐运使李民欣呈请辞职照准，遗缺派范其务兼任，其范特派员原兼粤海关监督一缺，派翁柱清接充，请查照。

十二、财政厅呈缴十七年三、四两月份计算书表单据等，请核准予照销。

十三、总理奉安委员会铣日电告，本会规定参加奉安大典人员各省府各特别市府得派代表三人至五人，希查照办理。

讨论事项

一、民政厅呈复，关于廖慎初与黄润兰互争××××公所地一案，似应由市厅组织征收审查委员会传集验据，以资解决，当否，候核施行案。

（议决）交市厅照办。

二、财政、建设厅会呈复遵令会核江门市厅请募筑堤公债二十万元一案，拟予照准各缘由，请校议饬遵案。

（议决）照拟饬遵。

三、民政厅呈复关于乐昌旅京同乡会代表陈××等控县长刘××勾结勒索请撤办一案，准北区函将饬县明白呈复情形，请察核办理案。

（议决）免予置议。

四、建设厅呈复，奉令核明启源公司呈，拟优先承领广东全省煤油及石油页岩矿一案，合将本案拟办各项，连同奉发原简章，请核令遵案。

（议决）该公司所呈简章，多有不合，未便照准。

五、工商部咨复，广州市自来水公司系广州政治分会饬行市府办理，查各处分会业已撤销，当已由贵府接收办理，究竟该水厂历年办理情形若何，有无收回官办之必要，请查照前咨核办见复案。

（议决）交市厅呈复。

六、建设厅呈，据水产试验场筹备主任呈，现因该场第二期筹办费未能领到，建筑停滞，拟变更设置计划，暂时将试验场及讲习所移设中山县香洲埠各等情，似可照准办理，请核饬示遵案。

（议决）照准。（并行财厅）

七、财政厅、市政厅、高等法院会呈关于陈星阁不服汕头堤工处处分岩石海坦一案，业由该案主席邀同各委员审查完竣，连同本案卷宗议决书缴请察核指遵案。

（议决）发还建厅再为处理。

八、广东地方警卫队编委会呈报任免各职员，并附新委秘书长李景纲履历，请准予加委案。

（议决）照加委。

九、略。

十、阳江县长呈，为拟请拨旧游府衙署及旧城守衙署地段为建筑中山纪念堂缘由，请备案指遵案。

（议决）转咨军政部。

十一、中国国民党广东省执委会函，本会建筑费现经议决改由省库拨付，录案请转饬财厅照拨，以资支应案。

（议决）交财厅。

十二、政治分会秘书处函送本会调查员姓名及每月津贴额单，应否继续工作之处，请察核办理案。

（议决）毋庸继续。

十三、宝安县长谭达崟呈，为条陈大鹏治安计划，请察核示遵案。

（议决）交编练委员会会同海军派员与该县长协商办理具报。

十四、民政厅提议，吴川县长蒋敬明调省，另候任用，遗缺拟请委曾昭声署理；花县县长梁鸢玱调省，遗缺拟请委曾友文署理案。

（议决）照委。

十五、建设厅提议，拟由公家先购置抽水机设备试验，以备救济旱荒，连同预算表，请核夺今遵案。

（议决）交筹赈处核拨。

十六、民政厅提议，现值地方多故，五月一日劳动节，似不宜有列队巡行举动，拟仍照去年议决案工人自己开会纪念，不得率队巡行，并函省党部及令民政厅派员指导，请公决案。

（议决）照办。（并令公安局函特派员令宪兵司令知照）

十七、卸阳山县长张育东呈，为故意非难，欺压不堪，吁恳令饬连县恢复自由，并令新任阳山县长遵照手续接代，并恢复眷属及办交代人员自由案。

（议决）交北区查核办理。

广东省政府第四届委员会
第一百四十九次议事录

四月二十六日　星期五

出席者　伍观淇　黄　节　冯祝万　李禄超　许崇清　朱兆莘
列席者　罗文庄
主　席　伍观淇（代）
纪　录　钟　泰（代）

报告事项

一、国府令发服制条例，仰知照，并饬属知照。

二、国府令发外交报告议决案一件，仰遵照，并饬属遵照。

三、国府文官处函，奉国府令废止从前勋位勋章等因，请查照，并饬属一体知照。

四、国府文官处号日电告中央最近政情五项：（一）任命贺耀祖等为湖南省政府委员，并以贺耀祖兼建设厅长，黄士衡兼教育厅长，张开涟兼财政厅长，曹伯联兼民政厅长。（二）任命黄金钰为中央编遣区办事处委员。（三）定青岛为特别市。（四）公布捐资举办救济事业褒奖条例。（五）颁发明令凡一切个人或团体，不得以非法行为侵害他人身体自由及财产，违者依法严行惩办。

五、省党部执委会函，查省务训练所呈请追加学生服装费一千八百七十五元一案，经本会议决照准，录案连同原呈，请查照转饬财厅照拨。

六、东区善后委员漾日电告，卸紫金县长洪砚香经在汕扣留，现已派员由民生舰押解回者〔省〕讯办。

七、筹赈总处呈，奉令关于广西省府请拨还海关附加赈费，据财厅呈复，经拨助一十万元，应否抵扣，抑另拨一案核议情形，请察核。

八、财政厅长范其务呈报，于四月二十二日接任视事。

九、建设厅长马超俊函，关于前奉安委员会支电请于四月内汇工费五百元扎盖牌楼一案，兹接南京来电称，牌楼费约需千元，请照数直接汇交南京石板桥孙中山先生葬事筹备处张国权收存代办。

十、民众训练设计委员会秘书处函，奉委员会提议，以党军机关派员组织，省政府应否加入，请公决一案，经议决请省政府加入组织，每月负担办公费二百元，并函请如数照拨及派代表二人出席在案，录案请察照示复。

十一、铁道部咨知，汉平路局已改为平汉路局，将局址移设北平，并派王次长征兼领该路事务，请查照。

讨论事项

一、南区善后委员呈报，投变琼城旧镇署附屋，将价充作修缮署宇之用，连同招投简章，请核备案。

（议决）姑准备案，并咨军政部。

二、民政厅呈，据江门市呈，请将冯前任呈报查明兴隆及海旁街堤地情形拟定办法请备案一案撤销等情，似可照准，抄同冯前市长原呈，请核祗遵案。

（议决）准予撤销。

三、民政厅呈，据阳春县长呈，转县属各团体联呈，杨汝祥等十四名并无反动行为，请将通缉案撤销等情，转请察核办理案。

（议决）交高等法院查复。

四、广东交涉员呈复，奉令核拟关于外国人在汕永租地业一案遵拟目前暂行办法四项，当否，请核饬遵案。

（议决）照拟饬遵。

五、建设讨论会呈送议决广州市外省立学校案书及修正整理广州市外各省中等学校之标准及办法暨教育组议事录各一份，请核施行案。

（议决）照办。

六、广州市特别市党部执委会函，据广州市风俗改革委员会函，议决请省府拨助经常费每月二千元，临时费一千元等情，事关改革风俗，促进人民文化，连同该会预算书，请查照办理案。

（议决）库款支绌，未便照拨。

七、略。

八、民政厅呈，据汕头市长呈，请委任陈章彬升充工务局长等情，附具履历请核赐任命案。

（议决）照委。

广东省政府第四届委员会
第一百五十次议事录

四月三十日　星期二

出席者　伍观淇　陈济棠　黄　节　朱兆莘　冯祝万
列席者　罗文庄
主　席　伍观淇（代）
纪　录　钟　泰（代）

报告事项

一、国府令发中国航空公司条例，仰知照，并饬属知照。

二、国府令发军事报告决议案一件，仰遵照，并饬属遵照。

三、国府令发国民体育法一份，仰知照，并饬属知照。

四、行政院令，据卫生部呈请通令各省转饬所属各市限期成立卫生局等情，仰遵照转饬遵办。

五、财政部函，准国府文官处函，奉主席发下广东省政府呈，为前财部在粤发行第二次有奖公债一千万元，原为开辟黄埔商埠，因国府出师北伐，悉数拨充军费，请如数拨还，俾资兴筑一案，奉谕交部核复等因。查此项债款，为数甚巨，现中央财政状况一时实难筹拨，据呈悉另有建设借款可资挹注，否则由贵省府指定确实担保基金，另行举办公债，亦属可行，请查照办理。

六、教育部、内政部会咨知，前颁检查电影片规则不尽适用，应即废止，另经会同订定检查电影片规划凡十六条。请查照，饬属一体遵照。

七、财政、内政部会咨送县政府经费支拨办法，及县财政整理办法，请查照。

八，内政部函知于本月二十日迁移，将江苏省政府遗廨拨充正式部址。

九、铁道部敬日电知粤汉铁路管理局局长胡继贤调任本部理财司司长，遗缺以陈延炆接充，希查照。

十、教育厅呈缴三月份上半月办事报告表三份，请核存转备案。

十一、广州特别市党部执委会函，以敝会第五区第四区分部常委周遇明提出请省市政府严禁赌博一案，当经各级党部执委联席会议决议函省市政府照办在案，录案请照办理见复。

十二、潮阳县呈缴潮普惠三县联防会剿办法，三县临时剿匪督队部组织大纲，暨队部薪饷表各一份，请核备案。

十三、建设厅长马超俊呈报，奉派出席日内瓦国际劳工大会，请给假三个月，由四月二十六日起至七月二十五日止，所有假期内职厅事务，暂交主任秘书黄元彬代拆代行，请核转备案。

十四、民政厅长许崇清呈报，定四月二十八日起程前往参加中山县训政实施委员会，拟于五月二日回省，厅务暂交主任秘书梁祖诰代拆代行。

十五、卸第二师长徐景唐感日电告交卸第二师长职务日期，并恳蒋主席俯准辞参军之职，俾遂初衷。

讨论事项

一、广东筹赈总处呈复，职处办理消极赈济，经已完毕，积极救济，亦称为就绪，兹拟于五月十日结束，以便改组赈务会，当否，请核指遵案。

（议决）俟赈务会成立即行结束。

二、广东森林局呈缴筹办潮安南华模范林场计划书及章程预算表，请核指遵案。

（议决）交讨论会速议复。

三、彭烈士家珍之妻王清贞呈，为遵示呈验领恤证书，恳请核明准予将民国十一年至十八年新旧恤金共八千元大洋发下，以维生活案。

（议决）转财政特派员。

四、南关燕和堂柴商代表郭济川等呈，为航业困顿，关卡苛收，联恳俯恤商艰，分令惠州驻军白沙隶兰龙利粤海关及大沙头猪头嘴教育会等一律免收，以苏民困案。

（议决）交财厅查明办理。

五、教育厅呈，据英德县长呈，请委任杨品奎为该县教育局长等情，查核资格尚合，连同履历，请核明加委案。

（议决）照委。

六、陈主席铭枢艳日电，拟委第五十八师长邓彦华兼任东区善后委员，请公决案。

（议决）照委。

广东省政府第四届委员会
第一百五十一次议事录

五月三日　星期五

出席者　伍观淇　冯祝万　黄　节　朱兆莘　许崇清
列席者　罗文庄
主　席　伍观淇（代）
纪　录　钟　泰（代）

报告事项

一、国府令发捐资举办救济事业褒奖条例，仰知照，并饬属知照。

二、卫生部咨送卫生运动大会宣传纲要等，请查照饬属筹备开会。

三、广东各部队编遣特派员函，查两广惩办盗匪暂行条例，现在实应仍旧援用，经呈请国府再予延期六个月在案，在未奉核准以前，所有办理盗匪各案，仍暂照该条例办理，请查照转饬所属一体遵照。

四、陆军第五十八师长邓彦华感日电告于四月二十七日在潮安师部就职。

五、高等法院呈报组织筹建广东第一监狱委员会成立日期，请察核备案。

六、广州市政委员长呈缴该厅暨所属各机关十七年度岁入岁出预算书目录清册一本，预算书共二十五本，请核备案。

讨论事项

一、民政厅呈，奉令饬查揭阳县长王仲和被该县党部等呈控各案，合将饬据本厅视察员按照控开各款查明皆无实证，应如何办理之处，请察夺案。

（议决）准免置议。

二、南雄县长、南雄分庭会呈为财政支绌，拟请核准照乐昌分庭例，将司法经费由韶州中央分行分金库按月拨支南雄分庭经费，如虑领款往返维艰，即在南雄始兴印花税局按月照数拨支抵解，至以前积欠司法经费，仍请在分金库如数拨还，以清手续案。

（议决）交财厅核办。

三、轮船招商总局管理处函请仍予转令汕市府取销收买敝处旷地成议，以维业务案。

（议决）派杜周南专门委员再查复。

四、民政厅呈，据番禺县长呈拟整顿狱政办法等情，可否由省库拨款建筑准在该县钱粮项下动支之处，请核指遵案。

（议决）交财厅核复。

五、虎门要塞司令部函复派员调查林文忠公则徐当日焚毁鸦片烟土地点情形，请查照案。

（议决）函虎门要塞司令会同东莞县长再查该地为公有抑属私人产业，并筹拟立碑纪念，具复核办。

六、广东森林局呈为造林事项拟请关于荒地业权争执各案，应归司法范围办理，并拟具广东省省有荒地承领造林章程请核指遵案。

（议决）交财、建两厅、高等法院会核具复。

七、广东省党部执委会函送各县市党部每月应拨经费数目连同领款划分表及经费等级表，请查照转饬财厅于五月一日实行照案办理，并分令各地金库一体知照案。

（议决）交财厅。

八、民政厅提议，陵水县长黄世治辞职，遗缺拟请委周云青署理，请公决案。

（议决）照委。

广东省政府第四届委员会
第一百五十二次议事录

五月七日　星期二

出席者　伍观淇　冯祝万　范其务　黄　节　许崇清
列席者　罗文庄
主　席　伍观淇（代）
纪　录　钟　泰（代）

报告事项

一、国府令，据行政院军政部呈称通令修筑飞机场等情，抄发原附图表四纸，仰遵照办理。

二、国府令，关于查理司劳老包利请求偿还欠款一案，决议令广东省府于国税项下照其原本三分之一还清，检同原附各件，仰该府遵照清偿。

三、内政部咨送警官高等学校警官学校教练所章程各一份，请查照转饬民厅分别遵办见复。

四、财政厅呈复遵函垫支马厅长出席日内瓦劳工会议旅费中纸二万四千元，请备案。

五、教育厅呈缴三月份下半月办事报告表三份，请核转备案。

六、筹赈总处呈施政报告二份，赈款收支数目表各二份，请察核。

七、国府文官处感日电告中央最近政情六项：（一）公布国军编遣委员会编遣特派员办事处条例及编制表。（二）再公布国军编遣委员会编遣特派员办事处条例，及编制表。（三）任命四川省政府委员邓锡候兼财政厅长，调向傅义兼建设厅厅长，谢持免建设厅厅长兼职。（四）广东省政府委员兼财政厅厅长冯祝万辞厅长兼职照准，改任为代理民政厅厅长，又委员刘栽甫免职，任命范其务为委员兼财政厅厅长。（五）明令改武汉市为武汉特别市，并任命刘文岛为特别市市长。（六）明令派遣军队接防胶济沿路。

八、广州市政委员长呈，奉令准工商部咨请将市水厂历年办理情形及有无收回官办之必要令厅详复核转等因，理合将收管理由连同计划书及摘录控告函呈大要，请核转咨工商部。

九、广州市辖学校第四次运动大会函定本月二十一至二十四日在中山大学举行运动大会，查去年全省十一次运动大会市府亦捐助款项，此次市校运动，请钧府捐助二千元。

讨论事项

一、曲江县长呈，据曲江商会呈请将梁伟豪省释，以免久押无辜等情，究应如何办理，连同原呈，转请察核指遵案。又曲江商会呈同前情。

（议决）准予省释。

二、宝安县长谭达崙呈复将征收港太联商拖渡行政经费经过情形连同议决案一册请核准予照议征收案。又广州航业公会呈请令宝安县即将征收港太太源拖渡县行政费及地方公益费并予豁免并追究保店，以省拖累案。

（议决）交民厅查核具复。

三、革命纪念会函复查明陈烈士鼎在梧州殉难及遗族现状情形，请察核办理案。

（议决）交秘书处查例签复。

四、民政厅呈复遵令饬据龙门新任县长陆树昌查明该县党部执委会呈控陈县长××贪污残酷违法殃民一案情形，应如何办理，请察夺示遵案。

（议决）准予免议。

五、航空处函请将各属飞机场管理修养办法草案鉴定公布施行案。

（议决）交建厅审查。

六、广东中央银行呈为副行长叶青再函辞职，经董事会议决照准，以区国强继任，请俯赐照委案。

（议决）照委。

七、民政厅提议仁化县长蒙德础调省，遗缺拟请委何炯章署理案。

（议决）照委。

八、财政厅提议维持金融办法四条案。

（议决）办法修正通过。

九、秘书处签呈请通知各机关捐俸代赈一节，现暂停，俟十足发薪时再扣案。

（议决）照办。

十、关于本省赈务会组织，应请查照章程聘任各委员案。

（议决）省政府请伍委员观淇，许委员崇清担任，省党部请冯委员祝万，林委员云陔担任；民众团体请教育会长金曾澄，商会委员胡颂棠，平民教养院长黄焕庭担任。

广东省政府第四届委员会
第一百五十三次议事录

五月十四日　星期二

出席者　伍观淇　范其务　黄　节　许崇清

列席者　罗文庄

主　席　伍观淇（代）

纪　录　钟　泰（代）

报告事项

一、行政院冬日电，奉国府电，关于护照另行规定办法，所有军政部以前发出之护照无效等因，仰知照。

二、国府文官处函，奉明令公布三全大会确定中华民国教育宗旨及其实施方针案，录令并抄同原案请查照。

三、禁烟委员会咨，准文官处函，据杭州各界拒毒运动大会电请通令各省市转饬严令督促劝导，务使人人知鸦片之毒，庶可永绝根株一案，奉谕交会等因，相应抄同原电咨请查照转饬督促劝导，务绝烟祸。

四、广东省党部执委会函，广东全省第三次代表大会移交决议案内，有各县市代表提出各县市积欠党部经费应如何请拨案，业经决议有案，录案请查通饬所属遵照。

五、南区善后委员呈报裁并驻廉行署缘由，请核备案。

六、南区善后委员呈，据南洋新嘉坡侨商林秉祥呈，为兴办实业创设机厂恳准优待赐给垦地等情，职署未敢擅便，应否转呈国府核示，检同副呈及意见书请指遵。

七、建设厅呈，奉令据财厅呈职厅筹办新式士敏土厂拟请暂从缓议饬厅知照一案，合将办理情形，复请备案示遵。

八、教育厅呈缴四月份上半月办事报告表三份，请核存转。

九、中山县训政实施委员会再〔函〕知，奉国府令，以中山县为模范县，又奉令特设中山县训政实施委员会，颁发铜印，以唐绍仪为主席、孙科等为委员，当经成立就职启印，请查照。又函知议决自本年五月一日起，按照国府颁布本会第五条办法，将国库两税百分之二十五保留，当地征收机关按月径交县政府收存在案，录案请查照饬财厅分令属于敝县各征收机关按月如数径行拨交敝县收存。

十、广东省党部执委会函，据中华全国铁路总工会广东办事处呈请恢复被革命工人，及停止执行铁路员工服务条例，业经本会议决呈复中央核办在案，录案请查照，将条例呈报中央核办。又据广东机器总工会第三次全省代表大会呈为请愿克日宣报停止执行劳资通则与铁路员工服务条例等情，其关于停止执行劳资通则一节，仍请并案呈请中央核办。

十一、出发前方全体航空同人冬日电告，阅报载有铁道部与美国航空事业公司签订中美航空合同，实有侵害主权，请一致援应打销此次中美签定，以保领航空而固主权。

十二、卸东区善后委员徐景唐阳日电告奉令交代，遵于本日将关防案卷公款公物人犯等移交新任邓彦华点收。

十三、财政部咨送银行注册章程施行细则，请查照并饬属一体遵照。

十四、广东省党部执委会函，关于广东第二次全省代表大会移交议决案内有各县代表提出严行禁绝烟赌案办法，录案函达查照，应如何分饬办理之处，希酌核见复。

十五、曲江县长佳日电报庚晚八时旧镇使署第一旅部队留守处忽兆焚如，全座烧毁。又曲江县党部佳日电台县属防军尽调，地方空虚，乞派军队填防，以资镇摄。又曲江临时治安委员会灰日电告防军出发，地方空虚，情势急迫，由地方各法团推举海秋晖南等为治安委员，组织临时治安委员会，于佳日成立，请迅派军队来韶驻防，以安人心。

十六、中央政治会议庚日电请转知广州政治分会秘书处遵照将所有卷宗派员解送中央政治会议秘书处。

十七、国府文官处支日电，奉国府令，陈调元代理山东省府主席，方振武代理安徽省府主席，何成浚为湖北省府主席，未到任前，由方本仁代理。

十八、浙江省政府阳日电请就近与革命纪念会相商，准于将物件尽量移杭陈列，以供众览。

十九、粤海关监督呈复办理江门市各界联合会检查指控关员勒索及该会所拟办法未尽妥善，请财厅核办或修正各情形，连同择录函呈讯供一扣，请察核指遵。

讨论事项

一、广州市政委员长呈为市党部议决派代表五人出席总理奉安，旅费每支五百元，是否应由市库动支，及应拨若干，请指令示遵案。

（议决）由市府酌拨。

二、大埔县长呈报无款支拨党费情形，请核准予转饬财厅发给案。

（议决）交财政厅核办。

三、大埔县长呈复遵令将县会原拟办理肉食消费捐及入口货消费捐与土产出口税暂行章程暨统筹收支概算表等，请核准备案令遵案。

（议决）交财厅核复。

四、财政厅呈为汕头市崎碌地方职业学校东旁湘福堂逆产地一段，可否仍照职厅核定原案准予开投，得价除扣支外以五成拨充汕市建设费，余款解库，检同卷宗，请核示遵案。

（议决）准开投，除扣支及拨汕市五成外，余款拨充岭东商业学校经费。

五、财政厅呈拟将两广地质调查所、广东修志局暂时停办，俟库收

628

充裕时再行恢复；又各报社等及私立广州大学补助费，似应同时一并取销，以顾库藏，当否，请核议施行案。

（议决）地质调查所暂停，修志馆经费半数支给，各报社补助费照取销。（此案尚未定备）

六、财政厅呈拟将广东戏剧研究所令饬暂行停办，俟库款充裕时，再予规复，请核明准予照办案。

（议决）暂行停办。

七、广东省党部执委会函，以全省第三次代表大会移交决议案卷内有各县代表提出地方各机关财政公开案，其办法三项，业经大会决议交省府办理在案，录案请查照办理案。

（议决）交民厅详拟呈复。

八、筹赈总处呈报变更购米平粜缴价办法缘由，当否，请核令遵案。

（议决）照办。

九、广东省党部执委会函，以第三次代表大会移交决议案卷内有各县代表提出请取销一切苛细杂捐案，业经大会决议交省府办理在案，录案请查照核饬办理案。

（议决）交财厅。

十、广东省党部执委会函，以第三次代表大会移交卷内有大埔代表提出限期肃清全省土匪办法二条，经交第八路总部省府办理有案，除改函广东编遣特派员外，录案请查照核办见复。

（议决）已迭次严令各区清剿，照复。

十一、广东省党部执委会函，以第三次代表大会移交决议案内有云浮代表提出改善警卫队制度案，经大会决议交省府办理在案，抄同办法，请查照办理案。

（议决）交编练委员会详拟具复。

十二、广东省党部执委会函，以第三次代表大会移交决议案内有阳江代表提出请政府将征收税则公布案，经大会决议交省府办理在案，抄同提案请查照核办案。

（议决）交财厅拟复。

十三、民政厅呈复奉令查照汕头手车工潮一案，合将派委会同善后公署办理本案经过情形，抄录解决办法等，请察核；至该市长〔应〕否处分之处，候令遵案。

（议决）解决办法准予备案，该市长应付失宜，交民厅记大过一次。

十四、广东〔州〕市政委员长呈，据财政局呈，拟以所辖各种税捐及一切收入援照十七年整理金融成案，各承商公司如直接向市民零碎收入毫银者准予照收缴足之办法办理等情，似可照准请核指遵案。又建设厅呈，据粤汉广三广九路局呈，以铁路收入票款，均系零星小数，无从搭收纸币，请准各路依照原定客货票价概收银毛，以资整理等情，查所陈属实，转呈核夺令遵案。

（众议决）交财厅核拟具复。

广东省政府第四届委员会
第一百五十四次议事录

五月十七日　星期五

出席者　伍观淇　范其务　黄　节　许崇清
列席者　罗文庄
主　席　伍观淇（代）
纪　录　钟　泰（代）

报告事项

一、国府令发确定训政时期物质建设之实施程序及经费案全文，仰并饬属一体遵照。

二、国府文官处支日电告中央最近政情四项：（一）改组湖北省政府，任命何成浚、方本仁等为委员，指定何成浚为主席，未到任前以方本仁代理。（二）调陈调元代理山东省政府主席，安徽省政府主席以方振武代理，未到任前，由吴醒亚代拆代行。（三）派陈调元为接收胶局特派员，关于青岛济南及胶济路一切接收事宜，均着负责办理，凡驻在上项地区内各部队，统归其指挥。（四）撤销海军第四舰队编遣区主任名义改委陈策为第四舰队司令。

三、中央讨逆军第二纵队总指挥张贞元日电告在漳就职，克日出发前方，督师入粤。

四、四川省政府刘文辉等咨知于三月二十二日就职，暂刊木质印信启用。

五、广州市政委员长林云陔呈报代表市府前赴北平护送灵榇，并参加奉安典礼，所有厅务，暂派总务科长何启澧、秘书黎藻鉴代拆代行。

六、建设讨论会呈，奉函以伍委员提议限制本省从政人员以后须有在乡办事两年资格方得任用一案，遵交民政组汇同考试县长问题并案讨论，经议决大致办法二项，请鉴核。

七、中山县训政实施委员会函，录禁绝烟赌议案，请令中已〔山〕县长依照执行。

八、财政厅、民政厅、高等法院，会呈广东省土地裁判所章程草案，暨土地行政计划书清理田赋章程草案各一份，请核令遵。

九、陈主席删日电建设讨论会尽本月结束，祈查照。

十、陈主席寒日电拟由省府聘驻瑞典公使诸昌年为省府外交高等顾问。

讨论事项

一、广州市政委员长、广东建设厅长会呈，奉政治分会函，统计处麦副主任呈拟广州市工人生活费指数编制大纲，请核等情，经议决交建厅、市厅会同办理等因，遵将会同审核及抄呈拟具组织大纲表等请核，如照准，所有关于省库支出一部，乞令财厅按月照拨案。

（议决）缓议。

二、广州市政委员长呈为本市电力公司办理不良，拟组织调查评判委员会以资考察案。

（议决）照拟组织，详慎查考，呈候核夺。

三、琼海关监督陈长乐呈交涉卷宗须调卷，请准予缓行办理，及观察海口现势，交涉员似未可遽行裁撤缘由，应如何办理，请核示遵案。

（议决）转咨外交部。

四、教育厅呈，据普宁县呈请委任赖子静为该县教育局长等情，查核资格尚合，缴同履历，请核明加委案。又据翁源县呈请委任许纬东为该县教育局长案。二案并案讨论。

（议决）照委。

五、秘书处签复，关于抚恤陈烈士鼎一案，拟援照党员抚恤条例第八条规定，饬陈烈士鼎家属或函省党部呈请中央抚恤案。

（议决）转呈中央请恤。

六、惠阳县叶恤氏呈请查照原案发给氏亡子叶匡抚恤金案。

（议决）转呈中央。

七、民政厅提议，感恩县长周文海免职，遗缺拟请委黄汉英试署案。

（议决）照委。

广东省政府第四届委员会
第一百五十五次议事录

五月二十一日　星期二

出席者　伍观淇　许崇清　黄　节

列席者　罗文庄

主　席　伍观淇（代）

纪　录　钟　泰（代）

报告事项

一、国府令重申官吏认捐禁令，仰转饬所属一体遵照。

二、广东中央银行呈报建筑新行，招商永隆公司承建。因建筑范围略有改建加建，并竣工日期，经再双方订约，粘附原约之末照录合约一份，请察核备案。

三、中山县训政实施委员会函送中山县政组织条例，及支付预算书，请查照公布，并请转饬中山县长依照执行。

四、全州王大桢删日捷报：（一）顷接刘师长电话，删午占领桂林，敌向柳州退却。（二）接罗副师长电话，我范师已占领平乐。

五、湖北各部队编遣特派员刘崎真日电告奉国府任命遵于本月真日就职。

六、国府令发陆军常服暨军礼服暂行条例一件，仰知照并饬属知照。

七、国府文官处灰日电告中央最近政情七项：（一）黑龙江省政府委员孙润庠、李彭年辞职照准，委员兼建设厅长陈耀光着免本兼各职，任命刘廷选、窦联芳、袁庆恩为黑龙江省政府委员，并任命刘廷选兼民政厅长，原任民政厅长马景恒调兼农矿厅长，原任农矿厅长高家骧调兼教育厅长，原任教育厅长潘有武调兼建设厅长。（二）福建省政府委员兼财政厅长徐桴辞职照准，所遗本兼各缺，以高汉秋继任。（三）江西省政府委员兼财政厅长黄宝辞财厅兼职照准，任命陈容为江西省政府委员兼财政厅长。（四）任命缪嘉铭为云南农矿厅长。（五）公布民法总则并规定自本年双十节国庆日起为施行日期。（六）公布法规制定标准法。（七）公布陆海空军勋章条例，及卫戌〔戍〕区军队查缉盗匪考绩条例，开浚河北省河涉工程短期公债条例还本付息表。

八、国府巧日电，此次第四舰队少数叛徒勾结桂军，赖陈主席陈总指挥陈司令等处变镇静使叛舰不得逞，均堪嘉尚，特电奖励，望益奋勉集勋，重膺懋赏，其余出力人员着查明令行传谕嘉奖。

九、禁烟委员会咨送县长履勘烟苗章程，请查照饬属遵照。

十、蔡廷楷电告在派尾击溃叛军情形。

十一、余汉谋、陈章甫、戴戟等哿日电告本日桂逆举全力进犯我白泥墟，由白逆崇禧亲督指挥，经我军击退，俘获逆军兵械无算。

讨论事项

一、财政厅呈，奉令据澄海县华坞乡此社民众代表等请收回撤销承领华坞乡××沙坦一片原案成命等情，仰厅查明详复核饬等因，遵将查明情形连同职厅暨处局经办卷宗照根等请核，应如何办理，候令祗遵案。

（议决）交官市产审查委员会审查。

二、广州市政委员长呈，奉令核明××公司原领××街旧××号屋业一案，既经孙前任准领在先，并依法登记完毕，似应予以保护仍维持合成公司承案，以昭公道，当否，请察夺令遵案。

（议决）仍应归黄志鸿管业。

三、建设厅呈具职厅视察员周湘履历，请核加委案。

（议决）照委。

四、广东党部执委会函，为总理奉安赠送纪念品，经商同中党部议决在陵前建翠微〔亨〕村总理故屋房屋一座，预算约需二万元，敝会负担一万三千元，市党部负担七千元在案，相应特预算表送请查照从速如数拨支案。

（议决）交财厅军〔核〕定后筹拨。

五、财政厅呈，据电政管理局呈拟收报费照部章概收现毫等情，应否准予照办。并查照前例附加一成，以毫银缴纳，专款解厅拨充军费之处，请议决令所，以便遵办案。

（议决）照办。

六、财政厅呈，据电政管理局呈，据员司等呈，恳援照成案概照十足薪费发给以维生活等情，应否准予照办之处请核饬遵办案。

（议决）照准。

七、民政厅长提议，惠阳县长方德华免职，遗缺拟请委毛琦署理案。

（议决）照委。

广东省政府第四届委员会
第一百五十六次议事录

五月二十四日　星期五

出席者　伍观淇　李禄超　黄节　许崇清
列席者　罗文庄
主　席　伍观淇（代）
纪　录　钟泰（代）

报告事项

一、国府令，准政治会议咨，决议各处保荐简荐人员，须将籍贯年龄履历呈报中央核定，各省兼厅之省府委员，须于就职前向府报到，接

二、国府令发法规制定标准法一份，仰知照并饬属知照。

三、工商部咨，据浙江建设厅呈，据金华县呈请解释劳资争议处理法适用困难一案，当经本部加具意见，呈奉行政院令复，案关法律解释，请查照转饬所属一体知照。

四、国府文官处篠日电告中央最近政情三项：（一）改组山东省政府，任命陈调元等为委员，并指定陈调元为主席，冷遹兼民政厅长，袁家普兼财政厅长，何恩源兼教育厅长，孔繁霨兼建设厅长。（二）改组安徽省政府，任命方振武等为委员，指定方振武为主席，吴醒亚兼民政厅长，袁励宸兼财政厅长，程放兼教育厅长，李范一兼建设厅长。（三）公布司法行政部组织法。

五、安徽省政府主席方振武等巧日电告遵于巧日在安庆先行就职，择期补行宣誓。

六、教育厅呈缴本年四月份上半月办事报告表三份，请核转备案。

七、广州市政委员长呈，据教育局转据广州市立师范学校，以高中三年级学生毕业后，前赴江浙考察教育，请饬令各生籍属各县发给旅费一百元等情，转请饬转查照办理。

八、建设讨论会呈复奉令关于安置遣散士兵饬会迅速议拟办法复核一案，合将办理此案经过情形呈请察核。

九、建设讨论会呈复奉令关于李其芳拟请设立广东全省最高社会公共卫生机关一案，经由民政组议决，此种机关无设立之必要在案，连同原意见书呈复察核。

十、汕头市长陈国桀养日电请辞职，未奉准前，仍由秘书长卢雅文参事李日纶代拆代行。

十一、国府养日电复，接捷电，我军东西北三路皆捷，马日北路之战尤能以少胜多，殊堪嘉尚，此次桂逆倾巢犯粤，赖各将士忠勇奋发，迭摧强敌，巩固粤彊〔疆〕，厥功甚伟，特电嘉奖，望益励革命精神，努力前进，肃清丑类。

十二、财政厅呈，奉令核议关于市财局收入及各铁路局票价多属零碎收入拟援照上年成案概收十足现金不搭纸币一案，合将遵令核议本案缘由，复请察核。

十三、铁道部长孙科号日电知调粤汉铁路局机务处长刘鞠可接充广九铁路受〔管〕理局长。

讨论事项

一、南区善后委员呈复遵令核明徐闻县长所拟水警计划缘由，当否，候核施行案。

（议决）函海军司令能否照拨军舰再酌办。

二、建设讨论会呈，据职会王秘书签呈，以本会遵令办理结束，去职人员，拟恳准予援照广州政治分会例，发恩薪现金半个月，并五月份下半月各员薪俸，亦请提前发给，以维生活案。

（议决）准在存余项下发恩薪一个月。

三、广州电力公司呈为关于市府组织调查评判委员会整理电力公司，拟请对于股东代表派出一人之规定，改为政府及公司方面均各派出四人，另选公正仲裁一人，方易收效案。

（议决）交市府细酌具复。

四、建设厅长呈具广东航政局长何治伟履历，请核加委案。

（议决）照委。

广东省政府第四届委员会
第一百五十七次议事录

五月二十八日　星期二

出席者　陈铭枢　陈济棠　李禄超　范其务　伍观淇　许崇清
列席者　罗文庄
主　席　陈铭枢
纪　录　孙希文

报告事项

一、国府令发卫戍区军队查缉盗匪考绩条例一份，及表二纸，仰知照，并饬属知照。

二、国府令制定疏浚河北省海河工程短期公债条例明令公布，抄发条文，仰知照，并饬属知照。

三、国府令发陆海空军勋章条例一份，仰知照，并饬属知照。

四、国府令发邮政储金条例一份，仰知照，并饬属知照。

五、国府令发农业推广规程一份，仰遵照办理。

六、国府令发修正中国航空公司条例一件，仰知照，并饬属知照。

七、行政院令，据工商部呈请通令各省市府凡在通商口岸不得设立与中央法令抵触之检验机关，如已设立，亦应一律取销，仰遵照办理。

八、工商部函，将本部工商法规讨论委员会议决各法规草案各检三份，寄送贵府，以备参考，即请查收见复。

九、民政厅呈，据江门冯前市长呈缴江门市养民公司承办屠场合约请予核准一案，经再令饬新任市长查明修正具复前来，查修正合约大致尚合，似可准予备案，请核指遵。

十、财政厅呈为办理前国税公署结束未完账目，拟另设前国税公署国库结束未完专账暂行处理，以清款目，请核令遵。

十一、广东交涉员朱兆莘呈报定本月二十一日出洋游历，在新任未接事以前，所有署中职务，交由总务科长梁植槐代拆代行。

十二、广东中央银行呈报所有库券毫银悉数点交国库黄库长取具收据。

十三、民政厅电据高要县长覃元超电称，逆军委任廖寿銮接署县事，经于篠日移交等情，除电饬该县长严行拒绝刻日回县维持外，谨将办理情形请察核。

十四、广东电政管理局长径日电接东莞电局有电报称，莞城安四乡多沦匪窟，地方戒严，请察核。

十五、建设讨论会呈修正整理广州市外各县市中学校案一扣，教育组议事录一份，请核施行。

十六、讨逆军第十一路总指挥刘镇华马日电知于本月二十一日在杨村军次就职。

十七、国府令，此次桂逆倾巢犯粤，勾结少数海军，及东江徐逆景唐部队，谋袭广州，深赖总指挥陈济棠、省府主席陈铭枢、舰队司令陈训咏、陈策、航空处长张惠长、各师旅团长舰长等，临变镇静，调度有方，并赖各士卒深明主义，忠勇善战，故能屡推〔摧〕强敌巩固粤疆

〔疆〕，至深嘉慰！所有出力人员，着该总指挥分别呈报，同膺懋赏；其余阵亡诸将士，为党捐躯，殊深痛惜，应着分别查明呈报，从优议恤，以彰勋绩，而示来兹。

讨论事项

一、民政厅呈复遵令查明茂名旅省同乡会代表莫××等呈控该县县长黄××违法溺职请撤职严惩一案情形，分别免议，及拟办各节，请核遵案。

（议决）原控各节，现据民政厅查无实据，应毋庸议，惟勒索费用一节，仍由民厅饬该县长明白呈复核办。

二、建设厅呈复奉令饬查勘海口筑港计划一案，合将饬据技士会同洋工程师测勘情形，请核办令遵案。

（议决）发交南区善后公署照此计划悉心考察利害详复，听候办理。

三、建设讨论会呈，广东省县长任免考试典试学习甄选甄别考成保障条例各一扣，民政组第二十二第二十三次议事录各一份，请察核施行案。

（议决）颁布，次第施行，并呈报国府备案。

四、财政厅呈缴十八年度省年岁入岁出概算书二份，分册九十六份，请核提出审议施行案。

（议决）交范厅长伍委员罗院长彭顾问审查。

五、汕头总商会呈为权度器具每年检定一次，收费一次，办理重复，负担繁重，再请准予如议迅令取销，以昭平允案。

（议决）交财、建两厅会核呈复。

六、汕头市长陈国榘养日电请准予辞职案。

（议决）准辞，委许锡清接充。

七、广东中央银行行长黄隆生呈请准予辞职案。

（议决）准辞，以邹敏初充任。

八、本府主席提议，查本府设立四善后区，原为剿匪清共一时权宜之制，一年以来，匪患渐就敉平，善后事宜，略亦完毕，此种各省所无之制，自难存在，拟责令各区尽六月内一律结束，十八年度预算，即亦不必将此项经费列入，是否可行，请公决案。

（议决）各区善后公署议决裁撤，东区即时裁撤，南西北三区限六月底一律结束。

九、本府委员提议广东中央银行董事冯祝万解职，以沈载和补充案。

（议决）通过。

十、民政厅提议，木〔本〕厅秘书黎时雍病久未愈，应即销差，遗缺拟请委本厅视察员余超兼代案。

（议决）照准。

十一、民政厅提议，南海县长马洪焕免职，拟请以番禺县长余心一调署；所遗番禺县缺，以陈樾署理；增城县长周天民免职，委李源和署理；现任大埔县长离职，委刘织超接充，四会县长王肇文辞职，照准，遗缺以陈荣龙署理；连县县长朱兆奎辞职，照准，遗缺以叶日嵩署理；五华县长余葆贞辞职，照准，遗缺以邹谋署理案。

（议决）照准。

广东省政府第四届委员会
第一百五十八次议事录

五月三十一日　星期五

出席者　陈铭枢　伍观淇　李禄超　范其务　许崇清
列席者　罗文庄　黄元彬
主　席　陈铭枢
纪　录　孙希文

报告事项

一、财政厅呈复奉令核给黄埔商埠公司保管专员经费一案，查该公司久经结束，所余案卷公物，似可悉数搬回建厅存贮，或逐起查封交警看守，将保管费取销，毋庸派员看管，以省手续，而节糜费，请核明饬办。

二、财政厅呈援照上年维持金融成案拟定办法四条，请核通饬照办。

三、讨逆军第十路总指挥龙云庚日电报奉命讨逆，所属部队遵照指定路线出发，并亲率警卫队由昆明启行，径赴前方督师进战，期于追随总座，协同友军直捣逆巢，迅销残孽。

四、接收胶济特派员陈调元号日电告奉命接收济南青岛以及胶济沿线各地防务情形。

五、刘郁芬鱼日电知河匪马仲英扰攻宁夏，省城失陷，接电立派吉师长鸿昌率部援剿，克复宁夏，现正派队追剿。

六、前广州政治分会保管员李燊呈，奉令饬解前广州政治分会卷宗赴京，兹将旅运各费预算清单一纸，呈请给发，至旅运各费将来如有盈余或不敷，再行实报实销，分别归还，请领归垫，以昭核实。

七、广东省党部执委会秘书处函复广州民国日报社经费去岁有预算，经前政治分会核准有案，自应仍照预算由财厅拨发，请查照。

讨论事项

一、财政厅呈复奉令饬拨感化院开办费一案，拟请令饬暂缓进行，一俟军事结束，再行举办，请核明转饬遵照案。

（议决）感化院仍照常举办。

二、财政厅呈复职厅本年四五六等月份经费拟仍请准暂照原编预算数目支领，据实报销，如有支余，即行悉数返纳省库，一俟十八年度开始，职厅改组完竣后，再行另案呈定，合将发还三四月份预算书共四本，编具五月份支付预算书二本，一并缴请核准令遵案。

（议决）照准。

三、建设讨论会呈修正广东县市平民住所或村规则一扣，民政组第二十五次议事录一份，并奉发原件缴还，请核施行案。

（议决）颁行。

四、本府委员兼教育厅长及广东修志馆长黄节呈请转电国府准予辞去本兼各职，并聘员接充馆长案。

（议决）厅长辞职转呈中央，馆长由许厅长暂兼。

五、广东各界慰劳讨逆将士大会函请捐助毫银四千元为慰劳讨逆将士费用案。

（议决）捐助二千元。

640

六、中央军校军官研究班粤籍学员左新中等续呈请俯察下情准予津贴生等每人每月大洋二十元以维学业案。

（议决）从六月份起，每生准津贴大洋十元，以此期学生为限，以后不得援例。

七、民政厅提议，东莞县长陈惠宣辞职，拟请委宁克烈署理；三水县长劳士正免职，遗缺拟请委邓昙署理案。

（议决）照委。

八、本府秘书长呈，查官吏在职身故，例有赠恤，此次钟秘书喜赓，因公殒命，亲老家贫，情尤可悯，拟请准予优给一次恤金三千元案。

（议决）照抚恤条例办理。

广东省政府第四届委员会
第一百五十九次议事录

六月四日　星期二

出席者　陈铭枢　伍观淇　范其务　许崇清
列席者　罗文庄　黄元彬
主　席　陈铭枢
纪　录　孙希文
报告事项

一、国府令发中国航空公司组织规程一份，仰知照，并饬属知照。

二、国府令，准中央政治会议函，为浙江省执委会转呈请通令各机关对于经费收支应逐月公布一案，经决议交国府等由，仰遵照，并转饬所属一体遵办。

三、国府文官处敬日电，奉国府令通缉冯玉祥等因，请查照转行知照。

四、内政部咨，据上海中华国货维持会电请采用国货等情，查本部前颁行服制条例，业经明白规定，自应认真督率，除批准予通行遵照外，请查照饬属遵照。

五、海军第四舰队司令部函复，以南路海面一带，敝部日前常川有舰游弋，兹值讨逆军兴，自难在海面警备，一俟军事结束，计可继续照办，希查照。

六、广州市公安局呈征收广州市各铺屋码头军费一个月租捐章程一件，请核准予备案。

七、广东地方警卫队编委会呈报各训练员在地方服务情形，及职会现在令行各县任用缘由，连同现在各员任职调查表请察核。

八、国府文官处敬日电告中央最近政情八项：（一）冯玉祥谋叛党国，明令免职拿办。（二）明令嘉奖广东讨逆致胜各将士，并优恤伤亡各官兵。（三）特任唐生智为军事参议院院长。（四）任命阎锡山、张之江等为禁烟委员会委员，并任命张之江为委员长，钮永建为副委员长。（五）青海省政府委员兼财政厅长郭立志另有任用，所遗本兼各缺，以袁其被充任。（六）任命朱培德为代理参谋总长。（七）公布弹劾法。（八）公布县组织法。

九、行政院令，关于国立中山大学校呈中央请将两广地质调查所改隶该校管理一案，经政治会议决议准照办在案，仰即遵照办理。

讨论事项

一、建设讨论会呈送民政组第二十六次会议录，及广东调查户口办法各一扣，连同前奉政治分会所发统计处原拟全省户口调查计划大纲，缴请察核施行案。

（议决）准保留。

二、建设讨论会呈缴交通实业组第十六次议事录，及修正广东公路规程各一扣，连同奉发建厅原呈及规程，请察核施行案。

（议决）保留，交建设厅修正后再提会议决公布。

三、江西省政府俭日电告卸阳山县长张育东以赣籍老同志，前被善后委员王应榆诬以延解路款，令桂军团长交连县羁押两月有余，现该员患脑炎甚剧，乞饬省释，俾便就医案。

（议决）（一）将案由电复。（二）有确实铺保可准出外就医，一面仍严行追缴欠款。

四、建设讨论会呈广东省县政府组织法，广东各县等级表，各县行

642

政经费数目表，及现行新拟各县行政经费比较表，请察核施行案。

（议决）候中央颁布县组织法到省遵行。

五、广东中央银行行长邹敏初呈报酌拟复业办法三项，如批准并分令各机关遵照，敝行当即日复业，请核示案。

（议决）照准，从六月六日起复业。

六、民政厅提议，琼东县长陈骋寰辞职，遗缺拟请委颜恭叔署理案。

（议决）照委。

广东省政府第四届委员会
第一百六十次议事录

六月七日　星期五

出席者　陈铭枢　伍观淇　许崇清
列席者　罗文庄　黄元彬
主　席　陈铭枢
纪　录　李立民（代）

报告事项

一、财政厅呈奉令核议执信学校加增经费一案，拟请令饬暂缓增加，俟十八年度新预算核定后，再行办理，请核明转饬遵照。

二、广州市贫民教养院长黄焕庭，商会委员胡颂棠函，查照省赈务会组织章程，推举金曾澄为常务委员，请察照。（关于省党部方面冯委员祝万离粤改请马洪焕担任）

三、民政厅呈，梅箓市政暂行章程及收入预算书支付预算书各一本，请核令遵。

四、财政厅长范其务呈为本日因公赴港，未能出席会议，除派金融设计委员会沈委员毅届时出席报告，请鉴核。

讨论事项

一、森林局副局长前〔芬〕次尔呈拟供职合约二条，请核准指遵案。

（议决）查该员所呈之合约，系中山大学与定之约，既作本府之官吏，自有考绩办法，与双方互约遵守性质不同，不能援用此项合约，所请不准。

二、民政厅呈复，奉令详查信宜木辘甲乡团局董赖××等呈控该县长杨××巴结豪劣朋比为奸一案。经饬据现任何县长传案讯明，合将调查所得情形后，请察核，应如何处分之处，请示遵案。又卸信宜县长，现署花县县长杨××呈辩明前彼〔被〕信宜公民代表赖××控在信宜任内串抄良民财物勒款各节实在情形，请垂察案。

（议决）交法院查核办理。

三、略。

四、财政厅呈，拟具本厅金融设计委会暂行章程，请核备案案。

（议决）准备案，章程修正发还。

五、广东财政特派员兼财政厅长呈，将十八年度国省两库收入概算情形，及拟请酌量核减军政各费缘由，分别造具书表，请察核案。

（议决）（一）指定伍委员、范厅长、罗院长、光顾问审查本年度政费，切实核减。（二）咨商陈总指挥，切实核减军费。

六、主席提议，派黄强为琼崖实业专员，请公决案。

（议决）通过。

七、民政厅提议，梅县县长谢达夫调省，遗缺拟以雷国能署理；新委五华县长邹谋，调署高明县，五华县缺，以魏荣署理案。

（议决）照委。

广东省政府第四届委员会
第一百六十一次议事录

六月十一日　星期二

出席者　陈铭枢　范其务　伍观淇　许崇清
列席者　罗文庄　黄元彬

主　席　陈铭枢

纪　录　孙希文

报告事项

一、南京赈灾委员会感日电告本会委员水梓提议运输赈粮办法三项，经本会议决照办：（一）于灾区内减免税捐。（二）对赈粮予以保护。（三）关于赈务，由赈务会专办，省政府协护。

二、中山县训政实施委员会函为敝会对于各种设计及行政等费，需款孔亟，请查照饬财厅转饬敝县属内各征收机关遵照，自本年五月一日起，按月照数径拨，以应急需。（照议案第三案办理）

三、中央银行呈报遵于本月六日复业，请察核。

四、南区善后公署佳日电，奉令限六月底收束，所有遣散员役，通常发恩饷一月，惟以距省遥远，来往需费较多，请求加给一月，俾纾困难，而示体恤，请核示。（准恩饷一个月）

讨论事项

一、政财厅长、市政委员长、高等法院院长会呈复关于梁××承买谢恩里××巷××号被梁××翻案夺取一案，业由该案主席邀同各委员审查完竣，连同本案议决书卷宗等，请鉴核指遵案。

（议决）准如议决案办理。

二、财政厅长、市政委员长、高等法院院长会呈复关于黄××呈诉西关××街第××号产业被市厅撤销一案，业由该案主席邀同各委员审查完竣，连同本案议决书卷宗等，请鉴核指遵案。

（议决）准如议决案办理。

三、财政厅呈复奉令准中山县训委会函，奉国府颁布规定中山县每年国省两税百分之二十五保留为县地方行政之用，令厅照办一案，遵将拟议变通办理情形，连同中山县省税收入表附呈察核令遵案。

（议决）如拟办理。

四、关于前奉政治分会函，据第八路总指挥部呈据陆军测量局拟具土地测量计划办法等情，饬府核办一案，经交由建设讨论会议办具复在案，现建讨会结束，将原件送还，应如何办理请公决案。

（议决）缓办。

五、建设厅呈复奉令饬将建设讨论会修正广东公路规程再行审查一案，遵将规程内容再行补充，分别修正，缴请议决施行案。

（议决）照修正颁布。

六、民政厅提议，蕉岭县县长廖鸣鑫辞职，遗缺拟请委陈季博署理；新委始兴县县长黄荣诏病故，遗缺拟请调南雄县县长方新署理；南雄县缺拟请委王名烈署理；兴宁县县长马文芳免职，遗缺拟请委任光仪署理；澄海县县长方炳彰辞职，遗缺拟请委朱公准署理；揭阳县县长岑学侣辞职，遗缺拟请委林祖泽署理；潮安县县长李笠侬调省，另候委用，遗缺拟请委阮淑清署理；潮阳县县长邓邦谟免职，遗缺拟请委杜周南署理案。

（议决）照委。

广东省政府第四届委员会
第一百六十二次议事录

六月十四日　星期五

出席者　陈铭枢　伍观淇　许崇清　范其务
列席者　罗文庄　黄元彬
主　席　陈铭枢
纪　录　孙希文

报告事项

一、国府令发民国十八年关税库券条例及还本付息表，仰知照，并饬属知照。

二、财政部咨，据潮桥运副梁致广陈请辞职，应即照准，遗缺派张子丹代理，请查照。

讨论事项

一、民政厅呈复，遵令拟具警官学校经临两费预算，及各县市合组警士教练分所办法，请核指遵案。

（议决）保留。

二、河源县长梁若谷呈复，治安会抽收柴捐经过情形，及此次柴商分会具控该会勒收各缘由，请核指遵案。

（议决）交编练委员会详细查复。

三、广东交涉员呈，准英国驻广州总领事函，请粤政府正式允许其在广州东西江，或广九铁路华所附近之小溪，或广州市之自来水觅取食水。运港供给居民，及能否租赁广州船只等由，转请察核指遵案。

（议决）准由广州东西江河面取水，船只准向商民自由租赁。

四、财政厅呈缴该厅组织条例，及编具每月经费支付预算书，暨请通令厘正本省官俸各缘由，请核议施行案。

（议决）准暂行，文官俸以中央所颁者为准，由财厅厘订，俾期一律。

五、民政厅呈，遵令拟复省党部请核办地方各机关财政公开一案，拟定整顿各县市地方财政办法十二条，请核施行案。

（议决）照行。

六、广东中央银行函报派员查报汕头分行被逆军提去币券一十五万元情形，连同被提大洋券号码单一纸，请核迅赐设法令行汕头各商会，将被提汕头分行大洋券，及被提未盖印章毫洋地名券二十五万元，一并取销，俾失效力，而免流害案。

（议决）通令取销。

七、广州市电力公司呈，以前市府拟组织调查评判委员会，政府方面，定派代表四人，公司股东代表仅得一人，拟请改为各派出代表四人，再由八人中，另选公正仲裁一人一案，经钧府议决交市府细酌具复在案，现已经旬，亟须筹备选派股东代表，请俯准敝公司得相当人数，俾共同讨论案。

（议决）准加派二人。

八、民政厅提议，台山县长李仲仁免职，遗缺请以钟喜焯署理案。

（议决）照委。

广东省政府第四届委员会
第一百六十三次议事录

六月十八日　星期二

出席者　陈铭枢　伍观淇　范其务　许崇清

列席者　罗文庄　陶履谦　黄元彬

主　席　陈铭枢

纪　录　孙希文

报告事项

一、国府令发县组织法，仰知照，并饬所属一体知照。

二、国府令发南京特别市政公债条例，及发行细则，经理章程，各一份，又附表三种，仰知照，并饬属知照。

三、内政部咨，奉令公布确定警察经费办法，除分别咨令外，请查照饬属遵照。

四、铁道部函送铁路运输灾区商运粗粮减价条例，请查照饬属知照。

五、财政厅呈金融设计委员会委员名单，请核备案。

六、广东交涉员呈，查接管卷内准驻广州日本总领事函请赔偿各日商损失等由，抄录各附件，请核，应如何办理，乞令遵。

讨论事项

一、财政厅呈，准中山纪念堂筹备委员会函请照新案每月拨付十万元，究竟应否继续照拨，抑应如何办理之处，抄录原送清册连同发过建筑费数目表，请核令遵案。

（议决）派林市长、范厅长、黄秘书元彬，审查具报再议。

二、秘书长呈报拟将秘书处组织从新改组各缘由，呈请核夺施行案。

（议决）技师增设土木、机械各一员，余照呈改组。

三、民政厅提议，开平县长吴鲁贤免职，遗缺请委沈秉强署理；惠来县长林鹤年免职，遗缺请以新委蕉岭县长陈季博调署，递遗蕉岭县长缺，以叶宝崙署理，佛冈县长区汝铠免职，遗缺请委陈骋寰署理；龙川县长陈浩钧免职，遗缺请委丘瑞甲署理；普宁县长曾越免职，遗缺请委王炯署理；恩平县长黄世光免职，遗缺请委庄陶如署理；赤溪县长饶冠人免职，遗缺请委江鲁署理，丰顺县长萧鹏举久不赴任，该缺请委张叔廉署理；乐昌县长刘应福免职，遗缺请委刘运锋署理案。

（议决）照委。

广东省政府第四届委员会
第一百六十四次议事录

六月二十一日　星期五

出席者　陈铭枢　范其务　伍观淇　许崇清
列席者　黄元彬　罗文庄　陶履谦
主　席　陈铭枢
纪　录　孙希文

报告事项

一、广东民政厅、广东地方警卫队编委会会呈复议拟，请将北区各县警卫专员改受县长监督，及英德县各区会应否裁并，管理员林××被控应如何惩办，由县拟复各缘由，当否，乞令遵。

二、中山县训政实施委员会函送县政府教育、公安、财政、建设，四局组织条例，及预算各一份，请查照公布。

三、广东地方警卫队编委会呈缴十七年四月二十七成立日至十七年底工作概况报告书一册，请核指遵。

四、国府文官处齐日电告中央最近政情十一项：（一）广西省政府兼代主席伍廷飏免职，任命俞作柏为广西省政府主席。（二）北平特别市市长何其巩辞职，照准，遗缺以张荫梧继任。（三）湖北省政府委员兼建设厅厅长刘骥辞职，照准，所有厅长遗缺，以委员萧萱继任，委员遗缺，以彭介石继任。（四）热河省政府委员兼财政厅厅长辞职，照准，遗缺以姜承机继任。（五）任命张翼廷为热河省政府委员兼教育厅厅长。（六）贵州省政府主席周西成免职查办。（七）批准国际无线电台公约附加一声明书。（八）改称武汉特别市为汉口特别市，以汉阳，汉口为其管辖区域。（九）公布监督慈善团体法。（十）公布简任人员来京接受任命规则，附程限表及受任式规则。（十一）公布运输护照规则，及运送银币专用长期免验护照规则，查验自卫枪炮及给照暂行条例，暨稽核智利硝进口预防危险暂行办法。

五、行政院令各部会、各省、各特别市，自十八年度起，按季预定三个月行政计划，呈报考核，必要时，由院派员视察各省市政务，是否依照原定计划实施，及其成绩如何，确实考核，仰遵照办理。

六、财政厅函，关于本府第一五三次议决案，对于私立广州大学校补助费未经置议，是否系在取消之列，抑解照旧核发，请查复。

七、中央银行新任卸任行长邹敏初黄隆生呈，本行营业金库，发行库存各项款币，及公债票，金库券，均经分别点交接收清楚，连同表册请核备案。

讨论事项

一、财政厅长、市政委员长、高等法院院长会呈复，关于周×呈诉××公司攙〔揽〕承××街×××铺业一案，经由该案主席邀同各委员审查完竣，连同本案卷宗议决书等，缴请鉴核指遵案。

（议决）照办。

二、财政厅长、市政委员长、高等法院院长会呈复，关于梅县集益公司冯玉廷等，请维持原领濠塘一案，经由该案主席邀同各委员审查完竣，连同本案卷宗议决书等，缴请鉴核指遵案。

（议决）照办。

三、民政厅呈，拟请委任陈达材为东莞明伦堂沙田经理局整理委员会委员长案。

（议决）照委。

四、民政厅提议，本厅视察员兼秘书余超，拟着专任秘书事务，所遗视察员一职，拟请委区汝铦接充案。

（议决）照委。

五、民政厅提议，陆丰县县长提议林奋吾奉委后辞不赴任，经刘前厅长核准在案，现拟请委刘克明接署；又平远县长林公顿免职，遗缺请委梁石荪署理；南澳县长杨瑞岐辞职，遗缺请委林先立署理；从化县长李灵根免职，遗缺请委李宝祥署理案。

（议决）照委。

广东省政府第四届委员会
第一百六十五次议事录

六月二十五日　星期二

出席者　陈铭枢　李禄超　伍观淇　许崇清
列席者　罗文庄　黄元彬　陶履谦
主　席　陈铭枢
纪　录　孙希文

报告事项

一、国府令发简任人员来京接受任命规则，及受任式规则各一件，仰知照，并饬属知照。

二、行政院令，准文官处函知，奉国府令，广东省政府委员兼教育厅厅长黄节呈请辞职，黄节准免本兼各职；又任命许崇清兼代广东省政府教育厅厅长，所有民政厅厅长职务，以陈铭枢暂行兼代，等由，仰即知照。

三、省党部秘书处函，本会宣传部长黄季陆提出训政建设之基本设施办法，经议决照转省政府办理在案，录案检同办法，请查照办理。

讨论事项

一、民政厅呈报，拟请裁撤韶州市政局照案交由曲江县接管各缘由，当否，请核指遵案。

（议决）韶州市政局撤销，着曲江县接收，工程等事由该县署继续办理，仍饬将市局收入及建设已完未完事业，详晰呈报，再核饬遵行。

广东省政府第四届委员会
第一百六十六次议事录

六月二十八日　星期五

出席者　陈铭枢　李禄超　许崇清　伍观淇
列席者　罗文庄　黄元彬　陶履谦
主　席　陈铭枢
纪　录　孙希文

报告事项

一、国府令，据行政院转据财部呈，各省盐税统由中央核收，以后各该省区财政，实属困难或须量为挹注，由中央国库项下酌量补助，毋庸指定税项自行拨付，请通令遵照等情，应准照办，仰遵照办理。

二、国府令发运输护照规则等，仰知照，并饬属知照。

三、国府令发所得捐征收细则一份，仰遵照，并饬属遵照。

讨论事项

一、建设厅呈报，拟将公路处改为职厅第四科缘由，连同预算书，请核令财厅知照，并拟先行添设农业技正三员，如蒙核准，请将该项预算一并加入职厅预算案内，由财厅按月拨支案。

（议决）照准，科员酌减。

二、琼崖实业专员黄强呈，为遵令拟具组织条例并附拟每月支付预算书，请察核施行案。

（议决）交民政、建设两厅及罗院长审查。

三、铁道部长孙科电，以中山县训政实施委员会前议决分期禁绝烟赌一案，顷闻财厅方面于山铺票番摊仍主保留，禁烟案未加禁，请对于该会决议各案，竭力维护，使竟全功案。又李委员禄超提议，关于中山一县禁绝烟赌案，拟请趁新商未接办以前，克日令县立将番摊赌博一律禁绝，再筹办法，次第禁烟，一面令饬财厅照办，当否，请公决案。

（议决）照准，令财厅执行。

652

四、本府委员提议，新宁铁路罢工风潮，久未平息，势将扩大，亟须派员查办案。

（议决）派员，并请总指挥部酌派军队，以资弹压。

五、建设厅呈，为筹办新式士敏土厂，择定地址，呈缴英德白石嘴厂址地形图，西村厂址地形图，选择厂址先决问题表，白石厂及西村厂每日应用运费估计表，白石嘴与西村厂每日应用运费之比较表等，请核示遵案。

（议决）由建设厅就西村方面选择地点呈报候核。

六、民政厅提议，海康县长刘鄂调署遂溪县，递遗海康县缺，调阳江县长姚之荣署理，递遗阳江县缺，调遂溪县长李光第署理案。

（议决）照调委。

广东省政府第四届委员会
第一百六十七次议事录

七月二日　星期二

出席者　陈铭枢　李禄超　伍观淇　许崇清
列席者　罗文庄　黄元彬　陶履谦
主　席　陈铭枢
纪　录　孙希文

报告事项

一、广东各部队编遣特派员兼总指挥函知，奉国府令，准将两广惩办盗匪暂行条例，改为广东惩办盗匪暂行条例，仍延期六个月，请查照转饬所属知照。

二、国府文官处马日电告中央最近政情四项：（一）特派阎锡山为西北宣慰使兼办军事善后事宜。（二）明令加奖韩复榘、石友三、马鸿逵。（三）公布省警务处组织法。（四）公布技师登记。

三、广州市公安局呈，拟定处分封存解散工会自置会址办法，及已解散工会自业会址调查表各一纸，请核备案。

四、广东地方警卫队编委会呈，将所有第一期研究班结业，拟调学员回会入第二期研究班，并拟择县开办教导队各缘由，呈请察核备案。

讨论事项

一、建设厅呈，为矿区税应否变更办法准解农矿部核收，请核令遵案。

（议决）矿区税应缴农矿部。

二、财政厅呈修正广东省单行契税划一章程草案十本，连同各种契纸执照证据申请书收据各式样一本，暨旧章程一本，请核提议颁布，俾酌定施行日期，通令布告周知案。

（议决）交许厅长、罗院长、光顾问审查。

三、广东中央银行函请准将汕行被李云两通〔逆〕提去大洋及各种毫券港纸援照成案划归政府赈内承销案。

（议决）转呈中央请准予划赈。

四、东莞明伦堂沙田经理局委员长陈达材呈，拟委王铎声、欧阳祐、李枚叔、翟宗心等补充属会委员，连同各该员履历一纸，请核示委任案。

（议决）照委。

五、民政厅长提议，民政厅视察员余超调充督学，遗缺委周梅羹接充案。

（议决）照委。

六、教育厅长提议，拟请调民政厅主任秘书梁祖诰充教育厅主任秘书，民政秘书陈仲伟充教育厅秘书，民政厅第二科科长张孝箴【充】教育厅第二科科长，民政厅视察员余超、黄炳蔚充教育厅督学案。

（议决）调用。

广东省政府第四届委员会
第一百六十八次议事录

七月五日　星期五

出席者　陈铭枢　伍观淇　许崇清　范其务
列席者　罗文庄　黄元彬　陶履谦
主　席　陈铭枢
纪　录　孙希文

报告事项

一、国府令，据立法院呈，为议决毁坏总理遗像及党旗论罪办法，请公布等情，经国务会议议决明令公布在案，仰知照，并饬所属知照。

二、国府文官处函知，关于本府主席呈送县长任免考试典试学习甄别考成保障各种条例章程，请备案一案，奉谕交考试院核复，请查照。

三、国府文官处艳日电告中央最近政情十项；（一）二中全会关于训政时期振刷政治整顿及发展教育财政铁道司法及农工各题等各决议案，分别照案饬遵。（二）改组河南省政府，任命韩复榘等为委员，并指定韩复榘为主席，李树春兼民政厅长，杨冈兼财政厅长。（三）任命曾如柏等为广西省政府委员，雷沛鸿兼教育厅长，李权兼建设厅长。（四）任命马福祥为青岛特别市市长，未到任前，由吴思豫代理。（五）任命陈布雷为浙江省政府委员兼教育厅长。（六）任命陈中孚为江苏省政府委员。（七）河北省政府委员丁春膏免职，任命赵丕廉为河北省政府委员。（八）任命山东省政府委员陈麟书兼山东工商厅长。（九）改任唐生智为国军编遣委员会组织部主任。（十）特派张学良、朱培德为中央陆军军官学校校务委员。

四、广州市政委员长呈，据工务局呈，请转呈省府将后墙迅赐拆卸等情，查所请系为整齐路政起见，事尚可行，请核俯准克日拆卸，俾便兴工。

五、建设厅呈，据士敏土厂监督黄玉成呈，将该厂司理所拟暂行停工修理炉窑各缘由，除令准并派技士前往勘估具复外，请察核。

讨论事项

一、建设厅呈，准第八路总指挥部咨，拟将化学研究所人员材料拨厅改办工业试验所等由，请核令遵案。又呈，拟请拨给化学研究所仪器书品，酌减经费，以期从速举办工业试验所缘由，连同添购及现存化学仪器药品图书等项清册，经临两费预算书表，请核示案。

（议决）照准。

二、建设厅呈，据新式士敏土厂总工程师呈，拟收用新式士敏土厂厂址土地变通办法各节，应否准予照办之处，请核示遵案。

（议决）照办。墓地迁移补偿可酌加。

三、建设厅长马超俊提议，请委廖棠真为建设厅技正案。

（议决）照委。

四、民政厅提议，清远县长江龙图调省，遗缺以霍坚署理；顺德县长萧冠英调省，遗缺请以琼山县长林鸿飞调署，递遗琼山县缺，请以万宁县长王集吾调署，递遗万宁县缺，请以梁宝筬署理；文昌县长蔡枢调省，遗缺请以定安县长王雨若调署，递遗定安县缺，请委陈照秋署理；儋县县长张宝珩调省，遗缺请以乐会县长李午天调署，递遗乐会县缺，请以翁鼎新署理；昌江县长李景免职，遗缺请以周思兼署理；电白县长莫瑞瑛奉调省府秘书处第二科科长，遗缺请以澄迈县长王光玮调署，递遗澄迈县缺，请以文尚绲署理案。

（议决）照委。

广东省政府第四届委员会
第一百六十九次议事录

七月八日　星期一

出席者　陈铭枢　伍观淇　范其务　许崇清
列席者　罗文庄　黄元彬　陶履谦
主　席　陈铭枢

纪　录　孙希文

报告事项

一、国府令制定警务处组织法，明令公布，仰知照，并饬属知照。

二、广东各部队编遣特派员兼总指挥函送修正广东惩办盗匪暂行条例及补充条例各一份，请查照饬属知照。

讨论事项

一、航空处长张惠长函陈民用航空事业为吾粤建设之要图，拟具广东各县实施民用航空计划书图表等，请核夺施行案。

（议决）各县筹购飞机缓办，先设主要各航空站，东路惠州、汕头、梅县，北路曲江、南雄、连县，西路肇庆、三水，南路阳江、高州、雷州、北海、钦州、琼山、崖县、万宁、昌江。（一）由航空处派员选地指导。（二）请总指挥部即令各当地军官协力维持。（三）由财政厅拟筹各县辟站经费方法。

二、广东中央银行函报定期七月十日开始发行新纸币，同日即将旧券开始截角，请察核备案案。

（议决）通过。

广东省政府第四届委员会
第一百七十次议事录

七月十二日　星期五

出席者　陈铭枢　范其务　伍观淇　许崇清

列席者　陶履谦　罗文庄　黄元彬

主　席　陈铭枢

纪　录　孙希文

报告事项

一、司法院令复，本府呈送广东省土地裁判所章程草案，连同计划书等请核定一案，除令行该高等法院会同财政、民政两厅斟酌该省诉讼情形另拟简易程序转呈候核外，仰知照。

二、财政厅呈报，各商店封存纸币已届期满，尚须展期三个月，请察核备案。

三、军政部咨，为关于陆海空军抚恤案件，奉国府令，应从改为革命军之日起，一律抚恤，不分时期等因，请查照并饬所属一体知照。

讨论事项

一、伍委员、光顾问、高等法院、财政厅会复，遵令会同审拟十八年度收支概算情形，连同奉发概算书分册，暨审查意见书、会议录等，缴请核定施行案。

（议决）审订通过。

二、民政、建设两厅长及罗院长等会【复】，将琼崖实业专员拟具组织条例及支付预算案审查完竣送还，请公决案。

（议决）审订通过。

三、秘书长孙希文签呈，本府秘书处十七年度预算，职员俸薪一项为六千四百一十五元，因十八年度呈准扩充，俸薪一项，依照新编制实支八千五百七十元，计不敷之数为二千二百二十五元，除添设秘书技士总务主任月薪一千一百八十元已呈准钧府令行财厅追加有案外，余不敷数九百七十五元为无可核减之数，应恳钧会核准加入十八年度预算，俾敷办公之需案。

（议决）照加。

四、民政厅提议，钦县县长周学棠调省，遗缺拟委黄嵩南署理案。

（议决）照委。

五、教育厅长提议，请委许丹叔为教育厅总务主任，柳金田为教育厅督学案。

（议决）照委。

广东省政府第四届委员会
第一百七十一次议事录

七月十六日　星期二

出席者　伍观淇　范其务　许崇清

列席者　罗文庄　黄元彬　陶履谦

主　席　许崇清（代）

纪　录　孙希文

报告事项

一、军政部咨知，从新规定，自本年七月起，所有一次恤金及伤者第一年年抚恤金，除受恤人已来京投递呈文在本年七月前者，即由本部发给外，其余均应向各该所在地民政机关请领，以符定例，请查照转饬所属民政机关遵照。

二、财政部函知，十八年裁兵公债第一次还本，照章定于七月十日在上海银行公会举行抽签，凡抽中各债票，于七月三十一日起，由各地中央、中国、交通三银行开始付款，请查照。

三、广东省党部执委会函知，推定马洪焕为本省赈务会常务委员，请查照。

四、国府令，准中央执委会函送第三届二中全会通过治权行使之规律案，请明令遵照一案，经本府第三十三次国务会议通令遵办在案，仰饬属遵照。

讨论事项

一、（略）

二、主席提议，拟将森林局划归建设厅管辖案。

（议决）森林局归并建设厅办理，至如何改组，由该厅拟议呈候核夺。

广东省政府第四届委员会
第一百七十二次议事录

七月十九日　星期五

出席者　陈铭枢　伍观淇　范其务　许崇清

列席者　罗文庄　黄元彬　陶履谦

主　席　陈铭枢

纪　录　孙希文

报告事项

一、行政院令，奉国府令，第三届中央执委第二全会决议于最近期内整理铁道行政办法二项，饬转饬遵办等因，仰即遵照办理。

二、国府文官处文日电告中央最近政情三项：（一）明令复员，取销战时准备，着国军编遣委员会依照议定原则，迅即分别编遣，切实进行。（二）任命李敬斋兼河南教育厅厅长。（三）任命李景容为河北省政府农矿厅厅长。

三、考试院令知，县长考试暂行条例，国府已经公布，该省所呈，应毋庸议，其余各条例，在中央未颁布以前，暂行依据，自可准予备案，仰知照。又国府令，同前因。

四、建设厅呈送筹办新式士敏土厂借款合约一件，请核备案。

五、国府文官处鱼日电告，奉国府令撤销冯玉祥缉案，请查照转行遵照。

六、行政院令，奉国府令，中央执委第二全会议决，全国剿匪事宜，由国民政府责成编遣委员会分划区域，指定陆海空军于最短期内各区分别严定期限，一律肃清，其办法三项，仰即遵照办理。

七、广东中央银行函报，由行拨足准备金发交汕头分行，饬令定期本月二十一日开兑，凡前发出汕头地名券，一律十足无限制兑现，以维信用，请备案。

讨论事项

一、（略）

二、民政厅呈，遵令拟订广东各县编练县兵办法及编制表，请核指遵案。

（议决）应改为"保安"名目，派伍委员、曾骞、罗院长审查。

三、民政厅呈，据韶州市政局呈复，遵令赶办结束情形，暨请发给各员役恩饷一月等情，兹拟酌给恩饷半月，以示体恤，应否照准，仍候示遵案。

（议决）如拟办理。

四、广东各部队编遣特派员兼总指挥函，请查明分别抚恤桂逆寇粤时之三水芦苞、花县、白坭等乡难民案。

（议决）由筹赈处拟赈。

五、（略）

六、广州市政委员长呈，拟设香港广州长途电话，由本市电话兼办，以期利便案。

（议决）全省长途电话，应由省府经营，拟先办省港线，暂委托市厅办理，并呈国府备案。

七、民政厅长提议，请委林式增为民政厅主任秘书，方孝岳为秘书，章锡禾为第二科科长，古云琼为总务主任案。

（议决）照委。

八、建设厅长提议，请委王仁度为建设厅第四科科长，又韶坪公路工程处主任严仲如免职，遗缺请委廖国器接充案。

（议决）照委。

九、广东法官学校校长汪祖泽呈请准予批令财厅暂行照旧拨款补助，以维现状案。

（议决）该校决议取销，但应如何结束，由许厅长再行查复。

广东省政府第四届委员会
第一百七十三次议事录

七月二十三日　星期二

出席者　陈铭枢　伍观淇　范其务　许崇清
列席者　罗文庄　黄元彬　陶履谦
主　席　陈铭枢
纪　录　孙希文

报告事项

一、国府文官处鱼日电告中央最近政情七项：（一）冯玉祥免予协缉拿办。（二）改组广东省政府，任命陈铭枢、邓泽如、范其务、许崇清、孙希文、林云陔、曾骞、林翼中、金曾澄，为省府委员，并指定陈铭枢为主席兼民政厅厅长，范其务兼财政厅厅长，许崇清兼教育厅厅长，邓泽如兼建设厅厅长。（三）任命于恩波兼山东农矿厅厅长。（四）任命沈尹默兼河北教育厅厅长。（五）任命朱绍阳为驻芬兰国特命全权公使。（六）公布县保卫团法。（七）定本年十一月召集蒙藏会议，十二月召集西藏会议，由行政院负责筹备。

二、财政厅呈，为发行第三次公债，减少政府负担，及迅速募集起见，规定办法有三条，请察核备案。

三、财政、建设厅会呈，关于广三路局拟还和合公司码价并头产月息饬厅核拟一案，合将会同议定给息办法，复请察核。

（说明）办法三项：（一）拟照银行普通利率给回周息五厘。（二）利息之支付，由路局与商公司协议妥善办法。（三）此种利息，计至十八年一月份路局执行还款后，即行停止。

四、财政厅呈，准广东中央银行函报董事会议决将存行新币九百万元签后十足兑现，同时将收回旧币照数截角不用等由，查所拟与原定实施维持计划相符，政府亦应收受新币八成，旧币二成，附加军费仍收旧币二成，其近省各征收机关及承商，定本月十六日实行，离省稍远之处，新币未流通，准似银毫代缴。

讨论事项

一、民政厅呈，奉令准内政部咨送确定警察经费办法，饬厅查议具复一案，遵将查议情形，并拟具办法，复请鉴夺示遵案。

（议决）照办。第一、二项办法修正。

二、广东省党部执委会函，据事务科呈报，本会经费支出超过收入，请设法筹补一案，经提会议决，函省府将本会七月份不敷经费四千八百二十元，令财厅一次过如数十足拨助，至八月以后每月不敷一千五百元，在未奉中央批准预算以前，亦由财厅按月拨助在案，录函请查照转饬财厅遵办案。

（议决）照拨。

三、革命纪念会函，为关于修坟编史各缘由，抄送本案经过，请酌定办法见复案。

（议决）编史暂缓；四烈士墓道、史烈士专祠，由市政府查明，速行修葺。

四、财政厅呈，奉令饬禁中山烟赌一案，现定期由本年七月十六日将该县烟赌实行禁绝，惟山铺票拟请暂仍其旧，俟该商办期届满，再行分别办理案。

（议决）照准。

五、民政厅提议，新委南澳县长林××控案未结，撤任候讯，遗缺请委陈介民署理；博罗县长麦鼎勋免职，遗缺请委钟泰署理案。

（议决）照委。

六、建设厅提议，广东水产试验场场长费鸿年免职，遗缺请委陈同白接充；又请委姚万年为建设厅工业试验所所长案。

（议决）照委。

七、教育厅提议，本府顾问卫中拟设动的〔物〕教育实验场，请每月补助经费一千元，附具第一年计划概要，开办费及经常费预算书等，请公决案。

（议决）照准。

广东省政府第四届委员会
第一百七十四次议事录

七月二十六日　星期五

出席者　陈铭枢　伍观淇　范其务　许崇清
列席者　陶履谦　罗文庄　黄元彬
主　席　陈铭枢
纪　录　孙希文

报告事项

一、国府巧日电令，任命陈铭枢、邓泽如、范其务、许崇清、孙希文、林云陔、曾塞、林翼中、金曾澄，为广东省政府委员；并指定陈铭枢为主席。又令，任命陈铭枢兼民政厅长，范其务兼财政厅长，许崇清兼教育厅长，邓泽如兼建设厅长。又令，孙希文仍兼广东省政府秘书长，林云陔仍兼广州市长。又文官处电知，奉谕派陈委员济棠监督。

讨论事项

一、教育厅呈，据省立第一女子中学校呈，为下学年不得不招收新生各缘由，似应照准，请核准令财厅如数每月拨给八百元经费案。

（议决）照准。

二、民政厅呈，据东莞县长呈，拟请裁撤石龙市政局，及拟议办法各缘由，连同原缴预算表，请核示遵案。

（议决）市政局改警区，该市政局所收各项捐款，令东莞县查明呈民政厅分别减免。

三、财政厅呈缴职厅清丈沙田测量队十八年七月份支付预算书，请核明准支案。

（议决）照办。